U0139077

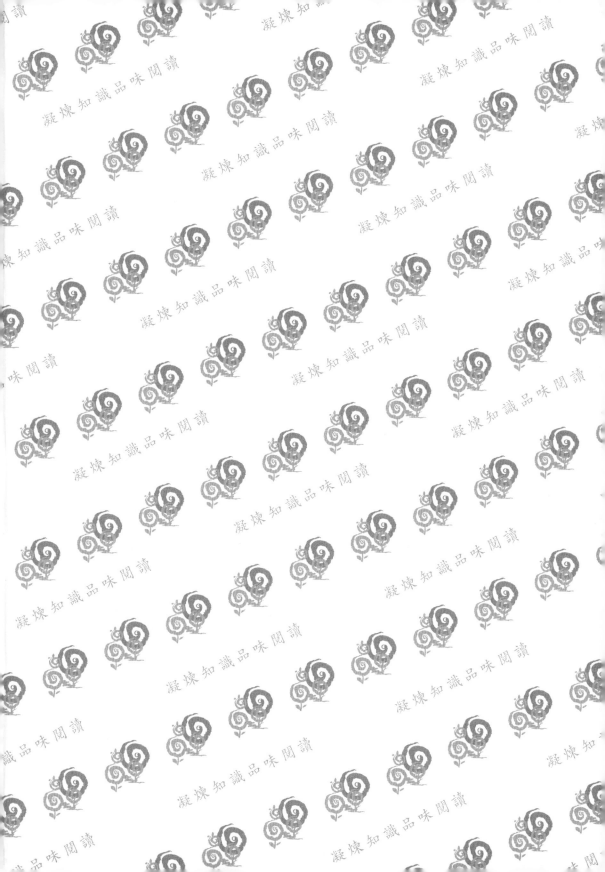

蔡震榮、林朝雲 著

憲法釋義

五南圖書出版公司 印行

序

　　本書共分為「導論」、「權力分立之制衡原理與憲法機關」、「基本權總論」、「基本權各論」、「人民之義務」、「地方自治」及「基本國策」等篇章分述之。本書作為憲法教科書，考量到初習法律之讀者，在民法、刑法及行政法尚未有相當基礎的前提下，學習基本權可能有所障礙，且高中公民教材對於權力分立原則已有基礎的介紹，故本書跳脫法條順序之安排，將「權力分立之制衡原理與憲法機關」置於「導論」之後討論。事實上「國家權力分立制衡」的重要性，並不亞於人民之基本權，假如憲法機關權力失衡有所偏廢，則人民之基本權亦無從確保。

　　憲法身為國家之根本大法，影響層面極為廣泛，例如民法上人格權之發展、刑事法上程序權的保障及名譽法益與言論自由之衝突，近年不論司法院釋字或憲法判決都有不少之著墨，足見在民、刑事法學皆有憲法化之趨勢。因此，憲法之重要性不僅在公法領域，亦在其他法學領域發揮舉足輕重之地位。除基礎的「理論」與「實務」論述外，本書並附有「選擇題練習」單元，可幫助準備國家考試及初習者緊抓重點，而「問題思考」單元可供讀者啟發問題意識，作為進階學習之用，初學者可暫予略過。但考量教科書的性質與篇幅，自不可能鉅細靡遺，尚祈讀者見諒。

　　由於撰寫期間不斷有新的釋憲實務見解添入，為求好心切，筆者不斷增刪修正，歷時三、四年，感謝五南圖書劉靜芬副總編輯耐心等候，以及

呂伊真責任編輯的細心校正與建議，研究生楊宗硯、羅士煊、曹哲維、許喬珺及許凱婷協助校對，使得本書得以在今年出版，也在此一併致謝。

林朝雲

2024/9

目錄

PART 1 導 論

PART 2　權力分立之制衡原理與憲法機關

PART 3　基本權總論

PART **5**　人民之義務

PART **6**　地方自治

PART 7　基本國策

PART 1

導　論

第一章　憲法基本概念

第一節　國家基本法—憲法觀念的產生與憲政主義

憲法之名稱，雖早於存在，今人之所謂「憲法」一詞，源自於拉丁文Constitutio，而後法文、英文Constitution或德文Verfassung稱之，此字之原意為「構造」或「體制」之意義，憲法與國家之關係，在近代意義上，憲法與國家一併存在必要關聯，亦即，立國就要立憲，因此憲法為國家根本大法。立憲是追求與實現一定之目標，立憲之目的在於抵抗外侮之侵略，謀建立獨立之國家。「憲法」之名稱，雖早於存在各國典籍之中，然而，首先將憲法與國家一併存在之必要關聯（亦即成立國家繼而立憲）納入考量者，則為近代民族國家成立後之產物。

就此意義而言，現代意義之憲法的產生或源起，應是西方國家所導出之思想所創造。並且，現代意義憲法之誕生，其另一個相當重要之因素，乃是民主思潮以及民族主義之運作，亦即是：人民為對抗封建與專制體制，以及追求民族之獨立，並要求民族自治之思考。

在此之下，必須制定相關約定，來制衡權力行使者，並保障人民之權利，此乃有憲法之制定。

一、憲政主義的萌芽與形成

所謂「憲政主義」（Constitutionalism），也有學者譯作為「立憲主義」或者是「憲政精神」[1]。而憲政主義的意義為何？

憲法思想之緣起源自於契約說之理論，雖然無人提起憲法首先論及的1215年英國的大憲章，它使憲法有了新的意義。但這種訂定屬於所謂的封建契約，而非現代意義的憲法[2]，此種契約是封建貴族與國家達成協議之憲

---

[1] 林子儀、葉俊榮、黃昭元、張文貞編著，《憲法——權力分立》，新學林，初版三刷，2005年10月，10頁。

[2] 劉慶瑞，《中華民國憲法要義》，劉憶如發行，1994年3月，3頁。

章，只是保障貴族在封建體制下的種種特權，而非是人民與國家之關係，保障人民權利之憲法。

但此種封建契約之思考方式，卻影響日後憲政思想家，並衍生所謂的社會契約之概念，以自然法為基礎，在自然狀態下，人類之生活接受到自然法之支配，但為確保自然狀態下之幸福，免於恐懼之自由，於是訂定契約，成立政府來保障幸福之實現，此乃近代國家與社會之起源[3]。

1660年11月，英國清教徒乘五月船赴美洲新英格蘭地區，以期獲得宗教自由。上岸之前，共同起草公約，以為往後設置政府之依據。當時憲政學者深受影響，洛克與盧梭整合各說自成一說[4]。洛克認為在自然狀態下，人生而平等，享有各種自然之權利，包括生命、身體、自由與財產等之權利。人們為求這些自然權利受到保障，於是協議制定契約，建造國家與政府，以保障人民之權利。洛克之自然法高於國家法律，立法權不得侵犯個人的生命、自由、財產等自由權利。

此契約之重點如下：

（一）政府乃根據人民之契約而設，權力有限。

（二）主權在民，政府之權力來自於民。

（三）政府之功能在於保障人民與生俱來的各種自然權利。

（四）政府如破壞契約，人民可起而革命，以恢復契約或重新制定契約[5]。

為何要立憲，立憲是追求與實現一定之目標，立憲之目的在於抵抗外侮之侵略，謀建立獨立之國家。立憲要求根本大法作為國家基本要素，要求連君主都要受其拘束，從近年來的立憲觀察，人民是要求權利應受保障，同時也不希望政府是一個專制體制，如同1789年法國人權宣言第16條所稱般：「國家若不保障人民的權利，並沒有採用權力分立制度，可以視為沒有憲法。」除透過權力分立制度制衡國家權力外，國家是依賴人民而存在，也希望政府機關之行動，能依照法律規定為之，因此而有依法行政與依法審判之要求。

為實現這些要求，可將憲法之理想精神歸納如下：

---

3 曾繁康，《比較憲法》，三民，三版，1978年，3頁。
4 盧梭之思想同於洛克，在此不重複。
5 曾繁康，《比較憲法》，三民，三版，1978年，4頁。

（一）**民意政治**：由人民決定又稱民意政治。議會代表民意之機關。

（二）**法治政治**：國家一切行動均以法律為依據，依法行政之概念。

（三）**責任政治**：其一，政府政策違背民意，通過不信任案，以推翻內閣。
　　　　另一，政府行為違反法律，議會行使彈劾權[6]。

　　簡單來說，「憲政主義」就是節制政府的權力，以有限政府保障人權的一種思想概念[7]。

二、第一部成文憲法之產生

　　吾人論及憲法，應是以近代國家成立後之事。雖然，國家成立前封建社會有英國西元1215年的大憲章，但這只是階級對抗君主，而非今日所謂國民主權之概念。

　　創造所謂的「憲法國家」首先源自英國17世紀人民革命之理念，藉此，而有美國革命成功之創立美利堅共和國，而制定第一部成文憲法，之後，法國大革命成功地制憲，以及19世紀後歐洲各國陸續制定成文憲法，蔚為風氣[8]。在憲法內容中主要包括議會、民主化之國家型態、責任政府、權力分立、基本權利等。

　　制定成文憲法規範統治權之行使及界限，係人民意識之覺醒。起源於自然法上社會契約之理念。17世紀以及18世紀的自然法論認為國家係基於個別契約之協議而形成，並信任及委託其行使有限的國家之權力。國家權力係基於人民承認與委託，並係由人民參與國家意志而創設之。人民參與國家意志，在20世紀初，逐漸透過黨派，而形成今日黨派政治在憲法中扮演重要之角色。

　　美國1789年所制定之成文憲法之主要精神，這是第一部現代意義之憲法，是參考洛克之精神而來，該憲法並採用孟德斯鳩三權分立與權力制衡說，以設置政府，權力不集中在某一機關上，產生制衡作用，以更能確保人民權利保障之實現。美國1789年制定憲法之同年發生法國大革命後，也制定了憲法，以保障人民自由權利為基礎而成立政府。美國1789年產生了一部史

6　曾繁康，《比較憲法》，三民，三版，1978年，4頁以下。

7　*Austin Ranney*, Governing: An Introduction to Political Science, 6th Ed., 1993, p. 79.

8　*Peter Badura*, Stantsrecht, 1986, Rn. 11.

無前例的聯邦憲法，以美國人民宣布的，明白規定它是國家最高法，聯邦法與州法皆不得牴觸。它是一國所宣示基本原則，政府行動以此為依歸。

美、法革命制憲後，各國紛紛仿效，從此至第一次世界大戰前，百餘年間發生各種革命後，幾乎已都制定一部成文憲法，都與美法憲法之精神為依歸，是民主政治與立憲運動之極盛時期。

三、近代憲政之發展

但在20世紀初期卻發生行政權極大的極權政府之產生，如戰前德國與蘇維埃政權等[9]。德國威瑪時代雖訂有憲法，但卻被當時的希特勒政權運用所謂的緊急命令權所操控，亦即，藉由立法機關的概括授權，執政的行政機關以緊急情況之名義，廣泛地擴張執政體制以及制定限制人民權利之命令，架空憲法體制所規定之權力分立以及人民權利之保障，導致德國戰後重新立憲，將上述所發生之問題具體規定在憲法條文中。

孫中山先生當時所提出之三民主義以及建國大綱，其實就是他的制憲藍圖，至其1925年逝世止，因國內戰亂群雄並立無法完成立憲之工作。

四、二戰後之相關發展

第二次世界大戰結束後，各國紛紛仿照先進之立憲例制定憲法，但卻產生一些專制政權，尤其是在美國扶持下的立憲國家，如伊朗、埃及、韓國、中華民國等，這些國家領導者並無意圖採取民主體制，卻因時勢所趨而不得不立憲，但實質上卻實施專制統治，如中華民國實施所謂的動員戡亂臨時條款，擴張總統權限，即屬明例。

但隨著民主意識之提高，有些政權遭到被推翻之情形，如伊朗等，以及最近一波的民主思潮，如埃及、敘利亞等，政權轉移之各國也嘗試著走向立憲以及民主選舉之步伐，如埃及、敘利亞等，仍在努力當中。

學者認為，我國自1987年解嚴以來，透過在野勢力對於政治改革的要求，藉由「寧靜革命」的方式，進入由威權轉型為自由法治國家的時期或階

9　中國滿清政權也嘗試立憲，改變專制體制，但其實當時只是意圖藉此來扭轉穩固將被推翻之政權。

段[10]。在此後，例如國會代表性的強化、憲政改革（包括修改憲法）等，都是此種民主轉型下的例子。

但有些國家卻在蘇維埃的無產階級專政之影響下，成立了共產政權，尤其美蘇兩國之勢力競爭，形成民主與共產之對決，也因而有所謂的鐵幕國家，以及因美蘇兩大勢力競爭的犧牲下，導致國家分裂的情形，如東西德[11]、南北韓，以及大陸與中華民國等。

前蘇聯在戈巴契夫政權下，在自己國家內逐漸推行民主政治，並放棄了主導歐洲共產國家的國政，而引發了蘇聯革命，1991年8月19日，蘇共中的保守派發動了一場不成功的政變，軟禁了當時正在黑海畔渡假的蘇聯總統戈巴契夫，試圖收回下放給加盟共和國的權力，同時終止不成功的經濟改革。但是在人民、軍隊和大多數蘇共黨員的聯合反對下，政變僅僅維持三天便宣告失敗。雖然戈巴契夫在政變結束後恢復了職務，但聯盟中央已經無法控制在平息政變的過程中大大加強的加盟共和國的分離勢力。俄羅斯前總統葉爾欽下令宣布蘇共為非法組織，並限制其在俄羅斯境內的活動。戈巴契夫辭去了蘇共中央總書記的職務，並「建議」蘇共中央委員會自行解散，讓下屬各黨組織自尋出路。很多共和國的共產黨或自行解散，或更改黨名為「人民黨」、「社會民主黨」等，蘇聯共產黨正式解體[12]。之後葉爾欽執政，並交政權給現任總統普丁。

另外，歐洲共產國家如捷克、匈牙利、波蘭等紛紛成立民主國，而東德則在共產政權瓦解後，與西德合併，真正成為一個國家。而中國大陸則屬轉型成功的共產國家，逐漸採行民主國家之經濟競爭體制，但政治仍維持共產專政之思考，屬修正型的改革，並非民主制。而最近的北韓也朝向此方向邁進，蘇維埃政權之共產主義正式瓦解。

而第二次大戰後，一些專制政權，也遭到被推翻之情形，如伊朗等，最近一波的民主思潮，也發生在專制之政權上，如埃及、敘利亞等，各國也嘗試著走向立憲以及民主選舉之步伐。

---

10 葉俊榮，《民主轉型與憲法變遷》，元照，初版，2003年2月，28頁以下。
11 1990年10月3日透過原德意志民主共和國（東德）併入德意志聯邦共和國（西德）的方式完成德國統一。
12 參考維基百科蘇聯解體，http://zh.wikipedia.org/zh-hant/%E8%8B%8F%E8%81%94%E8%A7%A3%E4%BD%93，最後瀏覽日期：2022年8月16日。

第二節　憲法之功能

　　憲法是創造對政治與公權力實施之拘束性規範與標準，其在性質上具有**政治性、最高性及政策性**之特質。並在於規範國家機關之組織型態及其運作、公權力行使範圍界限以落實人民的基本權利之保障。因此憲法具有維護秩序、促進統合、限制國家權力及確保人民基本權利的功能[13]。

第三節　民主思潮與民族主義

　　立憲要求根本大法作為國家基本要素，要求連君主都要受其拘束，從近年來的立憲觀察，人民是要求權利應受保障，同時也不希望政府是一個專制體制，因此立憲也是為了追求民主法治之制度。

　　因此，各國對憲法的定義中皆規定其為規範政府的形式與權力，及人民的權利與義務之法則，我國學者對憲法的定義也都強調憲法是規範國家的基本組織與人民權利義務運作，但是國家的基本組織與人民權利義務也會隨著時代而產生變動。因此，就此意義而言，憲法之產生應是西方國家所導出之思想與創造[14]。近代憲法之成立，也是民主思潮以及民族主義之運作而產生的，人民為對抗封建與專制體制，以及民族之獨立，而要求國家權力之基礎，源自於民，並要求民族自治之思考，在此之下，必須制定相關約定，來制衡權力行使者，並保障人民之權利，此乃有憲法之制定。中華民國是一個國家，因此乃有中華民國憲法之制定。

---

13 董保城、法治斌，《憲法新論》，元照，八版，2021年9月，6頁以下。
14 我國憲法學者都會以憲法一詞，早於存在我國，但並非現代意義之憲法概念，參照薩孟武，《中華民國憲法新論》，三民，四版，1985年9月，1頁以下。

第四節　憲法之發展

20世紀初憲政之發展

　　但在20世紀初期卻發生行政權極大的極權政府之產生，如戰前德國與蘇維埃政權等[15]。德國威瑪時代雖訂有憲法，但卻被當時的希特勒政權運用所謂的緊急命令權所操控，亦即，藉由立法機關的概括授權，執政的行政機關以緊急情況之名義，廣泛地擴張執政體制以及制定限制人民權利之命令，架空憲法體制所規定之權力分立以及人民權利之保障，導致德國戰後重新立憲，將上述所發生之問題具體規定在憲法條文中，如國民抵抗權（基本法第20條），對抗專制獨裁者以及第80條之法律授權明確性原則。但蘇維埃的無產階級政權卻大有斬獲，其以無產階級之勞工專制政體，成功地推翻了俄國沙皇的專制統治，而創造共產國家。而在中國當時之專制政權滿清政府，受到當時國內反對浪潮，也試圖透過立憲來彌平國內之爭議，提出憲法草案，但由於並非其本意，中華民國也在孫中山先生領導下成功地推翻滿清政府。孫中山先生當時所提出之三民主義以及建國大綱，其實就是他的制憲藍圖，至其1925年逝世止，因國內戰亂群雄並立無法完成立憲之工作。

---

15 當時中國滿清政權也嘗試立憲，改變專制體制，1908年，清朝廷頒布「欽定憲法大綱」，條文中有：大清皇帝統治大清帝國，萬世一系，永永尊戴。君上神聖尊嚴，不可侵犯……。十年後才實施憲法，聲名狼藉的慶親王奕劻擔任內閣總理，被譏為皇族內閣。與日本明治維新所立的君主立憲相去甚遠，顯然當時只是意圖藉此來扭轉穩固將被推翻之政權。

第二章　憲法之意義

第一節　憲法的實質意義

　　所謂實質，是指憲法的內容而言，其應是規定立國精神、國家基本組織與活動，以及規定人民權利義務之法，皆屬實質內容之規定。例如：行政院組織法、國家安全法、地方制度法、公民投票法及憲法訴訟法。

第二節　憲法的形式意義

一、以成文憲法與否作區分

　　除英國為不成文憲法外，世界各國大都以成文方式規定國家組織及其活動。

二、憲法之最高性

　　憲法為國家最高規範，效力高於普通法律，法律牴觸憲法，則為無效。我國憲法第171條第1項規定：「法律與憲法牴觸者無效。」第172條規定：「命令與憲法或法律牴觸者無效。」即屬此種法最高位階性之意義。

三、以修改程序作區分

　　憲法之修改程序，較普通法律之修改程序為難。在此，有剛性憲法（如我國、美國）與柔性憲法（如英國）之區別，亦即，若憲法修改程序較法律修改程序為難時，為剛性憲法，若相同修改程序時，為柔性憲法。我國採剛性憲法修改程序。

　　為維持與保障憲法的優越性和安定性，憲法修改程序較普通法律繁複困難，即由特別機關依特別程序為之。我國憲法第174條規定：「憲法之修

改，應依左列程序之一為之：一、由國民大會代表總額五分之一提議，三分之二之出席，及出席代表四分之三之決議，得修改之。二、由立法院立法委員四分之一提議，四分之三之出席，及出席委員四分之三之決議，擬定憲法修正案，提請國民大會複決。此次憲法修正案，應於國民大會開會前半年公告之。」此種程序要比法律修改程序，僅由立法院過半數為之，要困難得多。而現行憲法增修條文已更改上述規定，第1條第1項規定：「中華民國自由地區選舉人於立法院提出憲法修正案、領土變更案，經公告半年，應於三個月內投票複決，不適用憲法第四條、第一百七十四條之規定。」

四、以制定主體作區分

　　這是早期區分，有所謂欽定，如法國1814年路易十八世憲法、我國清朝光緒34年憲法大綱。協定憲法由君主與貴族，或君主與人民代表所簽訂，如德國19世紀之保羅教堂憲法（Paulskirchenverfassung）是第一部由整個德國範圍的民主決議產生的憲法，然而這部憲法卻從來沒有生效過。它作為「德意志帝國憲法」於1849年3月27日由法蘭克福國民議會在保羅教堂內決議產生，並於1849年3月28日正式公布。這部憲法最終由於德國各邦尤其是普魯士國王的反對而宣告失敗。

　　這部憲法規定德國應該是一個君主立憲的國家，但是執政官應該透過民主選舉產生。國民議會議員打算讓普魯士國王腓特烈‧威廉四世接受憲法施行後德國的皇冠，然而威廉四世堅持君權神授，拒絕了皇冠[1]。而現今為民定憲法，由國民選舉議會代表制定憲法。

1　保羅教堂憲法，維基百科，自由的百科全書，http://zh.wikipedia.org/wiki/%E4%BF%9D%E7%BD%97%E6%95%99%E5%A0%82%E5%AE%AA%E6%B3%95，最後瀏覽日期：2022年9月1日。

第三章　我國憲法之立憲史與修憲史

第一節　我國憲法之立憲史略

一、中華民國成立前之制憲

　　日俄戰爭後，鑑於日本立憲之助，以蕞爾小國，卻能挫敗帝俄，故立憲之聲，甚囂塵上，清廷出不置理，嗣以孫中山先生所領導革命運動，聲勢日益強大，為緩和對抗，乃擬定憲法大綱，於1911年公布十九信條實行略似英國之責任內閣制度，而開我國成文憲法之始[1]。

二、民國成立後的制憲運動

（一）民初的制憲

　　武昌起義成功後，各省相繼獨立，乃有各省都督代表聯合會之成立，該會以建國之初應有國家基本組織之法律，乃於1911年10月13日，議決中華民國臨時政府組織大綱21條，是即南京臨時政府之法律依據。**該大綱仿美國總統制，唯有實權之總統，總統有任免國務員（行政院各部部長皆屬國務員）及外交專使之權，國會採一院制，稱參議院**[2]。惟，該大綱缺陷仍多，並無中央與地方關係以及人民權利義務之規定，參議院於1912年3月8日，議決臨時約法56條，其內容較臨時大綱為完備。臨時約法係仿法國之責任內閣制，為虛位總統，總統與副總統仍沿襲臨時大綱之精神，由參議院選舉之。國會採參議院與眾議院之兩院制對人民權利義務已有較詳細規定，並設有法律保留條款之規定[3]。

1　林紀東，《中華民國憲法逐條釋義（一）》，三民，修訂再版，1985年9月，1頁以下。
2　謝瑞智，《憲法新論》，文笙，初版，1999年1月，37頁。
3　謝瑞智，《憲法新論》，文笙，初版，1999年1月，39頁。

（二）軍閥制憲

參、眾兩院成立後，1913年7月1日，由參、眾兩院，各選起草委員30人，成立憲法起草委員會，從事於憲法之起草。因起草期間受到袁世凱之脅迫乃於同年10月31日，匆匆完成中華民國憲法草案，提交憲法會議，此即通稱之「天壇憲法草案」。由於該草案中央政制採三權分立之議會內閣制，削弱總統之職權，而遭當時之袁世凱廢除，並解散國會，令草約法，於1914年5月1日公布袁氏約法[4]。其主要內容，即是提高總統職權。

1915年袁世凱僭號稱帝之後不久失敗，憤死後黎元洪繼任總統，國家一直處於動盪局面。1923年10月10日公布所謂的「民國十二年憲法」，因其係曹錕賄選議員而匆匆通過，因此又稱「曹錕憲法」或「賄選憲法」。

1024年冬奉直再戰，直系勝，段祺瑞組織臨時政府，推翻十二年憲法，組織國憲起草委員會，重新起草憲法，歷經4個月之期間，於1925年4月完成憲法草案，是為「十四年憲法草案」。

三、國民政府之制憲

（一）訓政時期約法

1918年北伐成功，統一全國，至1931年間，國民黨當局認為：「在訓政開始之時，一切建國根本問題，應與國民共約，乃得齊一全國國民之意志，集中全國國民之能力，以利民有民治民享之基，而明本黨執政時期之責任。」乃主張召開國民會議，制定訓政時期約法，國民黨中央接受此項提議，遂於1931年5月5日召開國民會議，制定訓政時期約法，於1931年6月1日公布施行。

（二）五五憲草之制定

訓政時期約法公布未久，即發生日本侵略中國大陸東北的九一八事變。鑑於國難當頭，為抵禦外侮，各方多主張制憲。1932年12月，國民黨召開第四屆三中全會，並決定未來於1935年3月召開國民大會，議決憲法，並「飭

4　林紀東，《中華民國憲法逐條釋義（一）》，三民，修訂再版，1985年9月，3頁。

立法院從速起草憲法草案發表，以備國民之研討」。立法院依此決議，於1933年1月，成立憲法起草委員會，先決定立法原則，其後依照原則草擬初稿，於民國1934年3月1日公布，徵求國人意見後，復就初稿加以修正，於同年10月16日，三讀通過，經立法院呈報國民政府，依照當時立法程序，轉送中國國民黨中央黨部後，同年12月14日，中央第四屆五中全會，將草案提出討論。中央常會於1935年10月17日，將該草案審查完畢，送回立法院。立法院依修正原則，將草案再加修正，於1935年10月底呈送國民政府，經中央再加研究，起草憲草審議書，再交立法院審議，經立法院依照指示各點，逐一修正後，呈由國民政府，於1936年5月5日公布，是所謂「五五憲草」[5]。當時公布之條文本為148條，嗣因1937年4月22日，中央常會決議，將該草案第146條：「第一屆國民大會之職權，由制定憲法之國民大會行使之。」之規定刪除。立法院依此決議，於同年4月30日，完成修正之手續，故草案全文改為147條。

　　五五憲草制定經過之時間，始於1923年1月，迨1936年5月，歷經三易寒暑，會議數十百次，且博採周諮，廣徵各方意見，八度易稿後，始成定案，故在學理上，甚有研究價值。**五五憲草在時間上與現行憲法，距離最近，為當然制憲時最重要之參考資料**，現行憲法各條之內容及文字，仍多沿襲五五憲草，二者關係相當密切。

　　五五憲草共分為八章，依次為「總綱」、「人民之權利義務」、「國民大會」、「中央政府」、「地方制度」、「國民經濟」、「教育」以及「附則」等。茲就五五憲草與中華民國憲法主要不同之點，略述如下：

1. 有關國民大會之職權

　　五五憲草第32條規定：「國民大會之職權如左：一、選舉總統、副總統、立法院院長、副院長、監察院院長、副院長、立法委員、監察委員。二、罷免總統、副總統、立法、司法、考試、監察各院院長、副院長、立法委員、監察委員。三、創制法律。四、複決法律。五、修改憲法。憲法賦予之其他職權。」

　　依此規定的國民大會，不僅對總統、副總統以及立、監兩院之院長、副院長以及所有委員有選舉罷免權，且對由總統任用之司法、考試兩院院長、

5　林紀東，《中華民國憲法逐條釋義（一）》，三民，修訂再版，1985年9月，4頁以下。

副院長亦有罷免之權。且國民大會除修改憲法外，尚有創制法律與複決法律之權。此種規定之精神，正符合國父孫中山先生所倡的「權能區分」理論，使國民大會能收政權機關之實，並透過人事權之決定，對於治權機關，得為適當之控制，使政權與治權機關界限較為分明[6]。

五五憲草之國民大會為真正唯一的民意機關，與中華民國憲法除國民大會外，立法、監察皆為民選機關之規定不同。

2. 有關中央政府之規定

中央政府之設置為依照孫中山先生所倡的五權分立制，總統為國家元首，對國民大會負責。行政院院長、副院長、政務委員以及各部部長均由總統任免之，亦各對總統負其責任。此外，司法與考試兩院之院長、副院長亦由總統任命之。行政院對總統負責。因此，五五憲草之總統，類似為有實權之總統制。與中華民國憲法相比，五五憲草之行政院無需對立法院負責，院長人事決定權亦無需經由立法院之同意。且總統不對立法院負責，依草案第70條規定：「總統對於立法院之議決案，得於公布或執行前，提交覆議。立法院對於提交覆議之案，經出席委員三分之二以上之決議，維持原案，總統應即公布或執行之。但對於法律案、條約案，得提請國民大會複決之。」非如中華民國憲法第57條行政院對立法院負責之規定。

由上述條文觀之，**五五憲草應類似總統制之精神，行政院是為總統的幕僚機構，對總統負責，並不對立法院負責**，同樣地，總統及其他四院均對國民大會負責，實現國父「權能區分」之理論，國民大會為政權機關監督總統以及其他四院之治權機關。

3. 有關地方制度之規定

五五憲草與中華民國憲法有關地方制度之規定有所不同。中華民國憲法第十一章「地方制度」一章，明定省縣均為地方自治團體得制定省、縣自治法，選舉省長、縣長。五五憲草則以省為國家行政區域，而非地方自治團體。該草案第98條規定：「省設省政府，執行中央法令，及監督地方自治。」第99條規定：「省政府設省長一人，任期三年，由中央政府任免之。」

上述條文揭示，省政府僅為執行中央法令，監督地方自治之機關，而非

---

6 林紀東，《中華民國憲法逐條釋義（一）》，三民，修訂再版，1985年9月，7頁。

省自治機關。且省長係由中央任免,類似中央的派出機關,亦非由省民直接選舉。而縣雖屬縣民自行選舉縣長、縣議員之自治機關,縣民依法亦可行使四權,但卻無制定縣自治法之規定,因此,五五憲草之縣自治之權力,亦沒有比中華民國憲法之縣來得大[7]。

從五五憲草之地方制度規定觀之,係採所謂中央集權之方式,省這一層級屬中央派出機構,並非地方自治機構。真正的地方機構,僅縣這一層級,但縣之自治,並無自治的立法權,亦即,縣民無制定縣自治法之權限,仍受到中央立法之限制,依此規定,並不符合孫中山先生的均權理論。

五五憲草之訂定,從其條文精神,係為了貫徹孫中山先生之「五權憲法」以及「權能區分」之精神而訂定,中央政府除總統外,另設有五院制度,作為國父所稱的「治權」,而國民大會則為「政權」機關,總統(行政院對總統負責)及其他四院亦對國民大會負責,並受其監督。但在地方制度的設計上,卻不符合「均權理論」,雖有省這一行政區,但卻未賦予其自治權,且縣亦僅享有有限之自治權,因此,五五憲草「地方制度」之設計,是屬中央集權制。

四、中華民國憲法制定之經過

(一)政治協商會議

五五憲草公布之後,原擬於1936年11月12日召集國民大會,以五五憲草為基礎,制定憲法,惟因各省國民大會代表之選舉,未能即時辦妥,翌年抗戰發生,國民大會未能召集,制憲工作因而陷於停頓。

迨1945年9月,抗戰勝利,政府原擬於1945年10月召開國民大會,進行制憲,但因戰火始息,瘡痍未復,中共乘機擴展武力,政府為加強團結,重建國家起見,乃於1946年1月10日,召開政治協商會議於重慶,邀集國民黨、民主同盟、民社黨、青年黨以及共產黨等各黨派代表,與社會賢達38人,共同商討,歷經21天而作成憲法草案之決議如下[8]:

---

7 林紀東,《中華民國憲法逐條釋義(一)》,三民,修訂再版,1985年9月,8頁以下。
8 董翔飛,《中華民國憲法與政府》,三民,增訂二十三版,1991年9月,69頁。

1. 國民大會：全體選民行使四權，謂之國民大會[9]。
2. 在未實施總統普選以前，總統由中央及省縣各級議會，合組選舉機關選舉之。
3. 總統之罷免，以選舉總統同樣之方法行之。
4. 創制複決兩權之行使，另以法律定之。
5. 立法院為國家最高立法機關，由選民直接選舉，職權等於各民主國家之議會。
6. 監察院為國家最高監察機關，由各省級議會及各民族自治區議會選舉之。其職權為行使同意、彈劾及監察權。
7. 司法院即為國家最高法院，不兼司法行政。由大法官若干人組織之。大法官由總統提名，經監察院同意任命之。各級法官，須超出黨派以外。
8. 考試院用委員制，其委員由總統提名，經監察院同意任命之。其職權，著重於公務人員及專業人員之考試。考試委員應超出黨派。
9. 行政院為國家最高行政機關。行政院院長由總統提名，經立法院同意任命之。行政院對立法院負責。如立法院對行政院全體不信任時，行政院院長或辭職，或提請總統解散立法院。但同一行政院院長，不得兩次提請解散立法院。
10. 總統經行政院決議，得依法發布緊急命令，但須於1個月內報告立法院。
11. 總統召集各院院長會商，不必明文規定。
12. 地方制度，確定省為地方自治之最高單位。省長民選。省得制定省憲。但不得與國憲牴觸。依照均權主義劃分權限。
13. 人民之權利義務，應享有民主國家人民一切之權利及自由。法律規定應出於保障精神，不以限制為目的。
14. 選舉制度，應列專章，被選年齡，改為23歲。
15. 基本國策，應包括國防、外交、國民經濟、文化教育各項。
16. 憲法之修改，應由立法、監察兩院聯席會議提出，交由選舉總統之機關複決[10]。

---

9 此即所謂無形國大，或散見於民間的國大。
10 林紀東，《中華民國憲法逐條釋義（一）》，三民，修訂再版，1985年9月，10頁以下。

　　上列規定之關於國民大會、立法院、行政院以及地方制度各部分，均與五五憲草之設計相去甚遠，輿論有所指責。國民黨二中全會，乃於同年3月16日，通過對修改憲草原則之決議如下：

1. 制定憲法，應以建國大綱為最基本之依據。
2. 國民大會應為有形之組織，用集中開會之方式，行使建國大綱所規定之職權，其召集之次數，應酌予增加。
3. 立法院對於行政院，不應有同意權及不信任權。行政院亦不應有提請解散立法院之權。
4. 監察院不應有同意權。
5. 省無須制定省憲。

　　針對上述決議，經國民黨代表與各黨派協商，成立下列三點協議：

1. 國民大會為有形組織，行使四權。
2. 取消立法院之不信任權及行政院之解散權。
3. 取消省憲，改為省得制定省自治法。

（二）中華民國憲法之制定

　　政治協商會議決定修改憲草原則之後，復決議組織憲草審議委員會，根據所決定之修改憲草原則，並參酌各方所提意見，彙綜整理，製成中華民國憲法修正案（五五憲草），提經立法院送呈國民政府，再由國民政府轉送國民大會。制憲國民大會於1946年11月15日，在南京國民大會堂開幕，同月28日國民政府蔣主席向大會提出「中華民國憲法修正案」，由主席團主席胡適接受，提付大會，作廣泛討論，再交付各審查委員會審查，再經綜合審查。至同年12月25日上午大會三讀通過。國民大會亦於是日午後閉幕，而中華民國憲法，遂告完成[11]。國民大會通過憲法後，決定送由國民政府，於1947年1月1日公布，同年12月25日施行。

（三）中華民國憲法之評釋

　　中華民國憲法係以五五憲草為藍本，透過政黨協商修改而成，但修改之

---

11 林紀東，《中華民國憲法逐條釋義（一）》，三民，修訂再版，1985年9月，12頁以下。

後，其基本精神卻與五五憲草大不相同，中央政府之組織，雖仍維持國父遺教所倡的「五權憲法」之組織，但其權責卻不符合國父所倡的「權能區分」理論，但中華民國憲法有關地方制度卻以國父遺教的「均權制度」為其精神，茲就其中央政府與地方政府重點分析如下：

1. 中央政府權限之劃分

(1) 國民大會之權限

首先是國民大會之權限受到極大之限制，中華民國憲法之改變，使得其非屬於所謂的「政權」機關。依據憲法第27條規定：「國民大會之職權如左：一、選舉總統、副總統。二、罷免總統、副總統。三、修改憲法。四、複決立法院所提之憲法修正案。關於創制複決兩權，除前項第三、第四兩款規定外，俟全國有半數之縣市曾經行使創制複決兩項政權時，由國民大會制定辦法並行使之。」

由上述條文分析，國民大會與五院間，並不存在任何關係，因此，無法監督國父所稱的「治權機關」。其僅擁有總統、副總統之選舉罷免權，但由於中華民國憲法之總統權限不如五五憲草來得廣，行政院已非屬總統的幕僚機構，並非向總統，而係向立法院負責，故國民大會與行政院之間亦無任何關聯。因為其既然無法監督我國之五院，則其當然非屬國父遺教所稱的「政權機關」毫無疑問。

(2) 總統之職權

中華民國憲法的總統，雖仍擁有行政院院長以及監察院審計長之提名權，但須立法院之同意，以及司法院、考試院兩院院長、副院長以及司法院大法官、考試委員之提名權，但須經監察院之同意任命之，因此，總統的此種提名權，事實上仍須經由民意機關之同意，並非自行即能決定之權，此種人事權，受到相當限制。此外，由於行政院向立法院負責，類似國外的責任內閣制，而非屬總統制的總統幕僚機構，且由於中華民國憲法所規定總統職權，須經行政院之副署，因此，總統並無單獨決定之權，此項改變，使得我國之總統，偏向虛位，亦即，非實權之總統，實際上，由行政院負行政之責，而行政院係對立法院負責，偏向責任內閣制。

(3) 五院之權責

五院間產生了兩個民意機構，亦即，立法院與監察院。依五五憲草之規定，其產生原本由國民大會選舉之。而今中華民國憲法第64條規定：「立

法院立法委員，依左列規定選出之：一、各省、各直轄市選出者，其人口在三百萬以下者五人，其人口超過三百萬者，每滿一百萬人增選一人。二、蒙古各盟旗選出者。三、西藏選出者。四、各民族在邊疆地區選出者。五、僑居國外之國民選出者。六、職業團體選出者。立法委員之選舉及前項第二款至第六款立法委員名額之分配，以法律定之。婦女在第一項各款之分配，以法律定之。」

依上述規定，立法委員採直接選舉制，而非國民大會間接選舉，因此，就其精神而言，屬國父所稱的「政權」機關。同樣地，依中華民國憲法第91條規定：「監察院設監察委員，由各省市議會、蒙古西藏地方議會及華僑團體選舉之。其名額分配，依左列之規定：一、每省五人。二、每直轄市二人。三、蒙古各盟旗共八人。四、西藏八人。五、僑居國外之國民八人。」

依其規定，監察委員亦屬人民間接選出之民意機構，亦屬所謂的「政權」機關無疑。

此種制度之設計，已非屬「權能區分」之理論，而較偏向「權力分立」之理論，除國外三權外，另加上我國之特有的考試、監察兩院，形成我國之五院制[12]。

2. 地方自治均權制度之設計

與五五憲草僅以縣為地方單位不同，在於中華民國憲法增加省一級，而將省縣規定為地方制度的單位。在制度設計上，我國之政府組織仍非屬聯邦國家，省縣並無訂定所謂「省憲」、「縣憲」之規定，因此非屬聯邦之國家，甚為明顯。依中華民國憲法第112條第1項之規定：「省得召集省民代表大會，依據省縣自治通則，制定省自治法，但不得與憲法牴觸。」以及第122條規定：「縣得召集縣民代表大會，依據省縣自治通則，制定縣自治法，但不得與憲法及省自治法牴觸。」因此，省民與縣民就地方事務，有自治立法權。

而省縣自治通則，應屬類似地方自治之基準法，此種制定權屬中央立法之權限[13]，其主要目的，因我國非屬聯邦國家，為平衡各地區之差異性，避

---

12 李惠宗，《憲法要義》，元照，九版，2022年9月，Rn. 2229。

13 依中華民國憲法第108條第1項第1款之規定，有關「省縣自治通則」屬中央立法並執行，或交由省縣之事項，因此屬中央立法之事項。

免制定極端不同的自治法，有必要由中央制定之基準法，作為地方自治之基
準，此為該法產生之原因。此外，我國憲法第111條規定：「除第一百零七
條、第一百零八條、第一百零九條及第一百十條列舉事項外，如有未列舉事
項發生時，其事務有全國一致之性質者屬於中央，有全省一致之性質者屬於
省，有一縣之性質者屬於縣。遇有爭議時，由立法院解決之。」

　　由上述條文觀之，我國既非聯邦國家，各邦各有獨立完整之立法權，因
為我國並無制定省憲或縣憲之權，而係由中央制定省縣自治通則作為地方自
治之基準。我國亦非中央集權國家，因為憲法中第十章規定有關「中央與地
方之權限」的分配以及第十一章有關「地方制度」省縣制度之規定，明顯劃
分中央與地方應有之權限，此種規定，為中央集權國家之所無。依此精神，
我國應屬孫中山先生所倡「均權制」，而有別於聯邦或中央集權國家。

第二節　動員戡亂時期臨時條款之相關問題

一、動員戡亂時期臨時條款之制定

　　1948年3月，第一屆國民大會開議時，有許多國大代表認為，我國憲法
之內容，妥協容讓痕跡極深，其中之採取非實權之總統制，頗不合於中國人
想法與國家情勢。

　　故早在1948年3月，第一屆國民大會會議開會時，即有甚多國民大會代
表提議修改憲法。當時中共以稱兵作亂，國家情勢復甚不利於我國，有識者
深感有修改憲法之必要，俾使政府能發揮能力，適應機宜。但憲法甫經公
布，尚未施行即予修改，恐有不妥之處。經由磋商，認為最好辦法，於不變
更憲法之範圍內，予政府以臨機應變之權力，俾可適應緊急時勢之需要，至
憲法之修改，則於兩年後為之[14]。於是乃有國民大會代表莫德惠等771人，
向第一屆國民大會第一次會議提出如下之建議：「我國行憲伊始，正值動員
戡亂之非常時期，欲早竟剿匪之全功，速救人民於水火，必須使政府切實負
責，俾一切措施，得以適應時機；爰在不變更憲法之範圍內，提請依照憲法

---

14 林紀東，《中華民國憲法逐條釋義（四）》，三民，三版，1986年2月，400頁以下。

第174條第1款之程序，制定動員戡亂臨時條款，一俟動員戡亂時期終止，此項條款即予廢止，庶幾行憲戡亂，同時並舉[15]。」因此，當時提案之根本目的在求行憲戡亂並行不背。

　　提案經由四次修改，1948年5月10日公布施行之動員戡亂時期臨時條款全文如下：「茲依照憲法第一百七十四條第一款程序，制定動員戡亂時期臨時條款如左：總統在動員戡亂時期，為避免國家或人民遭遇緊急危難，或應付財政經濟上之重大變故，得經行政院會議之決議，為緊急處分，不受憲法第三十九條或第四十三條所規定程序之限制（第1項）。前項緊急處分，立法院得依憲法第五十七條第二款規定之程序，變更或廢止之（第2項）。動員戡亂時期之終止，由總統宣告或由立法院咨請總統宣告之（第3項）。第一屆國民大會應由總統至遲於民國三十九年十二月二十五日以前召集臨時會，討論有關修改憲法各案，如屆時動員戡亂時期尚未依前項規定宣告終止，國民大會臨時會應決定臨時條款應否延長或廢止（第4項）[16]。」

　　動員戡亂時期臨時條款之規定，係為賦予總統之緊急處分權，以因應國家之變局。與現行憲法不同之處，在於臨時條款之規定，總統宣告緊急處分後，無須送立法院通過或追認。

二、動員戡亂時期臨時條款之法律性質

（一）臨時條款之位階

　　我國憲法第174條規定：「憲法之修改，應依左列程序之一為之：一、由國民大會代表總額五分之一之提議，三分之二之出席，及出席代表四分之三之決議，得修改之。二、由立法院立法委員四分之一之提議，四分之三之出席，及出席委員四分之三之決議，擬定憲法修正案，提請國民大會複決。此項憲法修正案，應於國民大會開會前半年公告之。」在此一條文中，制憲者僅針對：1.提案機關（國民大會、立法院）及其程序；2.修憲機關（國民大會）及其程序設有規定，但就修憲之形式問題則無進一步的規定。也因

---

15 董翔飛，《中國憲法與政府》，三民，修訂二十九版，1995年3月，672頁。
16 教育部主編（劉錫五執筆部分），《中華民國建國史第五篇：戡亂與建國（一）》，國立編譯館，初版，1991年4月，465頁。

此，國民大會是否得依照本條制定（或修改）臨時條款，而在實質上凍結某一憲法條文之適用？即產生問題[17]。

在此，早期採肯定說之學者認為：動員戡亂時期臨時條款乃係由有權修改憲法之國民大會，依照前揭條文所制定（或修改），其在效力上仍等同於憲法之一部，依照憲法第171條及第172條之規定，法律及命令均不得與之有所牴觸；而與憲法之關係而言，乃屬特別法與一般法之關係。

（二）臨時條款為限時法

臨時條款僅適用於動員戡亂時期之限時法，與憲法之具有相當永久性不同。其法律地位與憲法列於同一順序。但其為憲法的特別法，若其規定與憲法規定不同時，依特別法優於普通法，臨時條款優先於憲法而適用。

（三）臨時條款為戰時法

於1947年公布施行之中華民國憲法，乃是用以規範國家平時之基本組織及其作用，在性質上乃屬於平時法。

戰時憲法，係規定暫時國家之基本組織及其作用之憲法。臨時條款係為動員戡亂而訂定的，與中華民國憲法之規定平時國家之平時憲法不同。

臨時條款本係臨時性質，而非一種常有的立法型態，若憲法已有恢復常態可能性時，在法理上此種臨時條款即應被解除。但我國卻讓臨時條款存在相當長之時間（至1991年5月），並一再增加其內容，而使我國之政府體制，不再符合原來所設計之體制，此為最為人詬病之處。

三、緊急處分權性質之探討

（一）內容範圍

臨時條款所規定之總統緊急處分權，凍結了憲法第39條與第43條之適用。臨時條款以緊急處分權取代了戒嚴與緊急命令，亦即，緊急處分的範圍包括了戒嚴與緊急命令兩種國家緊急權。臨時條款似乎擴充了總統之權限，

---

17 許宗力，〈動員戡亂時期臨時條款之法律問題〉，收錄於許宗力，《法與國家權力》，月旦，二版，1994年10月，401-402頁。

將原來兩種國家緊急權，合而為一，以利總統於特別時期迅速為之。

（二）發動條件

此種緊急處分權之發動，係「為避免國家或人民遭遇緊急危難，或應付財政經濟上之重大變故」。在此，包括兩種情形，其皆以不確定法律概念表現出來。第一種情形，係以國家或人民為對象，避免其遭遇緊急危難。此種「人民」之避免緊急危難之情形的規定，與憲法第23條之立法裁量權規定重疊。第二種情形「應付財政經濟上之重大變故」，則取自憲法第43條之規定。

（三）發布程序

臨時條款雖授權總統因應國家緊急狀況的緊急處分權，但為了維護我國憲法之內閣責任制的本質，因此，在程序上仍對此種權限之行使，作了限制，以防總統之專權[18]。

臨時條款規定此種緊急處分權，得經行政院會議之決議。在此，採取「得」字，而非「須」字，解釋上是否送行政院會議之決議，要屬總統之裁量權。此外，立法院對總統所為之緊急處分權，得依憲法第57條第2款規定之程序變更或廢止之，因此，立法院對此仍掌握監督控制權，以防止總統之專權。以上這些程序上之設計，尚能符合原來憲法內閣制度之設計。

四、動員戡亂時期臨時條款之修正

依臨時條款最後一款規定，原應由總統於1950年12月25日以前，召開國民大會臨時會，如屆時動員戡亂時期，尚未宣告終止，應由國民大會臨時會決定臨時條款應否延長或廢止。但當時因時局關係，而未能如期召開。迨1954年2月19日，第一屆國民大會第二次會議，在臺北集會，經由陳其業、莫德惠等87位國民大會代表，提出臨時動議：「請由大會決議，動員戡亂時期臨時條款，在未經正式廢止前，繼續有效。」決議獲致通過[19]。

---

18 李鴻禧、游伯欽，《憲法緒論》，雙榜文化，初版，1990年1月，81頁。
19 林紀東，《中華民國憲法逐條釋義（四）》，三民，三版，1986年2月，401頁。

（一）臨時條款第一次修正

　　1950年3月12日總統公布臨時條款第一次修正，其內容如下：「茲依照憲法第一百七十四條第一款程序，制定動員戡亂時期臨時條款如左：『總統在動員戡亂時期，為避免國家或人民遭遇緊急危難，或應付財政經濟上之重大變故，得經行政院會議之決議，為緊急處分，不受憲法第三十九條或第四十三條所規定程序之限制（原條文）。前項緊急處分，立法院得依憲法第五十七條第二款規定之程序，變更或廢止之（原條文）。動員戡亂時期，總統、副總統得連選連任，不受憲法第四十七條連任一次之限制（新增條文）。國民大會創制複決兩權之行使，於國民大會第三次會議會議閉會後，設置機構，研擬辦法，連同有關修改憲法各案，由總統召集國民大會臨時會討論之（新增條文）。國民大會臨時會，由第三任總統，於任期內適當時期召集之（修正條文）。動員戡亂時期之終止，由總統宣告之（修正條文）。臨時條款之修訂或廢止，由國民大會決定之（修正條文）。』」

　　第一次修正之臨時條款，合計共七項，較原條文增加三項。此次修正，主要係因為總統之任期依憲法規定已屆，若不修改臨時條款，則無法繼續留任，因此，乃以修改臨時條款為權宜措施。

　　而國民大會依第5項有關「國民大會創制複決兩權之行使」，以及依第6項「國民大會臨時會，由第三任總統，於任期內適當時期召集之」等規定，於第三次會議閉幕後，設立憲政研討委員會，研擬創制複決兩權之行使辦法，並就有關修改憲法各案，加以研討。此項工作歷時一年有半，於1961年12月25日完成。並於1962年2月1日起，至同年7月底止，將研擬之國民大會創制複決兩權行使辦法草案初稿，廣泛徵求各方意見。經該會加以整理後，於1962年12月12日，將研擬之國民大會創制複決兩權行使辦法草案初稿，暨各方意見摘要彙編，連同國民大會歷次會議有關修改憲法各案，暨該會對有關修改憲法各案研究結論，一併咨請總統，為召集國民大會臨時會之參考[20]。

---

20 林紀東，《中華民國憲法逐條釋義（四）》，三民，三版，1986年2月，403頁。

（二）臨時條款第二次修正

1966年2月1日，第三任總統召開國民大會臨時會，於同年2月8日修正臨時條款，是為第二次之修正，全文如下：「茲依照憲法第一百七十四條第一款程序，制定動員戡亂時期臨時條款如左：

一、總統在動員戡亂時期，為避免國家或人民遭遇緊急危難或應付財政經濟上之重大變故，得經行政院會議之決議，為緊急處分，不受憲法第三十九條或第四十三條所規定程序之限制（原條文）。

二、前項緊急處分，立法院得依憲法第五十七條第二款規定之程序變更或廢止之（原條文）。

三、動員戡亂時期總統副總統得連選連任，不受憲法第四十七條連任一次之限制（原條文）。

四、動員戡亂時期，國民大會得制定辦法，創制中央法律或複決中央法律，不受憲法第二十七條第二項之限制（新增條文）。

五、在戡亂時期總統對於創制案或複決案認為有必要時，得召集國民大會臨時會討論之（新增條文）。

六、國民大會於閉會期間，設置研究機構，研討憲政有關問題（新增條文）。

七、動員戡亂時期之終止，由總統宣告之（原條文）。

八、臨時條款之修訂或廢止，由國民大會決定之（原條文）。」

　　第二次修正，著重於國民大會行使創制複決兩權方面。

（三）臨時條款第三次修正

1966年2月19日，第一屆國民大會第四次會議開會後，國民大會代表張知本等，認為為適應反共情事需要，完成反攻復國任務，動員戡亂時期臨時條款有重加修訂之必要，應增加下列條文：「動員戡亂時期，得設置動員戡亂委員會，決定動員戡亂有關問題之大政方針，並有處理戰地事務之全權，其組織由總統以命令定之。動員戡亂委員會，對中央政府機關之增減、調整、編制與職權，及依選舉產生中央公職人員，因人口增加或任期屆滿，而現能增選或改選之地區、及光復地區能舉行選舉時，均得訂頒辦法實施之。以上兩款之施行，不受憲法有關條文之限制。」

　　此項提案，有關動員戡亂委員會之設立爭執不大。但第2款有關中央公職人員「改選」之部分，國民大會代表以及立法委員等因涉及本身之利益反對聲浪甚高，雖其從1948年以來從未改選，仍堅持不得將改選之建議列入臨時條款中。

　　1966年3月19日，國民大會所舉行之第九次大會，將臨時條款加以修訂，為第三次之修訂，由總統於同年3月22日公布施行，其前三項與第二次修正的內容完全相同，在此不贅述，將第4項以下列舉如下：「四、動員戡亂時期，本憲法體制，授權總統得設置動員戡亂機構，決定動員戡亂有關大政方針，並處理戰地事務（新增條文）。五、總統為適應動員戡亂需要，得調整中央政府之行政機構及人事機構，並對於依選舉產生之中央公職人員，因人口增加或因故出缺，而能增選或補選之自由地區及光復地區，均得訂頒辦法實施之（新增條文）。」

　　第6項至第10項，係由第二次修正的第4項至第8項移列，內容完全相同。

　　上述第5項未將張知本所提改選建議納入，竟不能獲得國民大會之通過，殊為可惜[21]。

　　因此，中央公職人員之全部改選，又拖延了四分之一世紀，遲至1990年6月21日司法院釋字第261號解釋，而限定這些中央公職人員，應於1991年12月31日以前終止行使職權。透過該號解釋，使得我國之中央民意代表得以全面改選。

（四）臨時條款第四次修正

　　第一屆國民大會第四次會議於1972年2月召開，主要在於增加中央民意代表之名額。其與第三次修正條文比較，第1項至第4項內容並無變動，第5項就原第三次修正第5條內容稍作修正，此次修正增加第6項有關中央民意代表名額之規定。而原來的第6項移為第7項，以下各項往下推移，因此，比第三次修正多一項，而為十一項，以下茲就第5項與第6項內容敘述如下：

　　「五、總統為適應動員戡亂需要，得調整中央政府之行政機構，人事機

---

21 對此林紀東先生，亦提出批評，而認為這些國民大會代表，反對之理由何在。參照其所著，《中華民國憲法逐條釋義（四）》，409頁。

構及其組織（修訂條文）。

　　六、動員戡亂時期，總統得依下列規定，訂頒辦法充實中央民意代表機構，不受憲法第二十六條、第六十四條及第九十一條之限制：

（一）在自由地區增加中央民意代表名額，定期選舉，其須由僑居國外國民選出之立法委員及監察委員，事實上不能辦理選舉者，得由總統訂定辦法遴選之。

（二）第一屆中央民意代表，係依全國人民選舉所產生，依法行使職權，其增選、補選者亦同。

（三）大陸光復地區次第辦理中央民意代表之選舉。

（四）增加名額選出之中央民意代表，與第一屆中央民意代表，依法行使職權。

（五）增加名額選出之國民大會代表，每六年改選，立法委員每三年改選，監察委員每六年改選（修訂條文）。」

　　此次臨時條款之修訂，著重於第6項中央民意機構之充實。但卻仍無法全面改選，只能局部改選與增選，對中央民意機關之現狀，只能作些微之改變，吾人只能感慨聊勝於無。

第三節　七次修憲的經過及其影響

　　憲法增修條文之訂定，是回歸憲政之正常化，如前言所稱是因應國家統一前之需要而訂定，故屬於應變制宜之規定，是類似德國基本法之性質。憲法增修條文共歷經七次修訂，基本上是因應當時政治現實及憲政疑難所致，如國民大會之廢止。其修訂期間為：1991年5月1日，1992年5月28日，1994年8月1日、1997年7月21日、1999年9月15日、2000年4月24日、2005年6月7日，共七次修憲。

　　為因應民主思潮，1990年李登輝被選為中華民國總統後，於當年五二〇就職演說承諾：「一年內終止動員戡亂時期，二年內完成憲政改革。」並於同年12月25日宣布「一機關（國民大會）兩階段」的修憲策略，允諾實施民主並廢除動員戡亂時期。

一、第一次增修條文內容

　　1991年4月30日總統宣布終止動員戡亂時期，隔日5月1日增修條文公布並同時廢除臨時條款。第一次修訂主要是將原來臨時條款之條文轉化過來，以及因應臨時條款之廢止訂定一些當時所制定法律之適用之期間，此次重點如下：明定第二屆中央民意代表產生的法源、名額、選舉方式、選出時間及任期，賦予總統發布緊急命令的職權，以及總統得設國家安全會議以及國家安全局，明顯增加總統職權。

　　為解決兩岸問題，增加第10條規定：「自由地區與大陸地區間人民權利義務關係及其他事務之處理，得以法律為特別之規定。」而開啟了兩岸人民關係之法制化，並訂定臺灣地區與大陸地區人民關係條例之規定。本次修訂也完成資深民代於該年年底退職，及賦予第二屆民代產生的法源依據。

二、第二次增修條文內容

　　1992年5月27日，第二屆國大代表完成第二階段第二次修憲，繼第一次第10條之後再從第11條至第18條增訂了8條增修條文，重點如下：

（一）確立總統、副總統由自由地區全體人民選舉之，任期4年：卻對於「公民直選」抑或是「委任直選」兩者之間[22]，有著許多不同的見解。

（二）將監察院改為準司法機關，不再是民意代表。

（三）賦予地方自治明確法源基礎，以法律定之，不再受憲法相關條文之限制。省長由官派改為民選。

（四）充實基本國策，加強對文化、科技、環保與經濟發展，以及婦女、山胞、殘障同胞、離島居民的保障與照顧。

（五）本次修憲，將總統、副總統改由自由地區全體人民選舉之，更確定中央體制有傾向總統制。其次，地方自治以法律明確規定，不受憲法

---

22 所謂「委任直選」乃是相對於「公民直選」而言，並非是由全體公民直接投票選舉總統。而是先投票選出國民大會代表，再由國民大會代表投票選舉總統，類似美國「選舉人團」制度設計。

第108條第1項第1款、第112條至第115條及第122條之限制[23]。

（六）首次在憲法本文外，有了基本國策之規定。

三、第三次增修條文內容

　　1994年8月1日第三次修憲，確立了總統由公民直選選舉出，同時縮減了行政院長的副署權，民選增強總統之正當性，並剔除了內閣制的副署制度，使憲政體制朝向半總統制的方向發展。1996年3月23日首次舉行總統民選。李登輝與連戰當選正副總統，李登輝在第三屆立法院組成後，未再提出新的行政院長，由連戰以副總統身分續任行政院長，而引起立法院之抗爭，並因此引發司法院釋字第419號之解釋（1996年12月13日）。

四、第四次增修條文內容

　　1997年7月21日第四次修憲重點如下：

　　半總統制的憲政體制逐漸成型：此次修憲建立了我國半總統制的憲政體制，將行政院院長改由總統任命，毋庸經立法院同意，增列立法院得對行政院提出不信任案，總統於立法院通過對行政院院長之不信任案後10日內，經諮詢立法院院長後，得宣告解散立法院，而行政院得呈總統解散立法院之規定，逐漸將政府體制改為接近法國雙首長制。將立法院覆議門檻由三分之二降至二分之一。對於總統、副總統彈劾權改為由立法院行使之，並僅限於犯內亂、外患罪。

　　國家機關職權、設立程序及總員額乃保留得以法律為準則性規定，就此，訂定了行政院中央政府組織基準法。

　　凍結省級自治選舉，省設省政府、省諮議會，省主席、省府委員、省諮議會議員均由行政院院長提請總統任命之，此即所謂的凍省。將省虛級化，亦即所謂的凍省，並在1999年通過了「地方自治法」，作為地方自治法規之依據。

　　基本國策增列扶植中小型經濟事業條款。本次修憲，爭議相當多要屬第

---

23 基於上述第17條規定，1994年7月29日立法院制定「省縣自治法」與「直轄市自治法」，並舉辦省長直選。

10條第8項將原憲法條文第164條教育科學文化之最低預算刪除，引起相當反彈，因此要求正視該問題，而有了九二七之活動，並要求國民大會不要亂修憲。

五、第五次增修條文內容

　　1999年9月3日，第三屆國民大會第四次會議議決通過修正中華民國憲法增修條文第1條、第4條、第9條及第10條條文，同（1999）年9月15日由總統公布，是為憲法第五次增修，主要重點如下：

（一）國民大會代表第四屆為300人，自第五屆起為150人，依規定以比例代表方式選出之。並以立法委員選舉，各政黨所推薦及獨立參選之候選人得票數之比例分配當選名額。

（二）國民大會代表於任期中遇立法委員改選時同時改選，連選得連任。第三屆國民大會代表任期至第四屆立法委員任期屆滿之日止，不適用憲法第28條第1項之規定。

（三）第四屆立法委員任期至2002年6月30日止。第五屆立法委員任期自2002年7月1日起為4年，連選得連任，其選舉應於每屆任滿前或解散後60日內完成之。

　　上述規定即所謂的國代自肥案以及國大延任案，將國代任期延至與立法委員任期同，等到2002年再和立法委員一起改選，民眾反彈甚烈，因而有了司法院釋字第499號解釋。國大成為了「虛級化」的目標，故將其比照凍省的模式，成為了修憲的途徑。

　　基本國策增訂國家應重視社會福利工作，對於社會救助和國民就業等救濟性支出應優先編列，增列保障退役軍人條款以及保障離島居民條款，增列澎湖地區。

六、第六次增修條文內容

　　2000年4月25日第六次修憲將國代改為任務型國代。國民大會代表300人，於立法院提出憲法修正案、領土變更案，經公告半年，或提出總統、副總統彈劾案時，應於3個月內採比例代表制選出之。比例代表制之選舉方式

以法律定之。國民大會代表於選舉結果確認後10日內自行集會，國民大會集會以1個月為限。國民大會代表任期與集會期間相同。增列中華民國領土，依其固有之疆域，非經全體立法委員依法決議，並提經國民大會依法複決同意，不得變更之。總統、副總統之罷免案，改由立法院提出，經人民投票同意通過。人民公決首度出現在憲法條文中。

七、第七次即現行增修條文

　　2004年8月23日，立法院於第五屆第五會期第一次臨時會第三次會議，通過憲法修正案，並於8月26日公告，是為行憲以來第一次由立法院所提出之憲法修正案。2005年6月7日，國民大會複決通過修正中華民國憲法增修條文第1條、第2條、第4條、第5條、第8條及增訂第12條條文，同（2005）年6月10日由總統公布，是為憲法第七次增修，重點如下：

（一）廢除國民大會，改由公民複決憲法修正案、領土變更案。

（二）憲法之修改以及領土變更案，須經立法院立法委員提議，出席及出席委員決議，提出領土變更案或憲法修正案，並於公告半年後，經中華民國自由地區選舉人投票通過之。

（三）總統、副總統之彈劾案，須經立法院全體立法委員二分之一以上之提議，全體立法委員三分之二以上之決議，聲請司法院大法官審理。

（四）立法委員選舉制度改為單一選區兩票制。

　　第七次修憲即是現行之增修條文。國民大會正式從憲法中消失不再存在。

第四章　憲法前言

第一節　憲法前言之意義及其性質

在憲法本文前首次列有憲法前言者，即屬於美國於1789年所制定之憲法而稱：「我們美國人民，為了建立一個更完善的聯邦，樹立公平的司法制度，保障國內的治安，籌設共同防衛，增進全民福利，使我們自己和後代子孫，永享自由的幸福，乃制定並確立了這一部美國憲法[1]。」後來各國在制定憲法時，也多有仿效之例[2]。

我國於1946年制定憲法時，制憲國民大會亦予以仿效之，在憲法本文前言有：「中華民國國民大會受全體國民之付託，依據孫中山先生創立中華民國之遺教，為鞏固國權，保障民權，奠定社會安寧，增進人民福利，制定本憲法，頒行全國，永矢咸遵。」而我國於1991年第一次憲法增修時，亦於增修條文前列有：「為因應國家統一前之需要，依照憲法第二十七條第一項第三款及第一百七十四條第一款之規定，增修本憲法條文如左：」我國憲法增修條文所列之前言，在形式上較為不同（一般憲法之前言乃是列於本文前）。

1　原文為：We the people of the United States, in order to form a more perfect union, establish justice, insure domestic tranquility, provide for the common defense, promote the general welfare, and secure the blessings of liberty to our selves and our posterity, do ordain and establish this Constitution for the United States of America.本譯文引自：司法院，美利堅合眾國憲法，http://www.judicial.gov.tw/db/db04/db04-03.asp，最後瀏覽日期：2013年9月21日。

2　林紀東，《中華民國憲法逐條釋義（一）》，三民，修訂再版，1985年9月，19-21頁；有關之論述及分析，可參照湯德宗，〈論憲法前言之內容與性質〉，《憲政時代》，第5卷第4期，1980年4月，83-91頁。

第二節　我國憲法本文前言及憲法增修條文前言之內容

一、制定憲法之機關

　　首先是制定憲法之機關，憲法前言所稱之「中華民國國民大會」與憲法第25條至第34條所稱之國民大會有何不同？在此，本書認為「中華民國國民大會」指的是制憲國民大會。

二、制定憲法之理論依據

　　其次，世界各國在制定憲法時，或多或少都受有當時政治思想之影響，例如美國憲法制憲時，即受天賦人權、社會契約、權力制衡等理論的影響，但美國憲法中並無明示其據以制憲之思想及理論。有別於此，我國憲法前言乃稱「依據孫中山先生創立中華民國之遺教」在此是否有所不當？

　　對此，學者認為憲法前言雖然可能受有當時政治哲學或思想的影響，但不能將特定政治思想奉為圭臬地置入憲法前言或規定之中。

第三節　制定憲法之目標

　　美國之制憲者於1787年所制定之美國聯邦憲法條文前，列有前言而稱：「我們美國人民，為了建立一個更完善的聯邦，樹立公平的司法制度，保障國內的治安，籌設共同防衛，增進全民福利，使我們自己和後代子孫，永享自由的幸福，乃制定並確立了這一部美國憲法。」而德國於二次大戰後所制定之德國基本法亦設有前言而稱：「我德意志人民，認識到對上帝與人類所負之責任，願以聯合歐洲中一平等分子之地位貢獻世界和平，茲本制憲權力制定此基本法。」

　　而國民大會於1991年所制定之憲法增修條文，亦於增修條文之前列有前言，其稱：「為因應國家統一前之需要，依照憲法第二十七條第一項第三款及第一百七十四條第一款之規定，增修本憲法條文如左：」

第四節　憲法前言之規範效力

　　然而，我國雖參酌世界各國之立憲例在憲法本文及憲法增修條文前列有前言，但其在解釋上及效力上是否與憲法之規定等量齊觀？則頗為學理上所討論。

　　在此，憲法制憲目標為普通目標，宜極力避免直接引用此種條款。美國憲法最高法院解釋憲法，絕少引用憲法前言中之規定，是因為此種條款過於抽象與廣泛。我國學者則認為，前言的意義在於，如果憲法本文不明確時，可以作為解釋的指導方針[3]。亦有認為，在於說明憲法制定之由來、目的及建國之基本原則[4]，如同基本國策一般，係國家未來的施政的目標[5]。

3　李惠宗，《憲法要義》，元照，九版，2022年9月，Rn. 0403。
4　吳煜宗，〈憲法前言〉，《月旦法學教室》，第29期，2005年3月，48頁。
5　李震山，〈憲法前言之效力〉，《月旦法學教室》，第53期，2007年3月，8頁以下。

第五章 憲法原理及總綱

第一節 共和國原則

憲法本文第1條:「中華民國基於三民主義,為民有民治民享之民主共和國。」此條揭櫫我國之國體為共和國,非以君主為國家元首。例如英國、日本及沙烏地阿拉伯,以世襲的國王或天皇為國家元首,即非共和國。

所謂國體,乃指「國家之形式」而言。在學理上的發展下,目前乃以國家元首身分為其區分標準,而分君主國與共和國。

共和的概念,原先指的是「公共事務」的意思,後來則指多數人共同決定國家事務之意義。而在啟蒙時代以後,則被延伸為反對君主專制、獨裁的概念,也就是牽涉到國家元首之產生的問題。

國家元首對外具有代表國家之地位,對內則代表國家統合的象徵。而在君主國中之元首,係由血緣或家族繼承的世襲所產生;而共和國的元首係有一個被選舉產生的元首。

共和國的內涵可表現在下列內涵之上:

一、**禁止世襲原則**:元首必須透過選舉產生。
二、**有限任期原則**:元首除透過選舉產生外,尚必須有一定任期。
三、**元首的政治與法律責任**:罷免及彈劾。

第二節 民主國原則

民主一詞源自於希臘文demos(人民)與kratie(統治),亦即指「由人民主導」之謂。民主政治是一種生活方式,其至少展現出:主權在民、政治平等、大眾諮商、多數統治等特質[1]。民主國之核心包括:代議制、定期選舉、政黨政治及民主多數決原則。

---

[1] 周繼祥,《中華民國憲法概論》,揚智,初版,2000年5月,56頁。

　　何謂「民主」？「民主」的意義為何？這一個問題在學理上有討論的空間[2]，但一般我們認為民主只能描述它的特徵而不能清楚地界定其意義。不過，在這裡我們所認為的民主大致上可理解成「由人民治理的政府」[3]，也就是政府必須是由人民來組成。而民主國原則的內涵有下列幾個特徵：

一、國民主權

（一）主權之意義

　　所謂主權，乃譯自法文sovrain，原意係指「較高」。而在近代專制國家成立後，君王剷除異己認為彼可以創造一切，無其他權力足以限制之，遂稱自己為sovrain，而使sovrain這一概念變成最高之權力。

　　現今主權有兩種意義，一為國際法上之主權或對外主權，表示國家對外的獨立性，不受個別國家之干涉或統治。另一為國內法上之主權或對內主權，表示對內之最高性，比之國內任何權力都居於優越之地位，可以支配國內一切權力。因為其屬國內最高性，而具有兩特質：其一為主權之不可分性，一國之內不可能存在兩個以上之主權，另一為主權之絕對性，主權不可限制之，否則即不能謂最高性。

　　國民主權的觀念，起源於對抗專制並要求以人民為主的概念，早期，雖可回溯12世紀黑暗期教皇與專制統治，學者有提出，當時即有統治之基礎必須植基於人民之「自主自律」（Autonomie）與「自決」（Selbstbestimmung）上之思考。自主自律是指，行動者作為一道德主體，不但意指他的行為出自於自主自律的，而且在相對其他人的行為中，也必須同時視為一行動的道德主體，否則，這將容易淪為侵犯他人的基本權利，違反不可把具有人格意義的他人視為純然工具的道德要求。因此，尊重行動所涉及的他人的自主自律，乃是一道德行為的至高無上的戒律。「自律」基本上意指一個行動者對自己的行為有完全的自主權利與能力，即不受他人或任何外力，不管是有形的或無形的拘束，而且，這種自主能力的表現卻也是有自我約制和規範的行為，即，不是行動者只知或只就自己個人利益或欲求，

2　例如：中華人民共和國所強調的「民主」（民主集中制）是否與我國所稱的民主相同？
3　吳庚、陳淳文，《憲法理論與政府體制》，三民，七版，2021年9月，333頁。

而不管所涉及的他人所具有的同等的權利的行為。自律是人類的一種理性表現，在自律的行動中，人類不只知道自己有某種欲望，同時作一理性推論，意想及所涉及的他人或物的權利。更重要的是，這種理性乃是道德理性或實踐理性的一種自我反省的表現，不但認知他人或物具有的權利，也認可和尊重其他人或物所具有的權利。因此，**本原則之主張有二，其一，自主自我主張自己權力，不受他人恣意干涉；另一，且內在表現出自我約制和規範的活動，而尊重他人存在與權利。**

　　所謂自決，透過自律表現於外，對自己之事務由自己對外決定之，如透過選舉選出自己理想之候選人，又如地方自治由住民決定自己之事務等。

　　因此，上述學者所提出之概念，在當時應尚未形成，後來學者所作之理論補充而已。

　　本書認為，國民主權概念之論理基礎則濫觴於17、18世紀自然法思想與國家契約說，該論理基礎是將自然法概念慣於國家上，而認為人雖然生而自由與平等，不受任何實力之剝奪，即所謂天賦人權，但人不能離群而索居，人必須組成社會與國家，但人民把權力交給統治者時，統治者仍必須與人民訂定契約，保障人民之權利，若違反契約時人民即可推翻之。美國獨立與法國大革命都以此作為理論根據。

　　德國基本法第20條第2項規定：「所有國家權力源自於國民，其由國民以選舉及投票產生，並透過立法、行政與司法機關分立行使之。」在此所稱之國民是指全體國民而言。二次大戰後的日本憲法，雖然是君主立憲國家，但依然是主權在民的民主國家，其憲法前言及第1條提到，主權屬於國民，天皇為國家元首，但其主權地位以全體日本國民的意志為依歸，顯然亦採國民主權原理而否定天皇主權[4]。

　　一般我們認為主權對內具有最高性（國家權力優於其他權利），對外則具有獨立性（不受他國干涉）。然而，在這裡我們所討論的是：「主權的歸屬」為何？就此，依憲法第2條之規定：「中華民國之主權屬於國民全體。」因此，我們認為唯有人民才是國家權力的來源。因此，民主國家權力的基礎在於「民主正當性」（Die demokratische Legitimität; Democratic legitimacy），而「國家權力」（Staatsgewalt）及「國民」（Volk）則為民主

4　樋口陽一，《憲法》，勁草書房，四版，2021年3月，110頁。

正當性的構成要素[5]。

　　但是此種國民主權在經過制憲行為後，已轉換成「憲法主權」，也就是藉由憲法所規定的國家組織以取得「民主正當性」為前提來行使國家權力。但是這種民主正當性的來源除了制憲時的初步賦予以外，另一種途徑則是透過定期選舉的模式來定期更新。本書認為，各個憲法機關的民主正當性，是有高低之分的。其中又以國會最高，總統次之。因為國會全體席次涵蓋各政黨、無黨籍民意代表，所以綜合得票比例來看一般較總統高。而總統的得票率，如有三人以上競選，可能得票率不足一半。至於司法、考試、監察三院的人員，來自總統提名，國會同意通過，自然其民主正當性又再次之。所以國會通過的法律，具有推定合憲的效力，除了嗣後受違憲宣告之外，其他憲法機關皆應遵守。

　　實踐民主國的方式，有分「直接民主」及「間接民主」（代議民主）。除了古希臘雅典城邦以外，現今世界各國大多數國家都是以間接民主的方式，也就是代議民主，來實踐民主國原則。司法院釋字第645號解釋理由書稱：「依憲法本文之設計，我國憲政體制係採代議民主，其後雖歷經多次修憲，惟憲法第五十三條規定行政院為國家最高行政機關，第六十二條、第六十三條規定，立法院為國家最高立法機關，由人民選舉之立法委員組織之，代表人民行使立法權；立法院有議決法律案、預算案、戒嚴案、大赦案、宣戰案、媾和案、條約案及國家其他重要事項之權。又中華民國八十六年七月二十一日修正公布之憲法增修條文第三條第二項亦維持行政院對立法院負責之精神，是代議民主之政治結構並無本質上之改變。」

（二）國民

　　所謂國民，乃係組成國家之人民。一般而言，國民身分之確定標準乃為國籍，換言之，具有國籍者即為國民，從而對國家發生權利義務關係。國民與民族有別。民族之形成，基於血統、生活、語言、風俗、習慣之共同，而國民係指多數人團結在一個國家統治之下，不必限於同一民族，如新加坡結合印度、馬來以及中華民族等國民成立一個國家。

---

5 *Hartmut Maurer*, Staatsrecht I, 5. Aufl., 2007, S. 181, Rn. 21.

中華民國國民不限於出生或居住在中華民國領土上，只要其具有中華民國國籍即屬之。是以，憲法第3條乃規定：「具有中華民國國籍者為中華民國國民。」

國籍之取得方式則有分為固有國籍及傳來國籍：

1. 固有國籍

固有國籍，分為屬人主義（血統）、屬地主義（出生地）以及合併（折衷）主義合併（屬地為主，屬人為輔或屬人為主，屬地為輔）。

2. 傳來國籍

傳來國籍，亦即係指出生以外原因之取得，以婚姻（為中華民國國民之配偶）、認知（經父或母認知）、收養（為我國國民之養子／女）、歸化（外國人或無國籍人，經內政部許可而歸化者）的方式，而取得之國籍。

而關於我國國籍之取得，乃規定於國籍法第2條：「有下列各款情形之一者，屬中華民國國籍：一、出生時父或母為中華民國國民。二、出生於父或母死亡後，其父或母死亡時為中華民國國民。三、出生於中華民國領域內，父母均無可考，或均無國籍者。四、歸化者（第1項）。前項第一款及第二款規定，於本法中華民國八十九年二月九日修正施行時未滿二十歲之人，亦適用之（第2項）。」其中第1項第1款、第2款即為「血統主義」，第3款則為「屬地主義」（前三款為「固有取得」），第4款之歸化則為「傳來國籍」。但若本國人之子女出生於外國仍為本國國民，則屬「屬人為輔」的合併折衷主義。

而大陸地區人民以臺灣地區人民配偶身分來臺，符合各申請階段，並順利取得臺灣地區人民身分之時程約需6年的時間。

大陸地區人民以配偶身分申請來臺，現階段為：團聚—依親居留—長期居留—定居。團聚之條件為：大陸地區人民為臺灣地區人民之配偶。依親居留之條件為：經團聚許可入境後，即可申請。長期居留條件為：許可在臺灣地區依親居留滿4年，且每年在臺灣地區合法居留期間逾183日。至於定居之條件為：在臺灣地區合法居留連續2年且每年居住逾183日、品性端正，無犯罪紀錄、喪失原籍證明、符合國家利益。而在申請定居時，如有個人考量，亦可選擇保留大陸地區人民身分，以長期居留樣態在臺灣地區生活。

外國人以配偶身分申請來臺，其步驟為：申請居留簽證（或以停留簽證入國後再改辦居留簽證、直接申請外僑居留證）入國—申請外僑居留證—

（申請準歸化、喪失原屬國國籍）申請歸化國籍—申請臺灣地區居留證—申請臺灣地區定居證（申請戶籍登記及請領國民身分證）。其中申請外僑居留證之條件有二：(1)配偶直接持居留簽證入國後申請；(2)持停留期限在60日以上，且未經簽證核發機關加註限制不准延期或其他限制之有效簽證。而後續之程序為申請準歸化、喪失原屬國國籍及申請歸化國籍。

其中申請歸化之條件係規定在國籍法；依國籍法第4條第1項第1款規定：「外國人為中華民國國民之配偶，每年有一百八十三日以上之合法居留之事實繼續三年以上。」歸化之後，因其身分已轉換為臺灣地區無戶籍國民，其定居條件復依入出國及移民法第10條規定，即連續居住1年，或居留滿2年且每年居住270日以上，或居留滿5年且每年居住183日以上。

二、選舉及多數決原則

憲法第129條明定：「本憲法所規定之各種選舉，除本憲法別有規定外，以普通、平等、直接及無記名投票之方法行之。」所謂「普通」，是指達到一定年齡的國民皆有選舉權及被選舉權；所謂「直接」，是指由公民直接選舉各項公職人員；所謂「平等」，是指票票等值而言；所謂「秘密」，是指不記名投票非公開而言。不過這是指，公民選舉公職人員而言，**並不適用於縣市議會議長的選舉**，司法院釋字第769號解釋理由書認為：「查憲法本文及其增修條文均無明定地方議會議長及副議長之選舉及罷免事項，**是縣（市）議會議長及副議長之選舉及罷免，非憲法第129條所規範，系爭規定有關記名投票規定之部分，自不生違背憲法第129條之問題。」**

而多數決原則強調的是透過多元意見的平等思辯，來解決爭端及形成公意而作為拘束所有人的決定。在實踐模式上，多數決原則是透過「一人一票，票票等值」的方法，防止特殊階級的統治。

然而，在多數決原則的中心思想係為「保護少數利益」的前提下，我們在政治上也必須保障少數團體的發聲空間，俾使其將來可以成為多數政黨，此外，也必須賦予政黨間公平的競爭機會及程序[6]。此種想法，許育典教授

---

6 許宗力，〈民主多數決〉，收錄於氏著，《憲法與法治國行政》，元照，初版，1999年3月，499-500頁；程明修，《國家法講義（一）憲法基礎理論與國家組織》，新學林，初版，2006年10月，153頁以下。

則稱之為多數決的外部界限。

三、政黨政治（多黨制度）

在民主國家中，除了靠多數決原則來維持多元意見、靠任期制（定期選舉）來賦予國家機關合法行使權力來源以外，還包括「政黨政治」的制度。

政黨的運作，是在形成個別民意的取向、整合不同的政治主張，吸引選民選票進而取得政權。

民主國原則要求國家應給予人民或團體表達政治思想的權利。在此一前提下，應對於人民的言論自由、集會結社自由給予保障。此外，必須保障每一人民或團體都有平等發聲及公平競爭之機會。

司法院釋字第793號解釋理由書稱：「**政黨係在協助人民形成政治意見，並透過選舉參與國家機關及公職人員之建構，將凝聚之個別國民意志轉化成國家意志予以實現，而直接或間接影響國家運作，於民主政治運作有其重要性與必要性。**政黨既能影響國家權力之形成或運作，自應服膺自由民主憲政秩序，以謀求國家利益為依歸，不得藉此影響力謀取政黨或第三人不當利益。政黨與其他結社團體，對於個人、社會或民主憲政制度之意義既有不同，其受憲法保障與限制之程度自有所差異。**政黨政治攸關民主制度之運作，乃憲法上民主原則之核心內涵，國家自應致力於建立並確保複數政黨得以自由形成發展與公平參與選舉之法治環境，包括選舉制度與政黨財務等領域，使各政黨得在公平競爭下參與民主政治，爭取執政機會，並以謀求全民福祉為依歸。**」政黨可以說是溝通人民政治意見與國家運作的橋梁。德國聯邦憲法法院將「政黨」定位為國家的「憲法機關」，因此政黨也應該具備黨內民主為原則，蓋政黨政治制度的保障目的在於給人民有多種選擇的空間，否則實質上極可能與專制國家劃上等號。如果政黨章程與黨內決議違反民主原則的程度已經危害到中華民國之存在或自由民主之憲政秩序，可能被司法院大法官宣告違憲，被迫解散[7]。

7　董保城、法治斌，《憲法新論》，元照，八版，2021年9月，46-50頁。

問題思考

7 **馬王之爭與憲政爭議問題**

「馬總統已經跨越憲政民主的紅線——一群公法學者對於總統介入國會自律事件的共同意見」全文：

立法委員應該遵守「立法委員行為法」之規定，不得對進行中的司法案件進行遊說。如有涉嫌違反此項國會倫理規範之情事，立法院應當啟動紀律機制進行調查及懲處，社會輿論亦得對涉案人士提出政治道德上的呼籲乃至譴責。惟近日馬英九總統所為，是否透過「捍衛司法、嚴懲關說」之名義，對立法院長王金平展開密集的「政治鬥爭」，社會已多有議論。關於檢察總長黃世銘及其所領導之特偵組就王金平所涉關說疑案所為各種處置的適法性，以及馬總統在此過程中有無違法濫用檢調系統的質疑，我們認為尚有詳細深究的必要。但是，在還沒有循適正之司法、監察或國會調查程序取得更為充分、確切的事證資料以前，我們暫時無法評論。然而，關於馬總統以其身兼國民黨黨主席之權勢，強力運作國民黨對王金平作出撤銷黨籍之嚴厲黨紀處分、試圖據以剝奪王金平之立法委員資格，進而改變立法院院長人選的做法，既有的公開事證資訊已足供我們作出共同確信的憲政法理判斷：馬總統此舉已經公然地逾越了權力分立體制應有的分際，危害了自由民主的憲政秩序。基於以下理由，我們聯合提出這項嚴正的憲政批判：

1. 總統的憲政身分同一性

首先，總統是一個憲法機關，其權力之行使必須受到憲法規範的約束，當然也必須符合包括民主原則及權力分立原則在內的憲法整體基本原則。在民主社會中，總統個人可以兼具若干的其他政治身分，例如政黨的主席或者實質政治領袖。但是只要他還在任，他作為總統這個憲法機關擔當人的角色與身分就不會改變。在總統任期內，沒有前一秒鐘還是總統，後一秒就不是總統而只是單純政黨主席這種事。總統個人以其非總統身分所為之任何政治行為，均必須與總統的憲法機關角色及其憲法職權相容。換言之，總統以其他政治身分所為的政治行為，同樣必須受到憲法的約束，當然也包括民主原則及權力分立原則。總統在憲政上不可以作的事情，不會因為總統個人換了

一個身分（例如政黨主席），就變成是總統可以作的事情。若非如此，憲政秩序上對於總統權力所設的規範，將被總統個人以機巧的身分轉換而輕易規避。

2. 國會自律原則與自律事項

我國大法官已經數度闡明，國會自律是構成權力分立秩序的憲法基礎原則之一。國會自律也根植於憲法的民主原則，為擔保代議民主政治之實踐與尊嚴所必要。基於權力分立原則以及民主原則，國會倫理的形成與維持，特別是對於國會議員單純違反國會倫理規範之責任的追究與處罰，當然屬於國會自律事項，其他權力部門不得越俎代庖。特偵組既已表明王金平所涉關說疑案並無涉及刑事不法，而屬行政不法問題，則王金平是否因本案而不適任立法委員與國會議長，屬國會自律範疇，殆無疑義。不分區立法委員與區域選舉產生的立法委員都是代表全國人民行使立法權的代議士。他們受有相同的國會倫理規範；對其所為之紀律調查與處罰，也應當適用相同的國會自律原則。

縱使政黨政治已經在相當程度上改變了傳統的憲法權力分立秩序，國會自律仍然是憲政民主國家無可退讓的基本原則。國會自律原則是否被遵守與維繫，是區辨一個國家是憲政民主國家抑或「黨國不分」的政黨集權國家的重要判準。依司法院第331號解釋及公職人員選舉罷免法第73條之規定，不分區立委在喪失黨籍之日起失去立委資格。此等制度安排是否合致於憲政民主的基本要求，實有重行檢討之空間，但是不論如何，對此等規範所為解釋與具體適用，不能無視於國會自律原則此項憲法規範要求。

3. 總統不可以越權干涉國會自律事項

總統不可以介入國會自律事項、侵犯立法權的核心領域。總統不可以作的事情，總統就算身兼政黨主席，還是不可以作。即便不細究現行法下政黨對於不分區立法委員所為撤銷黨籍之黨紀處分本身是否即有架空國會自律原則之虞，為了維持總統與國會的權力分際，擔任總統的個人就是不可以參與所屬政黨議處同黨不分區立委的黨紀程序，而必須有所迴避。換句話說，在總統與政黨主席的角色可能發生衝突的時候，憲法就要求身為總統的個人必須節制自己在憲法外所擁有的政治權力，不可以使總統這個憲法機關發生牴觸憲法的疑慮。憲法對於權力分立的要求，其價值排序遠高於政黨的黨紀維護。然而，馬英九總統非但沒有迴避立法院院長的黨紀案件，還數度召開記

者會指摘王金平院長已不適任，必須去職，進而出席國民黨考紀會，要求撤銷王金平的黨籍。我們認為，王金平院長和柯建銘立委的行為是否構成對於進行中的司法案件進行請託、遊說，是否已經違反立法委員的行為倫理，應該接受立法院紀律委員會最嚴格的檢驗。但是馬英九總統的行為已經違背了憲法課予總統的忠誠義務，不當干預國會自律事項，以致跨越了民主國家的憲政權力分際。基於維護憲政民主法治的信念，我們提出學理意見如上，籲請公民社會成員共同正視台灣當前所遭遇的憲政挑戰，並要求國家各權力機關儘速依循合法合憲的方式，匡正脫序的憲政秩序。

2　某甲爲K黨提名不分區的立法委員，事後兼任立法院副院長職務，某日K黨對某甲作出開除黨籍處分並即送中央選舉委員會確認並除去立法委員職務，並將其確認送交立法院，試問該項程序是否已經完成？某甲是否因喪失立法委員資格而喪失立法院副院長職務[8、9]？

臺灣高等法院103年度上字第491號判決：
　　上訴人為人團法所規範之政治團體，亦為社團法人，兩造間就被上訴人是否保有上訴人社員權（黨員權）之爭執涉訟，即應受人團法及民法之規範。且兩造間就爭點（二）有關中央考紀會所為系爭處分，是否致被上訴人黨員資格不存在部分：即人團法第14條、第27條但書第2款，民法第52條第1項就會員除名、開除社員應經會員大會、社團總會決議之規定，是否屬強制或禁止規定？系爭處分有無違反上開規定？人團法第49條所稱會議是否排除人團法第14條、第27條但書第2款之適用？上訴人中央考紀會之組成，是否符合人團法第49條所稱之民主原則？及上訴人依黨章及處分規程所作成系爭

8　臺北地方法院102年度訴字第3782號判決：被告由中央考紀會作成系爭撤銷黨籍處分，違反民法第50條第2項第4款、人團法第14條、第27條第2款等強制規定，依民法第71條規定，系爭撤銷黨籍處分係屬無效，從而，原告請求確認其國民黨黨籍存在，為有理由，應予准許。

9　審理王金平案的法官說，依人民團體法，撤銷黨籍「應經全國黨員代表大會三分之二同意」；但如今國民黨撤銷葉世文的黨籍，卻仍未經「三分之二」的程序，依然是考紀會說了就算，所以依法官見解非經「全國黨員代表大會三分之二同意」不得開除黨籍。

處分,是否應優先於人團法第14條、第27條但書第2款、第49條、民法第52條第1項等規定而適用?等有關作成系爭處分之程序上是否有瑕疵之問題,屬政黨自治外之程序上爭執事項,故民事法院自得就上開爭執部分,介入審查。又人團法第14條、第27條但書第2款、民法第52條第1項之規定,依目前實務之見解,認均屬強制或禁止規定,而系爭處分未依上開法律規定,由會員大會或會員代表大會經由一定比例會員或會員代表之出席及同意決之,已難謂合。即如上訴人考量實務上執行面之需要,須由專責單位作成制裁處分,上訴人之中央考紀會所作成之系爭處分,亦因中央考紀會委員之組成,非由其會員代表大會依直接民主或間接民主之方式選出,且系爭處分所依據之「多數共識決」亦與大法官解釋文所闡述之以「民意政治」為基礎之多數決原則有違,致與人團法第49條所揭櫫之「民主原則」之強制規定牴觸,則上訴人作成系爭處分其效力即無從發生。綜此,被上訴人請求確認其國民黨黨籍存在,為有理由,應予准許。原審為上訴人敗訴之判決,並無不合。上訴意旨指摘原判決不當,求予廢棄改判,為無理由,其上訴應予駁回。

四、防衛性民主

所謂「防衛性民主」(Wehrhafte Demokratie),又稱「戰鬥性民主」(Militant Democracy),關於防衛性民主,首先我們必須談論的是「價值相對主義」。價值相對主義認為民主秩序下每一個見解或想法並沒有對錯,所以彼此間必須寬容其價值與想法。然而20世紀初民主價值相對主義盛行,卻導致納粹主義舉著紅旗反紅旗,根據威瑪憲法產生的納粹政權,卻撕毀威瑪憲法,使得威瑪共和這個民主憲法因為沒有民主的防護機制而自我毀滅[10]。

但是問題在於如果有一種思想自認為是唯一的真理時,是否應該繼續予以包容?就此,則有了「防衛性民主」此一概念的發展。而許宗力大法官也曾於司法院釋字第644號解釋的協同意見書中,作過一段十分詳實的論述,他說:「……防衛性民主是德國總結二次大戰前威瑪民主遭希特勒經由民主途徑埋葬之慘痛教訓,所作的一種制度反省,認為民主不應該是不設防的民

---

10 詹鎮榮,〈防衛性民主〉,《月旦法學教室》,第18期,2004年4月,8頁以下。

主，其固然應寬容各種不同政治主張，但對不寬容他人的政治主張則無須寬容，是為保護自由民主憲政秩序，敵視憲法之人民團體或政黨之行為，即使尚未構成刑事不法，仍可採取預防性的因應措施，禁止其存續……[11]。」

而防衛性民主的發展，可表現在違憲政黨解散及修憲界限等層面。因襲德國基本法第21條第2項而來的我國憲法增修條文第5條第5項：「政黨之目的或其行為，危害中華民國之存在或自由民主之憲政秩序者為違憲。」可謂我國版的防衛性民主。

第三節　法治國原則

一、法治國的意義

一開始有關於法治國概念之形成，乃是認為：人民在憲法及法律意義下的「法治」前提下，確信國家行為將會受到法規範之拘束，並藉此依循著法規範為一切行止。但此種形式的法治意義只強調國家須遵守依法制定的法律，而不在乎法律之制定是否合理、公平。因此，即導出實質法治國的概念（進一步地要求了國家的權力表現必須以實現正義為目的）。

因此，也有了法治國原則這樣子的概念產生。但我國憲法並未針對「法治國原則」有明文規範。而司法院釋字第499號解釋中，大法官所言「憲法中具有本質之重要性而為規範秩序存立之基礎者」或「自由民主憲政秩序」的各項原則中，也未將法治國原則予以一併納入，在此，是否即認為法治國原則並非我國重要的憲政原理原則[12]？

「法治國原則」得從：（一）基本權之保障（主觀面向）；及（二）權力分立原則（客觀面向）兩個面向予以產生。基本權保障（於基本權部分再行敘述）。

---

11 司法院釋字第644號解釋許宗力大法官協同意見書。
12 蕭文生，《國家法（I）——國家組織篇》，元照，初版，2008年8月，75頁。

二、依法行政原則

　　所謂的依法行政原則，是指行政須受到法律或一般法律原理原則的約束。而依法行政原則之下，還有兩個下位概念：（一）法律優位原則（消極的依法行政原則）；及（二）法律保留原則（積極的依法行政原則）。

（一）法律優位原則

　　法律優位原則，是指國家行政行為不得與法律牴觸。也就是國家的行政行為在位階上比法律低，而另一方面，法律優位原則只是消極地要求行政行為不要牴觸法律，因此又被稱作「消極的依法行政原則」。

　　此外，我們可以將法律優位原則以圖1-6-1來理解或表示。

圖1-6-1　法律位階

（二）法律保留原則[13]

　　所謂「法律保留原則」（Vorbehalt des Gesetzes），係由憲法基本原則中的「法治國原則」導出，其目的除在保障基本權利外，也有使國家所有機關同受憲法拘束，也就是行政、司法同受法律（國會）的拘束[14]，也就是所有的國家公權力作用皆要有法律依據[15]。蓋在權力分立原則底下，民意機關（也就是國會），最具備民主正當性，所有國家行為對於憲法所保障的基本

---

13 關於「法律保留原則」內涵的詳細論述，請參照許宗力，〈論法律保留原則〉，收錄於氏著，《法與國家權力》，自版，初版，1992年4月，117-214頁。
14 董保城、法治斌，《憲法新論》，元照，八版，2021年9月，65頁以下。
15 李惠宗，《憲法要義》，元照，九版，2022年9月，Rn. 0438。

權侵害程度嚴重者，都要有國會所通過的法律作為法源依據，否則就有違憲的可能。

　　亦即，其是在「積極地」要求國家所作成行政行為都必須要有法律的依據。因此，此一原則又稱為「積極的依法行政原則」。而我國憲法關於法律保留原則的規定，分作下列兩種模式：

1. 我國法律保留原則之明文化規定

　　如憲法第23條：「以上各條列舉之自由權利，除為防止妨礙他人自由、避免緊急危難、維持社會秩序，或增進公共利益所必要者外，不得以法律限制之。」依中央法規標準法第5條係法律保留之一般規定。亦即，應以法律規定之事項，包括：

(1) 憲法或法律有明文規定，應以法律定之者。

(2) 關於人民之權利、義務者。

(3) 關於國家各機關之組織者。

(4) 其他重要事項應以法律定之者。

　　從第5條第4款我們可以知道，某事項是否以法律加以規定，關鍵在於該事項是否重要，因此其中所謂「關於人民之權利義務者」，係指對於人民實體上的權利、義務具有形成（創設、變更或廢止）作用之事項。此種規定乃採「重要性理論」，亦即重要的事項，須保留給法律作決定。

2. 層級化的法律保留體系

　　憲法第23條乃典型之一般保留條款，對於以上各條列舉的自由權利，得以法律限制之。該條以不確定法律概念所規範的是一種「侵害保留」（Eingriffsvorbehalt）。然而按照權利性質或對權利主體並非一切自由及權利均毫無差別地受憲法之保障，司法院釋字第443號解釋則建構了影響的重要性程度不同層級的「法律保留體系」（System des abgestufen Vorbehalts）[16]，在司法院釋字第443號解釋理由書中：「憲法所定人民之自由及權利範圍甚廣，凡不妨害社會秩序公共利益者，均受保障。惟並非一切自由及權利均無分軒輊受憲法毫無差別之保障：關於人民身體之自由，憲法第八條規定即較為詳盡，其中內容屬於憲法保留之事項者，縱令立法機關，亦不得制定法律加以限制（參照本院釋字第三九二號解釋理由書），而憲法

---

16 吳庚、陳淳文，《憲法理論與政府體制》，三民，七版，2021年9月，58頁以下。

第七條、第九條至第十八條、第二十一條及第二十二條之各種自由及權利，則於符合憲法第二十三條之條件下，得以法律限制之。至何種事項應以法律直接規範或得委由命令予以規定，與所謂規範密度有關，應視規範對象、內容或法益本身及其所受限制之輕重而容許合理之差異：諸如剝奪人民生命或限制人民身體自由者，必須遵守罪刑法定主義，以制定法律之方式為之；涉及人民其他自由權利之限制者，亦應由法律加以規定，如以法律授權主管機關發布命令為補充規定時，其授權應符合具體明確之原則；若僅屬與執行法律之細節性、技術性次要事項，則得由主管機關發布命令為必要之規範，雖因而對人民產生不便或輕微影響，尚非憲法所不許。又關於給付行政措施，其受法律規範之密度，自較限制人民權益者寬鬆，倘涉及公共利益之重大事項者，應有法律或法律授權之命令為依據之必要，乃屬當然。」

　　這段文字，我們也可初步地以圖1-6-2來作理解。

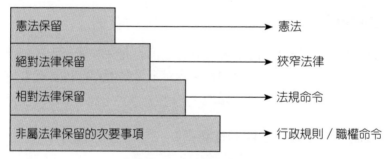

圖1-6-2　法律保留原則

　　整理分述如下：

(1) 憲法保留

　　關於人民身體之自由，憲法第8條規定即較為詳盡，其中內容屬於「憲法保留」之事項者，縱令立法機關，亦不得制定法律加以限制。

　　這部分包括憲法機關的變革、總統選舉的方式及任期、行政與立法兩院關係的互動等事項[17]。

---

17 吳庚、陳淳文，《憲法理論與政府體制》，三民，七版，2021年9月，60頁。

(2) 絕對法律保留

　　諸如「剝奪」人民生命或「限制」人民身體自由者，必須遵守罪刑法定主義，以制定法律之方式為之。這個部分，必須專門有法律加以規定，立法者不得委由行政命令加以補充[18]，又謂國會保留。

(3) 相對法律保留

　　涉及生命權、身體及人身自由「以外」的其他自由權利限制剝奪的「重要」事項，如以法律授權主管機關發布命令為補充規定時，其授權應符合具體明確之原則，此稱為授權明確性，不得概括授權。

(4) 非屬法律保留的次要事項

　　若僅屬於執行法律之「細節性、技術性」事項，則得由主管機關發布命令為必要之規範，雖因而對人民產生不便或輕微影響，尚非憲法所不許。又關於給付行政措施其受法律規範之密度，自較限制人民權利者寬鬆。

三、比例原則

　　所謂的比例原則，是指國家為達到特定目的而採取某一種方法時，該方法不能逾越必要程度。在憲法第23條之規定下，學者認為我國憲法上有關比例原則的操作，可以區分為兩個階段：

（一）公益目的審查（合目的性審查）

　　在此的公益目的，即憲法第23條所稱的「防止妨礙他人自由、避免緊急危難、維持社會秩序，或增進公共利益」（合稱四大公益條款），此一階段要求的是國家不得追求一個明顯違憲的目的，此外也要求國家所為的行為必須合乎上開的四大公益條款。

（二）必要性審查（合比例性審查）

　　我國憲法第23條「……除為防止妨礙他人自由、避免緊急危難、維持社會秩序，或增進公共利益所必要者外，不得以法律限制之」之規定，我國學者一般認為其係實質上具有比例原則的要求。而是否必要，亦即是否合乎比

---

18 吳庚、陳淳文，《憲法理論與政府體制》，三民，七版，2021年9月，60頁。

例原則的問題，也就是憲法第23條告訴立法者，如果要以法律限制人民的自由權利，必須出於四大公益條款之「必要」，否則不得加以限制干預，若不符合比例原則，就會受到違憲的宣告。因此憲法層次的比例原則，可自憲法第23條導出，**主要是拘束立法者不得違反比例原則制定限制人民基本權的法律**。而一般法律層次的比例原則，乃所有公權力的決定與執行皆必須遵守的原則，不論實施行政程序或刑事程序的公務員皆應遵守。一般法律層次的比例原則，其內涵可參照行政程序法第7條、警察職權行使法第3條之規定，皆應注意「採取之方法應有助於目的之達成」（適合性原則）、「有多種同樣能達成目的之方法時，應選擇對人民權益損害最小者」（必要性原則）及「採取之方法所造成之損害不得與欲達成目的之利益顯失均衡」（狹義比例性原則）。

（三）司法審查

為了落實基本權利能實質、有效地受到保障的要求，我們認為必須提供人民在基本權利遭受公權力侵害時，能要求獨立的司法機關予以審查。而此種公權力侵害包括有行政行為、立法行為、司法行為及統治行為等。但其中「統治行為」（例如外交締約、基於國防安全的軍事行動）是否應受司法審查仍有爭議。

四、法安定性原則

（一）明確性原則

明確性原則，在要求法規範的**內容**必須要具體明確，使受規範的對象可以事前即可預見其行為是否該當某一構成要件或將產生何種法律效果。而明確性原則可以分為兩個層次探討。

1. 法律明確性原則

依照大法官於司法院釋字第432號解釋及第545號解釋之見解，我們可以將法律明確性的要件歸納如圖1-6-3[19]。

---

[19] 本圖參考蔡震榮，《行政法概要》，五南，五版，2023年10月，43-44頁。

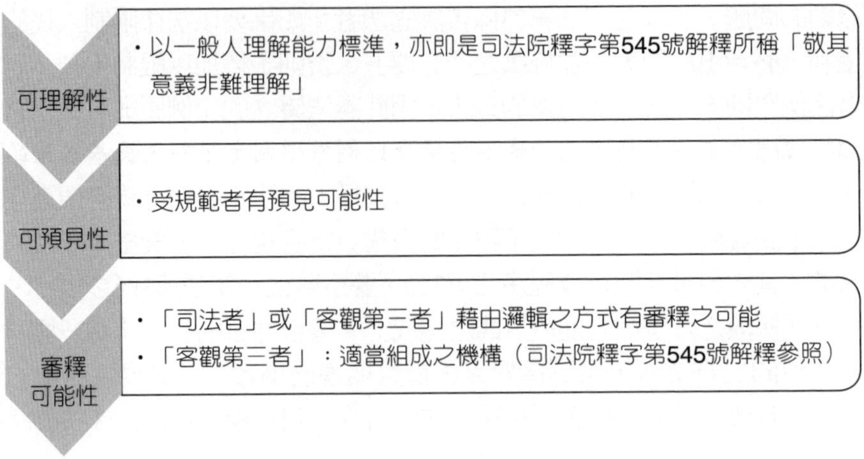

圖1-6-3　法律明確性原則

2. 授權明確性原則

表1-6-2　授權明確性

明確性公式	內容
立法明確授權 （一號明確性公式） →有行政處罰的情形	司法院釋字第313號解釋：「對人民違反行政法上義務之行為科處罰鍰，涉及人民權利之限制，其處罰之構成要件及數額，應由法律定之。若法律就其構成要件，授權以命令為補充規定者，授權之內容及範圍應具體明確，然後據以發布命令，始符憲法第二十三條以法律限制人民權利之意旨。」
法律整體觀察 （二號明確性公式） →無行政處罰的情形	司法院釋字第394號解釋：「故法律授權訂定命令者，如涉及限制人民之自由權利時，其授權之目的、範圍及內容須符合具體明確之要件；若法律僅為概括授權時，固應就該項法律整體所表現之關聯意義為判斷，而非拘泥於特定法條之文字；惟依此種概括授權所訂定之命令祇能就執行母法有關之細節性及技術性事項加以規定，尚不得超越法律授權之外，逕行訂定制裁性之條款，此觀本院釋字第三六七號解釋甚為明顯。」

（二）法律不溯及既往原則

　　法律不溯及既往原則是信賴保護原則的派生原則。基於信賴保護原則的考量，立法者可以在滿足一定要件之前提下，使已經被廢止的法律對特定案件仍保有規範效力。

　　法律不溯及既往的類型又分為真正溯及既往與不真正溯及既往：

1. **真正溯及既往**：對已經終結的法律關係或事實關係，在事後以制定法規的方式重新予以評價。

2. **不真正溯及既往**：對已經發生但是尚未終結的法律關係或事實關係，在制定法規的方式，向未來評價。此外，法律不溯及既往涉及過渡條款的規定（施行法的制定）。

　　司法院釋字第781號解釋理由書稱：「新訂之法規，如涉及限制或剝奪人民權利，或增加法律上之義務，原則上不得適用於該法規生效前業已終結之事實或法律關係，是謂禁止**法律溯及既往原則。倘新法規所規範之法律關係，跨越新、舊法規施行時期，而構成要件事實於新法規生效施行後始完全實現者，除法規別有規定外，應適用新法規。**此種情形，係將新法規適用於舊法規施行時期內已發生，且於新法規施行後繼續存在之事實或法律關係，並非新法規之溯及適用，無涉禁止法律溯及既往原則。」

（三）信賴保護原則

　　信賴保護原則係指人民因行政機關之行政行為有效存在，並根據該行為而安排具體生活關係或經濟活動時，政府在此應保護人民因此信賴所形成之利益，亦即不得使人民因為規範的事後變更，而受有不利益或損害[20]。

　　而信賴保護之成立，依學者見解有下列要件：

1. 信賴基礎

　　信賴基礎係指有令人民產生信賴的國家行為。此種國家行為原先依照行政程序法第117條但書、第119條、第120條及第126條等規定，僅限定於授益行政處分的撤銷及廢止。

---

20 吳信華，〈行政法之原理原則〉，收錄於蔡震榮主編，《警察百科全書（二）行政法》，正中，初版，2000年1月，25頁。

　　但司法院釋字第525號解釋中認為：「行政法規公布施行後，制定或發布法規之機關依法定程序予以修改或廢止時，應兼顧規範對象信賴利益之保護。除法規預先定有施行期間或因情事變遷而停止適用，不生信賴保護問題外，其因公益之必要廢止法規或修改內容致人民客觀上具體表現其因信賴而生之實體法上利益受損害，應採取合理之補救措施，或訂定過渡期間之條款，俾減輕損害，方符憲法保障人民權利之意旨。」亦即，人民對於行政法規的修正或廢止均得主張信賴保護。

2. 信賴表現

　　信賴保護原則下所要求的信賴表現之要件，其係指人民基於對業已存在之信賴基礎的信任，而積極地為特定之具體行為[21]。司法院釋字第605號解釋理由書稱：「惟人民依舊法規預期可以取得之利益並非一律可以主張信賴保護，仍須視該預期可以取得之利益，依舊法規所必須具備之**重要要件是否已經具備，尚未具備之要件是否客觀上可以合理期待其實現，或經過當事人繼續施以主觀之努力，該要件有實現之可能等因素決定之。**」

3. 信賴值得保護

　　信賴值得保護此一要件，在於要求人民在系爭案件中不具有「可歸責性」[22]。而行政程序法第119條對此採反面列舉之立法模式，亦即，人民在具體案件中，唯有不具備下列規定之情況時，始得主張信賴保護。

　　司法院釋字第782號解釋理由書稱：「信賴保護原則所追求的法秩序之安定，以及現代國家面對社會變遷而不斷衍生改革需求，必須依民主原則有所回應，兩者同屬憲法保護之基本價值，應予調和。又任何法規皆非永久不**能改變，受規範對象對於法規未來可能變動（制定、修正或廢止），亦非無預見可能。**立法者為因應時代變遷與當前社會環境之需求，在無涉法律不溯及既往原則之情形下，對於人民既存之權益，原則上有決定是否予以維持以及如何維持之形成空間。**然就授予人民權益而未定有施行期間之舊法規，如**

---

21 李震山，《行政法導論》，299頁。惟林三欽教授認為消極不作為亦得作為信賴表現的其中一種方法，但理由為何？林教授未有說明。參照林三欽，〈行政法令變遷與信賴保護——論行政機關處理新舊法秩序交替問題之原則〉，《東吳法律學報》，第16卷第1期，2004年8月，131-186頁。

22 蔡茂寅，〈法例〉，收錄於蔡茂寅、李建良、林明鏘、周志宏合著，《行政程序法實用》，新學林，三版二刷，2007年7月，35頁。

客觀上可使受規範對象預期將繼續施行，並通常可據為生活或經營之安排，且其信賴值得保護時，須基於公益之必要始得變動。且於變動時，為目的之達成，仍應考量受規範對象承受能力之差異，採取減緩其生活與財務規劃所受衝擊之手段，始無違信賴保護原則與比例原則。」

五、權力分立原則

即國家權力應該配屬不同的機關來行使，以免權力過度集中產生專權暴政，侵犯人民基本權利。但是我們一般認為，要採用嚴格的權力分立制度是一件非常困難的事情，例如：行政機關常常居於立法者的角色作成行政立法（也就是行政命令）；而立法機關與司法機關所作成的人事懲處其實就是屬於行政行為的範疇。因此，我們接受權力相互重疊的狀況。而在這個情況下所發展出的另一個問題是，我們應該要維護的是權力機關彼此間的「核心領域」，但是這種核心領域的概念其實也非常難以理解。此種觀念，將於第二編第一章再予詳述。

第四節　民生福利國原則

民生福利國原則，也有學者稱之為社會國原則，其大抵是指國家對於人民所作成的一些給付型措施而言。

司法院釋字第485號解釋理由書稱：「憲法係以促進民生福祉為一項基本原則，此觀憲法前言、第一條、基本國策章及憲法增修條文第十條之規定自明。本此原則國家應提供各種給付，以保障人民得維持合乎人性尊嚴之基本生活需求，扶助並照顧經濟上弱勢之人民，推行社會安全等民生福利措施。」

一、民生福利國與基本國策

原先基於自由主義的政治思想，基本上憲法對於經濟或社會政策是不予以直接規範的。而德國所制定的威瑪憲法，則因為在一次大戰後的特殊社會背景而融合了社會主義思想於自由主義的憲法之中。就此，我國參考了威瑪

憲法的精神而於制定憲法時設有「基本國策」一章。

　　基本國策是在規範國家整體發展的基本原則與方向[23]，而本章規定的內容（如：社會福利制度等）雖為一般社會福利國家所常見，但在憲法本文中所規定的乃係大量參考孫中山先生的《民生主義》而來，如：平均地權（憲法第142條）、漲價歸公（憲法第143條）等[24]。不過，後來憲法增修條文則又加以援用這個概念。

二、基本國策的效力

　　於基本國策的研究也集中在它的效力上，解釋上有以下幾種可能性：

（一）**方針條款**：所謂的方針條款，也就是制憲者認為的國家應有的努力方向，不直接拘束國家公權力的法律效用。如果國家因為情勢未能達成目標時，不會發生違憲的問題[25]。例如憲法第141條、第146條及第158條。

（二）**立法裁量之界限**：一種為明確規定，無解釋餘地，例如憲法第164條的教科文經費比率；另一種為禁止性條款，只要國家不作為就可以達成，例如憲法第138條規定：「全國陸海空軍，須超出個人、地域及黨派關係以外，效忠國家，愛護人民。」第139條規定：「任何黨派及個人不得以武力為政爭的工具[26]。」

（三）**憲法委託**：如果該條文的性質是屬於憲法委託時，則該條文無疑是在指示立法者應為立法的委託，也就是在課予立法者應予立法的義務。要求立法者必須實現憲法所設定的價值，否則這種立法作為有可能構成違憲[27]。而憲法委託最常見的形式即是「○○事項得以法律限制之」或「應制定○○之法律」。

（四）**國家的目標設定**：直接拘束所有國家的權力，國家機關具有作為義務，應努力實現憲法基本國策的內容[28]。換言之，不僅有行政、立法

---

23 陳新民，《憲法學釋論》，自版，七版，2011年9月，951頁。
24 因此，學者認為基本國策的規定其實帶有相當濃厚的「意識形態」。
25 李惠宗，《憲法要義》，元照，九版，2022年9月，Rn. 3202。
26 李惠宗，《憲法要義》，元照，九版，2022年9月，Rn. 3208。
27 吳信華，《憲法釋論》，三民，三版，2018年9月，152頁。
28 吳信華，《憲法釋論》，三民，三版，2018年9月，152頁。

機關必須遵守，司法機關解釋憲法時也具有拘束的作用。

第五節　多元文化國原則

　　現代是一個多元社會，對於不同的精神思想、文化認同或意識形態的現象，每個人或群體都可能存在著差異性的對立，而這樣的文化差異或文化多樣性的展開也是民主社會進步的泉源，在肯定文化不同的文化基本權的客觀法作用下，國家有義務形成一個多元文化國並課予立法者一個保護多元文化的立法義務，並且為執政當局與司法者所恪遵[29]，國家應該尊重並保護多元文化價值，尤其對於少數民族的語言文化，不但禁止侵犯干預，並應積極地加以扶助。憲法增修條文第10條第11項規定：「國家肯定多元文化，並積極維護發展原住民族語言及文化。」第12項前段規定：「國家應依民族意願，保障原住民族之地位……並對其教育文化……予以保障扶助並促其發展……。」

　　司法院釋字第803號解釋理由書稱：「是原住民族之文化為憲法所明文肯認，國家有保障、扶助並促進其發展之義務。身為原住民族成員之個別原住民，其認同並遵循傳統文化生活之權利，雖未為憲法所明文列舉，**惟隨著憲法對多元文化價值之肯定與文化多元性社會之發展，並參諸當代民主國家尊重少數民族之發展趨勢，為維護原住民之人性尊嚴、文化認同、個人文化主體性及人格自由發展之完整**，進而維繫、實踐與傳承其所屬原住民族特有之傳統文化，以確保原住民族文化之永續發展，依憲法第二十二條、憲法增修條文第十條第十一項及第十二項前段規定，原住民應享有選擇依其傳統文化而生活之權利。此一文化權利應受國家之尊重與保障，而為個別原住民受憲法保障基本權之一環。」

---

29 許育典，《憲法》，元照，十二版，2022年8月，85頁以下。

第六節　領土

一、領土之意義及其構成

所謂領土，指構成國家之土地範圍。而此一土地範圍乃是國家實際行使統治權之範圍而對外表彰主權而言，此乃「領土高權」。

一般而言，吾人所定義之領土包括以下概念：領陸、領海和領空。此外，有所謂浮動領土及延伸領土之概念：所謂浮動領土是指一個國家的船舶和航空器，無論航行至何處，亦可視為該國領土的一部分；而延伸領土，則是指本國駐外國的大使館、領事館等，因享有外交豁免權，同樣也可視為本國領土的延伸。

構成國家之土地，稱為領土，是國家行使統治權之範圍，其稱之為領土高權。依照國際法的通說，領土係指「一國得據以事實存在並行使國家主權及法律權力之特定領域」，領土包括以下：

（一）領空

國家領陸與領海的上空。

（二）領陸

由土地而成立之國家領土，為領土之中心部分，包括河川、湖泊、海港等。

（三）領海

指距離海岸線12浬之水域。1998年1月21日公布的中華民國領海及鄰接區法第3條規定：「中華民國領海自基線起至其外側十二浬間之海域。」第14條則規定鄰接區為24浬。

（四）經濟海域之範圍

中華民國之專屬經濟海域及大陸礁層法第2條第1項規定：「中華民國之專屬經濟海域為鄰接領海外側之距離領海基線二百浬間之海域。」

　　經濟海域之概念與領海不同，經濟海域，又稱專屬經濟區，是指國際公法中為解決國家或地區之間因領海爭端而提出的一個區域概念，其是指領海以外並鄰接領海的一個區域，專屬經濟區從測算領海寬度的基線量起，不應超過200浬（370.4公里），除去離另一個國家更近的點。專屬經濟區所屬國家具有勘探、開發、使用、養護、管理海床和底土及其上覆水域自然資源的權利，對人工設施的建造使用、科研、環保等的權利。其他國家仍然享有航行和飛越的自由，以及與這些自由有關的其他符合國際法的用途（鋪設海底電纜、管道等）。該國對其專屬經濟區的漁業資源和礦產資源擁有開發利用或准許他國利用的專有權。但在領海內，外國是沒有任何開發權力的，經過領海時需經過擁有國許可，除外國船隻依照海洋法公約有權在某國領海進行「無害通過」（innocentpassage）之外，外國船隻在他國領海作任何事都須經擁有國許可方可執行。

（五）浮動領土

　　一個國家的船舶和航空器，無論航行至何處，亦可視為該國領土的一部分。

（六）延伸領土

　　本國駐外國的大使館、領事館等，因享有外交豁免權，同樣也可視為本國領土的延伸。

　　綜合領土、領海和領空而言，亦得概稱之為「領域」或「疆域」。

二、固有疆域

　　有關領土範圍之界定，一般教科書皆分作「列舉式規定」及「概括式規定」二種。首先，前者之「列舉式規定」，是指在憲法前言（例如德國基本法）或本文規定中，逐一列舉構成領土範圍的地區或地域而言。而我國五五憲草第4條也採此種「列舉式規定」[30]，一一列舉構成中華民國領土之

---

30 不過，雖然學者皆認為前揭條文係屬於「列舉式規定」，但本條在最後仍有「固有之疆域」的概括式規定。在此應作何理解？本書認為此與憲法第4條之規定為同一意義而言。

地區，其稱：「中華民國領土為江蘇、浙江、安徽、江西、湖北、湖南、四川、西康、河北、山東、山西、河南、陝西、甘肅、青海、福建、廣東、廣西、雲南、貴州、遼寧、吉林、黑龍江、熱河、察哈爾、綏遠、寧夏、新疆、蒙古、西藏等固有之疆域。」但其中並未包括臺灣、澎湖、金門及馬祖等地區，陳新民大法官認為此可能是對於日本的政治性妥協所致[31]。

其次，領土也有所謂的「概括式規定」，如我國憲法第4條即規定：「中華民國領土，依其固有之疆域，非經國民大會之決議，不得變更之。」亦即是，我國並不針對構成領土之地域或地區予以列舉，而僅闡明我國領土為「固有之疆域」所構成。但本條所稱之「固有」就應以何種時點起算？究竟是漢唐時期、明清時期，實有爭議。並且，此一固有疆域是否兼及大陸地區（中華人民共和國實際統治之區域）？

就此，司法院釋字第328號解釋認為：「國家領土之範圍如何界定，純屬政治問題；其界定之行為，**學理上稱之為統治行為**，依權力分立之憲政原則，不受司法審查。我國憲法第四條規定，『中華民國領土，依其固有之疆域，非經國民大會之決議，不得變更之。』對於領土之範圍，不採列舉方式而為概括規定，並設領土變更之程序，以為限制，有其政治上及歷史上之理由。其所稱『固有之疆域』究何所指，若予解釋，必涉及領土範圍之界定，**為重大之政治問題**。本件聲請，揆諸上開說明，應不予解釋。」也就是說，中華民國固有的疆域範圍，其實是國防軍事實力的展現，不是司法機關解釋所能解決的。

本號解釋援用所謂的「政治問題原則」（Political question doctrine）：常與「統治行為」相提並論，是憲法學理的概念，指法院本於權力分立原則，某些高度政治性的國家行為，應本於司法權本質在憲法判斷上予以自制不審查，而宜由政治部門（行政、立法機關）自律以政治手段解決，尊重國會自主[32]，例如：（一）關於共和政體之保障；（二）關於修憲程序或國會自律；（三）關於外交或戰爭行為；（四）關於選舉區劃分。日本實務上的「統治行為」大致以議會行為為主[33]。本書認為，憲法本身是政治性的法

---

31 陳新民，《憲法學釋論》，自版，七版，2011年9月，96頁。
32 樋口陽一，《憲法》，勁草書房，四版，2021年3月，448頁以下。
33 劉宏恩，〈司法違憲審查與「政治問題」（Political Question）——大法官會議釋字三二八號評析〉，《法律評論》，第61卷第1-2期，1995年2月，24-38頁。

律，所以除非是**高度政治性**的國家行為，由司法體系審查反而使司法面臨反多數決的困境，違憲審查機關不得輕率援引政治問題原則而拒絕審判。

三、領土變更之程序

我國憲法第4條規定：「中華民國領土，依其固有之疆域，非經國民大會之決議，不得變更之。」（已被憲法增修條文凍結）此一規定，即在說明領土範圍的「嗣後」變更權乃專屬於國民大會來行使[34]。其中，此處所規定之變更，應是指與他國訂立條約而使得國家領土範圍產生得、喪、變更等效力者或是基於人力因素，如填海造陸者是，而不包括自然之變更，如天災、海平面上升原因造成的領土縮減等。

有關我國領土變更之程序，依照現行憲法增修條文之規定，乃將憲法第4條之規定，予以暫停適用，其中增修條文第4條第5項規定：「中華民國領土，依其固有疆域，非經全體立法委員四分之一之提議，全體立法委員四分之三之出席，及出席委員四分之三之決議，提出領土變更案，並於公告半年後，經中華民國自由地區選舉人投票複決，有效同意票過選舉人總額之半數，不得變更之。」而第1條第1項亦規定：「中華民國自由地區選舉人於立法院提出憲法修正案、領土變更案，經公告半年，應於三個月內投票複決，不適用憲法第四條、第一百七十四條之規定。」

第七節　民族及國旗

一、民族

憲法第5條規定：「中華民國各民族一律平等。」這裡所說的平等，並非指形式的平等，而是期待社會文化的發展，各有其特色並能在經濟上有平等的地位。憲法增修條文第10條第11項規定：「國家肯定多元文化，並積極維護發展原住民族語言及文化。」例如現今臺灣原住民的狩獵文化應該予以

---

[34] 程明修，《國家法講義（一）憲法基礎理論與國家組織》，新學林，初版，2006年10月，205頁。

肯定，司法院釋字第803號解釋理由書稱：「身為原住民族成員之個別原住民，其認同並遵循傳統文化生活之權利，雖未為憲法所明文列舉，惟**隨著憲法對多元文化價值之肯定與文化多元性社會之發展**，並參諸當代民主國家尊重少數民族之發展趨勢，為維護原住民之人性尊嚴、文化認同、個人文化主體性及人格自由發展之完整，進而維繫、實踐與傳承其所屬原住民族特有之傳統文化，以確保原住民族文化之永續發展，依憲法第二十二條、憲法增修條文第十條第十一項及第十二項前段規定，**原住民應享有選擇依其傳統文化而生活之權利**。此一文化權利應受國家之尊重與保障，而為個別原住民受憲法保障基本權之一環。」

二、國旗

憲法第6條規定：「中華民國國旗定為紅地，左上角青天白日。」國旗為一國的象徵，具有崇高地位，任何國民不宜任意公然侮辱及損壞。刑法第160條規定：「意圖侮辱中華民國，而公然損壞、除去或污辱中華民國之國徽、國旗者，處一年以下有期徒刑、拘役或九千元以下罰金（第1項）。意圖侮辱創立中華民國之孫先生，而公然損壞、除去或污辱其遺像者，亦同（第2項）。」設有處罰規定。然則，國旗具有政治圖騰的象徵，公然損壞、除去或污辱有時候涉及政治意念的表達，即「象徵性言論」，所以刑法第160條的存在，與言論表達自由相衝突，可能有違憲之虞。

第六章　憲法變遷

第一節　概念

　　隨著時代變動，成文憲法以外諸如政治勢力消長、國際局勢演變、新科技的發明運作、優勢政治哲學的更迭、決策者的思維等，均足以對成文憲法造成影響。這些都會造成「憲法規範」（Verfassungs-norm）與「憲政實際」（Verfassungswirklichkeit）間不一致的現象。雖然憲法一經制定，即成為固定的規範，但政治及社會經濟狀況卻隨著時代脈動，要讓這種固定性的憲法規範能適應時代潮流而維持其生命，就得透過憲法變遷。憲法變遷所涉及的，有時候不是初始的憲法條文本身，而是實際運作對規範內容所產生變遷[1]。

　　如司法院釋字第392號解釋理由書所言，憲法並非靜止之概念，其乃孕育於一持續更新之國家成長過程中，依據抽象憲法條文對於現所存在之狀況而為法的執擇，當不能排除時代演進而隨之有所變遷之適用上問題。從歷史上探知憲法規範性的意義固有其必要；但憲法規定本身之作用及其所負之使命，則不能不從整體法秩序中為價值之判斷，並藉此為一符合此項價值秩序之決定。

　　廣義的憲法變遷包括變更憲法條文之增修及其他途徑的運作（憲法解釋及憲法判決）；狹義的憲法變遷則並不包括憲法的增修，僅限於對憲法條文文義之變更或補充。

1　吳志光，司改雜誌第64期，https://digital.jrf.org.tw/articles/1617，最後瀏覽日期：2022年8月1日。

第二節　憲法變遷的方式

一、憲法解釋

（一）文義解釋

是所有法律解釋的基礎。法學解釋方法當以法條文義解釋為第一優先。無法從文義解釋探求法律文字之真意時，方才尋求其他解釋的方法。

解釋者不可背離一般文字的意涵，否則就不是解釋，而是法律漏洞的補充。因為縱使是有權機關，如果明顯逾越文義解釋，藉此作成的判決或行政處分都屬於違法[2]。

（二）體系解釋

是將整部法規範視為一個完整的體系，檢視條文間脈絡的關聯性。例如司法院釋字第792號解釋理由書提到：「……整體體系觀之，本條例（毒品犯罪防制條例）第五條及第十四條第一項及第二項分別定有『意圖販賣而持有』毒品罪、『意圖販賣而持有』罌粟種子、古柯種子或大麻種子罪，如該二條文所稱販賣一詞之理解得單指購入，勢必出現僅意圖購入即持有毒品之不合理解釋結果。基於同條例散見不同條文之同一用詞，**應有同一內涵之體系解釋**，益見毒品條例第4條所稱之販賣，非得單指購入之行為……。」

（三）歷史解釋

這種解釋是指應求諸立法者的本意，但不是法案起草者的個人意志，而是立法者經過互相辯證後客觀理性的總體意志[3]。

（四）目的解釋

以整體立憲之客觀的意旨及目的以探求所解釋規定的潛藏意旨[4]。

2　李惠宗，《案例式法學方法論》，新學林，初版，2010年9月，234頁。
3　李惠宗，《憲法要義》，元照，九版，2022年9月，Rn. 0253。
4　李惠宗，《憲法要義》，元照，九版，2022年9月，Rn. 0257。

（五）和諧性解釋原則

憲法的基本原則及各種理念，解釋上應盡量避免矛盾，以維持各種價值理念的和諧[5]。

（六）合憲性解釋原則

某項法律解釋的結果，只要有一種可以避免宣告該法律違憲時，就應該作出合憲的結論，也就是法律制定後即有推定合憲的功能[6]。

二、憲政慣例

所謂憲政慣例，需要經過反覆一般人的承認，而具有法律拘束力方才屬之。例如美國憲法最初對於總統可以作幾任並沒有規定，但是自從華盛頓及傑弗遜以後，美國總統只連任一次即成為憲政慣例。所以要成為憲政慣例需要具備：「政治情勢有長久的局面」（具有法效力的確信）以及「符合憲政法理」[7]。可以參考我國司法院的兩號解釋：

司法院釋字第419號解釋理由書稱：「依司法院歷來解釋，關於兼職之禁止與否，皆視職務性質是否相容或有無利益衝突為斷，由以上所述足認副總統兼任行政院院長皆與容許兼職原則有違，乃憲法所不許。副總統兼任行政院院長不構成憲政慣例：按憲法慣例或憲政上之習慣法，其成立應有反覆發生之先例，並對一般人產生法之確信，始足當之。副總統兼任行政院院長以往雖有兩例，但均發生於動員戡亂及戒嚴時期，並非常態，且有違憲之疑義，自不能視為憲政慣例或習慣法。」此號解釋已經說明，副總統兼任行政院長雖有前例但也有例外，並不具有法的確信，不符合憲政慣例。

司法院釋字第461號解釋理由書稱：「惟司法、考試、監察三院院長，固得依憲法第七十一條規定列席立法院會議陳述意見，若立法院所設各種委員會依憲法第六十七條第二項規定邀請政府人員到會備詢，本於五院間相互尊重之立場，並依循憲政慣例，得不受邀請列席備詢。三院所屬獨立行使職

---

5 董保城、法治斌，《憲法新論》，元照，八版，2021年9月，150頁。
6 董保城、法治斌，《憲法新論》，元照，八版，2021年9月，151頁。
7 李惠宗，《憲法要義》，元照，九版，2022年9月，Rn. 0257。

權，不受任何干涉之人員，例如法官、考試委員及監察委員亦同。」此號解釋界定，依憲政慣例無需至立法院備詢的人員。

三、憲法之修改

憲法增修條文第12條規定：「憲法之修改，須經立法院立法委員四分之一之提議，四分之三之出席，及出席委員四分之三之決議，提出憲法修正案，並於公告半年後，經中華民國自由地區選舉人投票複決，有效同意票過選舉人總額之半數，即通過之，不適用憲法第一百七十四條之規定。」

茲有問題者，憲法之修改究竟有無界限？採無界限說的論者認為，憲法的基本原則只是舊有制憲者的意志，其後當依循民主程序修改其正當性應不受先前制憲者的拘束。但是採「有界限說」的意見認為，制憲權乃基於一種政治力而產生憲法的條文，故憲法的修改者不應該違背此一憲法的根本。

司法院釋字第499號解釋稱：「基於修憲職權所制定之憲法增修條文與未經修改之憲法條文雖處於同等位階，惟憲法中具有本質之重要性而為規範秩序存立之基礎者，如聽任修改條文予以變更，則憲法整體規範秩序將形同破毀，該修改之條文即失其應有之正當性。**憲法條文中，諸如：第一條所樹立之民主共和國原則、第二條國民主權原則、第二章保障人民權利、以及有關權力分立與制衡之原則，具有本質之重要性，亦為憲法整體基本原則之所在。**基於前述規定所形成之自由民主憲政秩序，乃現行憲法賴以存立之基礎，凡憲法設置之機關均有遵守之義務。」

司法院釋字第721號解釋稱：「憲法之修改，除其程序有明顯重大瑕疵或內容涉及自由民主憲政秩序之違反者外，自應予尊重。申言之，**憲法之修改如未違反前述民主共和國原則、國民主權原則，或未涉人民基本權核心內涵之變動，或不涉權力分立與制衡原則之違反，即未違反自由民主憲政秩序。**」

從前兩號解釋我們可以得知，我國釋憲實務對於憲法的修改是採「有界限說」，與德國基本法第79條第3項的規定相同，將國家基本權體制之自由民主價值列為基本法的核心，不得動搖憲法決定的基本價值[8]。

---

8 董保城、法治斌，《憲法新論》，元照，八版，2021年9月，20頁。

✏️選擇題練習

1　共和國原則的正確理解應為[1]：
(A) 共和一定是民主國
(B) 君主立憲制是共和國概念下最重要的憲政體制
(C) 只要建立和國，就不會出現一黨專政的威權體制
(D) 共和國概念涉及國家元首的產生方式　　　　　　　　　　【103司律】

2　有關於民主原則，下列敘述何者錯誤[2]？
(A) 憲法中有明文規定民主原則
(B) 民主制度以代議民主為主，直接民主為輔
(C) 公民投票屬於直接民主的表現
(D) 區域選出之立法委員皆屬於委任代表，只對原選區選民負責
　　　　　　　　　　　　　　　　　　　　　　　　　　　　【103司律】

3　依司法院大法官解釋，下列有關權力分立原則之敘述，何者正確[3]？
(A) 依釋字第613號解釋意旨，立法院對行政院有關國家通訊傳播委員會委員之人事決定權不能施以一定限制，以為制衡
(B) 依釋字第325號解釋意旨，立法院為行使憲法所賦予之職權，得經院會或委員會之決議，要求有關機關就議案涉及事項提供參考資料
(C) 依釋字第585號解釋意旨，立法院調查權行使之方式，必要時並得經院會決議，要求與調查事項相關之人民或政府人員，陳述證言或表示意見
(D) 依釋字第633號解釋意旨，三一九槍擊事件真相調查特別委員會得調用行政機關之適當人員兼充協同調查人員，該行政機關不得拒絕之規定，

1　(D)，是否為共和國係以國家元首的產生作分類。
2　(D)，參照憲法第17條、第62條。
3　(B、C)。

與權力分立原則無違

(E) 依釋字第645號解釋意旨，公民投票法有關行政院公民投票審議委員會，「由各政黨依立法院各黨團席次比例推薦，送交主管機關提請總統任命之」之規定，與權力分立原則無違　　　　　　　【103司律（複選）】

4　有關我國憲法的修憲界限，下列何者正確[4]？

(A) 憲法沒有明文規定修憲界限

(B) 憲法增修條文規定有修憲界限

(C) 憲法中具有本質重要性而爲規範秩序存立基礎者乃是修憲界限

(D) 修憲逾越修憲界限不待司法院大法官的宣告當然無效

(E) 修憲界限以憲法有明文規定者爲限　　　　　　　【104司律（複選）】

5　公職人員之定期改選，爲反映民意，貫徹民主憲政之途，何者，司法院大法官曾作過解釋[5]？

(A) 第1屆未定期改選之中央民意代表除事實上已不能行使職權或治不行使職權者，應即查明解職外，其餘應於民國80年12月31日以前終止行使職權

(B) 延長第3屆國民大會代表任期2年又42天及第4屆立法委員任期5個月之規定，並無憲政上不能依法改選之正當理由

(C) 里長之正常產生程序，仍不排除憲法民主政治基本原則之適用

(D) 縣、市升格爲直轄市後，現任縣、市長任期延長1年，純屬過渡性質，且爲改善制度所必須，與憲法民主政治基本原則並不違背

(E) 總統選舉提前與立法委員選舉在同一日舉行，可節省社會資源，提升政治穩定，與憲法民主政治基本原則並不違背　　　　　　　【104司律（複選）】

4　(A、C)，參照司法院釋字第499號解釋。
5　(A、B、C)。

6 有關權力分立原則，下列敘述何者正確[6]？

(A) 對於我國憲法五權分立中的各個權力部門間之互動關係的理解，應採取完全無相互制衡之詮釋方式為當

(B) 審判獨立乃權力分立與制衡之重要原則

(C) 權力分立的目的就是要建立大有為的行政權

(D) 權力分立思想與儒家思想不謀而合　　　　　　　　　　【105司律】

7 下列哪些原則是大法官在司法院釋字第499號解釋所明白揭示的憲法整體基本原則[7]？

(A) 單一國原則

(B) 民主共和國原則

(C) 利益迴避原則

(D) 國民主權原則

(E) 權力分立原則　　　　　　　　　　　　　　　【105司律（複選）】

8 民主原則是我國憲法之基本原則，下列敘述何者正確[8]？

(A) 民主原則屬於憲法中具有本質重要性，而為憲法規範存立基礎

(B) 憲法增修條文引進政黨違憲解散制度，旨在防衛自由民主之憲政秩序

(C) 我國憲法對於民主制度的建構，以代議民主為原則，並不允許全國性的直接民主制度

(D) 民意代表定期改選乃民主原則核心內容之一

(E) 司法院大法官的法律違憲審查權與民主原則互不相容　　【106司律（複選）】

---

6 (B)，參照司法院釋字第530號解釋。

7 (B、D、E)，參照司法院釋字第499號解釋。

8 (A、B、D)，參照司法院釋字第499號解釋、第644號解釋、第261號解釋。

9 關於我國憲政體制下之民主，下列敘述何者錯誤[9]？

(A) 以代議民主為主，直接民主為輔

(B) 總統、副總統及立法委員由人民直接選舉產生

(C) 行政院對立法院負責，係直接民主制度之體現

(D) 人民對重大政策以投票方式直接決定，與代議民主相輔相成

【110司律】

10 依司法院大法官解釋意旨，有關公法上信賴保護原則之敘述，下列何者錯誤[10]？

(A) 人民明知無自耕能力，仍提供不正確資料，申請發放自耕能力證明書，不生信賴保護之問題

(B) 法律有溯及適用之特別規定，且溯及適用之結果有利於人民者，無違信賴保護原則

(C) 行政法規發布施行後，訂定或發布法規之機關依法定程序予以修改，無須兼顧規範對象信賴利益之保護

(D) 行政法規之修正，得以訂定過渡條款之方式，保護當事人之信賴

【110司律】

11 依司法院釋字第530號解釋，審判獨立在保障法官唯本良知，依據法律獨立行使審判職權，為自由民主憲政秩序中何種原則之重要機制[11]？

(A) 國民主權原則

(B) 信賴保護原則

(C) 權力分立與制衡原則

(D) 罪責相當原則

【110司律】

---

9 (C)，此不屬直接民主，只能算是間接民主。

10 (C)，參照司法院釋字第525號解釋。

11 (C)，參照司法院釋字第530號解釋。

PART 2

權力分立之制衡原理與憲法機關

第一章　水平的國家權力分立概說

　　國家權力間的分權制衡分立可分為「水平的權力分立」與「垂直的權力分立」，本章介紹國家權力間的「水平的權力分立」，也就是各個憲法機關的權力制衡，美國開國元勳，且是美國憲法起草人之一被譽為「美國憲法之父」的麥迪遜（James Madison）主張權力分立的目的在防止專權暴政，野心要用野心來對抗[1]。至於中央與地方關係的垂直權力分立，待本書第六編「地方自治」再予詳述。18世紀孟德斯鳩（Charles de Montesquieu）在《法意》中提出「三權分立」的思想，主張將國家權力應分為「行政」、「立法」及「司法」由三個不同的國家機關執掌，相互制衡。這個學說對於後來的美國、法國及普魯士的制憲產生深遠的影響。由歷史的經驗證明，絕對的權力使人絕對的腐化，透過權力之間「分權」（separation of powers）且與「制衡」（checks and balances），可以防止國家權力的專權暴政化，進而保障人民的自由及權利。

　　三權分立之所以受到後世制憲者的肯定，因如果只分成兩權，很容易失衡，不論是行政權與立法權融合；抑或是行政權與司法權融合，都有產生專權暴政之虞[2]。例如，「美國獨立戰爭」（American War of Independence, 1775-1783）[3]，便是由於英國的行政、立法合一的政府體制，在18世紀為了維護英國本土的壟斷利益，傾銷茶葉並頒布了一些限制殖民地經濟發展的法令，使得殖民地人民忍無可忍，終於引爆北美十三州殖民地人民，憤起抵抗要求獨立。

1　湯德宗，〈美國權力分立理論與實務〉，收錄於氏著，《憲法結構與動態平衡──權力分立新論卷一》，天宏，增訂四版，2014年9月，439頁。
2　長谷部恭男，《憲法》，新世社，四版，2008年2月，17頁。
3　資料來源：http://tw.search.yahoo.com/search?p=%E7%BE%8E%E5%9C%8B%E7%8D%A8%E7%AB%8B%E6%88%B0%E7%88%AD&fr=yfp-s&ei=utf-8&v=0，最後瀏覽日期：2021年12月20日。

第一節　權力分立問題的解釋原則

一、形式論與功能論

　　權力分立，如以「國家權力的性質」為區分標準，德國學說上分為「組織上」的權力分立與功能上的權力分立。所謂「組織上的權力分立」（organisatorishe Gewaltenteilung），是指將上述三種不同性質的權力，分別交由三個不相隸屬的機關來行使，並要求這三種權力必須相互制衡。例如德國基本法第20條第2項第2款明文規範，國家權力，應由人民以選舉及公民投票，及以分別設立之立法、行政及司法機關行使之。美國開國元勳，且是美國獨立宣言和美國憲法起草人之一的威爾遜（James Wilson）大法官主張三權分立應係指國家組織（形式）上的分立。嚴守三權間的「分立」，應盡量劃清三權的界限，除非憲法明定，盡量不允許權力間的混合。其對於權力分立互相制衡原則的理解則相當嚴格而機械。他認為立法、行政及司法部門間之權力重疊應減至最少，因為任何一種程度的混淆都會造成干涉、反對並使其行使變得複雜[4]。

　　德國本來是一個行政權極為發達之國家，在1972年發展出所謂的重要性理論，強調凡涉及重要的基本人權部分應由立法機關之國會立法，強調立法優先原則，不管行政或司法應以立法為依據，而產生所謂的司法行政即依法審判之概念。而此種思想發展至於極致，反而使權力之間失去了制衡，近代的學說多著重於「功能上的權力分立」（funktionelle Gewaltenteilung），即行政、立法、司法等不同之國家機關各有不同之「組成結構」與「決定作成」之程序，國家權力分配由「功能最適」的機關擔綱[5]。

　　伊普森（Jörn Ipsen）教授認為，只要某種國家權力之行使未伸進其他權力之「核心領域」（Kernbereich），即屬「合憲」（Verfassungsmässig）[6]。因此，1978年後開始強調機關功能最適理論，他們認為國家任務或決定應該

4　湯德宗，〈美國權力分立理論與實務〉，收錄於氏著，《權力分立新論——卷一》，天宏，增訂四版，2014年9月，440頁以下。

5　許宗力，〈憲法與政治〉，收錄於氏著，《憲法與法治國行政》，元照，二版，2007年1月，46頁。

6　*Jörn Ipsen*, Staatsorganisationsrecht (Staatsrecht I), 21. Aufl., 2009, Rn. 767.

歸屬於哪一個機關，必須要視國家機關的內部組織及運作狀況而定。此說亦為德國聯邦憲法法院1984年在「飛彈部署判決」再度被強調[7]，受到我國學說上也廣泛支持[8]。

　　日本學說上認為，由於「組織上的權力分立」即行政權、立法權及司法權為分割型態的權力分立，為形式上的權力分立（形式論）；而「功能上的權力分立」，指的是國家權力在「妥適領域」內，依其實質內容作用來劃分，為實質上的權力分立（實質論）[9]。德、日學說雖然文字用語不同，但是本質上並無二致。總之，形式論的焦點在於組織之分立，而功能論所重心的乃是權力之制衡。

　　在權力分立闡述中立法權與行政權不再是絕對對立之權力，行政權可能從事立法，立法亦可能涉及行政，兩者界限模糊，而其目的在於國家決定由何機關為之，可能作出最為正確之決定，則由該機關為之，不再侷限於國家權力形式上之分權，而積極地增進國家機關之效率以促進人民之福祉。

　　美國學界，對於「國家權力的分配」（The Distribution of National Powers），是否如形式論般必須嚴守組織上、形式意義上的權力分立，非無疑問。但美國憲法之父、也是開國元勳的美國第四任總統麥迪遜認為孟德斯鳩所謂的三權分立，並不是意指國家權力一定要由不同的政府機關行使，但由同一機關行使將導致人民自由權利破壞時即不被允許[10]。顯然他不是站在形式論的觀點，而是比較接近功能論的見解。本書亦認為，**功能論主張只要並不侵犯權力分立之核心領域就不違憲**，就不違反權力分立，應認為較可採。司法院釋字第585號解釋及司法院釋字第613號解釋也採相同的論點。

　　司法院釋字第585號解釋理由書稱：「真調會所行使之職權已侵犯其他憲法機關權力，違反權力分立原則：（一）侵犯總統豁免權及人事任命權：依真調會條例第八條規定，真調會之調查對象包括總統，且總統亦不得以國

7　BVerfGE 9, 268 (280).
8　蘇俊雄大法官釋字第520號解釋協同意見書；陳愛娥，〈大法官憲法解釋權之界限——由功能法的觀點出發〉，《憲政時代》，第24卷第3期，1998年12月，79頁以下；吳信華，《憲法釋論》，三民，三版，2018年9月，68頁；董保城、法治斌，《憲法新論》，元照，八版，2021年9月，68頁。
9　瀧川裕英，〈権力分立原理は国家権力を実効的に統御しうるか〉，井上達夫編，《憲法Ⅰ——立憲主義の哲学問題地平》，岩波書店，2007年5月，93頁。
10 *Stone, Seidman, Sunstein, Tushnet, and Karlan*, "Constitutional Law," 2009, p. 355.

家機密為由，拒絕真調會或真調會委員之調查，顯然違反憲法第五十二條規定而無效；真調會委員任命方式完全剝奪總統之人事任命權，違反憲法第四十一條而無效。（二）侵犯檢察官偵查權之核心領域：1.依真調會條例第八條第一、二、三項及第九條規定，真調會已取代檢察機關。2.依真調會條例第十三條第一、三項規定，真調會不僅掌握個案之刑事偵查權，甚至可以指揮檢察官起訴，使立法權與執行權合而為一，嚴重破壞刑事訴訟上之權力分立與法治國原則。（三）侵犯司法權之核心領域：真調會條例第十三條第三項規定法院確定判決所認定之事實與真調會所認定之事實有所不同時，必須以真調會之認定為準，已經侵犯審判獨立之核心，明顯違反憲法第八十條。（四）侵犯監察院調查權之核心領域：真調會條例第八條第三、四、五及六項規定，將原本不屬於立法院之國會調查權，賦予真調會，逾越司法院釋字第三二五號解釋對監察院行使調查權所設定之範圍。」

　　司法院釋字第613號解釋理由書稱：「權力之相互制衡仍有其界限，除不能牴觸憲法明文規定外，**亦不能侵犯各該憲法機關之權力核心領域**，或對其他憲法機關權力之行使造成實質妨礙或導致責任政治遭受破壞，例如剝奪其他憲法機關為履行憲法賦予之任務所必要之基礎人事與預算；或剝奪憲法所賦予其他國家機關之核心任務；或逕行取而代之，而使機關彼此間權力關係失衡等等情形是。」顯然憲法實務見解也採功能論。

二、憲法機關忠誠原則

　　所謂「憲法機關」，即憲法所設置的國家最高機關。而「憲法機關忠誠」（Verfassungsorgantreue），指的是憲法機關彼此間所負的相互扶持、尊重與合作體諒的義務[11]。此一概念應係從德意志帝國時期（1871-1919）「聯邦忠誠」（Bundestreue）演進的法義務而來，最初係指為維繫聯邦體制，聯邦和各邦或邦與邦之間互負友好（克制）的義務，係「不成文的憲法基本原則」（ungeschriebener Verfassungsgrundsatz）[12]。

　　換言之，憲法機關忠誠在於不使其他憲法機關陷於癱瘓，所以學說也

---

11 董保城、法治斌，《憲法新論》，元照，八版，2021年9月，71頁。
12 *Jörn Ipsen*, Staatsorganisationsrecht (Staatsrecht I), 21. Aufl., 2009 , Rn. 717 ff.

因此認為憲法機關忠誠具有「權限行使的界限」，或者說具有「限制權力濫用」（Mißbrauchsschranken）的功能[13]。我國司法院釋字第632號解釋也接納德國「憲法機關忠誠」理論。

第二節　權力分立的本質與憲法機關之設置

依照憲法本文之設計，我國之憲法機關計有國民大會、總統、行政院、立法院、考試院及監察院等。由於國民大會的職能已遭凍結，本書不擬贅述。前文已提到過，不論採形式論或功能論的權力分立理論，憲法機關之總數大於「三」並不違反分權制衡原則。有問題者係，這套號稱「五權」分立的憲法，是否真有五權？或實質上仍係三權？

依本書所見，探討國家權力應從本質來看，我國憲法依照孫中山先生遺教，分設「行政」、「立法」、「司法」、「考試」及「監察」等五院，號稱「五權憲法」。依據孫中山先生之遺教，中央政府體制採取權能區分、五權分立之制度。五權即是所謂立法、行政、司法、考試與監察等，代表治權機關。而所謂政權，係由全體國民行使之，而依憲法制度的設計，係由國民大會代表國民來行使政權。因此，國民大會為所謂的政權機構，此即孫中山所稱的權能區分理論。

依據我國憲法本文規定觀之，國民大會係屬由人民選舉出來的民意代表機關，其與立法院、監察院同屬人民選出之代表，因此依據我國司法院釋字第76號解釋將國民大會、立法院與監察院視為民主國家的國會，監察院的彈劾、糾舉、審計，所行使的仍然是國會的職權。即便憲法增修條文增修後，監察院仍擁有的彈劾、糾正、糾舉及審計等職權，其所行使的權力，本質上仍屬「立法權」（國會權）。考試院獨立於行政機關之外，單獨處理所有有關公務員從考試、訓練、任用、考績、懲戒、退休、撫卹等一切事宜，是孫中山先生之理想，以確保用人唯才，避免用人徇私不當，但是考試權的本質依舊是行政權（人事行政）。

---

13 許宗力，〈權力分立與機關忠誠〉，收錄於氏著，《法與國家權力（二）》，元照，
　2007年1月，332頁。

　　其實，孫中山先生的本意，應係設立五個憲法機關以防專權，但卻「誤稱」為五權。因此，「五個憲法機關不代表就等於五個國家權力」。如前文所提到的，**就國家權力本質而言，仍係「行政」、「立法」、「司法」三權**。再者，行使行政權非必設立行政院不可，也可由總統來行使「行政權」。故本書認為，依憲法本文設計，雖將「行政權」分由「總統」、「行政院」及「考試院」三個機關來行使，但本質上仍係一個「行政權」。本書認為，我國的中央政府體制，雖有五權憲法之「名」，有總統、行政院、立法院、司法院、考試院、監察院等六個憲法機關（扣除已停止運作的國民大會），但本質上依然只有三種國家權力之「實」。

第二章　我國憲政體制的演變

第一節　憲法本文的設計為修正式內閣制

　　我國憲法起草人張君勱先生以其留學德國之背景，同時參酌威瑪憲法並依據當時中華民國特殊的環境，首創「修正式內閣制」，採偏向虛位元首的設計[1]，此點與「威瑪共和」（Weimarer Republik, 1919-1933）憲法總統仍握有部分實權（例如總統可自由任免總理、解散國會等）有很大之不同。此外，亦迥異於「五五憲草」採以國家元首與行政首領集於總統一人的總統制設計，目的在防止造成總統大權獨攬的局面，故採偏向內閣制的精神。但在當時執政的國民黨要求下，對於「五五憲草」所主張「五權憲法」的精神仍必須有所兼顧，故張君勱所採行的內閣制，並非為純粹內閣制，而係一種「修正式內閣制」[2]。但亦有主張我國憲法本文係傾向內閣制者[3]。

　　從憲法本文之設計，修正式的內閣制之特色有以下數點：行政院為最高行政機關，向立法院負責，立法院開會時，有向行政院院長及各部會首長質詢權，立法院對行政院重要政策有行使覆議權，且總統發布法令須行政院院長副署，也表示總統對此並無實權。

　　憲法本文第53條：「行政院為最高行政機關。」憲法本文第55條第1項信任制度：「行政院院長由總統提名，經立法院同意任命之。」第57條：「行政院依左列規定，對立法院負責：一、行政院有向立法院提出施政方針及施政報告之責。立法委員在開會時，有向行政院院長及行政院各部會首長質詢之權。二、立法院對於行政院之重要政策不贊同時，得以決議移請行政院變更之。行政院對於立法院之決議，得經總統之核可，移請立法院覆議。覆議時，如經出席立法委員三分之二維持原決議，行政院院長應即接受該決議或辭職。三、行政院對於立法院決議之法律案、預算案、條約案，如認為有窒礙難行時，得經總統之核可，於該決議案送達行政院十日內，移請立法

1　沈有忠，《威瑪憲政變奏曲——半總統制憲法的生命史》，五南，2009年6月，12頁。
2　張君勱，《中華民國民主憲法十講》，臺灣商務，台一版，1972年2月，54頁以下。
3　薩孟武著、黃俊杰修訂，《中國憲法新論》，三民，增訂二版，2007年7月，220頁。

院覆議。覆議時，如經出席立法委員三分之二維持原案，行政院院長應即接受該決議或辭職。」

副署制度依據第37條規定：「總統依法公布法律，發布命令，須經行政院院長之副署，或行政院院長及有關部會首長之副署。」行政院對立法院負責，但行政院無解散國會權，立法院也無倒閣權。

第二節　憲法增修後為貌似雙首長制的實質總統制

在第四次修憲我國是朝向法國第五共和國的雙首長制來修憲，但修憲後，某些學者將我國的憲法體制定位為雙首長制或稱半總統制[4]，但在實際上的運作卻有向總統制傾斜之現象，有認為趨近於結合總統制與內閣制之威瑪憲政體制[5]，也有學者主張是「貌似半總統制的實質總統制」[6]。增修條文第2條第4項規定：「總統為決定國家安全有關大政方針，得設國家安全會議及所屬國家安全局，其組織以法律定之。」總統具有任命行政院院長之權，為單獨全權決定行政院院長（增修條文第3條第1項），增修條文第2條第2項規定：「總統發布行政院院長與依憲法經立法院同意任命人員之任免命令及解散立法院之命令，無須行政院院長之副署，不適用憲法第三十七條之規定。」上述規定呈現總統制之精神，但行政院院長及其部會首長則有副署總統公布法律、發布命令之權，以此來牽制總統權力之運作，卻又展現內閣之副署制度；總統具有被動解散立法院，無須行政院院長之副署，可以此來制衡立法院，而立法院則可藉由彈劾案的提出來監督總統職權之行使；再者，行政院可對立法院通過之法案提出覆議，使立法更為周延，立法院則可經由審議行政院所提交之法案或是藉由倒閣的執行，以使行政院向立法院負責[7]。

4　林子儀、葉俊榮、黃昭元、張文貞，《憲法——權力分立》，新學林，三版，2021年9月，171頁；陳銘祥，〈現行制度下總統的定位與展望〉，收錄於陳隆志編，《新世紀新憲政：憲政研討會論文集》，元照，2002年8月，318頁以下。

5　陳愛娥，〈我國現行憲法下總統角色的定性——單純國家統一象徵或真正的政府首長？〉，收錄於陳隆志編，《新世紀新憲政：憲政研討會論文集》，元照，2002年8月，307頁以下。

6　湯德宗，〈九七憲改後的憲法結構〉，收錄於氏著，《憲法結構與動態平衡——權力分立新論卷一》，天宏，增訂四版，2014年9月，40頁。

7　王業立、羅偉元，〈台灣的憲政發展與展望〉，發表於「台灣—越南行政革新」國際學術研討會，中山大學中山學術研究所主辦，2005年5月20日至21日。

　　現行的憲政體制雖稱為雙首長制，但卻又與法國第五共和的雙首長制仍有些許差異。法國雙首長制的特色為，總統由公民直選，國家元首並任命總理之權，總統之下設部長會議，總理及部分不須必須參加，總統為主席，類似我國之國家安全會議。總統不對議會負責，而由總理對議會負責。總統與立法機關就重要議題產生衝突時，總統可越過議會將此議題交公民投票表決之，此點在我國並不存在，我國公民投票之權責機關在中央為行政院。

　　第一次增修條文（1991年5月1日），將總統設國家安全會議及國家安全局明文化，為有實權之總統，第二次總統直選之規定（1992年5月27日）以及第三次總統由人民直選更增強總統之權力基礎。至於有關行政院與立法院關係，1994年8月1日第三次修憲則將行政院院長副署權予以若干限縮（總統發布依憲法經國民大會或立法院同意任命人員之任免命令，無須行政院院長之副署，不適用憲法第37條之規定。行政院院長之免職命令，須新提名之行政院院長經立法院同意後生效）。1997年7月21日第四次修憲則在於，其一，行政院院長改由總統直接任命不必經由立法院同意後任命；另一，覆議制度作若干修正，憲法增修條文第3條第2項第2款規定：「行政院對於立法院決議之法律案、預算案、條約案，如認為有窒礙難行時，得經總統之核可，於該決議案送達行政院十日內，移請立法院覆議。立法院對於行政院移請覆議案，應於送達十五日內作成決議。如為休會期間，立法院應於七日內自行集會，並於開議十五日內作成決議。覆議案逾期未議決者，原決議失效。覆議時，如經全體立法委員二分之一以上決議維持原案，行政院院長應即接受該決議。」並引進不信任案制度，賦予立法院倒閣權（立法院得經全體立法委員三分之一以上連署，對行政院院長提出不信任案。不信任案提出72小時後，應於48小時內以記名投票表決之。如經全體立法委員二分之一以上贊成，行政院院長應於10日內提出辭職，並得同時呈請總統解散立法院；不信任案如未獲通過，一年內不得對同一行政院院長再提不信任案）。

　　經過歷次修憲後，總統不僅改由民選產生，並享有獨立任命行政院院長及被動解散國會的實質權力，基於任免合一的法理，總統對於行政院院長也具有免職權；行政院院長僅擁有法案副署權；行政院仍須對立法院負責；立法院得運用不信任投票制度，促使行政院院長下台，並可發動彈劾、罷免總統。但由於人事副署權的削弱，使得行政院院長對於總統不再有相對的制衡的力量，本書認為，修憲後雖然行政院院長保有部分的權力，但是已經大不

如前，不可同日而語，再加上國家安全會議，總統為國家安全會議主席決定國家大政方針，而行政院院長僅為國家安全會議的成員之一，以及總統歷來又有擔任執政黨黨魁的不成文慣例，總統實質上成為行政院院長之長官，所以應以貌似雙首長制的實質總統制說較為可採。

第三章　國民大會

　　「國民大會」原係孫中山先生所提出。孫氏認為，「政」即為處理眾人之事，「治」而是管理，合而為一之「政治」亦即管理眾人之事。依此，孫中山先生將政府的功能分為政權與治權。而治權由五院行使，提供人民必要的協助。政權則是人民透過選舉出之國大代表行使，進而能使人民透過國大代表控制政府由五院行使的治權，而能使兩者達到平衡，使人民權益不受政府侵害，人民也得以享受政府所提供的利益。

　　我國國民大會之職權與地位，從原憲法之代表人民行使政權，歷經幾次的修憲，最近一次的修憲，使國民大會成為虛位化，其變化不可謂不大，對此種消長情形，從歷史角度觀之，有詳加敘述之必要。

第一節　憲法本文的國民大會地位與職權

一、憲法本文之民意代表機關與修憲機關

　　國民大會性質上屬政權機關，因此，國家元首之總統、副總統，由其選舉與罷免之。國民大會為我國唯一的制憲機構，修改憲法與複決立法院所提之憲法修正案，皆屬國民大會之職權。我國歷年來所提出的憲法修正，如動員戡亂時期臨時條款與第一、二、三、四、五、六次的憲法修正案，皆由國民大會依據憲法第27條所稱「修改憲法」之職權與依據憲法第174條第1款所規定之程序為之。

　　因國民大會屬政權機關，因此，若官吏欲為國民大會代表候選人，不得在其住所所在地之選舉區當選國民大會代表。由於此條文規定，容許官吏得兼國民大會代表，因此，產生我國國民大會代表皆兼數職，其中公職人員亦不在少數，而產生校長、縣長以及中央官員為國民大會代表的奇異現象，此乃肇始於本條文之規定，過於籠統有以致之。

二、歷次修憲對於國民大會職權與地位之變更

（一）第一次憲法增修並同時廢止動員戡亂時期臨時條款

問題一：民意代表無法改選理由何在？

問題二：何謂動員戡亂時期？

　　依憲法規定，國民大會為人民選舉出來的民意機構，由於我國長期以來，中央民意代表一直無法改選，因此，司法院乃於釋字第261號（1990年6月21日）作出第一屆中央民意代表全面改選之解釋，並規定所有的中央民意代表應於1991年12月31日以前終止行使職權，並由中央政府依憲法之精神、本解釋之意旨及有關法規，適時辦理全國性之次屆中央民意代表選舉，以確保憲政體制之運作。

　　由於該號解釋之結果，促進我國開始一連串的憲法增修。但也與我國廢止動員戡亂時期有關，1991年4月22日舉行的第一屆國民大會第二次臨時會三讀通過廢止「動員戡亂時期臨時條款」，咨請總統明令廢止。4月30日，總統李登輝依據「動員戡亂時期臨時條款」第10項之規定，宣告動員戡亂時期於1991年5月1日終止，並於1991年5月1日總統華總（一）義字第2123號總統令廢止動員戡亂時期臨時條款。

　　1991年5月5日總統公布了第一次的憲法增修條文。此次增修主要目的，在於中央民意代表的選舉。本次修訂對於中央民意代表選舉制度中，除原有的直接選舉外，增加了所謂的「政黨比例代表制」的間接選舉方式。除此之外，此次增修針對有關國民大會代表任期之問題，為配合總統之任期，而改為任期至1996年國民大會第三屆於第八屆總統任滿前依憲法第29條規定集會之日止，不受憲法第28條第1項6年任期之限制（增修條文第5條）。

　　在本次增修條文並沒有涉及國民大會職權與地位之變更。

（二）第二次憲法增修國民大會

問題一：監察院之身分在憲法本文以及增修條文之規定有何不同？

問題二：何謂一機關兩階段修憲？

　　第二次修憲，係延續第一次修憲而來，亦即所謂「一機關兩階段」之修憲，因此，前段所修的十個條文，本次修憲條文，係從第11條開始至第18條止。本次修憲對中央政府之組織作了相當大的變革。主要大變革有二，其一為總統、副總統改為全體人民直接選舉；另一為監察委員產生方式，監察委員不由選舉產生，而改由總統提名之程序，因此，其地位由中央民意代表變成了準政務官之地位（所謂準政務官，是指這些人員雖經由政治方式產生，但卻有一定任期之保障，而一般所謂的政務官，並不受任期之保障）。而上述兩種變革，都涉及國民大會職權的變更。原憲法第27條第1項第1款之「選舉總統、副總統」之職權已因增修條文規定而不復存在。而對於總統、副總統之罷免，依增修條文第12條第4項規定處理：「一、由國民大會代表提出之罷免案，經代表總額四分之一之提議，代表總額三分之二之同意即為通過。二、由監察院提出之彈劾案，國民大會為罷免之決議時，經代表總額三分之二之同意，即為通過。」

　　至於副總統缺位時，由總統於3個月提名候選人，召集國民大會臨時會補選，繼任至原任期屆滿為止（增修條文第12條第5項）。總統、副總統均缺位時，由立法院院長於3個月內通告國民大會臨時會集會補選總統、副總統，繼任至原任期屆滿為止（增修條文第12條第6項）。

　　從上所述，此次增加的另一項職權，為行使中央政府官員的同意權，原本總統提名，由監察院同意之中央司法院與考試院等中央官員，因監察院地位之改變為中央官員，而有關司法院、考試院以及監察院等院長、副院長，以及司法院大法官、考試委員與監察委員皆由總統提名，而改由國民大會行使同意權。此次同意權之授予，係基於補償，國民大會不再能選舉總統、副總統的權宜措施。

　　此次增修之結果，將我國中央民意代表縮減為國民大會與立法院兩單位。

（三）第三次憲法增修

　　第三次增修條文，原則上延續第二次增修條文有關國民大會職權之規定，僅作兩項之改變，其一為「總統、副總統均缺位」的處理情形之改變，不再向國民大會補選，而改由全體人民直接選舉，繼任至原任期屆滿為止（增修條文第2條第8項）。另一為國民大會自第三屆起設議長、副議長之機制，由國民大會代表互選之。第四次增修條文（1997年7月21日總統公布）並無改變國民大會之職權。但有關彈劾案，則由監察院改由立法院向國民大會提出。

（四）第四次憲法增修

1. 半總統制的憲政體制逐漸成型：此次修憲建立了我國半總統制的憲政體制，將行政院院長改由總統任命，毋庸經立法院同意，增列立法院得對行政院提出不信任案，總統於立法院通過對行政院院長之不信任案後10日內，經諮詢立法院院長後，得宣告解散立法院，而行政院得呈總統解散立法院之規定，而逐漸將政府體制改為接近法國雙首長制。將立法院覆議門檻由三分之二降至二分之一。對於總統、副總統彈劾權改為由立法院行使之，並僅限於犯內亂、外患罪。

2. 國家機關職權、設立程序及總員額乃保留得以法律為準則性規定，就此，訂定了行政院中央政府組織基準法。
　　凍結省級自治選舉，省設省政府、省諮議會，省主席、省府委員、省諮議會議員均由行政院院長提請總統任命之。此即所謂的凍省，將省虛級化，並在1999年通過了地方自治法，作為地方自治法規之依據。

3. 基本國策：增列扶植中小型經濟事業條款。本此修憲，爭議相當多要屬第9條第8項將原憲法條文第164條教育、科學、文化之最低預算刪除，引起相當反彈，因此要求正視該問題，而有了九二七之活動，並要求國民大會不要亂修憲。

（五）第五次憲法增修

> 問題：我國哪一次修憲被宣布違憲，其程序經過爲何？試敍述之。

　　此次最大改變，並非在於國民大會之職權，其仍延續上次增修條文之規定；而是，國民大會代表選舉方式之改變。在本次增修條文第1條規定，國民大會代表之產生，是以比例代表方式選出。並以立法委員選舉，各政黨所推薦及獨立參選之候選人得票數之比例分配當選名額。因此，國民大會不再獨自辦理選舉，而是依附在立法委員的選舉上，「四屆立法委員任期屆滿之日止」的規定，此為吾人所稱的「自動延任案」。上述規定即所謂的國代自肥案以及國大延任案，將國代任期延至與立法委員任期同，等到2002年再和立法委員一起改選，民眾反彈甚烈，因而有了司法院釋字第499號解釋。國大成為了「虛級化」的目標，故將其比照凍省的模式，成為了修憲的途徑。

　　基此，立法委員聲請大法官解釋，大法官乃作成了司法院釋字第499號解釋，該號解釋認為，國民大會選舉依附在立法委員選舉上，因兩者性質不同、職掌互異，合併為之，明顯構成規範衝突，牴觸民主憲政之基本原則，與自由民主之憲政秩序自屬有違。此次延長任期，違反選民約定，且違反利益迴避原則，與自由民主憲政秩序不合。大法官更進一步認為，此次修憲採無記名之規定，違反公開透明原則，此項修憲行為有明顯重大瑕疵，違反修憲條文發生效力之基本規範。

　　司法院釋字第499號解釋，宣告憲法第五次增修條文應自解釋公布之日起失其效力，1997年7月21日公布之原憲法第四次增修條文繼續適用。

　　由於此次解釋，而導致國民大會進行第六次之修憲。

（六）第六次憲法增修

> 問題：何謂任務型國大？其任期爲何？

　　此次修憲，屬目前現行之國民大會職權之規定。經由司法院釋字第499號解釋後，本次將國民大會改為「虛級機構」，國民大會之產生，係依比例

代表制選出，在立法提出憲法修正案、領土變更案，或提出總統、副總統第六次修憲將國代改為任務型國代。國民大會代表300人，於立法院提出憲法修正案、領土變更案，經公告半年，或提出總統、副總統彈劾案時，應於3個月內採比例代表制選出之。比例代表制之選舉方式以法律定之。國民大會代表於選舉結果確認後10日內自行集會，國民大會集會以1個月為限。國民大會代表任期與集會期間相同。增列中華民國領土，依其固有之疆域，非經全體立法委員依法決議，並提經國民大會依法複決同意，不得變更之。總統、副總統之罷免案，改由立法院提出，經人民投票同意通過。人民公決首度出現在憲法條文中。

（七）第七次憲法增修

> 問題：我國憲法中有哪些程序需要人民直接參與複決？

　　2004年8月23日，立法院於第五屆第五會期第一次臨時會第三次會議，通過憲法修正案，並於8月26日公告，是為行憲以來第一次由立法院所提出之憲法修正案。2005年6月7日，國民大會複決通過修正中華民國憲法增修條文第1條、第2條、第4條、第5條、第8條及增訂第12條條文，2005年6月10日由總統公布，是為憲法第七次增修，主要內容為：

1. 領土變更人民參與複決之程序。
2. 中華民國領土，依其固有疆域，非經全體立法委員四分之一之提議，全體立法委員四分之三之出席，及出席委員四分之三之決議，提出領土變更案，並於公告半年後，經中華民國自由地區選舉人投票複決，有效同意票過選舉人總額之半數，不得變更之。
3. 國會席次減半，由原來的225席次減為113席次。
4. 憲法修正人民參與複決之程序。
5. 憲法增修條文第12條：「憲法之修改，須經立法院立法委員四分之一之提議，四分之三之出席，及出席委員四分之三之決議，提出憲法修正案，並於公告半年後，經中華民國自由地區選舉人投票複決，有效同意票過選舉人總額之半數，即通過之，不適用憲法第一百七十四條之規定。」

6. 憲法增修條文增加人民複決之權利，但相對地也增加修憲之困難度，迄今仍未再作修正。

國民大會廢止後，以及增修條文將監察院改為準政務官後，臺灣的國會僅立法院為單一國會，原來屬於國民大會之權限全部移到立法院，因此，立法院除國土變更有權提議與決議外，有權提出憲法修正案以及總統、副總統罷免以及彈劾案之提案以及決議等。

第二節　國民大會職權之變更與國民大會組織沿革

國民大會由於掌控修憲權，故在每一次的修憲中，都會調整自己的職權，其目的在於將國民大會實權化，轉型為國會，而與立法院成為國會兩院制[1]，其職權之演變大約可分為下列三個階段[2]。

一、最早之無形化的國民大會

國民大會原來之職權，依據憲法第27條之規定，包括選舉及罷免總統、副總統、修改憲法及複決立法院所提之憲法修正案。此外，尚包括創制、複決兩權，但兩權之行使，須全國有半數之縣市曾經行使這兩項政權時，始由國民大會制定辦法行使之。

我國於第一次（1960年）動員勘亂時期臨時條款修正即增列國民大會設置機構，研擬創制、複決兩權行使辦法；1966年2月第二次再次強調。國民大會乃於1966年2月8日舉行第四次大會，通過國民大會行使創制複決兩權辦法。

二、總統直選後實質機關化的國民大會

我國1992年5月27日通過了增修條文第11條，並同時廢止了動員戡亂時

1　楊智傑、項程華、呂炳寬，《中華民國憲法精義》，五南，四版，2011年10月，229頁。

2　此分類係歷史沿革，有學者會分作四階段甚至是五階段。參照陳新民，《憲法學釋論》，作者自版，七版，2011年9月，428頁以下。

期臨時條款。其中，國民大會之職權並未作變更，1991年12月21日國大全面改選，但對於第二屆國大代表任期，卻縮減為不足6年，而這些國代主要係修憲國代。在1992年5月2日的第二次憲法增修條文中即對其職權作了變更，此時的國大儼然成為民主國家的上議院。其職權改變如下：

（一）從象徵性選舉總統、副總統，擴增為人事同意權。

（二）非常設變常設組織／增設議長、副議長。

（三）不固定行使職權變為一年一次之國是檢討權。

（四）完全被動行使職權變為半自動依議會自律法理行使職權。

三、任務型化的國民大會

1997年5月5日國大開議修憲，同年7月18日修正通過第四次修憲，第1條規定國民大會代表之選舉、任期（4年）與職權（設議長）（朝兩院制發展）。

第五次修憲（1999年9月4日）增修條文第1條，國民大會代表第四屆起依比例代表方式選出，並以立法委員選舉各政黨所推薦及獨立參選之候選人之比例分配當選名額、產生國民大會代表，本身未經選舉程序。

第三屆國大任期到2000年5月19日結束，但該屆立法委員任期到2002年1月31日任期才結束，國大希望將自己任期延至2002年6月30日，也希望立法委員任期也延至該同一日期，有兩年思考國會制度再和立委一起改選，因此，其於1995年9月4日進行第五次修憲案，以秘密投票之方式完成修憲，欲增其任期。後為立法委員聲請司法院釋字第499號解釋致該修憲案無效[3]。

後因輿論壓力，在2000年4月25日第六次修憲時，將國民大會改成任務型國大。至此國民大會不再具有任何主動行使職權的可能性，即所謂任務型國大，只有任務時才選舉國大，並非常設機構。當立法院發動修憲案、彈劾總統案、領土變更案時，才臨時選出任務型國代，而在第七次修憲時始將其凍結[4]。

也因此釋字係國民大會在第六次修憲時，認定大法官並非憲法第80條所

3　此次修憲牴觸公開透明原則，且亦確立修憲之界限存在。詳參司法院釋字第499號解釋。

4　原職權移入立法院之下。

稱之法官，故其只是出任大法官8年任期，除非原來就是具有法官職務時，否則不能取得終身待遇[5]。

第三節　過去國民大會之常會及臨時會

以往憲法規定之常會係為選舉總統、副總統而設，故於每屆總統任滿前90日集會，由總統召集之，而今總統、副總統改為公民直選，故不再有常會及臨時會之區別。

前述對司法院院長、副院長、司法院大法官，監察院院長、副院長、監察委員以及考試院院長、副院長及考試委員等行使同意權、補選副總統、修改憲法、所規定之集會，或有國民大會代表五分之二以上請求召集會議時，由總統召集之。

而提出總統、副總統罷免案與議決監察院提出之總統、副總統彈劾案。兩項之集會，由國民大會議長通告集會，在未設議長前，由立法院院長通告集會，不適用憲法第29條及第30條之規定（議長之設置係自第三屆國民大會起設置之）。

國民大會集會時，得聽取總統國情報告，並檢討國是，即國是建議權。國民大會一年內未集會，由總統召集會議為之。

第四節　公民複決修憲制度的檢討

2005年憲改時，由公民複決取代國民大會，成為我國修憲程序中的一環，即所謂公民複決修憲，其優點在於能提高修憲之正當性且落實國民主權之理念[6]，惟採公民複決有可能斷絕修憲之路，除了有公民複決是否能真正反映民意的疑慮外，其最大的問題係可能有投票比例不足、門檻過高之問

5　第六次增修條文第5條第2項：「司法院大法官任期八年，不分屆次，個別計算，並不得連任。但並為院長、副院長之大法官，不受任期之保障。」
6　參照吳重禮、吳玉山主編，《憲政改革——背景、運作與影響》，五南，初版，2006年11月，113頁以下。

題，依實際經驗而言，2005年的公民直選任務型國大之投票率十分的低落，而若我國依現行憲法增修條文第1條與第12條觀之，由立法院所提出之修憲案，至少須獲自由地區候選人[7]半數以上同意，依當時公民約1,650萬人來計算，欲通過投票至少需有825萬人投票且同意，對比前述慘不忍睹的投票率，此種高門檻要通過可謂是十分困難。

一、公民投票法

　　公民投票法於2004年1月2日起正式實施。該法通過立法保障中華民國國民舉行公民投票的權利，其背景是因現行之中華民國憲法規定人民有選舉、罷免、創制、複決四項公民投票權，但是在國大虛位化前對於憲法的創制複決權一直由國民大會所主導。人民無法透過提案創制國家政策或修改憲法。在民主改革的浪潮下，以公民投票的形式行使直接民權，成為立法的主要推手。

（一）公民投票之程序

　　公民投票的提案：公民投票提案人數，應達提案時最近一次總統、副總統選舉之選舉人總數千分之五以上。公民投票的連署：連署人數應達提案時最近一次總統、副總統選舉之選舉人總數百分之五以上。

　　依舊法公民投票案投票結果，投票人數達全國、直轄市、縣（市）投票權人總數二分之一以上，且有效投票數超過二分之一同意者，即為通過。投票人數不足前項規定數額或未有有效投票數超過二分之一同意者，均為否決。這種雙二一門檻被外界譏諷為「鳥籠公投」，導致前六案全數遭到否決，於是公投法在2017年12月，立法院通過修正大幅降低公投限制，提案門檻由總統、副總統選舉人總數千分之五，降至萬分之一；連署門檻則從百分之五降到百分之一點五；通過門檻有效同意票由舊法選舉人總數的二分之一降為四分之一，且有效同意票高於不同意票即通過。此外，此次修正亦增設了不在籍投票的規定。

7　即全國公民。

（二）全國性公投之部分

　　由於之前雙二一門檻的鳥籠公投規定，導致之前的公投皆被否決。然而2018年的公投，如反空污、通過反燃煤發電、反日本福島核食進口、民法婚姻應限定一男一女、以臺灣名義參加東京奧運、國中小不實施同志教育，雖然獲得通過，但有部分似乎政府不願意落實公投結果，而被認為耗費社會資源，且有損公投展現臺灣全民意志的代表性。

　　2021年所成立的全國性公投，「反萊豬」、「公投綁大選」、「重啟核四」及「珍愛藻礁」等議題，皆與執政黨立場相反，在執政黨的強力遊說下，皆未獲通過。

（三）地方性公投之部分

　　截至2012年12月為止，經由中華民國各地方選舉委員會公告成案、並舉行投票的地方性公民投票已有三案，其中有兩案遭到否決，一案同意。詳述如下：

　　高雄市地方性公民投票第一案，由高雄市教師會薛宗煌先生領銜提出，於2008年11月15日上午八時至下午四時舉行。為中華民國地方性公民投票的首案。此案並未通過。提案主文係：學生班級人數適當的減少，可以增進學生的學習效果。本市公立國民小學一、三、五年級以及國民中學新生的編班，自96學年度起，每班不得超過31人，以後每學年減少2人，至99學年度起，每班不得超過25人。

　　2009年澎湖縣博弈公民投票，澎湖縣選舉委員會命名為澎湖縣地方性公民投票案第一案，為依照離島建設條例第10條之2規定，於2009年9月26日進行之公民投票，也是公民投票法立法以來第二個地方性公民投票。該次投票決定澎湖縣是否開放博弈賭博事業。

　　由於在離島建設條例第10條之2規定，排除在公民投票法中投票率百分之五十以上的規定，因此不論投票率多少，只要同意票在有效票的選票中占百分之五十以上就可成案，贏一票就算贏，也成為公民投票法立法以來首次排除投票率多寡因素的公民投票。選前外界評估正反雙方五五波，結果不同意票大勝近4,000票，跌破專家眼鏡。

　　2012年連江縣博弈公民投票，中華民國連江縣選舉委員會公告為連江縣

地方性公民投票案第一案，主文為「馬祖是否要設置國際觀光度假區附設觀光賭場」，簡稱馬祖博弈公投，是依照離島建設條例第10條之2規定，於2012年7月7日進行之公民投票，也是公民投票法於2004年施行以來第三次地方性公民投票。這次投票是目前唯一一次表決結果為「通過」之公民投票。

故截至目前為止，三次地方公投中，僅連江縣博弈公民投票有通過（2021年新竹市「好喝水」公投亦通過）。

第四章　總統

第一節　總統之地位及其性質

一、各類政府體制中之總統地位

在世界各國的憲政體制中，內閣制（Parliamentary System）及總統制（Presidential System）乃個別居於光譜的兩端，後來在實際的憲政運作發展上，則延伸出雙首長制即半總統制（Semi-presidential System）的制度：

圖2-4-1　元首制度

（一）總統制之總統

「總統制」濫觴於美國，美式總統制的設計，係因見識到英國內閣及國會合一的國家權力跋扈及專斷，主要的目的係希望行政、立法兩權彼此制衡，避免國家權力過度集中，剝奪人民權利[1]。故決定採用孟德斯鳩三權分立的理論設計，賦予總統擁有行政上領袖的地位，「分權」（separation of powers; Gewaltenteilung）及「制衡」（checks and balances）是美式總統制下的特色及訴求。

美國總統制比較貼近孟德斯鳩的權力分立理論，總統與國會議員各自經過民選，分別對選民負責；美國總統任命內閣官員[2]，須經國會同意後任

1　李建良，〈面對中華民國的憲法〉，收錄於湯德宗、廖福特編，《憲法解釋之理論與實務——第五輯》，中央研究院法律學研究所籌備處，2007年3月，77頁。

2　美國的「總統內閣」可比喻為「廚灶內閣」（Kitchen cabinet），因為它的重要性或許只是提供總統一個討論、建議不具有開放性的小型團隊。See *Austin Ranney*, Governing: An

命（就這一點來說，我國的總統並沒有任命重要官員需國會同意後任命的限制，這方面我國的總統比美國總統的權力大得多），而這些官員不得再任國會議員，嚴格劃分行政及立法之界限；總統對於國會通過之法律，可行使否決權，亦即國會通過的法案須送總統公布，若總統不贊成該項法案，可退還國會覆議，國會兩院須以三分之二以上維持原案，才能使之成為法律。換言之，覆議時總統只要取得國會議員三分之一少數的支持就有權否決國會多數通過的法案（美國憲法第1條第7項第2款前段規定）；總統無權解散國會，國會亦不能對其作不信任投票強迫總統辭職，總統與國會議員均能保持獨立地位；國會與總統有衝突時，總統不能解散國會，因此，上述的否決權及覆議權，即為調節兩權衝突之緩衝[3]，**擁有行政權的民選總統和國會皆有雙元民主的正當性。總統與國會皆有固定任期，總統與國會分權與制衡總統制可說是權力分立理論的具體實踐，其制度重心不在行政效率，而是在防止機關專擅[4]。**

（二）內閣制之總統

　　「內閣制」，亦稱「議會內閣制」（parliamentary cabinet type）。內閣制起源於英國，由國會多數黨領袖出任內閣總理（首相），係由憲政慣例逐步累積而來，並無任何學理的規劃或創設[5]。而典型內閣制國家為英國，英國的內閣閣員必須是國會議員，因此，兼具行政及立法兩種身分，國會可透過彈劾，來監督內閣閣員；此外，國會亦可對內閣提出不信任案；不信任案通過時，內閣不是辭職，就須解散國會（下議院）。但只能作一次之解散[6]。日本在二次大戰後，在麥克阿瑟元帥的主導下，制定新憲法，其第41條規定：「國會為國家權力的最高機關，也是唯一的立法機關。」而天皇是虛位元首，只不過是代表日本國及國民全體的象徵[7]，等於是將內閣制的精神，以憲法條文化。

Introduction to Political Science, 6th ed., p. 276.

3　薩孟武、劉慶瑞，《各國憲法及其政府》，自版，六版，1985年10月，151頁以下。

4　李惠宗，《憲法要義》，元照，九版，2022年9月，Rn. 2283。

5　曾繁康，《比較憲法》，三民，1985年9月，353頁。

6　薩孟武、劉慶瑞，《各國憲法及其政府》，自版，六版，1985年10月，65頁。

7　樋口陽一，《憲法》，勁草書房，四版，2021年3月，124頁。

　　德國現在也是內閣制國家，但其制度稍有變更。其可分議會所提之不信任案及聯邦總理亦即閣揆所提之信任案兩種；聯邦議會所提之不信任案通過時，聯邦總理即應去職，即時產生新的總理，而後，由總統任命之。德國聯邦總統的典型任務在於，以「國家元首」（Staatsoberhaupt）的地位對外代表國家，簽署協定、締結條約等[8]，並無行政實權，是虛位元首。

　　另外，若聯邦總理可提信任案，若未獲聯邦議會之多數時，則可請求聯邦總統之核准，於21日內解散國會，但若國會以多數選出另一新總理時，則此權並不存在[9]。這就是所謂的「建設性倒閣（或有稱為建設性不信任投票）」（konstruktives Mißtrauensvotum），主要是為避免內閣制的缺點，倒閣容易、組閣難的情況，所以德國基本法第67條要求聯邦眾議院（Bundestag）需先選出繼任總理，總統始得將現任總理免職。

（三）雙首長制之總統

　　「雙首長制」[10]，亦稱「半總統制」。它的特徵是行政權分別由總統及總理分享行政權之行使。總統有權任命總理與解散國會，總理則必須具備國會與總統的雙重信任。德國的威瑪共和、芬蘭及法國第五共和行此種制度。其中，又以法國第五共和為最典型的代表。法國第五共和憲法於1958年制定，當時的總統是二次大戰時期領導法國軍民向德軍反攻的戴高樂。「雙首長制」並非內閣制與總統制的綜合體，而是總統制與內閣制兩階段的「換軌」（alternation）。亦即，當總統與國會多數同黨時，即為總統制，當不同黨時，就轉換成內閣制政府型態運作。行政權雖名為「雙軌」。但其雙軌指的是以相互交替的行政權一元化運作[11]。法國第五共和的雙首長制最主要的特色就是「左右共治」，「左右共治」一詞是來自法文

8　*Hartmut Maurer*, StaatsrechtI, 5. Aufl., 2007, S. 474, Rn. 5.
9　德國基本法第67條及第68條參照。
10　有學者從雙首長制的發展歷史中區分整理出雙首長制的三種類型：1.二元君主制（國王與首相掌理政務）；2.共產主義體制：共黨領袖（總書記）及政府領袖（總理）由不同人士擔任的二元領導；3.半總統制（狹義或新雙首長制）：由總統和總理共享行政權。詳參：蘇子喬，〈哪一種半總統制？──概念界定爭議的釐清〉，《東吳政治學報》，第29卷第4期，2011年12月，9-10頁。本書所稱的雙首長制，乃屬於第三種概念，合先敘明。
11　朱雲漢，〈法國憲政體制對我國憲政改的啟示〉，《國家政策雙週刊》，第73期，1993年11月，3頁以下。

「la'cohabitation」，原意是指性別不同的兩個人共同生活在一起，也就是同居的意思。引申到憲政體制，就表示總統有可能面臨和政治立場不同的總理及國會多數黨聯盟同處在一起共享行政權的局面[12]。

二、我國總統地位制度設計

（一）五五憲草之總統地位

　　雖然依照五五憲草第55條規定：「除行政院院長、副院長外，行政院之各部會首長均係由總統直接任命，並行政院院長及各部會首長乃係向總統負責（而非向立法院負責）。」是故學者認為行政院實質上乃是屬於總統之僚屬[13]。

（二）憲法及憲法增修條文之總統地位

　　原先依照憲法本文之規定，總統公布法律及發布命令皆須經由行政院院長之副署（憲法第37條）而無類似美國總統制之總統般擁有法案否決權，又總統之宣布戒嚴皆須由行政院議決並經立法院決議通過或追認始生效力（憲法第39條、第58條及第63條）。此外，如總統不對立法院負責（憲法第57條）、總統提名行政院院長須經立法院同意（憲法第55條第1項）等規定，都顯示出我國憲法本文有關總統之規定與總統制之總統仍有距離。

　　但憲法本文中有關總統得依第44條規定調節院與院間之爭執、依法任免文武官員（憲法第41條）等權力又非內閣制之虛位元首所可比擬。因此，學者普遍認為我國憲法本文之總統是屬於享有部分實權之總統。

　　不過，我國曾藉由動員戡亂時期臨時條款，凍結了部分憲法條文的適用，而實質擴充了總統權力，如總統之緊急處分權及得設置國家安全會議等機構。後來憲法增修條文除了大量繼受臨時條款之規定外，並藉由多次的增修中陸續增加總統之相關權力，如：總統在人事權上增加有行政院院長之任命權、監察院之人事提名權，並限縮行政院院長之副署權限（總統發布行政院院長及依憲法提名人員之任免命令及解散立法院）等，顯示我國總統逐漸

---

12 張台麟，《法國政府與政治》，五南，二版，2003年4月，15頁。
13 張君勱，《中華民國民主憲法十講》，1997年3月，64頁。

擁有實際權限，而由原先「修正內閣制」逐漸向總統制之總統傾斜（在制度上成為「雙首長制」國家[14]）。

表2-4-1　憲法增修條文對總統地位之改變

	內容
第一次憲法增修條文	總統有決定國家大政方針之權。 總統得設國家安全會議及所屬國家安全局。
第二次憲法增修條文	總統、副總統由中華民國自由地區人民選舉。 總統、副總統任期改為4年。
第三次憲法增修條文	行政院院長之提名及發布人事命令，無須經由行政院院長副署（由虛權轉為實權）。 為避免內閣產生空窗期，於增修條文第2條第3項規定：「行政院院長之免職命令，須新提名之行政院院長經立法院同意後生效。」以為銜接。
第四次憲法增修條文	總統直接任命行政院院長，而無須經由立法院同意。 有解散立法院之權。

第二節　總統及副總統之選舉

一、總統、副總統之選舉方式

依照憲法第27條第1項第1款之規定，國民大會有選舉總統、副總統之職權。因此，憲法本文關於總統之產生是屬於「間接選舉」。在動員戡亂時期時，憲法本文關於總統選舉之規定雖受臨時條款之限制，但基本上總統仍係由國民大會代表選舉之，只是不受憲法第47條連選得連任之限制而已。

而在1994年第三次憲法增修條文時，規定總統、副總統自第九任起改由中華民國自由地區全體人民直接選舉，也就是一般我們所稱的「公民直選」，在性質上則是屬於「直接選舉」。

---

14 當然，我國憲政制度朝雙首長制前進之方向，是否妥適？將是未來修憲時可供思考的方向。

二、總統、副總統之候選資格

（一）積極資格

　　總統副總統選舉罷免法第20條第1項規定：「在中華民國自由地區繼續居住六個月以上且曾設籍十五年以上之選舉人，年滿四十歲，得申請登記為總統、副總統候選人。」

（二）消極資格

　　總統副總統選舉罷免法第26條規定[15]：
　　「有下列情事之一者，不得登記為總統、副總統候選人：
一、動員戡亂時期終止後，曾犯內亂、外患罪，經有罪判決確定。
二、曾犯貪污罪，經有罪判決確定。
三、曾犯第八十四條第一項、第二項、第八十五條、第八十六條第一項、第八十七條第一項、第八十八條、第八十九條第一項、第六項、第七項、公職人員選舉罷免法第九十七條第一項、第二項、第九十八條、第九十九條第一項、第一百條第一項、第二項、第一百零一條第一項、第六項、第七項、第一百零二條第一項、第一百零三條、刑法第一百四十二條、第一百四十四條之罪，或為直轄市、縣（市）議會議長、副議長、鄉（鎮、市）民代表會、原住民區民代表會主席、副主席選舉之有投票權人犯刑法第一百四十三條之罪，經有罪判決確定。
四、曾犯國家安全法第七條第一項至第四項、第八條第一項至第三項、第十二條第一項、第二項、國家機密保護法第三十二條第一項、第二項、第四項、第三十三條第一項、第二項、第四項、第三十四條第一項至第四項、國家情報工作法第三十條第一項至第四項、第三十條之一、第三十一條、反滲透法第三條、第四條、第五條第三項、第六條或第七條之罪，經有罪判決確定。
五、曾犯組織犯罪防制條例之罪，經有罪判決確定。

---

15 針對總統參選之資格，陳新民大法官似乎認為「有瑕疵」的參選人若欲角逐總統選舉時，可由民意或輿論來篩選適當的候選人，而不必在法律規定有總統參選之消極資格。參照陳新民，《憲法學釋論》，自版，七版，2011年9月，468頁。

六、曾犯毒品危害防制條例第四條至第九條、第十二條第一項、第二項、該
　　二項之未遂犯、第十三條、第十四條第一項、第二項、第十五條、槍
　　砲彈藥刀械管制條例第七條、第八條第一項至第五項、第十二條、第
　　十三條、洗錢防制法第十四條、第十五條、刑法第三百零二條之一或
　　第三百三十九條之四之罪，經有罪判決確定。但原住民單純僅犯未經
　　許可，製造、轉讓、運輸、出借或持有自製獵槍、其主要組成零件或
　　彈藥之罪，於中華民國一百零九年五月二十二日修正之槍砲彈藥刀械
　　管制條例施行日前，經有罪判決確定者，不在此限。

七、曾犯前六款之罪，經有罪判決確定並受緩刑之宣告者，亦同。

八、曾犯第一款至第六款以外之罪，其最輕本刑為七年以上有期徒刑之刑，
　　並經判處十年以上有期徒刑之刑確定。

九、犯第一款至第六款以外之罪，判處有期徒刑以上之刑確定，尚未執行、
　　執行未畢、於緩刑期間或行刑權因罹於時效消滅。

十、受死刑、無期徒刑或十年以上有期徒刑之判決尚未確定。

十一、受保安處分之裁判確定，尚未執行或執行未畢。

十二、受破產宣告或經裁定開始清算程序確定，尚未復權。

十三、曾受免除職務之懲戒處分。

十四、依法停止任用或受休職處分，尚未期滿。

十五、褫奪公權，尚未復權。

十六、受監護或輔助宣告，尚未撤銷。」

（三）總統、副總統之登記候選

　　憲法增修條文第2條第1項及總統副總統選舉罷免法第21條第1項之規
定，總統、副總統候選人須聯名登記候選，而依照總統副總統選罷法第21條
第2項之規定，登記候選須經由政黨推薦或連署人連署。

1. 政黨推薦

　　具有推薦候選人資格之政黨，依照總統副總統選舉罷免法第22條第2項
之規定，是指在最近全國性選舉（總統、副總統或立法委員選舉），所推薦

候選人得票數之和，達該次選舉有效票總和百分之五以上之政黨[16]。

　　此外，依照同條第1項後段規定，同一政黨，不得推薦二組以上之候選人。

2. 連署人連署

　　「依連署方式申請登記為總統、副總統候選人者，應於選舉公告發布後五日內，向中央選舉委員會申請為被連署人，申領連署人名冊格式，並繳交連署保證金新臺幣一百萬元。」（總統副總統選舉罷免法第23條第1項）「中央選舉委員會受理前項申請後，應定期公告申請人為被連署人，通知被連署人應於公告之次日起四十五日內完成連署，並函請直轄市、縣（市）選舉委員會於連署期間內，受理被連署人或其代理人提出連署書件。但補選或重行選舉時，應於公告之次日起二十五日內為之。」（總統副總統選舉罷免法第23條第2項）。

　　此外，本書並將連署人連署之相關規定如表2-4-2。

表2-4-2　連署人連署之相關規定

	內容
連署人資格	中華民國自由地區人民，於選舉公告日，年滿20歲者（總統副總統選舉罷免法第23條第3項）。
連署人門檻	已達到最近一次總統、副總統選舉選舉人總數百分之一點五（總統副總統選舉罷免法第23條第4項前段）。

（四）總統、副總統之選舉制度

　　世界各國依照總統之得票結果作區分：

1. 絕對多數制

　　總統必須取得絕對多數的選票後始得當選。如未獲得絕對多數選票者，則由得票最多的前二位候選人進行第二輪的投票，直至選出候選人為止。法國第五共和憲法第7條有相同規定。

---

16 而如果是二個以上政黨共同推薦一組總統、副總統候選人者，依照同項後段規定，是依該政黨推薦候選人之得票數，以推薦政黨數除其推薦候選人得票數計算之。

2. 相對多數制

我國憲法增修條文第2條第1項規定：「……總統、副總統候選人應聯名登記，在選票上同列一組圈選，以得票最多之一組為當選……。」就此而言，我國乃採相對多數制[17]。

3. 我國總統選舉制度的思考

一般而言，我國學者基於以下理由而認為我國總統選舉制度應改採行「絕對多數」制度[18]：

(1) 在憲法增修條文將總統權力擴張後，總統在民主正當性上須接受更高的檢驗標準。

(2) 在有多個候選人的情況下，總統得票率偏低，將可能導致有少數政府的情況發生，而代表性有所不足。

(3) 候選人訴諸激情，將導致社會邁向極端化的發展。

第三節　總統及副總統之罷免及其他去職事由

一、總統、副總統之罷免及彈劾

（一）總統、副總統之罷免

所謂罷免，乃係對於總統、副總統之政治責任的追究。

在憲法本文中有關於總統之選舉與罷免皆屬於國民大會之職權。然而，目前依照憲法增修條文第2條第9項之規定：「總統、副總統之罷免案，須經全體立法委員四分之一之提議，全體立法委員三分之二之同意後提出，並經中華民國自由地區選舉人總額過半數之投票，有效票過半數同意罷免時，即為通過。」因此，相較於總統之選舉程序而言，總統之罷免是較為困難的。

---

17 而在我國採取相對多數之制度現狀下，於2000年陳水扁、呂秀蓮即以39.3%之得票率勝出，當選第十屆總統、副總統。

18 王朝清，〈總統選舉採行絕對多數當選制之研析〉，收錄於林錫山主編，《憲政制度與陽光法案之研究》，立法院法制局，2004年4月，357-360頁。王朝清並認為之採行理由有五點，本書就此整理為三點。

（二）總統、副總統之彈劾

而彈劾則有別於罷免，其乃是在追究總統之法律責任而言。

原先針對總統、副總統之彈劾，依照憲法第100條規定：「監察院對於總統、副總統之彈劾案，須有全體監察委員四分之一以上之提議，全體監察委員過半數之審查及決議，向國民大會提出之。」

目前則依照憲法增修條文第4條第7項規定：「立法院對於總統、副總統之彈劾案，須經全體立法委員二分之一以上之提議，全體立法委員三分之二以上之決議，聲請司法院大法官審理，不適用憲法第九十條、第一百條及增修條文第七條第一項有關規定。」及憲法增修條文第5條第4項：「司法院大法官，除依憲法第七十八條之規定外，並組成憲法法庭審理總統、副總統之彈劾及政黨違憲之解散事項。」此外，如經由憲法法庭判決成立時，則按憲法增修條文第2條第10項規定，被彈劾人應即解職。

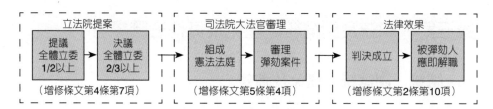

圖2-4-2　總統彈劾制度

二、總統、副總統之缺位及不能視事

（一）總統、副總統之缺位

所謂「缺位」，是指總統、副總統發生有辭職、死亡等無法回復職位之情況[19]。

1. 總統之缺位

依照憲法第49條之規定：「總統缺位時，由副總統繼任，至總統任期屆滿為止。」

---

19 李惠宗，《憲法要義》，元照，九版，2022年9月，Rn. 2452。

2. 副總統之缺位

依照憲法增修條文第2條第7項之規定：「副總統缺位時，總統應於三個月內提名候選人，由立法院補選，繼任至原任期屆滿為止。」

3. 總統、副總統均缺位

依照憲法增修條文第2條第8項：「總統、副總統均缺位時，由行政院院長代行其職權，並依本條第一項規定（公民直選）補選總統、副總統，繼任至原任期屆滿為止，不適用憲法第四十九條之有關規定。」

（二）總統、副總統之不能視事

1. 總統不能視事

所謂的「不能視事」，是指因病或其他暫時之原因不能行使職務或處理政務之情況，而與上述所介紹之「缺位」之情形有所不同。例如：1948年12月，國民政府在軍事上歷經遼瀋會戰、平津會戰與徐蚌會戰（淮海戰役）慘敗，國軍與共軍（含降軍）的兵力相比約為1：4；在經濟上，上海爆發金圓券風暴通貨膨脹。外交上，與美國杜魯門總統不睦失去美國的支持。部分國府要員，主張劃江而治與中國共產黨談和，逼迫總統蔣中正下野。蔣中正於1949年元旦宣布引退，所謂的「引退」，並不是總統辭職放棄職位，蔣中正當時仍是總統，依照憲法第49條之規定：「總統因故不能視事時，由副總統代行其職權。」1月21日，李宗仁宣布代行總統職權。

2. 總統、副總統均不能視事

依照憲法第49條規定：「總統、副總統均不能視事時，由行政院院長代行其職權。」而其行政院院長代行總統職權之期限，則依憲法第51條之規定，以3個月為限。1949年國軍在三大戰役結束後，五大精銳王牌軍被殲滅，國共和談又告失敗，加以駐守長江的江陰要塞守軍被策反及海軍第二艦隊的倒戈，共軍順利渡過長江，1949年4月23日占領南京總統府，此後國軍除了在金門古寧頭大捷外，已經無力抵擋住共軍攻勢，國府逐漸失去大陸各省的控制權，最後遷至臺灣，1949年11月20日，代行職權的副總統李宗仁以養病為理由滯美拒歸，由行政院院長閻錫山代行總統職權，直至1950年3月1日蔣中正在臺北宣布「復行視事」止，大約代行總統職權三個多月。

第四節　總統之職權

憲法第35條：「總統為國家元首，對外代表中華民國。」總統作為國家元首，在國際法上對外代表國家，對內則除了作為統一性的表徵外，也同樣具有國家代表性[20]。

同時基於總統的元首地位，也派生了總統其他在憲法上的職權，如統帥權、法令發布權、授與榮典權、院際爭議調節權等。而雖然總統在名義上依憲法本文規定擁有上述職權，但依憲法第37條：「總統依法公布法律，發布命令，須經行政院院長之副署，或行政院院長及有關部會首長之副署。」所以學者普遍認為，我國憲法本文中規定之總統職權，乃屬於象徵式的權力（虛權，不具有實質決定之權）而言[21]。

不過，後來的憲法增修條文中大規模地賦予總統具有實質決定之權力[22]。就此，以下將予以說明：

一、統帥權

憲法第36條：「總統統率全國陸海空軍。」總統為國家元首，由其統帥三軍乃屬當然，但此一統帥權是否具有實質意義？學者認為憲法規定總統之軍事權力（如戒嚴權），在行使時尚須經由行政院及立法院的議決，而在憲法第137條中「國防組織須以法律定之」之規定，更以「憲法委託」之方式，強調行政院及立法院在總統「統帥權」中的積極角色。是故，總統所擁有之統帥權應不具有實質意義[23]，因為英國皇家軍隊亦奉英國女王為統帥並

---

20 李念祖，〈憲政發展中我國總統權力的演變〉，《國家政策論壇》，第2卷第2期，2002年2月，http://old.npf.org.tw/monthly/00202/theme-011.htm，最後瀏覽日期：2021年11月29日。

21 劉慶瑞，《中華民國憲法要義》，劉憶如發行，1994年9月，158頁；蔡宗珍，〈從總統的憲政角色看我國憲政體制改革之選擇〉，收錄於葉俊榮、張文貞主編，《新興民主的憲政改造》，元照，初版，2008年7月，260頁。

22 將我國憲法有關總統職權作此區分者如：吳信華，《憲法釋論》，三民，三版，2018年9月，548頁以下。而也有學者將總統職權以是否須經行政院長副署而區分者：楊智傑、項程華、呂炳寬，《中華民國憲法精義》，五南，三版，2009年7月，230-231頁；陳志華，《中華民國憲法》，三民，八版，2005年9月，144-145頁。

23 董保城、法治斌，《憲法新論》，元照，八版，2021年9月，491頁。而吳信華教授則從憲法第35條、第37條及第53條有關總統元首地位及行政院為最高行政機關之規定，認為

宣誓效忠，但實際上聽任首相指揮，可見這個統帥為「虛權」。美國憲法第2條第2項規定，總統直接指揮全國海陸軍，美國總統的統帥權是「實權」。

　　然而，我國舊制沿襲歐陸的「軍令／軍政」二元體制[24]，認為：軍令系統之事務（指揮作戰等）應由總統掌理，參謀總長在此角色中屬於總統之幕僚長，直接對總統負責而免受國會監督；軍政系統之事務，則屬於一般軍事行政事務（三軍制度、部隊編制及軍事法規等），此一部分依舊制概歸由內閣掌理，其關係如圖2-4-3。

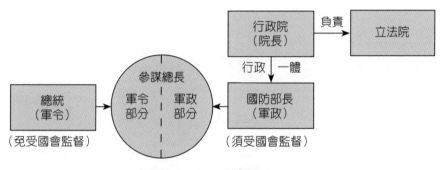

圖2-4-3　統帥權關係圖

　　但此種分類標準是否妥當？就此，如依照憲法第137條第2項規定：「國防之組織，以法律定之。」應認為不論是軍令或軍政事項皆應由法律定之。而在實務上立法院也曾為參謀總長是否應至立法院備詢之爭議，聲請大法官解釋，大法官就此作成司法院釋字第461號解釋而認為：「……。立法院為行使憲法所賦予上開職權，得依憲法第六十七條規定，設各種委員會，邀請政府人員及社會上有關係人員到會備詢。鑑諸行政院應依憲法規定對立法院負責，故凡行政院各部會首長及其所屬公務員，除依法獨立行使職權，不受

　　總統之統帥權非屬於實際權力，詳參：吳信華，《憲法釋論》，三民，三版，2018年9月，560頁以下。

24 此乃源於1950年3月15日之總統令：「以參謀總長為幕僚長，並在統帥系統下，設陸海空軍各總司令部，及聯勤總部，為陸海空軍及聯勤業務之執行機構，其依戰鬥序列成立之最高及指揮系統，均隸屬於統帥系統。至隸屬於行政院之國防部長之職務，則為依法行使行政權，負責控制預算，獲得人力物力，監督有效使用，以充實國防力量。」詳參：陳志華，《中華民國憲法》，三民，八版，2005年9月，136頁。

外部干涉之人員外，於立法院各種委員會依憲法第六十七條第二項規定邀請
到會備詢時，有應邀說明之義務。參謀總長為國防部部長之幕僚長，**負責國
防之重要事項，包括預算之擬編及執行，與立法院之權限密切相關，自屬憲
法第六十七條第二項所指政府人員**，除非因執行關係國家安全之軍事業務而
有正當理由外，不得拒絕應邀到會備詢，惟詢問內容涉及重要國防機密事項
者，免予答覆。」

　　基此，相關的法律關係如圖2-4-4。

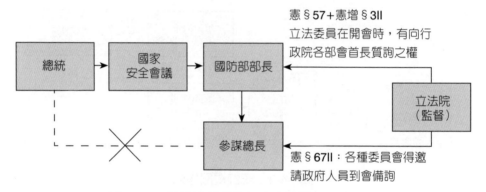

圖2-4-4　司法院釋字第461號解釋法律關係圖

　　九七修憲後行政院院長由總統任命之（增修條文第3條），行政院院長
不須經由立法院同意，儼如總統之政策執行長。而國防法、國防部組織法
總統於2000年1月29日公布，加上國防部參謀本部組織條例共三法於2001年
11月12日修正通過，2002年3月1日實施，如此之國防三法新制是將軍政、軍
令一元化，全部統合於國防部部長之下再分作「軍政、軍令、軍備」三大系
統。

　　國防法第8條已明白修正為：「總統……行使統帥權指揮軍隊，直接責
成國防部長，由部長命令參謀總長指揮執行之。」且第13條明定，參謀本部
為國防部長之軍令幕僚及三軍聯合作戰指揮機構。這二個條文都顯示出總統
的統帥權與軍隊指揮權間已因國防部部長之介入而形成「名義化」軍事統帥
與國家元首的象徵意義即合而為一，已由軍政部、軍令二元化朝向軍事一元
化。這也突顯總統擁有軍事最高指揮權，行政院院長在組織上雖然是國防部

部長的長官，但是按照國防法的規定，總統可以繞過行政院院長直接指揮軍隊，可以說將原來憲法本文第36條的「虛權」，質變為「實權」。

二、法令發布權

憲法第37條：「總統依法公布法律，發布命令，須經行政院院長之副署，或行政院院長及有關部會首長之副署。」此一規定即為總統之法令發布權或法令公布權。

（一）公布法令（權）

本條條文中所稱之法律是指依憲法第170條及中央法規標準法第2條及第4條所命名為法、律、條例、通則之狹義法律。就法律而言，依照憲法第72條規定，總統原則上應於收到後10日內公布之，此一簽署（公布）的目的在於確認法條文字有否與立法院所通過之法條文字相同[25]。同時，憲法賦予行政院院長或有關部會首長副署之職權，因此，法律案在經總統簽署、行政院院長（或有關部會首長）副署並由總統公布後，始對外發生效力。但如有符合憲法第57條之情形發生時，總統亦得核可行政院提出之覆議，將法律案移請立法院重新覆議。

問題思考

> 總統有無拒絕公布立法院通過法律之權力？

學界在此有不同意見：

1. 肯定說

肯定說認為，若某一法律有明顯違憲的疑慮時，使總統擁有拒絕公布法律之權，可以彌補大法官僅能就已生效之法律作事後審查。蓋基於憲法上的要求，無法期待總統無視法律的違憲狀態仍公布之，**況且總統與司法院大法**

---

25 蕭文生，〈國家組織：第六講總統〉，《月旦法學教室》，第29期，2005年3月，52頁。

官的功能並不相同，司法院大法官係審查已生效的法律，而總統的職責在防止違憲法律發生效力，但僅限於有重大且明顯瑕疵而構成違憲時，始得拒絕公布[26]。

2. 否定說

而採否定說之學者則認為，所謂「公布」並非是總統同意該法案的確認行為，而是作為將國會業已經由三讀通過的法案公告周知，況且，總統尚得要求行政院依照憲法第57條規定將該法案退回立法院覆議，而不得逕以違憲為理由拒絕公布法律[27]。從權力分立原則的角度來思考，總統不能以自己認為該法律實質上違憲就拒絕公布，不能將自己的違憲判斷凌駕於大法官之上[28]。因此除非行政院於10日內請總統核可，移請立法院覆議，否則總統就要公布，若拒絕不公布可能構成受彈劾的事由[29]。

（二）發布命令（權）

依照憲法第37條之規定，總統除有公布法律之權外，尚有發布命令之權。在此，所謂的命令應作廣義的理解，而包括總統基於憲法上職權所頒布之命令及須經總統簽署後頒布之命令。

三、外交權

憲法第35條規定：「總統為國家元首，對外代表中華民國。」本規定中所稱之「對外代表國家」，是指總統基於國家元首的身分，代表國家對外（國家或國際組織等）為國家之意思表示。因此，本條規定在性質上實屬於總統之外交權。

而總統的外交權中，憲法於第38條亦有所規範，即：「總統依本憲法之規定，行使締結條約及宣戰、媾和之權。」此三種權力中，總統行憲後幾乎從未行使宣戰及媾和之權。因此，以下之論述乃以針對締結條約（締約權）

---

26 蕭文生，《國家法（I）──國家組織篇》，元照，初版，2008年8月，250頁。
27 謝瀛洲，《中華民國憲法論》，自版，八版，1958年6月，130-131頁。
28 吳信華，《憲法釋論》，三民，三版，2018年9月，565頁。
29 董保城、法治斌，《憲法新論》，元照，八版，2021年9月，495頁。

為主。

在我國憲法一方面授權總統締結條約，另一方面將締結條約之執行權與監督權分別賦予行政院（憲法第58條）和立法院（憲法第63條）的情形下[30]，因此，總統在以國家名義對外締結條約時，應先經由立法院同意（或事後追認）。但我國自退出聯合國後及囿於目前國際政治環境現實因素，以國家或政府對外簽訂條約之情形甚為少見，相反地，形式上非為條約（或名稱上非為條約）但在實質效力上卻與條約殊無二致之書面文件則實為常見，而此一書面文件是否須經立法院審議，頗有爭議。

就此，大法官於司法院釋字第329號解釋中認為：「憲法所稱之條約係指中華民國與其他國家或國際組織所締結之國際書面協定，包括用條約或公約之名稱，或用協定等名稱而其內容直接涉及國家重要事項或人民之權利義務且具有法律上效力者而言。其中名稱為條約或公約或用協定等名稱而附有批准條款者，當然應送立法院審議，其餘國際書面協定，除經法律授權或事先經立法院同意簽訂，或其內容與國內法律相同者外，亦應送立法院審議。」

然而，由大陸委員會委託海基會簽訂之兩岸經濟合作架構協議（ECFA）是否屬於憲法第38條所規範之條約，而須經行政院院會決議及立法院決議通過？學者認為，臺海兩岸間的往來，並不屬於國際間的交流[31]，故在上開解釋之解釋理由書中，大法官認為：「臺灣地區與大陸地區間訂定之協議，因非本解釋所稱之國際書面協定，應否送請立法院審議，不在本件解釋之範圍。」

我國體制特殊，總統制和內閣制的特色均具備，但並不齊全。就外交政策而言，法國第五共和曾出現的總統與總理外交理念不合產生歧見現象，在我國總統與行政院院長並未有歧見的情形出現[32]。主要係因府院之間的和諧共識與分工。依理論和慣例，行政院院長必然尊重總統的決定，然後執行政策。

---

30 俞寬賜，〈我國「條約締結法」之擬議〉，《政治科學論叢》，第10期，1999年6月，227頁以下。

31 董保城、法治斌，《憲法新論》，元照，八版，2021年9月，490頁。

32 徐正戎，〈法國第五共和總統權限之剖析〉，《法學叢刊》，第158期，1995年4月，99頁。

四、宣布戒嚴及發布緊急命令權

（一）宣布戒嚴權

憲法第39條：「總統依法宣布戒嚴，但須經立法院之通過或追認。立法院認為必要時，得決議移請總統解嚴。」

「戒嚴」係指國家發生戰亂時，為維持國土安全，於全國或特定地區，不僅可以剝奪人民的自由及權利，必要時並可將行政、立法、司法歸屬「軍事管制」，由軍事將領取代民選的行政長官[33]。學說上認為：戒嚴雖由總統宣布，但據憲法及戒嚴法之規定，仍須行政院會議之議決，立法院同意（憲法第58條第2項及第63條，戒嚴法第1條第1項）。而總統發布戒嚴令又須得行政院院長之副署始得生效（憲法第37條），亦即宣布戒嚴亦如其他行政一樣，形式上屬於總統，實質上屬於行政院，所以，情勢緊急時，行政院得呈請總統宣告戒嚴。但應於1個月內提交立法院追認，在立法院休會期間，應於復會時即提交追認（戒嚴法第1條第2項）[34]。過去有學說認為，總統沒有主動的戒嚴權，也不能過問戒嚴案的內容[35]，本書認為這應該是根據憲法本文的解釋，蓋九七修憲後我國的總統已經握有實權，可決定行政院院長的去留，總統又為國家安全會議主席，有權決定國家安全重大方針，在憲政實際上，我國的總統長期兼任黨魁，所以總統對於是否戒嚴已經握有主動權，行政院院長應無置喙之餘地。

（二）發布緊急命令

緊急命令係指國家發生緊急危難或重大變更之際，由國家元首所發布之命令，其在性質上非屬於行政命令之範疇，其法律位階可能高於行政命令或法律，亦可稱為替代法律之命令[36]，係屬於憲法授權之特別法規範[37]，只是

---

[33] 蘇嘉宏，《增修中華民國憲法要義》，東華，2003年12月，256頁。
[34] 薩孟武著、黃俊杰修訂，《中國憲法新論》，三民，增訂二版，2007年7月，323頁。
[35] 林紀東，《中華民國憲法逐條釋義（二）》，三民，1992年5月，頁67。
[36] 陳新民，《行政法學總論》，自版，八版，2005年9月，269頁。
[37] 我國最近一次所發布的緊急命令，係於1999年9月25日，因為同年9月21日之南投集集地震（921大地震）而由當時行政院會決議後，經時任總統之李登輝先生所發布。當時主要所涉及之爭議在於緊急命令是否「得再授權」而為補充之規定。另外，我國分別於2003年SARS事件及2010年之莫拉克風災時，當時學界及實務上亦有認為應發布緊急命

其名稱中所含有之「命令」二字，使其有與行政命令產生混淆之困擾。

　　我國原先依照憲法第43條之規定，總統必須係依照法律（緊急命令法）作為發布緊急命令之依據。而在憲法增修條文第2條第3項：「總統為避免國家或人民遭遇緊急危難或應付財政經濟上重大變故，得經行政院會議之決議發布緊急命令，為必要之處置，不受憲法第四十三條之限制。但須於發布命令後十日內提交立法院追認，如立法院不同意時，該緊急命令立即失效。」之前緊急命令法從未制定，因此總統無從依據該法以發布緊急命令，但依憲法增修條文之規定，總統有了發布緊急命令為必要處置之權。

　　目前總統須經由行政院會議決議後始得發布緊急命令，而立法院於發布後未為同意時，該緊急命令即為失效。

　　而緊急命令之發布，係基於國家發生緊急危難或重大變更之情況所發布，已如前述，而因為緊急命令具有暫時取代法律之效果，因此為避免總統趁機擴充職權，司法院釋字第543號解釋即稱：「緊急命令係總統為應付緊急危難或重大變故，直接依憲法授權所發布，**具有暫時替代或變更法律效力之命令，其內容應力求周延，以不得再授權為補充規定即可逕予執行為原則**。若因事起倉促，一時之間不能就相關細節性、技術性事項鉅細靡遺悉加規範，而有待執行機關以命令補充，方能有效達成緊急命令之目的者，則應於緊急命令中明文規定其意旨，於立法院完成追認程序後，再行發布。此種補充規定應依行政命令之審查程序送交立法院審查，以符憲政秩序。」

五、赦免權

　　憲法第40條：「總統依法行使大赦、特赦、減刑及復權之權。」本條所規定之赦免權，在本質上係屬於總統對司法權的干涉，是故，總統行使赦免權上有一定界限。

　　而赦免權又分成下列四種：

（一）**大赦**：某一時期，犯某一種類之罪，已受罪刑之宣告者，使其宣告無效；僅有犯罪嫌疑，未受罪刑宣告者，使其追訴權消滅。

（二）**特赦**：受罪刑宣告之特定人，免除其刑之執行。

　　令之看法。

（三）**減刑**：已受罪刑宣告之人，減輕其刑罰之程度。

（四）**復權**：係對於依法宣告褫奪公權者，恢復其被褫奪公權。

　　而其中大赦權之行使，除尚須依法行使以外，在須經由行政院議決通過後始得提出外，尚必須經由立法院同意後始生效力。這是因為「大赦」本身所象徵之意義最為重要，其效力之範圍與強度也最大的原因使然[38]。

六、人事權

　　依照憲法本文及憲法增修條文之規定，可將總統之任免官員權區分為人事任命權（或人事任免權）及人事提名權，以下分述之[39]。

（一）人事任命權

　　憲法第41條：「總統依法任免文武官員。」

　　憲法增修條文第3條第1項前段：「行政院院長由總統任命之。」

（二）人事提名權

　　總統的人事提名權[40]，一般而言皆是由國會來作為同意任命的機關，此一制度設計的背後目的，是在節制總統的實際權力[41]，依照憲法及憲法增修條文之規定，須經由總統提名之人員包括有：1.行政院院長；2.司法院院長、副院長及大法官；3.考試院院長、副院長及考試委員；4.監察院院長、副院長及監察委員；5.審計長。

　　此外，屬於法律位階之法院組織法，於第66條第2項中，亦規定有檢察總長之產生亦係為總統提名（立法院同意）。

---

38 劉慶瑞，《中華民國憲法要義》，劉憶如發行，1994年9月，156頁。

39 楊智傑、項程華、呂炳寬，《中華民國憲法精義》，五南，四版，2011年10月，239-240頁。

40 在解釋上，總統似應不得消極地不行使提名權（亦即是：提名義務）。而在實務上，陳水扁先生在總統任內即曾因為司法院城仲模副院長及楊仁壽大法官辭職後，但未補提名相對應的人選並造成職務空缺而有所爭議。

41 蔡宗珍，〈從總統的憲政角色看我國憲政體制改革之選擇〉，收錄於葉俊榮、張文貞主編，《新興民主的憲政改造》，元照，初版，2008年7月，260頁。

問題思考

九七修憲後總統對行政院院長有否免職權？

　　總統雖對行政院院長有任命權，然我國憲法本文對於行政院院長的任期或何時去職並未有明文規定，歷次修憲亦沒有增訂任何明文規定，似乎是一項憲法漏洞。1997年的修憲後，增修條文第3條第1項已經明文規定總統有權單獨任命行政院院長，無須立法院的事前同意；依照上開增修條文之規定，是否總統除得任命行政院院長外，亦得將行政院院長予以免職？亦即，條文中所稱之「任命」是否兼含「任命」及「免職」？學界在此有不同看法：

1. 肯定說

　　李惠宗教授認為憲法增修條文第3條第1項之規定，應與憲法增修條文第2條第2項合併觀察，亦即：「總統發布行政院院長與依憲法經立法院同意任命人員之任免命令及解散立法院之命令，無須行政院院長之副署……。」而表示總統應有將行政院院長免職之權利[42]。吳信華教授則直接認為憲法增修條文第3條第1項之「任命」實質上已經蘊含著「任免」的意義[43]。

　　蕭文生教授則進一步地說明，認為若總統的任命未有包含免職權時，則有強迫總統接受其並不信任的行政院院長繼續行使職權，而使其負擔行政院院長施政責任。並且蕭文生教授認為總統任命行政院院長其實是在賦予其（間接的）民主正當性，就此，總統若保留免職權（藉由免職的行使，間接地使內閣團隊接受民意的更新）應屬妥當[44]。

　　就任免合一的法理而言，如果總統有完整的任命權，就應該隱含有完整的免職權[45]。依目前憲法，總統的任命權並沒有任何明文限制。同理，總統的免職權亦應不受限制。否則會發生總統有權任命新的行政院院長，卻無權免職原行政院院長的窘境。憲法增修條文第2條第2項規定：「總統發布行

---

42 李惠宗，《憲法要義》，元照，九版，2022年9月，Rn. 2494、2514。

43 吳信華，《憲法釋論》，三民，三版，2018年9月，593頁。

44 蕭文生，〈國家組織：第六講總統〉，《月旦法學教室》，第29期，2005年3月，47頁。

45 湯德宗，〈九七憲改後的憲法結構〉，收錄於氏著，《憲法結構與動態平衡——權力分立新論卷一》，天宏，增訂四版，2014年9月，34頁。

政院院長與依憲法經立法院同意任命人員之任免命令，無須行政院院長之副
署，不適用憲法第三十七條之規定。」即顯示總統仍有免職權[46]。

　　修憲後則針對行政院院長的「去職」，增設不信任投票權，以補償立法
院。從修憲史來看，並無法推論出總統無獨立的免職權。

2. 否定說

　　在我國憲法增修條文中，將原先行政院院長應經立法院同意始得任命的
規定刪除，使總統得直接任命行政院院長（縱使可能會成為少數政府），而
導致行政院院長實質上淪為總統之執行長。然而，學者認為此種見解無視憲
法有關行政院對立法院負責的責任政治原則及行政院的議案需經由立法院多
數同意的憲政規定。是故，應持否定見解[47]。

3. 本書觀點

　　本書認為，九七修憲後，行政院院長職權行使之民主正當性僅單方面來
自於總統，不再有國會背書，若不獲總統信任時，其權力來源即無所附麗。
是以，為符合憲法學理及憲政運作實際，本書認為應採肯定見解，否則不無
引發「憲政僵局」（Constitutional deadlocks）的可能。

　　而且，依「任免合一的法理」，如不採肯定說，將產生總統欲任命新的
行政院院長，而無法將原來的行政院院長免職的窘境。

七、授與榮典權

　　憲法第42條：「總統依法授與榮典。」就此，一般通稱為「授與榮典
權」。而此一規定是指總統居於國家元首地位時，代表國家授與人民的榮
譽。另外，本條所謂的「依法」如褒揚條例、勳章條例等。依陸海空軍勳賞
條例第13條：「勳章、勳刀，**除由總統特令頒給外**，得由各主管長官，將立
功人員之功績事實，造具勳賞建議冊，按照行政系統，層報國防部核定，呈
請行政院轉呈總統頒給之；戰時得交由最高軍事長官，先行授與，補呈總統
備案，並交該管機關註冊。」從此條規定可得知，總統亦可主動頒給，不待

---

46 李念祖，〈憲政主義與民主鞏固——論我國雙首長制憲法對於政治部門的控制〉，九七
　　修憲與憲政發展學術研討會發表論文，2000年12月9日。
47 林騰鷂，《中華民國憲法》，三民，三版，2004年10月，278頁。

行政院或國防部呈請。

八、院際爭議調節權

　　總統在憲法本文中的地位乃是國家的象徵，並不負責實際政治的運作，而憲法在第44條的規定：「總統對於院與院間之爭執，除本憲法有規定者外，得召集有關各院院長會商解決之。」乃是期待總統能藉由其中立之地位，居中處理五院間的爭執。這個條文應該是自限當時是故，院際爭議調節權又稱作中立權或調節（調和、調解）權。二戰時期的德國公法巨擘史密特（Carl Schmitt）教授即認為，總統應該作為一名「憲法的維護者」（Der Hüter der Verfassung），總統擁有的只是「中立、協調、規劃的權力」，非處於一個持續掌握、主導、督導的積極地位[48]。這個意見應該是按照威瑪共和時期的憲法所主張，九七修憲及總統直選後，我國並沒有建立法國左右共治的憲政慣例（法國總統有義務提名國會多數黨組閣），總統已經能夠全盤掌握行政院院長的去留，總統若太過消極，恐怕不符民眾期待。

　　然而，本書認為此種爭執在性質上應僅限於「政治爭執」。是故，如五院之間針對彼此間的權限或其他憲法、法律規定有所爭議（即：憲法爭議或法律是否違憲）時，則應該向大法官聲請憲法解釋，而不宜由總統為爭議之仲裁。

九、解散立法院權

（一）間接解散權及主動解散權

　　我國自九七憲法增修條文中，首度將內閣制的不信任案制度，規定在我國的增修條文中。立法院得經全體委員三分之一以上連署，對行政院院長提出不信任案。不信任案提出72小時後，應於48小時內以記名投票表決之。如經全體立法委員二分之一以上贊成，行政院院長應於10日內提出辭職，並得同時呈請總統解散立法院。

---

48 陳新民，〈憲法的維護者—— 由卡爾‧史密特對總統緊急權力和總統角色之定位談起〉，收錄於氏著，《公法學箚記》，新學林，三版，2005年10月，154頁以下。

　　此外，依增修條文第2條第5項規定：「總統於立法院通過對行政院院長之不信任案後十日內，經諮詢立法院院長後，得宣告解散立法院……。」

　　就上述兩條文對照觀之，不信任案通過後，行政院院長除應於10日內提出辭職外，並得同時呈請總統解散立法院；同時，總統亦得諮詢立法院院長後，得宣告解散立法院。

（二）解散國會的界限

　　但若碰到國家遭遇重大事故，而正處於戒嚴或緊急命令生效期間，為避免國家重要機構運作失靈，因此，於增修條文中，規定在此生效期間內，不得解散立法院。此外，若於解散立法院後，總統發布了緊急命令，依規定應於發布命令後10日內提交立法院追認，此時，立法院為應付此緊急事件，應有權宜措施之規定，因此，憲法增修條文第4條第6項規定：「總統於立法院解散後發布緊急命令……，應由新任立法委員於就職後追認之。如立法院不同意時，該緊急命令立即失效。」

　　上述規定，以新任立法委員「就職後」作為行使追認權之時點，有助於避免產生規範不清之窘境。

十、國家大政方針決定權

　　動員戡亂時期臨時條款第4條規定：「動員戡亂時期本憲政體制授權總統得設置動員戡亂機構，決定動員戡亂有關大政方針，並處理戰地政務。」此乃總統之國家大政方針決定權。原先，此一制度之設計目的在於擴充總統之權力，以因應非常時期之需要。

　　但後來在李登輝總統終止動員戡亂時期後，國民大會卻在第一次憲法增修時，在條文中承繼了此一規定而為：「總統為決定國家安全有關大政方針，得設國家安全會議及所屬國家安全局，其組織以法律定之。」（憲法增修條文第2條第4項），在當時曾引發各界爭論。

　　前揭條文並將國安會議及國安局設為常設機關，其相關組織並由法律定之，有學者認為此一規定可作為立法監督之功能[49]；因而，依照國家安全會

---

49 許志雄等著，《現代憲法論》，元照，四版，2008年10月，324頁。

議組織法第2條規定：「國家安全會議，為總統決定國家安全有關之大政方針之諮詢機關（第1項）。前項所稱國家安全係指國防、外交、兩岸關係及國家重大變故之相關事項（第2項）。」

　　依憲法增修條文第2條第4項規定延續了動員戡亂時期臨時條款以來，我國總統實務上所擁有的「決定動員勘亂大政方針，並處理戰地政務」並為此「設置動員勘亂機構」的權力[50]。在過去的動員勘亂體制下，總統每以執政黨黨魁的地位，透過國家安全會議的制度安排，幕後操縱行政院之決策，而且不受國家憲政機關之監督制衡，使得在體制與實務上，我國的總統一直享有相當的實權[51]，這種現象即便終止動員戡亂時期依然沒有改變。而現在增修條文又將它們納在總統之下，企圖使總統形成強勢的行政領導者十分明顯[52]。因此，**顯然本條是明文授與總統某種程度的行政實權，使得我國行政權的歸屬產生割裂或二元化**。而總統的國家安全大政方針決定權到底可以擴張至何種程度，也難以劃清界限。雖然學者認為，總統僅負有「國防、外交、兩岸關係」方面的行政（實）權，其他行政權力則仍歸屬於行政院[53]。然而，國家安全事項的影響層面包山包海，豈是國防、外交及兩岸所能簡單劃分？例如豬隻口蹄疫，導致軍隊沒有肉吃，當然可以解釋為國家安全事項；新冠肺炎導致全國軍民染疫，必然也是國安事項；近些年，甚至有透過國安會操控或架空行政院的案例（陳水扁總統二次金改案、馬英九總統美牛進口案）[54]。在現行體制下總統不但是國家安全會議主席，還有國家安全局為其蒐集情資，掌握國家脈動，而行政院院長僅為國安會的成員之一，因此國安會儼然成為「太上行政院」，行政院院長實質上已成為總統的下屬。

---

50 參見動員戡亂時期臨時條款第4條。
51 黃昭元，〈九七修憲後我國中央政府體制的評估〉，《臺大法學論叢》，第27卷第2期，1998年1月，194頁。
52 齊光裕，《中華民國的憲政發展——民國三十八年以來的憲法變遷》，揚智，1998年11月，120頁。
53 黃昭元，〈九七修憲後我國中央政府體制的評估〉，《臺大法學論叢》，第27卷第2期，1998年1月，194頁；許志雄等著，《現代憲法論》，元照，四版，2008年10月，324頁。
54 吳庚、陳淳文，《憲法理論與政府體制》，三民，七版，2021年9月，487頁。

十一、覆議核可權

　　覆議核可權是指總統對於行政院移請立法院覆議的案件，有核可覆議的權力。我國憲法第57條第2款、第3款有此相關規定；憲法第57條第2款規定：「立法院對於行政院之重要政策不贊同時，得以決議移請行政院變更之。行政院對於立法院之決議，得經總統之核可，移請立法院覆議。覆議時，如經出席立法委員三分之二維持原決議，行政院院長應即接受該決議或辭職。」

　　從上述條文中，行政院欲請立法院覆議時，須經總統核可。吾人實欲探究總統的核可權係為形式上的虛權，或是實權及不無疑問，本書認為：

（一）憲法本文的規定應作虛權理解

　　我國憲法本文第57條明定行政院對立法院負責，且我國憲法採傾向內閣制設計，其副署權已賦予行政院院長最後的決定權，總統亦不能批駁，這些規定在在都蘊含著行政院院長為一個應負政治責任的行政首長。制憲草擬者張君勱本人是內閣制的擁護者，只不過在草擬憲法時，為了要對當時國會多數的國民黨有所交代，需兼顧以孫中山先生政治理念為底蘊的五五憲草，才有條文中採取內閣制精神的同時，混合了美國總統否決權之覆議制度。但在「修正式內閣制」架構下，總統握有比行政院院長還大的實權，是不符合憲法本旨的。

（二）九七修憲後應作實權解釋

　　但九七修憲後憲法本文第57條第2款、第3款所規定的覆議制度，被憲法增修條文第3條停止適用。憲法增修條文第3條第2項第2款規定：「行政院對於立法院決議之法律案、預算案、條約案，如認為有窒礙難行時，得經總統之核可，於該決議案送達行政院十日內，移請立法院覆議。立法院對於行政院移請覆議案，應於送達十五日內作成決議。如為休會期間，立法院應於七日內自行集會，並於開議十五日內作成決議。覆議案逾期未議決者，原決議失效。覆議時，如經全體立法委員二分之一以上決議維持原案，行政院院長應即接受該決議。」而不需要辭職，這使得內閣對國會負責的精神產生質變。

　　這時候採行類似美國總統之行政否決權制度，即我國總統的核可權似應解為有賦予實質的權力，其既為核可權，得予核可，或亦得不予核可，核可與否，乃為總統自由之裁量權限。

　　又，隨著總統採直接以民選產生，總統的民主正當性已經高過行政院院長這點毋庸置疑，總統的覆議核可權更能補強行政院院長之正當性的不足。由於行政院院長並非民選的職位，其任命又無國會的背書，對於立法院多數決想要覆議，**其民主正當性泉源必須借助於總統的核可**[55]。基於以上推論，修憲後總統的民主正當性強化後，總統的覆議核可權毫無懸念的是一種「實權」，行政院院長必須以總統的意志為依歸。

第五節　總統之特權及其保障

一、刑事豁免權

　　憲法第52條規定：「總統除犯內亂或外患罪外，非經罷免或解職，不受刑事上之訴究。」乃是總統於任職期間所得享有之特權，以維護其身為國家元首之尊崇地位。此外，刑事豁免權尚有防止因為政見不同者的濫訴，而導致政局不穩的安定作用[56]。

　　司法院釋字第627號解釋：「依本院釋字第三八八號解釋意旨，總統不受刑事上之訴究，乃在使總統涉犯內亂或外患罪以外之罪者，暫時不能為刑事上訴究，並非完全不適用刑法或相關法律之刑罰規定，故為一種暫時性之程序障礙，而非總統就其犯罪行為享有實體之免責權。是憲法第五十二條規定『不受刑事上之訴究』，係指刑事偵查及審判機關，於總統任職期間，就總統涉犯內亂或外患罪以外之罪者，暫時不得以總統為犯罪嫌疑人或被告而進行偵查、起訴與審判程序而言。但對總統身分之尊崇與職權之行使無直接關涉之措施，或對犯罪現場之即時勘察，不在此限。」

---

55 李念祖，〈憲政發展中我國總統權力的演變〉，收錄於高朗、隋杜卿編，《憲政體制與總統權力》，國家政策研究基金會，2002年7月，403頁。
56 林紀東，《中華民國憲法釋論》，自版，五十三版，1990年9月，196頁。

二、國家機密特權

　　陳水扁前總統於2006年間遭指稱以假發票核銷國務機要費案後質疑聲浪不斷，臺北地檢署、高檢署亦先後對此進行調查。後來陳水扁總統並透過總統府秘書長聲請大法官解釋[57]。在本案中最為爭論者乃屬：總統在行使職權時，是否有不受法院審理的「國家機密特權」？就此，大法官於司法院釋字第627號解釋採取肯定見解。

　　司法院釋字第627號解釋理由書稱：「總統依憲法及憲法增修條文所賦予之『行政權』範圍內，就有關國家安全、國防及外交之資訊，認為其公開可能影響國家安全與國家利益而應屬國家機密者，有決定不予公開之權力，此為總統之『國家機密特權』。其他國家機關行使職權如涉及此類資訊，應予以適當之尊重。」並且，大法官也在本段指出此一特權乃是由在總統「憲法保留」之職權所導引而出。

　　從此段文字不難窺知，**透過此號解釋我國總統之憲政地位已由憲法本文之虛位元首「變遷」為兼具行政首長性質之國家元首**。而憲法本文第53條雖仍規定：「行政院為國家最高行政機關。」但我國自行憲以來，只有嚴家淦前總統未兼任黨魁，其餘歷任總統皆曾任黨魁，故雖憲法增修條文「形式上」係朝雙首長制方向設計，但透過黨政運作的模式，總統實質上之憲政影響力恆凌駕於行政院院長之上，儼然為行政院院長的上級長官。

 問題思考

　　馬英九總統於2008年就任後曾提出「二線總統」的說法，其認為總統不應積極地扮演行政者的角色。因此，有關行政事務的決定皆應由行政院院長及其團隊負責。就此，試問總統在我國現行政府體制之地位為何[58]？

　　究竟我國總統係屬虛位元首？抑或係具有實質權力之總統？就此，讀者

---

57 有關陳水扁總統之「國務機要費案」事件經過的詳細整理，可參照http://mag.udn.com/mag/abian/storypage.jsp?f_ART_ID=46154，最後瀏覽日期：2021年12月1日。
58 改編自：2008年專技高考律師（憲法考題）。

應先將總統制、內閣制及雙首長制之總統在該制度中的地位及特色予以區分及提示出來後，作為吾國制度的判斷。

✎選擇題練習

❶ 甲、乙出任我國總統、副總統後，下列敘述何者正確[59]？

(A) 兩者任期均為6年，連選得連任一次

(B) 甲缺位時，由乙繼任，至總統任期屆滿為止

(C) 乙缺位時，由甲提名並經國民投票同意

(D) 甲、乙均缺位時，由行政院院長內代行職權，並補選總統、副總統，任期重新起算　　　　　　　　　　　　　　　　　【100司法官】

❷ 甲出任我國總統後，認為立法院不能配合其政見制定法律，故思解散立法院，下列敘述，何者錯誤[60]？

(A) 甲不得任憑己意解散立法院

(B) 甲在戒嚴期間不得解散立法院

(C) 甲在緊急命令生效期間不得解散立法院

(D) 甲在立法院休會期間不得解散立法院　　　　　　　　　【100律師】

❸ 關於總統彈劾之規定，下列敘述，何者錯誤[61]？

(A) 總統彈劾案由立法院提出

(B) 總統彈劾之事由須因總統犯內亂罪或外患罪

(C) 總統彈劾案由司法院大法官組成憲法法庭審理之

(D) 彈劾案若判決成立，被彈劾人應即解職　　　　　　　　【100律師】

---

59 (B)，參照憲法第49條第1項。

60 (D)，參照憲法增修條文第2條第5項。

61 (B)，參照憲法增修條文第2條第10項。

④　假設有人對於行政院與他國所簽定之「兩國打擊犯罪互助協定」，應否送交立法院審議存有疑問，下列敘述，何者正確[62]？

(A) 立法院依據憲法第63條規定，僅具有「條約」案之議決權，因此對於使用「協定」名稱的對外文書，並不用經由立法院之審查

(B) 行政院承總統之命與外國往來，係屬於「政治問題」，因此不須其他權力部門的介入

(C) 行政部門與他國所簽定之書面文書，區分為「條約」和「協定」，條約始須送交立法院議決；而協定只須要依行政命令審查的方式送立法院備查

(D) 憲法上所稱之「條約」，包括用條約、公約，或協定等名稱而其內容直接涉及國家重要事項或人民權利義務，均須送立法院審議

【100律師】

⑤　下列關於「緊急命令」之敘述，何者正確[63]？

(A) 總統發布緊急命令，不須提交立法院追認

(B) 立法院不同意總統所發布之緊急命令，不影響緊急命令之效力

(C) 總統得經行政院會議之決議發布緊急命令

(D) 總統於緊急命令生效期間，經諮詢立法院院長後，得宣告解散立法院

【100律師】

⑥　下列關於解散立法院之敘述，何者正確[64]？

(A) 總統於戒嚴生效後，超過1年仍無法解除戒嚴時，得解散立法院

(B) 總統於立法院通過對行政院院長之不信任案後10日內，經諮詢立法院院長後，得宣告解散立法院

(C) 立法院經解散後，由總統召開國家安全會議及行政院會議，共同決定立法委員重新選舉之期日

---

62 (D)，參照司法院釋字第329號解釋。
63 (C)，參照憲法增修條文第2條第3項。
64 (B)，參照憲法增修條文第2條第5項。

(D) 總統發布解散立法院之命令，須經行政院院長之副署

7 若國際突然發生重大金融風暴，嚴重影響我國之產業及國民經濟，為應付此項財政經濟上之重大變故，下列敘述何者正確[65]？

(A) 總統僅得於立法院休會期間，經行政院會議之決議發布緊急命令，為必要之處置
(B) 總統得發布緊急命令，但須於發布後十日內提交立法院追認
(C) 總統發布緊急命令時須依緊急命令法之規定
(D) 總統發布之緊急命令，如立法院不同意時，該緊急命令溯及發布時失效

8 甲當選我國總統，依總統職權發布命令，下列何者須經行政院院長之副署[66]？

(A) 甲任命乙出任行政院院長
(B) 甲提名丙出任考試院院長，經立法院同意後任命丙為考試院院長
(C) 甲解散立法院之命令
(D) 甲於建國100年國慶時，發布大赦命令　　　　【101司法官】

9 依司法院釋字第419號解釋，關於行政院院長、副總統與總統之關係，下列何者正確[67]？

(A) 在法定職權上，副總統與行政院院長係分工與制衡之關係
(B) 副總統為總統之備位，維繫國家元首不能一日或缺之憲法功能
(C) 副總統雖未依憲法繼任總統或代行總統職權時，但仍得行使屬於總統之

---

65 (B)，參照憲法增修條文第2條第3項。
66 (D)，參照憲法增修條文第2條第2項。
67 (B)，參照司法院釋字第419號解釋。

憲法上權力

(D) 副總統基於總統之信任關係，可視爲副總統有其輔弼總統之法定職權

【101律師】

⑩ 依司法院釋字第388號及第627號解釋，下列敘述，何者錯誤[68]？

(A) 總統不受刑事上之訴究，爲一種暫時性之程序障礙，而非總統就其犯罪行爲享有實體之免責權

(B) 總統之刑事豁免權，不及於因他人刑事案件而對總統所爲之證據調查與證據保全

(C) 總統不受刑事訴究之特權或轄（編按：豁）免權，乃針對總統之職位而設，故僅擔任總統一職者，才享有此一特權

(D) 擔任總統職位之個人，得拋棄不受刑事訴究之特權或豁免權

【101律師】

⑪ 在任總統甲涉嫌貪污時，下列敘述何者正確[69]？

(A) 最高法院檢察署特別偵查組檢察官可就甲涉嫌貪污部分進行偵查並起訴

(B) 立法委員可以對甲提出彈劾案或罷免案

(C) 對於甲的彈劾案還須經人民投票通過

(D) 對於甲的罷免案由司法院大法官審理法審理

【102律師】

⑫ 我國總統因發生國際重大金融風暴，臺灣經濟受到重創，認爲有行緊急處置之必要，下列敘述何者錯誤[70]？

(A) 因爲事關緊急，所以不論立法院是否在會期中，緊急命令皆無須事先經過立法院決議

---

68 (D)，參照司法院釋字第627號解釋。
69 (B)，參照憲法增修條文第2條第10項。
70 (B)，參照憲法增修條文第2條第3項。

(B) 因爲事關緊急，緊急命令無須立法院事後追認，只是須自定存續期間

(C) 緊急命令之發布，須經行政院會議之決議

(D) 緊急命令之內容，須經立法院追認　　　　　　　　　　　【102律師】

13 依現行憲法規定，副總統缺位時，應如何處理[71]？

(A) 由總統逕行任命新的副總統

(B) 由總統提名候選人，由立法院補選之

(C) 由立法院逕行推舉新的副總統

(D) 立法院推舉副總統候選人，經全民補選之　　　　　　　　【104司律】

14 下列有關總統依據憲法增修條文第2條第3項發布緊急命令之敘述，何者錯誤[72]？

(A) 須經行政院院會之決議

(B) 於發布命令後10日內提交立法院追認

(C) 立法院同意後，該緊急命令開始生效

(D) 依據司法院大法官解釋，其內容應力求周延，以不得再授權爲補充規定即可逕予執行爲原則　　　　　　　　　　　　　　　　　【105司律】

15 下列有關憲法第52條總統刑事豁免權之敘述，何者不是司法院解釋之見解[73]？

(A) 總統刑事豁免權不及於對總統身分之尊崇與職權行使無直接關係之措施

(B) 雖暫時不得以總統爲犯罪嫌疑人而進行偵查，但得就犯罪現場爲即時勘查

(C) 總統刑事豁免權保障範圍內之各項特權，原則上不得拋棄

---

71 (B)，參照憲法增修條文第2條第7項。
72 (C)，參照憲法增修條文第2條第3項。
73 (D)，參照司法院釋字第627號解釋。

(D) 總統於他人刑事案件為證人時，主張刑事豁免之特權，須經高等法院5名法官組成特別合議庭之裁定　【106司律】

16 依據憲法增修條文相關規定，於不信任案通過後，下列有關總統解散立法院之敘述，何者正確[74]？

(A) 須先經由行政院院長之呈請，方能解散立法院

(B) 須先取得立法院院長同意，始得解散立法院

(C) 行政院院長無須提出辭職，即得呈請總統解散立法院

(D) 總統解散立法院後，30日內應舉行立法委員選舉　【106司律】

17 關於總統、副總統之職權，下列敘述何者錯誤[75]？

(A) 總統因故不能視事時，由副總統代行其職權

(B) 總統任期屆滿，但若次屆總統尚未選出時，由行政院院長代行總統職權

(C) 總統在位且能視事，但副總統因故不能視事時，由行政院院長代行副總統職權

(D) 行政院院長代行總統職權，其期限不得逾3個月　【107司律】

18 檢察官為了偵辦某政黨立法委員之犯罪行為，以證人身分傳喚同時兼任該黨黨主席之總統至檢察署接受訊問。依司法院大法官解釋，請問總統得如何回應[76]？

(A) 拒絕或不予理會

(B) 請副總統代理應訊

(C) 得要求檢察官就總統所在詢問之

(D) 得僅以書面回覆檢察官之訊問　【108司律】

---

74 (A)，參照憲法增修條文第3條第2項第3款。
75 (C)，參照憲法第49條第2項。
76 (C)，參照司法院釋字第627號解釋。

19 依司法院大法官解釋，有關憲法總統豁免權之規定，下列敘述何者正確[77]？

(A) 總統之刑事豁免權不及於因他人刑事案件而對總統所爲之證據調查與證據保全

(B) 總統與他人訂立買賣契約而涉及民事訴訟者，總統可因其身分免予被訴

(C) 總統之刑事豁免權係指總統就其犯罪行爲享有實體之免責權

(D) 總統豁免權雖係爲總統之職位而設，但總統仍得拋棄此憲法賦予之特權

【109司律】

20 關於總統行使憲法職權，下列敘述何者錯誤[78]？

(A) 總統認爲有必要時，得咨請立法院召開臨時會

(B) 於監察院副院長任期屆滿前，總統負有適時提名繼任人選咨請立法院同意之義務

(C) 總統非經罷免或解職，概不受刑事上之訴究

(D) 總統行使職權有違法情事者，得受立法院之彈劾

【110司律】

---

77 (A)，參照司法院釋字第627號解釋。
78 (C)，參照憲法第52條。

第五章 行政院

第一節 行政權之意義

一、概說

依照「權力分立理論」的內涵，一般將國家權力分為「行政權」、「立法權」及「司法權」三者，我國憲法所謂的五權分立，不外就是把國家權力交給五個不同的憲法機關行使，但本質上三權分立並沒有改變。事實上，我國稱作五權憲法，其實是不精確的。德國格羅普爾（Gröpl）教授指出，憲法機關（即國家最高機關）的數目未必等同國家權力根據水平權力分立而得來之數，也就是說，三權分立不代表就有三個憲法機關，例如依德國基本法之規定共有九個憲法機關[1]，但沒有人說德國是九權憲法。

而我國憲法有了增修條文後，將行政權一分為二，而分別交由總統（國家元首）及行政院（最高行政機關）掌理，此種制度設計改變以往行政院為最高行政機關之概念，反而具有濃厚的內閣制色彩[2]，亦即，國家事務的處理，在立法院監督下，交由經行政院所掌理，而總統則居於中立地位。

不過隨著九七憲法增修條文取消立法院對行政院的人事同意權（由總統直接任命）及總統在多次的憲法增修及實務運作下而權力有所擴張的情形下，在憲政制度的運作上是否有所影響[3]？甚至在制度設計之體系上本身即有所矛盾？即廣為學者所討論。

---

1 *Christoph Gröpl*, Staatsrecht I, 2008, Rn. 952 ff.
2 為內閣制典範的英國，即是在英王於1688年簽訂「權利法案」後，統治權力由國王轉向議會，而由議會組成的內閣負責實際的政務運作，而英王則全然地「虛擁其位」成為形式上的國家象徵。詳參照李鴻禧，《李鴻禧憲法教室》，月旦，二版四刷，1998年8月，130-131頁。
3 蕭文生，〈國家組織：第七講行政院〉，《月旦法學教室》，第31期，2005年5月，32頁。

二、行政院之地位

依照憲法本文第53條之規定：「行政院為國家最高行政機關。」就此，早期學者認為此一規定實質上乃指行政院對於國家行政事項有最高的指揮權及監督權，也因此行政院除受立法院監督之外，並不受其他機關（主要為總統）之影響[4]。

不過在經過憲法增修條文屢次增訂及實務的運作下，行政院為國家最高行政機關已經有了改變，增修條文第2條第4項規定：「總統為決定國家安全有關大政方針，得設國家安全會議及所屬國家安全局，其組織以法律定之。」在國家安全會議組織下，行政院院長以及部會首長成為成員之一，亦即，該組織將行政部門以及國家安全局以下情治系統都歸屬總統之下，雖然依據增修條文，這些組織僅提供政治諮詢與情報蒐集，但事實往往並非如此，如最近的食安問題，總統也透過國安會召開兩次的食安會議，也影響行政院政策之決定，儼然成為行政院的上層機關，使憲法第53條之規定失其意義。換言之，行政院雖明文規定是最高行政機關，但行政院院長卻不是最高行政首長。

第二節　行政院之組織

一、行政院院長

（一）行政院院長之產生

憲法第55條第1項規定：「行政院院長由總統提名，經立法院同意任命之。」立法院依此條規定所行使之人事同意權，係屬於事前對於行政院有所信賴的表示[5]。張君勱先生之所以如此設計，是要藉由國會的同意權，迫使總統提名國會多數黨人士組閣，所以憲法本文內閣制的色彩非常明顯。但本

4　管歐，《中華民國憲法論》，三民，五版，1991年8月，130-132頁。

5　詹鎮榮，〈半總統制下政府雙重信任基礎之維繫與難題──以威瑪經驗為借鏡〉，《月旦法學雜誌》，第108期，2004年5月，40頁。

條規定，因為李登輝先生（時任總統）於1996年欲任命行政院院長時，受到立法院強烈阻礙之故，其乃於同年主導修憲而將本條停止適用，目前憲法增修條文於第3條第1項規定：「行政院院長由總統任命之。」

　　雖然，總統依照本條規定得不須經由立法院同意而直接任命行政院院長，但未能獲得立法院多數委員支持之行政院院長，其所推行之法案要獲得立法院支持仍有困難。故而，總統在任命人選時，尚須考量國會各黨席次之分配，選擇立法院多數委員可接受之人選擔任行政院院長。而我國目前自2000年政黨輪替後，如遇有總統與立法院多數席次分屬不同政黨時，總統在任命行政院院長時大多未有考慮此一因素，並未建立法國第五共和總統與總理行政權「換軌」的憲政慣例，導致行政院與立法院間的關係緊張，甚至立法院審議通過的預算，行政院也拒絕執行（如：核四興建案）。

（二）行政院院長之任期與解職原因

1. 行政院院長有無任期？

　　除行政院院長自行辭職之因素外[6]，行政院院長是否有任期之限制？就此，我國憲法及相關法令中並無明文規定而留有相當寬廣的解釋空間，也因此在早期曾引發一番爭論[7]。

2. 行政院院長之辭職

(1) 義務性辭職（司法院釋字第387號解釋）

　　本件解釋的背景是第二屆立法委員業已改選完畢，並就職及開始行使職權後，立法委員陳水扁等人「依憲法第二條國民主權之精神，憲法第五十五條第一項行政院院長之任命，須經立法院同意，及憲法第五十七條行政院應對立法院負責之規定，行政院院長是否應率全體內閣閣員，於立法委員重新改選後，宣誓就職行使職權前總辭」而聲請解釋。

　　就此，大法官作成司法院釋字第387號解釋而認為：「行政院院長既須經立法院同意而任命之，且對立法院負政治責任，基於民意政治與責任政治

6　例如因病（事）辭職、人生規劃等因素而辭職者等是，詳細的整理，可參：謝瑞智，《憲法概要》，文笙書局，十六版，2012年5月，197頁。

7　可參照蘇永欽，〈行政院長任期問題只具理論意義〉，收錄於氏著，《憲法與社會文集》，自版，初版，1988年11月，273-274頁；李鴻禧，《李鴻禧憲法教室》，月旦，二版四刷，1998年8月，73頁。

之原理，立法委員任期屆滿改選後第一次集會前，行政院院長自應向總統提出辭職。」

(2) 禮貌性辭職（司法院釋字第419號解釋）

　　本件解釋的背景則是因為李登輝與連戰於1996年3月當選我國總統、副總統，而原任行政院院長的連戰先生率內閣閣員總辭時，李登輝總統於其辭呈批示「著毋庸議」，而無意再重新提名行政院院長並咨請立法院同意。立法委員馮定國等人因而向司法院大法官聲請解釋，而大法官於同年12月31日作成司法院釋字第419號解釋，認為：「行政院院長於新任總統就職時提出總辭，係基於尊重國家元首所為之禮貌性辭職，並非其憲法上之義務。」

　　然而，1997年第四次憲法增修條文公布後，其第3條前段規定：「行政院院長由總統任命之。」亦即，總統在任命行政院院長時，無須經由立法院之同意。就此，有論者認為在第四次憲法增修條文公布後，憲法第55條之規定因而停止適用，因此，上開兩號解釋之結果在目前應無適用之空間，甚至可能其結果必須對調，亦即，行政院院長於總統改選後必須總辭，而立法院改選時則免為總辭[8]。但也有學者認為對於司法院釋字第387號解釋釐清政府體制貢獻重大，應予肯定，其論證並可以釐清第四次修憲後的政府體制；而是司法院釋字第419號解釋僅是對於貫徹分權，禁止職務利益衝突的原則而言，有正面意義[9]。

二、各部會及獨立機關

（一）各部會的產生

　　憲法第56條規定：「行政院副院長、各部會首長及不管部會之政務委員，由行政院院長提請總統任命之。」

1. 各部會及政務委員

　　依照憲法第54條規定：「行政院設院長、副院長各一人，各部會首長

---

[8] 可參照楊智傑、項程華、呂炳寬，《中華民國憲法精義》，五南，四版，2011年10月，260-261頁。

[9] 湯德宗，〈行政立法兩權主要解釋〉，收錄於氏著，《憲法結構與動態平衡——權力分立新論卷一》，天宏，增訂四版，2014年9月，228頁。

若干人，及不管部會之政務委員若干人。」復依憲法第61條：「行政院之組織，以法律定之。」基此，立法院即於1947年時訂立行政院組織法，並於該法第3條規定有行政院所管各部會及設置政務委員之架構。

在1949年時，立法院首次針對本條有關各部會之組織架構有著大幅度的修正，而將原先十八個部會整併為「八部二會」，其後1980年的修正則僅是將司法行政部改制為法務部，而對於行政院所管各部會之架構並無太大差異[10]。但（舊）行政院組織法第14條規定：「行政院為處理特定事務，得於院內設各種委員會。」故而，行政院實際上所管轄的機關從八部二會擴充到二十七個部會。就此，各部會的組織架構是否有「重新洗牌」的必要，也引發學者間廣泛的討論。

而2004年立法院制定中央行政機關組織基準法，以「落實精簡規模、提升效能」及「協調統合政策」的行政改革方向為目標，於該法第29條及第31條分別將「部」及「委員會」的總額分別限縮在十三個及四個，不過立法院在2022年針對該法進行修正時，則分別放寬至十四個及九個，而行政院組織法亦於同年進行修正[11]。

2. 獨立機關

獨立機關與一般之行政機關不同之處在於它不是由行政機關直接掌控的下屬單位，而由立法機關授予獨立機關制定政策與（或）執行政策的權威，這也是其具有獨立性質之所在[12]。

(1) 獨立機關之意義

獨立機關乃係源自於美國的獨立管制委員會之概念[13]，設置的主要目的

---

10 本次行政院組織法的修法，將司法行政部改制為法務部，其重要性在於釐清司法權與行政權的分際而言，就此，本書於司法院一章將一併說明，於此不贅。

11 行政院組織法第3條：「行政院設下列各部：一、內政部。二、外交部。三、國防部。四、財政部。五、教育部。六、法務部。七、經濟部。八、交通部。九、勞動部。十、農業部。十一、衛生福利部。十二、環境部。十三、文化部。十四、數位發展部。」第4條：「行政院設下列各委員會：一、國家發展委員會。二、國家科學及技術委員會。三、大陸委員會。四、金融監督管理委員會。五、海洋委員會。六、僑務委員會。七、國軍退除役官兵輔導委員會。八、原住民族委員會。九、客家委員會。」

12 孫煒，〈民主國家獨立機關的創建理由與制度定位：兼論對於我國政府改造的啟示〉，《行政暨政策學報》，第46期，2008年6月，110頁。

13 美國法上有關「獨立管制委員會」的概念與發展，林子儀大法官有一頗為詳細的介紹，請參照林子儀，〈美國總統的行政首長權與獨立行政管制委員會〉，收錄於氏著，《權力分立與憲政發展》，月旦，初版，1993年10月，124-125頁。

依照行政院頒布的獨立機關建制原則提到：「獨立機關應依據法律獨立行使職權，自主運作，除法律另有規定外，不受其他機關指揮監督。」

後來大法官則進一步地指出：「法律規定範圍內，排除上級機關在層級式行政體制下所為對具體個案決定之指揮與監督，使獨立機關有更多不受政治干擾，依專業自主決定之空間。」（司法院釋字第613號解釋理由書參照）。基此，除非有專屬的法律明文規定，獨立機關應不受上級或其他機關之指揮監督。

(2) 獨立機關之設置

我國政府有關於獨立機關建置的討論，首見於2002年的「獨立機關的建制理念與原則」，針對獨立機關未來的發展作出準則性的制度設計與規劃。在2003年1月行政院也頒布了「獨立機關建制原則」，進一步地確認有關獨立機關之設置條件、組織、職權行使及監督機制。就此，也影響了中央行政機關組織基準法於第3條第2款規定：「指依據法律獨立行使職權，自主運作，除法律另有規定外，不受其他機關指揮監督之合議制機關。」

爰此，我國也於2005年成立了第一個獨立機關：「國家通訊傳播委員會」，而行政院卻於2006年3月頒布「獨立機關與行政院關係運作說明」，幾乎納入了有關獨立機關之人事任命（第1點）、法律案（第3點）及預算案（第4點）等，與上述有關的規定均有所衝突[14]。

而此種爭議問題不因為司法院釋字第613號解釋的作成而有所改善，事實上行政院乃於2012年公布施行的行政院組織法第9條將獨立機關設於行政院下。就此，將可能導致獨立機關之依其職權所為決議，受行政院會議之決議變更。

目前並依照中央行政機關組織基準法第32條第2項的規定，相當二級獨立機關之設置，以三個為限。基此，現在相當於二級機關的獨立機關有：中央選舉委員會、公平交易委員會及國家通訊傳播委員會（行政院組織法第9條參照），而隸屬於行政院之公投審議委員會，則依照司法院釋字第645號解釋理由書之見解，僅係屬於行政院之內部單位而已。

---

14 行政院於2006年頒布「獨立機關與行政院關係運作說明」後，陸續又於同年5月及10月各修正一次。有關的分析及批評，請參照黃錦堂，〈德國獨立機關獨立性之研究——以通訊傳播領域為中心並評論我國釋字第613號解釋〉，《中研院法學期刊》，第3期，2008年9月，6-7頁。

(3) 獨立機關之爭議問題

　　我國獨立機關的討論，在早期主要是鎖定在其制度本身是否合憲（權力分立原則／責任政治或行政一體原則）的問題，而葉俊榮教授認為在司法院釋字第613號解釋中，似乎已認為獨立機關的建制本身沒有違憲疑慮，而將焦點轉移到獨立機關之組成及人員任命[15]。

　　而司法院釋字第613號解釋中，大法官基於以下理由，認為舊通傳會組織法關於通傳會委員須依立法院政黨比例組成的規定違憲：

A. 行政一體原則：「於我國以行政院作為國家最高行政機關之憲法架構下，賦予獨立機關獨立性與自主性之同時，仍應保留行政院院長對獨立機關重要人事一定之決定權限，俾行政院院長得藉由對獨立機關重要人員行使獨立機關職權之付託，就包括獨立機關在內之所有所屬行政機關之整體施政表現負責，以落實行政一體及責任政治。」

B. 權力分立原則：「蓋作為憲法基本原則之一之權力分立原則，其意義不僅在於權力之區分，將所有國家事務分配由組織、制度與功能等各方面均較適當之國家機關擔當履行，以使國家決定更能有效達到正確之境地，要亦在於權力之制衡，即權力之相互牽制與抑制，以避免權力因無限制之濫用，而致侵害人民自由權利。」

（二）行政院會議

　　行政院會議，一般俗稱內閣會議，依照憲法第58條第1項規定：「行政院設行政院會議，由行政院院長、副院長、各部會首長及不管部會之政務委員組織之，以院長為主席。」本條關於行政院會議之設置，是希望先藉由行政院會議的形式，來討論或決定有關之政策，而若行政院所提出立法院之議案未經行政院會議先行議決或會議組成有瑕疵，則此一議案提出則有合憲疑慮。故而，陳新民大法官認為本條係有使行政院會議積極產生法定程序效果之意[16]。

　　此外，本書並依憲法第58條之規定，就行政院會議所先行討論、議決事

---

15 葉俊榮，〈獨立機關之獨立性〉，收錄於台灣行政法學會，《行政組織與人事法制之新發展》，元照，初版，2010年9月，70頁。
16 陳新民，《憲法學釋論》，自版，七版，2011年9月，582頁。

項之範圍，如下：

1. 議案的先行議決

憲法第58條第2項規定：「行政院院長、各部會首長，須將應行提出於立法院之法律案、預算案、戒嚴案、大赦案、宣戰案、媾和案、條約案及其他重要事項……，提出於行政院會議議決之。」

2. 涉及各部會共同關係事項

憲法第58條第2項規定：「行政院院長、各部會首長，須將……涉及各部會共同關係之事項，提出於行政院會議議決之。」

第三節　行政院與立法院的互動關係

在對於政府體制的研究中，行政權與立法權彼此間之關係，向來係屬於相當重要的課題之一。亦屬於政治運作關係最為密切且最為重要的權力機關。

在總統制國家中，總統及國會因為係由人民選舉產生，所以二者的關係是權力間彼此分立，且彼此藉由法案通過及覆議制度等方式而相互制衡，總統與國會對彼此均不負責；在內閣制國家中則是由人民選舉國會、國會議員組成內閣，故內閣須對國會負其責任，然而，若內閣總理為國會所不滿時，國會可以提起不信任案投票，而此案通過時，總理得解散國會作為制衡。

然而，我國行政權與立法權間之關係為何？原先制憲者將此規定於憲法第57條，其稱：「行政院依左列規定，對立法院負責……」此一規定乃係屬於責任政治之要求下，「現代法治國家組織政府，推行政務，應直接或間接對人民負責」[17]，所為之制度設計，但隨憲法增修條文屢次更動有關行政院之條文，行政院與立法院彼此間之關係為何？則有所爭論。

準此，本書茲以憲法及增修條文之規定，就行政院與立法院關係敘述如下。

---

17 參照司法院釋字第613號解釋理由書。

一、行政院應向立法院負責

在總統制的模式中，行政權（總統）與立法權（國會）各自由人民選舉產生，即雙元民主，故而，兩者間則權力彼此分立且又相互制衡。內閣制國家，則係由國會議員組成內閣，故而內閣須向國會負責。

依照憲法第57條的規定：「行政院依左列規定，對立法院負責……」而此一規定其實是相對應憲法第55條第1項：「行政院院長由總統提名，經立法院同意任命之[18]。」所設計的，其在概念上分別屬於立法院對於行政院的事前監督（人事同意權）及事後監督（質詢權／覆議權）等。不過在通過第四次（九七）憲法增修條文時，增修條文第3條第1項前段已經終止第55條第1項的適用，其規定：「行政院院長由總統任命之。」

而依我國憲法除劃歸給總統、考試院之行政權外，依照我國憲法第53條之規定，為我國最高之行政機關，並依照憲法第57條之規定，向立法院負責。

憲法第57條對於行政院及立法院彼此間之互動關係，在內容上包括有：
（一）行政院之報告責任／立法院之質詢權。
（二）立法院移請行政院變更重要政策之權／行政院就此決議之移請覆議權。
（三）行政院對於立法院決議之法律案、預算案、條約案之移請覆議權。
（四）行政院向立法院負責之方式。
（五）行政院提出施政方針及施政報告。

依照憲法增修條文第3條第2項第1款之規定：「行政院有向立法院提出施政方針及施政報告之責。立法委員在開會時，有向行政院院長及行政院各部會首長質詢之權。」本條所稱之施政方針是指事前針對政策所為之規劃或計畫，而施政報告則是指事後針對所實施之政策情形所為的報告[19]。

---

18 就此，應得認為立法院行使行政院院長之同意權，係屬於兩者間第一次的互動。
19 林紀東，《中華民國憲法逐條釋義（二）》，三民，修正二版，1986年8月，220頁以下。

二、覆議制度

在總統制國家中，僅有國會擁有法案提案權，為使行政部門不致淪為單純執行法案之機關，制憲者通常會在憲法文本中創設「覆議制度」，使其能夠在國會通過法律後表達意見[20]，以彌補沒有法案提案權的缺陷。然而，制憲國民大會為何不引進「不信任投票」制度而額外地移植覆議制度？

就此，晚近學者整理憲法條文規定及制憲者的相關文獻紀錄後認為，此一制度的設置目的是在避免當時小黨林立的政治生態將導致國會議員動輒提出「倒閣」而影響政局之穩定[21]。是以，制憲在憲法第57條設有覆議制度。

（一）針對「重要政策」所為之覆議

憲法第57條第2款前段規定：「立法院對於行政院之重要政策不贊同時，得以決議移請行政院變更之。」立法院之重要政策不贊同權，在於表現立法院對行政院制衡之功能，因為立法院即有議決法律案、預算案、戒嚴案、條約案之權，行政院重要政策莫不表現於上列各案之中，其對國家人民利害甚大，透過此不贊同權，而得以促其修正或改善政策，而產生制衡之作用，使執政品質提升。

但由於國家政策，係經過審慎之計畫與評估，對其更改勢必影響層面極大，因此本款後段，在程序上，仍容許行政院對立法院之決議，擁有所謂「覆議」之權，其稱：「行政院對於立法院之決議，得經總統之核可，移請立法院覆議。覆議時，如經出席立法委員三分之二維持原決議，行政院院長應即接受該決議或辭職。」

（二）針對「法律案、預算案、條約案」所為之覆議

憲法第57條第3款前段：「行政院對於立法院決議之法律案、預算案、條約案，如認為有窒礙難行時，得經總統之核可，於該決議案送達行政院十日內，移請立法院覆議。」

---

20 蔡宗珍，〈覆議制度之運作問題〉，《月旦法學雜誌》，第84期，2002年5月，8頁。
21 如：呂炳寬，〈我國當前憲政體制下覆議制度的研究〉，http://web.thu.edu.tw/lu.bk/www/ins/8.pdf，3-5頁，最後瀏覽日期：2022年8月15日。

而後來憲法增修條文第3條第2項第2款，針對覆議之程序及要件，略作修正如下：「行政院對於立法院決議之法律案、預算案、條約案，如認為有窒礙難行時，得經總統之核可，於該決議案送達行政院十日內，移請立法院覆議。立法院對於行政院移請覆議案，應於送達十五日內作成決議。如為休會期間，立法院應於七日內自行集會，並於開議十五日內作成決議。覆議案逾期未議決者，原決議失效。覆議時，如經全體立法委員二分之一以上決議維持原案，行政院院長應即接受該決議。」此一規定對照憲法第57條的設計可發現下列差異：

1. 覆議對象的限縮

　　憲法增修條文將行政院得提起覆議之「重要政策」事項刪除（憲法本文第57條第2款），而以法律案、預算案及條約案為限。就此，李惠宗教授認為重要政策之概念，若不轉換為具體的法律案或預算案等提出於立法院，立法院根本無法同意和覆議，而肯定本條之修正[22]。

2. 覆議門檻的降低

　　原先依照憲法第57條之規定，覆議時如經由「出席立法委員三分之二」維持原案，則行政院院長即應接受該決議或辭職。也因此僅須三分之一的立法委員[23]支持行政院所提之覆議即可，就此，與議案應經過半數之同意的要求有所違背[24]。而增修條文則將門檻更改至「全體立法委員二分之一」，使得行政院所提覆議案之通過機率降低。

三、不信任投票及解散立法院

　　第四次憲法增修時，我國在前揭條文中，針對在行政院與立法院的關係引進了「不信任投票」及「解散立法院」二個具有使行政院及立法院俾以相互制衡的制度。憲法增修條文第3條第2項第3款規定：「立法院得經全體立法委員三分之一以上連署，對行政院院長提出不信任案。不信任案提出

---

22 李惠宗，《憲法要義》，元照，九版，2022年9月，Rn. 2581。
23 憲法本文之規定係為「出席立法委員」三分之一，是否可能有僅有三分之一以下的立法委員同意即可？有討論空間。不過，因為憲法增修條文對該本款之停止適用，而無討論之實益。
24 立法院職權行使法第6條可資參照。

七十二小時後，應於四十八小時內以記名投票表決之。如經全體立法委員二分之一以上贊成，行政院院長應於十日內提出辭職，並得同時呈請總統解散立法院；不信任案如未獲通過，一年內不得對同一行政院院長再提不信任案。」引進此一制度，一方面得使立法院藉由提出不信任案，來追究整體內閣的政治責任，**而提出不信任案的事由不一而足，基本上並不限定於具體的指摘，如單純對行政院之施政成績感到不滿不必有特定的案由**[25]、**或質疑行政院院長的人格操守等。另一方面，行政院也得藉由解散立法院作為制衡。**

　　然而，不信任投票制度的引進，是否會引起立法委員動輒以「倒閣」作為政治談判的籌碼，在學理上其實不無討論的空間，例如有論者認為應引進德國基本法第67條設計的「建設性不信任投票」（或稱建設性倒閣），亦即是應先有新行政院院長人選出現後，立法院才能提起倒閣[26]。

四、核四停建案與司法院釋字第520號解釋

　　緣陳水扁前總統，於2000年當選總統後，欲兌現競選時承諾，遂片面下令終止核四興建案的預算執行，因而引發行政院與立法院職權行使上之爭議，遂聲請司法院大法官解釋。對此，司法院釋字第520號解釋文稱：「……**維持法定機關正常運作及其執行法定職務之經費，倘停止執行致影響機關存續者，即非法之所許**；若非屬國家重要政策之變更且符合預算法所定要件，主管機關依其合義務之裁量，自得裁減經費或變動執行。至於因施政方針或重要政策變更涉及法定預算之停止執行時，則應本行政院對立法院負責之憲法意旨暨尊重立法院對國家重要事項之參與決策權，依照憲法增修條文第三條及立法院職權行使法第十七條規定，由行政院院長或有關部會首長適時向立法院提出報告並備質詢。**本件經行政院會議決議停止執行之法定預算項目，基於其對儲備能源、環境生態、產業關連之影響，並考量歷次決策過程以及一旦停止執行善後處理之複雜性，自屬國家重要政策之變更，仍須**

---

25 李惠宗，《憲法要義》，元照，九版，2022年9月，Rn. 2593。

26 但是此種制度的設計，仍奠基於行政院院長之提名應經立法院同意的制度上。不過，我國第三次憲法增修時曾一度引進此一制度，其在當時條文第2條規定：「行政院院長之免職命令，須新提名之行政院院長經立法院同意後生效。」此一規定似可避免行政院院長因為覆議失敗而導致之政府真空狀態，而立意甚佳。就此有關論述，李惠宗，《憲法要義》，元照，九版，2022年9月，Rn. 25102。

儘速補行上開程序。」本號解釋肯認立法院對於國家重要政策的參與權，也就是行政院重要政策的變更必須跟國會協商得到同意，若非重要政策的變更而且符合預算的法定要件，就不需得到立法院的同意。

　　湯德宗教授認為，九七修憲後，我國為弱勢總統制的設計，總統欲積極推動施政，必須加強立法院之溝通協商避免輕率許諾，並順勢伺機而為[27]。

　　陳慈陽教授則認為，基於政策決定「主動權」為行政院獨享，行政院就該屆任期內未提之政策「核四建廠」，除立院要求外，無報告義務。立法院可主動要求報告，如不滿意可提出不信任案方倒閣，所以行政院就此並無違憲之問題[28]。

　　黃昭元教授則以為大法官一律將重要政策納入國家重要事項範圍，沒有討論或區別一般性政策決定或個案決定，進而讓立法權長驅直入行政權的核心；亦未討論1997年第四次修憲刪除憲法第57條第2款使立法院喪失主動要求行政院變更重要政策之決議權，對憲法第63條的重要事項議決權的範圍與行使時機是否有任何影響，均屬不當[29]。

　　李惠宗教授認為，依憲法增修條文第3條第2項規定，行政院對立法院負責的關係係依「左列」規定負責，而非「服從的負責」。行政院有「提請覆議權」，只是立法院在我國憲政體制下，有較為優勢的監督權限，若行政院不贊同立法院的「決議」，且覆議不成功，行政院才有接受之法律上（也是憲法上）義務[30]。

　　參照司法院釋字第520號解釋理由書：「……憲法第五十七條即屬行政與立法兩權相互制衡之設計，其中同條第二款關於重要政策，立法院決議變更及行政院移請覆議之規定，雖經八十六年七月二十一日修正公布之憲法增修條文刪除，並於該第三條第二項第三款增設立法院對行政院院長不信任投票制度，但該第五十七條之其他制衡規定基本上仍保留於增修條文第三條第二項，至有關立法院職權之憲法第六十三條規定則未更動……。」是以本書

---

27 湯德宗，〈憲法結構與違憲審查〉，收錄於氏著，《憲法結構與動態平衡──權力分立新論卷一》，天宏，增訂四版，2014年9月，158頁以下。

28 陳慈陽，〈論行政院與立法院對預算案權限之行使〉，收錄於氏著，《人權保障與權力制衡》，自版，初版，2001年3月，224頁以下。

29 黃昭元，〈走鋼索的大法官──解讀釋字第520號解釋〉，《台灣本土法學》，第20期，2001年3月，74頁。

30 李惠宗，《憲法要義》，元照，九版，2022年9月，Rn. 2558。

認為，諸如興建核四此等已經行政、立法兩院共同以預算方式確定之重大政策，行政院如欲為停止興建之政策變更，則無論依憲法增修條文第3條第2項第2款或立法院職權行使法第17條第1項之規定，行政院院長均有先向立法院報告政策變更之義務，且依憲法精神，應由兩院共同決定，絕非行政院單方面能輕率決定。**換言之，依據司法院釋字第520號解釋，即便九七憲改行政院及立法院關係條文有所變動，但是立法院本身對於政府重要政策之改變有參與權及憲法第63條之議決權並未改變**，乃至於議會之預算審查於聽取報告後就本案作成之決議，當然有拘束行政院之效力[31]，且刪除憲法第57條第2款的規定，並非有意排除立法院變更行政院決策的權限，其最終理念無非就是要回歸民意政治[32]。

論者有謂，由於本號解釋射程太遠，如未來只要發生憲法第63條的「國家其他重要事項」或行政院施政方針變更涉及憲法第63條的「國家其他重要事項」，就以本號解釋解決僵局，有可能使得行政立法兩權嚴重失衡，有創造「立法國」之虞[33]。然而，國會為國家權力最後決定中心，乃現今民主法治國家之必然。綜觀三權分立之發展史，所謂「法律保留原則」，無非以國會為中心而產生責任政治體系[34]，且民意代表直接代表人民凝聚共同的政治意志[35]，**因此可說國會是民主國家權力的中心**諒不為過。英國為內閣制的濫觴，有一句話形容得很貼切：「國會除了不能讓男人生孩子外，任何事都得作到」。其他內閣制的國家如德國，基本法除規定了聯邦議會的地位和任務外，僅以少許憲法條款與保留國家權力給其他國家機關。

至於日本國會的地位，在二次大戰後與明治憲法時期有顯著的不同。戰後憲法第41條規定國會為「國家權之最高機關」。對於這個條文首先要注意的是，日本學界有所爭論。有認為，它只不過是「政治的美稱」，僅僅是政治上的象徵意義而已。不過另有見解認為，從憲法的各條款所承認的國會的

---

31 李念祖、朱百強，〈從釋字第520號解釋看行政與立法關係〉，《台灣本土法學》，第20期，2001年3月，51頁以下。
32 蘇永欽，〈從釋字第520號解釋看行政與立法關係〉，《台灣本土法學》，第20期，2001年3月，90頁。
33 許宗力，〈迎接立法國的到來？！──評釋字第520號解釋〉，《台灣本土法學》，第20期，2001年3月，57-65頁。
34 李惠宗，《行政法要義》，元照，八版，2020年9月，Rn. 0315。
35 李惠宗，《憲法要義》，元照，九版，2022年9月，Rn. 2211。

權限來看（如憲法修正的提議權、財政權，條約的承認權、國政調查權和內閣制採取的要求內閣應對國會負責的規定），沒有必要否定其具有法律上的意義[36]。我國留日學者亦認為不能僅以內閣、法院亦有抵制國會之規定，而否認國會之為國權最高機關規定之立法意旨。在權力分立制衡之下，為防止權力集中於個人或機關，並為防止議會主義之空洞化，國會為國權之最高機關仍有其實質意義[37]。

內閣制國家如此，採行總統制國家亦然，美國既標榜為法治國家，則其權力之運作，應以行使立法權之國會為重心。事實上似乎也是如此。美國第28任總統威爾遜，主張一般人以為美國政府為國會統治的認識是一種錯誤，其主張美國政府實際上是由國會裡面的「各委員會統治」（Committee Government）。不論當時美國政府實際上是由國會統治或是由國會中的各委員會統治，其政府之運作是以國會之立法權為重心，應不為過[38]。

雖然美國學者有認為自1930年代小羅斯福（Franklin D. Roosevelt）總統開始實行「新政」以後，作為其憲法基礎的傳統的「憲政主義」（Constitutionalism）之「有限政府」（Limited Government）之理念，有了轉變。美國政府不再是消極的有限政府，而轉變成為主動積極之謀福利國家，而政府權力運作的重心，也由以往行使立法權的國會轉至行使行政權的總統，而成為「行政國」（Administrative State）[39]。但本書認為美國國家權力的最後決定中心仍在國會，這點並未改變，這可由美國聯邦憲法第2條第2項第2款所規定之「人事同意權」看出，國會握有人事的最後決定權，亦即總統只有在參議院「同意」後的人事任命權，而至於要設立如何之行政機關，以及要設置什麼樣及多少的官吏，該權力專屬於國會。總統原則上只能就已

---

[36] 松井幸夫，〈国会の国政監督—国政監督における国会の地位〉，收錄於樋口陽一編，《講座・憲法学第5 —— 力の分立（1）》，1994年12月，185頁以下。同採此說者：大須賀明，〈国会〉，《現代法講義 —— 憲法》，青林書院，1996年，256頁；松井茂記，《日本国憲法》，有斐閣，三版，2007年，157頁。

[37] 林金莖、陳水亮，《日本國憲法論》，中日關係研究發展基金會，再版，2002年10月，148頁以下。

[38] 林子儀，〈美國總統行政首長權初論〉，收錄於氏著，《權力分立與憲政發展》，月旦，初版二刷，1993年10月，95頁。

[39] 林子儀，〈美國總統行政首長權初論〉，收錄於氏著，《權力分立與憲政發展》，月旦，初版二刷，1993年10月，97頁。

經設置的官吏空缺被動地予以提名、任命[40]。當然在對外戰爭或內戰時期，美國國會的權力會向總統方面傾斜，這個時候總統會被視為「緊急狀態的領導者」（emergency leader）[41]，例如第二次大戰時期的小羅斯福總統以及動員戡亂時期的蔣總統。不過，這是屬於「非常時期」的危機處理模式，終究非屬於常態，危機結束後必仍然回歸憲政體制。

　　由於國家權力的本質作用係為增進公共利益，保護人民基本權的實現，故國政共同參與關係是行政與立法期望藉此共同參與而有促進的效應，同時也有防止權力腐化及濫用之作用，故可稱**行政與立法之關係為「透過政治監督的國政共同參與關係」**[42]，此種關係不因憲政體制為總統制、內閣制或雙首長制而有所不同。因此**司法院釋字第520號解釋所要強調的，應該是國家重要事項重要政策，應由行政部門及立法部門共同參與決定**，大法官應無建立「立法國」的本意。翻開我國憲政的發展史，像陳水扁總統執政時期朝小野大的情況，較為罕見。大多的情況是即使政黨輪替，總統不但國會多數同黨[43]，尚且幾乎每一任總統都兼任黨魁（嚴家淦總統例外，蔣經國於1972年至1978年擔任行政院院長，1975年蔣中正逝世後不久後，隨即被推選為國民黨主席，成為當時執政黨最高領導人，學者認為行政院一度成為國家最高權力機關[44]），國家權力毫無疑問地向行政權一方傾斜，更不可能成為「立法國」。

　　當然，行政權與立法權「憲政僵局」（Constitutional Deadlocks）的解決方式，除了聲請大法官憲法判決外，也可以由行政院提起覆議。不過除非總統及行政院院長所屬的政黨已經在國會過半，建議行政院非到無可選擇之境地不要輕易提出覆議，否則即使提出覆議，也很難翻盤，蓋既經立法院議決的事項，如果是在野黨過半數的情勢下，縱使再提覆議（因為覆議門檻已改為二分之一多數決，不像修憲前或美國憲法上的覆議是總統只要掌握三分之一少數就可以翻盤），結局難有不同，只是讓行政、立法兩院關係更加惡

---

40 林子儀，〈美國總統行政首長權初論〉，收錄於氏著，《權力分立與憲政發展》，月旦，初版二刷，1993年10月，102頁。

41 *Austin Ranney*, Governing: An Introduction to Political Science, 6th ed., 1993, p. 291.

42 李惠宗，《憲法要義》，元照，九版，2022年9月，Rn. 2552 ff。

43 最高行政首長與國會多數同黨在政治學上稱為「完全執政」；而最高行政首長與國會的多數分別由不同政黨掌握，即所謂的「分裂政府」（Divided Government）。

44 吳庚、陳淳文，《憲法理論與政府體制》，三民，七版，2021年9月，504頁註243。

化，徒勞無功而已。

五、立委拒行使監委同意權與司法院釋字第632號解釋

　　緣當時過半立法委員認為陳水扁總統所提名的監察委員人選不適當，拒絕行使同意權，而陳水扁總統也拒絕提名新的人選，導致監察委員任期屆滿卸任，又無新的監察委員上任，造成空轉，司法院對此作出司法院釋字第632號解釋，解釋文稱：「『監察院為國家最高監察機關，行使彈劾、糾舉及審計權』，『監察院設監察委員二十九人，並以其中一人為院長、一人為副院長，任期六年，由總統提名，經立法院同意任命之』，為憲法增修條文第七條第一項、第二項所明定。是監察院係憲法所設置並賦予特定職權之國家憲法機關，為維繫國家整體憲政體制正常運行不可或缺之一環，**其院長、副院長與監察委員皆係憲法保留之法定職位，故確保監察院實質存續與正常運行，應屬所有憲法機關無可旁貸之職責。為使監察院之職權得以不間斷行使，總統於當屆監察院院長、副院長及監察委員任期屆滿前，應適時提名繼任人選咨請立法院同意，立法院亦應適時行使同意權，以維繫監察院之正常運行**。總統如消極不為提名，或立法院消極不行使同意權，致監察院無從行使職權、發揮功能，國家憲政制度之完整因而遭受破壞，自為憲法所不許。引發本件解釋之疑義，應依上開解釋意旨為適當之處理。」

　　本號解釋理由書謂：「憲法設置國家機關之本旨，在使各憲法機關發揮其應有之憲政功能，不致因人事更迭而有一日中斷。為避免因繼任人選一時無法產生致影響憲政機關之實質存續與正常運行，世界各國不乏於憲法或法律中明文規定適當機制，以維憲法機關於不墜之例。如美國聯邦憲法賦予總統於參議院休會期間有臨時任命權（美國聯邦憲法第二條第二項參照）；又如採取內閣制國家，於新任內閣閣員尚未任命或就任之前，原內閣閣員應繼續執行其職務至繼任人任命就職時為止（德國基本法第六十九條第三項、日本國憲法第七十一條參照）。……惟就監察院因監察院院長、副院長及監察委員任期屆滿而繼任人選未能適時產生時，**如何維繫監察院之正常運作，我國憲法及法律未設適當之處理機制，則尚未以修憲或立法方式明定上開情形之解決途徑以前，更須依賴享有人事決定權之『憲法機關忠誠』履行憲法賦予之權責，及時產生繼任人選，以免影響國家整體憲政體制之正常運行。**」

　　學說上肯定此號解釋援引德國「憲法機關忠誠」理論，蓋憲法上所規定的民主程序是憲法機關忠誠的最低程度要求。在臺灣目前的政治對立情形，常導致有類此「預算罷審」、「罷審人事」等政治勢力僵持的「政治僵局」，正是此一理論可以派上用場之處[45]。也就是說這個理論具有防止憲法機關權力濫用的功能。

---

[45]李惠宗，〈憲法機關忠誠與立法不作為的違憲性——大法官釋字第六三二號解釋評析〉，《月旦法學雜誌》，第151期，2007年12月，165頁。

選擇題練習

1 　依憲法及司法院大法官解釋意旨，關於行政院之職權行使，下列敘述何者錯誤[46] ？

(A) 向立法院提出預算案，係專屬行政院之職權

(B) 行政院對於立法院決議之法律案認為有窒礙難行時，得依法定程序移請立法院覆議

(C) 行政院院長對所屬部會之首長及委員享有人事提名權，不容立法院以立法方式實質剝奪或架空

(D) 行政院得依緊急命令之授權訂定補充規定，無須提交立法院追認，即得逕予執行　　　　　　　　　　　　　　　　　　　　　【111司律】

---

46 (D)，參照憲法法庭111年憲判字第4號判決。

第六章　立法院

第一節　立法院的地位及其特徵

　　立法院是中華民國的最高位階之立法機關，也等同於中華民國的國會。歷經1990年代以來的七次修憲，國民大會的功能被逐漸縮減、2005年6月7日經國民大會複決通過，並經總統於2005年6月10日公布。配合憲法修正案之公布，立法院完全取代國民大會之所有職能，真正成為我國之單一國會。最終於2005年停止運作，其職權除部分轉由人民直接行使外，其他均轉移至立法院，使得立法院的功能等同於三權分立理論中的議會。因此立法院目前為中華民國的唯一國會，立法委員即國會議員。

　　依據憲法第62條規定：「立法院為國家最高立法機關，由人民選舉之立法委員組織之，代表人民行使立法權。」因此，我國立法院地位與其他民主國家的立法機關相當。然而，「立法院實兼其有美國國會與英國議院的地位」。蓋因一方面，現行憲法的若干規定，「具有責任內閣制的若干特徵」。

　　行政院對立法院負責：立法院對於行政院移請覆議之議案，如經出席立法委員三分之二維持原決議，行政院院長應即接受該決議或辭職。在此一規定之下，行政院院長實際上必需是立法院多數黨的領袖，或能獲得立法院中多數黨的支持。另一方面，我國憲法若干規定，卻「又具有總統制的特點」。例如，行政院得將立法院通過的法案或決議移請立法院覆議，此一規定，與美國總統對國會通過法案所得行使的否決權相似。此外，立法委員不得同時兼任官吏；立法院不得以通過不信任案，迫使行政院院長辭職；行政院院長亦無權解散立法院。凡此，皆為總統制之特徵。

　　立法院是負責審查中華民國各項法案以及預算的機關。依據憲法第39條、第63條、第104條、第105條，以及憲法增修條文第2條至第7條等規定，立法院的職權，包括：行政院對於立法院決議之法律案、預算案、條約案，如認為有窒礙難行時，得經總統之核可，於該決議案送達行政院10日內，移請立法院覆議。立法院對於行政院移請覆議案，應於送達15日內作成決議。

如為休會期間，立法院應於7日內自行集會，並於開議15日內作成決議。覆議案逾期未議決者，原決議失效。覆議時，如經全體立法委員二分之一以上決議維持原案，行政院院長應即接受該決議。另外，立法院得經全體立法委員三分之一以上連署，對行政院院長提出不信任案。不信任案提出72小時後，應於48小時內以記名投票表決之。如經全體立法委員二分之一以上贊成，行政院院長應於10日內提出辭職，並得同時呈請總統解散立法院；不信任案如未獲通過，一年內不得對同一行政院院長再提不信任案。

第六次修憲後，該項職權業已轉移至立法院，且依現行憲法增修條文第4條第3項改規定：「立法院於每年集會時，得聽取總統國情報告。」

一、議會之性質

現行憲法之下的立法院，與各民主國家的議會在性質上並無太大之差異性存在。故我國立法院相當於民主國家之國會，由人民選舉所產生立法委員組織而成。立法委員地位相等於國會議員地位。

關於議會的性質及議會與參選人之間的關係，目前有三種不同學說：委任代表說、法定代表說與國家機關說。

（一）委任代表說

此說認為議會的各個議員係原選舉選民的受託人，議會議員與原選舉人的關係，係一種命令的委託（Imperatives Mandat）。換言之，議會職權之取得係基於選民之委託，**故議員執行職務須受選民之拘束**。否則，原選舉人得罷免議員[1]。

（二）法定代表說

此說認為議會乃全國人民之委託人，而議員與原選舉人之關係，為一種自由的委任（Freies Mandat）。選區的選民只是選舉行政上的便宜措施而已。議員職權的取得，係基於法律規定，而非選民之付託。故議員行使職權不受原選舉人訓令之拘束，而議員在議會內所作之言論及表決，無須對選舉

---

[1] 李惠宗，《憲法要義》，元照，九版，2022年9月，Rn. 2604。

人負責。此種學說,最初發生於18世紀中葉之英國,經法國大革命後,遂為歐洲各國所採納。例如法國1791年憲法規定:「各縣所選舉之議員,非各該縣之代表,而為全體國民之代表,不受委任之拘束。」自是而後,各國憲法,如比利時1831年憲法第32條、日本新憲法第43條、義大利共和憲法第67條、德國基本法第38條,均有類似之規定[2]。

(三) 國家機關說

　　此說認為國民與議會同為國家之一種機關,各有其職務,前者職務為選舉,後者職務為行使立法權,兩者職權均各來自憲法,彼此之間並無任何委託關係或代表關係存在。

　　一般民主國家,不論採總統制或內閣制,議員之地位均以「法定代表說」為基礎。因以法定代表說為基礎,故議員之取得職位與行使職權,均由法律規定而來,故原選區之選民,即不得再加以罷免。我國有關民意代表機關之職權取得亦應認為係採「法定代表說」,雖然司法院釋字第435號解釋有:「(言論免責權)旨在保障立法委員受人民付託之職務地位」之字眼,但此種「付託」僅表明國民主權之意,並非此之「委任」之意。民主國家中,較少規定罷免制度之理由,亦由於此。是故得由原選區加以罷免之規定,乃源自「委任代表說」,我國憲法第133條規定,被選舉人得由原選舉區依法罷免之,即屬此法理。亦即,我國憲法同時兼採「法定代表說」與「委任代表說」,二者似有矛盾之處,為避免此種矛盾的發生,罷免之制度設計,應不可過於簡單,而使法定代表制喪失其意義;但亦不可使罷免案過於困難,致失罷免之意。我國現行罷免制度過於困難,等同於廢止罷免制度[3]。

二、單一選區兩票制

(一) 單一選區兩票制——立法委員之選舉制度

　　現行憲法增修條文第4條第1項及第2項規定:「立法院立法委員自第七

2　李惠宗,《憲法要義》,元照,九版,2022年9月,Rn. 2606。
3　李惠宗,《憲法要義》,元照,九版,2022年9月,Rn. 2606。

屆起一百一十三人，任期四年，連選得連任，於每屆任滿前三個月內，依左
列規定選出之，不受憲法第六十四條及第六十五條之限制：一、自由地區直
轄市、縣市七十三人。每縣市至少一人。二、自由地區平地原住民及山地原
住民各三人。三、全國不分區及僑居國外國民共三十四人。前項第一款依各
直轄市、縣市人口比例分配，並按應選名額劃分同額選舉區選出之。第三款
依政黨名單投票選舉之，由獲得百分之五以上政黨選舉票之政黨依得票率選
出之，各政黨當選名單中，婦女不得低於二分之一。」

　　依此一規定，就立法委員的選舉改採所謂的「單一選區兩票制」[4]。

（二）單一選區兩票制的內涵

　　所謂「單一選區兩票制」係指國會議員選舉部分名額由單一應選名額的
小選區產生，其他部分名額由政黨政治比例方式產生。單一選區兩票制因此
是折衷於「多數選舉制」與「比例選舉制」間的一種體制。

　　此一制度使每一選民可投兩張票，一票投給單一選區（小選區）的候
選人，一票直接投給政黨。國會議員選舉採單一選區兩票制的國家，最初係
西德於1953年之眾議院選舉採用，到1990年代才陸續有紐西蘭、日本、義大
利、俄羅斯、委內瑞拉、波利維亞、墨西哥、匈牙利、立陶宛、南韓、烏克
蘭等12個國家採用此制，成為全世界選舉制度改革的新潮流[5]。

（三）單一選區兩票制的種類

　　單一選區兩票制目前係分成兩種模式，為德制的「聯立制」與日制的
「分立制」（分立制又稱「並立制」者）兩種類型[6]。

　　德制的聯立制係指單一選區兩票制中的兩張票投票的結果會互相影響，
先以政黨比例選舉制確定出各政黨應當選名額，但依單一選區所選出之代
表，不會受到影響，故依「單一選區」及「比例代表」所產生之代表，可以

4　李惠宗，〈從政黨平等原則論單一選區兩票制〉，收錄於法治斌教授紀念論文集編輯
　委員會編，《法治與現代行政法學：法治斌教授紀念論文集》，元照，初版，2005年5
　月，187-211頁。

5　李惠宗，《憲法要義》，元照，九版，2022年9月，Rn. 2626。

6　王業立，〈立委選舉制度改革之探討〉，《理論與政策》，第50期，1994年4月，143-
　153頁。

聯集成立，不互相排斥，其結果是承認「超額議席」，故議員的法定總額會因選舉結果而增加。

日制的分立制係指「單一選區」及「比例代表」所產生之代表各自分別獨立計算，兩者不發生影響，不會有因選舉結果所產生之「超額議席」之狀況。

我國現行所採取的制度為「分立制」，我國113名立法委員中有34名係以政黨比例代表制產生，此時各政黨或許較可能遴選學者、專家等具有特殊才智之人，加入比例代表制的名單，以提升名單的可看性，藉以提高當選的可能性。故「政黨名單」的提出，是比例代表制的核心。政黨名單，基本上有兩種，一為固定名單，二為非固定名單。

我國現行制度所採之政黨比例代表制名單與德制之單一選區兩票制採固定名單制相同，亦即各邦所提出之政黨名單，是先以按照排名順序確定，不得任意更動，且與區域代表候選人不得重複。至於同一政黨內之同志，如何決定參加區域選舉，如何直接列為政黨名單，我國欠缺相關規定。依人民團體法（2002.12.11）第49條精神：「政治團體依據民主原則組織與運作，其選任議員之職稱、名額、任期、選任、解任、會議及經費等事項，於其章程中另定之。」觀之，理應由「民主程序」產生，不是由各政黨之主席自行決定或以利益交換方式產生。但值得一提的是，我國婦女保障名額，依憲法增修條文第4條第2項規定，已改由各政黨內部名單自行決定，「各政黨當選名單中，婦女不得低於二分之一」[7]。

（四）單一選區兩票制的效應

依據單一選區兩票制的選舉方式，會導致以下四種情事。

1. 分裂投票

係指選舉人其中一票投給特定候選人，其中一票會選擇投給另一政黨。從制度面角度來看，此種效應，應該比舊制一票制要來得好。舊制制度投票給特定候選人，會被制度「擬制」贊同該候選人背後的政黨，但多元化的時代，對個別候選人的選擇與對政黨的選擇應容許有所不同[8]。

---

7 李惠宗，《憲法要義》，元照，九版，2022年9月，Rn. 2626。
8 強化分裂投票，不利於政黨政治的發展，蘇永欽氏認為係屬此制的缺點，參氏著，〈黨

2. 政黨團結

　　係指單一選區兩票制理論上會增加政黨內的內聚力，蓋黨員在單一選區中須仰賴政黨的組織力量；在比例代表制的職務中，須一直保持黨籍，理論上，黨員會因此較與政黨保持密切關係，而少掉個人化的取向。故單一選區兩票制對大黨或組織性較強的政黨或具有個人魅力的政治人物較為有利[9]。

3. 不利小黨

　　係指單一選區兩票制中的單一選區，以得最高票者當選，通常會導致雙雄對決。選民可能會放棄沒當選希望的候選人，較不利於小黨的發展。而比例代表制，更容易造成大黨擴張的效應。

4. 防阻賄選

　　係指單一選區的選舉制，候選人在競選時通常必須有過半數的選票始能當選，賄選的成本增加，理論上會有防阻賄選的效果。

三、立委之特權

　　立法委員具有言論免責權與不逮捕特權。

（一）言論免責權——相對保障說

　　依照憲法第73條規定：「立法委員在院內所為之言論及表決，對院外不負責任。」所謂「對院外不負責任」，係指立法委員不因行使職權所為之言論及表決而負民事上損害賠償責任或受刑事上之訴追，除因其言行違反內部所訂自律之規則而受懲戒外，並不負行政責任（司法院釋字第401號解釋）。但此之言論免責範圍，限於與議事有關之言論，是所謂「相對保障說」，就此司法院釋字第435號解釋闡示：「憲法第七十三條規定：『立法委員在院內所為言論及表決，對院外不負責任。』旨在保障立法委員受人民付託之職務地位，並避免國家最高立法機關之功能遭致其他國家機關之干擾而受影響。立法委員得藉此保障，於無所瞻顧及無溝通障礙之情境下，暢所欲言，充分表達民意，反映多元社會之不同理念，形成多數意見，以符代議

　　籍改變當然影響選票計算〉，原載於聯合報，1992年12月5日，收錄於氏著，《走向憲政主義》，1994年6月，339頁。

9　李惠宗，《憲法要義》，元照，九版，2022年9月，Rn. 2641。

民主制度理性決策之要求，並善盡監督政府之職責。故此項言論免責權之保障範圍，應作最大程度之界定，舉凡立法委員在院會或委員會之發言、質詢、提案、表決以及與此直接相關之附隨行為，如院內黨團協商、公聽會之發言等均屬應予保障之事項。其中所謂對院外不負責任，係指立法委員不因行使職權所為之言論及表決而負民事上損害賠償責任或受刑事上之訴追，除因其言行違反內部所訂自律之規則而受懲戒外，並不負行政責任。憲法保障立法委員之言論，使豁免於各種法律責任，既係基於維護其職權之行使，若行為已超越前述範圍而與行使職權無關，諸如蓄意之肢體動作等，顯然不符意見表達之適當情節致侵害他人法益者，自不在憲法上開條文保障之列。至於具體個案中，立法委員之行為是否已逾越範圍而應負刑事責任，於維持議事運作之限度內，司法機關依民主憲政之常規，固應尊重議會自律之原則，惟遇有情節重大而明顯，或經被害人提出告訴或自訴時，為維護社會秩序及被害人權益，亦非不得依法行使偵審之權限。」

言論免責特權旨在保障民意代表之行使職權不受到壓迫，**並非私權，故縱使其表示拋棄，亦不發生效力**。此所稱言論與表決，包括積極言論表決與消極不言論之自由，即使將立法院內所為言論，登載於公報，或另行出版，亦應在免責範圍[10]。

（二）不逮捕特權

依憲法第74條規定：「立法委員，除現行犯外，非經立法院許可，不得逮捕或拘禁。」此之不逮捕特權範圍甚廣，與國民大會代表之不逮捕特權限於「會期中」相較，國大代表似受有「不平等待遇」。國民大會代表乃於第四次憲法增修條文第4條第6項將之修正為：「立法委員，除現行犯外，在會期中，非經立法院許可，不得逮捕或拘禁。憲法第七十四條之規定中，停止適用。」故現在立法委員之不受逮捕特權限於「會期中」始得享有。

此一特權，雖為個人權，但屬公權，旨在限制司法權力的行使，故縱表示拋棄，亦屬無效。所謂不逮捕特權之逮捕，固指刑事原因之逮捕、拘禁，是否兼指於違警與其他行政上之對身體自由的限制，例如法定傳染病（傳染病防治法第43條）（2006.6.14），抑或者包括民事所為之拘提或管收（強制

---

10 李惠宗，《憲法要義》，元照，九版，2022年9月，Rn. 2658。

執行法第21條、第22條）？對此，各國法例不一。以憲法用語「非現行犯不得逮捕」觀之，應以刑事犯罪案件為主，蓋此與刑事責任類似也。

但若民事上的拘提管收及行政執行法（第17條第2項）上基於公法上金錢給付義務的行政執行法拘提管收，皆不得對之主張免於被逮捕，因民事及行政執行關係之拘提管收與立法委員職務無關。而公法上金錢給付義務不履行的拘提管收之前，已經過催收仍逾限不履行，亦不提供擔保者，才聲請該管法院裁定拘提管收者，其之前的程序已足以保護其免於受到政治上不當的干擾。

若立法院予以許可，立法委員仍可被逮捕，其許可程序及許可標準應屬立法院內部之自律事項。立法院對逮捕之聲請，得不予許可，亦得為附條件或附期限之許可。若立法委員在會期前或會期中被逮捕，經立法院請求，逮捕、拘禁之機關應予以釋放[11]。在立法院不予許可逮捕、拘禁時，追訴權之時效停止進行（刑法第83條）。但基於法定傳染病防治的必要（如COVID-19），必須被隔離，並非憲法第74條的逮捕、拘禁[12]。

第二節　立法院的職權與功能

立法院的職權主要有：一、立法權；二、修憲及領土變更提案權；三、預算案、決算案審查權；四、戒嚴案（含解嚴案）、大赦案（含全國性減刑案）、宣戰案、媾和案、條約案及其他重要決議案的審查權；五、人事同意權：（一）司法院：院長、副院長及大法官；（二）監察院：院長、副院長、監察委員及審計長；（三）考試院：院長、副院長及考試委員；（四）行政院：檢察總長、國家通訊傳播委員會委員、中央選舉委員會主任委員、副主任委員及委員和公平交易委員會主任委員、副主任委員及委員等；六、緊急命令追認權；七、行政監督權：行政監督主要可分為質詢、調查、倒閣、決算審定審議權等；八、對行政院院長的不信任權；九、副總統缺位時的選舉權；十、對總統、副總統彈劾案、罷免案的提出權；十一、對行政院

---

11 林紀東，《憲法釋論（一）》，473頁以下，所列各國憲法相關規定。
12 李惠宗，《憲法要義》，元照，九版，2022年9月，Rn. 2661 ff。

覆議案的決議權；十二、中央與地方權限爭議解決權，依據憲法第111條立法院具有權限爭議時之解決權力。

　　以功能而論可再分為以下三大面向：

一、立法權

　　依據憲法第63條規定：「立法院有議決法律案、預（決）算案、戒嚴案、大赦案、宣戰案、媾和案、條約案及國家其他重要事項之權。」凡法、律、條例、通則均需經立法院通過、總統公布，方得施行。須注意者，「個案性法律」（Einzellfallgesetz）之立法原則上被禁止，此乃「**個案立法禁止原則**」。基於法治國原理，這可由憲法平等原則和法安定性原則導出，「立法權」只能就不特定人或抽象的事件作假設性的規範，不能作特定具體事件或專為某特定人而立法[13]，如果針對特定人或具體事件而通過的法律（這種情形本該作為行政處分或司法判決，是屬於「行政權」或者是「司法權」的範疇），是破壞「權力分立原則」的[14]。

　　此一誡命於美國憲法、德國基本法上均有明定。美國聯邦憲法第1條第9項第3款規定：「國會不得通過針對**特定對象**處罰（剝奪權利）或溯及既往之法案。」德國基本法第19條第1項規定：「凡基本權利依基本法規定得以法律予以限制者，該法律應具一般性、且不得僅適用於特定事件。」至於在我國憲法雖無明文規定，然而從司法院釋字第391號、第520號解釋，可知大法官肯認一般法律案的本質係對**不特定人**（包括政府機關與一般人民）之權利義務關係所作之抽象規定，並可無限制地反覆產生其規範效力。因此「**個案立法禁止原則**」有憲法原則的位階應無疑義[15]。

　　我國於2016年8月10日公布施行之「政黨及其附隨組織不當取得財產處理條例」（以下簡稱黨產條例）第4條第1款，將該條例適用範圍特定為「76年7月15日前成立之政黨」，依內政部民政司之政黨名冊，符合規範的約有十個政黨，但實際操作的結果，1945年有能力取得財產之政黨僅有當時之執政黨，即國民黨，似有違反「**個案立法禁止原則**」之虞。司法院釋字第793

---

13 李惠宗，《憲法要義》，元照，九版，2022年9月，Rn. 26105。
14 吳庚、盛子龍，《行政法之理論與實用》，三民，十六版，2020年10月，35頁以下。
15 董保城、法治斌，《憲法新論》，元照，八版，2021年9月，73頁。

號解釋理由書稱：「按法律固以一般性、抽象性規範為常態，惟如以特定人為規範對象，或以一般抽象性方式描述規範特徵，但實際適用結果，僅單一或少數對象受該法律規範者，均屬特殊類型之法律，如其目的係為追求合憲之重要公共利益，且其所採取之分類與規範目的之達成間存有一定程度之關聯性，即非憲法所不許……。」而認為合憲。

　　德國學者有認為這種有時外觀看起來像普通、抽象立法，仍屬「偽裝式」或稱「掩蓋式」的個案立法（getamtes oder verdecktes Individualgesetz），此種個案立法本質上不符合基本法第19條第1項的憲法正當性。我國學者亦認為，禁止個案立法原則是源自權力分立及人民基本權利保障黨產條例，過去限縮在「特定」政黨及人民團體，忽視其憲政發展史上之地位，黨產條例的條文規定雖然形式上沒有明文適用於特定政黨，但實質上可以指名特定對象，仍然屬「偽裝式」或稱「掩蓋式」的個案立法，違反「禁止個案立法原則」、「權力分立原則」與「平等原則」而違憲[16]。

　　憲法所稱之「法律」，必須為經立法院通過、總統公布之法律。依據憲法規定，立法權行使的範圍，可分為兩方面，即中央政府單獨行使的立法權，與中央與省共同行使的立法權，均於憲法第107條與第108條分別規定之。惟中央與地方權限的劃分，並非謂我國為一聯邦制國家。因憲法規定，除已列舉之事項外，關於中央與地方權限之劃分，乃以事務的性質為準，遇有爭議時，由立法院解決之。

　　依據中央法規標準法，任何法律、條例都需經由立法院通過，並由總統公布後才有效力。

　　若要立法，首先必須進行「提案」，可由行政院、司法院、考試院、監察院、立法委員或黨團提出，預算案則僅限由行政院提出。草案提出後，會送交「程序委員會」進行審議。在程序委員會中，秘書長會排定要討論案件的日期，委員會審核後會將草案送交印刷（複印），並列入議程中的報告事項。提案在議程中進行「一讀」（朗讀標題），之後可送交相關的委員會（例如：教育及文化委員會、交通委員會等）討論審查，或經由院會決定後，直接送交「二讀」。

　　委員會中會針對送交過來的提案，聽取提案人的報告，有時還會邀請和

---

16 董保城、法治斌，《憲法新論》，元照，八版，2021年9月，74頁。

法案內容相關的專業人士提出意見（有時也會舉行「公聽會」）。之後進行討論，並修正提案的內容。達成決議後，會將議案送至二讀程序。

在二讀時，會先朗讀提案的內容，並在院會中進行深入討論。二讀是立法過程中重要的步驟，在過程中，可以提出質疑、進行說明、修正等。最後決定是送交「三讀」、撤銷，或送回委員會重新審議。通過二讀的議案，將在下次會議時進行三讀的程序，但若有委員提議，並獲得超過15名委員的附議，可以在當次會議就直接進入三讀程序。

三讀的過程僅能就文字進行修正，除非發現有違憲法或其他法律時，才可提出撤回或重新審議。在三讀時，若有委員對於議案有不同的意見，仍然必須等議案表決後，再提出復議。三讀程序後就要進行全體的表決，若是通過，則送請總統在10日內公布，並送交行政院執行辦理。行政院方面在收到來自立法院的要求後，若認為法案難以執行，或有其他問題，在總統核准下可提出「覆議」的要求，將法案送回立法院重審。立法院接受覆議案後，會召開全院的審查會議，必要時會要求行政院院長到立法院說明覆議案的原因。

覆議案必須在15日內進行投票表決是否維持原法案內容，如為休會期間，立法院應於7日內自行集會，並於開議15日內作成決議。覆議案逾期未議決者，原決議失效。覆議時，如經全體立法委員二分之一以上決議維持原案，行政院院長應即接受該決議。

二、預算審議權

依憲法規定，立法院有議決預算案之權，行政院於會計年度開始3個月前，應將下年度預算案提出於立法院。但依據憲法，審計權屬於監察院。此亦為五權憲法制度的特色之一，與其他民主憲政制度不同。惟監察院審計長卻係由總統提名，經立法院同意後任命。審計長應向立法院提出年度決算審核報告，但審計部審計權之行使，仍受監察院之指揮督導。

預算為政府施政之根本，審查、議決預算案，是立法院監督政府施政的最佳途徑。行政院於會計年度開始4個月前，應將下年度總預算案提出立法院審議；立法院應於會計年度開始1個月前議決；並於會計年度開始15日前由總統公布。立法院對於行政院所提預算案，不得為增加支出之提議，亦不

得就預算科目間予以增減移動。至於總決算之審核報告則由審計長提出。

憲法增修條文第3條第2項第1款規定，行政院有向立法院提出施政方針、施政報告之責。提出報告的時間為每年2月底及9月底前，或新任行政院院長就職後兩週內。立法委員在開會時，有向行政院院長及行政院各部會首長質詢之權，行使口頭質詢之會議次數，由程序委員會決定。口頭質詢分為政黨質詢及立法委員個人質詢，並得採用2至3人之聯合質詢，均以即問即答方式為之；質詢應事先登記，並得將其質詢要旨以書面轉知行政院。書面質詢由行政院於20日內以書面答覆。質詢之內容除於國防、外交有明顯立即之危害或依法應為秘密者外，行政院不得拒絕答覆。

憲法增修條文第3條第2項第2款規定，行政院對於立法院決議之法律案、預算案、條約案，如認為有窒礙難行時，得經總統核可，於該決議案送達行政院10日內，移請立法院覆議。立法院應於該覆議案送達15日內提出院會以記名投票表決；如贊成維持原決議者，超過全體立法委員二分之一，即維持原決議，行政院長應即接受該決議；如未達全體立法委員二分之一，即不維持原決議；逾期未作成決議者，原決議失效。休會期間，則應於7日內舉行臨時會，並於開議15日內作成決議。

憲法增修條文第3條第2項第3款規定，總統於立法院通過對行政院院長之不信任案後10日內，經諮詢立法院院長後，得宣告解散立法院。但總統於戒嚴或緊急命令生效期間，不得解散立法院。

三、行政監督

此一職權，主要表現於行政院對立法院負責一點之規定。憲法第57條第1款規定：「行政院有向立法院提出施政方針及施政報告之責。」此一施政方針與施政報告，應於立法院每一會期之第一次會議中提出。行政院遇有重大事項發生，或應立法院之要求，行政院院長或有關部會首長，亦須向立法院會議提出報告。行政院應於每年2月1日前，將施政方針印送立法院全體委員，並由行政院院長於立法院第一會期之第一次會議中提出報告；行政院並須於每年3月底前，「將總預算案及施政計畫送達立法院」。立法委員對於行政院院長及各部會首長之施政方針、施政報告及其他事項有疑問時，得「提出口頭或書面質詢」。立法院行使行政監督權的另一方式，則是「同意

權的運用」。如上所述，行政院院長與審計長，皆須經總統提名，立法院之同意，始可任命。

立法院的職權與功能，除上述者外，尚包含：

（一）議決宣戰案、媾和案與條約案之權（憲法第63條）。

（二）議決大赦案之權（憲法第63條）。

（三）通過或追認戒嚴案之權（憲法第39條）。

（四）對於行政院之重要政策不贊同時，得以決議移請行政院變更之（憲法第57條第2款）。

（五）省辦事務其經費不足時，經立法院議決，由國庫補助之（憲法第109條第3項）。

基於行政監督權，各機關發布之行政命令則應送立法院備查，立法院得依法交付委員會審查，若發現其中有違反、變更或牴觸法律情形，或應以法律規定事項而以命令定之者，均得經院會議決通知原訂頒機關於2個月內更正或廢止；逾期未更正或廢止者，該命令失效（立法院職權行使法第60條至第62條參照）。

此外，如立法院休會期間，總統依據憲法第43條發布緊急命令，發布命令後1個月內須提交立法院追認，立法院不同意時，緊急命令即失效。惟依據動員戡亂時期臨時條款（1948年4月18日國民大會通過，1948年5月10日國民政府公布，1960年3月10日國民大會修正），總統在動員戡亂時期，得經行政院會議之決議，為緊急處分，不受憲法第39條或第43條之限制，無須經立法院之通過或追認。

憲法增修條文第3條及憲法第57條均有規定，立法委員在開會時，有向行政院院長及行政院各部會首長質詢之權；此係基於行政院有向立法院提出施政方針及施政報告之責的監督制衡關係所設。

不僅如此，憲法第67條第2項規定，各種委員會得邀請政府人員及社會上有關係人員到會備詢。爰此，立法院職權行使法第54條、第56條另規定，立法院各委員會為審查院會交付之議案，得依憲法第67條第2項之規定舉行公聽會（如涉及外交、國防或其他依法令應秘密事項者，以秘密會議行之）；並得邀請政府人員及社會上有關係人員出席表達意見。

惟值得注意的是，司法院釋字第461號解釋指出，鑑諸行政院應依憲法規定對立法院負責，故凡行政院各部會首長及其所屬公務員，除依法獨立行

使職權，不受外部干涉之人員外，於立法院各種委員會依憲法第67條第2項規定邀請到會備詢時，有應邀說明之義務；至司法、考試、監察三院，本於五院間相互尊重之立場，並依循憲政慣例，得不受邀請備詢。

依據憲法增修條文第3條第2項第3款規定，立法院得經全體立法委員三分之一以上連署，對行政院院長提出不信任案。不信任案於院會報告事項進行前提出，隨即由主席報告院會，不經討論即交付全院委員會審查。不信任案提報院會72小時後，立即召開審查，審查後提報院會表決，審查及表決應於48小時內完成，否則視為不通過。不信任案之表決，以記名投票為之，如經全體立法委員二分之一以上贊成，方為通過。處理結果，應咨送總統。不信任案如未獲通過，一年內不得對同一行政院院長再提不信任案。

憲法增修條文第4條第3項規定，立法院於每年集會時，得聽取總統國情報告，但不能對總統提出質詢。

四、其他重要職權

（一）修憲案、領土變更案之提出

憲法增修條文第12條規定，憲法之修改，須經立法院立法委員四分之一之提議，四分之三之出席，及出席委員四分之三之決議，提出憲法修正案，並於公告半年後，經中華民國自由地區選舉人投票複決，有效同意票過選舉人總額之半數，即通過之。

憲法增修條文第4條第5項規定，中華民國領土之變更，須經全體立法委員四分之一之提議，全體立法委員四分之三之出席，及出席委員四分之三之決議，提出領土變更案，並於公告半年後，經中華民國自由地區選舉人投票複決，有效同意票過選舉人總額之半數，始得變更。

（二）追認緊急命令

憲法增修條文第2條第3項但書規定，總統發布之緊急命令，應於發布後10日內提交立法院追認。第4條第6項規定，若該緊急命令係於立法院解散後發布，立法院應於3日內自行集會，並於開議7日內追認之。但於新任立法委員選舉投票日後發布者，應由新任立法委員於就職後追認之。如立法院不同意時，該緊急命令立即失效。

（三）補選副總統

憲法增修條文第2條第7項規定，副總統缺位時，總統應於3個月內提名候選人，由立法院補選，繼任至原任期屆滿為止。

（四）總統、副總統之罷免及彈劾

憲法增修條文第2條第9項規定，總統、副總統之罷免案，須經立法院提出，並經中華民國自由地區選舉人總額過半數之投票，有效票過半數同意罷免時，即為通過。立法院提出罷免總統或副總統案，須經全體立法委員四分之一提議，附具罷免理由，交由程序委員會編列議程提報院會，並不經討論，交付全院委員會於15日內完成審查。全院委員會審查前，立法院應通知被提議罷免人於審查前7日內提出答辯書。立法院於收到答辯書後，應即分送全體立法委員。被提議罷免人不提出答辯書時，全院委員會仍得逕行審查。全院委員會審查後，即提出院會以記名投票表決，經全體立法委員三分之二同意，罷免案成立，當即宣告並咨復被提議罷免人。

憲法增修條文第2條第10項規定，立法院對於總統、副總統之彈劾案，須經全體立法委員二分之一以上提議，以書面詳列彈劾事由，交由程序委員會編列議程提報院會，並不經討論，交付全院委員會審查，審查時得由立法院邀請被彈劾人列席說明，審查後提出院會以無記名投票表決，如經全體立法委員三分之二以上贊成，即作成決議，聲請司法院大法官審理，經憲法法庭判決成立時，被彈劾人應即解職。

（五）憲法機關人事同意權

總統提名司法院院長、副院長、大法官，考試院院長、副院長、考試委員，監察院院長、副院長、監察委員及審計長，應經立法院同意任命之。行使同意權時，不經討論，交付全院委員會審查，審查後提出院會以無記名投票表決，經超過全體立法委員二分之一之同意為通過。最高檢察署檢察總長由總統提名，國家通訊傳播委員會之委員則由行政院院長提名，均經立法院同意任命之，以院會出席委員之過半數為同意門檻。

（六）國會調查權──文件調閱權

　　國會調查權[17]，乃為民主國家承認國會制衡監督其他機關的手段。為了有效行使監督權，**國會必須擁有調查權，因此亦必須承認國會擁有向被監督機關之文件調閱權**。在日本稱為國政調查權，日本在二次大戰後在麥克阿瑟元帥的主導下所制定的憲法明文規定於第62條。參議院及眾議院皆可向行政部門行使此項權力，包含要求證人出席以及證言紀錄的提出。這項權利是具有強制性的，是對於國會的侮辱亦有處罰權。其行使範圍的界限，不限於行政行為也包括司法裁判[18]。

　　在我國，因受孫中山先生五權分立的影響，將國會調查權，賦予給監察院。依憲法本文第95條：「監察院為行使監察權，得向行政院及其各部會調閱其所發布之命令及各種有關文件。」第96條：「監察院得按行政院及其各部會之工作，分設若干委員會，調查一切設施，注意其是否違法或失職。」但修憲後，監察院已經不屬於國會之一，立法院是我國目前唯一的國會，「國會調查權」、「文件調閱權」應否回歸立法院遂成為問題點。立委於是聲請釋憲，司法院釋字第325號解釋文稱：「本院釋字第七十六號解釋認監察院與其他中央民意機構共同相當於民主國家之國會，**於憲法增修條文第十五條規定施行後，監察院已非中央民意機構，其地位及職權亦有所變更，上開解釋自不再適用於監察院。惟憲法之五院體制並未改變**，原屬於監察院職權中之彈劾、糾舉、糾正權及為行使此等職權，依憲法第九十五條、第九十六條具有之調查權，憲法增修條文亦未修改，**此項調查權仍應專由監察院行使**。立法院為行使憲法所賦予之職權，除依憲法第五十七條第一款及第六十七條第二項辦理外，得經院會或委員會之決議，要求有關機關就議案涉及事項提供參考資料，**必要時並得經『院會決議』調閱文件原本，受要求之機關非依法律規定或其他正當理由不得拒絕**。但國家機關獨立行使職權受憲法之保障者，如司法機關審理案件所表示之法律見解、考試機關對於應考人成績之評定、監察委員為糾彈或糾正與否之判斷，以及訴訟案件在裁判確定前就偵查、審判所為之處置及其卷證等，**監察院對之行使調查權，本受有限制，基於同一理由，立法院之調閱文件，亦同受限制**。」本號解釋認為，立

---

17 108年司法官及律師第二試、109年臺大考試重點。
18 樋口陽一，《憲法》，勁草書房，四版，2021年3月，344頁以下。

法院與監察院同時享有調查權（文件調閱權），但立法委員個人不能調閱，**必須經過院會決議，且對於國家獨立行使職權如司法機關的法律見解、考試評分、監察委員為糾彈或糾正與否之判斷及偵查、審判所為之處置及其卷證等不得調閱。**

司法院釋字第585號解釋對司法院釋字第325號解釋補充：「立法院為有效行使憲法所賦予之立法職權，得享有一定之調查權，**調查權行使之方式不以要求有關機關提供參考資料或調閱文件原本之文件調閱權為限，必要時並得經立法院院會決議，要求有關人民或政府人員，陳述證言或表示意見，其程序應以法律為適當之規範；**上開文件調閱權，已於立法院職權行使法規範，規定立法院經決議於會期中得設調閱委員會或調閱專案小組，就特定議案涉及事項要求有關機關提供參考資料，或調閱文件原本，以作為處理該特定議案之依據。」該號解釋認為，立法院調查權行使之方式，並不以要求有關機關就立法院行使職權所涉及事項提供參考資料或向有關機關調閱文件原本之文件調閱權為限，必要時並得經院會決議，要求與調查事項相關之人民或政府人員，陳述證言或表示意見，**並得對違反協助調查義務者，於科處罰鍰之範圍內，施以合理之強制手段。**

司法院釋字第729號解釋：「立法院向檢察機關調閱已偵查終結而不起訴處分確定或未經起訴而以其他方式結案之案件卷證，須基於目的與範圍均屬明確之特定議案，並與其行使憲法上職權有重大關聯，且非屬法律所禁止者為限。**如因調閱而有妨害另案偵查之虞，檢察機關得延至該另案偵查終結後，再行提供調閱之卷證資料。其調閱偵查卷證之文件原本或與原本內容相同之影本者，應經立法院院會決議；要求提供參考資料者，由院會或其委員會決議為之。**因調閱卷證而知悉之資訊，其使用應限於行使憲法上職權所必要，並注意維護關係人之權益（如名譽、隱私、營業秘密等）。本號解釋同為司法院釋字第三百二十五號解釋應予補充。」除再次強調文件調閱權需由院會或委員會決議，不能由立委個人或黨團決議為之外，檢察官偵查中的案件不允許調閱。

（七）聽取總統國情報告

憲法增修條文第4條第3項：「立法院於每年集會時，得聽取總統國情報告。」這是2000年4月間，第六次憲法增修條文。這是仿照美國的「國情咨

文」（State of the Union Address）制度，美國憲法增修條文第2條第3項前段規定，總統應時時向國會報告聯邦國情，並以其所認為必要而權宜之策送於國會，以備審議[19]。因此可以看出美國立國之初憲法僅規定總統「應經常向國會報告國情」，並無定期報告之硬性要求。有的總統如傑弗遜（Thomas Jefferson）甚至只以提交書面報告的方式，本人並未到國會報告。法國第五共和憲法第18條也規定總統可至國會發表國情報告，但不接受任何質詢。於總統離開後，國會方得對此報告進行討論，但不能對此報告進行表決[20]。

　　學說上認為，此一憲法增修條文似有意使我國朝向「總統制」發展，不過「立法委員對國情報告所提問題之發言紀錄」，於彙整後只能送請總統參考，並沒有法效性且不能質詢，因而國情報告僅具有「政治禮貌」的象徵意涵[21]。

　　另有學者質疑，依現行立法院職權行使法的規定，總統可能在國家發生突發事件時主動向立法院進行國情報告。如此一來極可能混淆行政院院長的決策權；蓋國家如果發生任何重大事件，總統本可以國家元首職權發表相關言論，並非以國情報告之方式不可[22]。

　　而在2000年憲法增訂此一條文後至2024年為止，歷任總統皆未曾赴立法院進行國情報告。因此立法院於2024年5月28日三讀修正立法院職權行使法，將總統國情報告予以法制化，其中明定總統應於每年3月1日至立法院進行國情報告外，並應接受質詢問答。然而這也因此引發違憲之疑慮，身為憲法機關之一的總統亦已聲請釋憲。憲法法庭113年憲暫裁字第1號暫時處分裁定理由書指出：「*立法院職權行使法第15條之4（聽取總統國情報告部分）：本規定係立法院於憲法未有明文規定下，逕於規範自身職權行使之法律中，課予總統義務，要求其應即時或限期回應立法委員之口頭或書面提問，因而產生其規定是否逾越立法院職權分際而有違反憲法權力分立原則之違憲疑義。於此情形下，總統一旦至立法院為國情報告，恐將引發總統是否須履行本條文所課義務之憲政疑義，甚至引發朝野激烈對立與衝突，民主憲*

---

19 He shall from time to time give to the Congress information of the state of the union, and recommend to their consideration such measures as he shall judge necessary and expedient....
20 吳庚、陳淳文，《憲法理論與政府體制》，三民，七版，2021年9月，485頁以下。
21 李惠宗，《憲法要義》，元照，九版，2022年9月，Rn. 03100。
22 陳新民，《憲法學釋論》，三民，增訂十版，2022年3月，451頁。

政運作之極重要公益將因此遭受難以回復之重大損害。鑑於總統於立法院集會期間，客觀上均有至立法院為國情報告之可能，而上開重大損害係肇因於本條文之適用，是為避免其發生，自有作成暫時處分，**暫停本條文之適用之迫切必要性與手段上之無可替代性**。又暫停本條文之適用，除可避免上開憲政疑義與衝突外，亦可維護總統至立法院為國情報告，立法院聽取總統國情報告，即總統與立法院各自依憲法增修條文規定，行使憲法上職權之機會。」

　　針對前述立法院職權行使法的修法，其他憲法機關認為本次修法程序背離責任政治與民主原則，已達重大明顯瑕疵之違憲程度。有關課予總統向立法院為國情報告之義務部分，創設總統對立法院負責之關係，混淆行政院向立法院負責之中央政府體制設計及權力分立安排，牴觸憲法增修條文第4條第3項規定意旨。關於人事同意權之行使部分，本次修法課予被提名人有答覆問題及提出資料之義務，並就違反者明定有不予審查之法律效果，使憲政機關有因立法院消極不行使同意權而陷於無從行使職權之窘境，此與憲法所定機關忠誠義務有悖。再者，有關調查權之相關修法已逾越司法院釋字第325號、第461號、第585號及第729號解釋所樹立之立法院職權行使界限，其中平行調查及立法院調查報告具有拘束監察院之效力等規定，更是侵入監察權之核心領域，侵害監察委員受憲法保障之獨立性，違反權力分立原則。關於聽證會之部分，恐有侵犯人民之不表意自由、隱私權、財產權等基本權利，並違反正當法律程序之疑慮。又刑法第141條之1規定不僅違反法律明確性原則，亦牴觸正當法律程序。2024年8月6日，憲法法庭通知聲請人及相關機關立法院、法務部到庭辯論，展開言詞辯論[23]：

1. 立法院意見

　　聲請人立法委員部分，明顯不符憲法訴訟法（下稱憲訴法）第49條少數立法委員聲請法規範憲法審查之要件，聲請人行政院、總統及監察院明顯不符憲訴法第47條、第48條機關聲請法規範憲法審查之要件，聲請均不合法，應不受理。又本次修正立法院職權行使法之目的在於維護人民知的權利，修法過程符合相關議事規則，且與司法院釋字第499號解釋之情形有別，不應採取相同審查標準。總統是最高行政權之一部分，總統國情報告可比擬為

---

23 憲法法庭113年度憲立字第1號等聲請案行言詞辯論。

「不真正義務」，即非法律義務而係總統之政治承諾，因此相關規定並不違憲。人事權為行政及立法兩權共享，本次修法有關人事同意權之行使規定均符合國會自治，應為合憲。另「質詢」是憲法賦予立法委員之權力，藉此瞭解施政方向、法案及預算執行，並揭露違法、失職等情形，如官員得任意拒絕出席、答詢，則質詢權將形同具文。又立法院調查權是國會固有權限，其特性是對事不對人，追究政治責任，與監察院之調查權不同。

2. 法務部意見

刑法第141條之1規定未設有具結程序，無從界定公務員真實陳述義務範圍，且未規定拒絕證言之告知義務及缺乏准駁拒絕證言之配套程序，有違正當法律程序。

3. 專家學者意見

(1) 張文貞教授：本次修法程序臨時改採不記名舉手投票，使選民無從知悉其代表行使職權之意見，有違代議政治與責任政治。立法院職權行使法具有準憲法法律定位，其增修直接影響憲法規範內容及憲法機關之運作，相關程序是否有明顯重大瑕疵，**應採嚴格標準予以審查**。立法院之調查權，屬立法院行使其憲法職權所必要之輔助性權力，此業經司法院釋字第325號、第585號、第729號解釋肯認。但前開解釋亦就立法院調查權行使設下明確界限。立法院調查權之行使，尤須符合司法院釋字第585號解釋所要求對被調查人之程序保障，包括事前告知受調查人受調查事項等。

(2) 林佳和副教授：本件修法過程中未給予部分立法委員及其他憲法機關表示意見與參與討論之機會，掏空委員會實質審查權限，直接破壞立法程序所含「透過公開論辯以實現實質價值的可能性」。又將**總統國情報告義務化，應屬違憲**。在反質詢方面，有將政治行為逕行該當不法之疑義。關於調查權之部分，在具體個案上，可能發生違反權力分立、侵害監察院權限之情形。又國會延請私人作證，非憲法所不許，但新法恐有違反過度禁止原則，使私人在非司法程序中，蒙受較刑事訴訟程序之證人更不利之法律地位與對待。至刑法第141條之1規定未有具結義務等重要程序，也無如即時更正之責任解免設計，有違實質法治國原則。

(3) 董保城教授：**本次修法程序並無一望即知的重大明顯瑕疵，舉手投票表決及計票方式是否合法，實屬國會自治，且明定在立法院議事規則內，**

因此並無違反公開透明、民主原則及正當法律程序，應屬合憲。國會調查權為不待憲法明定之固有權，對於不配合調查者，本須有制裁手段，否則國會調查權形同虛設。且上開司法院解釋並未將國會調查權侷限於行使憲法重大關聯職權、行政特權此二事項，否則將失之過窄。惟其同時強調，受審查之法規範中有3條有違憲疑慮——立法院職權行使法第15條之4第3項限7日內書面回覆部分、第25條第2項有關隱匿資訊部分及第25條第8項有關移送彈劾懲戒部分。

(4) 黃銘輝副教授：**司法違憲審查之界限在於議會自律、國會自治，本件應以司法院釋字第342號解釋為基準落實寬鬆審查**。司法對於政治部門權力制衡規範之爭議為實體審查時，應謹守先例與自制。關於總統國情報告部分，可解釋為立法者僅是劃定實踐憲法增修條文第4條第3項規定之法制框架，並無拘束力，且有關聽取報告、質詢及調查權之行使等部分，在善用合憲法律解釋原則之下，均有作成合憲宣告之空間。

4. 本書看法

依照過去的釋憲實務見解及國外違憲審查的審查標準，對於國會自律的範疇，**應採寬鬆審查的標準為宜**，除非修法過程有**重大明顯瑕疵**，否則司法機關不應介入。至於反質詢、消極不配合國會調查等，本書認為，並非違反法律明確性原則的問題，畢竟這些情形其定義非難以理解，而是有無以刑法處罰加以「犯罪化」之必要性問題，蓋國會如果可以刪減預算、不讓法案通過等方式制裁，是否非以刑事手段不可才是重點。至於總統是否有赴國會國情報告之義務，若解為「無拘束力的規定」恐怕與宣告違憲無效相去無幾，必不為立法院所接受，仍有司法過度介入立法之嫌，不如以重大「政治問題」為由迴避，交由政治部門協商解決，或由立法院提修憲案交由公民複決較為妥當。

第三節　立法院的組織

立法院的組織分為「議事單位」與「行政單位」兩大部分。議事單位由若干委員會與立法院會議構成，均由立法委員組成，是立法院運作的核心；行政單位則作為立法院的幕僚部門，由秘書長與副秘書長領導。

一、立法院

立法院會議（簡稱「院會」）由全體立法委員組成，主要功能為審查法案（三讀），以及議決所有須由立法委員同意的國政事務。

二、委員會

立法院內分成8個常設委員會，負責審查各領域的政策法規；此外另有紀律、程序、修憲、經費稽核等四個特種委員會。

第四節　立法院的會議

立法院會期每年兩次：2月至5月底為第一會期，9月至12月底為第二會期，必要時得延長會期。經總統之咨請（依憲法第55條第2項，行政院院長出缺，應咨請立法院開臨時會）或立法委員四分之一以上請求，得召開臨時會。惟臨時會之召開，以決議召集臨時會之特定事項為限。立法院會議，須有立法委員總額五分之一出席，始得開會；惟提出憲法修正案之決議，則須立法委員總額四分之三出席。

立法院會議，以院長為主席；院長因事故不能出席時，以副院長為主席；院長、副院長均因事故不能出席時，由出席委員互推一人為主席。立法院院長、副院長皆由立法委員互選產生，任期4年，連選得連任。立法院院長的主要職責為綜理院務，除非在票數相同的情況下，立法院院長沒有表決權。立法院院長，不若美國眾議院議長之有較大權力。部分原因，可能由於立法院中，雖然也有國民黨、青年黨、民社黨黨籍的立法委員，但卻沒有與美國國會中政黨組織（Party Governmentin Congress）相等的機構。同時，立法院院長並非由無黨無派的人士擔任，其身分與英國議會（平民院）議長，須退出所有政黨活動，而由具有中立身分人士擔任不同。惟立法院院長另有某些特別職權，諸如：一、召集國民大會臨時會（憲法第30條）；二、省自治法施行中，如因其中某條發生重大障礙時，出席五院院長參加之特別會議研商解決（憲法第115條）。

第五節　立法院各委員會的組織

立法院的委員會，可分為以下三類：

一、全院委員會

由立法院全體立法委員組織之，於審查通過總統提名之人員（大法官、監察委員、審計長）時舉行之，已見前述。委員會主席得由出席委員中推選之。

此外，審查預算案，須舉行「全體常設委員會之聯席審查會」。此一聯席審查會，在性質上「與全院審查委員會不同」，而類似美國國會所謂之「全院委員會」（Committee of the Whole House on the State of the Union）。我國之「全院委員會」則與美國的「院會視同全院委員會」（Houseasin Committee of Whole）相似。

二、常設委員會

常設委員會乃依據憲法之規定設置，各種委員會並得邀請政府人員，及社會上有關係人員到會備詢。此一規定，頗似美國國會各種委員會所舉行的「公開聽證會」（Public Hearings）。此等委員會的職責，在審查院方交付的法律案、決議案與請願案件（但委員會無提案權，與美國不同）。對於一般法律案之處理，委員會可指定小組先作「初步審查」，並向該委員會提出報告，以作為委員會討論的基礎。各委員會以90人為最高額，立法委員得依其意願向立法院秘書處登記，參加任一委員會，惟此項登記至額滿為止。各委員會「自選召集委員」，其名額以各委員會參加委員人數為比例，定為1人至3人。立法院設有8個常設委員會，即：內政委員會、外交及國防委員會、經濟委員會、財政委員會、教育及文化委員會、交通委員會、社會福利及衛生環境委員會、司法及法制委員會。各委員會均設有專任秘書人員及專家。

立法院院會及各委員會「會議，皆公開舉行」；惟經列席會議之行政首長及專家要求，主席或出席委員之提議而經會議通過後，「得開秘密會議」。

三、特種委員會

為處理特別事務，立法院成立4個特種委員會：

（一）修憲委員會。

（二）紀律委員會，負責立法委員紀律案件之審議。

（三）程序委員會，負責議事日程之編列。此名稱上雖與美國眾議院的程序
　　　委員會相同，但其權力、地位卻略為遜色。

（四）經費稽核委員會，負責院內經費之稽核。

第六節　立法院的行政機構

立法院設秘書長、副秘書長各一人，經院長遴選人員報告院會後，由政
府派任之。秘書長、副秘書長，下轄秘書處，為處理院內行政事務的樞紐。
秘書處分別設立組、室，辦理有關事務，其中一單位相等於美國眾議院的
「議事組」（American Parlimentarian）。立法院秘書處亦設有「新聞室」，
但卻無「立法顧問局」（Office of the Legislative Counsels）之設置，其職責
為各常設委員會之專家擔任之。而立法院圖書資料單位，其規模亦遠不及美
國國會圖書館。

關於立法委員之保障，為使立法委員在行使職權時能不受外界干預，
憲法特別賦予其言論免責權及不受逮捕權。司法院釋字第435號解釋亦對言
論免責權之保障範圍有一定廓清作用。言論免責制度在我國既經確立多年，
復經各界認定多項適用原則。然具體施行下，仍時有爭議，尤以司法院釋字
第435號解釋雖對立法委員在院內之言論及表決之免責範圍以最大程度作界
定，卻又認為「司法機關於必要時亦非不得依法行使偵審」。引發各界對於
行政介入，亦即檢察官對國會爭端主動偵查之疑慮。司法權之行使乃不告不
理，且被動、消極，不至於發生主動侵犯立法委員言論免責權之危險。反而
是掌握行政權之檢察官，若動輒以立法委員涉嫌犯罪為由，主動積極偵查，
勢將對立法委員言論免責權造成威脅。為解決目前問題，亦為未來樹立原
則，針對上述二項質疑，本書之建議如下。

一、提升國會自律功能

不可否認者為濫用言論免責權之立法委員畢竟僅為少數，為保障多數立法委員權利及國會議事不受司法機關影響，少數人之偏差應交議會自行解決。然而立法院目前並非無內規與紀律，只是自律能力令大眾疑慮而已。為達議會自制之目的，尚可以：（一）修正相關內規以增強約束力；（二）強化院長〔或會議主席〕職權等條件配合實施。

二、加強政黨紀律

國會自律在政黨紀律嚴明及高度民主議事素養之前提下，方能發揮功效。為不負各方對國會改革之深切期望，各政黨實責無旁貸，應儘速研擬立法院黨團之政黨紀律規範，以對躲在言論免責權保護傘下恣意濫權者，處以嚴明之黨紀制裁。

三、其他機關之自我節制

司法院釋字第435號解釋已意圖朝向司法自制方向發展，為使司法機關在適用大法官抽象解釋於具體個案時，有更明確之標準，檢察官或法官應建構一套更類型化之處理方式。如處理立法委員言論所涉案件，應考慮對立法委員言論類型化。此外，亦應就所侵害之法益加以類型化，如立委侵害私人之身體、生命權或是名譽權、財產權等。並依據類型化結果決定不同處理方式[24]。

司法院釋字第401號解釋稱：「言論免責權之保障範圍，應作最大程度之界定，舉凡立法委員在院會或委員會之發言、質詢、提案、表決以及與此直接相關之附隨行為，如院內黨團協商、公聽會之發言等均屬應予保障之事項。其中所謂對院外不負責任，係指立法委員不因行使職權所為之言論及表決而負民事上損害賠償責任或受刑事上之訴追，除因其言行違反內部所訂自律之規則而受懲戒外，並不負行政責任。」

---

24 朱蔚菁，〈立法委員言論免責權保障範圍及界限之研析〉，http://www.ly.gov.tw/innerIndex.action，最後瀏覽日期：2022年7月23日。

選擇題練習

1　憲法第73條規定：「立法委員在院內所爲言論及表決，對院外不負責任。」所謂「在院內所爲言論及表決」，依司法院大法官釋字第435號解釋，未包括下列何者[25]？

(A) 公聽會之發言

(B) 記者會之發言

(C) 院內黨團之協商

(D) 院會之表決　　　　　　　　　　　　　　　　　　【100司法官】

2　有關地方民意代表之學歷要求，下列何者錯誤[26]？

(A) 立法者對此有適當裁量空間

(B) 任何立法者所立法規範之學經歷要求，皆是增加憲法所無之限制，侵害人民參政權，應屬違憲

(C) 立法者考慮設置學經歷門檻，應衡量國家教育普及程度

(D) 提高學歷要求未必能改善地方議員之問政水準　　　　【100律師】

3　憲法第73條規定「立法院委員在院內所爲之言論及表決，對院外不負責任」，是爲立法委員之「言論免責權」。請問下列敘述何者錯誤[27]？

(A) 言論免責權的目的是要讓立法委員行使職權無所顧慮，以便於監督政府，故應作最大程度之界定

(B) 「對院外不負責任」，包含不負相關民事責任、刑事責任，及立法院的相關紀律違反的懲戒責任

(C) 立法委員參加電視台政論節目所發表的言論，不享有言論免責權

(D) 立法委員在休會期間，不受言論免責權的保障　　　　【101司法官】

---

25 (B)，參照司法院釋字第435號解釋。

26 (B)，參照司法院釋字第290號解釋。

27 (B)，參照司法院釋字第401號解釋。

4　下列敘述，何者錯誤[28]？

(A) 考試院院長，依循憲政慣例，得不受立法院各種委員會邀請列席備詢

(B) 檢察官因依法不受外部干涉，不必到立法院司法委員會備詢

(C) 公平交易委員會委員因依法獨立行使職權，故無應立法院各種委員會邀請到會說明之義務

(D) 司法院院長，本於司法獨立，不得於立法院開會時，列席陳述意見

【101司法官】

5　立法院某委員會審議司法年度預算時，擬邀請地方法院院長甲到會備詢。下列敘述何者正確[29]？

(A) 地方法院院長亦具有法官身分，基於司法獨立的維護，毋庸出席

(B) 地方法院院長非司法院預算之編列者，立法院委員會不應邀請其出席

(C) 地方法院院長不對立法院負責，因此毋庸出席

(D) 地方法院院長負有行政職務，就涉及各法院預算之事項，有義務到會備詢

【109司律】

6　依憲法增修條文規定，關於立法委員之選舉，下列敘述何者錯誤[30]？

(A) 立法委員總額爲113人

(B) 立法委員的選舉爲「單一選區兩票制」

(C) 政黨得票比率在5%以上者，方得分配不分區代表的席次

(D) 全國不分區立法委員之人數，約占立法委員總額之一半

【110司律】

---

28 (D)，參照司法院釋字第461號解釋。
29 (D)，參照司法院釋字第461號解釋。
30 (D)，參照憲法增修條文第4條第1項。

7 　依司法院大法官解釋意旨，關於立法院職權之行使，下列敘述何者錯誤[31]？

(A) 立法院為有效行使憲法職權，享有案件調閱權，經院會決議得向檢察機關調閱偵查中案件相關卷證

(B) 行政院停止執行預算，若涉及國家重要事項，立法院得要求行政院提出報告並備質詢

(C) 立法院應適時行使監察委員提名名單之人事同意權，不得以消極不行使之方式，危害監察院之正常運行

(D) 立法院於休會期間提出不信任案者，應即召開臨時會審議之

【110司律】

8 　下列何者屬於立法院得行使彈劾權之對象[32]？

(A) 內政部部長

(B) 大法官

(C) 總統

(D) 考試委員

【110司律】

9 　有關憲法規定之敘述，下列何者錯誤[33]？

(A) 人民之自由權利，除為防止妨礙他人自由等所必要者外，不得以法律限制之

(B) 增加立法委員報酬或待遇之規定，概應自次屆起實施

(C) 立法委員在開會時，有向行政院院長及行政院各部會首長質詢之權

(D) 法官須超出黨派以外，依據法律獨立審判

【112司律】

---

31 (A)，參照司法院釋字第729號解釋。

32 (C)，立法院僅得彈劾總統。

33 (B)，「概」字為多餘贅字。參照憲法第23條、第80條、憲法增修條文第8條、第3條第2項第1款。

10 依現行法制，關於行政院與立法院之關係，下列敘述何者錯誤[34]？

(A) 行政院院長由總統直接任命，毋庸立法院同意

(B) 立法院相關委員會開會審議預算時，國家通訊傳播委員會主任委員有應邀到會備詢之義務

(C) 行政院為執行總統發布之緊急命令而訂定執行要點，仍應送立法院審議

(D) 立法院對於行政院之重要政策不贊同時，得以決議移請行政院變更，行政院得經總統之核可，移請覆議　　　　　　　　　【112司律】

11 依司法院解釋意旨及憲法法庭裁判，關於立法院調查權，下列敘述何者錯誤[35]？

(A) 立法院之調查權為其固有之權能且為輔助性之權力

(B) 立法院調查權之對象與事項，受權力分立與制衡原則之限制

(C) 立法院得經院會決議，調閱文件原本與影本

(D) 立法院調查權之行使對象，以與調查事項相關之政府人員為限

　　　　　　　　　【112司律】

---

34 (D)，憲法增修條文第3條第2款停止本文第57條之適用，立法院對於行政院之重要政策不贊同時，得以決議移請行政院變更之權既然遭到凍結，行政院對於這種重要政策變更自無由向立法院提覆議。

35 (D)，參照憲法第67條第2項、憲法增修條文第3條第2項第1款、司法院釋字第585號解釋。

第七章　司法院

論司法院先論司法權，司法權之運作即是周易所稱的訟卦，人民興訟乃不得已之情事，司法權之運作就應要求公正之審判，否則人民本來有不平之事，要求一客觀公正的機關來評斷是非，若無法得到公正審判，則人民冤屈無法伸張，則司法將失其意義。因此，司法權之運作如何保障公平之審判，是司法權存在之意義。

談論司法權，應先確定司法之意義以及範圍。司法在憲法學上，司法是與立法、行政三者為對立之概念，而為所謂的三權。立法為制定法規之作用，司法為依法審判之作用，而行政依法採取適當之措施以為管理人民之事務之謂，司法權必須獨立於其他二權之外，單獨行使職權才得以保障審判之公正；其次，進入司法權存在之價值，為能保障公正審判之進行，必須要對司法人員、司法組織以及司法程序之保障。

司法權之發展，由消極機械性地適用法律，變成積極性地適用法律，且進一步對立法權適當的監督，而有所謂的抽象法規之審查權，在國外之機制則是設置所謂的憲法法院，在我國司法組織上則屬所謂的司法院大法官之設置。

第一節　司法權之演變為獨立之權力（三權分立）

司法權獨立為一權，從歷史之發展，始自於法儒孟德斯鳩。在此之前，屬君主專制時代權力統於一尊，並無立法或司法分權之概念。雖英儒洛克提出權力分立之概念，但僅是立法、執行與外交，其中有關執行，並未主張行政權與司法權之分立。而司法權從行政獨立出來的理論，始於孟德斯鳩。孟德斯鳩認為，有權者必然濫用權力，故為防止專制並保障自由，應採取權力分立，因而主張立法、行政與司法三權分立，而由不同機關行使之，且相互制衡。依孟德斯鳩對司法權的定義，其是指有關民刑事等法律、規則的權力，也是解決個人間爭端、懲罰犯罪的權力，與今日所稱之司法權仍有差異。

第二節　司法權獨立之意義與實踐

司法應獨立於行政是當時的理想，亦即，在歐陸法理論發展，首先是立法機關之獨立，法儒Barthelemy認為國家職權只有制定法律與執行法律兩種，即屬當時之思考，等到孟德斯鳩才進一步就執行權分出了司法權。然如何達到此種司法權獨立之理想，學者認為有二，其一，法官應由人民選任；另一，法官之地位及職權，應受特別保障，前者應否如此，仍有探究，但如今後者已獲得實現。另有謂為達此目的，約有數端：

一、**審判獨立**：法官依據法律獨立審判不受任何干涉。

二、**法官地位之保障**：慎選法官人選，復保障其身分地位，不得任意免職、調職或減俸。

三、**審判之公開**：審理案件須公開為之，案件並為公正之處理。

四、**司法消極性與機械性之強調**：司法之任務，僅止於定紛爭，消極地維持社會秩序。

就權力分立而言，司法權之獨立是指獨立為權力，不受其他兩權之干預，如就職權行使而言，司法權之獨立應是指審判之獨立，不受不當干預而言，例如上級法院指示下級法院，即有可能干預審判。

第三節　司法權獨立之展現

一、組織獨立

司法組織獨立，主要是針對行政權而言，司法權與行政權均屬依法執行之單位，司法機關不得隸屬在行政體系下，否則形成行政干涉司法，早期稱司法獨立，係指司法應獨立於專制體制的行政之外，另成立一獨立單位，如先前我國的司法行政部一般，將地方法院歸其管轄。

但司法機關所管轄為一般人民，應與軍事法庭有所區別，人民不得因而接受軍法審判，憲法第9條規定：「人民除現役軍人外，不受軍事審判。」以往，我國在戒嚴時期，卻發生人民犯特定犯罪卻必須接受軍事審判之情形，有違本條之規定。

但司法院釋字第436號解釋文稱：「本於憲法保障人身自由、人民訴訟權利及第七十七條之意旨，在平時經終審軍事審判機關宣告有期徒刑以上之案件，應許被告直接向普通法院以判決違背法令為理由請求救濟。」進一步保障軍人之權利，而將軍事法院也納入司法權行使系統內。

二、司法審判獨立

> 問題：本條所稱依據「法律」獨立審判，所謂「法律」之範圍為何？有無包括命令在內？

憲法第80條規定：「法官須超出黨派以外，依據法律獨立審判，不受任何干涉。」法官獨立審判，須超出黨派以外，是指法官審判時，不受國家權力、個人、政黨或任何團體之不當干涉。所謂依據法律，是指立法機關通過之法律以及授權之法規命令，但行政機關或司法行政機關依職權所發布的行政命令，法官是否應遵守？司法院釋字第137號解釋稱：「法官於審判案件時，對於各機關就其職掌所作有關法規釋示之行政命令，固未可逕行排斥而不用，但仍得依據法律表示其合法適當之見解。」司法院釋字第216號解釋進一步稱：「司法行政機關所發司法行政上之命令，如涉及審判上之法律見解，僅供法官參考，法官於審判案件時，亦不受其拘束。惟如經法官於裁判上引用者，當事人即得依司法院大法官會議法第四條第一項第二款之規定聲請解釋。」如經引用即可當成法令，作為聲請解釋之依據。

司法院釋字第530號解釋重申上述司法院釋字第216號解釋見解：「……最高司法機關依司法自主性發布之上開規則，得就審理程序有關之細節性、技術性事項為規定；本於司法行政監督權而發布之命令，除司法行政事務外，提供相關法令、有權解釋之資料或司法實務上之見解，作為所屬司法機關人員執行職務之依據，亦屬法之所許。惟各該命令之內容不得牴觸法律，非有法律具體明確之授權亦不得對人民自由權利增加法律所無之限制；若有涉及審判上之法律見解者，法官於審判案件時，並不受其拘束，業經本院釋字第二一六號解釋在案。司法院本於司法行政監督權之行使所發布之各注意事項及實施要點等，亦不得有違審判獨立之原則。」

行政命令有兩種，一種是法律授權訂定的法規命令，一種是行政機關

或司法機關本於職權為統一解釋，或者作為下級機關依循或參考之依據，所訂定之解釋性的行政規則。一般而言，授權命令（法規命令）既然屬法律所授權，應包括本條所稱的「法律」，而解釋性之行政規則，不論是行政機關或司法機關所頒布，因只是提供給下級機關適用之依據，僅是對內部產生拘束，並無對外效力，因此，**對於法官而言，僅可作為審判之參考，法官並不受其拘束，仍得依本身見解作判斷決定引用與否。**

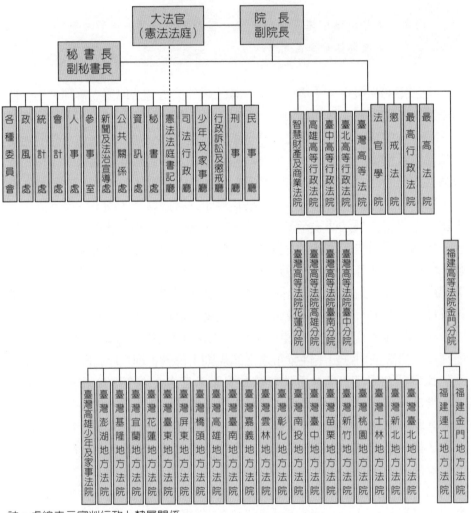

註：虛線表示審判行政上隸屬關係。

圖2-7-1　司法院組織圖

三、法官身分之保障

憲法第81條：「法官為終身職，非受刑事或懲戒處分，或禁治產之宣告，不得免職。非依法律，不得停職、轉任或減俸。」為確保法官依據法律獨立審判與身分之保障，在2011年7月6日已制定公布法官法，建立法官評鑑制度，確保裁判品質。

司法院釋字第539號解釋：「憲法第八十條規定：『法官須超出黨派以外，依據法律獨立審判，不受任何干涉。』除揭示司法權獨立之原則外，並有要求國家建立完備之維護審判獨立制度保障之作用。又憲法第八十一條明定：『法官為終身職，非受刑事或懲戒處分或禁治產之宣告，不得免職，非依法律，不得停職、轉任或減俸。』**旨在藉法官之身分保障，以維護審判獨立。凡足以影響因法官身分及其所應享有權利或法律上利益之人事行政行為，固須依據法律始得為之，惟不以憲法明定者為限。若未涉及法官身分及其應有權益之人事行政行為，於不違反審判獨立原則範圍內，尚非不得以司法行政監督權而為合理之措置。**依法院組織法及行政法院組織法有關之規定，各級法院所設之庭長，除由兼任院長之法官兼任者外，餘由各該審級法官兼任。法院組織法第十五條、第十六條等規定庭長監督各該庭（處）之事務，係指為審判之順利進行所必要之輔助性司法行政事務而言。庭長於合議審判時雖得充任審判長，但無庭長或庭長有事故時，以庭員中資深者充任之。充任審判長之法官與充當庭員之法官共同組成合議庭時，審判長除指揮訴訟外，於審判權之行使，及對案件之評決，其權限與庭員並無不同。審判長係合議審判時為統一指揮訴訟程序所設之機制，與庭長職務之屬於行政性質者有別，足見庭長與審判長乃不同功能之兩種職務。**憲法第八十一條所保障之身分對象，應限於職司獨立審判之法官，而不及於監督司法行政事務之庭長。**又兼任庭長之法官固比其他未兼行政職務之法官具有較多之職責，兼任庭長者之職等起敘雖亦較法官為高，然二者就法官本職所得晉敘之最高職等並無軒輊，其在法律上得享有之權利及利益皆無差異。」

四、預算獨立

為確保司法預算之獨立，加強司法獨立之實現，現行增修條文第5條第

6項規定：「司法院所提出之年度司法概算，行政院不得刪減，但得加註意見，編入中央政府總預算案，送立法院審議。」司法院所提出之年度司法概算，已經脫離行政院外獨立為之，但仍受立法院審議。

第四節　司法範圍之界定

「司法」一詞，在我國發展中，不論在組織上以及人員之任用上，確實概念有些混淆，就司法機關之組織，除司法院外，在1980年前我國在行政院下有司法行政部，監督高等法院以下各級法院及最高法院檢察署，而產生了司法管轄權不一以及人員管理之問題，1960年司法院釋字第86號解釋即對此作出明確解釋文稱：「憲法第七十七條所定司法院為國家最高司法機關，掌理民事、刑事訴訟之審判，係指各級法院民事、刑事訴訟之審判而言。高等法院以下各級法院及分院既分掌民事、刑事訴訟之審判，自亦應隸屬於司法院。」但我國卻遲至1980年6月29日，才將司法行政部更名為法務部，並將高等法院以下各級法院及分院之司法行政事務，移歸司法院掌理。

我國論司法人員，經常會將檢察官、法官合併探討，係因為兩者接受同樣訓練與分發，但分發後兩者執掌卻不同，一個為司法院管轄，另一則為檢察系統，歸法務部管轄。因此，在論司法概念之所轄範圍時，是否應把司法行政範圍包括進來，有以下之分類：

一、最廣義的司法

係將所有的司法活動，包括起訴、公證、審判等功能皆包括在內。檢察官體系不包括在司法體系內，可從司法院釋字第530號解釋得出：「……檢察官偵查刑事案件之檢察事務，依檢察一體之原則，檢察總長及檢察長有法院組織法第六十三條及第六十四條所定檢察事務指令權，是檢察官依刑事訴訟法執行職務，係受檢察總長或其所屬檢察長之指揮監督，與法官之審判獨立尚屬有間。關於各級法院檢察署之行政監督，依法院組織法第一百十一條第一款規定，法務部部長監督各級法院及分院檢察署，從而法務部部長就檢察行政監督發布命令，以貫徹刑事政策及迅速有效執行檢察事務，亦非法所不許。……」依此，可知檢察體系之職權與法官審判職權，仍不同。

二、廣義的司法

是將所有的審判活動，如行政訴訟、選舉訴訟、智慧財產爭議訴訟、憲法爭議之司法解釋皆包括在內，但不及於非審判的偵查、起訴、公證、法人登記、財產登記等非訟事件。我國目前所採之司法概念，即屬廣義的司法。

三、狹義的司法

專指憲法、行政、民事及刑事之訴訟審判程序而言。

第五節　司法權之特性

司法權獨立之初所展現之特質，屬「**被動性**」以及「**消極性**」，這是相對於行政權和立法權之「**主動性**」及「**積極性**」而言，但現今所謂的司法權卻又有展現積極性之一面。

孟德斯鳩所敘述的司法獨立，指法官是代表法律之口，法官如機械般，將法律透過他的敘述，依法審判，忠於國家之法律，不參雜其他非法律之因素。此種機械式的審判，已不符合現今社會之要求。

論及司法權之特性，可從兩方面探討，其一是，提起司法之程序，在此，司法所表現之特性是被動性以及消極性，與行政之主動積極性有所區別，司法權之啟動，原則上須經人民或機關之提起才發生，如採取不「**告**」不理之情形。這裡所說的「**告**」，係指「**起訴**」而言，也就是檢察官或人民請求法官法院裁判的意思表示，並非「告訴」或「告發」，告訴和告發只是檢察官偵查起訴的條件之一而已。

至於提起訴訟後，法官之審判則明顯並非仍停留在以前機械式地適用法律，現今法律之適用已從機械式運用法律，變成了機動式適用法律，亦即，法官得以運用其裁量權來解釋法律，對法律有疑義時，得停止審判，聲請釋憲（憲法判決），如司法院釋字第371號解釋文稱：「……惟憲法之效力既高於法律，法官有優先遵守之義務，法官於審理案件時，對於應適用之法律，依其合理之確信，認為有牴觸憲法之疑義者，自應許其先行聲請解釋憲法，以求解決。……」

　　司法之積極性也展現在第二次大戰後之審查法律、命令違憲之憲法解釋上，各國紛紛設立憲法解釋之機關，如德國憲法法庭之設立，以及我國司法院大法官會議之發達，可見司法權在保障人權方面不遺餘力，其積極性展現可見一斑。

　　如從審判之司法權，已從以往的機械式，轉為機動性以及積極性之司法權。

第六節　司法院之地位

　　憲法第77條前段規定：「司法院為國家最高司法機關……」是指司法院之地位，司法院以上並無其他任何行使司法權之司法機關。但依現行規定，司法院不掌理審判事宜，除大法官負責解釋憲法以及統一解釋法令外，僅對其所屬審判機關，行使司法行政監督權而已，是否合於憲法精神，則仍有探討之空間。

　　司法院釋字第530號解釋對此提出質疑：「憲法第七十七條規定：『司法院為最高司法機關，掌理民事、刑事、行政訴訟之審判及公務員之懲戒。』惟依現行司法院組織法規定，司法院設置大法官十七人，審理解釋憲法及統一解釋法令案件，並組成憲法法庭，審理政黨違憲之解散事項；**於司法院之下，設各級法院、行政法院及公務員懲戒委員會。是司法院除審理上開事項之大法官外，其本身僅具最高司法行政機關之地位，致使最高司法審判機關與最高司法行政機關分離。為期符合司法院為最高審判機關之制憲本旨，司法院組織法、法院組織法、行政法院組織法及公務員懲戒委員會組織法，應自本解釋公布之日起二年內檢討修正，以副憲政體制。**」

第七節　司法院職權

一、審判事宜

　　憲法第77條後段規定：「……掌理民事、刑事、行政訴訟之審判及公務員之懲戒。」本條屬司法院職權之規定，應屬例示之規定。現行之制度，尚

應包括掌理智慧財產訴訟之智慧財產及商業法院。

二、統一解釋法令

憲法第78條規定：「司法院解釋憲法，並有統一解釋法律及命令之權。」

三、發布審理事項規則制定權

司法院釋字第530號解釋：「審判獨立乃自由民主憲政秩序權力分立與制衡之重要原則，為實現審判獨立，司法機關應有其自主性；本於司法自主性，最高司法機關就審理事項並有發布規則之權；又基於保障人民有依法定程序提起訴訟，受充分而有效公平審判之權利，以維護人民之司法受益權，最高司法機關自有司法行政監督之權限。司法自主性與司法行政監督權之行使，均應以維護審判獨立為目標，因是最高司法機關於達成上述司法行政監督之目的範圍內，雖得發布命令，但不得違反首揭審判獨立之原則。最高司法機關依司法自主性發布之上開規則，得就審理程序有關之細節性、技術性事項為規定；本於司法行政監督權而發布之命令，除司法行政事務外，提供相關法令、有權解釋之資料或司法實務上之見解，作為所屬司法機關人員執行職務之依據，亦屬法之所許。」

第八節　司法院之組織

一、院長、副院長以及大法官之任命、任期與院長之職掌

憲法增修條文第5條第1項規定：「司法院設大法官十五人，並以其中一人為院長、一人為副院長，由總統提名，經立法院同意任命之，自中華民國九十二年起實施，不適用憲法第七十九條之規定。司法院大法官除法官轉任者外，不適用憲法第八十一條及有關法官終身職待遇之規定。」第5條第2項規定：「司法院大法官任期八年，不分屆次，個別計算，並不得連任。但並為院長、副院長之大法官，不受任期之保障。」

依司法院組織法第7條，正副院長職掌如下：

（一）司法院院長綜理院務及監督所屬機關。

（二）司法院院長因故不能視事時，由副院長代理其職務。

（三）司法院院長出缺時，由副院長代理；其代理期間至總統提名繼任院長
　　　經立法院同意，總統任命之日為止。

（四）司法院副院長出缺時，暫從缺；至總統提名繼任副院長經立法院同
　　　意，總統任命之日為止。

（五）司法院院長、副院長同時出缺時，由總統就大法官中指定一人代理院
　　　長；其代理期間至總統提名繼任院長、副院長經立法院同意，總統
　　　任命之日為止。

二、大法官

依司法院組織法第3條規定：「司法院置大法官十五人，依法成立憲法
法庭行使職權。」同法第4條規定：「大法官應具有下列資格之一：一、曾
任實任法官十五年以上而成績卓著者。二、曾任實任檢察官十五年以上而成
績卓著者。三、曾實際執行律師業務二十五年以上而聲譽卓著者。四、曾任
教育部審定合格之大學或獨立學院專任教授十二年以上，講授法官法第五條
第四項所定主要法律科目八年以上，有專門著作者。五、曾任國際法庭法官
或在學術機關從事公法學或比較法學之研究而有權威著作者。六、研究法
學，富有政治經驗，聲譽卓著者（第1項）。具有前項任何一款資格之大法
官，其人數不得超過總名額三分之一（第2項）。」

司法院大法官為憲法上法官，司法院釋字第601號解釋理由書：「大法
官憲法解釋之目的，在於確保民主憲政國家憲法之最高法規範地位，就人民
基本權利保障及自由民主憲政秩序等憲法基本價值之維護，作成有拘束力之
司法判斷。大法官為具體實現人民訴訟權、保障其憲法或法律上之權利，並
維護憲政秩序，而依人民或政府機關聲請就個案所涉之憲法爭議或疑義作成
終局之判斷，**其解釋並有拘束全國各機關與人民之效力，屬國家裁判性之作
用，乃司法權之核心領域，故與一般法官相同，均為憲法上之法官。**」

三、憲法法庭

　　有關憲法法庭之職權則規定在憲法增修條文第5條第4項：「司法院大法官，除依憲法第七十八條之規定外，並組成憲法法庭審理總統、副總統之彈劾及政黨違憲之解散事項。」

　　依據憲法訴訟法第1條規定：「司法院大法官組成憲法法庭，依本法之規定審理下列案件：一、法規範憲法審查及裁判憲法審查案件。二、機關爭議案件。三、總統、副總統彈劾案件。四、政黨違憲解散案件。五、地方自治保障案件。六、統一解釋法律及命令案件（第1項）。其他法律規定得聲請司法院解釋者，其聲請仍應依其性質，分別適用本法所定相關案件類型及聲請要件之規定（第2項）。」

　　憲法訴訟法第2條規定：「憲法法庭審理案件，以並任司法院院長之大法官擔任審判長；其因故不能擔任時，由並任司法院副院長之大法官任之。二人均不能擔任時，由參與案件審理之資深大法官任之；資同由年長者任之。」依憲法增修條文第5條第1項規定：「司法院設大法官十五人，並以其中一人為院長、一人為副院長……。」司法院院長、副院長均具有大法官之身分。大法官於組成憲法法庭審理案件時，自應以並任司法院院長之大法官為審判長。

　　司法院釋字第2號解釋：「憲法第七十八條規定司法院解釋憲法並有統一解釋法律及命令之權，其於憲法則曰解釋，其於法律及命令則曰統一解釋，兩者意義顯有不同，憲法第一百七十三條規定憲法之解釋由司法院為之，**故中央或地方機關於其職權上適用憲法發生疑義時，即得聲請司法院解釋，**法律及命令與憲法有無牴觸，發生疑義時亦同。至適用法律或命令發生其他疑義時，則有適用職權之中央或地方機關，皆應自行研究，以確定其意義而為適用，殊無許其聲請司法院解釋之理由，惟此項機關適用法律或命令時所持見解，與本機關或他機關適用同一法律或命令時所已表示之見解有異者，苟非該機關依法應受本機關或他機關見解之拘束，或得變更其見解，則對同一法律或命令之解釋必將發生歧異之結果，於是乃有統一解釋之必要，故限於有此種情形時始得聲請統一解釋。」舊法時期這種「**單純憲法疑義**」解釋，屢見不鮮。然而憲法解釋也是一種司法裁判，也就是有爭議的案件，司法才介入。如果中央或地方機關於其職權上適用憲法發生疑義時，即得聲

請司法院解釋,則大法官不啻成為中央或地方機關的法律顧問,有違司法權「審判」的本質。

於2022年1月4日施行的憲法訴訟法第48條規定:「前條之法規範牴觸憲法疑義,各機關於其職權範圍內得自行排除者,不得聲請。」已經不允許這種「單純疑義」解釋之聲請。蓋依同法第47條規定,聲請機關固得就其本身或下級機關行使職權所適用之法規範,發生有牴觸憲法疑義時,聲請憲法法庭判決。惟本於司法之最後性原則,**各機關仍應於尋求司法解決前,於職權範圍內,盡力避免並排除牴觸憲法之可能性,以履行其為憲法機關之忠誠義務,並盡行政一體之功能,始符合聲請憲法法庭判決之必要性及正當性。**

四、各級法院

司法院掌理民事、刑事、行政訴訟之審判,及公務員之懲戒。依其規定,應設置各級民、刑事法院有地方法院、高等法院以及最高法院三級、行政法院有高等及最高行政法院兩級、懲戒法院以及智慧財產及商業法院等。

第九節　違憲審查

一、概說

所謂「違憲審查」(constitutional review),又稱「司法審查」(judicial review),係指由司法機關(judicial branch)解釋憲法意旨,並認定、宣告國家機關之行為有無「違憲」(unconstitutional)的機制。這種制度起源於1803年*Marbury v.s Madison*美國第二任總統亞當斯(John Adams)在任期屆滿前至第三任總統傑弗遜(Thomas Jefferson)上任後之人事任命案爭議。依照國會所通過的「司法法案」第13條規定,最高法院有權向聯邦現職行政官員(當時的國務卿為麥迪遜)強制命其履行其法定義務(即法院有權強制國務卿頒布人事任命委任狀),該法並規定最高法院具有初審管轄權。然而依照當時的美國憲法第3條第2項第2款,只有涉及大使、其他使節和領事以及當事人一方為州的這兩類案件,其初次管轄權方屬於最高法院;至於其他案件,最高法院僅有上訴管轄權。所以首席大法官馬歇爾(John Marshall)

認為該法律的規定顯然牴觸憲法而宣告違憲，這個案件首次確立了美國憲法中，行政、立法及司法三權鼎立的憲政體制。20世紀中葉以後，各國紛紛採行違憲審查制度，但各國違憲審查制度，有其方式與操作程序，因而產生出不同的效力[1]。「違憲審查」制度，在美國是偶然，但在現今世界民主法治國家中則是必然[2]，以下介紹主要國家的違憲審查制度類型。

二、類型

（一）抽象違憲審查與具體違憲審查

若以違憲審查時有無具體的原因案件為必要作分類，可分為具體違憲與抽象違憲審查。例如美國以具體案件繫屬為前提，法院僅得於審理時必須有具體的「案件或爭議」（case or controversy），「附隨審查」（review incidenter）系爭案件所適用之法令有無違憲，法官可對違憲的法律拒絕適用，並對該個案產生效力；而抽象違憲審查則指違憲審查並不以審理時有具體的原因案件為前提，違憲審查之目的在於**「維護客觀憲法秩序」**，尚可對抽象的法規範（包含法律及命令）本身進行審查。其違憲宣告對所有機關及人民皆產生效力，具有對世效，德國、奧地利、法國等歐陸國家、南韓及我國採行此種制度。

（二）分散式違憲審查與集中式違憲審查

「分散式審查」（decentrailized review），指一國之內的各級法院法官皆可為違憲審查，如美國、加拿大、日本。不過要特別提到的是，日本的下級審裁判所只有拒絕適用違憲法律的權限，只有最高裁判所有最終判斷權得宣告法律違憲[3]。所謂「集中式審查」（centrailized review），指一國之內僅有某特定之專責機構可為違憲審查，歐陸法系的國家多採此制，如德國及奧地利的憲法法院、法國的憲法委員會，以及我國司法院憲法法庭等。

1　湯德宗、吳信華、陳淳文，〈論違憲審查制度的改進——由「多元多軌」到「一元單軌」的改進方案〉，收錄於氏著，《違憲審查與動態平衡——權力分立新論卷二》，天宏，增訂四版，2014年9月，179頁。
2　李惠宗，《案例式法學方法論》，新學林，初版，2010年9月，190頁。
3　樋口陽一，《憲法》，勁草書房，四版，2021年3月，444頁。

（三）諮詢性審查與拘束性審查

違憲審查之結果僅供關係人參考者，為「諮詢性審查」（advisory review）；具有拘束關係人之效力者，為「拘束性審查」（binding review）[4]。我國司法院釋字第185號解釋稱：「司法院解釋憲法，……其所為之解釋自有拘束全國各機關及人民之效力」，具有「一般性」的拘束力。英美法系國家，一般而言只有「個案」拘束力，但是美國因為有「判決先例拘束原則」（doctrine of stare decisis），經過聯邦最高法院判決違憲後，各級法院須受本院及其上級法院裁判的先例拘束，因此實際上也產生將來也不得援用的一般性拘束效力[5]。

（四）事前審查與事後審查

若以違憲審查之結果得發生於法律公布或生效之時間點作區分，可分為「事前審查」（a priori）或「事後審查」（a posteriori）[6]。「事前審查」也稱為「預防式」規範審查；事後審查也稱為「抑制式」規範審查。「事後審查」制的國家較為多數；「事前審查」的國家如法國，由國會議長提出聲請，對於已經三讀通過但尚未公布三校之法律案進行預防式的規範審查[7]。

第十節　憲法訴訟制度

一、概說

「違憲審查」並不當然等於「憲法訴訟」（Verfassungsprozess）。所謂「憲法訴訟」，是指有一個專責違憲審查的（憲法）法院，而且有一個特別

---

4 湯德宗、吳信華、陳淳文，〈論違憲審查制度的改進——由「多元多軌」到「一元單軌」的改進方案〉，收錄於氏著，《違憲審查與動態平衡——權力分立新論卷二》，天宏，增訂四版，2014年9月，185頁。

5 董保城、法治斌，《憲法新論》，元照，八版，2021年9月，557頁。

6 湯德宗、吳信華、陳淳文，〈論違憲審查制度的改進——由「多元多軌」到「一元單軌」的改進方案〉，收錄於氏著，《違憲審查與動態平衡——權力分立新論卷二》，天宏，增訂四版，2014年9月，184頁。

7 吳庚、陳淳文，《憲法理論與政府體制》，三民，七版，2021年9月，701頁。

的程序法（如憲法訴訟法）作為處理此類程序的依據，而（憲法）法院以訴訟之方式維持案件的審理[8]，這種制度起源於奧地利[9]。而「分散式違憲審查制」的國家，如美國、加拿大、日本。美國以具體案件繫屬為前提，各級法院法官在審理案件時，「附隨審查」系爭案件所適用之法令有無違憲，並沒有專責違憲審查的機關，也沒有一個特色的違憲審查的程序法，由於各級法院法官皆可為違憲審查，所以也沒有法官聲請釋憲的問題，一般來說，這種違憲審查制度不稱為「憲法訴訟」。

　　依據我國憲法，司法院大法官專有解釋憲法並統一解釋法律及命令之權，因此過去的司法院大法官審理案件法，可以視為違憲審查程序的「訴訟法」。而憲法訴訟法增訂大法官審理總統、副總統彈劾案件之職權之後，該法並未明定審理程序；又為使人民基本權利迅速獲得保障，即時獲得救濟，引進德國裁判憲法訴訟制度有必要予全面司法化。然而，司法院大法官審理案件法雖有憲法程序法之實而無憲法訴訟法之名，致使外界誤認司法院大法官解釋憲法並非「審判」，甚至質疑司法院大法官並非憲法第80條的「法官」[10]。有鑑於此，司法院於2018年3月提出草案，立法院於2018年12月18日通過，總統於2019年1月4日由公布，並於公布後3年後實行，也就是於2022年1月4日正式上路的憲法訴訟法。新制的憲法訴訟裁判，有最後作成具拘束力之效力以終結案件之特徵，具備訴訟法之核心要素。憲法訴訟第1條規定：「司法院大法官組成憲法法庭，依本法之規定審理下列案件：……。」立法理由謂：「大法官審理案件應予以司法化，審判組織及方式法庭化為其首要。爰於本條第一項明定司法院大法官組成憲法法庭行使審判權，明揭大法官審理所有案件類型之型態，均由傳統之會議形式，改以具有完全司法**審判**性質之**憲法法庭**進行審理。」

　　因此，我國釋憲實務的審理自此從會議形式朝向法庭化、判決書化。依憲法訴訟法第33條規定：「判決應作判決書，記載下列事項：一、當事人姓名、住所或居所；當事人為法人、機關或其他團體者，其名稱及所在地、事務所或營業所。二、有法定代理人、代表人、管理人者，其姓名、住所或

8　吳信華，《憲法訴訟基礎十講》，元照，三版，2024年2月，3-4頁。
9　吳庚、陳淳文，《憲法理論與政府體制》，三民，七版，2021年9月，687頁。
10　對此，司法院釋字第601號解釋已經宣示釋憲也是一種裁判，所以大法官職司審判也是憲法上的法官。

居所及其與法人、機關或團體之關係。三、有訴訟代理人或辯護人者，其姓名、住所或居所。四、案由。五、主文。六、理由。七、年、月、日。八、憲法法庭（第1項）。判決書應記載參與判決之大法官姓名及其同意與不同意主文之意見，並標示主筆大法官（第2項）。判決得於主文諭知執行機關、執行種類及方法（第3項）。理由項下，應記載當事人陳述之要旨、受理依據，及形成判決主文之法律上意見（第4項）。」

　　蓋大法官行使解釋憲法及統一解釋法律及命令職權之方式，已從現行的會議審查方式修正為法庭審理之方式，是大法官呈現解釋結論、論理及終結案件之方式，自應相應比照法院判決書。

　　為提高憲法法庭裁判作成結果之公開透明性，憲法訴訟法參考德國聯邦憲法法院法第30條第2項之規定及美國聯邦最高法院實務，明定判決書應記載參與判決大法官之姓名及其就主文投票之立場，並且參酌美國聯邦最高法院之設計，採行主筆大法官顯名制，期使日後憲法法庭裁判理由之論述，可以避免不需要的妥協，較能維持論述的邏輯一貫與完整性，復能有助於憲法法庭作成裁判之效率。

　　此外，新法還加入了「專家諮詢」制度，大法官在審理案件的過程中如果認為有需要，除了可以通知當事人或相關人士到庭表達意見外，亦可以指定專家、學者、團體等提供專業意見或資料。為了使憲法法庭就聲請案件的討論輪廓不侷限於個案當事人之訴求，憲法訴訟法參考美國「法庭之友」（Amicus Curiae）制度，於第20條訂有相關規定。讓當事人以外之人也有機會對案件提出專業意見，供憲法法庭參考。案件關係人、機關團體或任何對於憲法法庭審理中案件有興趣的人都有機會成為法庭之友。

　　原則上必須於憲法法庭公開該案件聲請書後2個月內，以書面向憲法法庭提出聲請；於憲法法庭合併審理數宗聲請案件的情形，該聲請期間從最後合併審理案件之聲請書公開之日起，重行起算。就重大矚目或行言詞辯論之案件，憲法法庭另為公告聲請法庭之友期間者，則須在憲法法庭公告期間內提出聲請。若經憲法法庭裁定許可，則可委任律師為代理人，針對該案提出當事人或關係人所未主張、具參考價值之專業意見或資料，以一次為限。法庭之友提出之意見，僅供憲法法庭審理案件之參考，憲法法庭並不受其拘束。在當事人引用法庭之友意見時，則視為該當事人之陳述。

　　參考美國實務之經驗，如果案件當事人決定採用這些「法庭之友」的意

見或資料，這些意見或資料可以被視為是當事人自己的陳述。法庭之友制度對於個案之結果，是可能產生深遠之影響，也就是法庭之友不僅可以補充當事人意見之不足，甚至最後得作為法院裁判之基礎[11]。

二、法規範憲法審查

（一）機關聲請

1. 國家最高機關

　　憲法訴訟法第47條規定：「國家最高機關，因本身或下級機關行使職權，就所適用之法規範，認有牴觸憲法者，得聲請憲法法庭為宣告違憲之判決（第1項）。下級機關，因行使職權，就所適用之法規範，認有牴觸憲法者，得報請上級機關為前項之聲請（第2項）。中央行政機關組織基準法所定相當二級機關之獨立機關，於其獨立行使職權，自主運作範圍內，準用第一項規定（第3項）。」

　　所謂「國家最高機關」，指依據憲法所設國家各權力之最高機關，即學理上的「憲法機關」。其聲請憲法法庭判決，雖不以其本身或下級機關於憲法上權限受到侵害為前提，惟仍應以其本身或下級機關行使職權為要件，以落實聲請程序之事件性。又其就下級機關行使職權所遇之法規範違憲疑義，如無法於職權範圍內自行排除者，其得主動依第47條第1項規定向憲法法庭聲請判決，亦得被動依本條第2項之規定向憲法法庭提出聲請。

　　所謂地方自治團體之行政機關，在體系上屬於行政部門，於辦理中央委辦事項時，仍應受上級機關之指揮監督，如認其所適用之法規範有牴觸憲法之疑義，應循第47條第2項規定辦理，也就是應由其直屬上級的憲法機關聲請，例如內政部要聲請，須透過行政院為之。

　　至地方自治團體之行政機關或其立法機關，於其辦理地方自治事項之職權範圍內，認所適用之中央法規範有牴觸憲法之疑義，憲法訴訟法設有第七章地方自治保障案件之規定，不在本條規範範圍。

---

11 林超駿，〈法庭之友與最高法院〉，《憲政主義下的司法權》，新學林，初版，2024年2月，481頁。

2. 獨立機關

　　至於中央二級獨立行政機關，*如中選會、通傳會及公平交易委員會*（行政院組織法第9條），乃為執行特別專業化、去政治化、充分顧及政治及社會多元價值之公共事務，排除上下層級行政體系所為對具體個案決定之指揮監督，使其有更多不受政治干擾，依專業自主決定之空間，因此，中央相當二級機關之獨立機關，係依據法律獨立行使職權之合議制機關，而其合議制成員中屬專任者，*應先經立法院同意後任命之，具一定之民主正當性*，考量此類獨立機關設置本旨及所作決定不受一級機關指揮監督之特質，應容許其於獨立自主範圍內，有不經一級機關而逕行聲請憲法審查之權，爰於第47條第3項明定之。

（二）立委聲請

　　憲法訴訟法第49條規定：「立法委員現有總額四分之一以上，就其行使職權，認法律位階法規範牴觸憲法者，得聲請憲法法庭為宣告違憲之判決。」有關行政命令之審查，立法院職權行使法已設專章規定其審查期間及效果，屬立法委員得自行審查、排除之職權範圍，無釋憲機制介入之必要。這裡的行使職權，是指集體行為，排除個別立委行使職權之行為[12]。

　　本條放寬舊法司法院大法官審理案件法第5條第1項第3款所定立法委員聲請憲審查之聲請要件有：

1. **關於降低聲請人數由三分之一改為四分之一**：立法機關確保其所制定之法律及依憲法行使職權所為之決議合憲之義務。*如少數立法委員確信經多數通過之法律或決議違憲，審酌該少數亦代表一定程度之民意，允宜賦予聲請違憲審查之權利，以保護該少數意見*，進而保護其所代表之民意，並使受違憲質疑之多數意見，有機會通過憲法檢驗，而展現其憲法價值。鑑於原條文所定立法委員現有總額「三分之一」以上之人數限制仍過高，有致少數黨意見無法獲得違憲審查之機會，參考德國聯邦憲法法院法第76條第1項規定，將立法委員聲請人數，由三分之一降為四分之一。

---

12 司法院大法官第1072次會議。

2. 關於刪除「適用法律」之限制：立法委員之職權主要是在立法、修法，而非如行政機關或各法院係在適用法律，舊法條文第5條第1項第3款所定「適用法律」之限制並無必要，爰刪除原條文第5條第1項第3款所定「適用法律」之要件限制。

問題思考

是否限於少數黨或持反對意見之立法委員？

1. 肯定說

如許宗力、曾有田兩位大法官在司法院釋字第603號解釋協同意見書認為：「**聲請人原則上仍應以系爭法律案時投反對票，或至少未投贊成票之立法委員為限。**當初投贊成票之多數立法委員如欲聲請釋憲，並非不許，但須進一步符合下述要件，亦即改變其見解，另行提出法律修正案，於修法未果時始得為之，蓋唯有如此，方符合以少數地位提出釋憲聲請之制度意旨。」

2. 否定說

廖義男大法官在司法院釋字第603號解釋協同意見書：「重點應在其人數須達立法委員總額三分之一以上（現行法為四分之一），才可信賴其確為『**維護憲法秩序**』而聲請釋憲之適格聲請人。如重點擺在聲請人對有違憲疑義而通過之法案須曾表示反對意見，則縱令聲請人都曾表示反對意見，但其人數未達立法委員總額三分之一者，仍不能聲請釋憲。且法案經多數委員決議通過者，並不表示即對持反對意見之少數委員權益有所侵害，因而該少數委員或反對黨有『**保護之必要性與正當性**』，而應許其有釋憲聲請權，以為救濟。此種見解，顯然誤解與忽略立法委員聲請釋憲之條件何以須其人數達**總額三分之一（現行法為四分之一）以上之立法意旨**。故主張聲請人須限於持反對意見或少數黨之見解，並不足採。」

現在德國的憲政實務及學界不再主張這是反對黨的專利特權，蓋今日的執政黨，明日可能成為反對黨，而且法律也可能老化或昨是今非，所以即使執政黨也可以聲請釋憲[13]。另有論者基於憲法客觀價值秩序之維護為由，不

13 陳新民，《憲法學釋論》，三民，十版，2022年3月，553頁。

予反對該法案聲請釋憲，採否定看法者[14]，甚至不參與議決法案的立委都可以聲請釋憲[15]。

3. 本書觀點

　　以上兩種意見之對立，本書以為持否定論之見解似較允恰，惟論者有主張，此一規定本意是使不贊成多數通過法案之立委仍有機會表達意見，但採不記名表決之結果，有違反「禁反言原則」之情形，可能出現舉手贊成通過，若連署聲請釋憲，常對大法官造成困擾[16]。然而本書認為，蓋贊成通過法案之立委聲請釋憲，非必然違反禁反言原則，有時係為了消弭爭端，化解對立，故而「配合」少數立委湊人數而連署聲請釋憲，避免多數暴力，反而有利於保護少數。

（三）法院聲請

　　憲法訴訟法第55條規定：「各法院就其審理之案件，對裁判上所應適用之法律位階法規範，依其合理確信，認有牴觸憲法，且於該案件之裁判結果有直接影響者，得聲請憲法法庭為宣告違憲之判決。」依司法院釋字第378號解釋，此處之法院應包括律師懲戒委員會及律師懲戒覆審委員會，因其性質相當於高等法院及最高法院之職業懲戒法庭。

　　憲法第80條，法官依據法律獨立審判，定有明文，故依法公布施行之法律，法官應以其為審判之依據，不得認定法律為違憲而逕行拒絕適用。依司法院釋字第371號解釋意旨：「惟憲法之效力既高於法律，法官有優先遵守之義務，法官於審理案件時，對於應適用之法律，依其合理之確信，認為有牴觸憲法之疑義者，自應許其先行聲請解釋憲法，以求解決。」業經明確，爰依該解釋意旨，明定各法院於審理案件就所應適用之法律，確信有違憲者，均得聲請解釋。

---

14 李惠宗，〈領取國民身分證按捺指紋違憲性之探討——從法學方法論評大法官釋字603號解釋〉，《月旦法學雜誌》，第126期，2005年11月，178頁；吳信華，〈行使職權作為機關聲請法令違憲解釋之探討〉，收錄於劉孔中、陳新民編，《憲法的解釋理論與實務》第三輯，2002年9月，247頁。

15 李惠宗，《憲法要義》，元照，九版，2022年9月，Rn. 27122。但司法院大法官第1476次會議（前瞻條例案）認為未參與法案表決的立法委員不得聲請釋憲。

16 吳庚、陳淳文，《憲法理論與政府體制》，三民，七版，2021年9月，734頁。

　　司法院釋字第572號解釋：「其中所謂『先決問題』，係指審理原因案件之法院，確信系爭法律違憲，顯然於該案件之裁判結果有影響者而言；所謂『提出客觀上形成確信法律為違憲之具體理由』，係指聲請法院應於聲請書內詳敘其對系爭違憲法律之闡釋，以及對據以審查之憲法規範意涵之說明，並基於以上見解，提出其確信系爭法律違反該憲法規範之論證，且其論證客觀上無明顯錯誤者，始足當之。」

　　綜合上開法條及解釋，既已容許審理刑事案件、行政訴訟事件、民事事件及非訟事件等之終審法院及各級法院提出聲請，復經司法院釋字第590號解釋之補充闡釋上開所稱之審理「**案件**」，**係指審理刑事案件、行政訴訟事件、民事事件及非訟事件等而言。凡基於憲法第77條及第80條之規定，屬司法權行使之作用範圍內，由法官依據法律審判之案件或事件均應包括在內**，例如懲戒法院所審理之公務員懲戒案件、司法院職務法庭所審理之法官懲戒案件及法官職務案件，或司法院刑事補償法庭所審理之刑事補償事件。為求精簡文字，本法將案件或事件統稱為「案件」。

　　各法院審理案件，依法或以法官一人獨任行之，或以法官三人或五人合議行之，是對裁判上所應適用之法規範認有違憲疑義而享有聲請權能者，**非係法官個人，而係行使司法審判權之獨任制或合議制法院。**

　　至於，行政命令是否違憲，依司法院釋字第137號解釋，各法院應自為審查表示其合法適當之見解，爰排除在各法院得聲請憲法法庭判決之列。而終審法院之判例，依司法院釋字第687號解釋乃其為統一法令見解，所表示之法律意見，與法律尚有不同；終審法院之決議，乃供其院內各庭辦案之參考，目的亦在統一各庭裁判上之法律見解，法院原應適用或得引用，但依其合理確信，認有違憲疑義時，亦均得表示適當見解，不受拘束，均不在各法院得聲請之列。

（四）人民聲請

　　憲法訴訟法第59條規定：「人民於其憲法上所保障之權利遭受不法侵害，經依法定程序用盡審級救濟程序，對於所受不利確定終局裁判，或該裁判及其所適用之法規範，認有牴觸憲法者，得聲請憲法法庭為宣告違憲之判決（第1項）。前項聲請，應自用盡審級救濟之最終裁判送達後翌日起之六

個月不變期間內為之（第2項）。」

　　按憲法是國家的根本大法，具有保障人民基本權利功能的最高效力，所有國家權力的行使，皆不應違背憲法的規定。而這些可能侵害人民憲法上權利的國家權力，不僅包括立法權與行政權，也包括司法權。**當國家權力的行使（法律、命令）有違反憲法的疑慮時，憲法審查相關制度就應該裁決這些國家權力行使是否合憲，守護人民的基本權利，免於國家權力的恣意侵害。故所謂之「法規範」，係指中央及地方之立法與行政機關之立法行為，包括法律位階之法規範及命令位階之法規範。**

　　至於行政機關於個案之函釋是否亦為聲請客體，則不無疑問。由於個案之函釋只是個案指令，似乎否定抽象法規範之性質；然而司法院釋字第711號解釋稱：「改制前之行政院衛生署（現已改制為衛生福利部）中華民國一○○年四月一日衛署醫字第一○○○○○七二四七號函限制兼具藥師及護理人員資格者，其執業場所應以同一處所為限，違反憲法第二十三條法律保留原則，應自本解釋公布之日起不再援用。」顯然採肯定的見解。按照湯德宗大法官第711號協同意見書所提出之建構「個案函覆」質變為「通案函釋」之理論，質言之，當某「個案函覆」兼具以下兩項要件時，本院即得例外地認定系爭「個案函覆」業已質變為「通案函釋」，而成為大法官得以審查之「命令」：第一，基於「行政自我拘束」（Selbstbindung der Verwaltung）原則，嗣後遇有類似個案，該機關即應為相同的處理可當作抽象法規範進行違憲審查；第二，內容之函覆，是以人民有理由期待行政機關將反覆適用該個案函覆之內容，且該個案函覆業經確定終局裁判所援用，致實質上已發生法規範效力。

　　所謂「確定終局裁判」，係指聲請人已依法定程序，用盡審級救濟程序之最終裁判而言。可能是第二審亦可能是第三審。

　　憲法訴訟法增加了過去所無的「裁判憲法審查」（即學說所稱的裁判憲法訴願）案件類型，除人民所受不利確定終局裁判所適用之法規範外，亦將該不利確定終局裁判納為憲法審查之客體（例如：憲法法庭113年憲判字第4號判決宣告效力及於本件聲請關於刑法第309條第1項規定部分及臺灣澎湖地方法院112年度簡上字第7號刑事判決違憲，廢棄並發回臺灣澎湖地方法院）。憲法法庭如認人民之聲請有理由者，依同法第62條，應於判決主文宣告該確定終局裁判違憲，廢棄發回管轄法院；如認該確定終局裁判所適用之

法規範違憲，並為法規範違憲之宣告。所對應者，或係不利確定終局裁判因適用違憲之法規範而違憲，或係所適用之法規範雖未違憲，惟該裁判解釋適用該法規範之見解違憲。不問何種情形，均以該不利之確定終局裁判違憲為必要。人民依法定程序用盡審級救濟程序，聲請憲法法庭裁判時，自應具體敘明該不利確定終局裁判，或該裁判及其所適用之法規範有如何違憲之情事。

　　而就人民聲請法規範及裁判憲法審查之案件類型之規定，係憲法第77條司法院大法官解釋憲法權限之具體化態樣之一。既係憲法審查，人民聲請憲法法庭為憲法審查，當以其憲法上所保障之權利遭受公權力不法侵害為要件。詳言之，基本權主要在於確保個人自由領域免於公權力之不法侵害，為主觀權利而具防禦功能。此外，基本權也作為客觀價值秩序，直接拘束所有公權力。基本權如受私人或自然災害之侵害，僅能藉由公權力方能有效排除時，包含法院在內之公權力，其行使或不行使，或就基本權衝突之衡量，如忽略基本權作為客觀價值秩序之意義，或對於基本權之保護有所不足而具不法性，仍屬公權力不法侵害。

　　憲法訴訟法第59條第2項係考量本節聲請憲法審查原因案件之當事人非僅聲請人一方，於民事訴訟事件及行政訴訟事件，有已受利益確定終局裁判之他造當事人；於刑事訴訟案件，亦尚有公訴人及自訴人等。因此，受不利確定終局裁判之當事人是否提出憲法審查聲請，亦即該確定終局裁判將來是否有遭憲法法庭廢棄之可能性，**允宜儘早確定。復考量人民基本權利之保障及賦予其合理的撰寫聲請書之時間**，故明定聲請應於裁判送達後「6」個月之不變期間內提起之。詳言之，須符合依法定程序用盡審級救濟而受不利確定終局裁判之要件。法定不變期間之計算，當自聲請人用盡審級救濟之最終裁判送達之翌日起算，始符公允。至於各該終審法院係以不合法或無理由駁回以致原因案件裁判終局確定，則非所問。

三、裁判之憲法審查

　　憲法訴訟法第59條第1項規定：「人民於其憲法上所保障之權利遭受不法侵害，經依法定程序用盡審級救濟程序，對於所受不利確定終局裁判，或『該裁判』及其所適用之法規範，認有牴觸憲法者，得聲請憲法法庭為宣告

違憲之判決。」

　　由於在舊法條文第5條第1項第2款既有之確定終局裁判適用之法規範審查制度下，大法官只進行抽象法規範審查，不具體裁判憲法爭議，僅能抽象闡述法律的內涵為何、是不是符合憲法的意旨，而不能將這些闡述直接應用在個案中的具體事實。亦即，在舊法制度下，大法官職司的憲法審查並無法處理各法院裁判在解釋法律及適用法律時，**誤認或忽略了基本權利重要意義，或是違反了通常情況下所理解的憲法價值等司法權行使有違憲疑慮的情形**。鑑於舊法時期憲法審查客體向來限於抽象之法規範，司法裁判未曾納入，致生憲法保障人民權利之闕漏，人民無法獲得即時救濟，故參考德國聯邦憲法法院法有關「憲法訴願」之制度，增訂**「裁判憲法審查案件」**，與法規範審查，併納為憲法法庭審理案件之範疇。

　　「Urteilsverfassungsbeschwe」這個德文用語，國內學者多譯為「裁判上憲法訴願」。惟實際上，這種用語很容易和我國的訴願制度相混淆，蓋我國之訴願制度為行政程序；而此類人民針對終審法院裁判侵害其基本權利而向憲法法庭提起之基本權利救濟為司法程序，因此本書較同意國內楊子慧教授的用語，宜翻譯為**「法院判決侵害基本權之憲法訴訟」**[17]。不過，在立法時似乎注意到了憲法訴願這個用語不當，因此在立法時稱此種制度為**「裁判憲法審查」**，可避免翻譯上的誤會。

　　不過，有爭議的是，儘管司法院宣稱這是一種特殊的救濟管道，然而大法官可以審查終審法院的裁判，還是難免產生「第四審」的質疑[18]，如果為個案賦予合理的法律論證，這種裁判的違憲審查，有可能淪為操作個人的價值判斷而已。再者，依德國的經驗，大多數的憲法審查案件都被「審查庭」（Kammer）所終結，因此可以推估在我國應該不會有太多的裁判被大法官受理而實體審查，這種制度具有人權保障重要功能可能未必如想像中的理想，反而如第四審般地不當介入一般法院的裁判，可能弊多於利[19]。不過，也有學者認為可以參考德國聯邦憲法法院對於一般法院的判決限於「有關基

---

17 楊子慧，〈裁判憲法審查初探〉，收錄於氏著，《憲法訴訟（二）》，元照，初版，2020年10月，21頁。
18 Klaus Schlaich、Stefan Korioth著，吳信華譯，《聯邦憲法法院──地位、程序、裁判》，2017年11月，260頁。
19 吳信華，《憲法訴訟基礎十講》，元照，二版，2022年7月，105-106頁。

本權之解釋是否合憲」的範圍，即可避免成為「第四審」[20]。

問題思考

 憲法法庭與一般法院的裁判範圍如何劃分？如何避免成為第四審？

德國聯邦憲法法院實務上及學說上發展出「赫克公式」（Hecksche Formel）和「舒曼公式」（Schumann Formel）[21]：

所謂「赫克公式」，為聯邦憲法法院法官赫克（Karl Heck）在1964年判決中建立的，即：「一般法規解釋與個案適用是普通法院之權限，不受憲法法院審查。唯有在法院違反『特別憲法』（spezifisches Verfassungsrect）侵害人民時[22]，憲法法院始能以裁判的憲法審查加以干預。」

而「舒曼公式」由學者舒曼（Ekkehard Schumann）提出：「如果法院的裁判見解，是立法者也不得制定的規範內容時，就構成基本權侵害，則應該允許憲法法院介入審查。」然而，**「違法」**跟**「違憲」**有時候不容易區分。

曾任德國哥廷根大學校長的史塔克教授（**Prof. Dr. Christian Starck**）於1996年提出三種判斷標準，補充舒曼原則不足之處[23]：

第一，事實調查基本上是專門法院的權限，除非專門法院的事實調查達到恣意的程度，使得案件調查與認定是全然的錯誤，否則憲法法院無介入之權。

第二，如果案件事實並沒有恣意判斷，但足以作為判決及法院為解釋法令的基礎時，在「擬法律化」的情形下，應許可憲法裁判權的介入。

第三，在法官行使裁量權時，特別是在法官續造時，必須遵守法律保留等法治國原則的外在界限，此即是憲法法院權介入的門檻。

---

20 李惠宗，《憲法要義》，元照，九版，2022年9月，Rn. 27137。
21 董保城、法治斌，《憲法新論》，元照，八版，2021年9月，580頁以下。
22 這個公式認為憲法審判權的範圍，乃是「特別憲法」。也就是憲法特別保障人民基本權利的條款；而一般法律所保障的法益，則應由普通或其他專門法院審判。所以，舉凡法規的詮釋、適用、程序的進行及認事用法，都不宜有憲法法院介入，避免成為第四審。參照陳新民，《憲法學釋論》，三民，十版，2022年3月，568頁。
23 陳新民，《憲法學釋論》，三民，十版，2022年3月，570頁。

我國違憲審查實務介入法院裁判之審查標準為何？

憲法法庭111年度憲判字第8號判決指出，可介入審查一般法院裁判是否違憲之判斷標準：

1. 當各級法院對於法律之解釋或適用係基於對基本權根本上錯誤之理解，且該錯誤將實質影響具體個案之裁判。例如：對於隱私權內涵理解錯誤，認為資訊隱私權不包括在內。
2. 或於解釋與適用法律於具體個案時，尤其涉及**概括條款之適用，若有應審酌之基本權重要事項而漏未審酌，或未能辨識出其間涉及基本權衝突，致發生應權衡而未權衡，或其權衡有明顯錯誤之情形，即可認定構成違憲。**例如：認為個案中衡量財產權重於隱私權。
3. 至訴訟程序中之指揮進行，原則上屬各級法院權責，惟若**違反憲法正當法律程序之要求者，**亦應同受裁判違憲審查。例如：本案釋憲背景，未予未成年子女陳述意見之機會，即為裁定。

不過事實上「違法」與「違憲」實難加以區分，儘管可能可以參酌德國的相關學理，如前文提到「赫克公式」和「舒曼公式」或「史塔克準則」，然如何適用於具體案例中，恐亦非單純公式的操作即可達成。換言之，「違憲」與「違法」的界限恐將完全取決於大法官的主觀評價上的實質重要性判斷[24]。

在德國，人民於其憲法上所保障之基本權利，遭受公權力不法侵害，必須先依審級救濟程序，並用盡所有法院審級救濟途徑後，若仍無法滿足權利救濟時，在符合一定之程序要件後，始得向聯邦憲法法院提起「人民基本權利救濟之憲法訴訟」，稱為「**憲法訴訟上之補充（備位）原則**」（der Grundsatz der Subsidiarität der Verfassungsbeschwerde）[25]。我國憲法訴訟法第59條第1項規定：「人民於其憲法上所保障之權利遭受不法侵害，經依法定程序用盡審級救濟……」顯然採德國「憲法訴訟上之補充（備位）原則」。

至於受理的原則，依憲法訴訟法第61條第1項規定：「本節案件於具**憲**

---

24 吳信華，〈法院判決的「違法」或「違憲」？〉，《月旦法學教室》，第236期，2022年6月，8頁。

25 楊子慧，〈裁判憲法審查初探〉，收錄於氏著，《憲法訴訟（二）》，元照，初版，2020年10月，22頁。

法重要性，或為**貫徹聲請人基本權利所必要者**，受理之。」

　　為避免不具憲法重要性或非為貫徹聲請人基本權利所必要之案件影響憲法法庭審理案件之效能，進而排擠其他具憲法重要性之案件，本條第1項參考德國聯邦憲法法院法第93條之1第2項，明定憲法法庭受理本節案件之標準。

　　同法第61條第2項、第3項規定：「審查庭就承辦大法官分受之聲請案件，得以一致決為不受理之裁定，並應附理由；不能達成一致決之不受理者，由憲法法庭評決受理與否（第2項）。前項一致決裁定作成後十五日內，有大法官三人以上認應受理者，由憲法法庭評決受理與否；未達三人者，審查庭應速將裁定公告並送達聲請人（第3項）。」

　　本條於第2項係擷取德國聯邦憲法法院施行裁判憲法審查制度之經驗，妥速過濾不具受理價值之案件，乃參考德國聯邦憲法法院法第24條有關簡易程序、第93條之2及第93條之4等規定，規定審查庭就本節案件得經一致決為不受理裁定，該裁定並應附理由。**其不能達成一致決之不受理者，案件即送由憲法法庭**，依同法第32條第2項：「聲請案件之受理，除本法別有規定外，應經大法官現有總額三分之二以上參與評議，參與大法官過半數同意；未達同意人數者，應裁定不受理。」之規定評決受理與否。

　　聲請案件如無同法第15條第2項：「前項聲請，有下列各款情形之一者，審查庭得以一致決裁定不受理。但其情形可以補正者，審判長應定期間命其補正：一、聲請人無當事人能力。二、聲請人未由合法之法定代理人、代表人或管理人為訴訟行為。三、由訴訟代理人聲請，而其代理權有欠缺。四、聲請逾越法定期限。五、本法明定不得聲請或不得更行聲請之事項。六、對憲法法庭或審查庭之裁判聲明不服。七、聲請不合程式或不備其他要件。」等各款所定不合法之情事，原應由憲法法庭續予審查受理與否，為緩和本條第2項前段特別規定與原受理制度間之落差，本條第3項規定該一致決裁定作成後，對外暫不公告或送達，使其尚不生效力；對內則以適當方式，使其他大法官周知，俾便有機會即時表示受理之意見，於持受理意見達三人以上者，即應送憲法法庭由全體大法官評決受理與否，於15日內，未達三人者，則應儘速公告該裁定使其生效，並送達聲請人。

四、機關聲請

憲法訴訟法第65條規定：「國家最高機關，因行使職權，與其他國家最高機關發生憲法上權限之爭議，經爭議之機關協商未果者，得聲請憲法法庭為機關爭議之判決（第1項）。前項聲請，應於爭議機關協商未果之日起六個月之不變期間內為之（第2項）。第一項爭議機關協商未果之事實，聲請機關應釋明之（第3項）。」

憲法法庭依憲法之規定解釋憲法，是有待憲法法庭處理之機關權限爭議，自當以憲法上權限之爭議為限。憲法上權限爭議，有垂直的爭議，即中央與地方自治團體間之權限爭議；有水平的爭議，即國家各最高機關間之權限爭議。關於前者，本法規範於第七章地方自治保障案件；關於後者，則於本章規範之。所謂國家各最高機關間之權限爭議，包括國家最高機關與其他最高機關間直接之爭議，此由國家最高機關聲請判決固無疑問；如非屬國家最高機關層級之下級機關，與他機關間發生爭議，基於行政層級上下一體之本質，其得循序呈請其上級機關依職權解決，或報請最高機關作成是否提出聲請之決定，無許該下級機關逕為聲請之必要，故將聲請主體規定為「國家最高機關」。國家最高機關間之憲法上權限爭議，固得依本條第1項規定聲請憲法法庭為機關爭議判決，惟本於司法最後性原則，發生爭議之機關間，應盡力協商，於無違憲政秩序下盡可能排除爭議狀態，並於協商無結果時，始許其提出聲請，以使能盡憲政機關之權責，並使司法權不過早介入，動搖憲法上之權力分立原則，故於第2項限於「經爭議之機關協商未果者」，始得聲請憲法法庭為機關爭議之判決。

國家最高機關如與其他國家最高機關發生憲法上權限之爭議，於協商未果，認為應訴諸憲法法庭判決解決者，應即時為之，不能久懸未決，聲請應於爭議機關協商未果之日起6個月之不變期間內為之。有關是否進行協商，協商是否仍未能解決爭議之事實，聲請機關知之最詳，自應由其向憲法法庭釋明之。

五、總統、副總統彈劾案件

憲法訴訟法第68條規定：「立法院得依憲法增修條文第四條第七項規

定，就總統、副總統提出彈劾案聲請憲法法庭為宣告彈劾成立之判決（第1項）。前項聲請，應以聲請書記載下列事項：一、聲請機關名稱、代表人及機關所在地。二、有訴訟代理人者，其姓名、職業、住所或居所。三、被彈劾人之姓名、住所或居所。四、彈劾案決議作成之程序。五、彈劾之原因事實、證據及應予解職之理由。六、關係文書之名稱及件數（第2項）。」

　　本條第1項明定本章案件之聲請人限於立法院，憲法法庭應就其所提出之彈劾案審理，並判決宣告彈劾成立或不成立。

　　依憲法增修條文第4條第7項規定，立法院對於總統、副總統之彈劾案，須經全體立法委員二分之一以上之提議，全體立法委員三分之二以上之決議，聲請司法院大法官審理；第2條第10項復規定，立法院提出總統、副總統彈劾案，聲請司法院大法官審理，經憲法法庭判決成立時，被彈劾人應即解職。

　　本條第2項明定總統、副總統彈劾案件之聲請書應記載事項，其中：（一）依立法院職權行使法第43條及第44條規定，彈劾總統或副總統，須經全體立法委員二分之一以上提議，以書面詳列彈劾事由，交由程序委員會編列議程提報院會，並不經討論，交付全院委員會審查；全院委員會審查時，得由立法院邀請被彈劾人列席說明；全院委員會審查後，提出院會以無記名投票表決，如經全體立法委員三分之二以上贊成，向司法院大法官提出彈劾案。以上彈劾案決議作成之程序，應於聲請書表明；（二）關於彈劾之事由，憲法增修條文並未規定，本法為訴訟法亦不宜定之，而應由立法院就個案敘明彈劾之原因事實、證據及應予解職之理由，送請憲法法庭審理；（三）本項第6款所定「關係文書之名稱及件數」，包含第4款所指立法院就彈劾案決議作成程序之紀錄文件。

　　憲法訴訟法第69條規定：「本章案件程序之進行，不因被彈劾人卸任、立法院之解散或該屆立法委員任期屆滿而受影響。但被彈劾人於判決宣示前辭職、去職或死亡者，憲法法庭應裁定不受理。」本條為避免立法院之解散或該屆立法委員任期屆滿，是否影響憲法訴訟程序產生疑義，參考德國聯邦憲法法院法第51條後段規定，於本文明定訴訟程序之進行，不因立法院之解散或該屆立法委員任期屆滿而受影響。另按卸任總統副總統禮遇條例規定，卸任總統、副總統仍享有按月致送禮遇金及其他禮遇事項，總統、副總統因罷免、彈劾或判刑確定解職者，或卸任總統、副總統被彈劾確定者，不適用

該條例之禮遇。因此，總統、副總統於任期屆滿卸任後，雖已無從宣告解除其職務，惟彈劾程序尚有繼續進行之實益，故規定彈劾案件之進行，亦不因總統、副總統卸任而受影響。

又立法院聲請審理及判決之主要目的，既在使被彈劾人解除職務，如被彈劾人於判決宣示前，已主動辭職、因遭罷免去職或死亡時，則其職務業已解除，則該聲請已無實益，參考韓國憲法法院法第53條第2項之規定，增訂本條但書，明定憲法法庭應裁定不受理。

憲法訴訟法第75條規定：「宣告彈劾成立之判決，其評決應經大法官現有總額三分之二以上同意；主文並應諭知被彈劾人解除職務（第1項）。評決未達前項同意人數者，應為彈劾不成立之判決（第2項）。」由於總統、副總統彈劾案件經評議為「成立」者，被彈劾人應即解職，事涉國家重大憲政秩序，故判決門檻應取得高度之共識，應經大法官現有總額三分之二以上同意。至於參與評議之人數，應有大法官現有總額三分之二以上參與評議（同法第30條規定參照），而參與評議之大法官亦應以參與言詞辯論者為限（同法第26條第1項規定參照），附此敘明。

又依憲法增修條文第2條第10項規定，彈劾案件經憲法法庭判決成立時，被彈劾人應即解職，因此本條於第1項明文規定，以資明確。舊法關於審理政黨違憲解散案件評議未達可決人數時，「應為不予解散之判決」之規定，於審理總統、副總統彈劾案件時，可作相類之規定。

憲法訴訟法第76條規定：「憲法法庭應於收受彈劾案件聲請之日起六個月內為裁判。」為國家政局安定之考量，本條規定審理總統、副總統彈劾案件不宜延宕，明定審理期限為6個月。

六、政黨違憲解散案件

憲法訴訟法第77條規定：「政黨之目的或行為，危害中華民國之存在或自由民主之憲政秩序者，主管機關得聲請憲法法庭為宣告政黨解散之判決。」

依憲法增修條文第5條第5項及2017年制定公布之政黨法第2條及第26條規定，以內政部為政黨法之主管機關，因此政黨有憲法增修條文第5條第5項之情事應予解散者，由內政部檢具相關事證，聲請司法院憲法法庭審理之。

憲法訴訟法第80條規定：「宣告政黨解散之判決，其評決應經大法官現有總額三分之二以上同意（第1項）。評決未達前項同意人數時，應為不予解散之判決（第2項）。」

在「防衛性民主」理念之下[26]，肯定「憲法的自我防衛機制」，但政黨違憲解散案件仍不宜輕啟，憲法法庭判決宣告政黨違憲予以解散，應取得高度之共識，因此規定，判決應經大法官現有總額三分之二以上同意。至於參與評議之人數，本章並無特別之規定，適用第二章一般程序規定，依同法第30條，應經大法官現有總額三分之二以上參與評議，而參與評議之大法官亦應以參與言詞辯論者為限。

七、地方自治保障案件

（一）地方自治團體聲請中央之法規範違憲判決之情形

憲法訴訟法第82條第1項規定：「地方自治團體之立法或行政機關，因行使職權，認所應適用之中央法規範牴觸憲法，對其受憲法所保障之地方自治權有造成損害之虞者，得聲請憲法法庭為宣告違憲之判決。」

本條明定地方自治團體，其立法或行政機關因行使職權，認所應適用之中央法律或命令牴觸憲法，對憲法所保障之地方自治權有損害之虞者，賦予其憲法審查之聲請權。依司法院釋字第467號解釋之意旨，在地方自治團體於受憲法保障前提下，享有**自主組織權及對自治事項制定規章並執行之權限**。依憲法第十章、第十一章及憲法增修條文第9條第1項之規定，直轄市及省、縣地方制度受明文保障，是本條第1項所稱之地方自治團體，限於直轄市及省所監督之縣（市），而尚不及於鄉（鎮、市）。因此，比照憲法訴訟法第47條聲請權應由最高機關行使之意旨，本條第1項所稱之行政機關，**自係指直轄市政府及縣（市）政府，不包含鄉、鎮、市、區公所**。

同條第2項規定：「前項案件，準用第五十條至第五十四條規定。」由於本條第1項案件，性質屬「**法規範**」憲法審查，類似同法第47條國家最高機關聲請案件，關於其聲請書之記載事項、判決主文之諭知等規定，均可援

---

26 陳新民，《憲法學釋論》，三民，十版，2022年3月，578頁。

用，爰於第2項規定，故準用第50條至第54條規定。

　　在憲法訴訟法施行前，地方制度法亦有三個聲請釋憲之規定，第30條第5項之「地方自治法規違法違憲的聲請釋憲」、第43條第5項之「**地方議會議決自治事項違法違憲的聲請釋憲**」以及第75條第8項之「**地方行政機關辦理自治事項違法違憲的聲請釋憲**」。惟地方制度法上之聲請釋憲，係本於「自治監督」關係所設，故三個條文的聲請人均係「上級監督機關」。憲法法庭111年憲判字第6號判決認為：1.若本法無明文規定者，大法官得本於「程序自主權」而受理案件；2.如依其他法律而聲請釋憲者，依本法第1條第2項之規定，仍須合於本法所定各該訴訟類型及要件。

　　惟學者認為，**現今確並不存在地方自治團體行政機關有聲請地方自治條例為違憲的明文依據，是一種立法疏漏**，而憲法法庭111年憲判字第6號判決結論可能產生質變為對「地方自治團體聲請地方自治條例違憲」亦有適用，如此將對憲法訴訟法訴訟類型及其程序合法要件的認知及闡釋產生混淆[27]。對此，憲法訴訟法部分條文修正草案第1條第2項也修正為：「其他法律規定得聲請司法院解釋者，其聲請仍應依其性質，分別適用本法所定相關案件類型及聲請要件之規定。」

（二）地方自治團體聲請不利確定終局裁判違憲判決之情形

　　憲法訴訟法第83條第1項規定：「地方自治團體，就下列各款事項，依法定程序用盡審級救濟而受之不利確定終局『**裁判**』，認為損害其受憲法所保障之地方自治權者，得聲請憲法法庭為宣告違憲之判決：一、自治法規，經監督機關函告無效或函告不予核定。二、其立法機關議決之自治事項，經監督機關函告無效。三、其行政機關辦理之自治事項，經監督機關撤銷、變更、廢止或停止其執行。」

　　依地方制度法第30條、第43條及第75條之規定，對於地方自治團體之立法機關所議決之自治條例及自治事項，暨其行政機關所訂定之自治規則及所辦理之自治事項，設有「**合法性**」之監督機制，如有牴觸憲法、法律或法規命令等法規範，規定各該有監督權之主管機關得予以函告無效，或撤銷、變

---

27 吳信華，〈地方自治團體行政機關對自治條例的聲請釋憲〉，《月旦法學教室》，第239期，2022年9月，6頁以下。

更、廢止或停止其執行。由於自治監督機關認地方行政機關所辦理之自治事項，有違憲或違法情事，而予以撤銷，涉及各該法規範在地方自治事項時具體個案之事實認定、法律解釋，屬於有法效性之意思表示，性質上係行政處分，依司法院釋字第553號解釋闡釋，地方自治團體對此處分如有不服，本應循行政爭訟程序解決之，由該地方自治團體，依訴願法第1條第2項、行政訴訟法第4條提起救濟請求撤銷，並由訴願受理機關及行政法院就監督機關所為處分之適法性問題為終局之判斷。

　　衡諸地方自治團體應受憲法制度性保障，惟亦衡諸憲法設立釋憲制度之本旨，主要係授予釋憲機關從事規範審查權限，且基於釋憲機關之最後性，尚不及於具體處分違憲或違法之審理，是地方自治團體就其與自治監督機關因地方自治事項監督權之爭議，雖地方制度法第30條第5項、第43條第5項及第75條第8項之規定有得聲請司法院解釋之規定，惟依憲法訴訟法第1條第2項之意旨，其聲請程序應依其性質，適用所應依循之聲請解釋憲法之程序。地方自治團體既係基於憲法所保障之地方自治權受侵害，**類同於人民憲法所保障之基本權受侵害**，而得提起行政爭訟，則於其用盡審級救濟途徑，仍受有不利之確定終局裁判之情形下，應許其**類同於「人民」之地位，聲請憲法法庭為裁判憲法審查**。依地方制度法第32條第3項規定，自治法規依規定須經上級政府核定者，該上級政府如作成不予核定之決定，其不能公布或發布使之生效之結果，與同法第30條之函告無效之效果無異，故於本條項第1款明定自治法規，經監督機關函告不予核定，地方自治團體亦得提出本條項之聲請。

　　至於本條項第2款、第3款之規定，即有監督權之主管機關對於地方自治團體議決之自治法規或自治事項，或辦理之自治事項，認有違上位規範之疑義，應本其權責自為決定是否作成函告無效、不予核定或撤銷、變更、廢止或停止其執行等處分。是尚不宜容其略過地方制度法所定程序，而逕行聲請憲法法庭判決，以使其善盡監督之功能，並落實地方制度法之相關規定。因此，本條項不納有監督權之主管機關為是類案件之聲請人。

　　憲法訴訟法第83條第2項、第3項規定：「前項聲請，應於確定終局裁判送達後六個月之不變期間內為之（第2項）。第一項案件，準用第六十條、第六十一條及第六十二條第一項前段規定（第3項）。」由於第1項案件，**性質屬「準裁判」憲法審查**，爰於本項規定，因此比照第59條第2項規定，地

方自治團體之聲請應於6個月之不變期間內為之；又關於其聲請書之記載事項、受理之方式及裁判主文之諭知等規定，均可援用裁判憲法審查之相關規定，爰於第3項規定準用第60條、第61條及第62條第1項前段規定；憲法法庭如認地方自治團體之聲請有理由時，準用第62條第1項前段規定，應廢棄原確定終局裁判，發回管轄法院；至於其權限爭議之釐清及對於監督機關應如何行使其權限之具體指示，宜於理由內說明，俾使行政法院有所依循。

八、統一解釋法律及命令案件

憲法訴訟法第84條第1項規定：「人民就其依法定程序用盡審級救濟之案件，對於受不利確定終局裁判適用法規範所表示之見解，認與**不同審判權**終審法院之確定終局裁判適用同一法規範已表示之見解有異，得聲請憲法法庭為統一見解之判決。」

釋憲實務就現行條文所定「**確定終局裁判**」，就釋憲制度設計之意旨，係指聲請人已依法定程序**用盡審級救濟程序**之最終裁判而言。本條所定之「**法規範**」，依照過去的釋憲實務的見解（如司法院釋字第137、154、374、407號解釋），係包含法律、命令以及經法院裁判引用之行政機關函釋等。為維護訴訟法上審級制度之設計，實務上認人民聲請統一解釋須以不同審判體系其終審法院之確定終局裁判適用同一法令見解有異為前提，本條第1項乃將以明文化，定位所謂「統一解釋」應為「**不同審判權終審法院**」間所為確定終局裁判所適用「**法規範**」見解歧異之情形。

憲法訴訟法第84條第2項、第3項規定：「前項情形，如人民得依法定程序聲明不服，或後裁判已變更前裁判之見解者，不得聲請（第2項）。第一項聲請，應於該不利確定終局裁判送達後三個月之不變期間內為之（第3項）。」本條第2項係原司法院大法官審理案件法第7條第1項第2款但書修正而來，明定得依法定程序聲明不服或後裁判已變更前裁判之見解者，即不得聲請憲法法庭為統一見解之判決。又過去的司法院大法官審理案件法第7條第2項關於人民聲請統一解釋，規定應於裁判確定後3個月內為之，新法繼續沿用，於本條第3項明定，應自不利確定終局裁判送達後3個月之不變期間內為之。

問題思考

除憲法訴訟法第1條所規定的類型之外，是否還有其他法律的訴訟類型？

　　學說上認為，除了憲法訴訟法所規定的類型之外，法理上並不妨礙立法者於其他法律（依其各該法律關係）而有相關聲請釋憲規定之設置；此整體上當亦可歸類於「解釋憲法」或「統一解釋法令」之範疇中，而實與本法明文之各種訴訟類型並不相悖，亦無互相衝突或隸屬之關係，應視為各自特別之申請而屬於獨立的訴訟類型[28]。因此憲法訴訟法第1條第2項修正後規定：「其他法律規定得聲請司法院解釋者，其聲請仍應依其性質，分別適用本法所定相關案件類型及聲請要件之規定。」

　　所謂其他法律，如地方制度法第43條第5項：「第一項至第三項議決自治事項與憲法、法律、中央法規、縣規章有無牴觸發生疑義時，得聲請司法院解釋之。」及第75條第8項：「第二項、第四項及第六項之自治事項有無違背憲法、法律、中央法規、縣規章發生疑義時，得聲請司法院解釋之；在司法院解釋前，不得予以撤銷、變更、廢止或停止其執行。」及公民投票法第30條第3項：「立法院、直轄市議會或縣（市）議會依第一項第二款制定之法律或自治條例與創制案之立法原則有無牴觸發生疑義時，提案之領銜人得聲請司法院解釋之。」等規定，皆為得聲請司法院解釋之規定[29]。

九、司法院大法官解釋之效力

（一）個案之拘束力

1. 新制施行前釋憲實務

　　司法院釋字第177號解釋：「為符合司法院大法官會議法第四條第一項第二款，許可人民聲請解釋之規定，該解釋效力應及於聲請人據以聲請之案

---

28 吳信華，《憲法訴訟基礎十講》，元照，三版，2024年2月，15頁以下。
29 憲法法庭111年憲判字第6號判決，Rn. 41。

件，聲請人得依法定程序請求救濟。」

　　司法院釋字第193號解釋：「……至本院釋字第一七七號解釋所稱：『本院依人民聲請所為之解釋，對聲請人據以聲請之案件，亦有效力』，於聲請人以同一法令牴觸憲法疑義而已聲請解釋之各案件，亦可適用。」

　　司法院釋字第686號解釋：「本院就人民聲請解釋之案件作成解釋公布前，原聲請人以外之人以同一法令牴觸憲法疑義聲請解釋，雖未合併辦理，但其聲請經本院大法官決議認定符合法定要件者，其據以聲請之案件，亦可適用本院釋字第一七七號解釋所稱『本院依人民聲請所為之解釋，對聲請人據以聲請之案件，亦有效力』。本院釋字第一九三號解釋應予補充。」

　　按照原來司法院大法官案件審理法的舊法時期，對於聲請解釋之案件作成公布前，有原聲請人或原聲請人以外之人，以同一法令牴觸憲法疑義聲請解釋，未及合併辦理，應如何處理，並無補救規定。司法院釋字第193號解釋闡釋，於聲請人以同一法令牴觸憲法疑義而已聲請解釋之各案件，亦可適用；司法院釋字第686號解釋補充闡釋，原聲請人以外之人以同一法令牴觸憲法疑義，雖未合併辦理，但其聲請經認定符合法定要件者，亦可適用。

2. 憲法訴訟法之規定

　　憲法訴訟法第41條第1項規定：「憲法法庭就第三章、第四章、第七章及第八章聲請案件之判決，應以裁定宣告判決效力及於其他以同一法規範或爭議聲請而未及併案審理之案件。但該其他聲請案件，以於判決宣示或公告前已向憲法法庭聲請，且符合受理要件者為限。」已將司法院釋字第193號、第686號解釋明文化，由於同法第24條第1項但書規定，**故憲法法庭應將以同法規範聲請之案件合併審理**，惟為避免上開就已繫屬而未及併案辦理之情形發生，故於本條第1項本文規定，**許第三章聲請案件判決效力及於宣示或公告前已合法聲請卻未及併案之案件**。上開情形，亦可能發生於第四章機關爭議案件、第七章地方自治保障案件，以及第八章統一解釋法律及命令案件，亦有規範之必要，故亦於第1項本文併予規定。至於其他聲請案件，雖或係就同一法規範或爭議而為聲請，惟如於判決宣示或公告「後」始提出聲請，或不符合受理要件，本即無併案審理之必要及可能，爰設但書規定排除之。

　　憲法訴訟法第41條第2項規定：「前項裁定之評決，依案件性質準用第三十二條或第八十七條關於受理之規定，並應附具理由。」依本條第1項但

書之規定，第1項本文之裁定，以聲請案件符合受理要件為必要，是其評決之門檻，宜依各章案件受理之門檻而定，故明文規定，第三章、第四章及第七章案件，準用第32條關於受理之規定，第八章案件則準用第87條關於受理之規定。而憲法法庭就已聲請而未及併案之案件，審認是否確與該已宣示或公告判決之聲請案件屬就同一法規範或爭議而為聲請，並賦予其與該判決有同一效力，其效果上與經併案審理作成判決者無異，故本項裁定之性質實屬實體裁定，故規定應附具理由。

　　憲法訴訟法第41條第3項規定：「前二項規定於第五十九條及第八十三條案件，不適用之。」同法第59條人民聲請法規範憲法審查或裁判憲法審查案件，憲法法庭認人民之聲請有理由者，依第62條之規定，應於判決主文宣告該確定終局裁判違憲，並廢棄之，發回管轄法院；第83條第3項規定之地方自治保障案件準用第62條第1項前段規定，應與第59條人民聲請案件為相同之處理。本條第1項本文之裁定，尚不能達此效果，爰明文排除之。憲法法庭遇有已為聲請之第59條及第83條案件而未及併案者，仍應另為判決。

（二）通案之拘束力

1. 新制施行前釋憲實務

　　司法院釋字第185號解釋：「司法院解釋憲法，並有統一解釋法律及命令之權，為憲法第七十八條所明定，其所為之解釋，自有拘束全國各機關及人民之效力，各機關處理有關事項，應依解釋意旨為之，違背解釋之判例，當然失其效力。」

2. 憲法訴訟法之規定

　　憲法訴訟法第38條規定：「判決，**有拘束各機關及人民之效力；各機關並有實現判決內容之義務**（第1項）。前項規定，於憲法法庭所為之實體裁定準用之（第2項）。」所謂「各機關」，包括中央各機關及地方自治團體之立法及行政機關。所稱「並有實現判決內容之義務」，例如各法院應依憲法法庭判決之意旨為裁判、法令主管機關應修正相關法令及行政機關應據以執行等均是；又如法令經憲法法庭宣告違憲失效者，為保障受刑事確定終局裁判之聲請人權益，檢察總長得依職權或聲請提起非常上訴，亦屬之。因此，本條第1項係依司法院釋字第185號解釋意旨，並參酌德國聯邦憲法法院

法第31條裁判拘束力之規定明文化，**明定憲法法庭判決之效力，非僅及於聲請案件之當事人，而有對世效力。**

由於同法第41條之宣告有判決效力之裁定及第43條之暫時處分裁定，均係由憲法法庭以裁定之方式行之，惟其性質上屬對於聲請案件為實體裁定，自亦應使其有等同於判決之拘束效力，故有本條第2項之規定。

至於是否得聲請憲法法庭為變更之判決，憲法訴訟法第42條第1項規定：「法規範審查案件或機關爭議案件，經司法院解釋或憲法法庭判決宣告不違憲或作成其他憲法判斷者，除有本條第二項或第三項之情形外，任何人均不得就相同法規範或爭議聲請判決。」由於司法院解釋及憲法法庭之判決，**均有拘束各法院、機關、地方自治團體及人民之效力，且為維護憲法秩序之安定，解釋或判決均不宜輕易變更。**原則上非但不許該解釋或判決之當事人基於同一原因案件復聲請變更，亦不許當事人或當事人以外之任何人基於其他原因案件聲請變更。

憲法訴訟法第42條第2項規定：「各法院、人民或地方自治團體之立法或行政機關，對於經司法院解釋或憲法法庭判決宣告『未違憲之法規範』，因憲法或相關法規範修正，或相關社會情事有重大變更，認有重行認定與判斷之必要者，得分別依第三章或第七章所定程序，聲請憲法法庭為變更之判決。」本條項考量**法規範憲法審查機制之最高宗旨，仍在追求客觀法規範秩序之合憲性**，是法規範縱經司法院解釋或憲法法庭判決宣告未違憲，如因憲法或相關法規範有所修正，或相關社會情事已有重大變更，而有重行檢視審認予以變更或補充之必要時，應例外允許各法院、人民或地方自治團體之立法或行政機關，分別依第三章第二節、第三節及第七章所定聲請法規範審查之程序聲請判決變更前所作成之解釋或判決。至於國家機關或立法委員，**如對於「法規範」之合憲性仍有「疑義」，應本其憲法職權提案修正或為適當措施，故不賦予聲請變更判決之權。**

憲法訴訟法第42條第3項規定：「國家最高機關就『機關爭議事項』，有前項情形者，得依第四章所定程序，聲請憲法法庭為變更之判決。」國家最高機關就機關爭議事項，雖已經司法院解釋或憲法法庭判決作成判斷，然有本條第2項所定憲法或相關法規範修正，或相關社會情事有重大變更之情形者，基於公益及憲政秩序維護之考量，亦有賦予聲請變更判決權之必要。

問題思考

① 已被大法官認定違憲之法律，立法院是否不得再重新制定？即是否應承認重複立法之禁止（Normwiederholungsverbot）？

1. 否定說

司法院釋字第405解釋：「憲法第八十五條規定，公務人員之選拔，應實行公開競爭之考試制度，非經考試及格者不得任用，明示考試用人之原則。學校職員之任用資格，自應經學校行政人員考試或經高等、普通考試相當類科考試及格。中華民國七十九年十二月十九日修正公布之教育人員任用條例第二十一條所稱『適用各該原有關法令』，並不能使未經考試及格者取得與考試及格者相同之公務人員任用資格，**故僅能繼續在原學校任職，亦經本院釋字第二七八號解釋在案**。民國八十三年七月一日修正公布之教育人員任用條例第二十一條第二項中，關於『並得在各學校間調任』之規定，使未經考試及格者與取得公務人員任用資格者之法律地位幾近相同，與憲法第八十五條、第七條及前開解釋意旨不符，應自本解釋公布之日起失其效力。」亦即，新修正之教育人員任用條例第21條試圖不理會司法院釋字第278號解釋重複制定違憲的法律，司法院釋字第405號解釋再次以「司法院大法官……就憲法所為之解釋，……有拘束全國各機關及人民之效力」為由，宣示立法院行使立法權時，雖有相當廣泛之自由形成空間，但不得逾越司法院所為之憲法解釋，顯採否定說認定系爭修正規定違憲應自該號解釋公布之日起失效。

2. 肯定說

湯德宗教授主張，按「權力分立動態平衡」理論，違憲審查之司法機關與其他憲法機關間應有**「持續性的憲法對話」**。其他憲法機關自得本於其對於憲法認知之確信，依循憲法規定之決策程序（例如立法程序），再次作成其以為合憲之決定，以持續憲法對話。也就是即使立法院重複制定違憲的法律，大法官仍須重為實體審查，始得認定其為違憲，而不得以「立法自由形成空間逾越司法院所為憲法解釋」為由，逕行形式上阻止與其他憲法機關繼

續「憲法對話」[30]。

3. 本書觀點

　　本書認為，大法官屆次更替，每個世代價值觀不同，過去被認為違憲的法律，不代表現在或未來的價值判斷就會被宣告再次違憲。況且，大法官亦常以補充解釋的方式變更過去的見解，新制施行後依憲法訴訟法第42條第3項規定，國家最高機關既然得就機關爭議事項，聲請憲法法庭為變更之判決，那麼在論理上，立法院重複制定違憲的法律，由違憲審查機關再一次重新判斷（憲法對話），應無不可。故本書也贊成肯定說。

 自行為統治行為與立法裁量的司法審查界限？

1. 統治行為

　　所謂「統治行為」（Regierungsakte），指具有高度的政治性的政府行為。例如：國會自律、總理的施政方針及總統赦免行為或授予榮典均屬統治行為的範圍為不受法院管轄之高權行為[31]。在德國雖有學者提出「統治行為」的概念，作為司法審查之不成文界限；但多數學者則認為，所謂統治行為具高度政治性，而不受司法審查的看法欠缺充分理由；因為統治行為究屬行政權的一部分，故仍受平等原則及法治國原則的拘束，基於無漏洞之權利救濟的規範意旨，因此所謂不受司法審查之高權行為的概念，不應存在[32]。

　　然而，違憲審查制度本身就存在著「抗多數決的困境」（counter-majoritarian difficulty），職司違憲審查機關的大法官非由人民選舉產生，何以竟能推翻必須定期改選的政治部門（行政、立法）所為之決定？蓋國家統治權的行使終須獲得被統治者（人民）的「同意」，始具有民主正當性[33]。因此，本書認為屬於行政、立法兩權的核心領域、不涉及基本權侵害疑慮的

30 湯德宗，〈違憲審查正當性理論〉，收錄於氏著，《違憲審查與動態平衡——權力分立新論卷二》，天宏，增訂四版，2014年9月，40頁。

31 李建良，〈論德國「政府行為」理論與「不受法院管轄之高權行為」概念〉，《歐美研究》，第28卷第2期，1998年6月，48頁。

32 翁岳生等編，《行政訴訟法逐條釋義》，五南，三版，2021年10月，30頁。

33 湯德宗，〈違憲審查正當性理論〉，收錄於氏著，《違憲審查與動態平衡——權力分立新論卷二》，天宏，增訂四版，2014年9月，8頁。

單純高度政治敏感性的議題，仍應由政治部門以政治手段解決，司法機關宜儘量避免涉入政爭以免造成人民對司法的不信任。

　　我國釋憲實務上，如司法院釋字第419號解釋稱：「行政院院長於新任總統就職時提出總辭，係基於尊重國家元首所為之禮貌性辭職，並非其憲法上之義務。對於行政院院長非憲法上義務之辭職應如何處理，乃**總統之裁量權限，為學理上所稱『統治行為』之一種，非本院應作合憲性審查之事項……。」**亦採取對「統治行為」迴避的立場。

2. 立法裁量

　　基本上係指民意代表就有關國民整體之事項，立法者在形成各種制度時，即須斟酌政治情況、社會現實等各種因素，本於權力分立原則，司法權原則上應予以尊重[34]，隨著主筆大法官不同，釋憲實務有時稱為「立法裁量」，如：司法院釋字第803號解釋、憲法法庭111年憲判字第11號判決；有時稱為「立法形成自由或空間」如：司法院釋字第802號解釋、憲法法庭111年憲判字第13號判決，這種「政治決策空間」所要考慮的因素。有其他甚多的考慮要件，例如國內外的局勢、選民的支持、輿論的態度等。此種「政治判斷」儘量不宜由司法性質之違憲審查機關的判斷所能取代。這是「司法自制」的理念，不過度「自我膨脹」的寫照[35]。然而，畢竟憲法是政治性的法律，亦不能一遇到政治性爭議就拒絕審判。學說上有謂依權力分立原則下的「動態平衡」的概念，違憲審查機關只要克盡說明理由的義務，即有十足的正當性可與憲法上其他權力部門進行「憲法對話」，如此尚不至於如「司法積極主義」（judicial activism）那般「自由」，自然不會牴觸「司法自制」的精神。質言之，違憲審查機關應儘量尊重立法裁量，但若是未經思辨、不具理性之立法裁量，法院應斷然否決[36]。近來有主張若違憲審查機關不適時扮演積極的立法者（例如司法院釋字第748號解釋），則違憲宣告只不過是蒼白而無力的吶喊（例如司法院釋字第666號解釋），故憲法法院在不過早介入立法不作為的前提下（例如必須存在明確的憲法爭議下而必須由憲法法院與解釋），也必須被動地等待權利受侵害者或國家機關的個案聲請才能發

---

34 李惠宗，《憲法要義》，元照，九版，2022年9月，Rn. 27200。
35 陳新民，《憲法學釋論》，三民，十版，2022年3月，547頁。
36 湯德宗，〈違憲審查正當性理論〉，收錄於氏著，《違憲審查與動態平衡——權力分立新論卷二》，天宏，增訂四版，2014年9月，37頁以下。

動，並不違反權力分立，有其正當性的基礎[37]。

十、違憲解釋或判決結果之分類

（一）溯及失效

違憲法令一旦被宣告無效，即溯及既往而使該法令自始不發生效力。此舉有違法安定性原則，憲法法庭或大法官解釋宣告法規範違憲溯及失效者，似尚未見[38]，故目前不為違憲審查實務所採。

（二）立即失效

1. 新制施行前釋憲實務

中央或地方機關就其職權上適用同一法律或命令發生見解歧異，司法院依其聲請所為之統一解釋，除解釋文內另有明定者外，**應自公布當日起發生效力**。各機關處理引起歧見之案件及其同類案件，適用是項法令時，亦有其適用。司法院釋字第405號解釋：「八十三年七月一日修正公布之教育人員任用條例第二十一條第二項中，關於『並得在各學校間調任』之規定，使未經考試及格者與取得公務人員任用資格者之法律地位幾近相同，與憲法第八十五條、第七條及前開解釋意旨不符，應自本解釋公布之日起失其效力。」是指宣布時失其效力。再如：司法院釋字第781、782、783、791、807號解釋等。

2. 憲法訴訟法之規定

(1) 裁判

新法施行後，憲法訴訟法第37條規定：「裁判，**自宣示或公告之日起發生效力**（第1項）。未經宣示或公告之裁定，自送達之日起發生效力（第2項）。」將司法院釋字第188號解釋明文化，**因此大法官宣告違憲後，違憲**

---

37 許宗力，〈憲法法院作為積極的立法者〉，收錄於林建志主編，《憲法解釋之理論與實務（第十一輯）》，中央研究院法律學研究所，2021年12月，3頁以下。
38 吳燦，〈肇事駕駛人受強制抽血之憲法審查及取證之正當程序——憲法法庭111年憲判字第1號判決評析〉，《月旦裁判時報》，第121期，2022年7月，9頁。

法令立即失效是原則。同法第53條第1項規定：「判決宣告法規範立即失效或溯及失效者，於判決前已繫屬於各法院而尚未終結之案件，各法院應依判決意旨為裁判。」其立法意旨為審酌本法第38條規定憲法法庭之判決發生全面性拘束力，則應使在各法院繫屬中之所有案件，不再適用違憲之法規範。法規範受宣告立即失效者，各法院對於繫屬中而尚未終結之案件，應依憲法法庭判決意旨為裁判。而依歷來釋憲實務之慣例，**明定憲法法庭之判決宣告法規範違憲且應失效者，得為立即失效、溯及失效或定期失效之諭知，則三種不同之法規範違憲失效宣告模式，皆應明確規範其效力。**

　　由於憲法法庭判決諭知法規範違憲且立即失效或溯及失效者，法規範均自憲法法庭判決時起不再具規範效力，2023年6月修正第53條第1項，於原第1項規定新增「或溯及失效」，明示憲法法庭以判決宣告法規範立即失效或溯及失效者，各法院就判決前已繫屬而尚未終結之案件，原則上均不得再繼續適用因憲法法庭之判決而已失效之法規範，應依判決意旨為裁判，此項規定並與憲法第54條所定憲法法庭判決諭知法規範違憲且定期失效之效力相對應。又第1項係在規範法院就判決前已繫屬尚未終結之案件如何裁判，並非就案件應適用之法律因憲法法庭判決變更應適用之法律準據之一般性規範，應予指明。

　　同條第2項原規定：「判決前已適用前項法規範作成之刑事確定裁判，檢察總長得依職權或被告之聲請，提起非常上訴。」刑事確定裁判重在實質正義，於此理念下，沒有人可以被強制加諸一個以違憲刑事法律為基礎之刑罰的非難，故本項規定，就已確定之刑事裁判，檢察總長如認確定裁判係依此違憲規定作成者，得依職權或依被告之聲請，提起非常上訴。但得提起非常上訴之規定為何不是規定於刑事訴訟法，而是憲法訴訟法？故與其規定得提起非常上訴，本書認為，不如思考未來修法規定檢察官於起訴前聲請釋憲的可能性，使人民的權利及早獲得救濟。

　　2023年6月修法後，第2項規定為：「判決前適用立即失效之法規範作成之確定裁判，其效力除法律另有規定外，不受影響。」蓋憲法法庭宣告法規範違憲且立即失效者，法規範係自判決宣示或公告時起向後失效，相對於憲法法庭宣告法規範溯及失效而言，側重法安定性之維護，明定於憲法法庭判決前，適用立即失效違憲法規範作成之確定裁判，其效力不受影響，以維護法安定性。此所指之效力，亦包含確定裁判之執行力。不過此一原則，如法

律另為規定時，則依其規定，以作為例外之調整，容由法律依不同事物領域之規範要求，另為形成之空間。

　　同條第3項規定：「判決前以溯及失效之法規範為基礎作成之確定裁判，得依法定程序或判決意旨救濟之；其為刑事確定裁判者，檢察總長得據以提起非常上訴。」所指「判決前以溯及失效之法規範為基礎作成之確定裁判」文義上亦包含刑事確定裁判在內；所指「法定程序」，指依相關法律所定之既有程序救濟，並受該法定程序之規範。因此，於憲法法庭判決前以該溯及失效法規範為基礎作成之確定裁判，各該裁判均得循聲請再審、提起再審之訴、第三人撤銷訴訟、重新審理、事後撤銷訴訟，或法院依法自為撤銷變更等法定程序，由法院就業已確定之裁判重為審判；**其倘屬刑事確定裁判，依現行刑事訴訟法，既基於溯及失效法規範所作成，本質上自屬違背法令，得由檢察總長依法提起非常上訴。**本項之規定，旨在賦予以違憲且溯及失效之法規範為基礎而作成之確定裁判，因憲法法庭之判決而有一般性、溯及性之個案救濟，以實現憲法法庭判決宣告法規範違憲溯及失效，溯及滌除法規範效力於過去所生違憲狀態之意旨。

(2) 法規範

　　憲法訴訟法第63條規定：「本節案件判決宣告法規範立即或溯及失效者，除本法別有規定外，準用第五十三條規定。」關於宣告法規範立即失效，各法院就審理中案件之處理方式及判決對於已確定之終局裁判之影響，應均可援用，故規定準用本法第53條規定。聲請案件所審查之原因案件確定終局裁判經廢棄發回後，該受發回應再為審理原因案件之法院，應依判決宣告法規範違憲並立即失效之意旨為裁判，自不待言。

　　亦即，依據憲法訴訟法第63條，準用第53條第1項規定，對於原因案件與類似案件（判決前已繫屬於各法院而尚未終結之案件），各法院應依判決意旨為裁判）。但對於刑事確定裁判設有例外之效果，這是由於考量到無法以違憲刑事法律為基礎對人施加刑罰，賦予檢察總長得依職權或被告之聲請提起非常上訴（第53條第3項）。又為考量到確定裁判之法律安定性，因此對於刑事以外之其他確定裁判，效力不受影響，但於違憲範圍內不再執行（第53條第2項）[39]。

---

39 王韻茹，〈裁判憲法審查之裁判結果、宣告方式與效力〉，《月旦法學雜誌》，第318

　　如果法規範並不違憲，但被裁判適用成違憲結果的情形。依新制，人民亦得直接針對該裁判聲請釋憲；但若法規範未被宣告違憲，僅刑事確定裁判本身被宣告違憲情形，釋憲原因以外的其他案件，究竟應如何處理？可能是立法漏洞，有學者建議比照裁判適用法規範亦被宣告違憲之情形，對於具有相同違憲情事之釋憲原因以外刑事案件，給予非常上訴救濟[40]。

（三）定期失效（落日條款）

1. 新制施行前釋憲實務

　　司法院釋字第208號解釋稱：「稅法規定由法院裁定之罰鍰，其處理程序應以法律定之，以符合憲法保障人民權利之意旨。本院院解字第三六八五號、第四○○六號解釋及行政院於中華民國61年10月12日修正發布之財務案件處理辦法，係法制未備前之措施，均應自本解釋公布之日起，至遲於屆滿二年時失其效力。」再如：司法院釋字第724、730、733號解釋等。此種宣告方式，往往在於法安定性的考量。但是在個案救濟方面不免延宕[41]。關於定期失效宣告之解釋的效力，司法院釋字第725號以補充解釋肯認，效力溯及於**聲請人**之原因案件，得為聲請再審或提起非常上訴。同樣地，司法院釋字第741號解釋也是以補充解釋再次確立，定期宣告之解釋及於**各該解釋之聲請人**的原因案件，得為聲請再審或提起非常上訴。這一來是保障聲請人權益以及獎勵憲法貢獻，必須給予個案獲得救濟之機會。二來也是基於聲請人釋憲使得憲法規範意旨得以釐清而對公益有所貢獻，必須給予特別優惠[42]。

2. 憲法訴訟法之規定

(1) 各級法院審理中案件

　　新法施行後，憲法訴訟法第54條第1項規定：「判決宣告法律位階法規範定期失效者，除主文另有諭知外，於期限屆至前，各法院審理案件，仍應適用該法規範。但各法院應審酌人權保障及公共利益之均衡維護，於必要時

期，2021年11月，44頁。

40 林鈺雄，〈裁判憲法訴訟新制──刑事訴訟法作為應用憲法的新挑戰〉，《月旦法學雜誌》，第322期，2022年3月，38、48頁以下。

41 林超駿，〈試論刑案釋憲溯及效力〉，收錄於林建志主編，《憲法解釋之理論與實務（第十一輯）》，中央研究院法律學研究所，2021年12月，381頁。

42 王韻茹，〈裁判憲法審查之裁判結果、宣告方式與效力〉，《月旦法學雜誌》，第318期，2021年11月，39頁。

得依職權或當事人之聲請,裁定停止審理程序,俟該法規範修正後,依新法續行審理。」為維持法秩序之安定,**法規範經宣告「定期失效」者,於期限屆至前,該法規範仍屬現行有效之法令。**於本節案件宣告法律位階法規範定期失效者,除憲法法庭另有諭知外,於失效期日屆至前,各法院仍應適用該法規範。惟個案情形不一,各法院亦得考量該經違憲宣告但尚未失效之法規範於個案之影響,審酌人權保障及公共利益之均衡維護,以裁定停止審理程序,等待依新法再續行審理,於法院未依職權裁定停止時,故本條第1項但書規定,亦許當事人提出聲請,至於未達法律位階之法規範(例如行政命令或行政函釋等),各法院於審判案件時,本得依法表示適當之見解,參照司法院釋字第137、216、407號解釋,不受該法規範拘束。

同條第2項規定:「駁回前項聲請之裁定,得為抗告。」各法院駁回第1項停止審理聲請之裁定,性質上屬訴訟程序中所為之裁定,原不得抗告,惟為保障聲請人之權益,故於第2項明定聲請人得提起抗告。至其相關程序規定,則依各訴訟法之規定。

(2) 審理原因案件之法院

憲法訴訟法第64條第1項規定:「判決宣告法規範定期失效者,於期限屆至前,審理原因案件之法院應依判決宣告法規範違憲之意旨為裁判,不受該定期失效期限之拘束。但判決主文另有諭知者,依其諭知。」就主觀權利保護之觀點,聲請案件所審查之**「原因案件」**確定終局裁判經廢棄發回後,對於**「原因案件」**如何審理,則應有相當之配合機制,故明定該受發回應再為審理原因案件之法院,不受憲法法庭判決定期失效所定期間之拘束,而應依憲法法庭宣告法規範違憲之意旨為裁判。又因個案情形不一,憲法法庭如另有諭知者,應依其諭知,故增訂第1項同項但書之規定。

同條第2項規定:「前項法規範定期失效之情形,各法院於審理其他案件時,準用第五十四條規定。」有關法規範憲法審查之案件,憲法法庭為立法準備之考量,宣告法規範定期失效者,期限屆至前該法規範仍然存在,同法第54條關於法規範定期失效於原因案件**「以外」**之各法院繫屬中案件,亦應同此處理,故於本條第2項規定準用之。

如聲請釋憲係由法官聲請的部分,則依第58條規定:「第五十一條至第

五十四條規定，於本節案件準用之[43]。」準用第54條第1項前段：「判決宣告法律位階法規範定期失效者，除主文另有諭知外，於期限屆至前，各法院審理案件，仍應適用該法規範。」之規定，然而，這類的條文原本是就「機關及立法委員聲請法規範違憲所規定者」，原本並無所謂原因案件可言，故對於為「違憲定期失效」期間內對此類型下原因案件當事人可否救濟的問題，並未真正規範。因此，依照準用的規定，則法官可能仍應適用該「違憲，但未失效之法規範」下裁判，但如此操作當不符法官聲請違憲審查之本意。故學者建議，憲法法庭或於判決主文中為相關諭知，例如特別針對聲請法院就原因案件之審理為相關指示或依第54條第1項之但書為處理，即「聲請法院」包含於「各法院」中，而「應審酌人權保障及公共利益之均衡維護，於必要時得依職權或當事人之聲請，裁定停止審理程序，俟該法規範修正後，依新法續行審理」。如此操作方合於法理[44]。

（四）相對失效

　　司法院釋字第152號解釋稱：「……與上開意旨不合部分，應予變更。」或司法院釋字第259號解釋稱：「在此項法律未制定前，現行法規應繼續有效。」

---

43 參照立法理由：「一、本節案件與前節（第三章第一節關於國家機關、立法委員聲請案）所設規定，均為法規範憲法審查之程序。該節第51條及第52條所定憲法法庭判決主文諭知違憲、法規範失效期限等規定，除審查客體為命令位階法規範之規定外，於本節法院聲請之案件亦有準用，爰予規定。二、前節第53條第1項及第54條關於未裁判確定之案件，各法院應如何裁判部分：除憲法法庭判決對於本節聲請案件有個案性質之諭知外，前節之上開規定，於聲請法院及其他各法院一體援用，說明如下：（一）法規範立即失效：聲請案件之原因案件與其他各法院審理之案件，均屬本法第53條第1項所稱之判決前已繫屬而尚未終結之案件，聲請法院與其他各法院均應依判決意旨為裁判。（二）法規範定期失效：聲請法院審理原因案件與其他各法院審理案件，均應依本法第54條規定，仍應適用該規範，或依但書之規定裁定停止審理程序；法院如裁定駁回當事人之聲請，依第54條第2項規定，得為抗告。三、至於已確定之裁判，則得準用本法第53條第2項、第3項規定。」

44 吳信華，〈「法規範違憲定期失效」對原因案件的救濟〉，《月旦法學教室》，第231期，2022年1月，10頁以下；吳信華，《憲法訴訟基礎十講》，元照，二版，2022年7月，125頁。

（五）直接以解釋或判決代替立法

例如：司法院釋字第737、747、748、762、763號解釋、憲法法庭111年憲判字第1號判決及憲法法庭111年憲判字第16號判決。但這種做法，是有司法權侵犯立法權而違反權力分立之虞的。近來有文獻主張若違憲審查機關不適時扮演積極的立法者的話，則違憲宣告只不過是蒼白而無力的吶喊（例如司法院釋字第666號解釋，其實大法官的意思是傾向娼嫖都不罰，但立法者修法的結果卻娼嫖都處罰），故憲法法院在不過早介入立法不作為的前提下（例如必須存在明確的憲法爭議下而必須由憲法法院解釋），也必須被動地等待權利受侵害者或國家機關的個案聲請才能發動，並不違反權力分立，有其正當性的基礎[45]。

十一、暫時處分

大法官在作成實體解釋之前到底能不能如同民事訴訟或行政訴訟先為保全處分的裁定，舊法時期的司法院大法官審理案件法並未明文規定，司法院釋字第585號解釋採肯定的見解稱：「大法官依憲法規定，獨立行使憲法明文規定之上述司法核心範圍權限，乃憲法上之法官。憲法解釋之目的，在於確保民主憲政國家憲法之最高法規範地位，就人民基本權利保障及自由民主憲政秩序等憲法基本價值之維護，作成有拘束力之司法判斷。*為符司法權之本質，釋憲權之行使應避免解釋結果縱有利於聲請人，卻因時間經過等因素而不具實益之情形發生。是為確保司法解釋或裁判結果實效性之保全制度，乃司法權核心機能之一，不因憲法解釋、審判或民事、刑事、行政訴訟之審判而有異。*」

司法院釋字第599號解釋採肯定的見解稱：「*如因系爭憲法疑義或爭議狀態之持續、爭議法令之適用或原因案件裁判之執行，可能對人民基本權利、憲法基本原則或其他重大公益造成不可回復或難以回復之重大損害，而對損害之防止事實上具急迫必要性，且別無其他手段可資防免時，即得權衡作成暫時處分之利益與不作成暫時處分之不利益，並於利益顯然大於不利益*

---

45 許宗力，〈憲法法院作為積極的立法者〉，收錄於林建志主編，《憲法解釋之理論與實務（第十一輯）》，中央研究院法律學研究所，2021年12月，3頁以下。

時，依聲請人之聲請，於本案解釋前作成暫時處分以定暫時狀態。據此，聲請人就戶籍法第八條第二項及第三項規定所為暫時處分之聲請，應予准許。」此即所謂的暫時處分。

憲法訴訟法第43條第1項規定：「聲請案件繫屬中，憲法法庭為避免憲法所保障之權利或公益遭受難以回復之重大損害，且有急迫必要性，而無其他手段可資防免時，得依聲請或依職權，就案件相關之爭議、法規範之適用或原因案件裁判之執行等事項，為暫時處分之裁定。」

定暫時狀態之假處分為訴訟法上保全程序之重要規定（行政訴訟法第298條第2項、民事訴訟法第538條及德國聯邦憲法法院法第32條參照），鑑於釋憲實務上，司法院釋字第585號解釋於理由書就暫時處分作成之要件已詳予闡述，且司法院釋字第599號解釋復曾就戶籍法作成暫時處分在案，本條乃將上開解釋明文化，明定其聲請要件及裁定之程序。大法官依據憲法獨立行使憲法解釋及憲法審判權，為確保其解釋或裁判結果實效性之保全制度，乃司法權核心機能之一，不因憲法解釋、審判或民事、刑事、行政訴訟之審判而異；且因該制度具基本權利與公共利益重要性，屬法律保留範圍，應有法律明文規定，本條第1項乃司法院釋字第585號、第599號解釋的明文化。

同條第2項規定：「憲法法庭為前項裁定前，得命當事人或關係人陳述意見或為必要之調查。」暫時處分之聲請案件，在於因應有急迫必要之情事，性質上不以經言詞辯論為必要；惟憲法法庭於裁定作成前，除當事人書面提供資料外，仍得視案件之需要行任意之言詞辯論，給予當事人或關係人到場陳述意見之機會，或者為其他必要之調查。

同條第3項規定：「暫時處分之裁定，應經大法官現有總額三分之二以上參與評議，大法官現有總額過半數同意，並應附具理由。」暫時處分之裁定，性質上屬實體裁定，具有定暫時法律狀態之效果且其影響重大，其參與評議及評決之人數應較一般裁定之評決門檻為高，宜與判決相同，因此規定應經大法官現有總額三分之二以上參與評議，大法官現有總額過半數同意。此外，依司法院釋字第585號解釋，憲法法庭尚應為利益之權衡，惟於權衡作暫時處分之利益與不作成暫時處分之不利益，並於利益顯然大於不利益時始得為之。凡此，均應於准許暫時處分之裁定中予以說明，所以本項規定此種裁定應附具理由。

　　同條第4項規定:「暫時處分有下列情形之一者,失其效力:一、聲請案件業經裁判。二、裁定後已逾六個月。三、因情事變更或其他特殊原因,經憲法法庭依前項之評決程序裁定撤銷。」暫時處分係為確保裁判結果實效性之保全制度,第1款之規定如本案聲請案件已經裁判,悉依本案裁判之諭知,其效力自不應繼續存在。由於暫時處分之性質,僅係保全程序,不宜使其效力期間過長,故第2款規定暫時處分後逾6個月即失其效力。但此時如本案聲請案件仍未裁判,而有續定暫時狀態之必要者,憲法法庭自得依第1項規定再為暫時處分。暫時處分之影響重大,第3款規定如因情事變更或其他特殊原因,例如:(一)原來暫時處分之法定要件已不具備;(二)被彈劾人已卸任無停止其職權之必要等,憲法法庭均得依作成暫時處分裁定之程序撤銷原暫時處分之裁定。

　　憲法訴訟法施行後,就「改定未成年子女權利義務行使負擔等事件之聲請暫時處分事件」,憲法法庭於2022年3月18日作成111年憲暫裁字第1號裁定,該裁定稱:「就跨國父母之情形,如何適當酌定其對未成年子女權利義務之行使或負擔,對未成年子女身心能否健全發展之憲法權利關係尤切[46]。於定對於未成年子女權利義務之行使或負擔之暫時處分事件,如決定不當,確足使未成年子女身心健全發展之憲法權利遭受難以回復之重大損害。上開確定終局裁定係維持第一審裁定聲請人應將該未成年子女交付之暫時處分,**但此暫時處分之執行,對於該未成年子女憲法權利之影響至鉅,然上開確定終局裁定有無牴觸憲法,仍待本庭進行憲法審查,且上開確定終局裁定已進入強制執行程序,本件確具急迫性與必要性,而無其他手段可資防免,本庭認本件確有准予暫時處分之必要。**」乃裁定最高法院111年度台簡抗字第13號確定終局裁定(含臺灣臺北地方法院108年度家暫字第46號家事裁定),於憲法法庭111年度憲民字第192號聲請人聲請裁判憲法審查案件裁判宣告前,應暫時停止執行。

　　最近一次的暫時處分裁定,係因2024年6月24日立法院職權行使法修正條文及刑法第141條之1等規定,其他相關憲法機關認為有違憲疑慮而聲請釋憲。立法委員柯建銘等51人(113年度憲立字第1號)、行政院(113年度憲

---

46 此次一去,孩子將受到無可回復的受國民教育權、在臺灣的生存權、母女人格尊嚴、婦幼安全等無可回復的損害。

國字第1號）、總統賴清德（113年度憲國字第2號）及監察院（113年度憲國字第3號），分別就其行使職權或因行使職權所適用之法規範，認有牴觸憲法部分，向憲法法庭聲請法規範憲法審查，並同時聲請暫時處分，暫時停止適用上開法律規定。

憲法法庭收受上開聲請案後，依憲法訴訟法第43條第2項及憲法法庭審理規則第53條等規定，調查暫時處分之必要性及其範圍，於2024年7月10日下午公開行準備程序，通知聲請人及指定相關機關立法院到庭陳述意見並為必要之調查。經斟酌聲請意旨及指定相關機關之言詞及書面陳述內容，憲法法庭於2024年7月19日就暫時處分部分作成113年憲暫裁字第1號裁定：「中華民國113年6月24日修正公布之立法院職權行使法第15條之4、第25條、第29條之1第3項、第30條第3項、第30條之1第1項、第2項、第45條、第46條之2第3項、第47條、第48條第2項、第59條之1第1項關於調查委員會與調查專案小組部分、第59條之3第2項、第59條之5第2項、第4項、第5項、第6項及刑法第141條之1規定（詳如附表二），自本裁定公告之日起，暫時停止適用。二、113年6月24日修正公布前之立法院職權行使法第25條、第45條及第47條規定得暫予適用。三、其餘暫時處分之聲請駁回。」

大法官的理由，大致係如因案件相關法規範之適用，可能對憲法所保障之權利或公益造成難以回復之重大損害，且對損害之防止有急迫必要性，除為暫時處分外，別無其他手段可資防免損害之發生時，憲法法庭經權衡作成暫時處分之利弊，於利大於弊時，即得依聲請或依職權，作成暫時處分，以定暫時狀態（司法院釋字第585號及第599號解釋意旨參照）。由於立法院職權行使法係立法院就自身憲法職權之行使所為立法，其中如涉及其他憲法機關職權之規定，特別是對其他憲法機關及其成員課予憲法並無明文之法律上義務，即可能衝擊其與相關憲法機關間之憲法職權與功能之分際，連動影響憲法權力分立制度之具體展現，甚至改變憲法權力結構，從而引發立法者是否逾越其憲法職權、侵犯其他憲法機關職權範圍等，有關憲法權力分立原則之違憲疑義。

林騰鷂教授認為憲法法庭113年憲暫裁字第1號之裁定，對於總統及監察院未依憲法訴訟法第65條第1項規定，踐行前置協商程序，有違憲法訴訟法第65條第1項規定所揭示「司法最後性原則」、「司法權不過早介入原則」之憲政原理的程序質疑，均無片言隻字之交代。雖憲法增修條文第4條第3項

並無總統國情報告完畢後，尚須即時口頭回答或於會後書面答覆立法委員提問之明文。大法官認為立法院逕於規範自身職權行使之法律中，課予總統應即時或限期回應立法委員口頭或書面提問之義務，有牴觸憲法疑義。此一單就文義為解釋之做法，完全違背在憲法規定缺漏時，過去大法官均依憲法體系為解釋的做法，乃嚴重缺失[47]。

　　而廖元豪教授則認為在憲法裁判，法律與政治的確不容易完全區分。大法官更要有智慧，盡可能說服社會大眾與法學界，其等是基於「法理」而非純「政治」來裁判的。司法權是受法所拘束的權力，是「解釋」憲法而非自行「創造」憲法規範。大法官不只要自認做到這一點，更要讓絕大多數人民「相信」大法官「不是政治判斷」，憲法裁判方有正當性。假如憲法法庭有明確政治傾向，司法權定紛止爭的功能將蕩然無存[48]。

47 林騰鷂，〈勿忘憲政核心在於責任政治〉，https://udn.com/news/story/7339/8114894，最後瀏覽日，2024年7月24日。
48 廖元豪教授，〈憲法裁判的政治可預測性〉，https://udn.com/news/story/7340/8119369，最後瀏覽日，2024年7月26日。

選擇題練習

1　依現行憲法規定，關於司法院大法官任期之說明，除院長及副院長以外者，下列敘述何者錯誤[49]？

(A) 不得連任

(B) 任期個別計算

(C) 不分屆次

(D) 任期9年　　　　　　　　　　　　　　　　　　　　　【100司法官】

2　依司法院釋字第539號解釋，有關「免兼庭長之人事行政行為」，下列敘述，何者錯誤[50]？

(A) 該行為僅免除庭長之行政兼職

(B) 該行為對其擔任法官職司審判之職權無損

(C) 該行為對其既有之官等、職等、俸給有不利之影響

(D) 該行為之性質屬機關行政業務之調整　　　　　　　　【100律師】

3　依司法院釋字第539號解釋，庭長、審判長與法官之關係，下列敘述何者錯誤[51]？

(A) 兼任庭長之法官與未兼行政職務之法官，二者就法官本職在法律上得享有之權利及利益皆無差異

(B) 憲法第81條所保障之身分對象，應包括職司獨立審判之法官與監督司法行政事務之庭長

(C) 審判長係為統一指揮訴訟程序而設

(D) 充任審判長之法官與充當庭員之法官共同組成合議庭時，審判長除指揮

---

49 (D)，參照憲法增修條文第5條第2項。
50 (C)，參照司法院釋字第539號解釋。
51 (B)，參照司法院釋字第539號解釋。

訴訟外，於審判權之行使及對案件之評決，其權限與庭員並無不同

【101司法官】

4 下列敘述何者錯誤[52]？

(A) 司法院院長任期為8年

(B) 自民國92年起司法院大法官不再區分屆次，任期8年，個別計算，並不得連任

(C) 司法院大法官組成憲法法庭，審理政黨違憲解散及總統、副總統彈劾案件

(D) 司法院大法官除法官轉任者外，並不適用法官終身職待遇之規定

【101律師】

5 有關於我國司法院大法官釋憲制度，下列敘述何者正確[53]？

(A) 大法官可以連任一次

(B) 大法官屬於憲法上的法官，在任期中受身分保障

(C) 大法官審理憲法爭議解釋案件時，應組成憲法法庭

(D) 司法院院長不具大法官身分

【103司律】

6 法官依據法律獨立審判，不但為憲法第80條所明定，亦屬於法治國原則之內涵的一部分，依目前司法院解釋，請問下列敘述何者正確[54]？

(A) 法官認為判例違憲，得聲請大法官解釋

(B) 法官可以在個案中逕行拒絕適用他認為牴觸憲法的法律

(C) 法官可以在個案中逕行拒絕適用他認為牴觸法律的法規命令

(D) 法官縱認判例違憲，審判時仍須受該判例拘束

【103司律】

---

52 (A)，參照憲法增修條文第5條第2項。
53 (B、C)，參照司法院釋字第601號解釋。
54 (C)，參照司法院釋字第216號解釋。

7 依司法院釋字第539號解釋，足以影響因法官身分及其所應享有權利或法律上利益之人事行政行為，須如何為之[55]？
(A) 據法律始得為之
(B) 以憲法明定者為限，始得為之
(C) 由司法行政監督機關以命令為之
(D) 由法官自治組織以決議行之　　　　　　　　　　　　【104司律】

8 依司法院釋字第601號解釋，下列敘述，何者錯誤[56]？
(A) 大法官就任前職務為法官者，在任期中應受憲法第81條關於法官「非依法律不得減俸」規定之保障
(B) 大法官就任前職務非法官者，在任期中不受憲法第81條關於法官「非依法律不得減俸」規定之保障
(C) 大法官為唯一有權宣告法律違憲之機關
(D) 大法官與一般法官相同，均為憲法上之法官　　　　【104司律】

9 大法官的權限不包含下列何者[57]？
(A) 解釋憲法
(B) 統一解釋法律及命令
(C) 審理法官彈劾事項
(D) 審理政黨解散事項　　　　　　　　　　　　　　　【105司律】

---

55 (A)，參照司法院釋字第539號解釋。
56 (B)，參照司法院釋字第601號解釋。
57 (C)，參照憲法第78條。

10 憲法第80條規定：「法官須超出黨派以外，依據法律獨立審判，不受任何干涉」。故在現行司法制度下，除各級普通法院法官以外，下列何者相當於前開法條所規定之「法官」[58]？

(A) 地方法院檢察署檢察官

(B) 地方法院公設辯護人

(C) 公務員懲戒委員會委員

(D) 檢察總長

(E) 司法院大法官　　　　　　　　　　　　　　　　【105司律（複選）】

11 下列何者之決定具有法院裁判之性質[59]？

(A) 會計師懲戒覆審委員會

(B) 公務人員保障暨培訓委員會

(C) 律師懲戒委員會

(D) 教師評審委員會　　　　　　　　　　　　　　　　　　　【107司律】

12 依司法院大法官解釋，關於法官身分之敘述，下列何者正確[60]？

(A) 大法官雖得組成憲法法庭審理政黨違憲解散事項，仍與一般司法裁判不同，故不具法官地位

(B) 大法官縱不為個案之事實認定，惟亦同為審判之一環，亦屬憲法上法官

(C) 大法官有固定任期，與憲法第81條法官為終身職有別，故非憲法上法官

(D) 法院院長及各庭庭長之職位均屬憲法第81條之身分保障對象

　　　　　　　　　　　　　　　　　　　　　　　　　　　　【108司律】

---

58 (C、E)，參照法官法第2條第1項。

59 (C)，參照司法院釋字第378號解釋。

60 (B)，參照司法院釋字第601號解釋。

13 關於憲法第80條「法官須超出黨派以外，依據法律獨立審判，不受任何干涉」之規定，依司法院大法官解釋及現行法制，下列敘述何者錯誤[61]？

(A) 大法官亦為憲法第80條之法官

(B) 「依據法律獨立審判」在解釋上包含不得違反憲法

(C) 「超出黨派以外」，依法官倫理之法律規範，包含法官不得參加政黨活動

(D) 「不受任何干涉」在解釋上包含司法院不得發布規範法官審理事項之規則 　【109司律】

14 依司法院大法官解釋意旨，有關「政治問題」之敘述，下列何者正確[62]？

(A) 國會與政府間互動行為所產生之爭議，皆屬「政治問題」

(B) 中華民國固有疆域範圍之界定，屬於「政治問題」

(C) 立法院拒絕行使監察委員之同意權，屬於「政治問題」

(D) 立法委員選區劃分之爭議，皆屬「政治問題」 　【109司律】

15 甲、乙、丙三家公司因囤積物資，被主管機關依同一法律各處1億元罰鍰。甲、乙不服，提起行政爭訟，於敗訴確定後，各自聲請大法官解釋，分別經大法官受理。嗣大法官就甲之聲請宣告法律違憲，並諭知該規定於1年後失其效力。丙未提起行政救濟，亦未聲請大法官解釋。下列敘述何者正確[63]？

(A) 僅甲、乙得提起再審之訴

(B) 甲、乙、丙均得提起再審之訴

(C) 僅甲得提起再審之訴

(D) 甲、乙、丙均不得提起再審之訴 　【109司律】

---

61 (D)，參照司法院釋字第530號解釋。
62 (B)，參照司法院釋字第328號解釋。
63 (A)，參照司法院釋字第686號解釋。

16 有關司法獨立之敘述，下列何者正確[64]？

(A) 司法院之年度司法概算，由司法院直接提送立法院審議

(B) 大法官皆受終身職待遇之保障

(C) 法官非依法律不得減俸

(D) 司法院概不得就審理事項發布規則 　　　　　　　　　【110司律】

17 各級法院法官於審理案件時，對於應適用之法律，認為有牴觸憲法之疑義者，如何處理[65]？

(A) 自行審查，於認定法律為違憲後，於個案中拒絕適用之

(B) 自行裁定停止訴訟程序，聲請司法院解釋

(C) 自行審查，於認定法律為違憲後，宣告法律違憲並失效

(D) 須呈請所屬法院院長核可後，裁定停止訴訟程序，聲請司法院解釋 　　　　　　　　　【110司律】

18 法官於審判案件時，對於下列何者可予以引用，但仍得依據法律，表示適當之不同見解[66]？

(A) 身心障礙者權利公約中保障身心障礙者人權之規定

(B) 緊急命令

(C) 行政函釋

(D) 司法院大法官之憲法解釋 　　　　　　　　　【110司律】

---

64 (C)，參照憲法第81條、司法院釋字第601號、第530號解釋。
65 (B)，參照司法院釋字第371號解釋。
66 (C)，參照司法院釋字第216號解釋。

19 關於司法院之敘述，下列何者正確[67]？

(A) 司法院之年度預算由司法院逕送立法院審議

(B) 立法院開會時，司法院院長應列席陳述意見

(C) 法官非依法律不得減俸

(D) 司法院大法官皆受終身職待遇之保障　　　　　　　【111司律】

20 關於人民聲請法規範憲法審查案件，下列何者為憲法訴訟法制定前，舊制法有明文規定之事項[68]？

(A) 案件須具憲法重要性，或為貫徹聲請人基本權利所必要者，方受理之

(B) 應於不利確定終局裁判送達後6個月之不變期間內，提出聲請

(C) 所為之解釋得諭知執行種類及方法

(D) 審查庭得以一致決為不受理之裁定，並應附理由　　【111司律】

21 甲為常任文職公務員，國家基於甲公務員身分所為之行為，下列何者係屬於司法院之職權[69]？

(A) 對於甲實施訓練

(B) 對甲之工作條件保障措施

(C) 對於甲提出彈劾

(D) 對於甲施以懲戒　　　　　　　　　　　　　　　【111司律】

---

67 (C)，參照憲法增修條文第5條第6項、憲法第81條、司法院釋字第461號及第601號解釋。
68 (C)，參照司法院大法官審理案件法第5條第1項第2款、第17條第2項。
69 (D)，參照司法院釋字第435號解釋。

22 依憲法訴訟法規定，法院聲請憲法法庭裁判之程序，下列敘述何者錯誤[70]？

(A) 聲請書應記載聲請判決之理由、應受審查法律位階法規範在裁判上適用之必要性

(B) 聲請客體之法律位階法規範，應於該案件之裁判結果有直接影響者

(C) 聲請主體為各級法院院長

(D) 對裁判上所應適用之法律位階法規範，依其合理確信，認有牴觸憲法者

【112司律】

23 依司法院解釋意旨及憲法法庭裁判，立法院以總統提名之監察委員人選不適任為由，拒絕行使同意權時，下列敘述何者正確[71]？

(A) 因係總統提名行為違憲，應重新提名

(B) 立法院遲不行使同意權，若造成憲政機關無法運作，其不行使同意權之行為違憲

(C) 對於立法院遲不行使同意權之行為，係屬議事自律事項，司法院不得介入

(D) 因涉及總統與立法院互動過程中所引發的爭議，均屬政治問題，憲法法庭得不受理

【112司律】

---

70 (C)，參照憲法訴訟法第55條、第56條。這裡的法院其實是指審理案件的「法官」。法官通常在訴訟法可代表法院院長，為司法行政職，依憲法第80條，不能干預所屬法院法官審判。

71 (B)，參照司法院釋字第632號解釋。

第八章　考試院

第一節　考試權之性質

一、考試權獨立之意義

考試權獨立為我國憲法之特色，除立法、行政、司法外，我國憲法另增加考試與監察兩權，而成立所謂的五權憲法。考試權獨立於行政之外，在於避免行政機關恣意任用私人，透過考試之獨立，能公正舉才，為行政機關所用。

憲法第88條規定：「考試委員須超出黨派以外，依據法律獨立行使職權。」本條規定，是要保障考試權獨立行使職權不受任何干涉。依據司法院釋字第461號解釋，考試委員不必到立法院接受備詢，以保障其獨立行使職權。

然而，獨設考試院作為考試取才、公務員訓練、銓敘、任用、考績、退休等所有有關公務員生涯制度之事項皆包括其中，範圍過寬，與現實不符，實有侵害用人機關的權限，因此，憲法增修條文對此乃作了些許修改，以符現狀。

故現行增修條文針對考試院職權略作修正，並成立行政院人事行政總處。此外，由於中華民國憲法在管轄範圍僅限於臺灣、澎湖、金門、馬祖，因此，有關憲法第85條按省區分別規定名額，分區舉行考試之規定，停止適用（增修條文第6條第3項）。

二、考試院職掌之分割

依據憲法第83條規定：「考試院為國家最高考試機關，掌理考試、任用、銓敘、考績、級俸、陞遷、保障、褒獎、撫卹、退休、養老等事項。」考試權不只考試而已，尚包括其他有關人事行政之事宜。有稱此為廣義的考試權。

　　如此寬廣之人事行政權，是否會影響行政機關的人事行政權則有探討之必要。考試權與行政權兩權產生職權之衝突在所難免。

　　由於考試院掌理人事行政權，造成權力分割，並因此引發行政機關之不便，基此，我國動員戡亂時期臨時條款乃在行政院底下設置了人事行政局，在憲法增修條文第一次以及第二次修正時仍保留人事行政局之設置條文，之後在第三次增修條文雖不在條文中，但人事行政局已變成為常設機構，於2012年3月改名為人事行政總處，可見行政院仍有必要設置單獨之人事行政機關。也因此，憲法增修條文也對考試之職權略作調整。考試院專責職掌事項除考試權外，僅包括公務人員之銓敘、保障、撫卹、退休等事項。其他事項僅掌理法制事項。

　　憲法第87條規定：「考試院關於所掌事項，得向立法院提出法律案。」如今憲法增修條文第6條對於憲法第83條考試院掌理事項已作修正，因此，得向立法院提出法律案，是否僅限於增修條文第6條所規定之專責職掌事項，而不包括其他掌理之法制事項，則有進一步探討之必要。由於，雖然僅屬法制事項，而不負責實際之執行，但仍涉及未來制度之發展與規劃，因此，本書仍認為，對這些法制事項，考試院仍有向立法院提出法律案之權。

第二節　考試院專責職掌事項

　　上述第83條，則經由憲法增修條文第6條第1項規定：「考試院為國家最高考試機關，掌理左列事項，不適用憲法第八十三條之規定：一、考試。二、公務人員之銓敘、保障、撫卹、退休。三、公務人員任免、考績、級俸、陞遷、褒獎之法制事項。」因此，考試院專責職掌事項有限縮，僅是第1款及第2款，第3款僅掌理法制事項。下列先就第1款及第2款說明之。

一、考試

　　憲法第18條規定：「人民有應考試、服公職之權。」

　　憲法第86條規定：「左列資格，應經考試院依法考選銓定之：一、公務人員任用資格。二、專門職業及技術人員執業資格。」

　　公務人員考試法第12條規定，要具備中華民國國民，年滿18歲，具有本法所定應考資格者，得應本法之考試。

　　專門職業及技術人員考試法第20條第1項規定外國人亦得申請：「外國人申請在中華民國執行專門職業及技術人員業務者，應依本法考試及格，領有執業證書並經主管機關許可。但其他法律另有規定者，不在此限。」

二、銓敘

　　銓敘，銓者，權也，亦即權衡之意，指銓定公務人員之任用資格條件；敘者，序也，亦即序列之意，指依法敘定其等級俸給之謂。憲法增修條文第6條第1項規定銓敘為考試院職掌事項。又依考試院組織法第6條規定，考試院設銓敘部，其組織另以法律定之；銓敘部組織法第1條規定，銓敘部掌理全國公務人員之銓敘事項。

三、保障

　　公務人員之保障規定在公務人員保障法上。保障對象為凡於法定機關依法任用之有給專任人員及公立學校編制內依法任用之職員。保障範圍為身分職位上保障，不得任意免職、降級、減俸等處分外，對公務人員權利受到侵害應給予救濟途徑等。

（一）公務人員之身分應予保障，非依法律不得剝奪。基於身分之請求權，其保障亦同。

（二）公務人員非依法律，不得予以停職。

（三）公務人員因機關裁撤、組織變更或業務緊縮時，除法律另有規定者外，其具有考試及格或銓敘合格之留用人員，應由上級機關或承受其業務之機關辦理轉任或派職，必要時先予輔導、訓練。

（四）公務人員經銓敘審定之官等職等應予保障，非依法律不得變更。

（五）公務人員經銓敘審定之俸級應予保障，非依法律不得降級或減俸。

（六）公務人員之長官或主管對於公務人員不得作違法之工作指派，亦不得以強暴脅迫或其他不正當方法，使公務人員為非法之行為。

（七）公務人員因機關提供之安全及衛生防護措施有瑕疵，致其生命、身體

或健康受損時，得依國家賠償法請求賠償。公務人員因公受傷、失
能或死亡者，應發給慰問金。

（八）公務人員依法執行職務涉訟時，其服務機關應延聘律師為其辯護及提
供法律上之協助。

（九）公務人員有提起復審（人事行政處分）及申訴（管理措施及工作條
件）之權。

四、撫卹

撫卹，也作撫恤，是行政機關對於因公殉職或病故，或意外死亡者，由
政府給予遺族金錢之支付，亦即，撫慰金稱之。

（一）辦理撫卹之原因

公務人員退休資遣撫卹法第52條規定：「公務人員在職死亡之撫卹原因
如下：一、病故或意外死亡。二、因執行公務以致死亡（以下簡稱因公死
亡）（第1項）。自殺死亡比照病故或意外死亡認定。但因犯罪經判刑確定
後，於免職處分送達前自殺者，不予撫卹（第2項）。」

（二）因公撫卹之事由

公務人員退休資遣撫卹法第53條規定：「公務人員在職因公死亡者，應
辦理因公撫卹（第1項）。前項所稱因公死亡，指現職公務人員係因下列情
事之一死亡，且其死亡與該情事具有相當因果關係者：一、執行搶救災害
（難）或逮捕罪犯等艱困任務，或執行與戰爭有關任務時，面對存有高度死
亡可能性之危害事故，仍然不顧生死，奮勇執行任務，以致死亡。二、於
辦公場所，或奉派公差（出）執行前款以外之任務時，發生意外或危險事
故，或遭受暴力事件，或罹患疾病，以致死亡。三、於辦公場所，或奉派公
差（出）執行前二款任務時，猝發疾病，以致死亡。四、因有下列情形之
一，以致死亡：（一）執行第一款任務之往返途中，發生意外或危險事故。
（二）執行第一款或第二款任務之往返途中，猝發疾病，或執行第二款任務
之往返途中，發生意外或危險事故。（三）為執行任務而為必要之事前準備
或事後之整理期間，發生意外或危險事故，或猝發疾病。五、戮力職務，積

勞過度，以致死亡（第2項）。前項第四款第一目及第二目規定，係因公務人員本人之重大交通違規行為而發生意外事故以致死亡者，以意外死亡辦理撫卹（第3項）。第二項各款因公撫卹事由及其因果關係之認定，應延聘醫學、法律及人事行政等領域之學者或專家，組成專案審查小組，依據事實及學理審認之（第4項）。第二項第三款與第四款所定猝發疾病及第五款所定戮力職務，積勞過度，以致死亡之審認，由銓敘部另訂公務人員因公猝發疾病或因戮力職務積勞過度以致死亡審查參考指引，提供前項審查小組審查個案之參考（第5項）。」

五、退休

（一）退休金種類給與標準

　　公務人員退休資遣撫卹法第26條規定：「退休人員之退休金分下列三種：一、一次退休金。二、月退休金。三、兼領二分之一之一次退休金與二分之一之月退休金（第1項）。公務人員依前項第三款兼領月退休金之退休金，各依其應領一次退休金與月退休金，按比率計算之（第2項）。」

（二）退撫新制實施後任職年資之退休金計算標準

　　公務人員退休資遣撫卹法第29條規定：「公務人員所具退撫新制實施後任職年資應給與之退休金，依第二十七條所定退休金計算基準與基數內涵，按下列標準計給：一、一次退休金：按照任職年資，每任職一年，給與一又二分之一個基數，最高三十五年，給與五十三個基數；退休審定總年資超過三十五年者，自第三十六年起，每增加一年，增給一個基數，最高給與六十個基數。其退休年資未滿一年之畸零月數，按畸零月數比率計給；未滿一個月者，以一個月計。二、月退休金：按照任職年資，每任職一年，照基數內涵百分之二給與，最高三十五年，給與百分之七十；退休審定總年資超過三十五年者，自第三十六年起，每增一年，照基數內涵百分之一給與，最高給與百分之七十五。其退休年資未滿一年之畸零月數，按畸零月數比率計給；未滿一個月者，以一個月計。」

第三節　考試院掌理法制事項

憲法增修條文第6條第1項第3款所規定之「公務人員任免、考績、級俸、陞遷、褒獎」等法制事項。所謂法制事項，是指考試院僅負責有關之法律草擬、計畫擬定，不再列為專責單位，實際執行則由各院的人事部門執行，如：行政院之相關人事決定由所屬的人事行政總處負責執行。如此規劃，由用人機關負責人事相關事項之執行。

一、任免

任免，是指任職令以及免職令之發布，公務人員受訓完後，主管機關發給派令，分派機關、單位、職務、職務列等。免職令則是職務調動時，舊職免職，新職重新發布任職令。

二、考績

考績是指上級長官對其所轄公務員，依其才能、學識、工作表現整體考核之。依公務人員考績法第3條之規定：「公務人員考績區分如左：一、年終考績：係指各官等人員，於每年年終考核其當年一至十二月任職期間之成績。二、另予考績：係指各官等人員，於同一考績年度內，任職不滿一年，而連續任職已達六個月者辦理之考績。三、專案考績：係指各官等人員，平時有重大功過時，隨時辦理之考績。」

上述考績法主要是以年終考績來考核公務人員整年之表現，專案考績是以重大功過事件為主，亦即，以事件為主，而非公務人員整體表現，例如公務人員被發現賭博或貪汙情事及時處理該事件所為之考核。目前考慮將公務機關之人員以一定比例如百分之三列為丙等，即屬上述之年終考績。因為考績制度流於形式，乃有上述建議卻遭公務人員反彈。

另外，就專案考績部分，因為其性質與司法懲戒性質重疊，憲法第77條規定，公務員之懲戒屬司法院掌理事項。我國公務員之懲戒係依據憲法第77條屬司法院之職權，但同時，長官對公務員又有公務人員考績法之規定，該法授予長官對部屬掌有適當之懲戒權，因此，我國產生了兩種法律之規範，

亦即，公務員懲戒法與公務人員考績法兩種法規範，前者為司法院所掌理，又稱「司法懲戒」；後者則屬於長官對部屬的處罰權，屬行政權有稱「行政懲處」。兩者不但處罰對象不相一致，且處罰種類名稱與效果也不同。

同一事件長官對於部屬之違法或失職情事，有兩種選擇，一是依公務人員考績法直接實施「行政懲處」；另一則是依公務員懲戒法之司法裁處程序。此種可選擇處罰手段造成了我國懲戒制度之混淆。

由於二者之間處罰權限及處罰種類有重疊之處，懲處乃係基於公務人員考績法所規範之處罰，其處罰種類得以由申誡到考績免職；而懲戒則依公務員懲戒法規定，其處罰種類亦係得以由申誡到撤職，二者處罰種類名稱重疊，致生混淆。

就司法懲戒（司法權）與行政懲處（行政機關依考績法之懲處）相關解釋臚列於下：

（一）權利救濟「受免職處分之公務員可否提起行政訴訟」

司法院釋字第243號解釋：「中央或地方機關依公務人員考績法或相關法規之規定，對公務員所為之免職處分，直接影響其憲法所保障之服公職權利，受處分之公務員自得行使憲法第十六條訴願及訴訟之權。該公務員已依法向該管機關申請復審及向銓敘機關申請再復審或以類此之程序謀求救濟者，相當於業經訴願、再訴願程序，如仍有不服，應許其提起行政訴訟，方符有權利即有救濟之法理。」司法院釋字第266號解釋稱：「依公務人員考績法所為之免職處分，因改變公務員身分關係，直接影響人民服公職之權利，依本院釋字第二四三號解釋，得許受處分之公務員提起行政訴訟。對於未改變公務員身分之其他考績結果有所不服，仍不許以行政訴訟請求救濟。惟公務人員基於已確定之考績結果，依據法令規定為財產上之請求而遭拒絕者，影響人民之財產權，參酌本院釋字第一八七號及第二〇一號解釋，尚非不得依法提起訴願或行政訴訟，行政法院四十八年判字第十一號判例與上述意旨不符部分，應不再援用。」

（二）免職處分係兼具有懲戒性質之行政處分造成懲戒與懲處重疊

司法院釋字第298號解釋稱：「憲法第七十七條規定，公務員之懲戒屬

司法院掌理事項。此項懲戒得視其性質於合理範圍內以法律規定由其長官為之。但關於足以改變公務員身分或對於公務員有重大影響之懲戒處分，受處分人得向掌理懲戒事項之司法機關聲明不服，由該司法機關就原處分是否違法或不當加以審查，以資救濟。有關法律，應依上述意旨修正之。本院釋字第二四三號解釋應予補充。至該號解釋，許受免職處分之公務員提起行政訴訟，係指受處分人於有關公務員懲戒及考績之法律修正前，得請求司法救濟而言。」

（三）司法懲戒採一級審理且無法院體制是否妥適以及其正當程序

司法院釋字第396號解釋：「憲法第十六條規定人民有訴訟之權，惟保障訴訟權之審級制度，得由立法機關視各種訴訟案件之性質定之。公務員因公法上職務關係而有違法失職之行為，應受懲戒處分者，憲法明定為司法權之範圍；公務員懲戒委員會對懲戒案件之議決，公務員懲戒法雖規定為終局之決定，然尚不得因其未設通常上訴救濟制度，即謂與憲法第十六條有所違背。懲戒處分影響憲法上人民服公職之權利，懲戒機關之成員既屬憲法上之法官，依憲法第八十二條及本院釋字第一六二號解釋意旨，則其機關應採法院之體制，且懲戒案件之審議，亦應本正當法律程序之原則，對被付懲戒人予以充分之程序保障，例如採取直接審理、言詞辯論、對審及辯護制度，並予以被付懲戒人最後陳述之機會等，以貫徹憲法第十六條保障人民訴訟權之本旨。有關機關應就公務員懲戒機關之組織、名稱與懲戒程序，併予檢討修正。」

（四）專案考績免職之正當程序

司法院釋字第491號解釋：「……其意義須非難以理解，且為一般受規範者所得預見，並可經由司法審查加以確認，方符法律明確性原則。對於公務人員之免職處分既係限制憲法保障人民服公職之權利，自應踐行正當法律程序，諸如作成處分應經機關內部組成立場公正之委員會決議，處分前並應給予受處分人陳述及申辯之機會，處分書應附記理由，並表明救濟方法、期間及受理機關等，設立相關制度予以保障。復依公務人員考績法第十八條規定，服務機關對於專案考績應予免職之人員，在處分確定前得先行停職。受

免職處分之公務人員既得依法提起行政爭訟,則免職處分自應於確定後方得執行。相關法令應依本解釋意旨檢討改進,其與本解釋不符部分,應自本解釋公布之日起,至遲於屆滿二年時失其效力。」

（五）撤職及休職無期限之規定違憲

司法院釋字第433號解釋:「國家對於公務員懲戒權之行使,係基於公務員與國家間公法上之職務關係,與對犯罪行為科予刑罰之性質未盡相同,對懲戒處分之構成要件及其法律效果,立法機關自有較廣之形成自由。公務員懲戒法第二條及第九條雖就公務員如何之違法、廢弛職務或其他失職行為應受何種類之懲戒處分僅設概括之規定,與憲法尚無牴觸。至同法第十一條、第十二條關於撤職及休職處分期間之規定,旨在授權懲戒機關依同法第十條所定之標準,就具體個案為適當之處分,於憲法亦無違背。惟撤職停止任用期間及休職期間該法均無上限之規定,對公務員權益不無影響,應由有關機關檢討修正,俾其更能符合憲法保障公務員之意旨。」

（六）未設懲處權行使期間違憲

司法院釋字第583號解釋:「……公務人員經其服務機關依中華民國七十九年十二月二十八日修正公布之公務人員考績法第十二條第一項第二款規定所為免職之懲處處分,實質上屬於懲戒處分,為限制人民服公職之權利,未設懲處權行使期間,有違前開意旨。為貫徹憲法上對公務員權益之保障,有關公務員懲處權之行使期間,應類推適用公務員懲戒法相關規定。又查公務員懲戒法概以十年為懲戒權行使期間,未分別對公務員違法失職行為及其懲戒處分種類之不同,而設合理之規定,與比例原則未盡相符,有關機關應就公務員懲戒構成要件、懲戒權行使期間之限制通盤檢討修正。」

所謂懲處權之行使期間,是指行為發生後至自行為終了之日起經過一定繼續期間未受懲處,即不得加以懲處。公務員懲戒法設有申誡、記過、減俸、降級、休職與撤職輕重不同之懲戒處分,其概以10年為懲戒權行使期間,未分別違法之失職行為性質及其懲戒之種類而設合理之規定,與比例原則未盡相符。但考績法則未設有當然更有瑕疵。

（七）一般公務人員受丁等考績的「免職處分」並不違憲

　　憲法法庭111年憲判字第9號判決：「1.免職權之性質屬行政權，且為行政機關人事權之固有核心權限。2.就政府業務之推動、上下指揮監督之運作及行政一體原則之確保而言，免職權之重要性甚至更大於任命權。3.考績免職權適合由行政機關行使並為第一次決定，且公務員之主管人員及機關長官通常也最清楚及知悉機關運作需求與各該公務員之工作、操行、學識、才能及表現，從而不論是在組織或程序上，行政部門應屬功能最適之決定機關，而更適合為第一次之判斷。4.故於憲法解釋上，應承認並保障行政機關於所屬公務人員發生特定之法定事由，且情節重大時（包括不能勝任、嚴重妨礙公務之有效施行或其他重大失職行為等），得依正當法律程序，予以考績免職。反之，如完全剝奪行政機關對所屬公務員之免職權，反與機關功能最適原則有悖，而有違反憲法權力分立原則之虞。5.完全剝奪行政機關對所屬公務員之免職權，並由司法權取而代之，已逾越權力制衡之界限。6.由行政機關行使懲處權作成免職處分，並未牴觸憲法第77條規定按現行懲戒與懲處制度，其事由固有重疊，然其目的及效果則均有別。就效果而言，現行公務員懲戒法所定之免除職務，其效果除免其現職外，並有不得再任用為公務員之效果；其所定之撤職，除撤其現職外，並有於一定期間停止任用之效果。公務人員考績法所定之免職，則僅有免其現職之效果，而無根本剝奪公務員資格之效果。7.又查懲戒與懲處兩種制度，為大法官過去所為司法院解釋亦皆承認行政懲處及司法懲戒均得作成免職或類似效果之決定。歷來司法院解釋亦承認行政懲處及司法懲戒之雙軌併行。8.憲法第77條規定並無『懲戒一元化』之意旨或效果，而於憲法第77條明定公務員懲戒為司法院職權。究其意旨，僅係要以司法懲戒作為監察院彈劾權之外部制衡機制，避免監察院於彈劾案扮演球員兼裁判之雙重角色，而與制憲當時即已存在、併行之行政懲處制度無關。9.憲法第77條所定『公務員之懲戒』，在解釋上，應不包括行政懲處，亦非要求必須由法院擔任公務員懲戒及懲處之第一次決定機關。」

（八）警察人員累積達兩大過的「免職處分」並不違憲

　　憲法法庭111年憲判字第10號判決：「1.系爭規定係以警察人員於同一考績年度中，其平時考核獎懲互相抵銷後累積已達二大過，作為免職之要件，得予以汰除；而所謂同一考績年度之獎懲抵銷，係指於同一考績年度所

核定發布之獎懲得為抵銷之意，而非指原因事實發生於同一考績年度之獎懲始得抵銷。2.人事權為行政權所不可或缺之核心權力。公務員之任命為人事權之起點，免職為終點，兩者俱為人事權之核心事項。相較於任用權，免職權顯更能發揮指揮監督之實效，而為憲法行政權所不可或缺之固有核心權限。3.公務員平時考核之獎懲，係用人機關為指揮監督及汰除不適任者，所應具備及踐行之機制。關於同一考績年度中，其平時考核獎懲互相抵銷後累積已達二大過之免職事由，不論是在組織或程序上，行政部門應屬功能最適之決定機關，而更適合為第一次之判斷。不論是就組織、程序或專業能力而言，行政機關至少應為行使免職權之主要機關，法院實難以、也不適合完全取代行政機關及其長官，就是否免職逕為第一次決定。〔第38段〕4.行政懲處與司法懲戒兩種制度，係承繼中華民國訓政時期法制，自始即為不同制度，且於憲法施行後繼續雙軌併行。不論是依制憲意旨或當時法制背景，尚無從逕認憲法第77條規定蘊含『懲戒一元化』原則。5.就公務員所受行政懲處（包括免職）而言，本應以憲法第77條所定行政訴訟為其救濟。在司法院釋字第785號解釋之後，公務員就影響其權益之各類違法公權力措施（包括行政懲處之免職），已得按相關措施之性質，依法提起相應之行政訴訟，請求救濟，則在解釋上，更無必要將依系爭規定所為免職處分亦解釋為實質上之懲戒處分，甚且僅限由司法懲戒始得為之。」

三、級俸

對於任用人員官級之高低，俸給之支付標準，分別予以核定稱之。

司法院釋字第338號解釋：「主管機關對公務人員任用資格審查，認為不合格或降低原擬任之官等者，於其憲法所保障服公職之權利有重大影響，公務員如有不服，得依法提起訴願及行政訴訟，業經本院釋字第三二三號解釋釋示在案。其對審定之級俸如有爭執，依同一意旨，自亦得提起訴願及行政訴訟。行政法院五十七年判字第四一四號及五十九年判字第四○○號判例應不再援用。本院上開解釋，應予補充。」

司法院釋字第483號解釋：「公務人員依法銓敘取得之官等俸級，非經公務員懲戒機關依法定程序之審議決定，不得降級或減俸，此乃憲法上服公職權利所受之制度性保障，亦為公務員懲戒法第一條、公務人員保障法第

十六條及公務人員俸給法第十六條之所由設。公務人員任用法第十八條第一項第三款前段規定：『經依法任用人員，除自願者外，不得調任低一官等之職務；在同官等內調任低職等職務者，仍以原職等任用』，有任免權之長官固得據此將高職等之公務人員調任為較低官等或職等之職務；惟一經調任，依公務人員俸給法第十三條第二項及同法施行細則第七條之規定，此等人員其所敘俸級已達調任職等年功俸最高級者，考績時不再晉敘，致高資低用人員縱於調任後如何戮力奉公，成績卓著，又不論其原敘職等是否已達年功俸最高級，亦無晉敘之機會，則調任雖無降級或減俸之名，但實際上則生類似降級或減俸之懲戒效果，與首開憲法保障人民服公職權利之意旨未盡相符，主管機關應對上開公務人員任用法、公務人員俸給法及附屬法規從速檢討修正。」

四、陞遷

對於工作表現服務優良者，予以陞遷或遷調之謂也。公務人員陞遷法第2條規定：「公務人員之陞遷，應本人與事適切配合之旨，考量機關特性與職務需要，依功績原則，兼顧內陞與外補，採公開、公平、公正方式，擇優陞任，遷調歷練，以拔擢及培育人才。」第4條規定：「本法所稱公務人員之陞遷，指下列情形之一者：一、陞任較高之職務。二、非主管職務陞任或遷調主管職務。三、遷調相當之職務。」

五、褒獎

公務人員對國家有功績或特殊貢獻者，予以獎勵褒揚以資鼓勵之謂（參考獎章條例、勳章條例等）。

第四節　考試院之地位

憲法增修條文第6條規定：「考試院為國家最高考試機關，掌理左列事項，不適用憲法第八十三條之規定……。」考試院為國家最高考試機關其意義如下。

一、考試院為最高獨立之考試機關

在我國五權憲法下，考試院獨立於行政、立法、司法以及監察院外，獨立為考試院。

二、考試院為國家最高考試機關

考試院除掌理國家考試外，另係掌理公務人員之銓敘、保障、撫卹、退休等事項之最高機關。

第五節　考試院組織

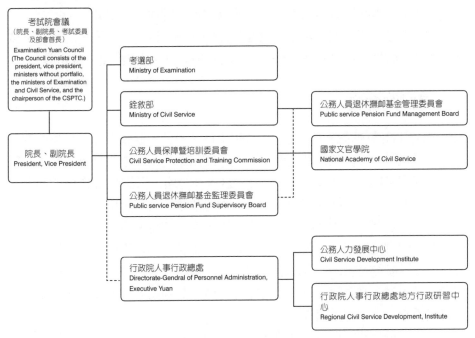

圖2-8-1　考試院組織

註：直線部分是考試院下直接管轄之下屬機關；虛線部分則是業務監督之機關。

考試院組織法第3條的規定，考試院考試委員之名額，定為7人至9人。考試院院長、副院長及考試委員之任期為4年。總統應於該等人員任滿3個月前提名之；人員出缺時，繼任人員之任期至原任期屆滿之日為止。總統提名的人選有其黨籍之限制，考試委員具有同一黨籍者，不得超過委員總額二分之一。至於積極資格之限制，則規定在第4條，即：「考試委員應具有下列各款資格之一：一、曾任大學教授十年以上，聲譽卓著，有專門著作者。二、高等考試及格二十年以上，曾任簡任職滿十年，成績卓著，而有專門著作者。三、學識豐富，有特殊著作或發明者（第1項）。前項資格之認定，以提名之日為準（第2項）。」

其院會之組成及其職權，依第7條：「考試院設考試院會議，以院長、副院長、考試委員及前條各部會首長組織之，決定憲法所定職掌之政策及其有關重大事項（第1項）。前項會議以院長為主席（第2項）。考試院就其掌理或全國性人事行政事項，得召集有關機關會商解決之（第3項）。」

如果考試院正、副院長及考試委員任期屆滿，總統提名後立法院不予審議，依司法院釋字第632號解釋，則有前面所提及的憲法機關忠誠問題。

一、考試院會議

考試院會議由院長、副院長、考試委員、考選、銓敘兩部部長及保訓會主任委員組織之，以院長為主席，院長不能出席時，以副院長為主席；副院長亦不能出席時，則由出席人員中公推1人為主席。考試院會議每星期舉行一次，必要時並得召開臨時會議，決定考銓政策及其有關重大事項。

院會採合議制，須有應出席人過半數出席，方得開會；其議決以出席人過半數之同意始為通過；可否同數時取決於主席。另除應出席人員外，考試院秘書長、副秘書長、所屬部會副首長及行政院人事行政總處人事長均應列席考試院會議。必要時，院長並得指定有關人員列席，如考試院首席參事、秘書處處長、各業務組組長等。

院會討論之議案得視其性質，交付小組審查會或全院審查會審查。全院審查會以副院長、考試委員、考選部部長、銓敘部部長及公務人員保訓會主任委員組織之，由副院長召集，遇有特殊情形時，得交由考試委員召集。小組審查會以應出席人7人至11人組織之；其召集人及審查委員，分別輪流擔

任。議案交付審查時，應指定有關列席人員參加，並由考試院相關單位及關係部會準備必要之參考資料。審查會召集人認為必要時，得邀請其他有關人員列席。審查會於議案審查完畢後，由召集人作成審查報告，提院會討論。

二、考選部

考選部置部長、政務次長、常務次長各1人，共同處理部務。內部分設考選規劃司、高普考試司、特種考試司、專技考試司、題庫管理處、資訊管理處等單位。又為因應各種考試業務或特殊需要，設有考選工作研究委員會、行政爭訟事件處理委員會、應考資格審議委員會、各種專技人員考試審議委員會及法規委員會等，分別辦理考選相關事宜。

依憲法規定，公務人員任用資格與專門職業及技術人員執業資格，應經考試院依法考選銓定之。考試院為國家最高考試機關，考選部依組織法規定負責全國考選行政事宜，辦理公務人員考試與專門職業及技術人員考試，及監督受委託機關、團體辦理各項考試。司法院釋字第682號解釋理由書稱：「憲法設考試院賦予考試權，由總統提名、經立法院同意而任命之考試委員，以合議之方式獨立行使，旨在建立公平公正之考試制度；就專門職業人員考試而言，即在確保相關考試及格者具有執業所需之知識與能力，故考試主管機關有關考試資格及方法之規定，涉及考試之專業判斷者，應給予適度之尊重。」

三、銓敘部

銓敘部置部長、政務次長、常務次長各1人，共同處理部務。內部分設法規司、銓審司、特審司、退撫司、人事管理司等單位。此外，銓敘部還設有公教人員保險監理委員會、公務人員退休撫卹基金管理委員會等兩個附屬機關（單位），均由部長兼任主任委員。

銓敘部掌理公務人員任免、考績、級俸、陞遷、保險、退休、撫卹、退撫基金之管理及各政府機關人事機構之管理等事項。為配合國家發展需要及順應時勢變遷，銓敘部已積極就各項人事政策與制度進行檢討改進，一方面訂定公務人員基準法、公務人員行政中立法及政務人員法等重大法案（其中

公務人員行政中立法已完成立法，於2009年6月10日經總統公布），另方面
繼續研修公務人員考績、保險、退休與撫卹等法制，期能建構一個前瞻、務
實、完善、永續的人事制度，使公務人員都能無後顧之憂地全心投入工作，
以有效提升國家整體競爭力，達成政府永續成長發展的目標。

四、公務人員保障暨培訓委員會

　　為因應世界潮流及社會期待，考試院於1994年修正組織法，於1996年6
月1日成立公務人員保障暨培訓委員會（以下簡稱保訓會），以統籌辦理公
務人員保障暨培訓相關事宜。

　　依保訓會組織法規定，保訓會置主任委員1人，副主任委員2人，並置委
員10人至14人，其中5人至7人專任，由考試院院長提請總統任命之；餘5人
至7人兼任，由考試院院長聘兼之；任期均為3年，任滿得連任。

　　保訓會主要任務有二，其一為保障公務人員權益，鼓勵公務人員勇於
任事：依法公正審議保障事件，兼顧程序與實質正義，提高保障事件審理品
質，以維護公務人員執法尊嚴；其二為培育優質公務人力，增進政府行政效
能：建立公務人員訓練進修制度，整合國家訓練資源，強化公務人力素質，
以提升國家競爭優勢。此外，為應國家文官培訓之需要，於1999年7月26日
成立國家文官培訓所，嗣為提高文官訓練效能，建構完整之培訓體系，修正
國家文官培訓所組織條例，為國家文官學院組織法，並於2010年3月26日改
制為國家文官學院。

五、公務人員退休撫卹基金管理局

　　我國公務人員退休撫卹制度，自1943年建制後，原係維持由政府負擔退
撫經費之「恩給制」，嗣因政治、經濟、社會環境急遽變遷，迨至1995年7
月1日起，改採共同提撥制，由政府與公務人員共同撥繳費用建立公務人員
退休撫卹基金，以支付改制後年資之退撫經費，並成立公務人員退休撫卹基
金管理委員會，負責退撫基金收支、管理及運用事項，教育人員及軍職人員
分別於1996年2月1日及1997年1月1日相繼加入退撫基金（2004年起政務人員
另依法退出基金）。

　　隨著退撫基金參加人數、資產規模及支領人數大幅成長，及配合2023年7月1日以後初任公教人員建立新退撫制度，採行確定提撥制，設置個人退休金專戶，並為提升基金經營決策效能，以順應金融情勢瞬息萬變，與投資工具日益多元及國際化，基金管理會自2023年4月30日起改制為「公務人員退休撫卹基金管理局」，負責退撫基金與新退撫儲金之收支、管理及運用事項。

第六節　考試院與其他院之關係

　　憲法本文第87條規定：「考試院關於所掌事項，得向立法院提出法律案。」第99條規定：「監察院對於司法院或考試院人員失職或違法之彈劾，適用本憲法第九十五條、第九十七條及第九十八條之規定。」

　　調閱其所發布之命令及各種有關文件（第95條）、提出糾正案，移送行考試院部會，促其注意改善（第97條）、彈劾案之提出（第98條）。

　　增修條文第7條第3項規定：「監察院對於中央、地方公務人員及司法院、考試院人員之彈劾案，須經監察委員二人以上之提議，九人以上之審查及決定，始得提出，不受憲法第九十八條之限制。」

第九章　監察院

第一節　概說

　　監察院之所以獨立成為憲法機關，源自於孫中山先生的想法，其認為監察院乃中國官僚體系以往早有的制度，我所稱之監督官僚朝政的機關御史、諫官等，已使朝正能正常運作，無貪圖之情事發生。憲法之設計中，將監察院設計為民意機關，類似西方國家所謂之上議院，此種結合西方制度之構想乃參考瑞典「Ombudsman」之設計，擔負對行政或管理之監督任務，監察長為議會之代理人，監督及調查政府各機關，或公營事業機構之營運，對其缺陷或瑕疵為一定干預，使用手段為責難、告戒或糾舉等，其任命、去職與報酬由議會決定之，並向議會負責。我國監察院之設計則是獨立成為一個院，享有古代官僚體系之彈劾、糾舉、糾正之權，並有同意總統提名之考試委員、大法官之職權。

　　理想與現實總有差異，增修條文乃採務實之做法，在1992年5月第二次增修條文中，將監察院改為總統提名，並將原先由監察院對考試院院長、副院長以及考試委員，司法院院長、副院長以及司法院大法官之同意權，包括監察委員之同意權改由國民大會行使之。後因國民大會已遭廢止，在現行增修條文改由立法院行使同意權（憲法增修條文第5條第1項、第6條第2項以及第7條第2項）。此外，監察院不再行使對總統、副總統之彈劾案，改由立法院決議之，聲請司法院大法官審理之。

第二節　監察權之獨立意義

　　我國憲法採五權獨立，除外國制度的三權外，就是考試院以及監察院。監察權獨立為一權，是國父孫中山先生之理想，監察權在中國古代即已經存在之制度，分成兩種，一是監察失策，是指事件而言，對違失之事糾正由諫官為之；另一是監察違法，是指對人而言，國家對官員違法失職彈劾由御史

為之，南宋以後兩者漸次混同，元朝遂令御史兼諫官之職。

今日監察院有糾舉、彈劾（對人），又有糾正之權（對事），似沿用元明之制度[1]。在比較法例上，北歐國家也設有類似之職位——「Ombudsman」（監察長或監察使[2]），此乃主要是擔負對行政或管理之監督任務作為議會之代理人，以監督及調查政府各機關，或公營事業機構之營運，對其缺陷或瑕疵為一定干預[3]，使用手段為責難、告戒或糾舉等。此外，其任命、去職與報酬由議會決定之，並向議會負責。

將監察權隸屬在國會下，肇始國會權力過大，而有專斷之流弊，且由於議會經常受制於政黨，常使此種監察權成為政黨操控之機器，並無法公正地行使彈劾官員與糾正違法之事件而流於形式，監察獨立成為一院，而非隸屬在立法院之下。

因此，獨立行使職權有其功能，則能公正地監督政府各機關職權之行使，並對違法失職之公務員及政府機關享有彈劾、糾舉、糾正之權，防止政府權力之腐化。

第三節　監察院之性質

一、監察院之地位

有關監察院之地位、職權及組織等乃規定於憲法第九章，共計17個條文（憲法第90條至第106條），學者林紀東認為此乃是基於孫中山五權憲法思想中，考量國會常以監察權恫嚇行政官員之故，而師法中國古代關於御史制度之設計，將監察權獨立於立法院之外另設監察院，這也是「監察院」之規

1　薩孟武，《中華民國憲法新論》，三民，四版，1985年，463頁。

2　有關歐洲監察使制度之詳細介紹，可參見：楊智傑，〈歐洲監察使的職權行使方式與具體貢獻〉，《東海大學法學研究》，第37期，2012年8月，39-96頁。關於世界各國有關「監察」權行使之機關詳細列表及整理，請參見：*Dean M. Gottehrer, Ombudsman Legislative Resource Document*, http://www.theioi.org/downloads/e1o60/IOI%20CanadaOccasional%20paper%2065_Dean%20Gottehrer_Ombudsman%20Legislative%20Resource%20Document_1998.pdf (last visited: March 25, 2008).

3　林紀東，《中華民國憲法逐條釋義》，三民，修訂再版，1985年10月，186頁以下。

範數量較立法院多而僅次於總統一章之故[4]。

憲法第90條規定：「監察院為國家最高監察機關，行使同意、彈劾、糾舉及審計權。」在此，監察院為國家最高監察機關，是指監察院並不隸屬其他任何機關之下，而獨立行使職權。

二、監察院之職權

現行憲法增修條文第7條第1項規定：「監察院為國家最高監察機關，行使彈劾、糾舉及審計權，不適用憲法第九十條及第九十四條有關同意權之規定。」依此規定有關監察院行使憲法第90條及第94條有關同意權之規定不再適用。所謂同意權，係指由總統提名，監察院同意之權，包括司法院大法官以及考試委員等，而今監察委員之產生係由總統提名，經立法院同意任命之，而變成為準政務官性質，不再是民意機關，因此，不再享有同意權乃屬當然[5]。在此，有稱監察院為準司法機關，其認為監察院行使彈劾權或糾舉權，並移送司法懲戒，類似檢察官在刑事訴訟法上之功能，而具準司法性質。

彈劾與糾舉皆是針對公務員之行為，有公務員懲戒法第2條之情事時可以提出，亦即，公務員有違法或廢弛職務或其他失職行為（懲戒事由）。所謂違法有認為違反一切法令，包括民事、刑事法令在內，亦有認為，是指違反公法上與公務員義務有關之強行規定，如公務員相關法規以及刑法等，違反民事法令不在此範圍內[6]。本書認為，公務員違反刑事法令，雖受刑事制裁，仍有諸多依公務員身分違反者，因此，論處行政責任時，似應包括違反刑事法令在內。廢弛職務，指公務員於職務範圍內，有預防或遏止之職務，而廢弛該項職務，不為預防或遏止稱之。至於，失職係指公務員之作為或不

4　林紀東，《中華民國憲法釋論》，自版，1990年9月，288頁。並請參照陳淳文，《監察院變革方向芻議》，行政院研究考核委員會編印，2005年12月，1頁。而這種說法為學者李鴻禧所不採，其認為此乃孫中山對於彈劾制度甚至是權力分立原則的誤解，詳參：李鴻禧，《李鴻禧憲法教室》，月旦，1994年10月，212-214頁。

5　因為監察委員之身分改變，監委的言論免責權（憲法第101條）及不逮捕特權（第102條），乃依照憲法增修條文第7條第6項而停止適用。

6　顏秋來，〈我國政務官彈劾懲戒制度實務評析〉，《公務員懲戒制度相關論文彙編第3輯》，司法院，2008年，211頁。

作為違反職務上應遵守之義務。換句話說，凡與職務有關，當為而不為，不當為而為之，或為而不當，均為失職行為[7]。

（一）彈劾權

彈劾權，係指監察院對違法或失職之公務員，調查事實證據，依法提出彈劾，並移送掌理懲戒事宜之懲戒機關予以懲戒之權，在性質上係屬於監督公務員依法公正執行公務之方式之一。而彈劾權之行使，在程序上只是屬於事實及證據之調查而類似於「舉發機關」，其在實質上並不具有懲戒權，而非屬「懲戒機關[8]」。

1. 彈劾的對象

依其行使之對象，彈劾權得分為一般彈劾權與特別彈劾權[9]：

(1) 一般彈劾權

① 中央、地方公務人員

懲戒程序若以「懲戒程序之發動」為標準，得區分為：各院部會長官及監察院之彈劾二者。

首先就第一者而言，公務員懲戒法第24條規定：「各院、部、會首長，省、直轄市、縣（市）行政首長或其他相當之主管機關首長，認為所屬公務員有第二條所定情事者，應由其機關備文敘明事由，連同證據送請監察院審查。但對於所屬薦任第九職等或相當於薦任第九職等以下之公務員，得逕送懲戒法院審理（第1項）。依前項但書規定逕送懲戒法院審理者，應提出移送書，記載被付懲戒人之姓名、職級、違法或失職之事實及證據，連同有關卷證，一併移送，並應按被付懲戒人之人數，檢附移送書之繕本（第2項）。」

其次，依照憲法增修條文第7條第3條之規定：「監察院對於中央、地方公務人員……之彈劾案，須經監察委員二人以上之提議，九人以上之審查及

---

7 http://www.judicial.gov.tw/P/Pirated%20software02_05_12.html，最後瀏覽日期：2021年4月7日。

8 如以性質上較為相似的刑事案件相比，監察院在行使此一職權時之地位較類似檢察官，監察院的彈劾即類似檢察官之起訴，掌理實質懲戒權限者則是懲戒法院。這種權限的區分是因為外國有關彈劾權之行使乃係屬於國會之職權，基於權力分立之要求，立法權乃不得轉換為司法者角色之故。

9 陳新民，《憲法學釋論》，自版，七版，2011年9月，880頁。

決定，始得提出，不受憲法第九十八條之限制。」而本條所稱之中央、地方之公務人員除一般依法任用之常任公務員外，亦包括有政務官[10]、地方民選首長、國營事業人員及武官在內。

而司法院於釋字第262號解釋中亦稱：「監察院對軍人提出彈劾案時，應移送公務員懲戒委員會審議。至軍人之過犯，除上述彈劾案外，其懲罰仍依陸海空軍懲罰法行之。」亦即，監察委員對於軍人亦得提出彈劾案。

有關監察院之彈劾程序，公務員懲戒法第23條規定[11]：「監察院認為公務員有第二條所定情事，應付懲戒者，應將彈劾案連同證據，移送懲戒法院審理。」

②司法院、考試院人員以及監察院人員

有別於中央、地方公務人員之彈劾規定（憲法第98條），憲法本文中將司法院、考試院人員之彈劾規定於在憲法第99條，但關於其彈劾權行使程序卻大多適用中央、地方公務人員之規定。爰此，憲法增修條文在修正時將之同列於第7條第3項。此外，司法院、考試院人員，在解釋上也包括受任期制保障之司法院大法官、考試委員在內。

監察院人員的部分，司法院釋字第14號解釋中稱：「至立監兩院其他人員與國民大會職員，總統府及其所屬機關職員，自應屬監察權行使範圍。」但監察院在憲法本文之設計上因為原先其具有民意機關之性質，故而監察委員本身並不屬於彈劾權行使之範圍，但隨著修憲後監察委員之地位變更為準政務官，此一彈劾權之限制將不復存在。

(2) 特別彈劾權

特別彈劾權所指乃是指對於總統、副總統所提之彈劾案。原先依照憲法第100條之規定：「監察院對於總統、副總統之彈劾案，須有全體監察委員四分之一以上之提議，全體監察委員過半數之審查及決議，向國民大會提出之。」而現行憲法增修條文乃將此一彈劾權改由立法院提案、由大法官組成憲法法庭審理，就此，本書在立法院及司法院部分已有相關敘述，於此不贅述。

---

10 有別於事務官，政務官之懲戒處分僅限於撤職及申誡二者而已。詳細介紹請參照蔡震榮，《行政法概要》，五南，五版，2023年10月，154-156頁。

11 並請參照監察法第19條至第22條。

(3) 彈劾權之界限

司法院釋字第14號解釋認為：「在制憲會議中，若干代表認為監察院彈劾權行使之對象應包括立法委員、監察委員在內。曾經提出修正案數起，主張將第一百零二條行政院或其各部會人員改為各院及其各部會人員，包括立法院、監察院人員在內，並將第一百零四條有關法官及考試院人員之條文刪去。討論結果，對此毫無疑義之修正文均未通過，即所以表示立監委員係屬除外。若謂同時，復以中央公務人員字樣可藉解釋之途徑，使立監委員包括在內，殊難自圓其說。在制憲者之意，當以立監委員為直接或間接之民意代表，均不認其為監察權行使之對象。」

2. 彈劾之程序

此種彈劾權之行使程序，依憲法增修條文第7條第3項以及第4項規定：「監察院對於中央、地方公務人員及司法院、考試院人員之彈劾案，須經監察委員二人以上之提議，九人以上之審查及決定，始得提出，不受憲法第九十八條之限制（第3項）。監察院對於監察院人員失職或違法之彈劾，適用憲法第九十五條、第九十七條第二項及前項之規定（第4項）。」

彈劾案應經監察委員2人以上提議，並須經提案委員以外之監察委員9人以上之審查及決定成立後，即向懲戒法院提出。彈劾案之審查，應由全體監察委員按序輪流擔任，每案通知13人參加，其與該案有關係者應行迴避。審查結果，如不成立，而提案委員有異議時，得提請再審查，即將該彈劾案另付其他監察委員9人以上審查，為最後之決定。提出彈劾案時，如認為被彈劾人員違法或失職之行為情節重大，有急速救濟之必要者，得通知該主管長官為急速救濟處理；其違法或失職行為涉及刑事者，並應逕送司法機關依法處理。監察院院長對於彈劾案，不得指使或干涉；監察院人員對於彈劾案在未經審查確定前，不得對外宣洩[12]。

（二）糾舉權

憲法第97條第2項規定：「監察院對於中央及地方公務人員，認為有失職或違法情事，得提出糾舉案或彈劾案，如涉及刑事，應移送法院辦理。」

---

12 監察院全球資訊網，http://www.cy.gov.tw/ct.asp?xItem=3338&ctNode=1323&mp=1，最後瀏覽日期：2022年8月19日。

　　監察委員對於公務人員，認為有違法或失職之行為，應先予停職或其他急速處分時，得以書面糾舉，經其他監察委員3人以上之審查及決定，由監察院送交被糾舉人員之主管長官或其上級長官；其違法行為涉及刑事或軍法者，應逕送各該管司法或軍法機關依法辦理。

　　監察委員於分派執行職務之該管監察區內，對薦任以下公務人員，提議糾舉案於監察院，必要時得通知該主管長官或其上級長官予以注意。被糾舉人員之主管長官或其上級長官，接到糾舉書後，除關於刑事或軍法部分，另候各該管機關依法辦理外，至遲應於1個月內，依公務員懲戒法之規定予以處理，並得先予停職或為其他急速處分，其認為不應處分者，應即向監察院聲復理由。被糾舉人員之主管長官或其上級長官，對於糾舉案不依規定處理，或處理後監察委員2人以上認為不當時，得改提彈劾案，如被糾舉人員因改被彈劾而受懲戒時，其主管長官或其上級長官應負失職責任。

　　監察法第19條規定：「監察委員對於公務人員認為有違法或失職之行為，應先予停職或其他急速處分時，得以書面糾舉，經其他監察委員三人以上之審查及決定，由監察院送交被糾舉人員之主管長官或其上級長官，其違法行為涉及刑事或軍法者，應逕送各該管司法或軍法機關依法辦理（第1項）。監察委員於分派執行職務之該管監察區內，對薦任以下公務人員，提議糾舉案於監察院，必要時得通知該主管長官或其上級長官予以注意（第2項）。」

（三）糾正權

　　憲法第97條第1項規定：「監察院經各該委員會之審查及決議，得提出糾正案，移送行政院及其有關部會，促其注意改善。」是以，學者大抵根據本條而認為所謂糾正案，是指在認為行政機關或其所屬公務人員之措施失當時[13]，在事後要求其注意改善之權，是以，自效力方面來看，糾正權不具有法拘束力，毋寧只是一種具有影響力的職權而已。並且，依本條之規定，監察院行使糾正權之對象僅限於行政院及其所屬之各部會。

---

13 學者管歐則認為糾正權此一失職上包括有違法情事。詳參照管歐，《中華民國憲法論》，三民，五版，1991年8月，239頁。

1. 糾正案的提出

　　監察法第24條規定：「監察院於調查行政院及其所屬各級機關之工作及設施後，經各有關委員會之審查及決議，得由監察院提出糾正案，移送行政院或有關部會，促其注意改善。」

2.（行政院）接到糾正案後之處理

　　監察法第25條規定：「行政院或有關部會接到糾正案後，應即為適當之改善與處置，並應以書面答復監察院，如逾二個月仍未將改善與處置之事實答復監察院時，監察院得質問之。」

　　綜上所述，得將彈劾權、糾舉權及糾正權之差異整理如表2-9-1[14]。

表2-9-1　彈劾權、糾舉權及糾正權之差異

	彈劾權	糾舉權	糾正權
行使原因	公務人員有違法或失職行為	公務人員有違法或失職行為，有先行停職或有其他急速處分之必要時	行政院及行政院所屬各機關的工作及設施有失職情事時
行使對象	中央或地方公務人員	中央或地方公務人員	行政院及行政院所屬各機關
審查及決定	須經監察委員2人以上的提議，9人以上的審查及決定	須經監察委員1人以上的提議，3人以上的審查及決定	須經監察院有關委員會的審查及決定
目的	懲戒或刑事處分	依照公務員懲戒法規定處理，並可先行停職或為其他急速處分	督促行政機關注意改善
刑事部分	公務人員違法行為涉及刑事或軍法者，應同時送司法或軍法機關處理	公務人員違法行為涉及刑事或軍法者，應同時送司法或軍法機關處理	無
移送機關	懲戒法院	向公務員的主管長官或上級長官提出	向行政院或有關部會提出

---

14 此表並可參照陳志華，《中華民國憲法》，三民，八版，2005年9月，318頁。

（四）調查權

1. 調查權之意義

　　監察院在行使上述監察權，即彈劾、糾正及糾舉之權時，必須就其有關之事實有所瞭解，因此，監察院所享有之調查權，僅是其在行使彈劾、糾正及糾舉之權時的輔助工具而已，並非是監督部門的手段[15]。就此，制憲者於憲法第95條及第96條明定：「監察院為行使監察權，得向行政院及其各部會調閱其所發布之命令及各種有關文件。」「監察院得按行政院及其各部會之工作，分設若干委員會，調查一切設施，注意其是否違法或失職。」因此，或可認為監察院在行使彈劾權、糾舉權及糾正權時，調查是必經的方法或程序[16]。

　　其次，調查權之範圍是否及於「行政院及其部會」以外之機關？就此，若就前揭條文之文義予以解釋，應採否定見解。但如採此說，則將導致監察院在行使糾正權時[17]，僅能自行蒐集資料而無法調閱文件，這將導致糾正權之行使蒙受不必要之限制，是以，學者大多將此一條文作擴張解釋而及於「行政院及其部會」以外之機關，如其他憲法機關及其所屬人員以及地方機關之公務人員[18]。然而，任何權力均有界限，調查權亦然；依照學者的整理，其認為調查權有以下之行使界限[19]：

(1) 人的範圍：不得針對總統、副總統進行調查。

(2) 時的範圍：僅能就公務員業已作成之行為有無違法或失職進行調查，亦即，監察院行使調查權時僅能作「事後調查」。

2. 立法院之調查權

　　司法院釋字第325號解釋理由書稱：「……依憲法第九十五條、第九十六條具有之調查權，憲法增修條文亦未修改，此項調查權仍應專由監察院行使。立法院為行使憲法所賦予之職權，除依憲法第五十七條第一款及第

---

15 張文貞，〈新世紀台灣憲改的制度選擇——論監察院、考試院與國民大會的存廢〉，《月旦法學雜誌》，第115期，2004年11月，220頁。劉慶瑞氏更認為監察權在本質上即包括調查權，詳參照劉慶瑞，《中華民國憲法要義》，劉憶如發行，1994年3月，234頁。

16 管歐，《中華民國憲法論》，三民，五版，1991年8月，240頁。

17 糾正之對象包括中央及地方機關公務人員，已如前述。

18 董保城、法治斌，《憲法新論》，元照，八版，2021年9月，643頁。

19 董保城、法治斌，《憲法新論》，元照，八版，2021年9月，644頁。

六十七條第二項辦理外，得經院會或委員會之決議，要求有關機關就議案涉及事項提供參考資料，必要時並得經院會決議調閱文件原本，受要求之機關非依法律規定或其他正當理由不得拒絕。但國家機關獨立行使職權受憲法之保障者，如司法機關審理案件所表示之法律見解、考試機關對於應考人成績之評定、監察委員為糾彈或糾正與否之判斷，以及訴訟案件在裁判確定前就偵查、審判所為之處置及其卷證等，監察院對之行使調查權，本受有限制，基於同一理由，立法院之調閱文件，亦同受限制。」

　　而大法官在司法院釋字第585號解釋後，擴充了立法院上述的文件調閱權：「立法院調查權行使之方式，並不以要求有關機關就立法院行使職權所涉及事項提供參考資料或向有關機關調閱文件原本之文件調閱權為限，必要時並得經院會決議，要求與調查事項相關之人民或政府人員，陳述證言或表示意見，並得對違反協助調查義務者，於科處罰鍰之範圍內，施以合理之強制手段，本院釋字第三二五號解釋應予補充。」

　　學者指出，規範監察權行使之正當法律程序，在無從或難以逕行準用其他相關法規的前提下，除有賴於監察法的修正外，行政程序法及司法院釋字第585號解釋所建構的原則足資監察法修正時的參考。亦即，參照司法院釋字第585號解釋，應符合比例原則與正當法律程序。而關於正當法律的基本原則，該解釋進一步強調如立法自行規範時，應有以下的程序規定，諸如事前予受調查對象充分受告知權、調查目的與事項之關聯性、給予受準備期間、准許受調查人員接受法律及拒絕證言權，包含拒絕提供應秘密之文件資訊等之事由、適當之詰問機制等[20]。

（五）審計權

　　審計權是對政府財政收支之監督審查之權。政府之財政收支，由政府機關每年年終提出預算送立法院審查通過（憲法第59條），而預算執行之情形，應有機關來審查，此即為決算，決算由行政院於會計年度結束後4個月內提出監察院（憲法第60條）。決算之審查由監察院之審計長應於行政院提出決算後3個月內，依法完成審核，並提出審核報告於立法院（憲法第105條）。

---

20 吳志光，〈監察權行使的法律性質與正當法律程序〉，《月旦法學雜誌》，第319期，2021年12月，106頁。

（六）法律案提出權

　　基於各憲法機關平等之理念，監察院就其職掌事項有無向立法院提出法律案之權，雖憲法並無規定，但司法院釋字第3號解釋即表示肯定意見而稱：「……本憲法原始賦與之職權各於所掌範圍內，為國家最高機關獨立行使職權，相互平等，初無軒輊。以職務需要言，監察、司法兩院，各就所掌事項，需向立法院提案，與考試院同。考試院對於所掌事項，既得向立法院提出法律案，憲法對於司法、監察兩院，就其所掌事項之提案，亦初無有意省略或故予排除之理由。法律案之議決雖為專屬立法院之職權，而其他各院關於所掌事項知之較稔，得各向立法院提出法律案，以為立法意見之提供者，於理於法均無不合。綜上所述，考試院關於所掌事項，依憲法第八十七條，既得向立法院提出法律案，基於五權分治，平等相維之體制，參以該條及第七十一條之制訂經過，監察院關於所掌事項，得向立法院提出法律案，實與憲法之精神相符。」

（七）法律上的職權

　　有關監察院所行使之職權，憲法本文中設計了上述的彈劾權、糾舉權、糾正權及調查權，立法者並就上述職權制定了有關的法律以茲因應。而基於特殊的考量，雖然憲法本文及憲法增修條文未予明定，立法者仍在法律位階賦予了監察院額外的職權，作為對於行政機關的完善監督。就此，本書舉其要者如下：

1. 公職人員財產申報之受理

　　公職人員財產申報法第2條第1項規定，下列公職人員應向監察院申報財產：

(1) 總統、副總統。

(2) 行政、立法、司法、考試、監察各院院長、副院長。

(3) 政務人員。

(4) 有給職之總統府資政、國策顧問及戰略顧問。

(5) 各級政府機關之首長、副首長及職務列簡任第十職等以上之幕僚長、主管；公營事業總、分支機構之首長、副首長及相當簡任第十職等以上之主管；代表政府或公股出任私法人之董事及監察人。

(6) 各級公立學校之校長、副校長；其設有附屬機構者，該機構之首長、副首長。

(7) 軍事單位上校編階以上之各級主官、副主官及主管。

(8) 依公職人員選舉罷免法選舉產生之鄉（鎮、市）級以上政府機關首長。

(9) 各級民意機關民意代表。

(10) 法官、檢察官、行政執行官、軍法官。

(11) 政風及軍事監察主管人員。

(12) 司法警察、稅務、關務、地政、會計、審計、建築管理、工商登記、都市計畫、金融監督暨管理、公產管理、金融授信、商品檢驗、商標、專利、公路監理、環保稽查、採購業務等之主管人員；其範圍由法務部會商各該中央主管機關定之；其屬國防及軍事單位之人員，由國防部定之。

(13) 其他職務性質特殊，經主管府、院核定有申報財產必要之人員。

2. 利益衝突迴避之審議

公職人員利益衝突迴避法第9條規定：「公職人員服務之機關團體、上級機關、指派、遴聘或聘任機關知公職人員有應自行迴避而未迴避情事者，應依職權令其迴避（第1項）。前條及前項規定之令繼續執行職務或令迴避，由機關團體首長為之；應迴避之公職人員為首長而無上級機關者，由首長之職務代理人為之。但法律另有規定者，從其規定（第2項）。」

3. 申報政治獻金之受理及審核

政治獻金法第4條第1項規定：「受理政治獻金申報之機關為監察院。」

4. 監試

除上述三者以防止或減少政府機關及公務人員違法、濫權為目的而制定的陽光法案外，「考試機關依法舉行之考試，設典試委員會以決定命題標準、評閱標準、審查標準、錄取標準以及應考人考試成績之審查等事項，並**由監察院派監察委員監試，在監試委員監視下，進行試題之封存，試卷之彌封、點封，應考人考試成績之審查以及及格人員之榜示與公布**」（司法院釋字第319號解釋理由書參照）。此一制度乃是在我國考試權及監察權獨立於三權之外，為維持考試院依法舉辦之考試的公平性所設[21]。

---

21 1940年所公布之監試法，針對監察委員之監試有所規定，可資參照。

第四節　監察院之組織

一、監察委員

（一）監察委員之產生與任期

　　依照憲法第91條規定：「監察院設監察委員，由各省市議會，蒙古西藏地方議會及華僑團體選舉之……。」此一規定乃係仿造美國聯邦憲法關於參議院之參議員產生方式所設[22]。因此，制憲者應係將監察院設定為「民意機關」，此一論點大法官也於司法院釋字第76號解釋表示贊同[23]。

　　雖然制憲者基於監察委員之民主正當性及中央與地方間相互關係的考量[24]，委由省市政府間接選舉之方式產生監察委員。但實際運作的情況下，卻導致金權政治、賄賂議員之情況[25]，嚴重影響民眾對於監察委員獨立行使職權之公正性之信賴。是以，雖然在第一次修憲時仍保持間接選舉，在其內容上也設有相當的限制（如選舉人數等）以避免上述情況再度發生，但在第二次修憲時將監委之產生方式改由總統提名、國民大會同意（現行條文則是改由總統提名、立法院同意，參見憲法增修條文第7條第2項），不再有中央民意機構的屬性[26]。

---

22 謝瀛洲，《中華民國憲法論》，自版，八版，1958年6月，196-197頁。

23 司法院釋字第76號解釋：「我國憲法係依據孫中山先生之遺教而制定，於國民大會外並建立五院，與三權分立制度本難比擬。國民大會代表全國國民行使政權，立法院為國家最高立法機關，監察院為國家最高監察機關，均由人民直接間接選舉之代表或委員所組成。其所分別行使之職權亦為民主國家國會重要之職權。雖其職權行使之方式，如每年定期集會、多數開議、多數決議等，不盡與各民主國家國會相同，但就憲法上之地位及職權之性質而言，應認國民大會、立法院、監察院共同相當於民主國家之國會。」

24 陳新民，《憲法學釋論》，自版，七版，2011年9月，863頁。

25 美麗島周報，〈玩弄金權政治蔣黨自食其果〉，1981年1月17日。此篇報導之縮印圖檔乃收錄於：臺灣政治與社會發展海外史料資料庫（國立政治大學圖書館數位典藏系統），http://contentdm.lib.nccu.edu.tw/cdm/singleitem/collection/tdm/id/143/rec/2，最後瀏覽日期：2013年3月24日。

26 司法院釋字第325號解釋：「本院釋字第七十六號解釋認監察院與其他中央民意機構共同相當於民主國家之國會，於憲法增修條文第十五條規定施行後，監察院已非中央民意機構，其地位及職權亦有所變更，上開解釋自不再適用於監察院。惟憲法之五院體制並未改變，原屬於監察院職權中之彈劾、糾舉、糾正權及為行使此等職權，依憲法第九十五條、第九十六條具有之調查權，憲法增修條文亦未修改，此項調查權仍應專由監察院行使。」本號解釋更改司法院釋字第76號解釋之見解。

（二）監察委員之兼職禁止

　　在憲法本文國會「三院制」的架構下，制憲者乃分別針對國民大會代表、立法委員及監察委員於憲法第28條第3項、憲法第75條及憲法第103條中設有兼職禁止之規定，其中又以監察委員之兼職禁止規範最為嚴格，此一原因應是著重於監察權獨立行使職權之角色使然。

　　憲法第103條規定：「監察委員不得兼任其他公職或執行業務。」就此，得分為以下二項敘述：

1. 不得兼任其他公職

　　本條所稱之公職，不僅指官吏而已（司法院釋字第19號解釋），尚包括有：中央與地方機關之公務員及民意代表（司法院釋字第42號解釋）、公立醫院之院長及醫師（司法院釋字第20號解釋）、公營事業之董事、監察人及總經理（司法院釋字第24號解釋）及國立編譯館編纂（司法院釋字第17號解釋）等。

2. 不得執行業務

　　所謂執行業務，如不得擔任民營公司之董事監察人及經理人所執行之業務（司法院釋字第75號解釋）。而司法院釋字第120號解釋並認為：「新聞紙雜誌發行人執行之業務，應屬於憲法第一百零三條所稱業務範圍之內。」

（三）監察委員之獨立行使職權

　　憲法增修條文第7條第5項規定：「監察委員須超出黨派以外，依據法律獨立行使職權。」司法院釋字第632號解釋在「立法院消極不同意監委提名」之爭議案件中，針對監委之獨立行使職權也有提及：「『監察院為國家最高監察機關，行使彈劾、糾舉及審計權』，『監察院設監察委員二十九人，並以其中一人為院長、一人為副院長，任期六年，由總統提名，經立法院同意任命之』，為憲法增修條文第七條第一項、第二項所明定。是監察院係憲法所設置並賦予特定職權之國家憲法機關，為維繫國家整體憲政體制正常運行不可或缺之一環，其院長、副院長與監察委員皆係憲法保留之法定職位……。」

二、監察院院長、副院長

　　原先依照憲法第92條之規定：「監察院設院長、副院長各一人，由監察委員互選之。」此一設計乃係因為監察院原先之設計屬於民意機關已如前述，故而，監察院正副院長之產生與立法院正副院長之產生方式相仿。

三、監察院各委員會

　　憲法第96條規定：「監察院得按行政院及其各部會之工作，分設若干委員會，調查一切設施，注意其是否違法或失職。」

　　目前監察院所設之各委員會，依照監察院各委員會組織法第2條第1項規定有：（一）內政及族群委員會；（二）外交及國防委員會；（三）社會福利及衛生環境委員會；（四）財政及經濟委員會；（五）教育及文化委員會；（六）交通及採購委員會；及（七）司法及獄政委員會等。並在同條第3項有特種委員會之規定。

　　依據監察院組織法第3條第2項規定：「監察院設國家人權委員會，其組織另以法律定之。」為落實憲法對人民權利之維護，奠定促進及保障人權之基礎條件，確保社會公平正義之實現，並符合國際人權標準建立普世人權之價值及規範，監察院特依據監察院組織法第3條第2項規定，設「國家人權委員會」，並自2020年8月1日第六屆監察委員就任日起正式運作。

　　依據監察院國家人權委員會組織法第2條規定，本會之職權如下：
（一）依職權或陳情，對涉及酷刑、侵害人權或構成各種形式歧視之事件進行調查，並依法處理及救濟。
（二）研究及檢討國家人權政策，並提出建議。
（三）對重要人權議題提出專案報告，或提出年度國家人權狀況報告，以瞭解及評估國內人權保護之情況。
（四）協助政府機關推動批准或加入國際人權文書並國內法化，以促進國內法令及行政措施與國際人權規範相符。
（五）依據國際人權標準，針對國內憲法及法令作有系統之研究，以提出必要及可行修憲、立法及修法之建議。
（六）監督政府機關推廣人權教育、普及人權理念與人權業務各項作為之成

效。

（七）與國內各機關及民間組織團體、國際組織、各國國家人權機構及非政
　　　府組織等合作，共同促進人權之保障。

（八）對政府機關依各項人權公約規定所提之國家報告，得撰提本會獨立之
　　　評估意見。

（九）其他促進及保障人權之相關事項。

　　有學者建議，監察院必須進行全面的人權轉型，監察院行使相關職權，
均必須以人權作為前提，避免受到黨同伐異的政黨力量左右[27]。

四、審計（部）長

（一）審計長之產生

　　依照憲法第104條規定：「監察院設審計長，由總統提名，經立法院同
意任命之。」審計部主要之職責為審核各級政府機關之財務收支、考核財務
效能、審定決算、稽察財務上之違失、核定財務責任等。

　　審計權之行使對象，與監察院之行使彈劾、糾舉權相同，為中央至地方
政府所屬全國各機關、基金及公營事業等。

（二）審計長之職權

1. 綜理審計部全部事務、監督所屬職員及機關

　　依監察院組織法第4條、第5條及審計部組織法第4條之規定，審計長秉
承監察院院長，綜理審計部全部事務，並監督所屬職員及機關。

2. 提出行政院所提決算之審核報告於立法院

　　憲法第105條規定：「審計長應於行政院提出決算後三個月內，依法完
成其審核，並提出審核報告於立法院。」

---

27 張文貞，〈監察院憲政轉型的契機與挑戰——以人權為核心〉，《月旦法學雜誌》，第
　318期，2021年11月，89頁。

✎ 選擇題練習

1　考試院擬修改公務人員相關法律，規定各機關公務員每年考績丙等的比例必須是3%，行政院及立法委員紛表疑慮。請問下列敘述何者正確[28]？

(A) 考試院擬將此草案送立法院審查以完成立法程序，但行政院認此草案違憲，則可以聲請釋憲

(B) 立法院於立法時若將此3%之規定刪除並完成立法，但考試院認為窒礙難行，得於總統核可後向立法院提出覆議

(C) 本草案於立法院立法時，即使考試院院長擬親自向立法委員說明報告，但受限於考試院院長不出席立法院的憲政慣例，亦無法到立法院陳述意見

(D) 對此擬議各院若有不同意見，總統得召集行政院、立法院及考試院院長會商解決之　　　　　　　　　　　　　　　　　　【102司法官】

2　下列何者為監察院「彈劾權」行使之對象[29]？

(A) 總統

(B) 立法委員

(C) 法官

(D) 公立大學未兼任行政職務之教授　　　　　　　　　　　【102律師】

3　關於監察院之職權，下列敘述，何者正確[30]？

(A) 監察委員不得對民意代表行使彈劾權

(B) 監察委員之彈劾權所追究者僅止於「政治責任」，不包括「法律責任」

(C) 監察委員之彈劾權與糾舉權均以「事件」為對象，糾正權則係以「人」為對象

---

28 (D)，參照憲法第44條。

29 (C)，參照憲法增修條文第2條第10項。

30 (A)，參照司法院釋字第14號、第33號解釋。

(D) 監察院設審計長，由總統提名，經立法院同意任命之；審計行政院提出決算後4個月內，依法完成其審核，並提出審核報告於立法院長

【104司律】

4 有監察委員主張監察院應主動向立法院提出一個「監察委員提名與同意程序法」的法律案，來規範總統提名與立法委員之行使同意權之程序，依司法院解釋，下列敘述何者正確[31]？

(A) 監察院就本法律案沒有提案權

(B) 監察院須先經行政院院會同意後，方得向立法院提出本法律案

(C) 監察院須先經總統同意後，方得向立法院提出本法律案權力分立與基本國策

(D) 監察院得逕向立法院提出本法律案

【106司律】

5 有關監察院之彈劾權，下列敘述何者正確[32]？

(A) 監察院不得彈劾總統，也不得彈劾地方民選首長

(B) 監察院不得彈劾考試委員，但可彈劾總統

(C) 監察院既可彈劾總統，也可彈劾法官

(D) 監察察院不得彈劾總統，也不得彈劾立法委員

【107司律】

6 依憲法增修條文之規定，監察院對於中央、地方公務人員之彈劾案，須經如何程序始得提出[33]？

(A) 監察委員2人以上之提議，全體委員三分之一以上之審查及決定

(B) 監察委員3人以上之提議，9人以上之審查及決定

(C) 監察委員2人以上之提議，9人以上之審查及決定

---

31 (A)，參照司法院釋字第3號解釋。
32 (D)，參照憲法增修條文第2條第10項。
33 (C)，參照憲法增修條文第7條第3項。

(D) 監察委員3人以上之提議，全體委員三分之一以上之審查及決定

【108司律】

7 關於監察院之敘述，下列何者正確[34]？
(A) 監察院院長由監察委員互選之
(B) 監察院依法設置監察院國家人權委員會
(C) 監察院對於總統的違法失職行為，可向司法院大法官提出彈劾案
(D) 監察委員現有總額三分之一以上，得向大法官聲請釋憲

【109司律】

8 監察委員提出糾正案之目的為何[35]？
(A) 懲戒失職公務員
(B) 追究首長法律責任
(C) 督促司法機關依法審判
(D) 促請行政部門改善工作

【110司律】

---

34 (B)，監察院組織法第3條第2項規定：「監察院設國家人權委員會，其組織另以法律定之。」國家人權委員會在2019年12月10日組織法三讀通過，2020年8月1日正式揭牌成立。
35 (D)，參照憲法第97條第1項、監察法第24條。

PART 3

基本權總論

第一章　基本權之形成及意義

第一節　基本權之意義

　　人是群居的物種，生活在社會與國家中，首先面臨者乃是國家強大之力量及支配，也因此，「**基本權**」（Grundrechte）最初的作用，即在於對抗及排除國家之侵害，易言之，保障人民權利之意義，即是在保障一個人之生存必要且應享有之自由權利，以作為維持人性尊嚴之基本要件[1]。在此，若肯認上述基本權的初步界定，則不難對於若干傳統見解所指出的「中國古代也有人權觀念」說法產生質疑，蓋以，中國傳統典籍中雖早有「民為重，社稷次之，君為輕」及「民為邦本，本固邦寧」的「誡命」，但此種想法僅止於課予統治者自我約束的道德義務，並沒有保障人民基本權或約束統治權力的根本認識[2]，更有學者指出，中國傳統的法律制度設計，其係以維持王朝政權穩定為中心[3]。換言之，中國的民本思想並未如西方基本權架構一般，立基於個人主義而具有**對抗國家權力**的內涵。因此，基本權或人權，並非是中國的固有產物，而是繼受、移植自西方文明之發展而來。

　　自西方文明發展歷程觀察，除政治思想家針對封建君主在「君權神授」思想的提倡下，不斷擴張其統治權力範圍的現象進行批判外，封建貴族及騎士亦率先對抗君主，並強迫其簽署保障貴族、騎士權利之聲明書。嚴格言之，此種文書的簽署，僅是封建君主與貴族間所締結的協議，離保障人權仍有一段差距[4]，且口頭上之承諾尚不足以成為保障之基礎，爾後，藉由宗教之影響力量及透過自然法思想之引導，倡導個人不僅面對於上帝，且面對於

1　吳庚大法官早在其所著之《憲法的解釋與適用》中，針對基本權利有所定義：「基本權是凡人皆有的權利，憲法加以規定具有確認其在國家規範秩序中的最高效力，國家有加以保障的義務。」此一見解值得吾人參考。詳參照吳庚，《憲法的解釋與適用》，自版，三版，2004年6月，90頁。

2　許宗力，〈基本權利：第一講基本權利的起源與發展〉，《月旦法學教室》，試刊號，2002年10月，84頁。

3　李鴻禧，〈保障基本人權思想之本質與變異之比較分析〉，收錄於氏著，《憲法與人權》，自版，七版，1991年4月，253頁。

4　林紀東，《中華民國憲法逐條釋義（一）》，三民，再版，1985年9月，50頁。

國家擁有，一個國家應尊重的高度自我價值。此種集體個人主義之價值要求透過社會契約說，亦即，強調國家之權利是基於個人所委託之社會契約而存在，國家有義務保障個人之權利。

人權概念之產生其實是一個對抗侵害人權之勢力，主要對象是國家以及封建之貴族，因為這些在上位者不尊重個人存在之價值，歷史上君主與封建貴族所簽訂的權利保障書，也僅在維護貴族自身的利益，而未根本實現所有個人的基本權保障，這也是後來必須立憲以保障人權之理由。此即孫中山先生所稱：「憲法者，國家之構成法，人民權利之保障書也。」之所在。並且在憲法中明文保障基本權，學者王世杰及錢端升先生在《比較憲法》一書中認為，此一方法至少得滿足下列四種的功能面向[5]：

一、作為行政權、立法權及司法權之界限。

二、確保人民之權利能獲得有效保障。

三、可以糾正特殊的弊端（防止階級特權）。

四、作為人民政治上教育的目的。

第二節　基本權之發展

一、貴族與國王間之協議

有關人權保障文件的研究，首先必須提及者係1215年由英國約翰王接受封建貴族之要求，所簽署的文件──「大憲章」（Magna Carta）。雖然此一文件在同年被羅馬教皇宣告廢棄，爾後才在刪改部分條文內容後，對後來即位的亨利三世發布並產生效力，此一由被統治者以特定之文件拘束當時因為統治不當而不被信任的統治者之協議，所象徵者乃係傳統至高無上、不受限制的王權，至此開始面臨挑戰[6]，此外，大憲章中所保障之「自由人」權

5　王世杰、錢端升，《比較憲法》，中國政法大學出版，簡體印刷版，1997年12月，58-60頁。

6　阿部照哉、池田政章、初宿正典、戶松秀典（編），許志雄（審訂），周宗憲（譯），《憲法（下）──基本人權篇》，元照，2001年3月，1頁；吳景欽，《張君勱與英國大憲章》，輔仁大學若望保祿二世和平對話研究中心編，2001年7月，peace.fjac.fju.edu.tw/publications/peace-book-ch/doc/20/raw，最後瀏覽日期：2020年4月2日。

利與近代所保障基本權之內涵並不相同，毋寧係在保障貴族階級之利益，如稅收須經由貴族教士同意等是，但其中有若干的保障規定，成為近代基本權保障的初始規定，例如限制君主濫用司法審判權之第39條：「自由人除了基於所屬國法律上之判決外，不得被恣意之逮捕、拘禁、藐視、驅逐或其他方式之拘束人身自由[7]。」而英國後續於1679年之人身保護法（Habeas Corpus-AKte）及1689年所制定的權利典章（Bill of Rights），都僅適用在封建主間或某地區，而與後來從自然法影響下之天賦人權概念所強調之權利本質並不相同[8]。

二、近代人權概念之形成

洛克認為在公民社會形成前之自由狀態，存在著人人所應尊重的自然法則，在此法則下，人人明白必須尊重他人的生命、自由、財產，並且有他人之生命、自由、財產遭受侵害時，受侵害者及第三人即有權利起而制止該行為，並依其行為之輕重予以適度懲處，而此種觀念也就是吾人所說之「天賦人權」[9]。為了落實上述權利的保障，洛克於其所著之《政府論》（*Two Treaties on Government*）一書中，認為必須要透過社會契約的形式來擔保生命、自由及財產權利的保障；並且為確保這些權利保障能夠被有效地實現，洛克並提出有限政府的概念來要求立法權與執行權必須予以分立。在洛克所提出「社會契約論」的理論背景下，盧梭亦進而認為唯有透過社會契約之形式，賦予國家合法權力，始得對人民之自由予以約束[10]，至於，孟德斯鳩所提出的權力分立理論，亦是在此一脈絡下，將國家統治權力一分為三，並交由不同組織行使且使權力彼此間相互制衡，以為確保人權保障的政治體制設計。上述理論的發展，亦成為近代立憲之參考依據及思想精神。

雖然上述思想家相繼提出各種理論挑戰了歐洲在當時的「君權神授」傳統，但1776年美國維吉尼亞州的人權法案（Bill of Rights），才是首度將

---

7 *Albert Bleckmann*, Staatsrecht II- Die Grundrechte, 1989, §1, S. 4.

8 林紀東，《中華民國憲法逐條釋義（一）》，三民，再版，1985年9月，50頁。

9 江宜樺，《自由民主的理路》，聯經，2001年9月，54頁。

10 李鴻禧，〈保障基本人權思想之本質與變異之比較分析〉，收錄於氏著，《憲法與人權》，自版，七版，1991年4月，248頁。

基本權保障成文化的憲法性文件，該法案的第1條即明白地主張：「人生而自由、獨立，並擁有不可讓渡之權利」，當時北美各邦並也紛紛響應此一立法，而在同年美國發動獨立運動之中，由制憲者傑弗遜（Thomas Jefferson）所起草之獨立宣言中，也重申此意旨。

爾後，民權革命潮流也自美洲傳回歐洲，1789年法國境內人民以「反對國王濫行增稅為理由」發動法國大革命，試圖推翻君主專制、階級特權等舊有弊病，同年所提出的人權和公民權宣言，倡導私有財產、自由、平等與民權等概念，而1791年7月由制憲會議制定、同年9月由路易十六批准的第一部成文憲法（French Constitution of 1791）中，亦將上開人權和公民權宣言之內容納入憲法前言作為指導原則[11]。此一民權革命的發展歷程，也藉由法國大革命、人權宣言及後來法國1971年憲法的制定，引發了後來歐洲各國的革命風潮，其中最具影響力者莫過於市民憲法國家的建立及基本權保障的入憲[12]。

德意志帝國隨第一次世界大戰結束而崩潰後，1919年於威瑪所成立之臨時政府為解決共和成立後的「憲法真空」狀態，乃由制憲國民會議制定新憲法，亦即吾人所稱之「威瑪憲法」（Weimarer Verfassung）[13]，此一憲法除係首部適用全德國境內之憲法外，更是有別以往之概念，而成為首部將社會權納入規範之憲法，例如，威瑪憲法的第157條工作之保障、第161條健康與工作能力之保障等規定，充分反映了對於自由主義及社會主義思潮的妥協[14]。此一設計，高度地影響了當時世界各國新憲法的制定，例如我國憲法的「基本國策」，即是此思潮下的典型產物。

三、人權概念的國際法化

人權思想的建立及其維護，在過往的「國際法」（international law）理論早已有所認識，但卻在其發展上遇有瓶頸，首先，傳統見解認為國內法與

---

11 *Sachs*, Verfassungsrecht II Grundrechte, 2. Aufl., 2003, S. 3.
12 許宗力，〈基本權利：第一講基本權利的起源與發展〉，《月旦法學教室》，試刊號，2002年10月，86頁。
13 有關威瑪共和成立時及成立後之政治與社會框架條件的詳細說明，請參照王韻茹，〈德國威瑪憲法基本權之形成與基本權理論發展1918-1933〉，《成大法學》，第19期，2010年6月，86-93頁。
14 吳庚，《憲法的解釋與適用》，自版，三版，2004年6月，78頁。

國際法係屬於兩個不同的法律系統，僅有國家才是國際法的主體，如在國際公約直接明載人權的保障規範，則有將個人或人民視為國際法主體的疑慮，而不宜為之[15]；並且，近代人權觀念之形成乃係立基於國家與人民間之關係，立基於此，國家如何對待其國民係屬該國之國內管轄事項，人民權利之保障毋寧是該人民所擁有國籍之國家所保障，不受外國干涉[16]，至多是少數民族或勞工之保護，始透過國際條約、協約或宣言予以處理[17]。

　　然而，在第二次世界大戰結束後，有鑑於二戰時期納粹及法西斯政權對人民基本權之否定與侵害，於1945年6月26日通過、同年10月24日生效的聯合國憲章，除正式宣告「聯合國」此一組織的產生外，聯合國憲章之前言亦揭明：「我聯合國人民同茲決心欲免後世再遭今代人類兩度身歷慘不堪言之戰禍，重伸基本人權、人格尊嚴與價值，以及男女與大小各國平等權利之信念，創造適當環境」的任務，其第1條第3款亦規定：「促進國際合作，以解決國際間屬於經濟、社會、文化及人類福利性質之國際問題，且不分種族、性別、語言或宗教，增進並激勵對於全體人類之人權及基本自由之尊重。」作為其保障人權的基本宣示；其次，聯合國大會於1948年12月並通過世界人權宣言，除重新表述所有人類皆應享有其作為人所應得且應享有之權利之要求外，雖就形式而言，世界人權宣言是否具有直接之法拘束力，乃有疑問，但此一宣言無疑使得國際社會自此思考制定人權條約的必要性[18]。對此，聯合國大會亦於1966年12月16日通過經濟社會文化權利國際公約（1976年1月3日生效）及公民與政治權利國際公約（1976年3月23日生效）[19]。

---

15 林紀東，《中華民國憲法逐條釋義（一）》，三民，再版，1985年9月，72頁；李鴻禧，〈現代國際人權的形成與發展概說〉，《月旦法學雜誌》，第12期，1996年4月，10頁。

16 丘宏達，《現代國際法》，三民，二版二刷，2007年6月，451頁。

17 許志雄，〈當代人權的發展趨勢與課題〉，收錄於許志雄、蔡茂寅、周志宏主編，《現代憲法的理論與現實》，元照，2007年9月，35頁。

18 亨利·馬爾賽文、格爾·范德唐（著），陳云生（譯），曾錦源（校訂），《成文憲法的比較研究》，桂冠，1990年8月，259頁。

19 學說上有謂，「第一代人權」發生在18、19世紀，以「自由權」為本位。「第二代人權」發生在19世紀末、20世紀初，強調社會弱者的保障，請求國家給付的個人權利，屬於積極性質如「經濟、社會權」的權利。「第三代人權」乃集體性人權觀念的興起，也就是「集體權」概念的提出，係「友愛及連帶的權利」兼具可以對抗國家同時又向國家提出要求的特性，包括「發展權」、「和平權」、「環境權」、「人類共同財產權」等。詳參董保城、法治斌，《憲法新論》，元照，八版，2021年9月，186頁。

第二章　基本權功能

　　傳統憲法學之討論乃依循憲法條文之安排，將憲法所保障之基本權，以**該基本權利之行使方式為標準**[1]，區分為「平等權」、「自由權」、「受益權」及「參政權」[2]。此種分類方法之優點在於得較容易理解基本權清單中所列基本權利間之內涵，但卻將各種基本權利之性質絕對化，否定有其他有定性之可能性[3]，實則，不同類型的權利間，並非能劃清一道清楚的界限，**例如：憲法第15條所保障之財產權，在內涵上可能兼具有「防禦權」及「受益權」之性質，而憲法第17條所保障之選舉權**，亦可能包含參政權及平等原則之適用[4]，此種硬性將基本權區分為若干性質之模式並非完全妥適。

　　從而，我國學理及釋憲實務乃參考德國憲法學上之觀點，**自基本權利之功能出發，以國家在基本權之規範上，負有何種作為或不作為義務的角度，探討基本權利之內涵**[5]。換言之，基本權功能之論述基礎，乃建立於國家社會二元區分的關係之上，面對國家強大勢力，人民主觀上首先是要求國家消極不干涉人民之基本權，其次於要求國家積極地給付後，也要求人民有參與國家政治運作之權，如選舉權等；而德國憲法學於二次大戰後，並也產生基本權客觀面向之見解，亦即，本身即是法秩序，得以約束國家權利之行使或要求國家積極地作為[6]，**但此客觀法規範之地位不是以人民角度，而是站在國家地位應如何作為之事，由基本權所形成客觀法規範，國家有積極作為之義務。**

1　司法院釋字第442號解釋林永謀大法官協同意見書。
2　如：劉慶瑞，《中華民國憲法要義》，劉憶如發行，1994年3月，45-115頁；謝瑞智，《憲法概要》，文笙，十六版，2012年5月，63頁；林紀東，《中華民國憲法釋論》，大中國圖書，改訂五十三版，1990年9月，130頁。而謝瀛洲氏則將之分為平等權、自由權、受益權、生存權及公民權五者，請參照謝瀛洲，《中華民國憲法論》，八版，1985年6月，36-72頁。有關基本權分類之論述，請參照李念祖，《案例憲法Ⅰ──憲法原理與基本人權概論》，三民，修訂二版一刷，2007年1月，318頁以下。
3　張嘉尹，〈基本權理論、基本權功能與基本權客觀面向〉，收錄於翁岳生教授七秩誕辰祝壽論文集編輯委員會編，《當代公法新論（上）翁岳生教授七秩誕辰祝壽論文集》，元照，2002年7月，34頁。
4　司法院釋字第721號解釋等是。
5　許宗力，〈基本權的功能與司法審查〉，收錄於氏著，《憲法與法治國行政》，初版，1999年3月，155頁。
6　德國基本法第1條第3項規定：「以下基本權利拘束立法、行政及司法而為直接有效之權利。」

第一節　古典的基本權利作用：基本權利作為主觀公權利

　　所謂「主觀公權利」（subjektive öffentliche Rechte）或稱「主觀的權利」（subjektive Recht）係基本權之古典功能或作用[7]，其是指：擁有基本權之個人，立於主觀之地位，面對於國家之行為得採取防禦措施，或進而要求國家一定之作為。它的相對概念係「客觀法規範」（objektives Rechtsnorm）。德語的「Recht」可以兼指「權利」或「法律」。由於「權利」是指個人主觀上得以主張者，而「法律」則是指客觀存在的法規範，因此基本權有所謂的主觀與客觀功能之討論。此一作用之理論依據，乃根基於德儒耶林內克（Georg Jellinek）所提出的地位理論。耶林內克自人民於國家中之地位（status）角度出發，將人民與國家之關係分為四種，亦即是：被動地位（der passive Status）、消極地位（der negatives Status）、積極地位（der positivus）及主動地位（der activus Status），論者並進而將其中消極地位、積極地位及主動地位作為基本權分類之標準[8]。自此理論角度而為觀察，基本權功能之探討主要被集中於主觀面向。

一、消極地位——防禦權（自由權）

　　18世紀至19世紀發展的傳統自由法治國觀點認為，基本權利首先是個人針對國家對其個人自由與所有權範圍妨礙的「**防禦權**」，因此，基本權利創設此種主觀的防禦權，用於確保對於個人在一定之社會領域內保有自由之活動及發展之空間，以避免國家或強權之不法侵害[9]。在歐陸早期的基本權利發展上，初始乃係以「法律保留原則」之方式規範，易言之，基本權利乃係由立法機關所塑造出來的，人民僅有在法律之規範範圍內享有基本權利，因此，立法者本身並不受基本權利之拘束，而僅得對行政機關及司法機關要

7　*Pieroth/ Schlink*, Grundrechte Staatsrecht II, 15. Aufl., 1999, S. 16.
8　張嘉尹，〈基本權理論、基本權功能與基本權客觀面向〉，收錄於翁岳生教授七秩誕辰祝壽論文集編輯委員會編，《當代公法新論（上）翁岳生教授七秩誕辰祝壽論文集》，元照，2002年7月，頁30。
9　司法院釋字第689號解釋蘇永欽大法官協同意見書。

求其為「合法」之作為[10]。但在如今之理論發展上，業已改變此種想法，亦即，基本權利除行政及司法權外，並兼及對立法者之拘束。

也因此，透過防禦權，立法者在雙重意義下受到拘束。其一為，它僅在特定方式下干預基本權利，另一為對此干預被設定了實質的界限。一個法律干預基本權利，首先該法律應是合於規定的創設，亦即，立法者有干預權且合於立法程序之規定。此外，法律應符合法治國原則，其應明定受到限制之基本權利與不得為個別或特定對象之限制。若不符合上述條件時，受到侵害的人民有不受限制的防禦請求權。此外，立法者亦受到憲法上明定或默示之法律保留的限制，例如：我國憲法第23條實質條件之限制，立法者對基本權利之干預應合於比例原則，並不得觸犯基本人權的核心；至於，行政與司法僅得於法律明定或授權之情形下，對人民之基本權利進行干涉，若法律給予行政、司法權判斷（或裁量）餘地時，則人民得透過此種防禦權對行政與司法直接地拘束。

防禦權並非意謂著個人得以從事禁止或受到限制之行為。基本權利只是保護合法之行為，亦即，針對對抗公共利益或妨害他人權利之特定行為，國家應介入而干預之。並且須指出的是，國家無權而干預基本權利之範圍實屬國家違法之行為，亦即屬無效之法律，得撤銷之行政處分與司法判決，在防禦權下，人民得透過司法途徑，要求除去此後果與狀態。

二、積極地位──請求給付權

以往傳統所理解之基本權利，乃請求國家對於人民不予作為（負面之作為），亦即是人民要求國家對其不予干涉或侵害，然而，因為現實中之政治、經濟、社會等條件變遷，特別是18世紀工業革命以來，貧富差距逐漸拉大，人民在經濟及物資上遭遇許多困難，在此，如僅消極地要求國家不作為，實無法解決上述之問題。因此，基本權作用乃發展出請求給付權（或稱受益權）之概念，其係指人民有權要求國家正面之作為，易言之，即是人民有要求國家提供一定之給付之權利[11]。

---

10 許志雄、陳銘祥、蔡茂寅、周志宏、蔡宗珍（許志雄執筆部分），《現代憲法論》，元照，四版，2008年10月，76頁。
11 就此而言，給付行政之範圍也因為國家任務之不斷擴張而愈趨更廣。

　　給付請求權之理論基礎，可溯自國家保護義務，亦即是，國家為擔保人民基本權利之實現，並維持個人尊嚴與社會國原則，立法與行政應提供或創設人民生存之基本條件與事實基礎，並且，給付請求權之內涵亦得由平等權所衍生而來，此即吾人所稱之「衍生之給付請求權[12]」，亦即，若國家在基本權利適用範圍內提供給付，則應對處於同樣狀況下的所有人提供相同的給付，不得基於事物之理由，而排除他人之請求，例如，每個人若符合入學之條件，不得基於其他理由，而排除其入學。也因此，若國家在保護基本權利之範圍內設定許可之要件，符合許可要件的申請人，有權要求國家之許可[13]。

　　此外，給付請求權之概念，學說上乃嘗試將之分為**廣義**及**狹義**二種情形，前者，係指所有的基本權利皆含有請求國家積極作為之內涵，亦即，所有基本權利同時包含著防禦權與國家積極作為兩個面向，其所及之範圍包括：（一）國家應提供設施；（二）人民請求國家物（或金錢）之給付；及（三）維持生存基本需求之請求（社會權）；而後者，則僅指上述所稱之社會權概念，亦即是，人民有權請求國家創設維持個人尊嚴與自由生活的事實條件，諸如提供適合居住的房舍、提供工作與教育機會、衛生與健康之照顧及環境保護等即是，此外，對於無法達到此基本條件（最低生存條件）之人民，國家亦應為社會救濟之行為[14]。

　　然而，上述所稱**廣義之給付請求權**過於廣泛而不確定，故通常論及給付請求權，多係以維持社會權為基準，除上述所稱社會基本權利屬給付請求權外，另亦有學者主張國家有義務提供程序性保障之服務（dienst）[15]，屬於此一類型者，如法律上之聽審程序、權利救濟程序、訴願及請願等程序。

---

12 與此相對之概念即「原始之給付請求權」，係指由基本權利本身直接產生之請求權，若國家不積極介入，提供維持生存的必要給付，個人尊嚴與人格發展無以維繫，如上述所稱的社會權即為適例。

13 *Dieter Schmalz*, Grundrechte, 1991, S. 88；例如我國集會遊行法即屬此種許可保留之情形，凡符合集會遊行法第11條規定者，應予許可集會遊行。

14 *Robert Alexy*, Theorie der Grundrechte, 1986, S. 395 ff.

15 *Hans-Ullrich Gallwas*, Grundrechte, 2. Aufl., 1995, S. 25.

三、主動地位——參與國家政治權

　　此一人民之主動地位或參與國家政治權，係指人民有權要求參與決定國家事務之權利。參與決定的標的乃是個人有權要求參與組織形成之過程，其表現的參與方式，可能是決定前的參與以及直接參與決定或僅屬表達意見。典型的參與權，即屬吾人所稱的政治自由權，如選舉與罷免權、結社與集會自由權[16]。

第二節　基本權利作為客觀法規範之功能

　　上述有關基本權主觀面向之討論中，基本權利係被附隨於其權利主體，亦即是人民之上，因此，具有其個別性及主觀性。而在二次大戰後，德國憲法學界及實務界漸認此種基本權主觀面向之理解乃有不足[17]，而認為基本權利乃係作為一種體系價值或價值標準，屬於國家公權力及人類所共同追求的目標[18]，準此，即所謂基本權利之客觀法規範面向、功能，而於1945年5月23日公布、1955年3月15日施行之德國基本法第1條第3款亦明定：「下列基本權利拘束立法、行政及司法而為直接有效之權利。」後來德國聯邦憲法法院也認為：「從基本權所展現的秩序適合作為所有法之範圍憲法上基本決定，並要求國家保護與促進此種基本決定實現之義務[19]。」是以，實定法規範（法律）應在基本權光影下去形成，並有利於基本權去解釋，所有國家權力有義務排除任何危害基本權之可能性，並創造基本權實現之要件[20]。

　　一般而言，法律不牴觸客觀的憲法規範，才屬合憲之干預，在此所謂憲法規範，當然也包括他人的基本權利。例如法規對外國人從事食品貿易須經過專業考試，則未受過專業訓練之外國人得以職業選擇自由權來要求審查該

---

16 *Peter Badura*, Staatsrecht, S. 63.

17 有關說明，可參照胡博硯，〈在經濟領域中的國家保護義務〉，《憲政時代》，第36卷第4期，2011年4月，415-416頁。

18 李建良，〈基本權利理論體系之構成及其思考層次〉，收錄於氏著，《憲法理論與實踐（一）》，新學林，初版，1999年7月，14-15頁。

19 BVerfGE 39, 1; Epping,Grundrechte, 3. Aufl., 2003, §1, Rn. 14.

20 *Karl-Heinz/ Dieter Hömig*, Grundgesetz, 3. Aufl., 1988, S. 29.

法規的合憲與否。客觀法規與主觀公權形成了基本權利的雙重特質，立法者一方面以法律來保障基本權利，若因此造成人民之基本權利受到侵害，則其得以主觀公權加以防禦。而基本權利本身的客觀法性質，拘束立法、司法與行政，作為有效之法律。

一、制度性保障

所謂「制度性保障」（Institutionnelle Garantie）理論，最初由法國學者毛利斯‧豪里烏（Maurice Hauriou）所提出，經由德國威瑪憲法時期的公法巨擘卡爾‧史密特（Carl Schmitt）將其概念具體化[21]。**古典意義之「制度性保障」在強調基本權除個人權利之保障外，更兼及認為凡係公私生活上既存之事實，且經由法規所形成之建制者，立法者對此不得加以侵害。**對此，如係公務員制度、地方制度等具公法性質者，則稱為制度性保障，而如係婚姻及家庭制度、地方制度等屬私法性質者，則被稱為制度保障，但目前使用此一概念時，並未加以嚴格地區分，而概括成為制度性保障[22]。現今學說上所承認的「制度性保障」，大體上有財產私有、大學自治、婚姻家庭、公務員體制及地方自治等。

制度性保障在今日的德國已透過基本法的制定而法制化，制度得以拘束立法者，乃屬毋庸置疑之事。今日的制度性保障強調其客觀秩序原則之特質，以此來擔保個人在權利所保護範圍內的生活領域。制度性保障係以制度性方式，並透過法規範而形成一定的生活領域，此種生活關係接受既存之制度，並以規範加以制度化，延續並發展此一制度。

換言之，現今之「制度性保障」意義在於國家立法機關應制定一套制度來「形成」基本權的內涵並促其該基本權的實現[23]。例如：吾人稱所有權制度或繼承制度，這些制度必須配合法規，才得以實現制度之理念。無規範的所有權絕非法律意義之所有權，同樣地無繼承法規範的婚姻，非屬法律意義的婚姻，因此，這些是法律為擔保之制度，吾人又稱其為「法律制度」

---

21 吳煜宗，〈制度性保障〉，《月旦法學教室》，2003年8月，36頁以下。
22 吳庚、陳淳文，《憲法理論與政府體制》，三民，七版，2021年9月，112頁。
23 李惠宗，《憲法要義》，元照，九版，2022年9月，Rn. 05139。

（Rechtsinstitut）[24]。有關制度性保障之範圍，在今日整體利益保障成為優勢下，多數學者普遍承認個別的自由權，亦含有制度性擔保之特質，這些自由權必須存在有客觀既存之制度，並已形成充分的法規整體性，例如出版自由、大眾傳播與通訊自由，甚至集會、結社自由等，但並非所有的自由權皆含有制度性保障的內涵。

　　制度性保障在我國釋憲實務上的論述，首見於吳庚大法官於司法院釋字第368號解釋之協同意見書，其指出：「憲法所保障之各種基本權利，無論屬於消極性防止公權力侵害之防衛權——各類自由權屬之，或積極性要求國家提供服務或給付之受益權——社會權為其中之典型，國家均負有使之實現之任務。**為達成此項任務，國家自應就各個權利之性質，依照社會生活之現實及國家整體發展之狀況，提供適當之『制度的保障』**（institutionelle Garantie）。經由制度保障功能之確認及對憲法人民權利條款作體系論之解釋，**當可建立各個『基本權利之保障範圍』**（Schutzbereich der Grundrechte），在範圍內受保障之事項，可稱之為『基本權利構成事實』（Grundrechtstatbestand）。」

　　雖然，吳庚大法官的上述意見，在司法院釋字第368號解釋（1994年12月9日）作成時非為多數意見所採，但大法官於五個多月後所作成的司法院釋字第380號解釋（1995年5月26日），制度性保障之理論，成為大法官的多數意見，而正式見諸於大法官解釋文暨理由書之中，認為大學自治乃屬學術自由之制度性保障中的內涵，該號解釋指出：「憲法第十一條關於講學自由之規定，係對學術自由之制度性保障；就大學教育而言，應包含研究自由、教學自由及學習自由等事項。大學法第一條第二項規定：『大學應受學術自由之保障，並在法律規定範圍內，享有自治權』，其自治權之範圍，應包含直接涉及研究與教學之學術重要事項。」後來並於司法院釋字第396號（訴訟制度）、司法院釋字第498號（地方自治）及司法院釋字第554號（婚姻家庭制度）解釋逐漸確立制度性保障之內涵。

　　此外亦有學者採反對意見主張：我國憲法並未如德國基本法第6條第1項般，明白設有制度性保障之憲法依據，毋寧是大法官將德國學理及憲法法院實務所推論之制度性保障，透過解釋之方式而移植至我國，並未考量到兩國

---

24 *Robert Alexy*, Theorie der Grundrechte, 1986, S. 442.

憲法規範間之差異。其更進一步指出，如基本國策中「國民經濟」及「社會安全」等節所設定之制度，勉強稱得上係制憲者為保障憲法第15條生存權、工作權及財產權所明定。

二、組織暨程序保障

在德國，基本權的客觀法規範功能面向中，蘊含著程序保障功能，亦即，消極地實施正當程序，以避免基本權受侵害[25]。是以，當國家機關未遵守正當程序而影響人民權利時，人民得本以其「實體權利」未獲正當程序保障為由，請求救濟[26]，學者認為此種理論的發展乃是奠基於德國1970年代對於基本權「重實體、輕程序」想法的改善[27]；而相較於德國發展，美國式的思考則是在憲法條文中得以探求出「正當法律程序」（due process of law）學者並嘗試將正當法律程序分為實質正當法律程序及形式正當法律程序二者。前者是在確保國家權力作用之實質公平；後者則是在要求國家權力行使程序之公平[28]。

三、國家保護義務

如前所述，基本權除要求國家不得非法侵害人民基本權利之初始任務外，經由客觀價值秩序面向的發展，其乃進一步要求國家應積極地維護人民之基本權利不受他人侵害，就此，即係所謂國家保護義務。

所謂「國家保護義務」，最初源自於德國聯邦憲法法院之墮胎案判決，係為解決私人間基本權衝突之事件，亦即，一方主張其基本權而侵犯另一方之基本權，在此之下，國家有義務積極介入處理，保障受害者之一方，並設法對侵害者採取一些限制措施，以平衡兩者之間之基本權衝突；尤其，私人之干預是在違反當事人之意願下所為時，國家在此更有積極介入之義

---

25 許宗力，〈基本權利：第二講基本權功能〉，《月旦法學教室》，第2期，2002年12月，76-79頁。
26 李建良，〈論基本權利之程序功能與程序基本權〉，《憲政時代》，第29卷第4期，2004年4月，517頁。
27 董保城、法治斌，《憲法新論》，元照，八版，2021年9月，196頁。
28 湯德宗，〈論憲法上正當程序保障〉，《憲政時代》，第25卷第4期，2000年4月，4-5頁。

務。因此，吾人論及國家保護義務之法律關係，乃是所謂的「三角法律關係」——當事人雙方之個別利益以及國家積極介入之義務[29]。

　　若吾人視基本權利規定為立憲者有關特定法益與自由權的價值決定時，則基本權利亦得要求國家有保障之義務。確保生命與身體不受侵害不僅是一防禦權（防禦國家不公正的干預），並也要求國家，首先是立法者，制定有效的預防措施來保護這些有關之法益，尤其防止他人侵害這些法益，例如刑法之主要規定是保護生命、健康、自由與所有權，而在此刑法規範，視為憲法上的委託制裁，將觸犯法益者以刑罰威嚇之。

　　同樣地，行政法上以許可之規定，來規範那些造成妨害他人效果的設備（如核能設施），亦屬實質法與程序法履行基本權利所命的保護生命、身體不受侵犯與所有權之義務，而在行政措施上，若行政機關已無裁量餘地，而應作為，卻仍不作為，則屬違反保護義務，亦應負損害賠償之責任，此如我國司法院釋字第469號解釋所指出：「法律規定之內容非僅屬授予國家機關推行公共事務之權限，**而其目的係為保護人民生命、身體及財產等法益**，且法律對主管機關應執行職務行使公權力之事項規定明確，該管機關公務員依此規定對可得特定之人所負作為義務已無不作為之裁量餘地，猶因故意或過失怠於執行職務，致特定人之自由或權利遭受損害，被害人得依國家賠償法第二條第二項後段，向國家請求損害賠償。」

　　因此，吾人應認為國家在人民之基本權遭受到國家或國家以外之「第三人」危害或侵害之虞時，不僅只是單純地不作為，而是必須積極地採取一定的保護措施，以保護該人民之基本權不受任意侵害，故也有稱基本權保護義務即是國家的作為義務之見解。

四、基本權之第三人效力

　　所謂「基本權利對第三人的效力」，是指本來基本權只拘束國家權利，但是在何種範圍與何種方式下，面對其他私人亦受基本權利之拘束。這通常亦涉及國家保護義務及基本權利之衝突。此一問題，最初是在勞動關係上被

---

[29] *Kinga Zakarias*, Die Rechtspechung des Bundesverfassungsgerichts zur Grundrecht im Privatrecht, in: Iustum Aequum Salutare, 2009.4, S. 156.

探究，特別是有關男性與女性是否享有同等工資待遇之爭議，此外，美國禁止私人間之種族歧視亦屬之。

問題思考

7　除在國家與人民間之關係外，基本權之效力是否亦得適用在私人與私人間之關係？

　　此一問題有三說：

1. 無適用說

　　上述爭議，在傳統的學說中，其認為憲法基本權利之規定，乃係為了節制國家權力所設，私人間權利之限制，乃係由契約方式所形成[30]，基本權本是對抗國家權力的侵害而設，故而**私人與私人間之關係並無基本權之適用**。

　　然而，學說在日後的發展過程中，即逐漸地承認了基本權在私人與私人間之關係中有基本權之適用，亦即，吾人所謂的第三人效力。在此種立場下，又分為「直接第三人效力說」（直接適用說）及「間接第三人效力說」（間接適用說），以下分述之。

2. 直接適用說

　　學說上關於基本權效力是否直接適用在私人間之關係的反省上，首先出現者乃是直接第三人效力說。此一學說認為，私人實力在社會發展下逐漸能與國家行為相提並論，對隸屬其下的個人而言，在結果上可能都是成為被不公平待遇之犧牲者，是以，基於基本權保障的目的，其他私人若有侵害其基本權時，應得以直接援引基本權規定以為救濟。**但此說有破壞「私法自治」的嫌疑**[31]。由於此說認為基本權利不僅拘束國家，亦可拘束私人，是毋庸間接透過民事法律的媒介，即得直接適用於私人相互關係中。具體操作方式如下[32]：

---

30 陳新民，《憲法基本權利之基本理論（下）》，自版，1990年1月，59頁。
31 董保城、法治斌，《憲法新論》，元照，八版，2021年9月，218頁；許宗力，〈基本權利：第五講——基本權利的第三人效力與國庫效力〉，《月旦法學教室》，第9期，2003年7月，68頁。
32 許宗力，〈基本權利：第五講——基本權利的第三人效力與國庫效力〉，《月旦法學教

(1) **侵權行為**：直接將基本權利視為**民法第184條第1項前段所稱「他人之權利」**，使因故意或過失不法侵害他人基本權利者，亦應負損害賠償責任。

(2) **法律行為**：直接將基本權利視為**民法第71條所稱之禁止規定**，使違反基本權規定的私人法律行為，因之歸於無效。

3. 間接適用說

　　間接第三人效力在德國法上的發展，可從德國基本法開始說起。德國基本法第1條第3款規定：「下列基本權利拘束立法、行政及司法而為直接有效之權利」，亦即是在闡明國家公權力為基本權之拘束對象，然而，立法者針對人民間私人之法律關係所制定之規範，如也受到憲法基本權效力的直接適用，則無疑是限制了立法者的形成自由。是以，除非制憲者在憲法中有明文限制個人自由權之行使或透過司法之解釋導出此種直接效力，否則只能承認其具有所謂的間接效力[33]。

　　也因此，吾人所謂之間接適用說，是指基本權本身雖然作為客觀法規範的地位，但基於對立法者形成自由及私法自治的尊重，否定了基本權作為私人與私人間關係之直接適用，而由立法者在私法之構成要件中使用不確定法律概念，作為基本權效力與私人間關係的橋梁，司法者在解決私人與私人間爭議時，亦應注意基本權在私法關係中的體現[34]。

　　我國釋憲實務上，司法院釋字第689號解釋中亦針對社會秩序維護法第89條第2款之跟追條款的解釋中，引用了間接第三人效力理論，在私人與私人間之關係上，尚不得直接援引憲法規定以作為對抗，但憲法仍影響立法者或裁判者對基本法之解釋，尤其是所謂概括條款或不確定法律概念之解釋上，如公共秩序、善良風俗、誠信原則等之解釋，將人權之概念植入民法概念中，而在該號解釋中，將本屬於民事法上概念之隱私權轉而為公法上之概念，這乃是基於除憲法第8條的人身自由保障得直接據以引用外，憲法上所保障之權利仍必須藉由法律規定予以形塑之內涵使然[35]。因此目前為我國及

室》，第9期，2003年7月，65頁。

[33] *Epping*, Grundrechte, Kapitel7, Rn. 322-323.

[34] 最為吾人熟知之顯例為民法第72條：「法律行為，有背於公共秩序或善良風俗者，無效。」

[35] 蔡震榮，〈由釋字第689號解釋論法適用與新聞自由之界限〉，《法令月刊》，第62卷

德國通說所採者，乃是間接第三人效力說。具體操作方式如下[36]：

(1) **法律行爲**：契約所約定內容縱對一方當事人構成基本權的限制，如租賃契約約定承租人不得飼養寵物、離婚協議書約定限制一方的住居範圍，不一定構成民法第72條公序良俗的違背，因建立在私法自治基礎上的契約自由，其特色正在於允許當事人得依己意自由作權利的自我限制，以換取一定的對待利益。且即便所犧牲的權利與換取得來的利益，在一般人眼中並不合比例，原則上亦得允許之列，不得輕易以不符比例原則為由就指摘其違背公序良俗，直接適用民法第72條「法律行為，有背於公共秩序或善良風俗者，無效」。

(2) **侵權行爲**：例如甲為抗議乙週刊報導不公，立場偏頗，而發起退報運動，全島響應，致乙週刊遭受嚴重營業損失。對乙週刊而言，可謂是其出版自由與財產權遭甲侵害。惟乙週刊仍不能向甲直接主張該等基本權利，因為間接適用說主張，私人並非基本權的拘束對象。故只能透過民法第184條第1項後段「故意以背於善良風俗之方法，加損害於他人者」規定向法院提起民事訴訟，並請求法官秉持憲法保障其出版自由與財產權的精神，正確適用該民法規定，以達保護權利之目的，而非同條項前段「他人之權利」的規定，也就是透過憲法規定的精神注入民法第184條第1項後段的「善良風俗」條款，而非直接適用憲法之規定以民法來主張基本權。

②　基本權之於國庫行爲（Fiskalgeltung der Grundrechte）之效力爲何？

所謂「國庫行為」又稱為「私經濟行政」，是「公權力行政」相對的概念。其係指國家非居於公權力主體地位行使其統治權，而係立於與私人相當之法律地位，適用私法規定所為之行為，大致可分為[37]：

第12期，2011年12月，68頁。

36 許宗力，〈基本權利：第五講——基本權利的第三人效力與國庫效力〉，《月旦法學教室》，第9期，2003年7月，69頁。

37 蔡震榮，《行政法概要》，五南，五版，2023年10月，7頁以下；吳志光，《行政法》，新學林，十一版，2022年3月，3頁以下。

1. 行政私法行為

　　係指國家機關以私法手段直接達成國家任務之行為，也就是指國家為直接達成行政上之任務，所採取之私法型態之行為。亦即，國家得以成立公司或訂立私法契約的方式，來滿足行政任務的要求。此外，國家所成立之公司，吾人一般稱之為「國營事業」或「公營事業」，在目前此一概念可分為二種層面：其一係依公司法設立，由政府與人民合資經營之公司，例如中鋼、台肥等是，此種公司已為私法上之組織，原則上較不受國家監督；其二是政府獨資經營之公司，其係指未發行股票，而預算完全由政府支付之公司，如台灣自來水公司、台電及台灣中油等是，此種公司因為國營事業仍須接受立法院之預算審查與監督，並不完全適用私法自治。又如，提供融資、租售國民住宅、提供助學貸款或水電供應，亦屬之。

2. 行政輔助

　　所謂行政輔助，係指國家機關為滿足日常行政事務所必須之工程、財物或勞務，而以私法行為之方式取得者，例如：一般政府機關採購辦公用品、移民署採購虹膜辨識儀器等是。早期學說認為政府採購行為之性質屬於行政輔助而為私經濟行為，但政府為防止公務員採購案之弊端，乃於1998年制定了政府採購法，並在後續透過多次的修正，將政府採購行為以「決標」為時點區分為前後兩階段，亦即，前階段之決定屬於公法性質（如招標、投標與決標等程序之行為），而後階段之行為則屬私法性質（如決標後之執行或履約行為）。故政府採購法採雙階理論（司法院釋字第540號解釋參照）。

3. 行政營利

　　指國家以私法所從事之營利行為。例如：國家從事股票之投資或從事土地或房舍之販售或出租等，與民間發生之法律關係。

　　以上類型，本書認為，**基本權之效力只有在「行政私法」之情形應有其拘束力（採部分適用說）**，蓋因行政私法行為之目的終究在於實現國家對人民生活福利之照顧責任，具有強烈公益色彩，國家或其他公法人不能「避難到私法」逃避基本權利之效力，否則等於承認組織形式的濫用[38]。至於我國

---

38 董保城、法治斌，《憲法新論》，元照，八版，2021年9月，222頁；李惠宗，《憲法要義》，元照，九版，2022年9月，Rn. 05240。

的釋憲實務，至目前為止似亦僅承認國庫行政只有在「行政私法」適用，如司法院釋字第457號解釋指出，國家以私法行為達成公行政任務之手段，應受基本權之拘束，若以私法使用借貸僅規定限於榮民之兒子始得繼承農場耕地之配耕，而排除女兒，係對女性為差別待遇，與憲法保障之男女平等原則有違。再如，司法院釋字第727號解釋有關註銷不同意眷村改建原眷戶權益案中，再次強調國家機關為達成公行政任務，如以私法形式所為之行為，應遵循憲法第7條之平等原則。

　　然而另有學者認為，司法院釋字第457號解釋所提到國家機關為達成公行政任務，以私法形式所為之行為，亦應遵循憲法男女平等之規定云云，固係指行政私法應受基本權拘束，但尚不能因此就表示釋憲實務對此類問題一律採部分適用說，因大法官在此只是沒有機會對行政輔助與行政營利行為的基本權拘束問題表示意見罷了，並不是主張這兩類行為不受基本權拘束，主張基本權之效力應**全面適用**於國庫行政（**採全面適用說**）。不過氏亦主張，在違憲審查上應顧及不同國庫行為類型，並視個別相關狀況採寬嚴不同的審查標準。一般而言，行政私法因屬披著私法外衣的實質公法行為，故審查宜從嚴，其餘另兩種國庫行為類型則無妨審查從寬作違憲審查[39]。

---

39 許宗力，〈基本權利：第五講——基本權利的第三人效力與國庫效力〉，《月旦法學教室》，第9期，2003年7月，71頁以下。

第三章　基本權主體

第一節　所謂基本權主體

關於基本權之主體，首先應論及「基本權權利能力」（Grundrechtsfähig-keit）。所謂基本權權利能力，是指具有能力作為基本權利之主體者[1]，唯有基本權能力受到肯定者，始具有基本權所保障之地位，而成為基本權主體[2]。吾人之所以在此討論上述概念，其意義在於探討基本權之保障對象——人之概念及辨別各基本權利之保護法益，亦即是在討論系爭當事人得否援引或主張該基本權利[3]。

也因此，受基本權所保護之「人」，或是得以自己名義主張基本權之「人」，其意究何指？是否除自然人外又兼及法人？而進一步地，有否本國人及外國人之區分？面對第一個問題，吾人若從基本權之發展脈絡加以觀察，一開始所指之基本權主體僅指自然人而言，後來基本權的發展過程中，因為法人的運作主要乃是以自然人的行為意志為依歸，故而在其性質許可之範圍內，法人亦受有基本權之保障。

第二節　自然人

一、外國人作為基本權主體

誠如學者所言，自然人無論是否為本國人或外國人，只要出生即無分男

1　至於「基本權行為能力」（Grundrechtsmündigkeit），則是指自然人是否具有「理解或實現能力」為判斷標準，這與民法上之行為能力有些雷同，但並非與民法上採一致之標準，仍須就個人基本權之條件作判斷。

2　詹鎮榮，〈從民營化觀點論公民合資公司之基本權能力〉，收錄於氏著，《民營化法與管制革新》，元照，2005年9月，51頁。

3　李建良，〈基本權利理論體系之構成及其思考層次〉，收錄於氏著，《憲法理論與實踐（一）》，新學林，初版，1999年7月，81頁。

女、國籍、種族及階級等差別而取得權利能力，除死亡外國家並不得藉由立法而予以剝奪。此種在歷史上藉由解放家長權、廢除奴隸制度等發展所逐漸形成的基本原則，乃係憲法上人性尊嚴之具體體現[4]。

 問題思考

　　外國人是否得作為基本權利之主體，而依照我國憲法基本權利之規定，主張其權利受有侵害之判準？外國人得否比照憲法主張基本權利？

　　本書認為尚就我國憲法權利清單所列各項基本權之性質而定[5]：

1. 若屬於**人權性質**之基本權利，則此等權利多與人之本質或人性尊嚴有關，或在性質上**屬於自然權、固有權**，例如「人性尊嚴」，任何人無分國籍均有資格享受的權利。其他如「人身」、「宗教信仰」自由等乃先於國家而存在，具有普世價值，乃是作為人所應享有之權利，而不分本國人或外國人均應受到保障。

2. 若屬於**公民權性質**之基本權利，則此等權利皆具有強烈國家主體意識關聯性，涉及到國家政策決定或基本認同等**政治上的權利**，例如「選舉、罷免、創制、複決」，以及「應考試及服公職權」等，故而外國人之此等權利受到較多限制。

3. 若屬於**國民權性質**之基本權利，則為中間型態之權利，性質大多係屬於**受益權**，如「工作權」、「財產權」、「受國民教育權」。原則上以本國人優先享有，而外國人是否享有此等基本權利，則是以各國開發程度及對國際人權之保障程度而定。我國目前某些基本權利乃有限制外國人所享有者，如入出國及移民法第29條第1項規定：「外國人在我國停留、居留期間，不得從事與許可停留、居留原因不符之活動。但合法居留者，其請願及合法集會遊行，不在此限。」即限制了外國人請願及合法

4　王澤鑑，《民法總則》，修訂版五刷，2010年4月，112-113頁。

5　詳參照許宗力，〈基本權主體〉，《月旦法學教室》，第4期，2003年2月，80頁以下；廖元豪，〈外人做頭家？〉，《政大法學評論》，第113期，2010年2月，14-26頁；吳庚，《憲法的解釋與適用》，自版，2003年4月，138-141頁。

集會遊行之基本權。綜上所述，外國人並不當然因此取得基本權能力而作為基本權主體，應依不同權利的性質認定。

不過有學者認為，前述三分法說不但沒有我國憲法條文依據，而且錯誤地將人性尊嚴、經濟條件與政治地位完全脫鉤，事實上「本國人」與「外國人」並非鐵板一塊。此外，這種封閉主權的概念，也脫離全球化的現實，甚至會使「國民」的基本權也受到侵害。氏主張憲法人權不應以「身分」來劃分保護對象，而應保障所有憲法所及範圍之人。憲法既然沒有明文限縮各項權利的適用範圍，則所有在中華民國管轄區內的人民當然都受保護。唯有如此，才能強化憲法保障人權一律平等的信念。保障的方法、範圍可以視情況進行調整，但調整的參考基準不是「國籍」、「夠不夠本土」、「國族認同」，而是「保護必要性」作為判準[6]。

二、大陸地區人民作為基本權主體？

然而，大陸地區人民基本權利之保障又應為何？依憲法增修條文第11條規定：「自由地區與大陸地區間人民權利義務關係及其他事務之處理，得以法律為特別之規定。」

學者認為本條文授權由立法者所訂定特別規定之範圍，應兼及包括大陸地區人民在涉及臺灣事務之範圍內享有與我國人民同一之基本權利保障[7]。但在司法院釋字第618號解釋中，乃限制了大陸地區人民服公職之權利，其稱：「……八十九年十二月二十日修正公布之兩岸關係條例第二十一條第一項前段規定，大陸地區人民經許可進入臺灣地區者，非在臺灣地區設有戶籍滿十年，不得擔任公務人員部分，乃係基於公務人員經國家任用後，即與國家發生公法上職務關係及忠誠義務，其職務之行使，涉及國家之公權力，不僅應遵守法令，更應積極考量國家整體利益，採取一切有利於國家之行為與決策；並鑒於兩岸目前仍處於分治與對立之狀態，且政治、經濟與社會等體

6　廖元豪，〈移民──基本人權的化外之民：檢視批判「移民無人權」的憲法論述與實務〉，《月旦法學雜誌》，第161期，2008年10月，83頁以下。
7　許宗力，〈基本權利：第三講基本權主體〉，《月旦法學教室》，第4期，2003年2月，82頁。

制具有重大之本質差異，為確保臺灣地區安全、民眾福祉暨維護自由民主之憲政秩序，所為之特別規定，其目的洵屬合理正當。……」

第三節　法人

　　法人乃是由立法者於法律條文中所創設出之概念。誠然，在傳統的基本權發展理論中，基本權之創設乃係先為「自然人」作為抵禦國家公權力使然。

　　但在社會變遷、發展下，多數人藉由私人組織形成各種社會上不同行為時，國家或第三人仍然可能就法人之基本權利有所侵害。不過法人是否得以主張基本權利，仍應視該法人為公法人或私法人，以及所主張基本權利之性質而定，尚不可一概而論，詳言之：

一、私法人

　　首先，就私法人而言，若基本權利之性質或內容與自然人有不可分離之關聯性時，如「人性尊嚴」、「人身自由」等則無適用餘地；對此，在性質上與法人之性質不相牴觸，亦即是基本權利，應有其保障之餘地，例如：「名譽權」、「言論自由」、「營業自由」等是。因此在私法人上，本書認為對於性質上之基本權利，應有適用之空間。

二、公法人

　　至於國內公法人作為基本權主體，學者乃須衡酌公法人之法律地位、具體任務功能之性質、系爭個案公權力之干涉行為及受侵害之基本權本質等因素綜合考量，尚不得僵化地以組織歸屬或公益任務作為判準[8]。

8　李建良、劉淑範，〈「公法人」基本權利能力之問題初探——試解基本權利「本質」之一道難題〉，收錄於湯德宗主編，《憲法解釋之理論與實務（第四輯）》，中央研究院法律學研究所籌備處，2005年5月，382頁。

第四節　非法人團體

　　在非法人團體部分，司法院釋字第486號解釋認為：「自然人及法人為權利義務之主體，固均為憲法保護之對象；惟為貫徹憲法對人格權及財產權之保障，非具有權利能力之『團體』，如有一定之名稱、組織而有自主意思，以其團體名稱對外為一定商業行為或從事事務有年，已有相當之知名度，為一般人所知悉或熟識，且有受保護之利益者，不論其是否從事公益，均為商標法保護之對象，而受憲法之保障。」

第四章　限制基本權之合憲性檢驗

基本人權之保障，乃近代民主法治國家趨勢。實施民主憲政國家，無一不將基本人權條款列於憲法中，重視程度可見一斑。然基本人權之實施仍需謹守一定的界限；設若認其無限制地使用，勢必導入無政府或暴民政治。有鑑於此，各國對基本人權之使用，都作了某程度的限制，或以法律保留方式以規定立法者限制的範圍（如德國基本法），或以概括性條款，在公益必要考量下得以限制基本權之必要性條款的規定。我國憲法有關基本人權之規定，首先乃採取了「列舉規定」（憲法第7條至第18條及第21條），此乃臚列了關於人民基本權利之保障範圍，而憲法第22條之「概括規定」乃是認為前揭條文雖未有規定，但卻未受憲法所禁止時，凡不妨害社會秩序公共利益者，均受憲法之保障[1]。

對於上述基本權進行限制之憲法依據，主要來自於憲法第23條，其稱：「以上各條列舉之自由權利，除為防止妨礙他人自由、避免緊急危難、維持社會秩序，或增進公共利益所必要者外，不得以法律限制之。」就此條文文義而言，一般學者大多認為其至少包含了下述三項要件。

第一節　公益條款（合目的性原則）

憲法對於基本權之限制，必須要有防止妨礙他人自由、避免緊急危難、維持社會秩序，或增進公共利益的情形下，始得限制之，其中妨礙他人自由屬於私人與私人間自由行使之界限，避免緊急危難則是以事件緊急情形之處理，如一般法規所出現的正當防衛或緊急避難之法規，而法規訂定之理由，諸多是以「維持社會秩序或增進公共利益」之要件為之，此即所謂基於公共利益之考量。

若對照上述四要件，可知其包括私人利益與公共利益在內，幾乎包括所有之社會可能發生之情形，因此，給予立法者無限之裁量空間。

1　凡一些「新興人權」，如：環境權、隱私權及資訊權等是。

第二節　法律保留原則

一、法律保留原則之意義

　　在現代自由法治國家中，為防止行政權恣意干涉人民之基本權利，乃有要求依法行政之原則，其中包括兩大原則，亦即：法律優位原則、法律保留原則。法律優位原則，強調法律為所有國家意志中最強的一種，行政行為尤其不得與其牴觸，但此種原則乃係消極地要求行政不得從事違反法律之行為，故而又被稱之為「消極的依法行政」；而所謂法律保留原則，係指特定領域之國家事務，應保留立法者以法律規定，行政權只有依法律的指示始能決定行止。換言之，沒有法律授權，行政機關即不能合法地作成行政行為，在法律保留原則之下，行政行為除了消極地不牴觸法律以外，對於有涉及人民權利義務之事項，還必須具有法律之明文依據，此種要求則顯然較法律優位原則更強調立法者的角色[2]，故而，法律保留原則亦稱之為「積極的依法行政」。

　　我國憲法第23條規定：「以上各條列舉之自由權利，除為防止妨礙他人自由、避免緊急危難、維持社會秩序，或增進公共利益所必要者外，不得以法律限制之。」即明白揭示法律保留原則於我國憲法上之重要地位。另，法律保留原則與前述之公益條款具有相當緊密之關係，蓋以公益條款所指涉者乃係是否「容許」某一限制基本權利之「目的」而言，如該限制行為通過「目的性」之檢驗時，須以何種「工具」來貫徹或執行者，即屬此處法律保留原則所處理之重點[3]。

　　此外，法律保留原則得分為一般法律保留及特別法律保留二者。前者所謂一般法律保留，乃指憲法概括地授權立法者得以法律之形式限制人民之基本權利，我國憲法第23條中「以上各條列舉之自由權利，……，不得以法律限制之」即屬一般法律保留原則；而後者之特別法律保留，則指憲法明定

2　蔡震榮，〈由法律保留來探討立法與行政權的界限〉，收錄於氏著，《行政法理論與基本人權之保障》，五南，二版二刷，1999年10月，59頁。
3　陳新民，〈論憲法人民權利的限制〉，收錄於氏著，《憲法基本權利之基本理論（上）》，自版，1990年1月，211-212頁。

以法律限制人民基本權利之原因、目的及方式[4]，就此，於德國基本法之人權條款中大多以「依法」或「依法授權」之形式表現，而就我國憲法規定而言，除憲法第8條有關審問、處罰之法官保留原則屬典型特別法律保留之條款外，憲法第19條及第20條之「依法」條款亦屬之。

　　在此所稱「法律」之內涵為何？依傳統見解乃認為係專指形式意義之法律而言，就此，如合併憲法第170條「本憲法所稱之法律，謂經立法院通過，總統公布之法律」作體系性觀察，憲法第23條所謂「不得以法律限制之」亦應作相同之解釋[5]。然而，社會的快速變遷以及國家任務的相應擴張，由立法者表現之國家意志，難以鉅細靡遺地針對所有事務（物）加以規範，就此而言，法律之意義應延伸至實質法規範，亦即除由立法院通過、總統公布之形式法律外（憲法第170條），尚應兼及由立法者授權予行政機關訂定之法規命令。

二、法律保留原則之學說

（一）干預保留說

　　在民主法治之演變歷史中，法律保留原則乃扮演著推進器的角色，在專制國家時期，並無現代權力分立國家將國家權力分為立法（權）、行政（權）及司法（權）的想法，毋寧是由君主一人基於統治權威而壟斷統治權力而言。在19世紀基於政治自由主義思想之影響，認為凡政府針對人民之自由及財產為干預之行為時，皆須經由人民代表所組成之議會以法律形式表示同意，此即是干涉保留的形成，換言之，人民之所以爭取法律保留在憲法上的地位，乃係希望藉此確保個人之自由及財產免於君主之恣意侵害或干涉。就此，即形成所謂國家—社會二元區分之自由法治國傳統，國家內部被視為

4　李建良，〈基本權利理論體系之構成及其思考層次〉，《人文及社會科學期刊》，第9卷第1期，1997年3月，66-67頁；蔡震榮，〈由法律保留來探討立法與行政權的界限〉，收錄於氏著，《行政法理論與基本人權之保障》，五南，二版二刷，1999年10月，64-65頁。

5　有關說明請參照李建良，〈基本權利理論體系之構成及其思考層次〉，《人文及社會科學期刊》，第9卷第1期，1997年3月，67頁；林錫堯，〈法律保留原則之理論與實踐〉，《法學叢刊》，第200期，2005年10月，3頁。

一個不可滲透（impermeabel）的權利主體，有關組織及人員之規定事項，並不與對人民自由及財產之干涉一般，由議會為之，行政內部得自行規範內部人員之權利與義務，不受法律保留之限制，此即**特別權力關係**形成之背景[6]。

　　按此說，給付行政並無法律保留原則之適用，只須以預算保留為已足，由於國家資源有限，且給付行政具有雙面性（因為資源有限，故給予一方給付時，等於侵害他方資源分配之請求權利），又人民無法直接依據預算規定向國家請求給付，是以，只有干預行政始受法律保留原則拘束。然而，在社會變遷及國家任務相應擴張之發展形勢下，行政之業務已不僅侷限在純粹之干預行政下，而毋寧是國家權力業已滲透至人民所有的社會生活之中，給付行政之範疇乃有相當程度之增加，干預保留之理論在現代社會福利國家已無法適用[7]。

（二）全面保留說

　　耶許（Dietrich Jesch）於《立法和行政》（*Gesetz und Verwaltung*）中主張全面保留說。

　　全面保留說係主張國家所為的行政行為，基本上都應該由法律或法律予以授權規定，亦即，此說論者認為法律保留的功能應自對行政權的干涉擴大到所有國家行政領域[8]。因此，國家所為之行為除干涉行政須由法律規定或授權外，給付行政也應該包含在內。

　　然而，由於國會之能力有限，所有國家事務均須經由國會立法，誠屬不可能，且採此說會讓行政機關淪為立法院之執行機關，破壞憲法規定之權力

6　許宗力，〈論法律保留原則〉，收錄於氏著，《法與國家權力（一）》，月旦，二版一刷，1994年10月，8-9頁；蔡震榮，〈論我國法律保留原則之發展〉，收錄於氏著，《行政法理論與基本人權之保障》，五南，二版二刷，1999年10月，313頁以下。

7　司法院釋字第542號解釋：「**行政機關訂定之行政命令，其屬給付性之行政措施具授與人民利益之效果者，亦應受相關憲法原則，尤其是平等原則之拘束。**系爭作業實施計畫中關於安遷救濟金之發放，係屬授與人民利益之給付行政，並以補助集水區內居民遷村所需費用為目的，既在排除村民之繼續居住，自應以有居住事實為前提，其認定之依據，設籍僅係其一而已，上開計畫竟以設籍與否作為認定是否居住於該水源區之唯一標準，雖不能謂有違平等原則，但未顧及其他居住事實之證明方法，有欠周延。相關領取安遷救濟金之規定應依本解釋意旨儘速檢討改進。」

8　董保城，《行政法講義》，自版，二版，2011年9月，82頁。

分立原則，故此說亦不可採[9]。

（三）重要性理論

德國聯邦憲法法院判決發展出所謂「**重要性理論**」（Wesentlichkeitstheorie）[10]，其理論是指除干預人民自由、財產權利事項屬法律保留範圍外，其他國家事務若為「重要性事項」亦屬法律保留的範圍。**所謂「重要」是指「對基本權利的實現具有本質重要性者而言」。**我國中央法規標準法第5條規定：「左列事項應以法律定之：一、憲法或法律有明文規定，應以法律定之者。二、關於人民之權利、義務者。三、關於國家各機關之組織者。四、其他重要事項之應以法律定之者。」從第4款觀之，顯然採取重要性理論。

重要性之判斷必須綜合「人民的法律地位、所涉及的生活範疇，以及受規範之對象的性質」等加以衡量。由於「重要性」之概念過於模糊，即使吾人試圖將重要性理論明確化，但重要性理論之標準仍無法具體表達，且採此說會片面突顯立法權之優越性（因為國家重要性事項屬立法權；不重要事項始屬於行政權範圍，亦違反憲法權力分立原則），因此，近年來我國不乏有學者引進德國盛行之「機關功能理論」來補充說明「重要性理論」。

（四）機關功能理論

所謂機關功能理論，原先係德國聯邦憲法法院於判決中提倡以「功能法上的正確性」，作為國家組織於憲法上權力分立之重要解釋原則之概念[11]，後為學者借用而為重要性理論所提出的「事務的政治性」與「事務的重要性」提供了理論依據及更具體的判斷標準，使其更為完整。

機關功能理論認為，某國家的事務應由立法或行政機關以法律或命令的

9　不過德國學者赫佐格（Roman Herzog）則對上述質疑予以駁斥，其認為基於下列理由而有「全面保留」之必要：1.給付行政所涉及者通常係屬於有關經濟或社會的民生給付，通常所造成的危害不亞於干預行政；2.立法行為較行政行為之預見可能性高，且能擔保同樣事務得為相同處理；3.行政規則在實務運作上如有違反平等原則時，雖得提起救濟，但透過立法行為予以明定，顯然較為公平。詳細的論述請參照*Herzog*, in: Maunz-Dürig-Herzog-Scholz, Art. 20, Rn. 68。

10　BVerfGE 33, 303, 346 ff.; 34, 165, 192 f.; 41, 251, 260; 47, 46, 78 ff.; 57, 295, 320 f.; 58, 257, 272 ff.

11　BVerfGE 68, 1, 86.此外，我國司法院亦於釋字第419號解釋採用此一概念。

規範方式來決定，應視何者於組織、程序與規範結構具備決定該事務的最佳條件而定[12]。而此種區分的目的在於要求國家決定能夠達到「盡可能正確」之地步，進而要求國家之決定應選擇交由「功能最適」的機關來作成[13]。

　　基此，法律保留在機關功能理論的要求下，因為立法程序與命令訂定程序相較之下較為正式、嚴謹，並且討論程序也較公開、透明，因而較適合規範重要的、原則性的事務；至於具有專業性、緊急性或立法規範不能之事務，則宜由行政機關處理。

三、法律保留原則在我國法上之發展 —— 層級化法律保留原則之提出

　　司法院釋字第443號解釋理由書：「憲法所定人民之自由及權利範圍甚廣，凡不妨害社會秩序公共利益者，均受保障。惟並非一切自由及權利均無分軒輊受憲法毫無差別之保障：**關於人民身體之自由，憲法第八條規定即較為詳盡，其中內容屬於憲法保留之事項者，縱令立法機關，亦不得制定法律加以限制**（參照本院釋字第三九二號解釋理由書），而憲法第七條、第九條至第十八條、第二十一條及第二十二條之各種自由及權利，則於符合憲法第二十三條之條件下，得以法律限制之。至何種事項應以法律直接規範或得委由命令予以規定，與所謂規範密度有關，應視規範對象、內容或法益本身及其所受限制之輕重而容許合理之差異：**諸如剝奪人民生命或限制人民身體自由者，必須遵守罪刑法定主義，以制定法律之方式為之；涉及人民其他自由權利之限制者，亦應由法律加以規定，如以法律授權主管機關發布命令為補充規定時，其授權應符合具體明確之原則；若僅屬與執行法律之細節性、技術性次要事項，則得由主管機關發布命令為必要之規範**，雖因而對人民產生不便或輕微影響，尚非憲法所不許。又關於給付行政措施，其受法律規範之密度，自較限制人民權益者寬鬆，倘涉及公共利益之重大事項者，**應有法律或法律授權之命令為依據之必要，乃屬當然。**」

---

12 許宗力，〈論法律保留原則〉，收錄於氏著，《法與國家權力》，月旦，二版一刷，1994年10月，180頁。

13 陳清秀，〈依法行政與法律的適用〉，收錄於翁岳生編，《行政法（上）》，元照，四版，2020年7月，221頁。

表3-4-1　層級化法律保留之結構整理

	內容
憲法保留	憲法第8條規定人身自由
絕對法律保留	1.罪刑法定主義：生命剝奪／人身自由限制 2.租稅法定主義（司法院釋字第346、420、506、565、650號） 3.憲法委託事項 4.時效制度（司法院釋字第474號） 5.公務員懲戒（司法院釋字第491號） 6.臨檢要件、程序與救濟（司法院釋字第535號）
相對法律保留	其他自由權利之限制： 1.裁罰性：嚴（一號明確性公式）──自授權法律規定中得預見其行為可罰（司法院釋字第390、402、522、638號） 2.非裁罰性：寬（二號明確性公式）──非拘泥於特定文字，自法律整體關聯意義可推知即可（司法院釋字第394、426、510、538、604、612號） 3.給付行政之重大給付事項（司法院釋字第524、614號）
非屬法律保留	1.執行法律細節性、技術性事項 2.非重大給付行政 3.大學自治（司法院釋字第563、626號）

（一）憲法保留

　　所謂憲法保留，是指將國家某些事項在憲法中予以規範，且該憲法中自行規定一定之要件，因此禁止立法機關就該憲法已明文之規定事項為相異之規定。就此，司法院釋字第443號解釋理由書即認為：「……關於人民身體之自由，憲法第八條規定即較為詳盡，其中**內容屬於憲法保留之事項者，縱令立法機關，亦不得制定法律加以限制……。**」

　　此外，憲法中針對國家組織的相關規定，亦屬於憲法保留範圍之列。

（二）絕對法律保留

　　絕對的法律保留（即國會保留），其意指某些事項只能由形式意義的法律規定，立法者不得授權予行政機關以法規命令定之，故又稱「狹義的法律保留」。

1. 罪刑法定主義

刑法第1條規定：「行為之處罰，以行為時之法律有明文規定者為限。拘束人身自由的保安處分，亦同。」是為罪刑法定主義，屬於絕對法律保留事項[14]。

2. 租稅法定主義

依照司法院釋字第346號解釋：「係指有關納稅之義務應以法律定之，並未限制其應規定於何種法律。法律基於特定目的，而以內容具體、範圍明確之方式，就徵收稅捐所為之授權規定，並非憲法所不許。」並司法院釋字第420號解釋亦稱：「涉及租稅事項之法律，其解釋應本於租稅法律主義之精神：依各該法律之立法目的，衡酌經濟上之意義及實質課稅之公平原則為之。」

後來大法官於司法院釋字第693號解釋，也再次地重述此一要求：「憲法第十九條規定，人民有依法律納稅之義務，係指國家課人民以繳納稅捐之義務或給予人民減免稅捐之優惠時，應就租稅主體、租稅客體、租稅客體對租稅主體之歸屬、稅基、稅率、納稅方法及納稅期間等租稅構成要件，以法律定之。惟主管機關於職權範圍內適用之法律條文，本於法定職權就相關規定予以闡釋，如係秉持憲法原則及相關之立法意旨，遵守一般法律解釋方法為之，即與租稅法律主義無違（司法院釋字第七○○號解釋亦採相同見解）。」

3. 憲法委託事項

所謂憲法委託，是指制憲者僅於憲法條文為原則性之規定後，而指示該事項應由立法者於法律中明文規定之事項。例如憲法第24條：「凡公務員違法侵害人民之自由或權利者，除依法律受懲戒外，應負刑事及民事責任。被害人民就其所受損害，並得**依法律**向國家請求賠償。」憲法第136條規定：「創制複決兩權之行使，**以法律定之。**」及憲法增修條文第11條規定：「自由地區與大陸地區間人民權利義務關係及其他事務之處理，**得以法律為特別之規定。**」等即為適例。

---

14 司法院釋字第443號解釋理由書摘錄：「……諸如剝奪人民生命或限制人民身體自由者，必須遵守罪刑法定主義，以制定法律之方式為之……。」

4. 時效制度

司法院釋字第474號解釋理由書：「時效制度不僅與人民權利義務有重大關係，且其目的在於尊重既存之事實狀態，及維持法律秩序之安定，與公益有關，須逕由法律明定，自不得授權行政機關衡情以命令訂定或由行政機關依職權以命令訂之。」亦即，時效制度與人民之權利義務有重大影響，且此種制度不僅與人民權利義務有關，亦與公益有關，因此係為絕對法律保留之事項，而由法律明定。

5. 公務員懲戒

依司法院釋字第491號解釋理由書：「公務人員之懲戒乃國家對其違法、失職行為之制裁，此項懲戒為維持長官監督權所必要，自得視懲戒處分之性質，於合理範圍內，以法律規定由長官為之。中央或地方機關依公務人員考績法或相關法規之規定，對公務人員所為免職之懲處處分，為限制其服公職之權利，實質上屬於懲戒處分。其構成要件應由法律定之，方符憲法第二十三條規定之意旨。」

6. 臨檢要件、程序與救濟

針對臨檢，警察所實施之手段（檢查、路檢、取締或盤查等）均屬對人或物之查驗、干預，影響人民行動自由、財產權及隱私權等甚鉅，因此大法官乃於司法院釋字第535號解釋理由書認為：「是執行各種臨檢應恪遵法治國家警察執勤之原則，實施臨檢之要件、程序及對違法臨檢行為之救濟，均應有法律之明確規範，方符憲法保障人民自由權利之意旨。」而在大法官作成此號解釋後，立法院乃通過「警察職權行使法」，針對臨檢之要件、程序及救濟等皆予以明定[15]。

（三）相對法律保留

在司法院釋字第443號解釋理由書之體系下，涉及人民生命、身體以外之其他自由權利之限制者，屬相對法律保留之領域，亦即法律得自為規定，或可授權由行政機關以法規命令加以規範，但依歷年來大法官之解釋得知，

---

15 蔡震榮，〈花蓮路檢查賄問題之探討〉，收錄於氏著，《警察職權行使法概論》，中央警察學印行，二版，2010年3月，45頁。在此須附帶一提的是，雖然大法官在此號解釋針對警察勤務條例之相關規定予以補充立意甚佳，但對於臨檢的發動要件、程序及救濟程序等皆予以鉅細靡遺的解釋，就此，可能已經有侵害立法權之嫌。

授權明確性有寬嚴不同的審查標準，說明如下：

1. 裁罰性規定

司法院釋字第390號解釋認為：「對於人民設立工廠而有違反行政法上義務之行為，**予以停工或勒令歇業之處分，涉及人民工作權及財產權之限制，……**；若法律就其構成要件，授權以命令為補充規定者，授權之目的、內容及範圍，應具體明確，始得據以發布命令[16]。」

因此，若該法規命令係涉及對人民裁罰性之規定，則母法之授權明確性標準要求較為嚴格，必須自授權法律規定中得預見其行為之可罰性。

2. 非裁罰性規定

若該法規命令不涉及對人民裁罰性之規定，則母法之授權明確性標準要求較為寬鬆，毋庸拘泥於特定文字，只要自法律整體關聯意義可推知其行為所受之規制即可。

例如大法官曾於司法院釋字第394號解釋認為：「建築法第十五條第二項規定：『營造業之管理規則，由內政部定之』，**概括授權**內政部訂定營造業管理規則。此項授權條款並未就授權之內容與範圍為明確之規定，惟**依法律整體解釋，應可推知**立法者有意授權主管機關，就**營造業登記之要件、營造業及其從業人員之行為準則、主管機關之考核管理等事項**，依其行政專業之考量，訂定法規命令，以資規範[17]。」

3. 涉及重大公益的給付行政

由於國家資源有限，因此，給付行政措施具有雙面性（亦即，國家將資源分配予某特定人時，等同侵害未分配到資源之人民的權利）。依司法院釋字第443號解釋理由書之見解認為，給付行政雖未直接侵害人民權利，其受法律規範之密度，自較限制人民權益者寬鬆，但涉及公共利益之重大事項者，仍應有法律或法律授權之命令為依據之必要。因此，涉及重大公益的給付行政，至少應受相對法律保留之拘束[18]。

---

16 司法院後續亦於釋字第402號、第522號解釋採類此之見解。

17 並請參照司法院釋字第426號、第510號、第538號及第612號解釋。

18 司法院釋字第524號解釋理由書（摘錄）：「**全民健康保險為強制性之社會保險，攸關全體國民之福祉至鉅，故對於因保險所生之權利義務應有明確之規範，並有法律保留原則之適用。若法律就保險關係之內容授權以命令為補充規定者，其授權應具體明確，且須為被保險人所能預見。又法律授權主管機關依一定程序訂定法規命令以補充法律規定不足者，該機關即應予以遵守，不得捨法規命令不用，而發布規範行政體系內部事項之**

（四）非屬法律保留事項

1. 執行法律之細節性、技術性事項

依司法院釋字第443號解釋理由書認為：「若僅屬與執行法律之細節性、技術性次要事項，得由主管機關發布命令為必要之規範，雖因而對人民產生不便或輕微影響，尚非憲法所不許。」因此，執行法律之細節性、技術性次要事項屬於毋庸法律保留之領域。

2. 非重大之給付行政

司法院釋字第443號解釋理由書闡明：「給付行政涉及公共利益之重大事項者，仍應有法律或法律授權之命令為依據之必要。」反面推知，非重大之給付行政者，亦屬於毋庸法律保留之領域。

3. 大學自治

依照大法官解釋認為，大學自治受憲法制度性保障，大學得於合理及必要之範圍內，訂定有關取得學位之資格及條件，不生違反法律保留原則之問題。因此，有關大學自治事項，應屬毋庸法律保留之領域。

例如，司法院釋字第626號解釋被歸類為「制度性保障」之一種：「大學對於入學資格既享有自治權，自得以其自治規章，於合理及必要之範圍內，訂定相關入學資格條件，不生違反憲法第二十三條法律保留原則之問題。……。是警大就入學資格條件事項，訂定系爭具大學自治規章性質之『中央警察大學91學年度研究所碩士班入學考試招生簡章』，明定以體格檢

行政規則為之替代。**倘法律並無轉委任之授權，該機關即不得委由其所屬機關逕行發布相關規章。**」司法院釋字第614號解釋理由書（摘錄）：「憲法第十八條規定人民有服公職之權利，旨在保障人民有依法令從事公務，暨由此衍生享有之身分保障、俸給與退休金請求等權利。國家則對公務人員有給予俸給、退休金等維持其生活之義務。公務人員曾任公營事業人員者，其服務於公營事業之期間，得否併入公務人員年資，以為退休金計算之基礎，憲法雖未規定，立法機關仍非不得本諸憲法照顧公務人員生活之意旨，以法律定之。惟關於給付行政措施，其受法律規範之密度，自較限制人民權益者寬鬆（本院釋字第四四三號解釋理由書參照），在此類法律制定施行前，曾任公營事業人員無從辦理併計年資，主管機關自得發布相關規定為必要合理之規範，以供遵循。主管機關針對曾任公營事業之人員，於轉任公務人員時，其原服務年資如何併計，依法律授權訂定法規命令，或逕行訂定相關規定為合理之規範以供遵循者，因其內容非限制人民之自由權利，尚難謂與憲法第二十三條規定之法律保留原則有違（本院釋字第五七五號解釋參照）。**惟曾任公營事業人員轉任公務人員時，其退休相關權益乃涉及公共利益之重大事項，依現代法治國家行政、立法兩權之權限分配原則，仍應以法律或法律明確授權之命令定之為宜，併此指明。**」

查及格為錄取條件，既未逾越自治範圍，即難指摘與法律保留原則有違。」
即為適例。

第三節　基本權之限制與比例原則

一、比例原則之意義

　　所謂「比例原則」（der Grundsatz der Verhältnismäßigkeit），又稱過度
禁止原則（verschiedentlich auch Übermaßverbot bezeichnet）[19]。比例原則之概
念，在歷史的發展脈絡上，最初乃源自於1794年的普魯士一般邦法第十章第
17條之警察法，其主要用意係在界定警察權之範圍，原屬法律位階之原則，
後來在德國公法學上被廣泛地運用，並且被承認具有憲法位階。比例原則所
欲處理之核心，乃係要求除上述限制基本權之要件外，於本階段中之比例原
則仍要求須注意限制基本權之目的以及其所採取之手段間，彼此之關聯性為
何。換言之，比例原則主要之功能，在於防止國家行為之過度干預，以確
保基本權之實現[20]，就國家所為一切措施之目的、為達到此一目的所採取之
手段，與人民所因此產生負擔間之考量[21]，此種一律禁止「未達目的不擇手
段」之國家行為的想法，係源自人類理性──要求受到合理對待，而屬於每
一人內心之自然法則，

　　而我國除公法學著作中[22]就此概念有所介紹外，我國大法官釋憲實務中
也不乏有所引用。

---

[19] *Hartmut Maurer*, Staatsrecht I, Grundlagen · Verfassungsorgane · Staatsfunktionen, 6. Aufl., 2010, §8, Rn. 55 ff.

[20] *Eberhard Grabitz*, Der Grundsatz der Verhältnismäßigkeit in der Rechtsprechung des Bundesverfassungsgerichts, in: AöR 98 (1973), S. 547.

[21] *Eberhard Grabitz*, Der Grundsatz der Verhältnismäßigkeit in der Rechtsprechung des Bundesverfassungsgerichts, in: AöR 98 (1973), S. 547; *Rudolf Wendt*, Der Gerantiegehalt der Grundrechte und das Übermaßverbot, in: AöR 107 (1979), S. 416.

[22] 其他有關比例原則進行詳細之學理論述者，請參照蔡震榮，〈論比例原則與基本人權之
保障〉，《警政學報》，第17期，1990年6月，41-72頁；許宗力，〈比例原則與法規違
憲審查〉，收錄於氏著，《法與國家權力（二）》，元照，2007年1月，77-96頁；許宗
力，〈比例原則之操作試論〉，收錄於氏著，《法與國家權力（二）》，元照，2007年
1月，121-194頁。

二、比例原則之內涵

自德國聯邦憲法法院於1957年之藥房（Apotheke）判決中，首度在職業自由領域引用比例原則之三分法後，學說及法院實務亦多採此一區分方法，亦即：「適合性原則」（der Grundsatz der Geeignetheit）、「必要性原則」（der Grundsatz der Erforderlichkeit）及「狹義比例原則」（der Grundsatz der Verhältnismäßigkeit im engeren Sinne）三者[23]。

（一）適合（當）性原則

所謂適合性或適當性原則，係在要求侵害（干涉）基本權之手段，必須足以達到其所追求之公益目的。就此，如果立法者以法律所制定之侵害（干涉）手段，並不足以達到其立法目的時，該手段自然就無法通過適合（當）性原則之檢驗，也因此，此一原則係屬於一種「目的取向」之手段選擇[24]。

然而，倘若立法者所規定之手段，僅能夠「部分地」達到目的，又應如何判斷？在此，德國法院實務採取寬鬆的認定，認為只要立法者所制定之手段並非屬「完全」無法達到目的之情況，即得以通過適合（當）性原則[25]，此一想法應是基於對立法裁量之尊重所致。

（二）必要性原則（最小侵害性原則）

所謂必要性原則，則是指在能達到相同目的之數個手段間，選擇其中對於人民基本權侵害最少之手段（或最溫和之手段）。

此一原則所著重者乃是「數個手段」之效果選擇，亦即是在相同之目的

---

23 此一判斷標準亦為我國成文法規所繼受，如行政程序法第7條：「行政行為，應依下列原則為之：一、採取之方法應有助於目的之達成。二、有多種同樣能達成目的之方法時，應選擇對人民權益損害最少者。三、採取之方法所造成之損害不得與欲達成目的之利益顯失均衡。」及行政執行法施行細則第3條：「本法第三條所定以適當之方法為之，不得逾達成執行目的之必要限度，指於行政執行時，應依下列原則為之：一、採取之執行方法須有助於執行目的之達成。二、有多種同樣能達成執行目的之執行方法時，應選擇對義務人、應受執行人及公眾損害最少之方法為之。三、採取之執行方法所造成之損害不得與欲達成執行目的之利益顯失均衡。」等是。

24 蔡震榮，〈論比例原則與基本人權之保障〉，《警政學報》，第17期，1990年6月，43頁。

25 許宗力，〈比例原則之操作試論〉，收錄於氏著，《法與國家權力（二）》，元照，2007年1月，125頁。

下，手段與手段間之比較選擇，是以，必要性原則係屬於適合性原則之後續行動[26]，也因此，如果僅有單一手段即可達到特定目的時，即不需要進行必要性之檢驗。

（三）狹義比例原則

狹義比例原則，係指立法者所選擇之手段，雖屬達成目的所必要之手段，但在此必須進一步考慮所欲達成之目的和採取該手段所引發對人民之負擔間，是否明顯超出比例之外[27]，也因此，在「狹義比例原則」階段之檢驗，其重點在於立法者必須就「公益目的」與人民所因此蒙受侵害（干涉）之基本權所欲保護之法益間，作「利益衡量」。

此原則亦稱衡量性原則，乃國家為達目的所採取之方法所造成的損害，不得與欲達成之利益顯失均衡。狹義比例原則，是屬於進一步地將該通過必要性原則之方法，與原來所欲達到的目的加以比較，「以砲擊雀」（Mit Kanonen nach Spatzen schießen）或「殺雞焉用牛刀」是普遍被引用作為違反狹義比例原則的典型例子。

---

26 蔡震榮，〈論比例原則與基本人權之保障〉，《警政學報》，第17期，1990年6月，43頁。

27 *Volkmar Gotz*, Allagemeines Polizei und Ordnungsrecht, 9. Aufl., 1998, Rn. 249.

第五章　基本權之競合與衝突

第一節　基本權之競合

所謂「基本權競合」（Grundrechtskonkurrenzen），乃指「一個」基本權利主體（而且就是這個基本權利主體）的「一行為」同時被「數個」基本權利所保障[1]，此又可分為「非真正基本權競合」與「真正基本權競合」[2]。

一、非真正基本權競合

非真正基本權競合通常發生於法條規定的結果，一種基本權相對的另一項基本權，具有特別關係或吸收關係，這時候主張其中一種基本權即可，人格權為各項基本權之母權，是一種概括性之權利，通常被特別型態的基本權吸收，例如：信仰宗教自由與人格權競合，主張信仰宗教自由即可。

二、真正基本權競合

同時並存的基本權，無法互相包含或完全吸收者，為真正基本權競合，例如：牽涉到受教育權與訴訟權同時被侵害的情形，如果開除學籍的原因尚涉及到抑制人格發展自由或言論自由，則另形成言論自由、受教育權與訴訟權的競合。

第二節　基本權之衝突

一、概念

所謂「基本權衝突」（Grandrechtskollision），乃指數個基本權主體所

---

1 董保城、法治斌，《憲法新論》，元照，八版，2021年9月，236頁。
2 李惠宗，《憲法要義》，元照，九版，2022年9月，Rn. 05380 ff。

擁有的基本權可以相互主張，而產生衝突。換言之，一方基本權實現之代價往往使他方基本權受到壓抑，這也往往涉及前文提到的基本權第三人效力的問題。例如示威權與反示威權的衝突、集會遊行權的行使與路旁商店營業權的衝突[3]。

面對此種基本權衝突的情況，德國聯邦憲法法院採取*視具體狀況而定的*「利益權衡原則」之模式，在具體事件以利益權衡的方式，調和基本權利衝突中彼此之間的矛盾，並非排除或是犧牲某一種基本權利[4]，也並非列舉的基本權一律優於概括的基本權。亦即，視所涉及相衝突基本權利的種類，特別是分別與人性尊嚴、民主、法治等憲法最基本價值的密切關係，所採手段的暴力、脅迫或和平屬性，對相衝突基本權所構成侵害的強度與範圍，以及種種其他個案相關事實而定。或得以憲法和諧解釋原則，要求依個案相關事實對兩相衝突法益作相互調整與讓步，讓兩者都同時能獲得盡可能最佳程度的關照與實踐[5]。

二、我國近期釋憲實務

憲法法庭112年憲判字第8號判決理由書在審查刑法上誹謗罪是否違憲中稱：「人民之名譽權，係保障個人之人格、品行於社會生活中之人格整體評價，不受惡意貶抑、減損之權利，乃以人性尊嚴為核心之人格權之一環，其旨在維護個人主體性、自我價值及人格之完整，並為實現人性尊嚴所必要，受憲法第22條所保障（釋字第656號解釋參照）。以上兩種權利，應受憲法無分軒輊之保障，國家原則上均應給予其最大限度之保障。惟人民因言論表達而損及他人之名譽時，同受憲法保障之言論自由與名譽權即發生衝突，國家對此首須致力於調和兩種憲法基本權保障要求；難以兼顧時，即須依權利衝突之態樣，就言論自由與名譽權之保障及限制，為適當之利益衡量與決定，俾使兩者之憲法保障能獲致合理均衡，以符比例原則之要求。至於利益衡量之標準，則應充分考量首揭言論自由於民主社會之各種功能與重要意

3　李惠宗，《憲法要義》，元照，九版，2022年9月，Rn. 05390。

4　董保城、法治斌，《憲法新論》，元照，八版，2021年9月，266頁。

5　許宗力，〈基本權利：第五講——基本權利的第三人效力與國庫效力〉，《月旦法學教室》，第9期，2003年7月，70頁。

義，以及個人名譽權受侵犯之方式、程度與範圍。」

　　又，憲法法庭113年憲判字第3號判決理由書在審查刑法上公然侮辱罪是否違憲中指出：「按系爭規定所定之侮辱，係屬價值性不確定法律概念，本即須由法院斟酌個案之表意脈絡，並權衡與其衝突之名譽權後，始得認定是否構成侮辱，此亦為不確定法律概念之解釋及適用所必經之涵攝過程……。」

　　從以上兩號的違憲審查判決可知，列舉的言論自由權不必然優先於概括的名譽權，對於基本權間的相互衝突，我國釋憲實務與德國聯邦憲法法院同採視具體狀況而定的「利益權衡原則」。

第六章　基本權違憲審查標準

第一節　德國模式對基本權限制的審查標準

　　適用下列比例原則後，尚須搭配用以認定立法事實之「審查密度理論」，操作比例原則，不僅與利益衡量有關，也涉及對立法事實認定之審查[1]：

一、立法目的：須有正當性。

二、目的與手段間：

（一）適合原則，即採取之手段須有助於立法目的之達成。

（二）必要性，要求有多種對於達成目的有同樣效果之手段時，應選擇對於人民侵害最小者。

（三）狹義比例性，採取之手段所得達成之利益與所造成之損害間不得顯失均衡。

　　比例原則之操作，一般總以為僅僅是依循三個次原則之要求，單純作目的與手段間之利益衡量而已。其實，操作比例原則，不僅與利益衡量有關，也涉及對立法事實認定之審查。例如適合原則審查手段是否有助於目的之達成，或必要原則審查可能之較小侵害之替代手段，就目的之達成，是否與系爭手段同等有效，或狹義比例原則審查公益之迫切性是否足以正當化對基本權之限制，往往須先行判斷立法者倘不採干預行動，公益所可能面臨危險的嚴重程度與危險發生的可能性等，都涉及對立法者就事實之判斷是否正確之審查。為避免司法者就相關立法事實存在與否形成心證時，會流於恣意，也同時為提升司法審查的可預測性與可接受度，逐步發展出寬嚴不同的審查標準，自亦有其必要。

　　參酌外國釋憲經驗，關於對立法事實判斷之審查，約可粗分三種寬嚴不同審查標準：如採最寬鬆審查標準，只要立法者對事實的判斷與預測，不具公然、明顯的錯誤，或不構成明顯恣意，即予尊重；如採中度審查標準，

1　司法院釋字第578號解釋許宗力大法官協同意見書。

則進一步審查立法者的事實判斷是否合乎事理、說得過去，因而可以支持；如採最嚴格審查標準，則司法者對立法者判斷就須作具體詳盡的深入分析，倘無法確信立法者的判斷是正確的，就只能宣告系爭手段不符比例原則之要求。何時從嚴，何時從寬審查，應考量許多因素，例如系爭法律所涉事務領域，根據功能最適觀點，由司法者或政治部門作決定，較能達到儘可能「正確」之境地，系爭法律所涉基本權之種類、對基本權干預之強度，還有憲法本身揭示的價值秩序等，都會影響寬嚴不同審查標準之選擇。也就是在操作比例原則後，以類型化三重審查標準如表3-6-1。

表3-6-1　三重審查標準

強烈內容審查 （最嚴格）	立法者須充分說服法院其所提出之事實是適合且必要的，倘法院無法確信立法者的判斷是正確的，就只能宣告系爭手段不符合比例原則之要求。
可支持性審查 （較嚴格；中度）	若立法者是持判斷合乎事理、說得過去，就可以合憲，通常適用於經濟型管制事項。
明顯性審查 （最寬鬆）	立法者對事實的判斷與預測，只要不是一望即知、明顯的錯誤，特別是高度政治性的立法，司法者多予以尊重。

第二節　美國模式基本權違憲三重審查標準

　　美國歷年發展出「三重審查標準」理論，形成寬嚴不一的對於基本權利干預之審查密度，而此論證方式也被我國釋憲實務所接受，美國三重審查標準內容及操作上，主要係以「目的」之是否合憲以及「手段與目的之關聯性」而定，如表3-6-2[2]。

2　董保城、法治斌，《憲法新論》，元照，八版，2021年9月，252頁以下。

表3-6-2　美國三重審查標準與我國釋憲實務

審查密度 ＼ 關聯性	嚴格審查標準	中度或較嚴格審查標準	合理審查標準
目的強弱	重要或迫切的政府利益／特別重要的公共利益（important or compelling governmental end/interest）	實質重要的公共／政府利益（substantial/important public/governmental interest）	合法正當利益（legality and legitimacy interest）
手段／目的 mean/purpose	所採取之「該手段（mean）」與追求之「目的」之關聯乃屬「必要且嚴密剪裁」（necessary andnarrowly tailored）或是具有「直接關聯」（directly to）者，且是「限制最少」（侵害最小）之替代手段	實質關聯（substantially related）	合理關聯（rationally related）
適用類型（參酌美國及我國釋憲實務）	多數的政府規制措施會被宣告為違憲，除有少部分案例有合適之情形：例如在美國聯邦最高法院涉及種族分類之優惠性差別待遇案件中，聯邦最高法院對於在隱私權之下的基礎性權利如婚姻自由、結社自由權、遷徙自由權、選舉權等政治性的權利、訴訟權等會以嚴格審查標準進行審查。對於以種族、國籍為分類標準（嫌疑分	如司法院釋字第760號、第756號解釋，依都市計畫法指定之公共設施地、差別待遇、「涵蓋過廣」或「涵蓋過窄」情形；司法院釋字第781、782、783號解釋軍公教年改；司法院釋字第405號解釋非針對言論內容之規制措施（時間、地點方式之限制）；司法院釋字第806號解釋的公共論壇理論又如憲法法庭111年憲判字第1號之公務員平時考核獎懲	如司法院釋字第745號解釋，有關「經濟性、社會性立法（economic and social regulations）或其他類似性之管制措施」

表3-6-2　美國三重審查標準與我國釋憲實務（續）

審查密度＼關聯性	嚴格審查標準	中度或較嚴格審查標準	合理審查標準
	類）的平等權保障，或是涉及言論自由之事前審查、高價值言論（如政治性、藝術性言論）、言論內容的政府規制措施等，司法通常為嚴格的審查；我國如憲法法庭111年憲判字第1號之身體不受傷害權及資訊隱私權、111年憲判字第2號之人性尊嚴及言論自由權、111年憲判字第4號之原住民身分認同權		
適用結果	多數的法律條文、政府規制措施會被宣告為違憲。除有少部分案例有合適之情形，例如在美國聯邦最高法院涉及種族分類之優惠性差別待遇案件，通過違憲審查的機率很低	合憲與違憲審查的機率各半	通過違憲審查的機率非常高

✎選擇題練習

1　司法院大法官解釋曾認為檢肅流氓條例（已廢止）第2條第3款關於「欺壓善良」的規定違憲，請問這項規定違反以下何種原則[3]？

(A) 授權明確性原則

(B) 法律明確性原則

(C) 比例原則

(D) 平等原則　　　　　　　　　　　　　　　　　　　　【100司法官】

2　未有法律明確授權，而以法規命令增加裁罰性法律所未規定之處罰對象，係違反下列何原則[4]？

(A) 憲法保留

(B) 法官保留

(C) 法律保留

(D) 行政保留　　　　　　　　　　　　　　　　　　　　【100司法官】

3　稅捐稽徵法有關未為物之保全前，不得對欠稅人為限制出境處分之規定，係基於下列何種一般法律原則[5]？

(A) 比例原則

(B) 法律保留原則

(C) 平等原則

(D) 法明確性原則　　　　　　　　　　　　　　　　　　【100司法官】

3　(B)，參照司法院釋字第636號解釋。
4　(C)，參照司法院釋字第394號解釋。
5　(A)，參照稅捐稽徵法第24條第3項但書。

4 國家制定法律規定雇主有防治職場性騷擾之義務，請問此一立法主要實現受僱者基本權利之何種作用[6]。

(A) 防禦功能

(B) 給付請求功能

(C) 保護義務功能

(D) 程序保障功能　　　　　　　　　　　　　　　　　　　　【100司法官】

5 下列有關基本權效力之論述，何者錯誤[7]？

(A) 基本權第三人效力，是指基本權條款適用於私人之間的法律關係

(B) 基本權可以作為客觀規範的拘束力

(C) 基本權可以作為刑事法院法官認定法律違憲而拒絕適用該法律之依據

(D) 基本權具有作為個人權利的效力　　　　　　　　　　　　【101司法官】

6 某甲經營化工廠，因排放廢氣而造成附近居民的身體受到傷害，該縣市環保局於是依空氣污染防制法對某甲處以罰鍰。請問：該縣市環保局對某甲的處分係屬何種基本權功能的展現[8]？

(A) 防禦權

(B) 共享權

(C) 正當法律程序的保障

(D) 國家保護義務　　　　　　　　　　　　　　　　　　　　【101司法官】

---

6 (C)，此屬基本權客觀面向之國家保護義務功能。

7 (C)，參照司法院釋字第371號解釋。

8 (D)。

⑦ 限制人民基本權利的行政命令，雖然經法律授權，但如果超出授權的範圍，係屬牴觸下列哪個憲法原則[9]？

(A) 比例原則

(B) 信賴保護原則。

(C) 法律保留原則

(D) 平等原則 　　　　　　　　　　　　　　　　　　　　　【101律師】

⑧ 槍砲彈藥刀械管制條例第8條第1項規定：「未經許可，製造、販賣或運輸鋼筆槍、瓦斯槍……者，處無期徒刑或五年以上有期徒刑，併科新臺幣一千萬元以下罰金。」下列敘述何者錯誤[10]？

(A) 該條立法目的係為防止暴力犯罪，以保障人民生命、身體、自由及財產等安全，符合重要之憲法價值

(B) 該條以刑罰為手段有助於目的之達成

(C) 該條以刑罰為手段不具有必要性

(D) 該條規定不論犯罪情節輕重均處相同高度之處罰，罪責與處罰不相對應 　　　　　　　　　　　　　　　　　　　　　　　　　　　【101律師】

⑨ 關於基本權利之功能，下列何者正確[11]？

(A) 傳統稱為自由權的基本權利只有防禦的功能

(B) 基本權利除了作為主觀權利之外，沒有其他功能

(C) 基本權利形成客觀價值秩序，引導法規範的解釋與適用

(D) 基本權利與制度性保障毫無關聯 　　　　　　　　　　　【101律師】

9　(C)，參照司法院釋字第734號解釋。

10 (C)，參照司法院釋字第669號解釋。

11 (C)。

10 關於基本權利之主體，下列何者正確[12]？

(A) 只有自然人是基本權利之主體

(B) 外國法人不得為基本權利之主體

(C) 私法人得為適合其性質之基本權利主體

(D) 公法人不得為基本權利之主體　　　　　　　　　　　　【102司法官】

11 下列有關人性尊嚴及人格尊嚴之敘述，何者錯誤[13]？

(A) 夫妻一方若受他方已逾越夫妻通常所能忍受程度之虐待而有侵害人格尊嚴與人身安全者，即不得謂非受不堪同居之虐待

(B) 憲法第15條關於人民財產權應予保障之規定，係為實現個人自由、發展人格及維護尊嚴

(C) 憲法規定人民有依法律服兵役之義務，並無違反人性尊嚴

(D) 隱私權係基於維護人性尊嚴與尊重人格自由發展而形成，因此對其之限制當然侵犯人性尊嚴　　　　　　　　　　　　　　　　　　　【102律師】

12 依據司法院大法官解釋，限制役男出境係對人民居住遷徙自由之重大限制，哪一選項係正確[14]？

(A) 得以法律授權之命令為轉委任授權之依據加以限制

(B) 得以職權命令加以限制

(C) 經法律明確授權之命令得加以限制

(D) 不違反平等原則之行政規則亦可加以限制　　　　　　　　【102律師】

---

12 (C)，只要立於與人民同一地位即可。

13 (D)，參照司法院釋字第603號解釋。

14 (C)，參照司法院釋字第443號解釋。

13 甲女是中華民國國民，乙女是日本籍，準備申請來臺工作，公司是臺中市政府的長期合作廠商，負責臺中市之城市行銷。丙公司透過徵才程序，原計畫聘僱甲乙兩人，從事文宣策劃工作。然在與甲女簽約前夕，意外得知甲女將在7個月後生產，丙公司遂決定取消聘僱甲女的計畫。下列敘述何者錯誤[15]？

(A) 甲女可以作為我國憲法上基本權利的主體

(B) 甲女在本案中遭到公司的歧視

(C) 甲女不能主張憲法上權利受侵害，因為大法官已經否定基本權利在私人之間可以直接發生規範效力

(D) 甲女在本案中可以向法院主張憲法第二章的規定為其權利依據

【102律師】

14 承上題，丙公司向主管機關申請聘僱乙女，遭到主管機關以妨害本國人就業機會為由而拒絕，試問下列敘述何者錯誤[16]？

(A) 外國人也可作為基本權利的主體

(B) 乙女在本案中遭到歧視

(C) 外國人的人權也受到我國憲法的保護

(D) 大法官認為外國人與本國人應該享有完全相同的基本權利內容

【102律師】

15 承上題，若主管機關對於丙公司拒絕聘僱甲女的行為進行裁罰，下列敘述何者錯誤[17]？

(A) 丙公司不能作為基本權利的主體

(B) 丙公司締結契約的自由可以受到法律的限制

(C) 丙公司不得以協助從事城市行銷工作為由，主張不受裁罰

(D) 若無法律具體規定，主管機關即不能對公司進行裁罰

【102律師】

---

15 (C)，歷來釋憲實務並未否定基本權對第三人之效力。

16 (D)，參照司法院釋字第368號解釋。

17 (A)，參照司法院釋字第368號解釋吳庚大法官協同意見書。

16 承上題，若核准外國人在臺工作的主管機關爲行政院且若臺中市政府在丙公司的請求下，決定由臺中市政府直接聘僱具日文專長的乙女，以參與丙公司的城市行銷工作，但仍爲行政員會所拒，試問下列敘述何者正確[18]？

(A) 地方自治團體不得主張契約自由

(B) 地方自治團體享有的基本權利內容與私法人不同

(C) 地方自治團體無權聘僱外國人

(D) 地方自治團體不得與私法人締約 【102律師】

17 承上題，若臺中市政府不滿行政院勞工委員會不核准其聘僱乙女之申請，試問下列敘述何者正確[19]？

(A) 臺中市政府得利用基本權利中的平等權來對抗中央的行政院勞工委員會

(B) 地方自治團體不是基本權利主體

(C) 地方自治團體可以享有憲法所保障之訴訟權

(D) 臺中市政府得直接向臺中高等行政法院請求救濟 【102律師】

18 有關法律保留原則，下列敘述何者正確[20]？

(A) 絕對法律保留又稱國會保留

(B) 相對法律保留又稱爲行政保留

(C) 憲法保留事項可透過立法院之立法程序予以變更

(D) 我國司法院大法官曾作出解釋反對層級化法律保留體系 【103司律】

---

18 (B)，地方自治團體是公法人，在公權力行政方面，並非基本權保護的對象；若爲私經濟行政，則立於與人民同一地位，得爲基本權權利主體。

19 (C)，參照司法院釋字第553號解釋。

20 (A)，絕對法律保留就是某事項完全保留給法律制定者決定，而國會是唯一制定法律者。

19

87年11月11日制定公布之都市更新條例第10條第1項有關主管機關核准都市更新事業概要之程序規定，未設置適當組織以審議都市更新事業概要，且未確保利害關係人知悉相關資訊及適時陳述意見之機會。大法官認其與憲法不符之處為何[21]？

(A) 與憲法要求之憲法保留原則不符

(B) 與憲法要求之適當信賴原則不符

(C) 與憲法要求之正當行政程序不符

(D) 與憲法要求之明確性原則不符 　　　　　　　　　　　【103司律】

20

我國憲法之民生福利國原則，與下列何種思維最為接近[22]？

(A) 社會主義

(B) 重商主義

(C) 資本主義

(D) 自由主義 　　　　　　　　　　　　　　　　　　　　【104司律】

21

A係外籍勞工，因逾期居留被收容而向主管機關提出不服收容處分之異議，並要求主管機關審查時能給予其陳述意見之機會，此一陳述意見之機會主要是呈現對A基本權利保障之何種作用[23]？

(A) 防禦權功能

(B) 給付請求權功能

(C) 保護義務功能

(D) 程序保障功能 　　　　　　　　　　　　　　　　　　【104司律】

---

21 (C)，參照司法院釋字第709號解釋。

22 (A)，參照憲法第142條。

23 (D)，參照司法院釋字第708號解釋。

22 司法院大法官曾就下列何種事項要求行政機關在作成行政決定之前，必須舉辦聽證，使利害關係人得到場以言詞爲意見之陳述及論辯，始符合憲法正當法律程序原則之要求[24]？

(A) 行政機關對都市更新事業計畫之核定

(B) 公立大學對大學生作成退學處分

(C) 部隊對於不符軍事紀律士兵所爲之關禁閉處分

(D) 衛生主管機關對於疑似感染狂犬病患者爲隔離處分　　　【105司律】

23 下列何種行政措施不適用法律保留原則[25]？

(A) 限制人民基本權利時

(B) 雖未限制基本權利，但涉及重大公共利益時

(C) 未限制基本權利，但涉及實現人民基本權利之保障等重大事項時

(D) 涉及執行法律之技術性、細節性次要事項　　　【105司律】

24 司法院釋字第709號解釋指出，主管機關核准都市更新事業概要之程序規定，未設置適當組織以審議都市更新事業概要，且未確保利害關係人知悉相關資訊及適時陳述意見之機會，與憲法要求之下列何種保障不符[26]？

(A) 正當司法程序

(B) 正當行政程序

(C) 正當司法行政程序

(D) 正當立法程序　　　【106司律】

---

24 (A)，參照司法院釋字第709號解釋。
25 (D)，參照司法院釋字第443號解釋。
26 (B)，參照司法院釋字第709號解釋。

25 甲至A房屋仲介公司工作而簽訂「競業禁止條款」，其中有規定甲離職後（一定年限內）不得至性質相近之其他公司工作。甲離職後至離A公司相距極遠的另一縣市之B房屋仲介公司工作，A公司即向普通法院提起訴訟，請求甲應負違反契約的損害賠償責任。下列敘述何者正確[27]？

(A) A公司對甲的工作權造成違法侵害，應屬違憲

(B) 本案普通法院審理A公司與甲間之民事爭執，係私法關係的解決，無涉憲法

(C) 普通法院於審理時，除考量民事的法律關係外，於當事人主張時，亦應為本案雙方憲法上基本權利效力的衡量

(D) 如普通法院審理時錯誤衡量本案基本權利的重要性，敗訴之一方得在窮盡救濟途徑後，以法院解釋法律的見解違憲而聲請釋憲，司法院大法官當然應予以受理　　　　　　　　　　　　　　　　　【106司律】

26 依司法院大法官解釋，下列何者並非憲法上比例原則的內容[28]？

(A) 授權明確性原則

(B) 手段必要性原則

(C) 限制妥當性原則

(D) 目的正當性原則　　　　　　　　　　　　　　　　　　　　　【107司律】

27 依據司法院大法官解釋意旨，下列何者非屬法治原則之重要內涵[29]？

(A) 人民權利之維護

(B) 權力之分工

(C) 法秩序之安定

(D) 領土之範圍　　　　　　　　　　　　　　　　　　　　　　　【108司律】

---

27 (C)，通說認為當基本權發生衝突時，應於個案中為利益衡量。

28 (A)，參照比例原則中的子原則：適當性原則、必要性原則、狹義比例原則。

29 (D)，參照司法院釋字第775號解釋。

28 依法律授權而訂定的法規命令，其內容超出授權目的時，牴觸下列何種原則[30]？

(A) 法律明確性原則

(B) 法律保留原則

(C) 授權明確性原則

(D) 比例原則　　　　　　　　　　　　　　　　　　　　【108司律】

---

30 (B)，參照司法院釋字第734號解釋。

PART **4**

基本權各論

第一章　人性尊嚴

第一節　概說

　　「人性尊嚴」（Menschenwürde）是所有基本權的上位概念。從德國基本法第1條第1項：「人性尊嚴不可侵犯，尊重及保護此項尊嚴為所有國家機關之義務[1]。」可得而知，稱人性尊嚴是基本權中的基本權諒不為過。「人性尊嚴」的大意是：人是一個主體，並非另一個視為工具的窠臼，亦非單純國家統治權行使的客體。因此複製人應受禁止，國家機關不得任意對犯罪嫌疑人施以不必要的強制驗血、驗尿，而代理孕母，從尊重未出生的生命來看，亦屬對人之主體性的侵害[2]。

　　人性尊嚴雖未於憲法本文規定，然司法院釋字第372號解釋首次明確指出「維護『**人格尊嚴**』與確保人身安全，為我國憲法保障人民自由權利之基本理念。增進夫妻情感之和諧，防止家庭暴力之發生，以保護婚姻制度，亦為社會大眾所期待」此一宣示不僅確認人性尊嚴具「人權」性格，與一般基本權利般具有「規範」的限制國家公權力不得侵犯人性尊嚴外，社會各層面、公權力執行等各型態生活模式皆要落實人性尊嚴之內涵[3]。

　　爾後，憲法增修條文第10條第6項規定：「國家應維護婦女之人格尊嚴，保障婦女之人身安全，消除性別歧視，促進兩性地位之實質平等。」將**人性尊嚴**的理念明文化。

第二節　我國歷來釋憲實務舉隅

　　司法院釋字第567號解釋理由書稱：「非常時期，國家固得為因應非常

1　Art. 1 Abs. 1 GG. Die Würde des Menschen ist unantastbar. Sie zu achten und zu schützen ist Verpflichtung aller staatlichen Gewalt.
2　董保城、法治斌，《憲法新論》，元照，八版，2021年9月，268頁。
3　李惠宗，《憲法要義》，元照，九版，2022年9月，Rn. 0508 ff。

事態之需要，而對人民權利作較嚴格之限制，惟限制內容仍不得侵犯最低限度之人權保障。『思想自由』保障人民內在精神活動，是人類文明之根源與言論自由之基礎，亦為憲法所欲保障最基本之『人性尊嚴』，對自由民主憲政秩序之存續，具特殊重要意義，不容國家機關以包括緊急事態之因應在內之任何理由侵犯之，亦不容國家機關以任何方式予以侵害。縱國家處於非常時期，出於法律規定，亦無論其侵犯手段是強制表態，乃至改造，皆所不許，是為不容侵犯之最低限度人權保障。戡亂時期預防匪諜再犯管教辦法第2條規定國家機關得以人民思想行狀未改善，認有再犯之虞為理由，令入勞動教育場所強制工作嚴加管訓，無異於允許國家機關得以強制方式改造人民之思想，違背憲法保障人民言論自由之本旨，亦不符合最低限度之人權保障，……。」

　　司法院釋字第603號解釋文稱：「維護『人性尊嚴』與尊重人格自由發展，乃自由民主憲政秩序之核心價值，……。」此經憲法法庭111年憲判字第4號判決「原住民身分認同」、111年憲判字第13號判決「個資保護案」、111年憲判字第16號判決「強制採尿」等案再度重申。

　　司法院釋字第689號解釋文稱：「新聞自由係一制度性基本權利，乃為保障新聞媒體自主獨立，免於政府干預，以發揮監督政府之功能，而與為維護『人性尊嚴』所設之其他人民基本權利有所不同，……。」

　　司法院釋字第803號解釋文稱：「身為原住民族成員之個別原住民，其認同並遵循傳統文化生活之權利，雖未為憲法所明文列舉，惟隨著憲法對多元文化價值之肯定與文化多元性社會之發展，並參諸當代民主國家尊重少數民族之發展趨勢，為維護原住民之『人性尊嚴』、文化認同、個人文化主體性及人格自由發展之完整，進而維繫、實踐與傳承其所屬原住民族特有之傳統文化，以確保原住民族文化之永續發展，依憲法第22條、憲法增修條文第10條第11項及第12項前段規定，原住民應享有選擇依其傳統文化而生活之權利，……。」

　　憲法法庭111年憲判字第2號判決：「強制道歉除直接限制人民消極不表意之言論自由外，更會進而干預個人良心、理念等內在精神活動及價值決定之思想自由。此等禁止沉默、強制表態之要求，實已將法院所為之法律上判斷，強制轉為加害人對己之道德判斷，從而產生自我否定、甚至自我羞辱之負面效果，致必然損及道歉者之內在『思想、良心』及『人性尊嚴』，從而

侵害憲法保障自然人思想自由之意旨。」

　　憲法法庭111年憲判字第8號判決：「交付子女之暫時處分裁定，關於未成年子女最佳利益之判斷，有應予審酌而未予審酌之情形，牴觸憲法保障未成年子女人格權及『人性尊嚴』，……。」

第二章　平等權與平等原則

第一節　概說

　　平等在憲法的意義上，同時具有客觀法規範（objektive Rechtsnorm）與主觀公權利（subjektive Recht）之性質。

　　憲法上的平等可以分成二部分：一為平等原則；一為平等權。平等原則係屬於客觀法規範，而平等權則屬於主觀公權利。

　　平等原則最初的意義僅在要求國家權力作用須符合「恣意禁止」原則，係單純之「客觀法規範」，此種單純客觀法規範僅具有拘束國家權力之作用，所以平等原則具有客觀法規範功能。從法律思維角度上來說，不能單純以此種客觀法規範導出人民有「主觀公權利」。所謂主觀公權力係指人民可以透過訴訟途徑，請求獲得實現之法律地位。國家權力作用違反平等原則時，即具有違法性，但違反平等原則並不立刻侵害人民之主觀公權利，乃主觀公權利係指「平等權」。

　　平等權具有基本權利的性質，是一種主觀公權利。**平等權係屬於基礎性之基礎權，其本身無異議，必須與其他基本權競合，產生複數基本權，才具有意義。**舉例來說，「工作權」與「平等權」競合，產生「工作平等權」；「選舉權」與「平等權」競合，產生「選舉平等權」。行政機關因違反平等原則而侵害平等權時，必然侵害到另外一項基礎性之基礎權與平等權競合。司法院釋字第205號解釋即使用「平等權」與「應考試服公職之權」競合之概念。

　　形式平等，關注的是「差別待遇」之合目的性；而實質平等關心的是「特定弱勢族群或團體人民之積極保障」。所謂「人民」之概念特徵包含：一、非個人能力所能「改變的不利特徵」；二、「政治結構或程序上的弱勢地位」：例如難以循正常民主程序爭取或維護自身權利者；三、「對該分類存在有歷史或社會性的歧視」：可能是源自刻板印象、敵意或偏見，而不僅

僅是個人性的偏好[1]。

司法院釋字第485號解釋亦稱：「憲法第七條平等原則並非指絕對、機械之形式上平等，而係保障人民在法律上地位之實質平等，立法機關基於憲法之價值體系及立法目的，自得斟酌規範事物性質之差異而為合理之區別對待。」

而立法者於制定法律時，於不違反憲法之前提下，固有廣大的形成自由，然當其創設一具有體系規範意義之法律原則時，除基於重大之公益考量以外，即應受其原則之拘束，以維持法律體系之一貫性，是為體系正義。而體系正義之要求，應同為立法與行政所遵守，否則即違反平等原則[2]。

至於人民是否有主張「不法的平等」之權？亦即，人民自己行為違法，能否基於平等原則主張國家權力不依法行事？例如：同樣闖紅燈，人民可否要求警察未取締前一位闖紅燈的駕駛人，所以警察也不能取締自己闖紅燈？由於法律並不保障「不法」行為，也就不能與其他基本權一樣可以與平等權相結合，因而所謂「不法平等」之說法並不能成立。

第二節　平等權的種類

我國憲法第7條規定：「中華民國人民，無分男女、宗教、種族、階級、黨派，在法律上一律平等。」由此條規定可簡易看出五種平等權。憲法第7條是例示規定，因為與平等有關的判斷要件不可能僅止於此五者。故除了這五類之外，其他議題也都必須符合平等原則。不過憲法特別例示的，就必須特別保障，為特別平等；而為例示的其他議題，則為一般性的平等。

一、特別平等

所謂「特別平等」，係指在憲法上特別規定，將之特別列為憲法要求之平等。我國憲法第7條之規定乃在特別強調性別、宗教、種族、階級與黨

---

1 黃昭元，〈平等權與自由權競合案件之審查第六四九號解釋談起〉，《法學新論》，第7期，2009年2月，25頁。
2 司法院釋字第455號解釋翁岳生大法官不同意見書。

派，在法律上一切平等。而特別平等在法律上之意義，乃是國家沒有極其特別的原因，不得以此種原因差別對待。

（一）男女平等

憲法雖然規定男女平等，但在憲法本文中，也有一些促進婦女地位的條文。我國憲法第134條：「各種選舉，應規定婦女當選名額，其辦法以法律定之。」而立法委員選舉中，不分區立委也保護婦女二分之一當選席次。另外，憲法增修條文第10條第6項：「國家應維護婦女之人格尊嚴，保障婦女之人身安全，消除性別歧視，促進兩性地位之實質平等。」

釋憲實務對於性別平等案件向來採取較嚴格的審查標準。如司法院釋字第365號、第490號解釋稱：「**男女生理上差異或因此差異所生之社會生活功能角色上之不同。**」始得通過違憲審查。

司法院釋字第365號解釋中認為父權優先的監護條款違憲；司法院釋字第410號解釋中認為民法夫妻財產制修正後，對於修正前已發生之夫妻聯合財產，規定仍由夫繼續享有權利，未能貫徹憲法保障男女平等之意旨；司法院釋字第452號解釋認為1998年修正前之民法第1002條規定「妻以夫之住所為住所」違憲；司法院釋字第457號解釋認為，行政院國軍退除役官兵輔導委員會發布之「本會各農場有眷場員就醫、就養或死亡開缺後房舍土地處理要點」規定對死亡場員之已婚子女得否繼承權利採取差別待遇違憲。

祭祀公業傳統慣例上只能由男性子孫繼承派下員資格，有違反男女平等權之疑慮，然而司法院釋字728號解釋認為：「祭祀公業條例第四條第一項前段規定，『本條例施行下員之標準，雖相關規約依循傳統之宗族觀念，大都限定以男系子孫（含養子）為派下員，多數情形致女子不得為派下員，但該等規約係設立人私法上結社及財產處分行為，基於私法自治，原則上應予尊重，以維護法秩序之安定。是上開規定以規約認定祭祀公業派下員，尚難認與憲法第七條保障性別平等之意旨有違，致侵害女子之財產權。」由此可知，大法官認為基於「**私法自治**」原則與維護「**法秩序之安定**」的前提下，並不違憲。

不過，憲法法庭112年憲判字第1號判決認為：「祭祀公業之設立，其最主要目的在祭祀祖先發揚孝道；而就祭祀祖先之香火傳承言，男系子孫與女

系子孫原無本質差異，在少子化之今日及可預見之未來，續強予區分，尤不利祭祀香火之傳承；就承擔祭祀之意願及能力言，時至今日，女系子孫不論姓氏、結婚與否，尤已與男系或冠母姓子孫無顯著不同。是就無規約或規約未規定派下員資格之祭祀公業言，若繼續任由系爭規定一及二，作為拒絕設立人之女系子孫，列入為派下員之理由，不但於事理已難謂相合，而且顯然未能與時俱進，不合時宜，甚至有害祭祀公業設立之祭祀祖先、傳承香火之初衷目的。……依憲法第7條規定及增修條文第10條第6項規定：『國家應維護婦女之人格尊嚴……消除性別歧視，促進兩性地位之實質平等』，國家本有義務積極消弭性別歧視，自不應以立法肯認帶有性別歧視之傳統或舊慣。而系爭規定一及二乃國家之立法，此等立法其目的所欲維護者為傳統、舊慣，此等傳統、舊慣認祭祀公業之派下員以男系子孫為限；在無男系子孫之情形，女子以未結婚者為限或排除未冠母姓者，明顯係出於性別歧視且係以歷史性刻板印象為分類，因而對未列入派下員之其餘祭祀公業設立人之女系子孫，形成不當差別待遇。」

（二）宗教平等

宗教平等，乃指不問何種宗教在法律上一均受同等保障。同時，對有信仰宗教和無信仰宗教的人，在憲法上也受平等待遇。並不會因為信仰宗教不同，就受到不同的對待。

（三）種族平等

憲法規定種族平等，且在第5條也規定「中華民國各民族一律平等」。但為了保護少數族群與肯定多元文化，在憲法本文又有例外規定。憲法增修條文第10條第11項規定：「國家肯定多元文化，並積極維護發展原住民族語言文化。」同法第10條第12項規定：「國家應依民族意願，保障原住民族之地位及政治參與，並對其教育文化、交通水利、衛生醫療、經濟土地及社會福利事業予以保障扶助並促其發展，其辦法另以法律定之。對於澎湖、金門及馬祖地區人民亦同。」這是因為少數族群天生資源有限，在多數人的文化侵入下難以生存，故憲法中特別規定可以給予優惠性差別待遇。

（四）階級平等

即人民無論貴賤、貧富、勞資等階級之差異，在法律上一律平等。

（五）黨派平等

憲法規定黨派平等的真義，係指各黨派均受法律同等的保護。政黨與國家分離，任何政黨均不得享受任何優待或特權，亦不受任何歧視或壓迫，即所謂的政黨平等。反觀一般平等是指以上列差別對待基準以外的平等要求。一般平等只在防止國家的恣意，故國家以憲法第7條以外之其他要素作為差別對待基準時，只要有合理的原因即可，而不必要求極為堅強的理由。司法院釋字第340號解釋：「公職人員選舉罷免法第三十八條第二項規定：『**政黨推薦之區域、山胞候選人，其保證金減半繳納。但政黨撤回推薦者，應全額繳納』，無異使無政黨推薦之候選人，須繳納較高額之保證金，形成不合理之差別待遇，與憲法第七條之意旨有違，應不再適用。**」

二、一般平等

憲法第7條明文列舉「男女、宗教、種族、階級、黨派」的平等，而這五項標準只是例示性質而已，在涉及平等的具體個案仍應視情形進行審查；然而國家基於其他區分標準，例如年齡、性傾向、經濟狀況等，而對人民採取差別待遇，仍然有侵犯人民平等權的問題。依憲法第7條規定，中華民國人民，無分種族在法律上一律平等。憲法第7條保障人民之平等權，並不當然禁止國家為差別待遇；法規範所為差別待遇，是否符合平等保障之要求，**應視該差別待遇之目的是否合憲，及其所採取之分類與規範目的之達成間，是否存有一定程度之關聯性而定**（例如：司法院釋字第682號、第722號、第745號、第750號、第791號及第802號解釋參照）。

再如：司法院釋字第577號解釋認為菸品尼古丁與焦油含量需標示，酒類與食品不需標示，合憲；司法院釋字第666號解釋，涉及罰娼不罰嫖之爭議，不符「合理的差別待遇」，違憲；司法院釋字第682號解釋，中醫考試依據「不同學歷」而採「不同考試標準」，符合「合理差別待遇」，合憲；司法院釋字第694號解釋，扶養親屬需未滿20歲或滿60歲方得減稅，違反「租稅平等原則」，違憲。司法院釋字第701號解釋，唯有在所得稅法限定

的醫療院所裡聘請的看護費用才能抵稅，違反「平等原則」，違憲；司法院釋字第727號解釋，眷改條例區分「同意改建者」與「不同意改建者」之權益，雖符合憲法第7條的「合理差別待遇」，但「不同意改建者」的「部分權益」之處置需檢討。

第三節　平等原則之拘束力

一、對立法之拘束力

憲法第7條規定：「中華民國人民，……在『法律上』一律平等。」

所謂「法律上」相較於「法律下」，係指立法上之平等，非指行政機關「適用法律」須符合平等原則之要求而已。換言之，立法本身亦須符合平等的要求，否則即屬違憲無效之法律。此種對立法之拘束力當然亦適用於行政立法（法規命令）。又基於平等原則的要求，立法者應以前後一貫的法則作為建構法律體系的基準，此謂之「體系正義」。體系正義是以立法者為出發點的立法自我拘束法理，係平等原則下規範審查的一項基準。立法者應一貫地堅持其曾經建立起來的法則（Sachgesetzlichkeit），非有特殊理由，不得任意突破「體系」，否則即係違反立法的一慣性，而有違反平等之虞。

二、對司法之拘束力

我國司法權有二種型態：一為審判；一為解釋。審判係法官就個別具體案件，適用法律的程序；解釋指憲法第78條所規定：「司法院解釋憲法，並有統一解釋法律及法規命令之權。」此種解釋程序並不以具體個案為審理標的，而係著重憲法的發現（憲法第17條）與法規是否合憲的審查（憲法第171條、第172條），藉以建議統一的法規範秩序。故平等原則之拘束司法權運作，有三項要求，即：合憲審查基準、類推適用的要求、見解變更之要求。

三、對行政之拘束力

　　平等原則對行政之拘束，又可分為三種子原則：一為命令先行原則與命令一般性原則；一為行政合法原則或法的無條件執行原則；一為相同案件相同處理原則。

　　平等原則最根深的意義乃是「恣意禁止」，且要求「相同之事物應為相同的對待，不同之事物為不同之對待」，不得將與「事物本質」（Naturder Sache）不相關之因素納入考量，而作出不同差別對待的基準。換言之，平等原則並非要求不得為差別待遇之行為，而是要求「不得恣意地差別對待」，如果立法者或有法律授權之行政機關對於差別對待的基準選擇，並不違反事物本質，即無違反平等原則。換言之，某些情形應區別對待而為區別，亦屬違反平等原則。

第四節　平等權之審查

一、須具差別待遇與可相提並論性

　　平等權審查之前提在於：審查之前，須先確定涉及「差別待遇」及「可相提並論性」。平等原則要求相同事務，應相同處理；不相同事務，應依其不同特性作不相同處理，亦即等者等之，不等者不等之。例如勞工退休金請求權人與公務員退休金請求權人是否本質上可以相提並論，亦即是否具有「可相提並論性」，如果不具「可相提並論性」，則國家所作「差別待遇」也就不構成憲法上有意義之差別待遇，而無需進入平等原則之審查。之所以要求具備最基本的「可相提並論性」，乃因世界上每一個人、事、物都可以找出在某些特徵上是相同的，因此，並不是任何時候當國家對某類人或某種生活事實作了一定規定，對沒被規定到的其他人或生活事實就當然構成差別待遇，而需要進行平等原則之審查，毋寧，只有當法律所規定與被排除在規定範圍之外之人或生活事實兩者間共同具有一個他人或其他生活事實所未具有之特徵（genusproximum），因而具有可相提並論性時，國家對其所作差別待遇才有平等審查之意義與必要。例如涉及比較的對象分別是退休勞工退

休金請求權人與退休公務員退休金請求權人，兩者受到立法者不同的處理，而「對其雇主享有退休金請求權」這一點，可謂兩者所共同具有而為他人所無之共同特徵，故本件具有可相提並論性，應可認定可以進行平等審查[3]。

　　而如果法規範本身並無差別待遇，但實際適用的結果，產生事實上差別待遇的情況時，**即產生法規範規定未違憲但適用上違憲的問題。**

　　司法院釋字第760號解釋提及，（舊）警察人員人事條例第11條第2項規定：「警察官之任用，除具備前項各款資格之一外，職務等階最高列警正三階以上，應經警察大學或警官學校畢業或訓練合格；職務等階最高列警正四階以下，應經警察大學、警官學校、警察專科學校或警察學校畢業或訓練合格。」該規定形式上，**尚不能看出非警大或警官學校畢業生間之差別待遇。但從警察三等特考體系學校畢業的一般生報考，至民國100年（2011年）以前，非警校生考上三等特考，一律命其至警專受訓，致無從取得警大完成考試受訓之機會，導致非警察體系學校之畢業生，雖然同樣考上三等特考，只因受訓機關不同（警大或警專），卻在將來升遷上產生不一樣的差別待遇，即產生所謂法規範本身規定未違憲，但實際適用上違憲的結果。**

　　在「提撥勞工退休金差額案」中，憲法法庭112年憲判字第16號判決謂：「勞基法第55條第3項前段係就已對個別勞工原則上應負一次具體給付退休金義務之雇主，為兼及其負擔能力，而為雇主得報准分期給付之規定；至系爭規定則是就所有雇主課予補足退休金差額義務之規定，係對受領勞工勞動給付之雇主，所為確保其給付勞工退休金負擔能力之預防措施；**二者各有其立法時空背景下欲因應之法制問題，致因而課予雇主之不同義務，以及因此採取不同之履行義務方式及相應之配套或緩和措施，尚無可相提並論性。**是系爭規定未如勞基法第55條第3項前段，為類如『雇主如無法一次發給時，得報經主管機關核定後，分期給付』之彈性措施規定，尚不生違反憲法第7條平等原則之問題。」這是因為勞退舊制、新制有其差異性，勞退舊制係依勞基法規定，雇主必須依照勞工每月的薪資中提撥薪資總額的2%至15%到勞工退休準備金專戶中，此筆退休金將存入退休金專屬帳戶，由臺銀代為收支、保管及運用。舊制的計算方法以「基數」為單位，按照勞工的年資，前15年每年算兩個基數，滿15年之後則每年算一個基數。基數最高以

3　司法院釋字第596號解釋許宗力、許玉秀大法官不同意見書。

45個基數為限，未滿半年者以半年計，滿半年者則以1年計；而新制則是以「個人退休金專戶」為主的制度，雇主為勞工按月提繳不低於其每月工資6%的勞工退休金，而勞工個人可自願另提繳6%。然而，兩者的立法考量不同，雇主的法定履行義務也不同，因此大法官認為並「**無可相提並論性**」。

又如，「選舉重新計票案」中，憲法法庭112年憲判字第18號判決指出：「重新計票制度係為確保選舉結果之正確性、公正性與人民受憲法保障之被選舉權，並迅速解決選舉紛爭而設，已如前述。所有依憲法或法律應舉行之公職人員選舉，均屬民主政治之重要環節，均須追求上開目的，**並不因選舉位階（中央或地方）及性質（民意代表或行政首長）而有不同……。系爭規定區別公職人員選舉種類，僅容許區域與原住民立法委員、直轄市長及縣（市）長選舉得藉由法院重新計票制度，迅速匡正可能影響各該選舉結果正確性與公正性之選舉開票人為疏失，其餘選舉則均不得為之，形同無正當理由而坐視其中當選與落選候選人得票數差距極微時，有因開票時之人為疏失等而使選舉結果不正確之可能，損及選舉之正確性與公正性。就此而言，系爭規定所採之分類，實已悖離其建立重新計票制度之規範目的，難謂與規範目的間存有實質關聯，不符憲法平等權保障意旨之要求。**」換言之，大法官認為法律僅允許特定類型的選舉得以重新計票糾正人為疏失，是不合理的差別待遇，違反憲法保障平等權的意旨。

而在「供公眾通行之法定空地地價稅案」中，憲法法庭112年憲判字第19號判決指稱：「是法定空地屬建築基地之一部分，提供該建築物日照、採光、通風、景觀、防火、安全等特定之功能，與人民私有並非建築基地之一部分而單純無償供公眾使用之道路土地，性質與功能均有所不同。法定空地供公眾通行，縱為無償，因其已計入依建築法應留設之法定空地，即無須再就建築基地中之其他土地予以留設，對提供者仍具有建築上之利益；而提供私有非法定空地無償供公眾通行，該土地所有人並未獲取任何利益，**二者本質尚有所不同……。系爭規定因此區隔，於地價稅核課上有所區別，對提供法定空地無償供公眾通行者，仍然課徵地價稅，其分類與公平課稅目的之達成間，具有合理關聯，尚無違反憲法第7條規定之平等原則。**」亦即，大法官認為立法者在事物本質不同的情況之下作不同的規定，並不違反平等原則。

在「消防警察人員類別考試身高限制案」中，亦牽涉到不合理差別待遇

的問題。憲法法庭113年憲判字第6號判決指出，107年公務人員特種考試一般警察人員考試四等考試消防警察人員類別，對於男性設有165.0公分、女性160.0公分之身高要求規定**一對女性所為之不利差別待遇，其手段與目的間難謂具實質關聯性**。

主要理由在於系爭規定在形式上雖未排除女性之應考資格，並依男女平均身高之差異而設定不同最低身高限制標準，惟並未應及在各該身高限制下所排除之性別群體比例是否相當，致使系爭規定一對女性形成較男性更為嚴格之身高限制，使實際上女性符合應考消防警察人員資格之人數，遠少於男性得以應考之人數。依關係機關統計數據，截至2022年我國消防人力男性占比為88%，女性為12%，系爭規定一之適用結果無疑更加深消防警察人員男女人數之懸殊比例，亦導致整體警消工作環境與文化，持續依男性之需求而為配置與定義，不利於女性人力之參與。

大法官認為關係機關僅憑其所稱之經驗及默會知識，未能提出充足之證據資料，說明何以系爭規定一所訂身高低於160.0公分之女性並不適合從事消防工作，而必須設定較男性更為嚴格之身高限制，以排除多數女性應考之原因。是系爭規定一對女性所為之不利差別待遇與所欲達成之公益目的間尚難謂具實質關聯性，其適用於消防警察人員類別之範圍內，與憲法第7條保障平等權之意旨不符，自本判決宣示之日起，至遲於屆滿1年時失其效力。關係機關於修正系爭規定一有關不同性別之身高限制時，應注意其所排除之女性群體比例，與所排除之男性群體比例不至差距過大。這也是一個法規範本身看似沒有違憲，但適用結果違憲的一個案例，而這也可能影響到一般警察特考的錄取標準之規定。

有關「代理教師在敘薪時職前年資問題」，憲法法庭113年憲判字第7號判決指出，教師待遇條例第9條第1項第3款規定：「公立學校教師於職前曾任下列職務且服務成績優良之年資，按年採計提敘薪級……三、中小學教師曾任代理教師年資，每次期間三個月以上累積滿一年者，提敘一級。」立法者就專任教師之任職代理教師之職前年資，予以提敘之理由，在於代理教師係以全部時間從事教職工作，且長期（即聘任3個月以上）之代理教師，需公開甄選並經教師評審委員會審查通過後由校長聘任；又依「中小學代理教師待遇支給基準」，中小學代理教師待遇之支給，比照專任教師之規定；且長期代理教師「與專任教師性質相近，對教育著有貢獻」等情。**立法者考量**

長期合格代理教師與專任教師之工作內容、聘任程序及待遇支給方式相當，「與專任教師性質相近，對教育著有貢獻」，認長期代理教師之職前年資與成為專任教師後所累積之年資，**可予以等同評價**，於中小學專任教師敘薪時採計其職前代理教師年資，肯定其先前累積工作經驗之價值。**惟教育部函釋卻認定代理教師尚未獲得中小學專任教師之職位為由，（得）不予採計其職前年資，係以形式因素（合格代理教師尚未獲得專任教職），忽略實際情狀（合格代理教師實質上為與中小學專任教師相當之職場人力），作出之差別待遇**（於敘薪時得不採計合格代理教師之職前年資），而使得合格代理教師先前於教學實務所累積之工作經驗，未經適當評價，造成合格代理教師與中小學專任教師間，產生同工卻不同酬之現象，有違反平等原則之虞。

二、優惠性差別待遇

　　所謂「優惠性差別待遇」（affirmative action），指的是國家為消弭社會所存在對於弱勢族群歧視之現象，而採取針對弱勢群體予以優於其他族群的措施，或者可以說一種矯正措施，例如對考試加權計分，或者是給予工作上機會之獨占或優先權等。差別待遇，且往往都是以人力無法改變的客觀要素，如種族、性別、身障等「嫌疑性的分類」作為區分標準，參考美國實務的做法，違憲審查者，應以嚴格審查標準審查是否違憲。憲法法庭111年憲判字第4號判決即謂：「法規範如採『**種族**』分類而有差別待遇，或其差別待遇涉及攸關個人人格發展及人性尊嚴之重要基本權利，**本庭應加強審查，而適用嚴格標準**，以判斷其合憲性。本件所限制之憲法權利為原住民身分認同權，此係原住民受憲法保障之特殊人格權，攸關原住民個人人格發展等，為重要基本權利。」因此，法規範如以「**種族**」的「嫌疑性的分類」作為差別待遇之標準，釋憲實務從嚴作違憲審查。

　　司法院釋字第649號解釋認為：「視障非屬人力所得控制之生理狀態，系爭規定之**差別待遇**係以視障與否為分類標準，使多數非視障者均不得從事按摩業，影響甚鉅。基於我國視障者在成長、行動、學習、受教育等方面之諸多障礙，可供選擇之工作及職業種類較少，其弱勢之結構性地位不易改變，立法者乃衡酌視障者以按摩業為生由來已久之實際情況，且認為視障狀態適合於從事按摩，制定保護視障者權益之規定，本應予以尊重，惟仍須該

規定所追求之目的為重要公共利益，所採禁止非視障者從事按摩業之手段，須對非視障者之權利並未造成過度限制，且有助於視障者工作權之維護，而與目的間有**實質關聯者，方符合平等權之保障**。……其『**優惠性差別待遇**』之目的合乎憲法相關規定之意旨。」

由此號解釋可知，大法官首次接納美國司法實務之「優惠性差別待遇」概念，在本案中係採中度審查標準。不過大法官認為，按摩業依其工作性質與所需技能，原非僅視障者方能從事，隨著社會發展，按摩業就業與消費市場擴大，系爭規定對欲從事按摩業之非視障者造成過度限制。而同屬身心障礙之非視障者亦在禁止之列，並未如視障者享有職業保留之優惠。……，**目的與手段間難謂具備實質關聯性**，仍違反憲法第7條保障平等權之意旨。

大法官於司法院釋字第593號解釋理由書中提到：「法規範是否符合平等原則之要求，其判斷應取決於該法規範所以為差別待遇之目的上所採取之分類與規範目的之達成之間，是否存有一定程度的關聯，以及該關聯性應及於何種程度而定。」又，憲法法庭111年憲判字第4號判決：「是如相關機關本於有限資源合理分配考量，欲以族群文化認同強度作為具原住民血統者，**所得享有各項原住民優惠措施之高低準據，尚屬立法裁量範疇**，但依憲法第7條保障平等權之意旨，仍不應以父母雙方均為原住民或僅一方為原住民作為區別標準，均併此敘明。」

又憲法法庭111年憲判字第19號判決理由書稱：「按憲法保障之人民各項權利，於符合憲法第23條所定之條件下，得以法律限制之；其限制或所為差別待遇，自應符合憲法第23條比例原則及第7條保障平等權之意旨。……**社會政策涉及國家整體資源之分配與運用，政治部門需要盱衡政治、經濟、社會等各項條件作綜合考量，基於權力分立之要求，本即擁有較大自由形成空間**；況所涉及差別待遇並非可疑分類所形成。是該限制及差別待遇，其目的若為追求正當之公共利益，限制及差別待遇之**手段與目的間具有合理關聯**，即與憲法比例原則及保障平等權之意旨無違。」因此，「優惠性差別待遇」的問題依照目前的釋憲實務的見解，只要非涉及「嫌疑性的分類」，而涉政治及社會經濟政策的資源分配，違憲審查機關應採合理的審查標準，給予立法者有較大的裁量空間。

三、宗教平等

　　大法官在司法院釋字第490號解釋中指出：「**國家不得對特定之宗教加以獎勵或禁制，或對人民特定信仰畀予優待或不利益。**」就是宗教平等的要求，基於此，國家對於宗教應保持一定的中立性與距離。反之，若不是特別以宗教要素作為差別對待的基準，就不至於產生違反宗教平等的問題。

　　如司法院釋字第490號解釋認為，立法者鑑於男女生理上之差異及因此種差異所生之社會生活功能角色之不同，於兵役法第1條規定：「**中華民國男子依法皆有服兵役之義務。**」係為實踐國家目的及憲法上人民之基本義務而為之規定，原屬立法政策之考量，**非為助長、促進或限制宗教而設，且無助長、促進或限制宗教之效果。**因為兵役制度並非以宗教為差別待遇的基準，故即使要求所有人服兵役的結果，可能導致某些信仰宗教的人特別痛苦（比如教義也許規定不准殺人），但並沒有違反宗教平等的問題。

　　司法院釋字第573號解釋則認為，監督寺廟條例第8條就同條例第3條各款所列以外之寺廟處分或變更其不動產及法物，規定須經所屬教會之決議，並呈請該管官署許可之規定，依同條例第1條及第2條第1項規定，僅適用於部分宗教[4]，與憲法上國家對宗教應謹守中立之原則及宗教平等原則相悖。

4　監督寺廟條例第1條所稱：「凡有僧道住持之宗教上建築物，不論用何名稱，均為寺廟。」及同條例第2條第1項所定：「寺廟及其財產法物，除法律別有規定外，依本條例監管之。」僅適用於佛、道等部分宗教，對其餘宗教未為相同之限制。

選擇題練習

1　社會秩序維護法第80條第1項第1款就意圖得利與人姦、宿者，處3日以下拘留或新臺幣3萬元以下罰鍰之規定，被宣告違憲。依司法院解釋意旨，上開法條規定何以違憲[5]？

(A) 違反法律保留原則

(B) 違反比例原則

(C) 違反平等原則

(D) 違反人格自由　　　　　　　　　　　　　　　　　　　　【101律師】

2　下列那（編按：哪）一選項係錯誤[6]？

(A) 依司法院大法官解釋，關於父母對於未成年子女權利之行使意思不一致時，由父行使之規定係違憲

(B) 依司法院大法官解釋意旨，妻原有財產所生之孳息，其所有權歸屬於夫之規定，係違憲

(C) 國家機關訂定規則，以私法行為作為達成達公行遵循性別地位之實質平等之原則

(D) 依司法院大法官解釋意旨，聯合財產關係消滅時，剩餘財產平均分配之規定合憲　　　　　　　　　　　　　　　　　　　　【102司法官】

3　A為非視障者，於營業場所內從事按摩服務。被主管機關依原身心障礙者保護法第37條第1項前段和同法第65條第1項的規定罰鍰。試問：根據釋字第649號解釋，原身心障礙者保護法的相關規定是否合憲[7]？

(A) 為落實憲法增修條文有關身心障礙者保障之規定，合憲

5　(C)，參照司法院釋字第666號解釋。

6　(C)，參照司法院釋字第457號解釋。

7　(C)，參照司法院釋字第649號解釋。

(B) 屬於實質平等的展現，合憲

(C) 因違反平等權、工作權而違憲

(D) 因違反法明確性而違憲　　　　　　　　　　　　　【102司法官】

4　下列敘述，何者正確[8]？

(A) 總統副總統選舉罷免法規定，只有非政黨推薦之候選人方須有一定選民之連署並繳交保證金，違反平等原則

(B) 公職人員選舉罷免法規定，政黨推薦之候選人僅須繳交一半保證金，不違反平等原則

(C) 立法委員選舉，未獲得百分之五以上政黨選舉票之政黨，不得參與分配全國不分區代表的席次

(D) 政黨違憲應予解散的規定，主要因為該政黨違反平等原則　【102律師】

5　下列有關大法官對平等原則或平等權之解釋要旨，何者錯誤[9]？

(A) 憲法第7條所定之平等權，禁止法律授權主管機關，斟酌具體案件及立法目的，而為合理之不同處置

(B) 憲法第7條平等原則，係保障人民在法律上地位之實質平等

(C) 政黨推薦之公職人員選舉候選人，保證金可減半繳納之規定，無異使無政黨推薦之候選人，須繳納較高額之保證金，形成不合理之差別待遇，與憲法第7條之意旨有違

(D) 不起訴處分確定前或後，受羈押之人民，與受無罪判決確定前曾受羈押而喪失自由者，權利均遭受同等損害，亦應享有回復利益，立法者對之漏未規定，足以形成人民在法律上之不平等，與憲法第7條有所牴觸

　　　　　　　　　　　　　　　　　　　　　　　　　【105司律】

---

8 (C)，參照憲法增修條文第4條第2項。

9 (A)，參照司法院釋字第211號解釋。

6 依臺灣地區與大陸地區人民關係條例第21條第1項前段規定，大陸地區人民經許可進入臺灣地區者，非在臺灣地區設有戶籍滿10年，不得擔任公教人員。甲之配偶乙原爲大陸地區人民，在臺灣地區設籍未滿10年，甲認爲系爭規定侵害平等權。依司法院釋字第618號解釋，下列敘述何者正確[10]？

(A) 在臺灣地區之大陸地區人民不受憲法基本權保障

(B) 乙不得主張平等權保護

(C) 系爭規定以10年爲期，其手段仍在必要及合理之範圍內，立法者就此所爲之斟酌判斷，尚無明顯而重大之瑕疵

(D) 對大陸地區人民所爲之差別待遇，必須是爲追求特別重要的公共利益，且沒有其他侵害較小的手段，始能通過憲法保障平等權的嚴格審查

【105司律】

7 原住民族工作權保障法第12條第1項規定：「依政府採購法得標之廠商，於國內員工總人數逾一百人者，應於履約期間僱用原住民，其人數不得低於總人數百分之一。」同條第3項規定：「得標廠商進用原住民人數未達第一項標準者，應向原住民族綜合發展基金之就業基金繳納代金。」請問司法院大法官對於上述規定有何評價[11]？

(A) 上述規定限制了得標廠商之營業自由，應依時空環境與保障工作權之需求，定期檢討修正

(B) 上述有關得標廠商進用原住民人數未達標準者應繳納代金之規定，違反比例原則

(C) 上述規定係立法者爲貫徹憲法增修條文第10條第12項之意旨所爲之積極優惠措施

(D) 上述規定僅針對進用員工人數逾一定數量之廠商課予義務，違反憲法上之平等原則

---

10 (C)，參照司法院釋字第618號解釋。
11 (A、B、C)，參照司法院釋字第716號、第719號解釋。

(E) 上述規定不符合聯合國原住民族權利宣言及國際勞工組織原住民和部落人民公約保障原住民族之精神　　　　　　　　　【106司律（複選）】

8 依司法院釋字第694號解釋，所得稅法以受扶養人須未滿20歲或年滿60歲，始得減除免稅額之規定違憲，下列敘述何者錯誤[12]？

(A) 系爭規定以無謀生能力之受扶養人年齡為分類標準，目的之一係鼓勵國人孝親

(B) 對於以年齡限制形成差別待遇之系爭規定，是否違反平等原則，應採最嚴格之審查基準

(C) 系爭規定以年齡為分類標準之差別待遇，手段與目的欠缺實質關聯，違反平等原則

(D) 因受扶養人之年齡因素，致已扶養其他親屬或家屬之納稅義務人不能減除扶養親屬免稅額，不符合課稅公平原則　　　　　　　　【107司律】

9 依司法院釋字第748號解釋，同性婚姻應受何種憲法權利之保障[13]？

(A) 身體自由

(B) 結社自由

(C) 契約自由

(D) 平等權　　　　　　　　　　　　　　　　　　　　　　　【108司律】

10 依司法院大法官解釋，社會秩序維護法就意圖得利與人姦、宿者，處3日以下拘留或新臺幣3萬元以下罰鍰之規定違憲。有關其所持違憲理由，下列敘述何者正確[14]？

(A) 違反契約自由

---

12 (B)，參照司法院釋字第694號解釋。
13 (D)，參照司法院釋字第748號解釋。
14 (B)，參照司法院釋字第666號解釋。

(B) 違反平等原則

(C) 違反性自主自由

(D) 違反婚姻自由　　　　　　　　　　　　　　　　　　　【109司律】

11 有關財產平等權之保障，下列敘述何者錯誤[15]？

(A) 自然人享有財產平等權

(B) 私法人享有財產平等權

(C) 未成年人享有財產平等權

(D) 地方自治團體享有財產平等權　　　　　　　　　　　　【111司律】

12 有關眷村改建規定之敘述，依司法院大法官解釋之意旨，下列何者錯誤[16]？

(A) 國家機關為達成公行政任務，以私法形式所為之行為，亦應遵循平等原則

(B) 軍人之眷舍配住，為使用借貸性質之福利措施，其終止不以配住眷戶之同意為必要

(C) 對於不同意改建之原眷戶得逕行註銷其眷舍居住憑證及原眷戶權益，以加速老舊眷村改建，不違平等原則

(D) 不同意改建之原眷戶喪失承購住宅權益，並喪失搬遷補助費及拆遷補償費，其與同意改建者間之差別待遇，尚屬妥適　　　　　　【111司律】

---

15 (D)，私法人、自然人相同都享有憲法財產權之保障，而地方自治團體，受憲法保障享有財政自主之權利，而非主張平等權。參照司法院釋字第486號、第765號解釋。

16 (D)，參照司法院釋字第540號、第727號解釋。

13 依司法院解釋意旨及憲法法庭裁判，下列何種法律規定屬於違憲之事實上不平等[17]？

(A) 夫妻非薪資所得應由納稅義務人及其配偶合併申報且合併計算其稅額，而不得選擇分別申報

(B) 納稅義務人申報受扶養人，除無謀生能力並確係其扶養者外，且須未滿20歲或滿60歲以上

(C) 特種考試警察人員考試三等考試筆試錄取未具警察教育體系學歷之人員，皆安排至臺灣警察專科學校受考試錄取人員訓練

(D) 受聘僱外國人其眷屬在勞工保險條例實施區域外死亡者，不得請領保險給付　　　　　　　　　　　　　　　　　　　　　　　　　　【112司律】

---

17 (C)，參照司法院釋字第696號、第694號、第760號及第560號解釋。

第三章　人身自由權

第一節　人身自由之概念

憲法第8條之人身自由，是主張人身自由為一切自由之基礎，若無人之身體自由，則其他自由權如居住遷徙、思想自由或集會結社之自由，將淪為空談。因此憲法第8條所保障的人身自由緊接著平等權之後，是因為體系上平等權乃各個基本權的共有基礎[1]，而「人身自由」乃係指人民身體不可受到侵害之自由權，排除國家權力對人民身體非法侵犯[2]，故人身自由為一切自由權之前提，無身體自由，遑論一切言論、集會結社、宗教或秘密通訊自由等。論及人身自由有廣義與狹義之分，廣義包括人身自由移動與活動不受任何干涉之自由[3]；狹義則專指人民身體自由不受任何非法之侵犯與剝奪而言，此即，我國憲法第8條人之身體自由不可侵犯之規定（Inviolability of the person），指的是不受國家權力的非法侵犯，亦即，防止國家非法逮捕、拘禁，以及一切不依正當法律程序恣意「長期拘束」人民身體自由之行為。

簡而言之，憲法第8條所保障之人身自由乃係指人民身體行動之自由。論及人身自由有廣義與狹義之分，廣義包括人身自由移動與活動不受任何干涉之自由「短期、暫時拘束」人民身體自由之行為，包括人格發展權。從我國大法官解釋之趨勢[4]，本條係有別於因身體行動自由之憲法第22條之規範範圍，憲法第8條採狹義說。

憲法第8條規定：「人民身體之自由應予保障。除現行犯之逮捕由法律另定外，非經司法或警察機關依法定程序，不得逮捕拘禁。非由法院依法定程序，不得審問處罰。非依法定程序之逮捕、拘禁、審問、處罰，得拒絕之（第1項）。人民因犯罪嫌疑被逮捕拘禁時，其逮捕拘禁機關應將逮捕拘禁

1　李惠宗，《憲法要義》，元照，九版，2022年9月，Rn. 0701。
2　謝瀛洲，《中華民國憲法論》，1976年，十版，46頁。
3　在此部分，大法官認為屬憲法第22條之規範，司法院釋字第535號、第689號及第699號解釋在案。
4　司法院釋字第535號、第699號解釋中，稱為「行動自由」。

原因，以書面告知本人及其本人指定之親友，並至遲於二十四小時內移送該管法院審問。本人或他人亦得聲請該管法院，於二十四小時內向逮捕之機關提審（第2項）。法院對於前項聲請，不得拒絕，並不得先令逮捕拘禁之機關查覆。逮捕拘禁之機關，對於法院之提審，不得拒絕或遲延（第3項）。人民遭受任何機關非法逮捕拘禁時，其本人或他人得向法院聲請追究，法院不得拒絕，並應於二十四小時內向逮捕拘禁之機關追究，依法處理（第4項）。」

　　本書將之要旨歸納如下：一、第1項前段為一般原則之宣示；二、第1項後段及第2項前段為有關正當法律程序之規定；三、第2項後段與第3項為提審制度之規定；四、第4項為法院追究責任之規定。

　　若從文義觀之，本條最初訂定之範圍，應限於「刑事被告」之逮捕、拘禁之法定程序為其規範之範圍，以防止國家權力恣意侵害人民之人身自由。但第1項之規範，因涉及司法或警察機關之逮捕、拘禁程序，應可容許只要具有限制或剝奪人身自由之效果，皆應遵守法定之程序，而不以是否具有刑事被告身分為準，是以，只要是限制人身自由之措施，均應適用第8條第1項之要件，如司法院釋字第588號有關拘提與管收之解釋屬之。而同條第2項在文義上似僅限於犯罪嫌疑，而僅只適用於刑事訴訟程序之上，但從司法院大法官之解釋觀之，則業已溢出原來所規範之範圍，**從刑事被告擴充到行政管收，甚至及於一般行政程序**。

第二節　人身自由內涵之深入探討

一、人身自由之意義

　　「人身自由」（Recht auf Freiheit der Person）的保障乃係一切自由權利的基礎[5]，亦即，若無人身自由的保障，則其他自由權利縱使規定得再完備，也只是形同具文而已。是以，英國1215年所公布的「大憲章」第39條規

5　司法院釋字第384號解釋理由書於首段中即稱：「人民身體自由享有充分保障，乃行使　其憲法上所保障其他自由權利之前提，為重要之基本人權。」

定：「此後任何自由人民，除經其采地貴族之合法判決，或經本國法之判決外，不得加以逮捕、監禁，或沒收其財產，或擯使不受法律保護，或將其流放，或加以傷害，既不得以朕名義對之提起控訴，亦不得指派官吏對之提起控訴[6]。」大憲章亦係為最早將人身自由保障納入規範的憲法性法律文件。而1640年的「人身保護法」（The Habeas Corpus Act）第6條中，乃建立了人身保護令（Writ of Habeas Corpus）制度，除了更加落實了人民不受非法逮捕或拘禁的規範外[7]，並確立了提審制度於人身自由保障的重要性地位。而此種制度精神，亦隨著美國獨立戰爭、法國大革命等事件之發生，乃先後在美洲地區及歐洲地區有所發展。除了我國憲法第8條之規定因此深受影響外，隨著二戰後對納粹政權的深切反省，1948年的世界人權宣言及1966年的公民與政治權利國際公約中亦有所規定。

　　人身自由，包含身體在物理上的行為、舉止自由[8]，吳庚大法官則進一步地認為：「人身自由就是身體的行動自由，凡隨心所欲於任何時間前往任何地點，或不任何時間不前往任何地點，都屬於身體的行動自由[9]。」依我國憲法第8條條文之文義觀察，學者乃指出，我國憲法有關人身自由之規範意義，乃係指「人民有不受非依法定程序之逮捕、拘禁、審問及處罰之權利」，亦即是，人之身體行止不受國家權力的非法侵犯。**而我國憲法第8條與其他基本權利不同之處在於，除實體權利外，尚兼及程序性權利（即法定程序）之保障**[10]，就此，乃屬於「憲法保留」之層次，而排除憲法第23條之適用，司法院釋字第443號解釋理由書即稱：「關於人民身體之自由，憲法第八條規定即較為詳盡，其中內容屬於憲法保留之事項者，縱令立法機關，亦不得制定法律加以限制（參照本院釋字第三九二號解釋理由書），而憲法第七條、第九條至第十八條、第二十一條及第二十二條之各種自由及權利，

6　譯文節錄自：司法行政部編印，各國憲法彙編，初版，1959年1月，99頁。

7　劉慶瑞，《中華民國憲法要義》，自版，1990年11月，58-59頁；林子儀，〈人身自由與檢察官之羈押權〉，《月旦法學雜誌》，第6期，1995年10月，33頁。

8　*Christian Starck*, in v. Mangoldt/Klein/Starck (Hrsg.), Das Bonner Grundgesetz Bd.1, 4.Aufl., 1999, §2, Rn. 180.

9　吳庚，《憲法的解釋與適用》，自版，三版，2004年6月，頁191，但此種說法已被司法院釋字第535號、第689號及第699號解釋所取代，認為身體行動自由權，屬憲法第22條之規範。

10　董保城、法治斌，《憲法新論》，元照，八版，2021年9月，272頁。

則於符合憲法第二十三條之條件下，得以法律限制之。」

二、人身自由之限制類型

人身自由之限制，可依時間之長短及空間之範圍等限制之程度，區分為**人身自由之限制**（廣義之限制）及**人身自由之剝奪**（狹義之限制）[11]。人身自由的限制，係指干預強度較弱之行為，亦即在時間上可能只是短暫的剝奪，或者在空間上並非至四面皆封閉，當事人仍得有其自由活動之餘地，如限制出境或警察限制集會遊行人之路線等屬之；人身自由的剝奪，則係指當事人並非只是在短暫之時間內，被限制在一處狹隘場所內，亦即四面皆封閉的場所內活動，如拘禁、羈押等屬之，這是屬於司法院釋字第535號及第699號解釋的行動自由限制。

而某些法律所規定之事項，雖合於剝奪之要件，但仍將其歸類於自由之限制，這些特別發生在警察執勤行為上，如警察街上、路口之盤查、臨檢或暫時帶往警所作筆錄等，但若臨檢帶回警所而整夜未釋回，則屬自由權的剝奪。此外，傳喚當事人作交通肇事報告、通知上交通課程、證人之傳喚等皆屬法律所規定之義務，雖其在干預強度上較弱，但仍屬人身自由的剝奪[12]。人身自由僅指人行動之自由，故與直接對人體傷害有別。人身自由與居住、遷徙自由雖各有其規範之內容，但對人實施限制住居或限制出境，則為身體行動自由之限制，屬憲法第22條：「凡人民之其他自由及權利，不妨害社會秩序公共利益者，均受憲法之保障。」而非屬人身自由限制之範圍。

第三節　限制人身自由之合法性要件

依照憲法第8條之規範體系，對於人身自由之限制，大致可分為以下數個要件[13]：

---

11 李震山，《警察行政法論——自由與秩序之折衝》，元照，三版，2014年6月，248頁。
12 *Dieter Schmalz*, Grundrechte, 1991, Rn. 467 ff.
13 林明鏘，〈人身自由〉，《月旦法學雜誌》，第12期，1996年4月，48-49頁。

一、除現行犯之逮捕外，僅司法機關、警察機關為逮捕及拘禁之主體

　　依照憲法第8條第1項第2句之規定：「除現行犯之逮捕由法律另定外，非經司法或警察機關依法定程序，不得逮捕拘禁。」制憲者之所以單獨將有關現行犯之逮捕授權由法律另設規定，乃係基於防止被告逃亡、證據之散佚及避免罪行擴大等目的所設[14]，至於所謂「現行犯」之意義為何？制憲者並未於憲法本文中予以闡明，但依司法院釋字第90號解釋理由書指出：「憲法第八條既有現行犯之逮捕由法律另定之明文，刑事訴訟法第八十八條第一項規定現行犯不問何人得逕行逮捕之，其第二項復謂犯罪在實施中或實施後即時發覺者為現行犯，而其第三項並規定有下列情形之一者以現行犯論，一為被追呼為犯罪人者，二為因持有兇器、贓物或其他物件、或於身體、衣服等處露有犯罪痕跡，顯可疑為犯罪人者，是憲法第八條所稱之現行犯，係包括刑事訴訟法第八十八條第三項以現行犯論者在內，憲法其他各條所稱之現行犯其涵義亦同，殊難謂為應將以現行犯論者排除在外，蓋在憲法上要不容有兩種不同意義之現行犯並存。」就此而言，憲法上所稱之現行犯意義較為廣泛，乃包括有刑事訴訟法上所稱之現行犯及準現行犯之概念。

　　除現行犯之逮捕，如上述所稱，乃由制憲者另外授權由法律定之外，同條項第三句乃就逮捕及拘禁之主體侷限於司法機關及警察機關，而其個別之意義為何？則詳如下述。

（一）「司法機關」及「警察機關」之意義

　　憲法第8條第1項規定：「……。除現行犯之逮捕由法律另定外，非經**司法或警察機關**依法定程序，不得逮捕拘禁。非由**法院**依法定程序，不得審問處罰。非依法定程序之逮捕、拘禁、審問、處罰，得拒絕之。」前揭條文在文義上乃將「司法機關」、「警察機關」及「法院」分別規定，由此可知，三個概念乃分別指向不同之意涵[15]，首先，相較於憲法第77條所稱「司

14　林紀東，《中華民國憲法逐條釋義（一）》，三民，修訂再版，1985年9月，120頁。
15　黃俊杰，〈人身自由與檢警權限〉，收錄於氏著，《弱勢人權保障》，元照，1998年4月，30頁。

法機關」乃指職司審判、懲戒及解釋之機關[16]，憲法第8條所稱之「司法機關」意義為何？是否包括檢察機關？我國早期學者曾以近代立憲國家均已落實審判一元化及檢察一元化為由，認為司法機關應包含檢察機關（採廣義說）[17]，司法院釋字第392號解釋中亦指出：「憲法第八條第一項所規定之『司法機關』，自非僅指同法第七十七條規定之司法機關而言，而係包括檢察機關在內之廣義司法機關。」

其次，本條所稱「警察機關」之意義及範圍為何？也是曾在學理上有所爭論的議題之一。一般常將「警察」（Polizei）區分為**廣義之警察**及**狹義之警察**。廣義之警察，即指「實質意義」、「功能上」、「學理上」或「作用法上」之警察概念，凡具有以維持社會公共安寧秩序或公共利益為目的，並以命令強制（干預、取締）為手段等特質之國家行政作用或國家行政主體，即屬此種廣義之警察概念；狹義之警察，即指「形式意義」、「組織法上」或「實定法上」意義之警察，則係以警察組織形式，賦予警察定亦，而不再以警察之任務或作用為界定警察之標準；故而，狹義的警察概念，又可包括「警察機關」及「警察人員」二者[18]。以下細繹司法機關及警察機關之意義：

1. 司法機關

司法機關的意義，學者在討論上以其範圍為標準而區分有不同意義，即：最廣義之司法、廣義之司法及狹義之司法，彼此間所涉之概念有所不同。而我國憲法第8條亦將「司法機關」及「法院」併列規定，其所規範的意義似也不甚相同。就司法機關而言，大法官於司法院釋字第392號解釋中認為：「憲法第八條第一項所規定之『司法機關』，自非僅指同法第七十七條規定之司法機關而言，而係包括檢察機關在內之廣義司法機關。」

---

16 憲法第77條：「司法院為國家最高司法機關，掌理民事、刑事、行政訴訟之審判及公務員之懲戒。」第78條：「司法院解釋憲法，並有統一解釋法律及命令之權。」

17 謝瀛洲，《中華民國憲法論》，自版，八版，1958年6月，41-42頁。採同見解者，併參照林紀東，《中華民國憲法逐條釋義（一）》，三民，修訂再版，1985年9月，120-121頁。

18 警察職權行使法第2條第1項即規定：「本法所稱警察，係指警察機關與警察人員之總稱。」

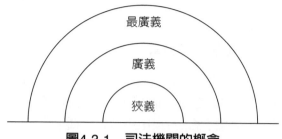

圖4-3-1　司法機關的概念

2. 警察機關

(1) 警察之意義

　　警察的意義，在學理上一般將之區分為廣義之警察與狹義之警察。廣義之警察，即指「實質意義」、「功能上」、「學理上」或「作用法上」之警察概念；狹義之警察，即指「形式意義」、「組織法上」或「實定法上」意義之警察。

(2) 警察之範圍

　　大法官於司法院釋字第384號解釋中，雖首次將憲法第8條之適用範圍擴充於非刑事被告以外之人，但仍將執行逮捕、拘禁手段之警察理解為**狹義**或**形式意義**之警察。但在司法院釋字第588號解釋中，則將憲法第8條之警察機關作廣義之解釋，亦即著眼於人身自由限制之效果而言，凡得限制人身自由之機關，均認屬警察機關之範疇。司法院釋字第588號解釋則稱：「憲法第八條第一項所稱『非經司法或警察機關依法定程序，不得逮捕、拘禁』之『警察機關』，並非僅指組織法上之形式『警察』之意，凡法律規定，以維持社會秩序或增進公共利益為目的，賦予其機關或人員得使用干預、取締之手段者均屬之，是以行政執行法第十九條第一項關於拘提、管收交由行政執行處派執行員執行之規定，核與憲法前開規定之意旨尚無違背。」準此，除組織法上隸屬於警政署[19]或地方自治團體[20]之警察機關及其人員外，刑事訴訟法上之司法警察、行政院海岸巡防署、內政部移民署、法務部行政執行署

---

19 警察法第5條。
20 警察法第8條。

及其分署等機關及人員亦屬之[21]。

（二）「逮捕」及「拘禁」之意義

依照司法院釋字第392號解釋意旨指出：「所謂『逮捕』，係指以強制力將人之身體自由予以拘束之意；而『拘禁』則指拘束人身之自由使其難於脫離一定空間之謂，均屬剝奪人身自由態樣之一種。至於刑事訴訟法上所規定之『拘提』云者，乃於一定期間內拘束被告（犯罪嫌疑人）之自由，強制其到場之處分；而『羈押』則係以確保訴訟程序順利進行為目的之一種保全措置，即拘束被告（犯罪嫌疑人）身體自由之強制處分，並將之收押於一定之處所（看守所）。故就剝奪人身之自由言，拘提與逮捕無殊，羈押與拘禁無異；且拘提與羈押亦僅目的、方法、時間之久暫有所不同而已，其他所謂『拘留』『收容』『留置』『管收』等亦無礙於其為『拘禁』之一種，當應就其實際剝奪人身（行動）自由之如何予以觀察，未可以辭害意。」基此，凡在實質上屬於拘束人身自由之措施，不問其形式名稱上是否為「逮捕」或「拘禁」，皆須符合憲法第8條有關限制人身自由之要件。

問題思考

憲法第8條法官保留原則的適用範圍是否僅限於刑事被告？

從文意解釋來看，似乎肯定說，本條之規範客體若僅適用於刑事被告或犯罪嫌疑人之見解，則可能導致人身自由的保障上有規範漏洞的出現[22]。是以，司法院釋字第384號解釋擴大了「法官保留原則」的適用範圍：「其所稱『依法定程序』，係指凡限制人民身體自由之處置，不問其是否屬於刑事被告之身分，國家機關所依據之程序，須以法律規定，其內容更須實質正當，並符合憲法第二十三條所定相關之條件⋯⋯。」大法官在本號解釋中，

---

21 併參照李震山，《警察行政法論──自由與秩序之折衝》，元照，三版，2014年6月，240-241頁。

22 李震山，〈非刑事案件關係人之人身自由保障〉，收錄於氏著，《人性尊嚴與憲法保障》，元照，四版，2011年10月，205頁。

明白地肯認了非刑事被告及犯罪嫌疑人的人身自由拘束也應有憲法第8條之適用，此點值得吾人贊同。

　　而非刑事被告、犯罪嫌疑人之人身自由剝奪，大抵是法令上有授權由行政機關出於行政目的而為處置者，此一行政目的，在性質上得將之區分為**制裁目的與非制裁目的**。

　　基於**制裁目的**，就非刑事被告之人所為之人身自由剝奪者，如行政執行法所規定之拘提、管收。所謂拘提乃是指強制義務人到場訊問，管收則是指對義務人或有為義務人清償金錢給付義務之人的身體自由所為之拘束，實務上通常乃係將其拘束於管收所中。司法院釋字第588號解釋中雖指出「行政執行法關於『管收』處分之規定，係在貫徹公法上金錢給付義務，於法定義務人確有履行之能力而不履行時，拘束其身體所為間接強制其履行之措施」，亦即是，基於立法者之形成自由[23]，立法機關如在考量重大公益（貫徹公法上金錢給付義務）而認有必要實施拘提、管收時，在不違背比例原則之前提下，自得以法律予以明定其要件及程序。然而，（舊）行政執行法所規定之拘提、管收制度，在程序上容許拘票及管收票合併聲請，而未區分為不同程序並給予分別聲請、審查及裁定之機會，僅憑行政執行處所提卷證，即要求法院5日內作成裁定之規定，乃與正當法律程序有違[24]。

　　後者**非制裁目的**之人身自由拘束部分，為大法官解釋所談及者為「強制隔離」及「暫時收容[25]」二者。司法院釋字第690號解釋文中認為，（舊）傳染病防治法第37條第1項之「必要之措施」包含強制隔離在內，並指出：**「強制隔離既以保障人民生命與身體健康為目的，而與刑事處罰之本質不同，已如前述，故其所須踐行之正當法律程序，自毋須與刑事處罰之限制被告人身自由所須踐行之程序相類。強制隔離與其他防疫之決定，應由專業主**

23　對此部分大法官廖義男等提出不同意見，而反對多數意見指本法第17條第1款至第3款等管收要件仍合乎憲法上第23條所稱之比例原則之規定，係政府機關的推託，過分強調人民舉證之責任，因此，廖義男等大法官仍認為，系爭規定以管收作為實現公法上金錢債權之間接強制手段，也因此難以通過必要原則之檢驗。最後，其等提出德國代宣誓之保證制度作為參考。

24　詳細的論述內容，請參照蔡震榮，《行政執行法》，元照，2008年9月，153-180頁；蔡震榮，〈拘提管收與人身自由之限制〉，收錄於氏著，《行政制裁之理論與實務》，元照，初版，2012年1月，379-412頁。

25　亦有認為「暫時收容」非屬裁罰性質者，如：廖元豪，〈不夠司法，又太過司法——移民收容程序之檢討〉，《月旦法學雜誌》，第204期，2012年5月，35頁。

管機關基於醫療與公共衛生之知識，通過嚴謹之組織程序，衡酌傳染病疫情之嚴重性及其他各種情況，作成客觀之決定，以確保其正確性，**與必須由中立、公正第三者之法院就是否拘禁加以審問作成決定之情形有別。**」

此號解釋，等同於因為「防疫隔離」就可以放棄法官保留原則，引起諸多批評：蓋良好「法官保留」之程序設計，在緊急防疫工作上，並不會不顧多數人生命、身體的安全，也不會因法官無醫療與公共衛生專業而形成司法保障人身自由之束手無策。本件解釋已出現人身自由保障可能倒退或逆轉的徵兆，……就程序而言：法院介入人身自由之保障，是指干預措施之前或之中，藉由中立、公正第三者之法院審問，使關係人能獲合法聽審，由法院作成事前同意或事中認可，以防止行政恣意濫權之「法官保留」，並非指嗣後一般訴願或行政訴訟權行使之司法審查而言[26]。

系爭傳染病防治法規定所涉對曾與傳染病病人接觸或疑似被傳染者人身自由之剝奪，與司法院過去解釋涉及人身自由剝奪不同之處，在於不具處罰性，而係以保護人民生命安全與身體健康為目的，因此一般將之歸類為所謂的「**照護性人身自由的剝奪**」（fursorgerliche Freiheitsentziehung）類型。**精神病患之人身自由的剝奪，亦同此類型。剝奪人身自由本就應比限制其他自由權利適用更嚴格的程序，即使不適用最嚴格意義的法官保留，至少也不至於僅僅適用與限制其他自由權利相同的低標程序。**有大法官批評，司法院釋字第690號解釋多數意見竟大剌剌以已適用最基本、最起碼程序作為系爭規定與正當程序並不違背的理由，不禁令人搖頭嘆息[27]。

司法院釋字第708號解釋則係針對入出國及移民法第38條第1項之逾越暫時「收容」期間之「收容」部分[28]，認為：「系爭規定賦予該署合理之遣送作業期間，且於此短暫期間內得處分暫時收容該外國人，以防範其脫逃，俾能迅速將該外國人遣送出國，當屬合理、必要，亦屬國家主權之行使，並不違反憲法第八條第一項保障人身自由之意旨，**是此暫時收容之處分部分，尚無須經由法院為之。**惟基於上述憲法意旨，為落實即時有效之保障功能，對上述處分仍應賦予受暫時收容之外國人有立即聲請法院審查決定之救濟機

---

26 司法院釋字第690號解釋李震山、林子儀大法官部分不同意見書。
27 司法院釋字第690號解釋許宗力大法官部分不同意見書。
28 「收容」本身即是憲法第8條所謂的人身自由之限制。

會，倘受收容人於暫時收容期間內，對於暫時收容處分表示不服，或要求由法院審查決定是否予以收容，入出國及移民署應即於二十四小時內將受收容人移送法院迅速裁定是否予以收容；……。」

儘管此號解釋適度糾正了司法院釋字第690號解釋的放棄法官保留的立場，但以「合理作業期間」取代憲法第8條之「二十四小時」，還是受到質疑，蓋「合理作業期間」，其實是刻意規避憲法第8條所明示之「二十四小時」誡命，自行創造的。蓋其與憲法將「二十四小時」定位為人身自由剝奪救濟的「急迫審查期間」，性質上是風馬牛不相及，自無互相取代的空間[29]。

而司法院釋字第710號解釋則針對兩岸人民關係條例有關「暫時收容」之規定，認為應給予「即時」之救濟途徑，其稱：「……臺灣地區與大陸地區人民關係條例第十八條第一項規定：『進入臺灣地區之大陸地區人民，有下列情形之一者，治安機關得逕行強制出境。……』（該條於九十八年七月一日為文字修正）除因危害國家安全或社會秩序而須為急速處分之情形外，對於經許可合法入境之大陸地區人民，未予申辯之機會，即得逕行強制出境部分，有違憲法正當法律程序原則，不符憲法第十條保障遷徙自由之意旨，……；因執行遣送所需合理作業期間內之暫時收容部分，未予受暫時收容人即時之司法救濟；於逾越前開暫時收容期間之收容部分，未由法院審查決定，均有違憲法正當法律程序原則，不符憲法第八條保障人身自由之意旨。又同條例關於暫予收容未設期間限制，有導致受收容人身體自由遭受過度剝奪之虞，有違憲法第二十三條比例原則，亦不符憲法第八條保障人身自由之意旨。……」

有部分大法官指出，本件解釋與司法院釋字第708號解釋為暫時收容所設「合理作業期間」，同中有異，本件解釋就主管機關執行強制出境處分而需採暫予收容措施者，其有關人身自由保障之理論依據，大致上係依循司法院釋字第708號解釋之思維模式。首先，兩號解釋之對象同屬不具中華民國國籍之人，雖一為外國人，另一為大陸地區居民，前揭兩號解釋有關「合理作業期間」內容上之主要差別在於，前者由釋憲者親自定有15天的暫時收容期間上限；後者則改採尊重立法形成權，由國會斟酌實際需要以法律決定暫

---

[29] 司法院釋字第708號解釋李震山大法官部分協同部分不同意見書。

時收容期間，違憲審查者顯有意棄守憲法在此領域，依權力分立相互制衡原則所賦予的把關工作。釋憲者詮釋憲法第8條不應一再製造「鐘擺效應」，司法院釋字第708號解釋以憲法第8條第4項規定，再讓鐘擺回向到憲法的軸線，但卻又另創「合理作業期間」，在「二十四小時」與「十五日」間，開啟擺盪可能空間。來到本件解釋，則又在「二十四小時」與「尊重立法形成自由」間另行預留更大幅度的鐘擺空間。此種搖擺不定且不易捉摸的立場，與違憲審查者在人身自由保障領域所樹立「我心如秤」的「手執天秤」嚴謹形象，實大相逕庭。再退一步而言，若欲將憲法第8條「二十四小時」規定延長，就涉及嚴肅的修憲問題，不能以釋憲方式說變就變，不論是採「十五日」，或是採「委由立法者決定」模式的「合理作業期間」，皆將難逃「以釋憲之名，行修憲之實」的訾議。未來立法者於審酌不同情形後，所定之「合理作業期間」若被質疑過長，或各規範所定期間之標準與長短不一，必將滋生是否合乎比例原則或平等原則之問題。基此，由釋憲者創設「合理作業期間」制度的誤謬，以及堅定維護「人身自由之剝奪應儘速由法院介入審查」的核心意旨，貫穿憲法第8條之立場[30]。

　　惟本書認為，外國及大陸地區人民非法入境的移民遣返作業與刑事被告限制人身自由情形不盡同，「十五日」作業期間乃一般遣返作業所需時間，釋憲實務在此情形延展「二十四小時」至「十五日」，乃係兼顧實際需要，並無違憲之虞。

二、有權審問、處罰之機關以法院為限

　　有關於憲法第8條中所稱之「法院」，司法院釋字第392號解釋指出：「憲法第八條第一項、第二項所規定之『審問』，係指法院審理之訊問，其無審判權者既不得為之，則此兩項所稱『法院』，當指有審判權之法官所構成之獨任或合議之法院之謂。法院以外之逮捕拘禁機關，依上開憲法第八條第二項規定，應至遲於二十四小時內，將因犯罪嫌疑被逮捕拘禁之人民移送該管法院審問。」此外，更於該號解釋理由書中進一步認為：「茲憲法第八

---

30 司法院釋字第710號解釋李震山大法官部分不同意見書。

條之文義至為明白，其所稱之『法院』，倘遵循該條文字具體所顯示之整體意涵為客觀之解釋，實應僅指職司審判而具有審問、處罰之法官所構成之法院，此種解釋結果，不特符合憲法保障人身自由之精神，抑亦與先進民主憲政國家保障人身自由制度相契合，畢竟通常法律用語之『法院』，本即指行使審判權之機關。」

　　因此，憲法第8條所稱之法院，即屬狹義，而係指對具體案件由獨任或數人合議以實行審判事務，即行使審判權之機關（訴訟法上意義之法院）[31]。而釋憲實務上，司法院大法官也曾相繼針對（舊）違警罰法中的「拘留」、「罰役」（司法院釋字第166號解釋[32]）及（舊）違警罰法第28條「送交相當處所，施以矯正或令其學習生活技能」的規定（司法院釋字第251號解釋[33]），認為其在本質上是屬於對人身自由的處罰，而法院（官）應依照法定程序為之。換言之，只有普通法院始得依刑事訴訟程序審問或處罰犯罪，亦即是司法一元主義之體現。

　　所謂「提審制度」，乃淵源於英國1679年公布之人身保護法（Habeas Corpus Amendment Act）第6條[34]。其目的在於防止非法訊問、刑求取供，以落實基本人權之保障。是以，凡人民因犯罪嫌疑而被逮捕或受拘禁者，得要

---

31 司法院釋字第392號解釋。

32 司法院釋字第166號解釋：「違警罰法規定，由警察官署裁決之拘留、罰役，係關於人民身體自由所為之處罰，應迅改由法院依法定程序為之，以符憲法第八條第一項之本旨。」

33 司法院釋字第251號解釋：「依違警罰法第二十八條規定所為『送交相當處所，施以矯正或令其學習生活技能』之處分，同屬限制人民之身體自由，其裁決由警察官署為之，亦與憲法第八條第一項之本旨不符，應與拘留、罰役之裁決程序，一併改由法院依法定程序為之。前述解釋之拘留、罰役及本件解釋之處分裁決程序規定，至遲應於中華民國八十年七月一日起失其效力，並應於此期限前修訂相關法律。本院釋字第一六六號解釋應予補充。」

34 人身保護法第6條：「凡人被控訴為犯叛逆罪，或重罪，且將其所犯罪行明白記載於押票之上者，倘該犯本人，或其代理人，曾於四季法庭每季開庭之第一個星期內，或特審法庭（Court of oyer and Termier），或大轄法庭（General Jail-Delivery）開庭之第一日，曾以口頭或書面請求提審者，則不得延至下季始行對之提起控訴。倘在該季以內，不及對之提起控訴，則皇座法庭法官，或特審法庭法官，或大轄法庭法官，得於該季之最後一日，循該犯人，或其代理人之請求，應依本法之規定准予交保。但經該管法官宣誓，不能在於本季之內獲齊證據，或不能在於同季之內予以審理完畢者，則不受上述規定之拘束。故凡犯上述罪名之罪犯，曾於四季法庭開庭之第一個星期內，或其他法庭開庭之第一日內，曾以口頭或書面請求提審者，均應在於該季以內對之提起控訴，並審判之。審判後無罪者，應即予以開釋。」本譯文引自：司法行政部編印，《各國憲法彙編》，初版，1959年1月，109頁。

求有適當管轄權之法院，發出人身保護令狀（Writ of Habeas Corpus），命令逮捕、拘禁犯罪嫌疑人之機關，於一定期間內，將該犯罪嫌疑人送交法院，由法院依法審理，以決定被逮捕或受拘禁之理由是否正當，因此，提審制度之建立與人身自由之保障乃有密切之關係。我國受歐美各國立憲體例之影響，曾先後於天壇憲草、訓政時期約法及五五憲草中明示此一制度之保障，但乃有：（一）他人無從得知逮捕之事實及機關，而無從代為聲請提審；（二）逮捕拘禁機關消極不配合，移送提審時，未有制裁效果等提審規範流於空談之缺漏。基此，為避免因此而導致人民之人身自由受到損害，制憲者於憲法第8條乃就提審程序亦予以特別規定。

依照第8條第2項前段之規定：「人民因犯罪嫌疑被逮捕拘禁時，其逮捕拘禁機關應將逮捕拘禁原因，以書面告知本人及其本人指定之親友，並至遲於二十四小時內移送該管法院審問。」司法機關或警察機關在為拘捕行為時，除應有書面告知其親友，並有告知拘捕理由及地點之義務外，並有逾24小時內移送法院審問之義務，而本條項所稱之24小時，復依司法院釋字第130號解釋之意旨：「不包括因交通障礙，或其他不可抗力之事由所生不得已之遲滯，以及在途解送等時間在內。惟其間不得有不必要之遲延，亦不適用訴訟法上關於扣除在途期間之規定。」並且，本條第2項後段：「……本人或他人亦得聲請該管法院，於二十四小時內向逮捕之機關提審。」第3項：「法院對於前項聲請，不得拒絕，並不得先令逮捕拘禁之機關查覆。逮捕拘禁之機關，對於法院之提審，不得拒絕或遲延。」亦明定有關於提審之程序。

提審法雖早在1935年6月公布（1946年3月施行），吾人得因之將其評價為「憲法保障人權之法律」[35]，國民政府也因應1947年憲法之制定、公布而於1948年4月修正、公布提審法全文10條，但此時的提審法第1條[36]，卻僅只以「非法逮捕拘禁」作為聲請提審之要件，使得制憲者就提審制度所為的「憲法保留」全無用武之地，而受到司法院釋字第392號解釋宣告違憲[37]。

---

35 許旭聖，〈修正後提審法之相關實務問題研析〉，《司法新聲》，第112期，2014年10月，24頁。

36 （舊）提審法第1條（1948年4月26日）：「人民被法院以外之任何機關非法逮捕拘禁時，其本人或他人得向逮捕拘禁地之地方法院或其所隸屬之高等法院聲請提審。」

37 司法院釋字第392號解釋：「……憲法第八條第二項僅規定：『人民因犯罪嫌疑被逮捕拘禁時，其逮捕拘禁機關應將逮捕拘禁原因，以書面告知本人及其本人指定之親友，並

　　雖然提審法於1999年12月因應上開解釋之意旨乃有所修正，不問是否係屬「非法」之逮捕拘禁皆得聲請提審，但關於「非因犯罪嫌疑被逮捕、拘禁」之情形得否聲請提審，乃因舊提審法未有相對應之規定，而產生疑義，過去的司法實務上則因此大多採取限縮解釋[38]，然而，雖然該法第2條及第3條所規範之提審制度係以「犯罪嫌疑人」為保護主體，但上述之提審法及刑法第8條第4項之「二十四小時內向逮捕拘禁之機關追究」同樣屬於即時司法救濟之範圍[39]。

　　因此，2014年1月修正公布之提審法即以此種精神出發，於第1條第1項明定：「人民被法院以外之任何機關逮捕、拘禁時，其本人或他人得向逮捕、拘禁地之地方法院聲請提審。但其他法律規定得聲請即時由法院審查者，依其規定。」除第2條第1項規定：「人民被逮捕、拘禁時，逮捕、拘禁之機關應即將逮捕、拘禁之原因、時間、地點及得依本法聲請提審之意旨，以書面告知本人及其指定之親友，至遲不得逾二十四小時。」該法第2條第2項也規定：「本人或其親友亦得請求為前項之告知。」對此，新提審法除大幅提升其適用範圍外，有關提審程序之建構[40]及人身自由之保護更趨完備。

至遲於二十四小時內移送該管法院審問。本人或他人亦得聲請該管法院，於二十四小時內向逮捕之機關提審。』並未以『非法逮捕拘禁』為聲請提審之前提要件，乃提審法第一條規定：『人民被法院以外之任何機關非法逮捕拘禁時，其本人或他人得向逮捕拘禁地之地方法院或其所隸屬之高等法院聲請提審。』以『非法逮捕拘禁』為聲請提審之條件，與憲法前開之規定有所違背。……」

38 請參照司法院，〈提審法修正總說明〉，1頁；有關批評請參照廖元豪，〈「即時司法救濟」的具體化──行政訴訟法與提審法新修規定之評析〉，《月旦法學教室》，第147期，2015年1月，68-72頁。

39 廖元豪，〈「即時司法救濟」的具體化──行政訴訟法與提審法新修規定之評析〉，《月旦法學教室》，第147期，2015年1月，頁68。

40 如第5條第1項本文：「受聲請法院，於繫屬後二十四小時內，應向逮捕、拘禁之機關發提審票，並即通知該機關之直接上級機關。」第7條第1項：「逮捕、拘禁之機關，應於收受提審票後，二十四小時內將被逮捕、拘禁人解交；如在收受提審票前已將該人移送他機關者，應即回復發提審票之法院，並即將該提審票轉送受移送之機關，由該機關於二十四小時內逕行解交；如法院自行迎提者，應立即交出。」第9條：「法院審查後，認為不應逮捕、拘禁者，應即裁定釋放；認為應予逮捕、拘禁者，以裁定駁回之，並將被逮捕、拘禁人解返原解交之機關（第1項）。前項釋放之裁定，不得聲明不服（第2項）。」

三、非法逮捕、拘禁責任之追究及冤獄賠償（刑事補償）之規定

　　憲法第8條第4項規定：「人民遭受任何機關非法逮捕拘禁時，其本人或他人得向法院聲請追究，法院不得拒絕，並應於二十四小時內向逮捕拘禁之機關追究，依法處理。」依照本條項之規定，即是受害者本人或他人得向法院聲請追究機關之非法逮捕、拘禁責任。有鑑於我國於戒嚴時期乃時常發生違法羈押而導致人身自由受有不當侵害，因而於1959年6月11日公布冤獄賠償法。

　　然而，「冤獄賠償法第二條第三款規定，因故意或重大過失行為致受羈押者，不得請求補償部分（以下稱系爭規定），就刑事訴訟法第一百零一條第一項及軍事審判法第一百零二條第一項所規定之羈押而言，並未斟酌受害人致受羈押之行為，係涉嫌實現犯罪構成要件，或係妨礙、誤導偵查審判（例如逃亡、串供、湮滅證據或虛偽自白等），亦無論受害人致受羈押行為可歸責程度之輕重及其因羈押所受損失之大小，皆一律排除全部之補償請求，並非避免補償失當或浮濫等情事所必要，不符冤獄賠償法對特定人民身體之自由，因實現刑罰權之公共利益受有干涉，構成超越一般應容忍程度之特別犧牲時，給予所規範之補償，以實現憲法保障人民身體自由及平等權之立法意旨，而與憲法第二十三條之比例原則有違[41]。」

　　而冤獄賠償法已於2011年7月6日修正公布為「刑事補償法」[42]。

第四節　正當法律程序專論

　　憲法第8條第1項在分別確定逮捕、拘禁及審問、處罰之機關後，對於「法定程序」也特別強調，亦即，要求各機關應依法定程序方得拘束人身自由[43]，就此，本條項乃分為以下二種情形：一、非經司法或警察機關依**法定**

---

[41] 司法院釋字第392號解釋理由書參照。
[42] 應將冤獄賠償法更名為刑事補償法之意見，在立法初期時即有人主張。詳參照《立法院公報》，第48卷第23期（11冊），5-6頁。
[43] 陳新民，《憲法學釋論》，三民，十一版，2022年3月，頁170。

程序，不得逮捕拘禁（憲法第8條第1項第2句）；非依法定程序之逮捕、拘禁、審問、處罰，得拒絕之（憲法第8條第1項第4句）；二、非由法院依*法定程序*，不得審問處罰（憲法第8條第1項第3句）。

憲法第8條第1項多次提及「法定程序」，乃係我國憲法所列權利清單中，唯一涉及「正當法律程序」之條文，顯示出本條所採取英美法系體制之色彩[44]。

一、正當法律程序之意義

正當法律程序（due process of law）起源於英國大憲章第39條，爾後為美國憲法修正案第5條：「非經大陪審團提起公訴，人民不受死罪或其他不名譽罪之審判，但戰時或國難時期服現役之陸海軍或國民兵所發生之案件，不在此限。同一罪案，不得令其受兩次生命或身體上之危險。不得強迫刑事罪犯自證其罪，亦**不得未經正當法律手續剝奪其生命、自由或財產**。非有公正賠償，不得將私產收為公用。」及第14條：「凡出生或歸化於美國並受其管轄之人，皆為美國及其所居之州之公民。無論何州，不得制定或執行損害美國公民特權或豁免權之法律；亦不得未經正當法律手續使任何人喪失其生命、自由或財產；並不得否定管轄區內任何人法律上平等保護之權利。」所繼受，有別於德國法的思考模式，英美乃直接在憲法文本中探尋程序保障的依據。

正當法律程序原係指審判程序之正當性，應係指行政及司法應遵守法律程序，本應無實質正當的適用，亦即，對實質立法權的限制。實質正當法律程序是指立法者所制定的法律應合理、不濫權、不逾越權限，以及使用手段與所欲達成目的間有真正及實質關聯。因此，美國法上所稱正當法律程序包括了最先的「程序上正當程序」與後來發展出來的「實質上正當程序」[45]。

---

44 陳新民，《憲法學釋論》，三民，十一版，2022年3月，170頁。
45 湯德宗，〈具體違憲審查與正當程序保障〉，《憲政時代》，第29卷第4期，2004年4月，457頁。

二、憲法第8條所稱法定程序與正當法律程序之關係

　　然而，上述所稱之「法定程序」是否即等同於英美法上之正當法律程序？在司法院釋字第384號解釋作成前，學者對此則有所爭執，但在該號解釋後有了決定性之變化。

　　在此，司法院釋字第384號解釋理由書中將我國憲法第8條中所稱之「依法定程序」實質注入了正當法律程序原則[46]之概念，其稱：「除現行犯之逮捕，由法律另定外，其他事項所定之程序，亦須以法律定之，且立法機關於制定法律時，其內容更須合於實質正當，並應符合憲法第二十三條所定之條件。……」是以，翁岳生大法官即認為：「基本上，憲法第八條完全是英美法的產物，該條所稱之法定程序與英美法之『正當法律程序』（due process of law）相同[47]。」

　　司法院釋字第384號解釋並認為：「**實質正當之法律程序，兼指實體法及程序法規定之內容，就實體法而言，如須遵守罪刑法定主義；就程序法而言**，如犯罪嫌疑人除現行犯外，其逮捕應踐行必要之司法程序、被告自白須出於自由意志、犯罪事實應依證據認定、同一行為不得重覆處罰、當事人有與證人對質或詰問證人之權利、審判與檢察之分離、審判過程以公開為原則及對裁判不服提供審級救濟等為其要者。」而司法院釋字第689號解釋亦指出：「憲法上正當法律程序原則之內涵，除要求人民權利受侵害或限制時，應有使其獲得救濟之機會與制度，亦要求立法者依據所涉基本權之種類、限制之強度及範圍、所欲追求之公共利益、決定機關之功能合適性、有無替代程序或各項可能程序成本等因素綜合考量，制定相應之法定程序。」

　　從上分析，憲法第8條與第23條乃完備了英美法所稱的正當法律程序，第8條為程序正當程序，第23條為實質正當程序。

---

46 就此，黃俊杰教授且進一步地分析：雖然免於人身自由受剝奪或限制是人身自由的本質內涵，但就「非依法定程序之逮捕、拘禁、審問、處罰」、「逮捕拘禁至遲於二十四小時內移送該管法院審問」、「審問處罰權限專屬於法院」、「人民得聲請該管法院於二十四小時內向逮捕之機關提審」等正當法律程序亦是構成人身自由本質內涵的必要措施規定。詳參照黃俊杰，《弱勢人權保障》，傳文文化，1998年4月，28-29頁。

47 翁岳生，〈大法官關於人身自由保障的解釋〉，《月旦法學雜誌》，第15期，1996年8月，93頁。

三、正當法律程序概念的擴充

　　如前所述，「人民身體之自由應予保障，非經司法或員警機關依法定程序，不得逮捕拘禁。非由法院依法定程序，不得審問處罰」所指之法定程序，應是指逮捕、拘禁、審問、處罰之法定程序，並非指所有非人身自由限制之正當法律程序。

　　除刑事訴訟法上，我國仍存在一些警察法有關之逮捕拘禁，如早期之違警罰法以及修正後之社會秩序維護法第42條強制到場之傳喚規定，司法院釋字第384號解釋之檢肅流氓條例強制到案等。司法院釋字第535號對警察臨檢之解釋，顯然也與憲法第8條所稱逮捕拘禁之法定程序較無關聯，司法院釋字第396號（公務員懲戒法）、司法院釋字第491號（公務人員考績法）解釋之正當法律程序，也與憲法第8條之法定程序無關，在此，大法官明顯有意擴充至正當法律程序之適用範圍。

　　總之，大法官將「法定程序」擴張解釋為「正當法律程序」，程序在形式上應以「法律」定之（程序正當），內容上則需「實質正當」，始合乎憲法第23條之要件。至於何謂「實質正當」，司法院釋字第384號解釋例示了數項要求，如「強制到案應踐行司法程序，不得由警察逕行為之」、「與證人對質詰問之權利」、「比例原則」。而司法院釋字第582號、第789號解釋則再次重申「與證人對質詰問之權利」。「正當法律程序」成為檢驗人身自由限制措施之底線。

　　憲法第8條所述之「二十四小時」，依據司法院釋字第392號解釋之意旨，指「客觀上確得為偵查之進行」的時間而言，可扣除「法定障礙事由」。24小時內應移送之「法院」僅限於狹義之審判法院，而不包括檢察官在內。因此，舊刑事訴訟法規定檢察官有羈押權之規定，於司法院釋字第392號解釋被宣告違憲。

　　除此之外，大法官一再將「正當法律程序」的概念擴及於其他之程序，如司法院釋字第384號之檢肅流氓條例、釋字第491號人事決定之程序，以及釋字第588號管收之解釋等行政程序也適用在所謂的正當法律程序中，最近則先後在司法院釋字第690號（強制隔離）、釋字第708號（暫時收容）及釋字第709號（都更條例）解釋中適用。

✎ 選擇題練習

❶　甲半夜在公園中攜帶鋼剪閒逛，巡邏警察認為甲行跡可疑，乃上前臨檢要甲拿出身分證明，甲表示未帶證件並拒絕告知姓名，警察要甲一同到警察局但遭甲拒絕，警察乃強制將甲帶回警察局盤查身分。下列敘述何者正確[48]？

(A) 警察係依法執行職務，甲不配合係妨礙公務，故警察得逮捕甲

(B) 警察得臨檢甲，因甲不配合且身分不明，警察得逕行強制將甲帶回警察局盤查身分

(C) 甲並無犯罪嫌疑亦非現行犯，故警察不得臨檢、盤查並要求甲至警察局，故警察之行為違法

(D) 警察得臨檢甲，甲不配合，警察須獲得警察局長官許可後，始得強制將甲帶回警察局，故警察之行為違法　　　　　　　　　【100司法官】

❷　承上題，關於強制帶回警察局盤查身分，下列敘述何者正確[49]？

(A) 若甲之身分已經查明，雖警察發現其有犯罪前科，仍應立即任其離去

(B) 若甲認為警察強制將其帶回警察局之行為違法，得向管轄法院請求提審

(C) 甲之身分雖經查明，若警察發現其有犯罪前科，仍得留置甲繼續調查，但不得逾24小時

(D) 若甲認為警察強制將其帶回警察局之行為違法，得向管轄檢察機關請求提審　　　　　　　　　【100司法官】

---

48 (B)，參照司法院釋字第535號解釋。
49 (A、B)，參照司法院釋字第535號解釋。

3 設若某甲在鄉里常白吃白喝，素行不良；導致鄉民某乙因不堪其擾而向警局檢舉甲之惡行。請問警察可否將甲強押至警局，並裁決將甲拘留於警局一週，以免甲繼續爲危害鄉里[50]？

(A) 如果有命令爲依據，即可

(B) 只要有法律或由法律明確授權的命令爲依據，即可

(C) 如果有法律爲依據，始可

(D) 不論有無法律或命令爲依據，皆不可　　　　　　　　　　【100律師】

4 承上題，如欲強制甲進入勞動教育處所與接受強制勞動訓練，以矯正甲之行爲，該決定應由何人作成[51]？

(A) 警察局局長

(B) 內政部部長

(C) 檢察官

(D) 法官　　　　　　　　　　　　　　　　　　　　　　　【100律師】

5 財政部以甲欠稅爲由，限制其出境。請問上開決定限制甲的何種基本權[52]？

(A) 遷徙自由

(B) 人身自由

(C) 財產權

(D) 平等權　　　　　　　　　　　　　　　　　　　　　　【101律師】

---

50 (D)，參照司法院釋字第588號解釋。

51 (D)，參照憲法第8條第1項。

52 (A)，參照司法院釋字第443號解釋。

6 司法院大法官解釋有關傳染病防治法中強制隔離措施之見解，下列敘述何者錯誤[53]？

(A) 疫情之防治貴在迅速採行正確措施，得由專業主管機關進行強制隔離

(B) 專業主管機關基於醫療與公共衛生之知識，透過嚴謹之組織與程序，能確保強制隔離之正確性

(C) 受令遷入指定處所之人民，如不服主管機關之處分，仍得依法請求救濟，與憲法第8條正當法律程序意旨無違

(D) 強制隔離雖與刑事處罰之本質不同，仍應踐行相同程序保障

【108司律】

7 依司法院大法官解釋意旨，關於外國人之暫時收容，下列敘述何者錯誤[54]？

(A) 對外國人之暫時收容處分，須由法院事前為之

(B) 憲法第8條所稱法定程序，及於暫時收容之非刑事程序

(C) 外國人之人身自由亦受憲法之保障

(D) 主管機關依法於合理作業期間內暫時收容外國人，非憲法所不許

【110司律】

8 中央流行疫情指揮中心公布航空公司機組人員防疫旅館隔離之相關規定，主要涉及下列何種基本權利之限制[55]？

(A) 人身自由

(B) 居住自由

(C) 職業自由

(D) 人格發展自由

【112司律】

---

53 (D)，參照司法院釋字第690號解釋。
54 (A)，參照司法院釋字第708號解釋。
55 (A)，參照司法院釋字第690號解釋。

第四章　人民不受軍法審判權

第一節　概念及概念之解釋

　　各國早期的軍事審判制度未臻嚴謹，如公開審判制度、選任辯護人及救濟程序之欠缺，對人民權利之保障乃有影響[1]。因此，在近代國家之憲法中大多明定僅法院得為人民之審判及處罰事項，換言之，除普通法院外，不得由特別法院或機關為人民之審問及處罰，此即吾人所稱之司法一元主義。我國制憲者亦因防止軍人利用軍事審判制度，而不當侵害人民之權利，乃於憲法第9條規定：「人民除現役軍人外，不受軍事審判。」與第8條共同形成人身自由的保障內涵[2]。現役軍人戰時犯陸海空軍刑法或其特別法之罪，依本法追訴、處罰。

一、現役軍人

　　軍事審判法依照本條之意旨乃於第1條第3項重申：「非現役軍人不受軍事審判。」此外，在早期有冒名代替他人服兵役之情形，此情形是否仍被認定其具有軍人身分？對此，司法院釋字第50號解釋乃採否定見解，大法官認為：「頂替他人姓名而服兵役，係以屬違法行為，自難認其有軍人身分。本院院字第二六八四號解釋，仍應予維持。」

　　司法院釋字第272號解釋即稱：「人民除現役軍人外，不受軍事審判，憲法第九條定有明文。戒嚴法第八條、第九條規定，非現役軍人得由軍事機關審判，則為憲法承認戒嚴制度而生之例外情形。」而承認戒嚴時期為特別允許之例外情形。

1　林紀東，《中華民國憲法逐條釋義（一）》，三民，修訂再版，1985年9月，132-133頁。
2　李麒，《案例憲法導讀》，新學林，2013年9月，125頁。

二、軍事審判制度

在過去戒嚴時期與動員戡亂時期，毫無疑問，當時所謂的軍事審判是指由軍事法院所主導之審判制度，但司法院釋字第436號解釋稱：「至軍事審判之建制，憲法未設明文規定，雖得以法律定之，惟軍事審判機關所行使者，亦屬國家刑罰權之一種，其發動與運作，必須符合正當法律程序之最低要求，包括獨立、公正之審判機關與程序，並不得違背憲法第七十七條、第八十條等有關司法權建制之憲政原理；規定軍事審判程序之法律涉及軍人權利之限制者，亦應遵守憲法第二十三條之比例原則。」本號解釋即指出，軍事審判之建制，憲法雖未設明文規定，得以法律定之，屬立法裁量權，可以由軍方為之，也可以回歸普通法院。但陳新民大法官在司法院釋字第704號解釋不同意見書提出建議，廢止軍事審判制度以適世界潮流，將軍事審判制度回歸司法院。

第二節　人民接受軍事審判之法源依據

一、一般審判權及軍事審判權之區分

依照憲法第9條「人民除現役軍人外，不受軍事審判」之規定，雖然業已明文揭示人民不受軍事審判之憲法原則，然而，此種以反面語句為規定型態之條文，是否認為：現役軍人如有犯罪，則應即以軍事審判程序審理其犯罪[3]？亦即是，有關軍人犯罪之審判是否專屬於軍事審判機關（軍事法院）？乃有爭執。不過，自前揭條文之文義而言，仍間接肯認軍事審判存在之合憲性，與傳統司法一元主義下，除普通法院外禁止設立特別法院為軍事審判事務之精神有其區別[4]。就此，針對現役軍人犯罪所為之追訴、處罰，甚至是軍事審判事務，應另行創設軍事審判機關，抑或者係劃歸由普通法院

3　許恒達，〈軍事審判制度的回顧與展望〉，《月旦法學雜誌》，第224期，2014年1月，114頁。
4　林紀東，《中華民國憲法逐條釋義（一）》，三民，修訂再版，1985年9月，135頁；蔡墩銘，〈軍事審判與一般審判之關係〉，《月旦法學雜誌》，第35期，1998年4月，28頁。

審理雖屬立法者之形成自由，但軍事審判之程序乃屬國家刑罰權之實施，是以，軍事審判程序之建制仍須符合正當法律程序及比例原則之要求[5]。

二、軍事審判之性質仍屬司法權

司法院釋字第436號解釋指出：「憲法第九條規定：『**人民除現役軍人外，不受軍事審判**』，乃因現役軍人負有保衛國家之特別義務，基於國家安全與軍事需要，對其犯罪行為得設軍事審判之特別訴訟程序，非謂軍事審判機關對於軍人之犯罪有專屬之審判權。至軍事審判之建制，憲法未設明文規定，雖得以法律定之，惟軍事審判機關所行使者，亦屬國家刑罰權之一種，其發動與運作，必須符合正當法律程序之最低要求，包括獨立、公正之審判機關與程序，並不得違背憲法第七十七條、第八十條等有關司法權建制之憲政原理；規定軍事審判程序之法律涉及軍人權利之限制者，亦應遵守憲法第二十三條之比例原則。」

然則本號解釋並未言明軍事審判之專屬機關，該號解釋稱：軍事審判之建制，憲法未設明文規定，得以法律定之，亦即，立法者得立法決定軍事審判之建制與歸屬，而目前軍事審判法之修正將軍事審判歸屬一般法院管轄，即屬之。並且，本號解釋亦強調軍事審判之正當法律程序，須符合司法權之行使，且允許人民向普通法院提起救濟。

而司法院釋字第704號解釋理由書亦曾表示：「按軍事審判機關所行使者，屬國家刑罰權之一種，具司法權之性質。其審判權之發動與運作應符合正當法律程序之最低要求，包括獨立、公正之審判機關與程序，並不得違背憲法第八十條等有關司法權建制之憲政原理（本院釋字第四三六號解釋參照）。次按職司審判者固不以終身職為必要（本院釋字第六○一號解釋參照），然如同法官身分之保障與一般公務員不同，軍事審判官身分之保障亦應有別於一般軍官。為確保職司審判之軍事審判官唯本良知及其對法律之確信獨立行使審判職權，使受軍事審判之現役軍人能獲獨立、公正審判之憲法第十六條所保障之訴訟權得以實現，軍事審判官非受刑事或懲戒處分、監護宣告或有與受刑事或懲戒處分或監護宣告相當程度之法定原因，並經正當法

5　司法院釋字第436號解釋參照。

律程序，不得免職；非依法律，不得停職、轉任或減俸。此亦為司法權建制原理之重要內涵。……系爭規定一關於後備役軍官志願入營服役期滿而志願繼續服現役者，應經上開核准程序之規定，適用於軍事審判官部分，以及系爭規定二關於服現役期滿予以解除召集之規定，適用於上開情形部分，與司法權建制之審判獨立憲政原理及憲法第十六條保障人民訴訟權之意旨不符，應自本解釋公布之日起至遲於屆滿二年時，對於軍事審判官不予適用。為保障軍事審判官之身分，有關機關應於上開期限內，依本解釋意旨，修正相關法律，明定適用於軍事審判官志願留營之甄選標準及應遵循之正當法律程序。」

　　大法官在本號解釋中，重申軍事審判機關所行使者，屬國家刑罰權之一種，具司法權之性質，應符合正當法律程序之最低要求，包括獨立、公正之審判機關與程序，並不得違背憲法第80條等有關司法權建制之憲政原理之本旨。此外，新增部分則是軍法官身分之保障，為確保職司審判之軍事審判官唯本良知及其對法律之確信獨立行使審判職權，使受軍事審判之現役軍人能獲獨立、公正審判之憲法第16條所保障之訴訟權得以實現，軍事審判官非受刑事或懲戒處分、監護宣告或有與受刑事或懲戒處分或監護宣告相當程度之法定原因，並經正當法律程序，不得免職；非依法律，不得停職、轉任或減俸，此亦為司法權建制原理之重要內涵。然而，本號解釋之源起，於2013年7月之洪仲丘案則未見有所說明[6]。多數學者認為軍事審判應回歸一般司法審判，而最近軍事審判法也針對此加以修正。

三、戒嚴法規範非現役軍人接受軍事審判之例外

　　在憲法第9條規定之反面解釋下，雖現役軍人犯罪得受軍事審判，惟按司法院釋字第272號解釋：「人民除現役軍人外，不受軍事審判，憲法第九條定有明文。戒嚴法第八條、第九條規定，非現役軍人得由軍事機關審判，則為憲法承認戒嚴制度而生之例外情形。」之意旨，依戒嚴法第8條規定，戒嚴時期，接戰地域內關於第1項所列刑法上各罪，軍事機關得自行審判或

6　有關本案解釋後續爭議問題之說明，可參照胡博硯，〈「軍審法」將復辟？〉，《月旦法學教室》，第136期，2014年2月，67-69頁。

交法院審判之；另第9條規定，戒嚴時期，接戰地域內無法院或與其管轄法院交通斷絕時，其刑事及民事案件均得由該地軍事機關審判之。均顯示，此乃因戒嚴時期所生之特別審判制度，以因應國家遭逢緊急之狀態。

　　有批評者認為，戒嚴法第8條第1項規定：「戒嚴時期接戰地域內，關於刑法上左列各罪，軍事機關得自行審判或交法院審判之。」其中包括內亂罪、外患罪、妨害秩序罪、公共危險罪、殺人罪、妨害自由罪等共計十種罪名，還有各種特別刑法也都算在內。**一旦宣布戒嚴後，一般人民觸犯上述法律，都將交由軍法審判。**大法官在司法院釋字第272號解釋中，已經將戒嚴法擴張軍事審判的適用範圍，予以合憲化，認為這是「憲法承認戒嚴制度而生之例外情形」，並認為一般人民在戒嚴時期受軍法審判，在解嚴後不得再上訴或抗告。本號解釋（1991年1月18日）之作成，處在動員戡亂時期，仍受到戒嚴時期陰影之影響。本書認為，戒嚴時期之特別規定，在法制時代思考應予修正，不應再將人民列入軍事審判之範圍，否則恐有違憲法第9條之規定。

第三節　軍事審判之管轄

一、地區制軍事法院

　　程序法依照軍事審判法，實體法依照陸海空軍刑法及其特別法。

　　因應司法院釋字第436號解釋軍事審判法為現役軍人涉及相關犯罪案件之刑事特別程序，須由法律定之且必須符合民主人權之保障與程序正義，其刑罰權發動亦為中華民國之司法權，以及修正軍事審判法將軍事審判機關從軍事機關下改為地區制，不再隸屬部隊，參照修正軍事審判法之規定，由國防部於各地區設置地方、高等、最高三級軍事法院，成編於1999年（民國88年10月），獨立行使審判，亦明定軍事法院及軍事法院檢察署各自獨立行使職權，屬行審檢分立。縱然如此，軍事審判法讓最高法院在部分案件有終審權，但事實審還是在軍法手中。若事實調查不清甚至是錯誤，最高法院僅負責法律審，於事無補。此種情形，2014年6月4日修正公布軍事審判法第1條規定：「現役軍人戰時犯陸海空軍刑法或其特別法之罪，依本法追訴、處

罰（第1項）。現役軍人非戰時犯下列之罪者，依刑事訴訟法追訴、處罰：
一、陸海空軍刑法第四十四條至第四十六條及第七十六條第一項。二、前
款以外陸海空軍刑法或其特別法之罪（第2項）。非現役軍人不受軍事審判
（第3項）。」已將原來軍事審判之事實審凍結，現役軍人非戰時犯所列之
罪者，依刑事訴訟法追訴、處罰。

　　近年釋憲實務的見解認為，軍事審判之事實審認定錯誤，亦得向普通
法院上訴救濟，憲法法庭112年憲判字第6號判決稱：「軍事審判法之規範，
涉及具軍人身分之人民之身體自由、訴訟權，由軍事法院依軍事審判法規定
行軍事審判，應屬特別之訴訟程序。是就針對共同正犯中之軍人部分行此一
特別程序，與另由屬不同法院體系之普通法院針對共同正犯中之非軍人部分
依刑事訴訟法規定審判之程序，除就軍事法院判決違背法令部分，得循上
訴普通法院途徑救濟（系爭解釋及軍事審判法第181條規定參照）外，二者
間，就主要之證據相同而有無犯罪之事實認定如不相侔，受有罪確定判決之
軍人亦應有救濟途徑，且其救濟途徑應符憲法正當法律程序原則公平審判之
要求。」亦即，軍事審判法第181條第5項僅承認受軍事審判之被告得以「判
決違背法令為由，上訴於高等法院（普通法院）」，但否定被告得以「事實
認定錯誤」為由上訴。大法官認為，在共同正犯發生犯罪的情形，若發生普
通法院與軍事法院在犯罪事實認定產生歧異時，應賦予受有罪確定判決之軍
人，得向有管轄權之普通法院聲請再審。

二、地方法院設立軍事專庭

（一）承平時期（非戰爭或叛亂期間）

　　按程序法依照刑事訴訟法，實體法依照刑法原則。我國軍事審判法於
2013年8月13日修正後，第1條第1項、第2項規定：「現役軍人戰時犯陸海空
軍刑法或其特別法之罪，依本法追訴、處罰。」「現役軍人非戰時犯下列之
罪者，依刑事訴訟法追訴、處罰：一、陸海空軍刑法第四十四條至第四十六
條及第七十六條第一項。二、前款以外陸海空軍刑法或其特別法之罪。」該
條文之修正，其中第2項第2款至2014年1月13日始生效，而第1款所規定之陸
海空軍刑法「凌虐部屬罪」、「不應懲罰而懲罰罪」及「阻撓部屬陳情罪」

等罪名，則自軍事審判法修正公布之日起即生效、適用，回歸普通法院審判系統進行審理。

　　為因應上開審理系統轉換的變革，司法院特別於2013年8月13日以院台廳司字第10200215446號函要求法院應設立軍事專業法庭或專股，以職司軍事案件之審理，該函即清楚表明：「高等法院及其分院，暨所屬各地方法院應於2013年8月15日前成立軍事專業法庭（股）及選出承辦法官，其庭（股）數為一庭（股）至三庭（股）；承辦該專庭（股）之法官資格為實任、試署法官或候補法官滿2年以上，性別不拘，並於選出後陳報本院。」其後軍事案件不僅將於2014年1月13日以後全面回歸司法審判系統，且法院將設專庭（股）進行審理。

（二）戰爭或叛亂時期

　　程序法依照軍事審判法，實體法依照陸海空軍刑法及其特別法。依照軍事審判法第7條之規定：「本法稱戰時者，謂抵禦侵略而由總統依憲法宣告作戰之期間。戰爭或叛亂發生而宣告戒嚴之期間，視同戰時。」

　　我國軍事審判法於2013年8月13日修正後，僅規定現役軍人於「非戰時之期間」，若觸犯「陸海空軍刑法」之凌虐部屬罪，或以強暴、脅迫、恐嚇或其他不正當方法阻撓部屬請願等，以及違犯殺人、妨害性自主等罪者，移至普通司法機關追訴、處罰。凌虐部屬罪、不應懲罰而懲罰罪、阻撓部屬陳情罪等軍刑事案件，自軍事審判法修法公告後，非戰時之期間即從軍法機關移轉至普通司法機關追訴處罰，至於其他刑事案件將於公告後5個月後（即2014年1月13日）施行。

　　故，戰時之期間，現役軍人若觸犯「陸海空軍刑法及其特別法」之案件，則回歸軍事法院進行軍事審判。

✏ 選擇題練習

1　依司法院大法官解釋意旨，有關軍事審判，下列敘述何者正確[7]？

(A) 依憲法規定，軍事審判機關對軍人犯罪有專屬審判權

(B) 軍事審判之建制及訴訟程序，憲法已設有明文規定

(C) 軍事審判機關所行使者，雖屬國家刑罰權，但不具司法權之性質

(D) 本於憲法之意旨，應就軍事審判制度依平時與戰時分別規範

【110司律】

7　(D)，參照司法院釋字第436號解釋。

第五章　居住遷徙自由

第一節　概念

　　憲法第10條規定「人民有居住及遷徙之自由」。關於憲法所保障居住及遷徙自由之意義，應是極為廣泛的。第一，居住及遷徙自由具有作為經濟自由之意義。由於資本主義經濟在欠缺人與物之自由流動下即無由成立，故保障人之移動的居住與遷徙自由，是資本主義經濟自由之必要基礎，亦對職業與工作選擇與發展有密切關係；第二，作為「人身自由」廣義概念之一種行動自由權。人身自由不僅是消極不受拘束，亦包含隨心所欲之移動自由，其亦係人身自由的本質部分，故「移動」自由應是「人身」自由所延伸的行動自由權，受憲法第22條之「概括基本權」所保障；第三，「移動」自由亦與「表現」自由有密切關聯。只要限制人之移動，即能壓制人的面對面之意思傳達；第四，居住、遷徙自由具有藉由擴大人之活動領域，賦予人自由往來之機會，有助於個人人格形成之意義。

　　此外，移民署所管轄之事務，牽涉了憲法上有關人民出入境的自由，亦即涉及憲法第10條「人民有居住及遷徙之自由」，此種自由的限制應以法律限制之。司法院釋字第345號、第443號、第454號解釋一再強調，居住及遷徙自由權是憲法保障之基本權利，僅得以法律限制之。然早期我國對出入境管制，係透過非行政機關，並以行政命令而非法律為之等不合法之情形。故過去在戒嚴之非常時期下，**國民出入國之自由可由行政機關以行政命令加以管制，即不合法律保留原則之要求**[1]。

　　換言之，對人民入出境自由管制涉及憲法第10條「居住遷徙自由」之基

---

[1] 司法院釋字第443號解釋，即針對內政部訂定的「役男出境處理辦法」第8條所規定的限制事由，限制役男出境係對人民居住遷徙自由之重大限制，兵役法及兵役施行細則均未設規定，亦未明確授權之命令定之，因此，該法欠缺法律授權之依據，與前開憲法意旨（第23條）不符；一直到入出國及移民法公布實施前一年，司法院釋字第454號解釋仍針對無法律授權的行政命令「國人入境短期停留長期居留及戶籍登記作業要點」相關規定提出質疑。因此，前述兩號解釋，均認為出入境管制，涉及人民基本權利，應以法律或法律授權為之。

本人權，若有必要予以干預、限制或剝奪，必須考量其必要性，並以法律為之[2]，始符合民主法治國之人權保障之要求，亦即須符合法治國原則之要求。臺灣在動員戡亂時期對於國民之出入境管制，就法令部分在國家安全法制定前，對於國人的管制都以行政命令制定之，不符合法律保留原則的規定。

　　如臺灣在1948年3月1日頒布「臺灣省出入境旅客登記暫行辦法」；1949年2月10日公布「臺灣省准許入境軍公人員及旅客暫行辦法」，實施入出境管制；1947年1月15日行政院台46內字第0281號核定，1950年修訂「戡亂時期臺灣地區入境出境管理辦法」、「國軍人員及其親屬入境出境辦法」、「戡亂時期臺灣地區特許入境出境規則」、「戡亂時期港口機場旅客入境出境查驗辦法」等是。

第二節　居住自由及遷徙自由之保護內涵

一、居住自由

　　憲法第10條所保障之居住自由，乃包含有二層意義：其一係指人民有暫時或長期停留某地，以及設定居住場所之自由；其二則是指人民有於居住場所享有安寧空間之自由，不受國家公權力之侵入或干涉[3]，此即英美法諺所謂「家宅即城堡」（everyone's house is his own castle）精神之體現，基此，人民所設定之住居所應屬個人生活上最為私密的場所[4]，非法侵入住居或為搜索、扣押，等同於係干涉人民在空間上或物理上之隱私權保障[5]，因此，論者一般認為居住自由是靜態的權利。至於應以何種標準來認定居住自由之保護領域？學者嘗試以客觀上於某一空間「有居住之事實」及須有將該空間設定為「供作居住目的」之主觀意思而言[6]，因此，除一般的家宅、公寓

---

2 司法院釋字第345號、第443號、第454號解釋皆肯定遷徙自由權是憲法保障之基本權利，於符合憲法第23條規定，始得限制之。
3 董保城、法治斌，《憲法新論》，元照，八版，2021年9月，292頁。
4 詹鎮榮，〈居住自由〉，《法學講座》，第30期，2004年11月，14頁。
5 法治斌、董保城，《憲法新論》，元照，六版，2014年9月，220頁。
6 詹鎮榮，〈居住自由〉，《法學講座》，第30期，2004年11月，15-17頁。

外，露營車、遊艇、旅館房間等均屬居住自由所保障之範圍。大法官並曾於司法院釋字第443號解釋中指出：「憲法第十條規定人民有居住之自由，旨在保障人民有選擇其居住處所，營私人生活不受干預之自由[7]。」依上開解釋之意旨，居住自由亦屬於典型之「防禦權」。

　　而因為2012年初之士林文林苑爭議，所涉及的都市更新條例之都市更新事業概要及審核程序規定，乃為各界所關注。大法官對此於司法院釋字第709號解釋理由書中援引經社文公約第11條第1款之「適足居住權」指出：「都市更新為都市計畫之一環，乃用以促進都市土地有計畫之再開發利用，復甦都市機能，改善居住環境，增進公共利益。都市更新條例即為此目的而制定，除具有使人民得享有安全、和平與尊嚴之適足居住環境之意義（經濟社會文化權利國際公約第十一條第一項規定參照）外，並作為限制財產權與居住自由之法律依據。」就此而言，居住自由除免為國家干預之防禦權性質外，已兼及有請求國家改善居住環境之受益權特性[8]。

二、遷徙自由

（一）遷徙自由之意義

　　「遷徙自由」乃係近代所發展的新興基本權。封建時代的君主為保持國力，禁止人民任意自由行動，以免降低對人民的「支配力」；有時則會為了安全或經濟等理由，強迫人民遷徙，例如秦始皇統16國後，逼迫全國富商遷居咸陽，或是清朝康熙年間為免於福建沿海居民與臺灣鄭成功政權之接濟，乃頒布遷界禁海令強制居民內遷等是[9]，凡此種種，皆為國家控制人民之表現。而臺灣發展史上，執政者限制人民之居住、遷徙自由以遂行其統治目的者，亦不少見，如：日治時期之總督府透過警察機關所執行的戶口普查制度及保甲制度，直接對於臺灣當時家戶及個人資訊進行全面性之掌握[10]。在封

7　司法院釋字第709號解釋中亦重申此意旨。
8　請參照許育典，〈從釋字第709號評析都更案正當程序的憲法爭議：針對「選擇性依法行政」的個案反思〉，《月旦裁判時報》，第23期，2013年10月，80頁。
9　許育典，《憲法》，元照，初版，2006年10月，199頁。
10　林宗弘、曾惠君，〈戶口的政治：中國大陸與台灣戶籍制度之歷史比較〉，《中國大陸研究》，第57卷第1期，2014年3月，44頁。

建制度瓦解、民主國家興起後，遷徙自由乃逐漸受到重視與保障[11]，而遷徙自由也具有經濟自由的內涵，其中尤其是職業選擇自由、職業實施自由，例如往返兩地或甚至設置營業所於國外的職業實施等行為。

　　我國憲法第10條乃規定：「人民有居住遷徙之自由。」其中，遷徙自由是包括不受限制的旅行自由、入出國境，包括動態之要素[12]。亦即是指人民有得依個人意願自由遷徙或旅居各地之權利[13]。因此，遷徙自由之內涵上，乃屬所謂之「防禦權」，亦即國家不得任意予以干涉。而1948年聯合國世界人權宣言第13條規定，除在第1項強調「人人在各國境內有權自由遷徙和居住」外，更在同條第2項進一步明定：「人人有權離開任何國家，包括其本國在內，並有權返回他的國家。」公民與政治權利國際公約第12條第2款亦明定：「人人應有自由離去任何國家，連其本國在內。」並於第3款指出：「上列權利不得限制，但法律所規定、保護國家安全、公共秩序、公共衛生或風化、或他人權利與自由所必要，且與本公約所確認之其他權利不牴觸之限制，不在此限。」乃為遷徙自由下了最佳界定。

　　然而，臺灣在1949年後的國民黨威權統治時期，仍大多以國家之治安需要為目的，延續以排除一切危害為取向之警察制度設計，其中乃包括「戶警合一」之人口管理政策[14]，對於國境內的人口流動有所監控，此外，在國家安全法制定前，對於本國人及外國人之出入境亦大多透過行政命令之作成予以限制，直到1987年7月解除戒嚴[15]、1991年5月1日廢止動員戡亂時期臨時條款後，人民之遷徙自由才逐漸回復其應有程度之保障，但因國家安全

---

11 法治斌、董保城，《憲法新論》，元照，六版，2014年9月，222頁；蔡震榮，〈入出境管制與人民居住遷徙的自由〉，收錄於林山田教授紀念論文集編輯委員會編，《刑與思：林山田教授紀念論文集》，元照，2008年11月，642頁。

12 *K. Hailbronner*, Freizügigkeit, in: Handbuch des Staatsrechts, Hrsg. Isensee/Kirchhof, 1989, §131, Rn. 22。並參見司法院釋字第454號、第558號解釋。

13 司法院釋字第443號、第710號解釋理由書參照。

14 關於此點，得自1943年6月15日所制定、公布之警察法第9條第7款規定之「警察依法行使左列職權：……七、有關警察業務之保安、正俗、交通、衛生、消防、救災、營業建築、市容整理、戶口查察、外事處理等事項」看出端倪。有關之論述，蔡震榮，〈警察概念之變遷〉，收錄於蔡震榮主編，《警察法總論》，一品，二版，2012年6月，33頁。

15 參照戒嚴法第11條第5款：「戒嚴地域內，最高司令官有執行左列事項之權：……五、得檢查出入境內之船舶車輛航空機及其他通信交通工具，必要時得停止其交通，并得遮斷其主要道路及航線。」

法之存在，對居住遷徙仍有若干之限制。1987年7月1日總統公布動員戡亂時期國家安全法，其中第3條是有關國民入出境之規定，這是對於國人入出境管制，首次制定「法律」代替「行政命令」規定。而司法院釋字第265號解釋，也針對國家安全法第3條第2項第2款規定有無違憲提出解釋，針對當時國家尚處於動員勘亂時期，而認為該條規定尚與憲法並無牴觸[16]。惟1991年5月1日總統宣告動員戡亂時期終止，因此本號解釋亦受到動員戡亂時期的影響，從而大法官也考慮此種未在自由地區居住一定期間，得不予許可入境之限制，應隨情勢發展之需要，檢討修正[17]。

（二）遷徙自由之分類

　　遷徙自由包含**積極地任意移居或旅行的權利**和**消極地免於受強迫遷徙的自由**，與人身自由僅屬身體行動自由而不涉及居停留處所間移動的概念不同[18]。**積極地任意移居或旅行的權利**，是指人民不須事先申請許可，即可依自由意志任往何方，包括旅行、入出國境之自由、使用各種交通工具的行動自由，以及實質設立戶籍之自由；**消極地免於受強迫遷徙的自由**，則是指任何人得消極抵抗無法律依據之違反其意志之移動措施，包括住居所不受非法入侵之自由，公權力主體無法律依據不得搜索人身或住處，更不得無故封錮居住所之自由[19]。

　　也有學者將遷徙自由區分為**廣義的遷徙自由**及**狹義的遷徙自由**。**廣義的遷徙自由**是指人民概括地享有自由行動的權利，可以在國內自由行動，不問其動機與目的；**狹義的遷徙自由**則是指選擇居住地的自由，又稱遷居自由。

---

16 1987年的國家安全法仍然冠上「動員戡亂時期」的字眼，動員戡亂時期終止是由李總統在1991年4月30日於總統府介壽堂舉行記者會時發布，宣告動員戡亂時期將於1991年5月1日零時終止，才將「動員戡亂時期」的字眼刪除，而本號解釋是在1990年10月5日作出，尚屬於動員戡亂時期。

17 參照司法院釋字第265號解釋之後段。

18 吳庚、陳淳文（吳庚執筆部分），《憲法理論與政府體制》，三民，初版，2013年9月，186頁。

19 李惠宗，《憲法要義》，元照，九版，2022年9月，Rn. 0803。

第三節　居住及遷徙自由之限制

　　居住及遷徙自由之限制屬對人民基本權之限制，必須符合憲法第23條所定必要之程度，並以法律定之。亦即，在立法者之立法裁量上，依照我國憲法第23條之規定，除須適用法律保留原則外，就人民居住遷徙自由所為之限制，尚須符合必要程度，亦即比例原則之適用。

一、居住自由之限制

　　對於人民所設定住居所之干預及介入，毋寧是對於人民物理上空間之私領域所為之侵害或限制。

（一）刑事搜索

　　刑事訴訟法第122條：「對於被告或犯罪嫌疑人之身體、物件、電磁紀錄及住宅或其他處所，必要時得搜索之（第1項）。對於第三人之身體、物件、電磁紀錄及住宅或其他處所，以有相當理由可信為被告或犯罪嫌疑人或應扣押之物或電磁紀錄存在時為限，得搜索之（第2項）。」本條規定之搜索，尤其是對物之搜索，乃包括一切之動產及不動產，若對住宅或其他處所為刑事搜索即對人民之居住自由產生影響[20]。是以，為避免人民之居住自由受到不當侵害，搜索之發動除須滿足特定之要件外，刑事訴訟法第128條第1項並有須經法院核發搜索票之規定，此即刑事搜索之令狀原則。

（二）行政調查

　　所謂行政調查，係指行政機關為達某些特定目的，因調查資料或證據之必要，所採取之資料蒐集、進入場所檢查、抽（採）樣或盤查等措施之整體，而「行政檢查」及「蒐集資料」[21]。行政調查除涉及人別之質問外，尚兼及有處所之進入、檢查及調查等涉及人民居住自由之措施[22]，依司法院釋

---

20 吳信華，《憲法釋論》，三民，2011年9月，272頁。
21 蔡震榮、周慶東共同主持，〈行政罰法調查程序之比較研究〉，行政院國家科學委員會專題研究計畫（期末報告），2013年11月2日，4頁。
22 蔡震榮、周慶東共同主持，〈行政罰法調查程序之比較研究〉，行政院國家科學委員會

字第535號解釋意旨，如欲進入住宅或其他為私人居住之空間或處所實施行政檢查者，其要件必須嚴格界定，應限於該住宅已發生危害，或依客觀、合理判斷易生危害者。基此，於2003年6月制定公布之警察職權行使法第8條亦重申其旨。至於營業場所或工廠等處，是否亦以同等標準看待？對此，本書認為若係對於營業場所之檢查，有對外營業之需求，其私密性的保障要求並不強烈，故在有法律授權下，為達成調查目的之必要進入營業場所檢查，應得直接為之，此如食品法規（如食品安全衛生管理法）、環保法規（水污染防治法）、水權法規（水利法）等是[23]。

二、遷徙自由之限制

　　對於人民遷徙自由之限制部分，由於我國憲法並無類似德國基本法第11條對於限制遷徙自由設有特定要件之規定[24]，因此，在此情形下，對於居住及遷徙自由之限制，是屬所謂的概括授權之限制，亦即，立法者得就具體事實判斷，決定是否有必要或如何限制之裁量決定。此如司法院釋字第443號解釋所稱：「憲法第十條規定人民有居住及遷徙之自由，旨在保障人民有任意移居或旅行各地之權利。若欲對人民之自由權利加以限制，必須符合憲法第二十三條所定必要之程度，並以法律定之或經立法機關明確授權由行政機關以命令訂定。」

　　國家對遷徙自由的限制，可分為**國內遷徙自由之限制**與**國外遷徙自由之限制**，分析如下：

專題研究計畫（期末報告），2013年11月2日，3頁。而在個別之行政法規上，常見之用語不等，如有：檢查、臨檢、取締、盤查等，而上開行政調查行為是否涉及人民之居住自由，則須視個別法規之具體內容而定。

23 此外，此種個別之行政法規大都課予人民之協力義務，並不得拒絕、妨礙或規避，否則即有強制進入檢查、按日連續處罰等處罰及執行之效果產生，亦即屬於強制調查之性質。請參照法治斌、董保城，《憲法新論》，元照，2014年9月，221頁；蔡震榮、周慶東共同主持，〈行政罰法調查程序之比較研究〉，行政院國家科學委員會專題研究計畫（期末報告），2013年11月2日，12-17頁。

24 德國基本法第11條要件應以法律或法律授權在必要情形下，限制自由遷徙：1.有助於維持基本生活所必須的生活條件時；2.國家緊急危害；3.對抗傳染病、天然災害或重大事故；4.保護乏人照顧的青少年或犯罪行為之預防措施。因此，德國法上對該項自由之限制除符合上述要件外，尚必須以法律為之，且應在有必要情形下，亦即，應注意比例原則之適用。*Albert Bleckmann*, Staatsrecht II – Die Grundrechte, 1989, S. 854.

（一）國內遷徙自由之限制

　　國家對於人民在國內自由行動的限制，必須基於公共利益之理由，並依法律方得為之。就此，大致得分為下列數種：

1. 國防與軍事目的

　　例如，依照國家安全法第6條第1項規定：「為確保海防及軍事設施安全，並維護山地治安，得由國防部會同內政部指定海岸、山地或重要軍事設施地區，劃為管制區，並公告之。」而其第2項並規定：「人民入出前項管制區，應向該管機關申請許可。」此外，司法院釋字第517號解釋則係針對妨害兵役治罪條例有關後備軍人遷移居住處所的規定，大法官認為：「其僅課予後備軍人申報義務，並未限制其居住遷徙之自由，與憲法第十條之規定尚無違背。」並指出：「同條例第十一條第三項規定後備軍人犯第一項之罪，致使召集令無法送達者，按召集種類於國防安全之重要程度分別依同條例第六條、第七條規定之刑度處罰，乃係因後備軍人違反申報義務已產生妨害召集之結果，嚴重影響國家安全，其以意圖避免召集論罪，仍屬立法機關自由形成之權限，與憲法第二十三條之規定亦無牴觸。至妨害兵役治罪條例第十一條第三項雖規定致使召集令無法送達者，以意圖避免召集論，但仍不排除責任要件之適用，乃屬當然。」

2. 刑事目的

　　例如對於犯罪入獄服刑者，自然可限制其自由活動之權利。此外，對於保釋、假釋之人犯，亦可限制其自由活動。

3. 保護其他公共利益

　　例如消防法第20條，消防人員可禁止人員入出火警場所及周圍。此外，司法院釋字第542號解釋理由書復指出：「自來水法第十一條授權行政機關得為『劃定公布水質水量保護區域，禁止在該區域內一切貽害水質與水量之行為』，故翡翠水庫興建後，主管機關依此授權訂定『翡翠水庫集水區石碇鄉碧山、永安、格頭三村遷村作業實施計畫』，係以保護水源區內之水質、水量為目的，其所使用之手段非僅有助於上述目的之達成且屬客觀上所必要，雖對人民居住遷徙自由有所限制，惟遷村計畫之手段與水資源之保護目的間尚符比例原則，要難謂有違憲法第十條之規定。」

（二）國外遷徙自由之限制

人民自由行動之權利應及於出國之權利。人民出國的行為意味其離開國家主權所及的領域。出國可分為長久性與短暫性的出國：前者可稱為「**移民權**」，乃人民願意永久離開本國；後者可稱為「**出國旅行權**」。由於移民恆以他國接受其移民為前提，因此往往係先行使出國旅行權，而後才轉為移民。移民權程序因而常以出國旅行權為其前提，故國家對移民權毋庸給予特殊限制，而僅以限制出國權來含括之。依照歷來大法官之解釋及目前法令[25]，大致上得將限制人民國外遷徙自由之目的歸納如下：

1. 國家安全目的

中華民國政府遷臺後，面對中共武力犯臺的壓力，除了1947年制定動員戡亂時期臨時條款以補憲法上之不足外，更於1949年由陳誠頒布戒嚴令，形成將近40年的威權體制時期，在此時期中，執政者常以維護「國家安全」、「社會秩序」為名，限制人民之出入境自由，而1970年代更為防堵政治異議運動的發展，以「黑名單」之方式，限制海外異議分子返臺[26]。

1987年解除戒嚴後，雖然在政治環境上已逐漸開放，但執政者囿於執政危機之故，仍制定公布動員戡亂時期國家安全法，然而，該法之通過乃係配合執政者思考模式而定，在內容上乃透過極度抽象之不確定法律概念，如國家安全、社會安定等作為規範，以利於行政權得以透過行政裁量等行政行為之運作，以限制人民之基本權利，因此有「戒嚴法藉由國安法借屍還魂」的說法[27]。當時執政者利用動員戡亂時期國家安全法第2項第2款對人民之出入境採許可制之設計，為人民出入境之限制。

此即引發了大法官作成司法院釋字第265號解釋，然而，大法官在本號解釋中仍持相當保守之態度來解釋國家安全法，**亦即，仍著重在公益的國家安全上而犧牲人民遷徙自由基本權**，但仍保留若干伏筆，該解釋文稱：「該法施行細則第十二條第六款前段，關於未在自由地區居住一定期間，得不予

---

25 目前有關本國人民及外國人出入國境之要件規定，乃規定於入出國及移民法第5條、第6條及第18條至第21條。
26 黃文雄、林詩梅（黃文雄執筆部分），〈人民回國的人權〉，收錄於財團法人民間司法改革基金會著，《大法官，給個說法！》，新學林，2009年9月，29頁以下。
27 黃文雄、林詩梅（黃文雄執筆部分），〈人民回國的人權〉，收錄於財團法人民間司法改革基金會著，《大法官，給個說法！》，新學林，2009年9月，29頁以下。

許可入境之規定，係對主管機關執行上述法律時，提供認定事實之準則，以為行使裁量權之參考，與該法確保國家安全、維護社會安定之立法意旨尚屬相符。惟上述細則應斟酌該法第三條第二項第二款規定之意旨，隨情勢發展之需要，檢討修正。」大法官認為上述施行細則規定乃係時代所需與政策考量之結果，其可能限制一些滯留大陸地區人民無法直接返國之權利，大法官希冀因時代變遷，而隨之改變[28]。

司法院釋字第454號解釋大抵認為對在臺灣地區無戶籍人民申請在臺灣地區長期居留得不予許可、撤銷其許可、撤銷或註銷其戶籍，並限期離境之規定，係對人民居住及遷徙自由之重大限制，應有法律或法律明確授權之依據。其理由書並指出：「對人民入境居住之權利，固得視規範對象究為臺灣地區有戶籍人民，僑居國外或居住港澳等地區之人民，及其所受限制之輕重而容許合理差異之規範，惟必須符合憲法第二十三條所定必要之程度，並以法律定之，或經立法機關明確授權由行政機關以命令定之。」該作業要點因多處違反法律保留原則，宣告定期失效。

司法院釋字第497號解釋乃針對內政部依兩岸條例第10條及第17條之授權分別訂定「大陸地區人民進入臺灣地區許可辦法」及「大陸地區人民在臺灣地區定居或居留許可辦法」，就大陸地區人民進入臺灣地區之資格要件、許可程序及停留期限所為之規定，乃係在確保臺灣地區安全與民眾福祉，符合該條例之立法意旨，尚未逾越母法之授權範圍，為維持社會秩序或增進公共利益所必要。大法官並認為，該項管制措施之目的在於確保臺灣地區安全與民眾福祉，管制目的係屬合憲，而管制措施係為達成管制目的所必要，肯定其合憲性。

此外，大法官在司法院釋字第558號解釋理由書中指出：「憲法第十條規定人民有居住、遷徙之自由，旨在保障人民有自由設定住居所、遷徙、旅行，包括入出國境之權利。人民為構成國家要素之一，從而國家不得將國民排斥於國家疆域之外。於臺灣地區設有住所而有戶籍之國民得隨時返回本國，無待許可，惟為維護國家安全及社會秩序，人民入出境之權利，並非不

---

28 本號解釋後，行政或立法機關並沒有配合時代變遷而修改，該條文雖在2000年4月19日廢止，但並非反應大法官之解釋，而是配合入出國及移民法之公布（第5條有關入出境之規定）而修正。

得限制，但須符合憲法第二十三條之比例原則，並以法律定之，方符憲法保障人民權利之意旨。」亦即，大法官認為，國民之入境權利得有不同之保障，臺灣地區設有住所而有戶籍之國民受最大之保障，得隨時返回本國，無待許可，**但國家安全法第3條第1項未區分國民是否於臺灣地區設有住所而有戶籍，一律非經許可不得入境，對於未經許可入境者處以刑罰，違反憲法第23條規定之比例原則，侵害國民得隨時返回本國之自由，應自入出國及移民法之相關規定施行時起，不予適用。**

2. 財政目的

　　我國早期對於重大欠稅人之出境亦為嚴格之管制，最早於1967年時，行政院即以職權命令──台56內第3787號令「控制鉅額欠稅人或重大違章營業負責人出境處理辦法」限制重大欠稅人之出境，直到1976年稅捐稽徵法制定，始予法律明定授權依據。而大法官亦曾作成司法院釋字第345號解釋指出：「行政院於中華民國七十三年七月十日修正發布之『限制欠稅人或欠稅營利事業負責人出境實施辦法』，係依稅捐稽徵法第二十四條第三項及關稅法第二十五條之一第三項之授權所訂定，其第二條第一項之規定，並未逾越上開法律授權之目的及範圍，且依同辦法第五條規定，有該條所定六款情形之一時，應即解除其出境限制，已兼顧納稅義務人之權益。上開辦法為確保稅收，增進公共利益所必要，與憲法尚無牴觸。」亦即，為確保稅收之穩定，有關辦法對欠稅人所為之出境限制，仍與憲法相符。然而，本書認為基於公益的考量，以限制出境作為稅捐保全有其必要性，但如何限制以及由何機關作為限制之主體，則應有進一步探討的必要。

　　然以法規命令限制人民出境是否妥適，主管機關仍認為並非適當，因此，立法院修正了稅捐稽徵法第24條，將限制出境規定在該條第3項：「在中華民國境內居住之個人或在中華民國境內之營利事業，其已確定之應納稅捐逾法定繳納期限尚未繳納完畢，所欠繳稅款及已確定之罰鍰單計或合計，個人在新臺幣一百萬元以上，營利事業在新臺幣二百萬元以上者；其在行政救濟程序終結前，個人在新臺幣一百五十萬元以上，營利事業在新臺幣三百萬元以上，得由財政部函請內政部移民署限制其出境；其為營利事業者，得限制其負責人出境，並應依下列規定辦理。但已提供相當擔保者，或稅捐稽徵機關未實施第一項第一款前段或第二款規定之稅捐保全措施者，不適用之：一、財政部函請內政部移民署限制出境時，應同時以書面敘明理由並附

記救濟程序通知當事人，依法送達。二、限制出境之期間，自內政部移民署限制出境之日起，不得逾五年。」關稅法也同時作了修正。

3. 軍事目的

　　司法院釋字第443號解釋，即針對內政部訂定的「役男出境處理辦法」第8條所規定的限制事由，限制役男出境係對人民居住遷徙自由之重大限制，兵役法及兵役施行細則均未設規定，亦未明確授權之命令定之，因此，該法欠缺法律授權之依據，與憲法第23條之意旨不符[29]。

---

29 有關說明，請參照蔡震榮，〈由入出境管制論法治與管轄權〉，收錄於氏著，《行政制裁之理論與實務》，元照，初版，2012年1月，36頁。

選擇題練習

1 　有關外國人受驅逐前由內政部入出國及移民署所為暫時收容，下列何者是司法院大法官解釋之見解[30]？

(A) 收容雖屬剝奪人身自由之一種態樣，惟畢竟與刑事羈押性質不同，依據憲法第8條第1項規定，毋須適用司法程序或其他正當法律程序

(B) 此暫時收容之處分，須經由法院為之

(C) 倘受收容人於暫時收容期間，對於暫時收容處分表示不服，內政部入出國及移民署應即於24小時內將受收容人移送法院迅速裁定

(D) 內政部入出國及移民署暫時收容之期間，不得超過30日　　【103司法官】

2 　司法院大法官對於憲法第8條人身自由之解釋，下列何者錯誤[31]？

(A) 司法院釋字第708號解釋認為：外國人受驅逐前由內政部入出國及移民署為暫時收容，未有即時司法救濟；又逾越暫時收容期間之收容，非由法院審查決定，均違憲

(B) 司法院釋字第588號解釋認為：憲法第8條第1項之「警察機關」應僅指組織法上之形式「警察」之意，行政執行處執行拘提、管收非屬憲法第8條第1項之指涉範圍

(C) 司法院釋字第690號解釋認為：強制隔離以保障人民生命與身體健康為目的，與刑事處罰之本質不同，可由專業主管機關衡酌情況，決定施行必要強制隔離處置，自較由法院決定能收迅速防治之功，毋須與刑事處罰之限制被告人身自由所須踐行之程序相同

(D) 司法院釋字第392號解釋認為：憲法第8條第1項、第2項所規定之「審問」，係指法院審理之訊問，其無審判權者既不得為之，則此兩項所稱之「法院」，當指有審判權之法官所構成之獨任或合議之法院之謂；法院以外之逮捕拘禁機關，應至遲於24小時內，將因犯罪嫌疑被逮捕拘禁之人民移送該管法院審問　　【106司律】

---

30 (C)，參照司法院釋字第708號解釋。
31 (B)，參照司法院釋字第588號解釋。

3 有關受驅逐出國外國人之收容，依司法院釋字第708號解釋，列敘述何者錯誤[32]？

(A) 人身自由受正當法律程序保障

(B) 不問是否為刑事被告，正當法律程序對於人身自由之保障均應相同

(C) 任何人不分國籍，均應受憲法第8條之保障

(D) 對外國人之暫時收容處分，無須由法院為之　　　　　　【107司律】

4 依司法院釋字第443號解釋，下列有關居住遷徙自由之敘述何者錯誤[33]？

(A) 旨在保障人民有任意移居或旅行各地之權利

(B) 包含人民有選擇其居住處所，營私人生活不受干預之自由

(C) 立法機關對於居住遷徙自由之限制，應有法律之依據

(D) 限制出境並非對人民居住遷徙自由之重大限制　　　　　【107司律】

5 依司法院釋字第558號解釋意旨，中華民國國民具備下列何項要件者，不得禁止入境[34]？

(A) 在臺灣地區出生

(B) 在臺灣地區置產

(C) 父母均為中華民國國籍

(D) 在臺灣地區設有住所而有戶籍　　　　　　　　　　　　【108司律】

---

32 (B)，參照司法院釋字第708號解釋。

33 (D)，參照司法院釋字第443號解釋。

34 (D)，參照司法院釋字第690號解釋。

6 依司法院大法官解釋意旨，下列何法律規定涉及憲法第10條遷徙自由之限制[35]？

(A) 汽車駕駛人拒絕接受酒精濃度測試之檢定者，得吊銷其駕駛執照

(B) 無正當理由，跟追他人，經勸阻不聽者，得處罰鍰或申誡

(C) 被繼承人在臺灣地區之遺產，由出生於大陸地區人民依法繼承者，其所得財產總額，每人不得逾新臺幣200萬元

(D) 臺灣地區無戶籍國民入國應申請許可　　　　　　　　　【110司律】

7 下列何者非屬憲法居住及遷徙自由之保障範圍[36]？

(A) 人民有設定住、居所之自由

(B) 國民有任意移居或旅行各地，包括入出國境之自由

(C) 人民有於其居住處所營私人生活不受干預之自由

(D) 外國人進入國境之自由　　　　　　　　　　　　　　【112司律】

---

35 (D)，參照司法院釋字第558號解釋。

36 (D)，憲法基本權的效力範圍並不及於外國人出入境的自由，參照司法院釋字第588號、第708號及第709號解釋。

第六章　言論自由

第一節　言論自由之概念

憲法第11條規定：「人民有言論、講學、著作及出版之自由。」言論、講學、著作、出版自由皆屬於國家為保護人民表達意見之自由所欲保障之範疇，合稱「**表現自由**」。學理上對於言論自由所保障的表達方式相當廣泛，當然，這也包括「象徵性言論」（symbolic speech）。所謂「象徵性言論」，指的是表意人主觀上想藉由這種肢體動作（conduct）表達其意念，而他人在客觀情況下亦能理解這個肢體動作所表達的意念。例如焚燒徵兵卡反戰或焚燒國旗以示異議皆屬言論自由保障範疇。美國實務上，如果要限制象徵性的言論，必須符合以下四項標準[1]：一、該管制屬於其憲法權限範圍；二、可促進重要或實質之政府利益；三、政府對於意見之表達內容無關；四、對個人權利的附帶限制（incidental restriction）。美國實務對於象徵性言論的審查採中度審查標準，如在Texas v. Johnson案中，對於行為人燃燒國旗抗議行為之刑事處罰，法院援用前述標準認為違憲[2]。我國刑法第160條第1項：「意圖侮辱中華民國，而公然損壞、除去或污辱中華民國之國徽、國旗者，處一年以下有期徒刑、拘役或九千元以下罰金。」究其實，焚燒或侮辱國旗或國徽者，大多屬於對時局不滿的政治性訴求，如屬這類言論應採嚴格審查標準，故以刑事處罰的規定限制政治上象徵性言論，自有違憲之虞。

本書擬先就廣義言論保障的架構加以概括論述，再針對其中言論、講學、著作、出版等各基本權利為討論，以期能瞭解其梗概。總之，舉凡透過言語、寫作、行動或其他舉動有表達或溝通能力的方式，展現或表達個人心中的想法，或者藉以作為溝通工具達成說服他人的目的，都可能成為憲法下所欲保障言論自由的範圍。故言論自由的範圍不應限於憲法條文中例示規

1　United States v. O'Brien, 391 U.S. 367, 1968.
2　董保城、法治斌，《憲法新論》，元照，八版，2021年9月，300頁。

定，在符合表現自由、表意自由或表達自由保護意旨者，皆應納入為妥。

第二節　廣義言論自由之保障

　　所謂「表現自由」又稱「表意自由」，即人民將內心之意見表現於外之自由，人民內心意識形成之自由，非他人所能干涉或強迫。亦即，個人將內心思想與良心的各種精神性活動，透過言語、文字或行動自由地向外表達的權利，當然這些意見也包括以集會遊行的方式來表達。司法院釋字第445號解釋即稱：「憲法第十四條規定人民有集會之自由，此與憲法第十一條規定之言論、講學、著作及出版之自由，同屬表現自由之範疇，為實施民主政治最重要的基本人權。憲法第十四條規定人民有集會之自由，此與憲法第十一條規定之言論、講學、著作及出版之自由，同屬表現自由之範疇，為實施民主政治最重要的基本人權。」因此，表現自由，除第11條外，第14條集會結社也包括在內。

一、內在的思想自由

　　言論最深沉之意義，莫過於將內心思考意識透過言語形諸於外之自由。此即「思想自由」，解釋上當然亦包括「良心自由」，德國基本法第4條、日本憲法第19條第1項及歐洲人權公約第9條第1項，皆有明文規定。雖然我國憲法並未明文規定，但此乃人性尊嚴不可或缺的一部分[3]，是世界的普世價值，應該肯定其亦受憲法之保障。因此我國釋憲實務亦肯認「思想自由」。例如司法院釋字第567號解釋理由書稱：「思想自由保障人民內在精神活動，是人類文明之根源與言論自由之基礎，亦為憲法所欲保障最基本之人性尊嚴，對自由民主憲政秩序之存續，具特殊重要意義，不容國家機關以包括緊急事態之因應在內之任何理由侵犯之，亦不容國家機關以任何方式予以侵害。」而憲法法庭111年憲判字第2號判決，又再加以肯認。

3　李惠宗，《憲法要義》，元照，九版，2022年9月，Rn. 0901。

二、外在的表現自由

　　言論自由表達之形式，除一般自然的口說言語表達外，也包括以文字書寫、圖畫、錄音、錄影等表達方式，並可藉由媒介予以擴散傳播，或集合志同道合之人以集會、遊行的方式，作短期定點或行進的公開表達訴求。凡有助於個人將其內心所想表達於外，或有助於個人將內心想法傳遞於他人或他人溝通之表達形式或媒介，均為言論自由所保障的範圍。因此表現自由有下列各種形式：狹義言論自由指著作自由、出版自由、講學自由、秘密通訊以及結社自由。

（一）不表現自由

　　言論自由除保障每個人以各種形式將內心所想表現於外，也保障每個人不表現的自由。原則上，政府不能以各種方法強制個人，要求其將內心所想表現出來。如司法院釋字第577號解釋理由書提及「憲法第十一條保障人民有積極表意之自由，及消極不表意之自由」。說明商品標示應提供商品客觀資訊，具有避免誤導消費者之重要功能，因此課予製造商商品標示義務雖限制其不表意自由之權利，但仍屬合憲之規定。於司法院釋字第656號解釋中，使被害人強制道歉的不表意是合憲的，但大法官認為民事上以命加害人公開為回復名譽之適當處分的做法，必須以「未涉及加害人自我羞辱等損及人性尊嚴之情事」為前提。大法官並在該號理由書指出：「憲法第十一條保障人民之言論自由，依本院釋字第五七七號解釋意旨，除保障積極之表意自由外，尚保障消極之不表意自由。系爭規定既包含以判決命加害人登報道歉，即涉及憲法第十一條言論自由所保障之不表意自由。**國家對不表意自由，雖非不得依法限制之，惟因不表意之理由多端，其涉及道德、倫理、正義、良心、信仰等內心之信念與價值者，攸關人民內在精神活動及自主決定權，乃個人主體性維護及人格自由完整發展所不可或缺，亦與維護人性尊嚴關係密切。**」然而，憲法法庭111年憲判字第2號判決指出：「強制道歉除直接限制人民消極不表意之言論自由外，更會進而干預個人良心、理念等內在精神活動及價值決定之思想自由。此等禁止沉默、強制表態之要求，實已將法院所為之法律上判斷，強制轉為加害人對己之道德判斷，從而產生自我否定、甚至自我羞辱之負面效果，致必然損及道歉者之內在『思想、良心』及

『人性尊嚴』，從而侵害憲法保障自然人思想自由之意旨。」所以目前釋憲實務已變更原先強制道歉的見解。

（二）接受與否的自由

廣義的言論自由除表現（說）於外之基本權利，尚包含接收（聽）之基本權利，例如知的自由和拒絕接受猥褻性言論的自由。

第三節　狹義言論自由

一、概說

狹義言論自由指單純將個人或團體之意見以口述或動作方式表現於外之自由，較有影響力的方式乃結合多數人的意見以集會遊行方式表達訴求，以監督政府、自由發展人格、追求真理。言論自由保障的理論基礎不外乎「追求真理」、「表現自我」、「健全民主」，司法院釋字第509號解釋理由書即稱：「憲法第十一條規定人民之言論自由應予保障，鑑於言論自由有**實現自我、溝通意見、追求真理、滿足人民知的權利，形成公意，促進各種合理，政治及社會活動之功能，乃維持民主多元社會正常發展不可或缺之機制，國家應給予最大限度之保障。**」可見我國釋憲實務兼採諸說。

二、言論自由的限制

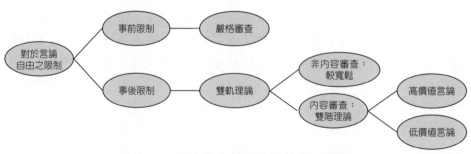

圖4-6-1　言論自由限制審查密度示意圖

（一）事前限制

　　國家機關對於言論自由的管制，原則上不能針對言論自由的內容加以事前限制，例如司法院釋字第644號解釋稱：「人民團體法第二條規定：『人民團體之組織與活動，不得主張共產主義，或主張分裂國土。』同法第五十三條前段關於『申請設立之人民團體有違反第二條⋯⋯之規定者，不予許可』之規定部分，乃使主管機關於許可設立人民團體以前，得就人民『主張共產主義，或主張分裂國土』之政治上言論之內容而為審查，並作為不予許可設立人民團體之理由，顯已逾越必要之程度，與憲法保障人民結社自由與言論自由之意旨不符，於此範圍內，⋯⋯」故對於言論自由之事前審查，應予較為嚴格之違憲審查，以避免人民言論自由受到過多的限制，人民若以分裂國體為號召組成團體，若未對於國家憲政體制產生立即而迫切之侵害，尚有憲法法庭可以為解散之宣告，毋庸為言論自由事前限制，以維言論自由最大限度之保障。

　　再如，就化妝品廣告標示的「**事前管制**」而言，釋憲實務亦同樣採取嚴格的審查標準。司法院釋字第744號解釋理由書稱：「言論自由在於保障資訊之自由流通，使人民有取得充分資訊及自我實現之機會。化粧品廣告係利用傳播方法，宣傳化粧品效能，以達招來銷售為目的，具商業上意見表達之性質。**商業言論所提供之訊息，內容非虛偽不實或不致產生誤導作用，以合法交易為目的而有助於消費大眾作出經濟上之合理抉擇者，應受憲法第十一條言論自由之保障**。系爭條例第二十四條第二項規定：『化粧品之廠商登載或宣播廣告時，應於事前將所有文字、畫面或言詞，申請中央或直轄市衛生主管機關核准，並向傳播機構繳驗核准之證明文件。』同條例第三十條第一項規定：『違反第二十四條⋯⋯第二項規定者，處新臺幣五萬元以下罰鍰；情節重大或再次違反者，並得由原發證照機關廢止其有關營業或設廠之許可證照。』就化粧品廣告採取『事前審查』制，已涉及對化粧品廠商言論自由及人民取得充分資訊機會之限制。**按化粧品廣告之事前審查乃對言論自由之重大干預，原則上應為違憲**。系爭規定之立法資料須足以支持對化粧品廣告之事前審查，係為防免人民生命、身體、健康遭受直接、立即及難以回復危害之特別重要之公共利益目的，其與目的之達成間具直接及絕對必要關聯，且賦予人民獲立即司法救濟之機會，始符合憲法比例原則及保障言論自由之

意旨[4]。」

亦即，大法官認為美白護膚等商業性言論，即使廣告不實也不至於對人民生命及健康產生「明顯而立即」的危險，所以在公益考量的權衡下，沒有必要過早「事前限制」其言論。

司法院釋字第756號解釋理由書稱：「人民之表現自由涉及人性尊嚴、個人主體性及人格發展之完整，為憲法保障之重要自由權利。國家對一般人民言論之『事前審查』，原則上應為違憲（本院釋字第七四四號解釋參照）。為達成監獄行刑與管理之目的，監獄對受刑人言論之事前審查，雖非原則上違憲，然基於事前審查對言論自由之嚴重限制與干擾，其限制之目的仍須為重要公益，且手段與目的間應有實質關聯。」惟大法官對於言論自由的事前限制以最嚴格的內容審查標準為原則，只是本號解釋認為涉及監獄獄政的管理降低，基於重要公益的考量，調整為「中度」（較嚴格）的審查標準。

（二）事後限制

學理上及釋憲實務對此係採「雙軌理論」（the two-track theory），區分為「非針對言論自由內容的限制」（content-neutral regulations）、「針對言論自由內容的限制」（content-based regulations），並給予不同違憲審查密度。前者較為寬鬆，後者較為嚴格。

---

4 本件案例事實「DHC全效淨白防曬乳化妝品廣告宣稱」：「能在肌膚表面形成保護膜，預防陽光傷害肌膚、能淡化暗沉膚色、滋潤肌膚，避免肌膚乾燥。質地清爽不黏膩，不易產生脫妝的情形，不會在肌膚上造成白色殘留，適合全身使用……」等詞句。但大法官認為：「化妝品係指施於人體外部，以潤澤髮膚，刺激嗅覺，掩飾體臭或修飾容貌之物品；其範圍及種類，由中央衛生主管機關公告之（系爭條例第三條參照），非供口服或食用。另依中央主管機關公告之化粧品範圍及種類表，所稱化粧品俱屬一般日常生活用品。系爭規定之立法目的應係為防免廣告登載或宣播猥褻、有傷風化或虛偽誇大（系爭條例第二十四條第一項參照），以維護善良風俗、消費者健康及其他相關權益，固均涉及公益之維護，然廣告之功能在誘引消費者購買化粧品，尚未對人民生命、身體、健康發生直接、立即之威脅，則就此等廣告，予以事前審查，難謂其目的係在防免人民生命、身體、健康遭受直接、立即及難以回復之危害。系爭規定既難認係為保護特別重要之公共利益目的，自亦無從認為該規定所採事前審查方式以限制化粧品廠商之言論自由及消費者取得充分資訊機會，與特別重要之公共利益之間，具備直接及絕對必要之關聯。」

1. 非針對言論自由內容的限制

　　依司法院釋字第445號解釋稱：「集會遊行法第八條第一項規定室外集會、遊行除同條項但書所定各款情形外，應向主管機關申請許可。同法第十一條則規定申請室外集會、遊行除有同條所列情形之一者外，應予許可。**其中有關時間、地點及方式等未涉及集會、遊行之目的或內容之事項，為維持社會秩序及增進公共利益所必要，屬立法自由形成之範圍，於表現自由之訴求不致有所侵害，與憲法保障集會自由之意旨尚無牴觸。」**質言之，如果國家行為不涉及言論自由內容之限制，對行使言論自由之**時間、地點及方式作規制**，那麼違憲審查機關僅以低密度審查，並採取較寬鬆的審查標準。

2. 針對言論自由內容的限制

　　針對言論自由所保障的「內容」，包括「意見」的表達及「事實」的陳述。學理及釋憲實務係採「雙階理論」（the two-level theory），司法院釋字第414號解釋指出：「言論自由，在於保障意見之自由流通，使人民有取得充分資訊及自我實現之機會，**包括政治、學術、宗教及商業言論等，並依其性質而有不同之保護範疇及限制之準則。其中非關公意形成、真理發現或信仰表達之商業言論，尚不能與其他言論自由之保障等量齊觀。**藥物廣告之商業言論，因與國民健康有重大關係，基於公共利益之維護，自應受較嚴格之規範。」言下之意，大法官在此號解釋將「商業性」言論歸納為「低價值」言論，從而釋憲實務上將言論內容種類區分為政治性、學術、宗教等「高價值」言論與非政治性言論的「低價值」言論給予不同審查密度，就人民的不表意自由上給予適當的限制，以保障廣大消費者的健康與知的權利。司法院釋字第623號解釋稱：「憲法第十一條保障人民之言論自由，乃在保障意見之自由流通，使人民有取得充分資訊及自我實現之機會，包括政治、學術、宗教及商業言論等，**並依其性質而有不同之保護範疇及限制之準則。」**

　　就「公共場所張貼廣告是否有違反廢棄物清理法之虞」一案，司法院釋字第734號解釋稱：「公共場所於不妨礙其通常使用方式之範圍內，亦非不得為言論表達及意見溝通。系爭公告雖非為限制人民言論自由或其他憲法上所保障之基本權利而設，然於具體個案可能因主管機關對於廣告物之內容及設置之時間、地點、方式之審查，而否准設置，造成限制人民言論自由或其他憲法上所保障之基本權利之結果。……」在本案，大法官指出主管機關於**修正至命令時，應通盤考量其可能造成言論自由或其他憲法上所保障之基本**

權利限制之必要性與適當性（例如應考量是否為政治性言論而非一般的商業廣告）。由上述可知，針對言論自由內容的限制，**大法官採取兩種違憲審查標準，高價值言論原則上採嚴格審查標準；低價值言論則在具體個案中「類型化利益衡量」（個案權衡）**，依照不同類型的低價值言論審查其是否違憲（審查標準可能是合理或中度）。

(1) 高價值言論

　　對高價值言論的限制，參照司法院釋字第445號解釋及美國司法實務，則是以該言論的表達是否會有「**明顯而立即之危險**」（clear and present danger）來考量是否通過違憲審查。我國釋憲實務所肯定的高價值言論如：「政治性言論」（司法院釋字第445號、第644號解釋）、具有「藝術表現的公共論壇」（司法院釋字第806號解釋）。此外，司法院釋字第414號解釋提及：「言論自由，在於保障意見之自由流通，使人民有取得充分資訊及自我實現之機會，……**其中非關公意形成、真理發現或信仰表達之商業言論，尚不能與其他言論自由之保障等量齊觀。**」就此反面推論，與公共利益有關的「**學術性言論**」及個人內在信仰有關的「**宗教性活動**」，也應視為高價值言論，若國家機關欲對其加以管制，釋憲機關亦應以高密度的嚴格審查標準審查。

(2) 低價值言論

　　依照司法院釋字第414號解釋的分類，非關公意形成、真理發現或信仰表達應該被認為低價值言論（low-value speech）者如下：

　　① 商業性言論

　　所謂「商業性言論」（commercial speech），一般係指以銷售物品、勞務、創意等俾獲取利潤之商業言論或訊息，這種言論也在表現自由的範圍之內，基於商業資訊之自由流通、保護消費者利益，乃企業自由制度下不可或缺之考量，美國在20世紀將言論自由保障擴及商業廣告，並對限制藥物作價格宣傳之州立法，宣告違憲（Virginia State Bd. of Pharmacy V. Virginia Citzens Consumer CO uncil Inc. [425 U.S. 748(1976)]），故商業言論在美國亦有其憲法增修條文第1條之適用，在1970年代中期已成為定則[5]，但尚不能與政治性言論或與公共利益重大之相關言論保障等量齊觀。例如，司法院釋字第623號

5　司法院釋字第407號解釋吳庚、蘇俊雄、城仲模大法官部分不同意見書。

解釋提及，促使人為性交易之訊息，固為商業言論之一種，惟係促使非法交易活動，因此立法者基於維護公益之必要，自可對之為合理之限制。

美國實務提出四項判準加以檢驗[6]：A.檢視系爭商業性言論是否涉及誤導性質，或者與非法活動是否相關，倘若該言論具有誤導性質，或者與非法活動有關，那麼該言論就不受憲法所保障；B.系爭政府管制措施所追求的管制目的，必須是追求實質重要的政府利益；C.系爭政府管制措施必須直接有助於達成上述管制目的；D.無其他管制手段可以達成上述管制目的。

此套標準係採「中度審查」標準，與我國司法院釋字第414號解釋（藥物廣告）及釋字第577號解釋（菸品健康訊息的強制標示案）所建構的標準相當。司法院釋字第577號解釋即將香菸的商業性言論採取「中度審查標準」。

司法院釋字第794號解釋就限制菸品業者顯名贊助活動案稱：「憲法第十一條規定，人民之言論自由應予保障。言論自由，在於保障意見之自由流通，使人民有取得充分資訊及自我實現之機會，包括政治、學術、宗教及商業言論等，並依其性質而有不同之保護範疇及限制之準則。其中非關公意形成、真理發現或信仰表達之商業言論，固兼具意見表達之性質，然尚不能與其他言論自由之保障等量齊觀，立法者亦得對商業言論為較嚴格之規範。商品廣告所提供之訊息，其內容須非虛偽不實或不致產生誤導作用，並以合法交易為目的而有助於消費大眾作出經濟上之合理抉擇者，始受憲法第11條言論自由之保障。國家為保障消費者獲得真實而完整之資訊，避免商品廣告或標示內容造成誤導作用，或為增進其他重要公共利益目的（如保護國民健康），**自得立法採取與上述目的之達成間具有實質關聯之手段，限制商品廣告。**」亦採中度審查標準。不過，**是否所有的商業性言論一律界定為「低價值言論」則不可一概而論，要視其是否為言論自由內容之「事前限制」而定。**司法院釋字第744號解釋（化粧品廣告案）即認定即使是商業性言論，也不能輕率地加以事前限制，仍須通過「**嚴格審查標準**」，否則違憲。

在禁止醫師醫療廣告案中，憲法法庭112年憲判字第17號判決指出：「系爭規定禁止醫師為醫療廣告，與其所欲達成維護國民健康之目的間，欠缺實質關聯。按醫療行為係十分複雜而專業之業務，不同部門或科際間，既

6　董保城、法治斌，《憲法新論》，元照，八版，2021年9月，315頁。

有明確分工，復彼此關聯，而醫師為具備醫療專業知識且依法得執行醫療業務之人，由醫師提供相關適當訊息，自有助於病患就醫選擇，為落實病患自主權所必要，禁止醫師為醫療廣告，未必有利於國民健康之維護，自無待言。又我國自32年醫師法制定施行起，迄75年醫療法制定施行止，醫師法均准許醫師為醫療廣告，期間已歷40餘年，未見相關衛生福利機關提出任何實證資料，足以推論一旦准許醫師為醫療廣告，必會為不當醫療廣告，因而可認為禁止醫師為醫療廣告，乃為維護國民健康或增進公共利益所必要。是以系爭規定之立法目的為維護國民健康，與所採全面禁止醫師為醫療廣告之手段間，難認有實質關聯性……。」因而認為，醫療法第84條規定：「非醫療機構，不得為醫療廣告。」其中關於禁止醫師為醫療廣告之部分，與憲法第11條保障言論自由之意旨有違，於此範圍內，應自判決公告之日起，失其效力。

　　歸結近來釋憲實務對於限制商業性言論的違憲審查標準，原則上還是以中度審查標準，另外在涉及事前限制時則會採嚴格審查標準。

　　② 猥褻性言論

　　關於「猥褻性言論」，美國聯邦最高法院在Miller v. California案中建立「the Miller test」來判斷：A.一般人於適用「當代社會標準」下，該作品整體觀之是否只是在單純訴諸好色淫亂之慾；B.作品整體來看是否讓人感到討厭或冒犯；C.是否缺乏文學、藝術、政治，或是科學價值。只要該言論符合這三個標準，則為猥褻；反之則可能是單純的「色情性言論」而仍受憲法保障[7]。

　　我國釋憲實務對於「猥褻性言論」之定義，如司法院釋字第407號解釋稱：「猥褻出版品當指一切在客觀上，足以刺激或滿足性慾，並引起普通一般人羞恥或厭惡感而侵害性的道德感情，有礙於社會風化之出版品而言。猥褻出版品與藝術性、醫學性、教育性等出版品之區別，應就出版品整體之特性及其目的而為觀察，並依當時之社會一般觀念定之。」而在司法院釋字第617號解釋中，更進一步指出：「刑法第二百三十五條規定所稱猥褻之資訊、物品，其中『猥褻』雖屬評價性之不確定法律概念，然所謂猥褻，指客觀上足以刺激或滿足性慾，其內容可與性器官、性行為及性文化之描繪

---

7 董保城、法治斌，《憲法新論》，元照，八版，2021年9月，315頁。

與論述聯結，且須以引起普通一般人羞恥或厭惡感而侵害性的道德感情，有礙於社會風化者為限……含有『暴力』、『性虐待』或『人獸交』等而無『藝術性』、『醫學性』或『教育性』價值之猥褻資訊或物品〔即『硬蕊』（hardcore）〕；不受憲法保護；而至於『其他客觀上足以刺激或滿足性慾，而令一般人感覺不堪呈現於眾或不能忍受而排拒之猥褻資訊或物品』〔即『軟蕊』（softcore）〕，必須加上『未採取適當之安全隔絕措施』的要件，方得刑事處罰。」

③ 仇恨性言論

所謂「仇恨性言論」（hate speech），係指以帶有貶抑的態度，對社會中特定族群，以非理性的言詞，明示或默示整個族群的低劣。此種言論產生的原因可能係基於不同種族、性別、性傾向、年齡、國籍、道德取向、身體差異、宗教信仰、社會階級所導致；其言論的特性在於所表達之內容對於某一具有共同特徵或認同之族群仇恨及偏見，但還未臻於挑釁對方甚至以暴力攻擊的程度。美國聯邦最高法院認為，這種言論原則上仍係受憲法言論自由保障之範疇，蓋如果認為一律不受憲法保障就構成了「內容歧視」（content-based discrimination），而以從嚴審查為原則[8]。不過，美國肯定仇恨性言論仍屬於意見表達自由，但對於「煽動暴力」的言論則不允許。因此在1969年的Brandenburg v. Ohio案中，美國聯邦最高法院就確立了「煽動暴力」的言論、凡是足以「引起暴力」（解釋上當然也包括仇恨性）的言論，都不在言論自由保障範圍。

④ 誹謗性言論

保障言論的初衷本是針對他人的行為或是公共事務，無論是提供資訊、表達意見，其主要之目的無非在促成公共事務之討論。又，司法院釋字第656號解釋稱：「人民之名譽權，係保障個人之人格、品行於社會生活中之人格整體評價，不受惡意貶抑、減損之權利，乃以人性尊嚴為核心之人格權之一環，其旨在維護個人主體性、自我價值及人格之完整，並為實現人性尊嚴所必要，受憲法第二十二條所保障。」可見名譽權利權與言論自由權皆為憲法所保障的基本權利。而名譽權侵害與言論自由保障兩者之間，特別係媒體報導新聞時，而使他人的名譽權受到相當程度的損害，此時基本權的衡

8　董保城、法治斌，《憲法新論》，元照，八版，2021年9月，316頁。

量，*毋寧係詮釋意思表現自由的權利問題時，必須先加以解決的問題*[9]。基於言論自由與民主原則的密切關係，涉及公共事務之言論原則上應比純私人目的或經濟目的的言論獲得更多的保障，但仍應認為涉及公共事務之言論不必然就比他人的名譽絕對優先，無論如何仍須作利益衡量，只在有疑義時，才推定言論自由優先[10]。

司法院釋字第509號解釋稱：「刑法第三百零一條第一項及第二項誹謗罪即係保護個人法益而設，為防止妨礙他人之自由權利所必要，符合憲法第二十三條規定之意旨。至刑法同條第三項前段以對誹謗之事，能證明其為真實者不罰，係針對言論內容與事實相符者之保障，並藉以限定刑罰權之範圍，非謂指摘或傳述誹謗事項之行為人，必須自行證明其言論內容確屬真實，始能免於刑責。惟行為人雖不能證明言論內容為真實，但依其所提證據資料，認為行為人有相當理由確信其為真實者，即不能以誹謗罪之刑責相繩，亦不得以此項規定而免除檢察官或自訴人於訴訟程序中，依法應負行為人故意毀損他人名譽之舉證責任，或法院發現其為真實之義務。就此而言，刑法第三百零一條第三項與憲法保障言論自由之旨趣並無牴觸。」在本號解釋中，刑法第310條第3項為合憲性的理由似為「合理查證原則」，有學者提出「真實惡意原則」（actual malice），主張只有在行為人明知其所言非真實或不論真實與否之輕率，方能以誹謗罪相繩，以免引發「寒蟬效應」（chilling effect）[11]。

憲法法庭112年憲判字第8號判決稱：「刑法第310條第3項規定：『對於所誹謗之事，能證明其為真實者，不罰。但涉於私德而與公共利益無關者，不在此限。』所誹謗之事涉及公共利益，亦即非屬上開但書所定之情形，表意人雖無法證明其言論為真實，惟如其於言論發表前確經合理查證程序，依所取得之證據資料，客觀上可合理相信其言論內容為真實者，即屬合於上開規定所定不罰之要件。*即使表意人於合理查證程序所取得之證據資料實非真*

9　柯耀程，〈檢視刑法誹謗罪之正當性──從釋字第五〇九號解釋與新新聞案觀察〉，《月旦法學雜誌》，第111期，2004年8月，173頁。

10　許宗力，〈談言論自由的幾個問題〉，收錄於氏著，《法與國家權力（二）》，元照，初版，2007年1月，215頁。

11　董保城、法治斌，《憲法新論》，元照，八版，2021年9月，314頁；許家馨，〈美國非落得權法歸責體系初探──以歸責內涵及查證義務為中心〉，《月旦法學雜誌》，第154期，2008年2月，112頁以下。

正，如表意人就該不實證據資料之引用，並未有明知或重大輕率之惡意情事者，仍應屬不罰之情形。至表意人是否符合合理查證之要求，應充分考量憲法保障名譽權與言論自由之意旨，並依個案情節為適當之利益衡量。於此前提下，刑法第310條及第311條所構成之誹謗罪處罰規定，整體而言，即未違反憲法比例原則之要求，與憲法第11條保障言論自由之意旨尚屬無違。於此範圍內，司法院釋字第509號解釋應予補充。」

　　亦即，大法官亦認為在保障言論自由權與名譽權衝突下，身為概括基本權之一的「名譽權」未必劣於列舉基本權中的言論自由權。大法官同時再調整限縮誹謗罪處罰之範圍，明確採納學者提出的「真實惡意原則」。**但基於明知或重大輕率之惡意而散播假新聞或假訊息，不受憲法言論自由之保障。於言論內容有毀損他人名譽之虞時，表意人就其言論內容之可信性，更應承擔一定程度之真實查證義務，以避免侵害他人名譽權**[12]。**今後，表意人就其誹謗言論之事前合理查證程序，即為調和言論自由與名譽權二大基本權利之樞紐：表意人符合事前合理查證程序之要求，於涉及引用不實證據資料時，亦未存有明知或重大輕率之惡意情事，則即使屬誹謗言論，亦受到憲法言論自由之保障，而被指述者之名譽權亦因表意人負有事前合理查證義務，而受到一定程度之尊重與維護。反之，表意人就其誹謗言論，不符事前合理查證程序之要求，或於涉及引用不實證據資料時，確有明知或重大輕率之惡意情事，此時並未受到最低限度尊重與維護之被指述者名譽權，自應優先於表意人之言論自由而受保護**[13]。亦即，若明知不實或連事前查證的動作都沒有，即為重大輕率之惡意，其所為之誹謗言論自不受憲法言論自由之保護。

　⑤ *侮辱性言論*

　　我國釋憲實務在憲法法庭113年憲判字第3號判決就刑法第309條之公然侮辱罪是否違憲時重申，人民之名譽權，係保障個人於社會生活中之人格整體評價，不受惡意貶抑、減損。名譽權雖非憲法明文規定之權利，但向為大法官解釋及憲法法庭判決承認屬憲法第22條所保障之非明文權利（憲法法庭112年憲判字第8號判決參照），因此名譽權是憲法保護的權利。

　　然而，名譽權之保障範圍可能包括社會名譽、名譽感情及名譽人格。其

---

12 憲法法庭112年憲判字第8號判決理由書，Rn. 73。
13 憲法法庭112年憲判字第8號判決理由書，Rn. 76。

中：A.社會名譽又稱外部名譽，係指第三人對於一人之客觀評價，且不論被害人為自然人或法人，皆有其社會名譽；B.於被害人為自然人之情形，則另有其名譽感情及名譽人格。名譽感情指一人內心對於自我名譽之主觀期待及感受，與上開社會名譽俱屬經驗性概念，並非公然侮辱罪的保護範圍；C.名譽人格指一人在其社會生存中，應受他人平等對待及尊重，不受恣意歧視或貶抑之主體地位，係屬規範性概念。由於名譽感情係以個人主觀感受為準，既無從探究，又如認個人主觀感受之名譽感情得逕為公然侮辱罪保障之法益，則將難以預見或確認侮辱之可能文義範圍。蓋一人耳中之聒聒噪音，亦可能為他人沉浸之悅耳音樂。聽聞同樣之粗鄙咒罵或刻薄酸語，有人暴跳如雷，有人一笑置之。是以，刑法第309條所處罰之公然侮辱行為，係指依個案之表意脈絡，表意人故意發表公然貶損他人名譽之言論，已逾越一般人可合理忍受之範圍；經權衡該言論對他人名譽權之影響，及該言論依其表意脈絡是否有益於公共事務之思辯，或屬文學、藝術之表現形式，或具學術、專業領域等正面價值，於個案足認他人之名譽權應優先於表意人之言論自由而受保障者。於此範圍內，上開規定與憲法第11條保障言論自由之意旨尚屬無違。

最後，就比例原則方面，大法官認為民事程序並非有效替代刑事處罰之手段。

問題思考

 「真實惡意原則」是否適用於民事案件？

本書持肯定態度，蓋真實惡意原則之案例原型即New York Times v. Sullivan一案，即是民事上之侵權行為，且基於國家保護義務，民、刑事責任併存更能保障個人名譽。

 公眾人物之名譽權保障與新聞自由之衝突

參照美聯邦最高法院之見解，公眾人物有二種類型：其一，為在一社

會享有普遍盛名或惡名昭彰者；其二，為主動投入某一爭執中的公共問題，期能影響其結果者，就該特定之爭執問題亦可視為公眾人物[14]。因此公眾人物有志願型者，如知名政治人物、民意代表或藝人等；至於非志願型公眾人物，係指因一時事件引發人民對其好奇，欲思探究瞭解之個人，如運動、競賽得獎人、名人之家屬或犯罪嫌疑人等。一般而言，志願型公眾人物比非志願型公眾人物應容忍受到更多的報導。對公眾事務職掌愈多、影響力愈大之人，因其與公共利益較有關，其應受公評之處亦愈多[15]。在個案判斷上可就雙方是否為重要公職人員及言論內容是否涉及公共利益或僅涉私德等要素綜合考量[16]。最新釋憲實務認為，由於傳播媒體（包括大眾傳播媒體、社群媒體與自媒體等）所為之誹謗言論，其散布力與影響力均極強大，誹謗言論一經發表，並被閱聽者轉貼、轉載後，往往可對被指述者之名譽造成難以挽救之毀損，是表意人所應踐行之事前查證程序，較諸一般人日常生活中以言詞所為口耳間傳播之誹謗言論，自應更為周密且嚴謹。另一方面，基於言論自由對民主社會所具有之多種重要功能，言論內容對公益論辯之貢獻度愈高者，例如對滿足人民知的權利，及監督政府與公共事務之助益程度愈高，表意人固非得免於事前查證義務，惟於表意人不具明知或重大輕率之惡意之前提下，其容錯空間相對而言亦應愈大，以維護事實性言論之合理發表空間，避免產生寒蟬效應[17]。

第四節　講學自由

一、概說

　　人民講學自由應予保障，憲法第11條定有明文。憲法所保障之學術自由權應有兩種主要內涵：一是「個人性學術自由權」；另一為「制度性學術自由權」，兩者各自扮演不同角色功能，既能相輔相成，也能互相抗衡。學

---

14 林子儀，〈言論自由與名譽權保障之新發展——評Milkovich v. Lorain Journal Co.案〉，收錄於氏著，《言論自由與新聞自由》，元照，初版二刷，2002年11月，376頁。
15 李惠宗，《憲法要義》，元照，九版，2022年9月，Rn. 0992 ff。
16 司法院釋字第656號解釋林子儀大法官部分不同意見書。
17 憲法法庭112年憲判字第8號判決理由書，Rn. 77。

術自由核心為何？學者間有不同見解，有認為學術自由核心在於「真理探尋」，然追求真理似乎用一般言論自由權即可提供保障，何須再架構新的學術自由概念，故有學者認為學術應該是中立的、多元的並容許被推翻，但為求真理探尋是需要一種外力的支援，難以由個人獨立完成，學術自由應是此種外力支援的提供。因此大學自治存在的意義即所謂制度性保障，即由國家立法權形成一種制度，然後將國家學術資源分配給大學，再由大學依據學術自由之宗旨，效益式地分配學術資源[18]。論者有謂，講學自由（學術自由）應不限於大學教師[19]。但有大法官認為：「中、小學教育，為因應學生尚在身心成長、發展階段，理解、批判等能力猶有未足，國家為維持一定之國民知識水準，俾其來日產生奇葩，結成異果，而須為一定教育之實踐，因得加以廣泛的限制者不同。**是以基於教育之本質，講學自由應僅適用於大學（或高等研究機構，如我國中央研究院）**[20]。」本書認為，實則中小學教育有「十二年國民基本教育課程綱要」束縛，加以升學考試的影響，考試引導教學，即使憲法承認中小學教師的講學自由，恐怕亦難以發揮得淋漓盡致。

二、相關釋憲實務

（一）大學自治對外抗衡國家權力係一種制度性保障

司法院釋字第380號解釋稱：「憲法第十一條關於講學自由之規定，係對學術自由之制度性保障；就大學教育而言，應包含『**研究自由**』、『**教學自由**』及『**學習自由**』等事項。」

司法院釋字第450號解釋則提及：「**大學於教學研究相關之範圍內，就其內部組織亦應享有相當程度之自主組織權**。各大學如依其自主之決策認有提供學生修習軍訓或護理課程之必要者，自得設置與課程相關之單位，並依法聘任適當之教學人員。惟大學法第十一條第一項第六款及同法施行細則第九條第三項明定大學應設置軍訓室並配置人員，負責軍訓及護理課程之規劃與教學，此一強制性規定，有違憲法保障大學自治之意旨，應自本解釋公布

---

18 董保城、法治斌，《憲法新論》，元照，八版，2021年9月，315頁。
19 李惠宗，《憲法要義》，元照，九版，2022年9月，Rn. 09138 ff.。
20 司法院釋字第380號解釋林永謀、楊慧英大法官協同意見書。

之日起，至遲於屆滿一年時失其效力。」

（二）私立大學之大學自治行使之性質

司法院釋字第382號解釋提及：「公立學校係各級政府依法令設置實施教育之機構，具有機關之地位，而私立學校係依私立學校法經主管教育行政機關許可設立並製發印信授權使用，在實施教育之範圍內，有錄取學生、確定學籍、獎懲學生、核發畢業或學位證書等權限，係屬由法律在特定範圍內授與行使公權力之教育機構，於處理上述事項時亦具有與機關相當之地位。」

（三）大學自治對內抗衡學術自治成員

司法院釋字第462解釋認為：「各大學校、院、系（所）教師評審委員會關於教師升等評審之權限，係屬法律在特定範圍內授予公權力之行使，其對教師升等通過與否之決定，與教育部學術審議委員會對教師升等資格所為之最後審定，於教師之資格等身分上之權益有重大影響，均應為訴願法及行政訴訟法上之行政處分。」教師升等資格評鑑屬於大學自治的範疇，為公權力之行使。

司法院釋字第563號解釋則提及：「大學自治既受憲法制度性保障，則大學為確保學位之授予具備一定之水準，自得於合理及必要之範圍內，訂定有關取得學位之資格條件。……大學學生退學之有關事項，八十三年一月五日修正公布之大學法未設明文。為維持學術品質，健全學生人格發展，大學有考核學生學業與品行之權責，其依規定程序訂定有關章則，使成績未符一定標準或品行有重大偏差之學生予以退學處分，亦屬大學自治之範疇；立法機關對有關全國性之大學教育事項，固得制定法律予以適度之規範，惟大學於合理範圍內仍享有自主權。」故大學自治作用某種程度而言會削弱國家立法權及國家司法權對其制衡力量。

（四）警察大學雖肩負國家任務，仍具有一定程度之自治權

司法院釋字第626號解釋稱：「大學自治為憲法第十一條講學自由之保障範圍，大學對於教學、研究與學習之事項，享有自治權，其自治事項範圍

除內部組織、課程設計、研究內容、學力評鑑、考試規則及畢業條件等外（本院釋字第三八○號、第四五○號及第五六三號解釋參照），亦包括入學資格在內，俾大學得藉以篩選學生，維繫學校品質，提升競爭力，並發展特色，實現教育理念。大學對於入學資格既享有自治權，自得以其自治規章，於合理及必要之範圍內，訂定相關入學資格條件，不生違反憲法第二十三條法律保留原則之問題。警大係內政部為達成研究高深警察學術、培養警察專門人才之雙重任務而設立之大學（內政部組織法第八條及中央警察大學組織條例第二條參照），隸屬內政部，負責警察之養成教育，並與國家警政水準之提升與社會治安之維持，息息相關。其雖因組織及任務上之特殊性，而與一般大學未盡相同，然『研究高深警察學術』既屬其設校宗旨，就涉及警察學術之教學、研究與學習之事項，包括入學資格條件，警大即仍得享有一定程度之自治權。」因此，在大學自治的前提下，國家只能作「框架性」的立法，不適用法律保留原則。

第五節　著作、出版自由

一、概說

著作即人民將言論內容，以文字形式、圖畫表現於外部發表著作而不受任何干涉之自由權；出版指人民將其意見或其他智慧性成果，以文字、聲音或其他方式，散布於眾之自由，出版自由使言論可透過出版品作為媒介，不受國家之干預、自由地發表與傳播，同屬表現自由的範疇。出版自由所指之出版，傳統上指作為傳播方式的印刷品，不僅包含定期出版類，如報紙、期刊或雜誌等，也包含一次性或不定期出版之印刷品，如書籍、海報及廣告張貼物等。

出版的基本自由權利尚包含採訪、報導、發行自由，對於出版品若事前加以檢查限制，實屬於對於言論自由的事前檢查，應受到較為嚴格的違憲審查。

二、相關釋憲實務

（一）猥褻出版品並不當然禁止

司法院釋字第407號解釋稱：「出版自由為民主憲政之基礎，出版品係人民表達思想與言論之重要媒介，可藉以反映公意，強化民主，啟迪新知，促進文化、道德、經濟等各方面之發展，為憲法第十一條所保障。惟出版品無遠弗屆，對社會具有廣大而深遠之影響，故享有出版自由者，應基於自律觀念，善盡其社會責任，不得有濫用自由情事。其有藉出版品妨害善良風俗、破壞社會安寧、公共秩序等情形者，國家自得依法律予以限制。……**出版品是否有觸犯或煽動他人觸犯猥褻罪情節，因各國風俗習慣之不同，倫理觀念之差距而異其標準，但政府管制有關猥褻出版品乃各國所共通**。猥褻出版品當指一切在客觀上，足以刺激或滿足性慾，並引起普通一般人羞恥或厭惡感而侵害性的道德感情，有礙於社會風化之出版品而言。猥褻出版品與藝術性、醫學性、教育性等出版品之區別，應就出版品整體之特性及其目的而為觀察，並依當時之社會一般觀念定之。」

（二）性言論亦受憲法保障

司法院釋字第617號解釋稱：「為貫徹憲法第十一條保障人民言論及出版自由之本旨，除為維護社會多數共通之性價值秩序所必要而得以法律或法律授權訂定之命令加以限制者外，仍應對少數性文化族群依其性道德感情與對社會風化之認知而形諸為**性言論表現或性資訊流通者**，予以保障。」

第六節　新聞自由

一、概說

新聞自由雖未在憲法中明文規定，但媒體報導新聞亦涉及人民表示意見的權利，故應為憲法第11條所衍生的權利。但如果認為新聞自由係媒體監督政府的「第四權」，則其在憲法的理論依據，應係憲法第22條之概括基本權。

二、相關釋憲實務

司法院釋字第689號解釋中稱：「為確保新聞媒體能提供具新聞價值之多元資訊，促進資訊充分流通，滿足人民知的權利，形成公共意見與達成公共監督，以維持民主多元社會正常發展，新聞自由乃不可或缺之機制，應受憲法第十一條所保障。」即肯定新聞自由是受憲法第11條之保障範圍。

第七節　廣電自由（通訊傳播自由）

一、概說

為保障言論自由，必然擴及廣播電視媒體的通訊傳播自由。廣播電視媒體應盡量公共化，避免接受政府控制或財團資助[21]。

二、相關釋憲實務

（一）接近使用傳播媒體權

司法院釋字第364號解釋中稱：「廣播電視無遠弗屆，對於社會具有廣大而深遠之影響。故享有傳播之自由者，應基於自律觀念善盡其社會責任，不得有濫用自由情事。其有藉傳播媒體妨害善良風俗、破壞社會安寧、危害國家利益或侵害他人權利等情形者，國家自得依法予以限制。廣播電視之電波頻率為有限性之公共資源，為免被壟斷與獨占，國家應制定法律，使主管機關對於開放電波頻率之規劃與分配，能依公平合理之原則審慎決定，藉此謀求廣播電視之均衡發展，民眾亦得有更多利用媒體之機會。至學理上所謂『接近使用傳播媒體』之權利（the right of access to the media），乃指一般民眾得依一定條件，要求傳播媒體提供版面或時間，許其行使表達意見之權利而言，以促進媒體報導或評論之確實、公正。例如媒體之報導或評論有錯誤而侵害他人之權利者，受害人即可要求媒體允許其更正或答辯，以資補救。

---

21 李惠宗，《憲法要義》，元照，九版，2022年9月，Rn. 09192 ff。

又如廣播電視舉辦公職候選人之政見辯論，於民主政治品質之提昇，有所裨益。惟允許民眾『接近使用傳播媒體』，就媒體本身言，係對其取材及編輯之限制。如無條件強制傳播媒體接受民眾表達其反對意見之要求，無異剝奪媒體之編輯自由，而造成傳播媒體在報導上瞻前顧後，畏縮妥協之結果，反足影響其確實、公正報導與評論之功能。是故民眾『接近使用傳播媒體』應在兼顧媒體編輯自由之原則下，予以尊重。如何設定上述『接近使用傳播媒體』之條件，自亦應於法律內為明確之規定，期臻平等。」

大法官在本號解釋中指出，以廣播及電視表達意見之廣電自由屬於憲法第11條言論自由的保障範圍。人民有「接近使用傳播媒體」的權利，但廣電媒體經營者亦有編輯自由的權利，此基本權衝突的情形，究如何調和，大法官作為審判者，不便表示意見，應由立法者會同主管機關決定。

（二）通訊傳播自由

其後的釋憲實務，大法官擴張廣電自由的範圍，改稱「通訊傳播自由」的概念，司法院釋字第613號解釋稱：「憲法第十一條所保障之言論自由，其內容包括通訊傳播自由，亦即經營或使用廣播、電視與其他通訊傳播網路等設施，以取得資訊及發表言論之自由。」

司法院釋字第678號解釋則又將「通訊傳播自由」限縮為：「人民得使用無線電廣播、電視或其他通訊傳播網路等設施，以取得資訊及發表言論之自由。」與司法院釋字第613號解釋相較，「經營媒體」似乎不在「通訊傳播自由」的範圍內，然而，「經營媒體」仍可用財產權或職業執行的自由來涵蓋而受其他基本權保障，這點是毋庸置疑的。在司法院釋字第678號解釋後，一般人民之「接近使用傳播媒體」的權利與「經營媒體」者的自由存在著基本權衝突，仍未改變。

✎ 選擇題練習

1 依司法院大法官解釋，下列何者侵害人民之言論自由而違憲[22]？

(A) 法律規定製造人應於其所生產的食品包裝上標示是否使用特定成分

(B) 法律規定人民不得設立主張分裂國土的人民團體

(C) 法律規定不具證券投資顧問事業資格之人，不得舉辦有關證券投資講習

(D) 法院判決命加害人應於報紙上登載被害人勝訴判決之部分或全部

【100司法官】

2 我國菸害防制法第7條第1項規定：菸品所含之尼古丁及焦油含量，應以中文標示於菸品容器上。菸商因此須在菸盒加註相關標示，請問：依司法院大法官解釋，上開規定直接限制菸商何種基本權[23]？

(A) 出版自由　　　　(B) 言論自由

(C) 營業自由　　　　(D) 財產權　　　　　　　　　　【100律師】

3 依司法院解釋，有關民事妨害名譽訴訟，法官判決命加害人公開道歉是否違憲的問題，下列敘述，何者正確[24]？

(A) 判決命加害人公開道歉沒有違憲疑慮

(B) 判決命加害人公開道歉，如未涉及其自我羞辱等損及人性尊嚴的情事，才不牴觸比例原則

(C) 判決命加害人公開道歉與言論自由無關

(D) 判決命加害人公開道歉並非回復名譽的最後手段　　　　【100律師】

---

22 (B)，參照司法院釋字第577號解釋。
23 (B)，參照司法院釋字第577號解釋。
24 (B)，參照司法院釋字第656號解釋。

ч 有關於猥褻性言論，下列敘述，何者錯誤[25]？

(A) 猥褻性言論完全不受言論自由保障

(B) 猥褻性言論包含暴力、性虐待與人獸性交而欠缺藝術、醫學或教育價值的言論

(C) 雖不含有暴力、性虐待與人獸性交，但仍足以刺激或滿足性慾，而令一般人感覺不堪呈現於眾或不能忍受的資訊亦屬於猥褻性言論

(D) 雖不含有暴力、性虐待與人獸性交，但仍足以刺激或滿足性慾，而令一般人感覺不堪呈現於眾或不能忍受的資訊或物品，只要採取適當之安全隔絕措施，則不屬於散布猥褻物品　　　　　　　　　　　【101司法官】

5 依司法院大法官解釋，菸害防制法原第8條第1項規定：「菸品所含之尼古丁及焦油含量，應以中文標示於菸品容器上。……」（下稱強制標示義務）同法第21條對違反者處以罰鍰。下列敘述，何者錯誤[26]？

(A) 強制標示義務限制了菸商之不表意自由

(B) 強制標示義務雖限制了菸商的財產權，但仍屬財產權的社會義務之範疇

(C) 針對菸品有強制標示義務的規定，但酒品或保健食品並未有相同規定，因此違反平等原則

(D) 強制標示義務的規定，並未逾越比例原則　　　　　　　　【102司法官】

6 下列案例所涉及的「事前許可制」，何者曾經司法院大法官宣告違憲[27]？

(A) 以內容誇大、鼓勵濫用藥物為由，拒絕感冒藥廣告之刊播申請

(B) 以違反禁制區為由，拒絕於港口舉行演唱會之申請

(C) 以主張共產主義為由，拒絕臺灣共產黨之設立申請

(D) 以涉嫌重大犯罪為由，拒絕入境之申請　　　　　　　　　【102司法官】

---

25 (A)，參照司法院釋字第617號解釋。
26 (C)，參照司法院釋字第577號解釋。
27 (C)，參照司法院釋字第644號解釋。

7 公職人員選舉罷免法第28條第1項規定，政黨如推薦候選人參與選舉，該被推薦之人須為該政黨之黨員。此一規定與下列何種基本權利無關[28]？

(A) 該政黨之「集會自由」

(B) 該政黨之「結社自由」

(C) 該被推薦之人的「結社自由」

(D) 該被推薦之人的「被選舉權」 【103司律】

8 依司法院釋字第509號解釋之意旨，下列有關言論自由保障之敘述，何者錯誤[29]？

(A) 言論自由具實現自我、溝通意見、追求真理及監督各種政治或社會活動之功能

(B) 為兼顧對個人名譽、隱私及公共利益之保護，得以法律對言論自由為合理之限制

(C) 刑法第310條第1項及第2項誹謗罪之規定，可以通過憲法第23條比例原則之檢驗

(D) 行為人對指摘或傳述誹謗事項，必須自行證明其言論內容確屬真實，始能免於刑責

(E) 行為人不能證明言論內容為真實者，即可以誹謗罪之刑責相繩

【103司律（複選）】

---

28 (A)，參照司法院釋字第479號解釋。

29 (D、E)，參照司法院釋字第509號解釋。

9 依據司法院大法官之見解，下列有關言論自由之敘述，何者正確[30]？

(A) 言論自由乃維持民主多元社會正常發展不可或缺之機制，國家應給予最大限度之保障

(B) 爲保護個人隱私法益及維護公共利益，國家對言論自由得依其傳播方式爲最大程度之限制

(C) 言論自由之行爲人，雖不能證明言論內容爲眞實，但法院依其所提證據資料，認爲該證據有誤者，即應以誹謗罪之刑責相繩

(D) 爲保護名譽權而限制言論內容之法規範，其違憲審查應採取較爲寬鬆之審查標準
　　　　　　　　　　　　　　　　　　　　　　　　　　　【104司律】

10 下列有關憲法第14條保障人民集會遊行自由之敘述，何者正確[31]？

(A) 係保障人民以集體行動之方式，但不限和平方式表達意見之自由

(B) 國家應在法律規定與制度設計上使參與集會遊行者在毫無恐懼的情況下行使集會自由

(C) 立法者應對集會遊行自由之行使一律採行事前許可程序，始爲合憲

(D) 群眾因特殊原因未經召集自發聚集之偶發性集會、遊行，仍應事先申請許可

(E) 憲法第14條規定人民集會自由之保障範圍，包括緊急性集會、遊行
　　　　　　　　　　　　　　　　　　　　　　　　【104司律（複選）】

11 下列關於言論自由之敘述，何者錯誤[32]？

(A) 有人以焚燒他國國旗抗議其壓迫人權，此行爲受言論自由所保障

(B) 政治性言論屬於低價值的言論

(C) 言論自由除保障積極之表意自由外，尚保障消極之不表意自由

(D) 言論自由保障的目的之一爲實現自我
　　　　　　　　　　　　　　　　　　　　　　　　　　　【105司律】

---

30 (A)，參照司法院釋字第509號解釋。
31 (B、E)，參照司法院釋字第718號解釋。
32 (B)，參照司法院釋字第414號、第644號解釋。

12 依司法院大法官解釋，有關商業言論之管制，下列敘述何者錯誤[33]？

(A) 菸品容器上應以中文標示所含尼古丁及焦油含量，乃菸品財產權所具有之社會義務

(B) 商品標示為提供商品客觀資訊之方式，應受言論自由之保障，惟為一般公益目的，仍得立法採取合理而適當之限制

(C) 化粧品廣告之事前審查乃對言論自由之重大干預，原則上應為違憲

(D) 商業言論所提供之訊息，內容非虛偽不實或不致產生誤導作用，以合法交易為目的而有助於消費大眾作出經濟上之合理抉擇者，應受言論自由之保障

【108司律】

13 關於講學自由或大學生權利，依司法院解釋意旨及憲法法庭裁判，下列敘述何者錯誤[34]？

(A) 憲法關於講學自由之規定，其目的包括保障學術自由

(B) 講學自由，就大學教育而言，包含研究自由、教學自由及學習自由

(C) 大學依法訂定章則，對品行重大偏差之學生，予以退學處分，屬大學自治之範疇

(D) 大學生所受大學之處分或措施，限於退學或類此之處分，始得提起行政爭訟

【112司律】

---

33 (B)，參照司法院釋字第577號解釋。
34 (D)，參照司法院釋字第380號、第563號、第684號解釋。

第七章　秘密通訊自由

憲法第12條規定：「人民有秘密通訊之自由。」而通訊監察，即俗稱之「監聽」，已使國家機器嚴重侵犯人民「秘密通訊」之自由之基本權，原則要由客觀中立的法官核發令狀。（舊）通訊保障及監察法第5條第2項規定：「前項通訊監察書，偵查中由檢察官依司法警察機關聲請或依職權核發。」未要求通訊監察書應由客觀獨立行使職權之法官核發，而使犯罪偵查之檢察官與司法警察機關，可以直接限制憲法第12條保障之人民秘密通訊自由。司法院釋字第631號解釋理由書稱：「憲法第十二條規定：『人民有秘密通訊之自由。』旨在確保人民就通訊之有無、對象、時間、方式及內容等事項，有不受國家及他人任意侵擾之權利。此項秘密訊自由乃憲法保障隱私權之具體態樣之一，為維護人性尊嚴、個人主人格發展之完整，並為保障個人生活私密領域免於國家、他人侵擾及維護個人資料之自主控制，所不可或缺之基本權利，憲法第十二條特予明定。國家若採取限制手段，除應有法律依據外，限制之要件應具體、明確，不得逾越必要之範圍，所踐行之程序並應合理、正當，方符憲法保障人民基本權利之意旨。」

在2007年修法後，通訊保障及監察法第5條第2項規定，只有「法院」有權簽發通訊監察書。在偵查中，由檢察官聲請該管法院核發通訊監察書；審判中由法官依職權核發。其理由在於舊法規定，使職司犯罪偵查之檢察官與司法警察機關，同時負責通訊監察書之聲請與核發，未設適當之機關間權力制衡機制，以防免憲法保障人民秘密通訊自由遭受不必要侵害，自難謂為合理、正當之程序規範，而與憲法第12條保障人民秘密通訊自由之意旨不符。在2014年1月14日因應馬王政爭案再次修法後，一般之通訊監察應「事先」向法院聲請核發通訊監察書，且法院必須在48小時內核復；但例外如「緊急」之通訊監察之情形，應於24小時內陳報該管法院「事後」補發通訊監察書，法院並應設置專責窗口受理上開聲請，並應於48小時處理完畢，故屬「相對的法官保留原則」。

司法院釋字第756號解釋則係對於監獄受刑人的日常管理進行解釋，亦涉及人民的秘密通訊自由，這也是受刑人特別權力關係的突破。「檢查書信」之部分，旨在確認有無夾帶違禁品，於所採取之檢查手段與目的之達成

間，具有**合理關聯**之範圍內，與憲法第12條保障秘密通訊自由之意旨尚無違背。至於「**閱讀書信**」**的部分**，未區分書信種類，亦未斟酌個案情形，一概許監獄長官閱讀書信之內容，顯已對受刑人及其收發書信之相對人之秘密通訊自由，造成**過度限制**，於此範圍內，與憲法第12條保障秘密通訊自由之意旨不符；而「**刪除書信**」內容部分，應以維護監獄紀律所**必要者**為限，並應保留書信全文影本，俟受刑人出獄時發還之，以符比例原則之要求，於此範圍內，尚未與憲法保障秘密通訊及表現自由之牴觸。

而（舊）監獄行刑法施行細則第81條第3項規定：「受刑人撰寫之文稿，如題意正確且無礙監獄紀律及信譽者，得准許投寄報章雜誌。」違反憲法第23條之法律保留原則。另其中題意正確及監獄信譽部分，均尚難謂係重要公益，與憲法第11條保障表現自由之意旨不符。

此外，前述提到對於言論自由的「事前」限制，大法官認為國家對一般人民言論的「事前」限制及監獄中對受刑人言論的限制，還是不同的。亦即，對於一般人民言論的「事前」限制「推定違憲」，本應採嚴格審查標準；但考量獄政管理之目的，有其重要公益，調整為中度審查標準，須手段與目的間有實質關聯，方能通過違憲審查。

✏ 選擇題練習

① 　依司法院大法官解釋意旨，關於秘密通訊自由之限制，下列敘述何者錯誤[1]？

(A) 秘密通訊自由乃憲法保障隱私權之具體態樣之一

(B) 其法律限制要件應具體、明確，不得逾越必要之範圍

(C) 警察機關偵查犯罪而需要監察人民秘密通訊時，原則上應聲請法院核發通訊監察書

(D) 通訊監察未限制人身自由，尚非刑事訴訟上之強制處分

【110司律】

1　(D)，參照司法院釋字第631號解釋。

第八章　宗教自由

第一節　宗教自由的内涵

　　宗教自由是一種集合性的權利，由各種階段組成，涉足個人的內心及外部行為的表現，不限於傳統的宗教信念，包括新興的信念傳播及各種儀式活動[1]。學說上認為，憲法第13條應採取最廣義的解釋，包括宗教信仰自由、世界觀自由與良心自由[2]。

第二節　釋憲實務對宗教自由的詮釋

　　司法院釋字第490號解釋文首對宗教自由作出詮釋稱：「人民有信仰與不信仰任何宗教之自由，以及參與或不參與宗教活動之自由；國家不得對特定之宗教加以獎勵或禁制，或對人民特定信仰畀予優待或不利益。立法者鑒於男女生理上之差異及因此種差異所生之社會生活功能角色之不同，於兵役法第一條規定：中華民國男子依法皆有服兵役之義務，係為實踐國家目的及憲法上人民之基本義務而為之規定，原屬立法政策之考量，非為助長、促進或限制宗教而設，且無助長、促進或限制宗教之效果。」

　　依照上開解釋可作如下討論：

一、**內心之宗教信仰自由**：內心之信仰自由涉及思想、言論、信念及精神之層次，包含個人之宇宙觀、人生觀、世界觀，基於人性尊嚴，受憲法絕對保障。

二、**外在之宗教行為自由**：至於人民是否從事宗教行為，及以何種方式從事宗教行為之自由，包括以各種形式表達其內心信仰、依據其信仰而行為，有可能影響到其他人，受相對保障。

1　李惠宗，《憲法要義》，元照，九版，2022年9月，Rn. 1118。
2　許育典，《憲法》，元照，十二版，2022年8月，276頁。

三、**宗教結社之自由**：司法院釋字第573號解釋理由書稱：「人民所從事之宗教行為及宗教結社組織，與其發乎內心之虔誠宗教信念無法截然二分，人民為實現內心之宗教信念而成立、參加之宗教性結社，就其內部組織結構、人事及財政管理應享有自主權，宗教性規範苟非出於維護宗教自由之必要或重大之公益，並於必要之最小限度內為之，即與憲法保障人民信仰自由之意旨有違。」

四、**國家中立性原則**：世界上有的國家是政教合一的制度，如中東地區國家及梵蒂岡等。司法院釋字第573號解釋理由書稱：「憲法保障人民有信仰宗教之自由，係為維護人民精神領域之自我發展與自我實踐，及社會多元文化之充實，故國家對宗教應謹守中立及寬容原則，不得對特定之宗教加以獎勵或禁制，或對人民特定信仰界予優待或不利益。」可見，我國係採所謂的政教分離原則。所以國家不得定佛誕日或耶誕節等宗教性節日為國定假日，有學者參考美國實務，來判斷國家行為是否違反國家中立性：（一）國家行為是否出於世俗目的？（二）國家行為的主要效果是否在促進或助長特定宗教？（三）國家行為是否會造成國家與宗教間的過度糾葛？若以上有違反任何一項，就違反政教分離原則[3]。

參酌美國憲法增修條文第1條規定：「國會不得制定任何法律以設立特定宗教。」美國聯邦最高法院將此條文分為「宗教建立條款」（the Establishment Clause）及「宗教實踐自由條款」（the Free Exercise Clause）。前者之主要目的是避免政府有支持或協助特定宗教之行為；而後者之目的則是在避免政府對人民宗教信仰之實踐予以禁止或妨礙[4]。

基於此，國家與宗教，必須遵守政教分離原則，不得以法律獨厚某一宗教，如設定某種宗教為國教，或以宗教測驗作為取得公職或加分，均不受允許[5]。

3　黃昭元，〈釋迦牟尼，生日快樂─訂佛誕日為國定紀念日是否違憲？〉，《月旦法學雜誌》，第58期，2002年2月，16頁以下。

4　姚思遠、范秀羽、李劍非，《美國憲法基本原則與案例》，新學林，初版二刷，2023年9月，637頁。

5　董保城、法治斌，《憲法新論》，元照，八版，2021年9月，248頁。

五、**國家宗教寬容原則**：宗教寬容原則是自由民主憲政國家所賴以生存的必要條件，國家必須去創造形塑或保障這個「寬容」的條件[6]。例如在臺灣，穆斯林雖為少數之宗教信仰者，但很多地方設有穆斯林禱告室，這就是我國宗教寬容原則的展現。

第三節　管制宗教自由的違憲審查

以寺廟監督為例，司法院釋字第573號解釋文稱：「人民之宗教信仰自由及財產權，均受憲法之保障，憲法第十三條與第十五條定有明文。宗教團體管理、處分其財產，國家固非不得以法律加以規範，惟應符合憲法第二十三條規定之比例原則及法律明確性原則。監督寺廟條例第八條就同條例第三條各款所列以外之寺廟處分或變更其不動產及法物，規定須經所屬教會之決議，並呈請該管官署許可，**未顧及宗教組織之自主性、內部管理機制之差異性，以及為宗教傳布目的所為財產經營之需要**，對該等寺廟之宗教組織自主權及財產處分權加以限制，**妨礙宗教活動自由已逾越必要之程度**；且其規定應呈請該管官署許可部分，就申請之程序及許可之要件，均付諸闕如，已違反法律明確性原則，遑論採取官署事前許可之管制手段是否確有其必要性，與上開憲法規定及保障人民自由權利之意旨，均有所牴觸。」亦即，為保障宗教自由，國家對於宗教團體處分財產的管制不得過度，必須出於必要性及法律明確性原則。

其解釋理由書謂：「國家如僅針對特定宗教而為禁制或畀予不利益，即有悖於宗教中立原則及宗教平等原則。監督寺廟條例第三條規定，排除由政府機關、地方公共團體管理以及私人建立管理之寺廟適用該條例，僅將由信眾募資成立之寺廟（實務上稱為『募建寺廟』）納入該條例規範，**其以寺廟財產來源作為差別待遇之區分標準，尚未涉及對不同宗教信仰之差別待遇**，參酌前述該條例保護寺廟財產、防止弊端之立法目的，**當屬考量規範對象性質之差異而為之合理差別待遇**，固難謂與實質平等之要求有違。惟同條例第八條之規定，依該條例第一條所稱『凡有僧道住持之宗教上建築物，不論用

6　許育典，《憲法》，元照，十二版，2022年8月，283頁。

何名稱，均為寺廟』，及第二條第一項所定『寺廟及其財產法物，除法律別有規定外，依本條例監督之』，僅適用於佛、道等部分宗教，對其餘宗教未為相同之限制，即與憲法第十三條及第七條所定之宗教中立原則及宗教平等原則有所不符。」

就受規範對象而言，以寺廟財產來源作為差別待遇之區分標準，大法官考量寺廟財產、防止弊端之立法目的，手段尚稱合理；但即使採寬鬆的審查標準，該條例僅適用於佛、道等部分宗教，對其餘宗教未為相同之限制，仍違反憲法保障的宗教自由及平等原則。

選擇題練習

1 臺灣民間燒王船活動，屬於憲法何種基本權的行使[7]？
(A) 信仰宗教的自由
(B) 言論自由
(C) 結社的自由
(D) 一般行動自由 【100司法官】

2 某公立國小校長甲，因篤信基督教，而要求全校學生在例行性朝會時一起禱告。請問：根據憲法及教育基本法的規定，甲的行為是否合憲[8]？
(A) 因是校長的治校理念而屬合憲
(B) 因違反宗教信仰自由而違憲
(C) 因禱告是勸人為善而合憲
(D) 報備教育主管機關而違憲 【101司法官】

3 甲為虔誠的佛教徒，擔任嘉義市A公立國民小學的校長。為了淨化學童心靈，他以「節能茹素救地球」為名，要求學校所提供的營養午餐必須是素食，而且在午餐時間全校廣播佛教音樂。乙為學生家長，對甲之所為甚為不滿，屢屢抗議而無效。請問甲乙間的爭執可能涉及下列何項權利[9]？
(A) 財產權
(B) 宗教自由
(C) 營業自由
(D) 行動自由 【102司法官】

---

7 (A)，參照司法院釋字第490號解釋。
8 (C)，參照司法院釋字第490號解釋。
9 (B)，參照司法院釋字第490號解釋。

4 承前題，乙屢屢抗議無效後，向市府教育處陳情。請問市府應如何作為[10]？

(A) 尊重學校自治，不予介入

(B) 尊重甲之行動自由，不予介入

(C) 要求學校提供學生選擇葷食或素食的可能性，並停止播放佛教音樂，以避免形成國家獎掖特定宗教之疑慮

(D) 要求學校停止提供營養午餐，以杜爭議　　　　　　　【102司法官】

5 甲自幼為「耶和華見證人」基督徒，相信聖經是上帝的話語，不僅一切信仰基於聖經，生活言行概以聖經為唯一標準及原則。甲於應徵入營報到時，表示在良心上無法接受軍事訓練，致遭依陸海空軍刑法判處有期徒刑。請問：根據釋字第490號解釋，下列敘述何者正確[11]？

(A) 兵役法未規定因宗教信仰而得免服兵役，仍不違憲

(B) 兵役法因侵犯甲的宗教自由而違憲

(C) 當時我國因無替代役制度，致有特定信仰之人無法服替代役而違憲

(D) 兵役制度強迫人民服兵役，已侵害人性尊嚴　　　　　【102司法官】

6 憲法保障信仰宗教之自由，依司法院解釋，下列敘述何者錯誤[12]？

(A) 係指人民有信仰與不信仰任何宗教之自由，以及參與或不參與宗教活動之自由

(B) 國家基於特定目的，得對特定之宗教加以獎勵或禁制，或對人民特定信仰畀予優待或不利益

(C) 宗教行為之自由與宗教結社之自由，在必要之最小限度內，仍應受國家相關法律之約束

(D) 兵役法所規定服兵役之義務，與憲法第7條平等原則及第13條宗教信仰自由之保障，並無牴觸　　　　　　　　　　　【106司律】

---

10 (C)，參照司法院釋字第490號解釋。

11 (A)，參照司法院釋字第490號解釋。

12 (B)，參照司法院釋字第573號解釋。

依司法院釋字第756號解釋，有關受刑人之書信檢查，何者正確[13]？

(A) 監獄行刑法規定受刑人投寄報章雜誌之文稿須無礙監獄信譽，與憲法保障表現自由之意旨不符

(B) 受刑人發送書信予其他受刑人造成心理壓力，與監獄紀律無關，不得加以限制

(C) 監獄行刑法規定監獄長官檢閱書信確認有無夾帶違禁品，與憲法保障秘密通訊自由之意旨不符

(D) 監獄行刑法施行細則規定，受刑人撰寫題意正確之文稿得准許投寄報章雜誌，與法律保留原則無涉　　　　　　　　　　　　　　　【107司律】

---

13 (A)，參照司法院釋字第756號解釋。

第九章　集會結社自由

第一節　概念

憲法第14條：「人民有集會及結社之自由。」有別於各國立憲例之規範模式[1]，我國制憲者於前揭條文中乃將集會自由及結社自由合併於一條而為規範。此二者在其性質上屬於表意自由之一環，我國雖然就表意自由已有憲法第11條「言論、講學、著作及出版自由」之明文保障，然而，人民藉由「集會」及「結社」之形式，基於相同之目的，積極地進行意見之溝通、與社會各界交流及影響政策之形成，因此，制憲者仍於前揭條文明示保障人民之集會自由及結社自由。

一、集會自由

由3人以上基於共同目的之內在意志聯繫[2]，集體透過行動、語言等方式，將主張或對於現狀之不滿，以公開方式表現於外部者，屬憲法第14條集會自由所稱之「集會」[3]。至於人民於室外之公共場域，如廣場、馬路、公園等場地由靜態的集會（如集體靜坐）轉變為動態移動時，此時人民之集會自由及行動自由將結合為遊行自由，就此，遊行自由應係屬於集會自由所保障之一環[4]，因此，集會自由通常會與遊行自由一起論述。集會遊行自由是一種包括言論自由的表現自由，司法院釋字第445號解釋即說明其為實施民主政治最重要的基本人權，且國家為保障人民之集會自由，從而國家在消極方面應保障人民有此自由而不予干預；積極方面應提供適當會場所集會，並

---

1 如公民與政治權利國際公約即將集會自由及結社自由分別規定於第21條及第22條。是否二人可以構成集會，一般是採否定態度，本書採之。

2 *Pieroth/ Schlink*, Grundrechte StaatrechtII, 15. Aufl., 1999, Rn. 689.

3 蔡震榮，〈集會遊行法修法之探討與建議〉，收錄於吳庚教授七秩華誕祝壽論文集編輯委員會編，《政治思潮與國家法學——吳庚教授七秩華誕祝壽論文集》，元照，2010年1月，349頁。

4 集會遊行法第2條第2項並指出：「本法所稱遊行，係指於市街、道路、巷弄或其他公共場所或公眾得出入之場所之集體行進。」

保護集會、遊行之安全，使其得以順利進行。有謂此種古典基本權之行使，往往就是對基本權本身的有力捍衛[5]。

二、結社自由

　　憲法上「結社自由」（Vereinigungsfreiheit）所保障之社團或團體，係指多數自然人或法人基於共同目的，並以長時間進行組織性決策為目標，所自願建立的結合體[6]，至於該社團或團體究係以何種法律形式（Rechtform）所設立則在所不問[7]。憲法第14條規定之人民結社之自由，旨在保障人民利用結社之形式以形成共同意志，為特定目的追求共同理念，以共同意思組成團體，並參與其活動以實現共同目標之基本權利。結社自由不僅保障人民得自由選定結社目的以集結成社，並保障由個別人民集合而成之結社團體就其本身之形成、存續、命名及與結社相關活動之推展免於受不法之限制（憲法法庭112年憲判字第7號判決、司法院釋字第479號、第644號及第733號解釋參照）。須注意者，憲法法庭111年憲判字第14號判決認為：「**此結社自由，僅在保障人民是否成立私法上團體，以及參加或不參加此團體之自由，並不包括人民有組成得行使公權力之公法人之自由在內。**蓋基於民主憲政體制，取得或行使公權力以遂行公法任務者，均應直接或間接來自人民之授權，例如由人民直接選出中央及地方公職人員，或由選出之立法委員、地方議會議員制定法令規範公權力之行使，或代表人民行使人事同意權等。就公法人資格之取得言，憲法固不禁止立法者直接立法而成立特定之公法人，或由立法者訂定法規範做為成立之準據等方式。但不包含人民得直接本於憲法第14條保障之結社自由，而成立公法人。**農田水利會係依法律規定而設立之公法人，並非人民基於憲法第14條保障之結社自由所成立。從而，系爭規定一及七規定農田水利會改制納入公務機關，消滅其公法人之法人格，亦不生侵害農田水利會原有會員受憲法第14條所保障之結社自由問題。**」

5　顏厥安，〈人權清單與憲法上保障人權之相關機制的整體檢討〉，收錄於葉俊榮等著，《憲改方向盤》，五南，2006年4月，290頁。

6　*Pieroth/ Schlink*, Grundrechte StaatrechtII, 15. Aufl., 1999, Rn. 720.並參照董保城、法治斌，《憲法新論》，元照，八版，2021年9月，357頁。

7　*Michael/ Morlok*, Grundrecht, 1. Aufl., 2008, Rn. 289.

　　大法官曾於司法院釋字第479號解釋理由書中認為：「憲法第十四條結社自由之規定，乃在使人民利用結社之形式以形成共同意志，追求共同理念，進而實現共同目標，為人民應享之基本權利。」司法院釋字第644號解釋理由書則進一步指出：「除保障人民得以團體之形式發展個人人格外，更有促使具公民意識之人民，組成團體以積極參與經濟、社會及政治等事務之功能。」

　　結社自由不僅保障人民得自由選定結社目的以集結成社、參與或不參與結社團體的組成與相關事務，並保障由個別人民集合而成的結社團體，就其本身的形成、存續及與結社相關活動的推展，免受不法的限制[8]。憲法所以保障人民結社自由，主要即在保障人民得自由組織或加入具有共同理念的不同團體，以擴展人我互動，參與各類關於文化、教育、政治、經濟、宗教、職業、慈善或娛樂等社會活動，藉以表現自我、提升自我與實現自我；而社會整體亦因不同結社團體的存在，得發展出豐富多元的社會生活，並自發性形成長期穩定的社會秩序，使部分國家功能或責任因此獲得分擔。同時，民主憲政社會因有多元結社團體的存在，增進人民參與民主政治及形成公共決策的機會，而有助於民主理念的實踐。故結社基本權不僅包含一項防衛權，同時亦可建構一項民主及法治國秩序的組織原則，以產生長期穩定的團體秩序，並避免國家以主流社會的價值體系形塑與組織團體，乃維持民主憲政秩序不可或缺的制度性基本權[9]。

　　結社自由屬自我形成的自由，不但是個人權，也是集體自由權，憲法結社自由的保障，在其對象上可以包括個人的結社自由，而對於該社團而言，也有集體的結社自由保障，在性質上稱為「雙重基本權」（Doppel-Grundrechte）[10]。個人與他人共同結合的自由，從民主原則所導出，並防止國家恣意干涉。結社自由擔保每個人可以自己力量參與各種方式的結合，其不僅對人民，而且也是對社團本身的擔保。每個社團有成立與存在之權，受到保護的包括社團組織、意志形成的程序以及運作領導的自我決定權，若無此自我決定權，社團存在即無意義，而受到保護的也包括社團名稱，以保有

8　司法院釋字第479號解釋。
9　司法院釋字第643號解釋林子儀、彭鳳至大法官協同意見書。
10 *Benda/ Maihofer/ Vogel*, Handbuch des Verfassungsrechts der Bundesrepublik Deutschland, 2. Aufl., 1994, S. 862.

一個已經持續存在的名稱。結社自由不僅是積極地保障創立社團，或自由進入參加社團，而且包括消極地保障不參加或退出社團的自由。

三、集會自由與結社自由之比較

　　結社自由和集會自由同屬我國憲法保障，兩者有何差別？蘇永欽大法官認為結社自由和言論自由、集會自由一樣，都是民間社會的建構與運作不可或缺的保障，故憲法體例雖以獨立規定為多，但國際人權公約和不少國家將這些權利放在同一條文，例如世界人權宣言第20條、歐洲人權公約第11條和我國憲法第14條都把集會自由和結社自由放在一起。結社自由和集會自由是一種溝通基本權，以其集體性和集會自由共同彌補一般言論自由的不足，且結社自由的組織性，又可彌補集會自由一時性的不足，從而有「補強確保」（Komplementargarantie）的功能[11]。

　　結社自由具有組織性的集體溝通功能，不論就議題設定的廣度或討論內容的深度，毫無疑問都遠勝於一時性的集體溝通，有利於溝通審議性格的提高。再加上集會自由對於公共空間的利用有極大的外溢成本，而需要以許多公共利益的減損為其對價，例如交通、公衛、寧靜等；相對而言，結社自由組織性的集體溝通則可因其長期性而在溝通的成本效益上最大化。此所以現代民主所需的意見溝通本來就以結社為主——政黨、利益團體為其典型中介體，而僅以集會填補短期的需要。結社的群體歸屬性是結社自由的另一層重要社會功能，而正好是一次性的集會無法承擔者。

　　而「集會」及「結社」在其內涵上有何差異？就此，大陸時期之憲法學者王世杰、錢端升教授認為：「結社自由的所謂『社』，自與集會自由的所謂『會』有別，『會』為一種暫時的集會；而『社』則為一種永久的團體；所以『社』必為一種有機關有規律的組織，而『會』則常常不是這樣[12]。」林紀東大法官認為：「集會、結社，謂多數之自然人，為一時的或共同的目的，所為之一時的，或繼續的結合[13]。」而吳庚大法官則引用德國學理，進

---

11 司法院釋字第724號解釋蘇永欽大法官協同意見書，5-6頁。
12 王世杰、錢端升著，范中信校勘，《比較憲法》，中國政法大學出版社，1997年12月，106頁。
13 林紀東，《中華民國憲法逐條釋義》，三民，修訂再版，1985年9月，206頁。早期學者

一步指出：「結社是指由自然人或法人自由的為共同目的，自願組成長期存立的組織體，並接受組織意思的拘束之謂。就共同目的而言，結社與集會有相似之處，但集會的共同目的是內在的連結，而非明示的宗旨，同時集會是短暫的聚合，也沒有決議機制可形成共同的組織意思[14]。」

　　比較上述學者之見解後，吳庚大法官除了以「存續時間的長短」外，更以是否有「決議機制」形成共同、明確的組織意思（宗旨）作為判準。對此，李惠宗氏、陳新民氏大致上乃亦與吳庚大法官之見解相同[15]，而法治斌及董保城氏則似仍以「持續性之結合」作為判斷標準[16]。在此，本書認為吳庚大法官所採取之定義，除透過存續性之長短外，並將「決議機制」此種社團民主之表現作為判斷基準，對於集會及結社間之差異較能劃出界線及差異[17]。

第二節　集會自由及結社自由之保護內涵

一、集會自由

（一）集會自由之保障目的

　　我國大法官釋憲實務中，也曾就集會（遊行）自由（Versammlungs-freiheit）之保障目的有所闡釋，首先是大法官曾於司法院釋字第445號解釋

亦普遍以「存續時間之久暫」作為集會與結社之區分標準，此如謝瀛洲，《中華民國憲法論》，自版，八版，1958年6月，56-57頁；劉慶瑞，《中華民國憲法要義》，三民，1994年3月，80頁。

14　吳庚、陳淳文，《憲法理論與政府體制》，三民，七版，2021年9月，245頁。但此種釋義學解釋方法僅是試圖初步地對於「集會」及「結社」提出判斷標準，乃並不排除人民在舉行集會遊行後，進一步地以具體且明確的宗旨成立長久的組織團體或結社（不論是否依照人民團體法向內政部申請登記），如三一八學運後，即有「民主講堂」、「民主鬥陣」及「島國前進」等公民團體之出現，藉以延續學運期間所提出之訴求而為推動目標。

15　陳新民，《憲法學釋論》，三民，十一版，2022年3月，219頁。

16　法治斌、董保城，《憲法新論》，元照，八版，2021年9月，358頁。

17　雖然，若干集會遊行之舉辦，如1990年3月間的「野百合學運」即以著名的「校際會議」決策機制著稱，然而，本書認為此種集會、遊行的決策機制，因為參與人數眾多，彼此間的不同意見甚難充分討論，因此難以與本書在此所稱之「決議機制」相提並論。

理由書中指出：「本於主權在民之理念，人民享有自由討論、充分表達意見之權利，方能探究事實，發見真理，並經由民主程序形成公意，制定政策或法律。……集會自由係保障其公開表達意見之重要途徑。」本號解釋所採取之立場，應是認為人民係希冀透過集會、遊行來參與國家政策及影響政策之制定，換言之，大法官在此號解釋乃採取較狹義之認定，亦即，人民集會自由之行使對象乃是針對國家而言[18]。

　　但在司法院釋字第718號解釋之解釋理由書首段中，大法官乃採取了與前述解釋不同之認定，其稱：「憲法第十四條規定人民有集會之自由，旨在保障人民以集體行動之方式和平表達意見，與社會各界進行溝通對話，以形成或改變公共意見，並影響、監督政策或法律之制定，係本於主權在民理念，為實施民主政治以促進思辯、尊重差異，實現憲法兼容並蓄精神之重要基本人權。」亦即，集會之行使對象除國家外，亦已及於社會各界之人士。

（二）集會自由之保障範圍

　　此外，大法官在司法院釋字第718號解釋理由書中並闡明：「保障人民以集體行動之方式和平表達意見」。對此，大法官應係認為「和平集會」方是我國憲法第14條所保障之集會（遊行），亦即是集會遊行自由之內部限制。

（三）集會自由之禁制區

　　集會遊行法雖建立了集會遊行不得在特定地區及其周邊範圍舉行之原則，其第6條規定：「集會、遊行不得在左列地區及其週邊範圍舉行。但經主管機關核准者，不在此限：一、總統府、行政院、司法院、考試院、各級法院及總統、副總統官邸。二、國際機場、港口。三、重要軍事設施地區。四、各國駐華使領館、代表機構、國際組織駐華機構及其館長官邸（第1項）。前項第一款、第二款地區之週邊範圍，由內政部劃定公告；第三款地區之週邊範圍，由國防部劃定公告。但均不得逾三百公尺。第四款地區之週邊範圍，由外交部劃定公告。但不得逾五十公尺（第2項）。」所謂禁制

---

18 司法院釋字第718號解釋蘇永欽大法官協同意見書；並請參照蔡震榮，〈從釋字第718號解釋探討集會遊行法之修正方向〉，《警察法學》，第12期，2014年7月，12頁。

區，即透過法律及命令明文規定，禁止舉行集會、遊行之區域，禁制區所欲維護者，主要屬各該機關之功能能力，及其所屬人員之心理上完整性，以使其得免於外界干擾，行使職權。司法院釋字第445號解釋中，對於集會遊行法有關禁制區之規定，認：「集會遊行法規定集會遊行之禁制區，目的在於保護國家重要機關與軍事設施之安全、維持對外交通之暢通……係為確保集會、遊行活動之和平進行，避免影響民眾之生活安寧，均屬防止妨礙他人自由、維持社會秩序或增進公共利益所必要，與憲法第二十三條規定並無牴觸[19]。」

　　集會遊行法第6條第1項雖建立了集會遊行不得在特定地區及其周邊範圍舉行之原則，惟其但書明定「但經主管機關核准者，不在此限」，開啟例外於禁制區舉行集會遊行之可能性。而核准與否，應屬主管機關之裁量空間，裁量時自應將舉行集會、遊行可能致侵害之法益，以及集會、遊行之舉行所得維護之法益間進行妥適衡酌，特別是目的與手段間是否合於比例原則[20]。

二、結社自由

（一）結社自由之保障目的

　　結社自由（die Vereinigungsfreiheit）之保障目的是讓人民可以透過結盟以集體方式，表達自己理念之自由，可以組成政治、社會或經濟等團體，充分保障人民表現自由，此外，透過人民結社可以分擔國家的一部分任務，由國家以及私人共同擔當國家事務。因此，政府對於人民結社自由應多給予保障，非必要不得任意干涉之。

（二）結社自由之保障範圍

　　司法院釋字第214號解釋認為設立信用合作社雖屬結社自由[21]，係所保

---

19 李震山、黃清德、李錫棟、李寧修、陳正根、許義寶，集會遊行法逐條釋義，五南，初版，2020年7月，110頁。

20 李震山、黃清德、李錫棟、李寧修、陳正根、許義寶，集會遊行法逐條釋義，五南，初版，2020年7月，111頁。

21 司法院釋字第214號解釋理由書：「……設立合作社雖屬結社之一種，但經營合作社法第三條第四款業務之合作社，其貸放資金與收受存款等事項，本為銀行業務，故信用合作社乃屬金融事業，自應依法受國家之管理。」

障結社之一種，囿於當時社會經濟與金融之實際需要，主管機關就信用合作社所為之管制（限制設立）應屬合理，而認為行政院及財政部分別發布之職權命令並無牴觸憲法。本號解釋應係司法院大法官首次針對結社自由之規定所作成之解釋，但其中除有關法律保留原則之見解似已為後來之大法官所不採外[22]，並未就憲法上結社自由之意義及保障目的有所闡明。而大法官往後亦曾於司法院釋字第373號解釋中，援引憲法第14條而宣告舊工會法禁止教育事業技工、工友組織工會條文之部分違憲[23]，依然未就上述課題予以具體說明。直到司法院釋字第479號解釋，大法官始進一步說明憲法第14條所保障之「結社」[24]：「憲法第十四條規定人民有結社自由，旨在保障人民為特定目的，以共同之意思組成團體並參與其活動之自由。就中關於團體名稱之選定，攸關其存立之目的、性質、成員之認同及與其他團體之識別，自屬結社自由保障之範圍。」

　　是以，基於自治原則，結社自由除了人民得自由選定結社目的以集結成社、參與或不參與結社團體的組成與相關事務外，亦保障由個別人民集合而成的結社團體，就其本身的形成、存續及與結社相關活動的推展，免受不法的限制[25]，就此，學者也常以「雙重基本權」稱之[26]。

1. 人民團體之命名

　　依照司法院釋字第479號解釋之意旨：「關於團體名稱之選定，攸關其存立之目的、性質、成員之認同及與其他團體之識別，自屬結社自由保障之範圍。」而對其所為之限制，也必須「對團體名稱選用之限制，亦須符合憲法第二十三條所定之要件，以法律或法律明確授權之命令始得為之」。亦

---

22 如司法院釋字第724號解釋。

23 司法院釋字第373號解釋：「工會法第四條規定：『各級政府行政及教育事業、軍火工業之員工，不得組織工會』，其中禁止教育事業技工、工友組織工會部分，因該技工、工友所從事者僅係教育事業之服務性工作，依其工作之性質，禁止其組織工會，使其難以獲致合理之權益，實已逾越憲法第二十三條之必要限度，侵害從事此項職業之人民在憲法上保障之結社權，應自本解釋公布之日起，至遲於屆滿一年時，失其效力。惟基於教育事業技工、工友之工作性質，就其勞動權利之行使有無加以限制之必要，應由立法機關於上述期間內檢討修正，併此指明。」

24 此一見解，也被司法院釋字第644號解釋及釋字第724號解釋所肯認。

25 參照司法院釋字第724號解釋蘇永欽大法官協同意見書。

26 *Benda/ Maihofer/ Vogel*, Handbuch des Verfassungsrechts der Bundesrepublik Deutschland, 2.Aufl., 1994, S. 862.

即，基於社團自治之精神，團體如何命名應屬人民團體內部所得自行決定之自治權限，然而，若人民團體之命名有牴觸公序良俗，或與其他團體（之名稱）產生混淆等情事，而有必要對其團體命名權有所限制時，在其要件上勢必應由法律或法規命令予以明文規定，否則乃有違背法律保留原則之虞。

2. 人民團體之成立目的

人民之結社如有以暴力手段危害國家法益之情況時，則非不得例外予以事前禁止，此即**防衛性民主**所關注之焦點，然而舊人民團體法第2條及第53條僅以人民主張「共產主義」及「分裂國土」有不予許可之法律效果，在此即等同於主管機關在人民團體成立前賦予主管機關禁止、限制人民政治性言論之權限，而同時侵害人民之結社自由及言論自由。因此，大法官於司法院釋字第644號解釋理由書中指出：「所謂『主張共產主義，或主張分裂國土』原係政治主張之一種，以之為不許可設立人民團體之要件，即係賦予主管機關審查言論本身之職權，直接限制人民言論自由之基本權利。雖然憲法增修條文第五條第五項規定：『政黨之目的或其行為，危害中華民國之存在或自由民主之憲政秩序者為違憲。』惟組織政黨既無須事前許可，須俟政黨成立後發生其目的或行為危害中華民國之存在或自由民主之憲政秩序者，經憲法法庭作成解散之判決後，始得禁止，而以違反人民團體法第二條規定為不許可設立人民團體之要件，係授權主管機關於許可設立人民團體以前，先就言論之內容為實質之審查。」而宣告（舊）人民團體法第2條及第53條乃屬違憲。

3. 人民團體之人事決定

司法院釋字第724號解釋理由書：「憲法第十四條結社自由規定，不僅保障人民得自由選定結社目的以集結成社、參與或不參與結社團體之組成與相關事務，並保障由個別人民集合而成之結社團體就其本身之形成、存續及與結社相關活動之推展，免受不法之限制（本院釋字第四七九號解釋參照）。……人民團體理事、監事之選任及執行職務，涉及結社團體之運作，會員結社理念之實現……。」大法官在本號解釋中，肯認社團之自治事項屬於結社自由保障之範圍，而認限期整理對於社團人事決定所為之干涉，應屬違憲。

而司法院釋字第733號解釋中，大法官認為人民團體法第17條第2項規定「由理事就常務理事中選舉一人為理事長，其不設常務理事者，就理事中互

選之」，干涉限制職業團體內部組織與事務之自主決定已逾必要程度，並於理由書中指出：「該等職務之履行，事關內部組織及事務運作，影響團體之健全發展。法律規定對理事長產生方式之限制，如未逾達成其立法目的之必要程度，固非不許，惟職業團體理事長不論由理事間接選舉，或由會員直接選舉，或依章程規定之其他適當方式產生，皆無礙於團體之健全發展及促進社會經濟建設等目的之達成。」

4. 人民團體之組織權

憲法第153條第1項復規定國家為改良勞工之生活，增進其生產技能，應制定保護勞工之法律，實施保護勞工之政策。從事各種職業之勞動者，為改善勞動條件，增進其社會及經濟地位，得組織工會，以行使勞工所享有之團體協商及爭議等權利，乃現代法治國家普遍承認之勞工基本權利，亦屬憲法上開規定意旨之所在（司法院釋字第373號解釋參照），並為多項國際公約所承認（公民與政治權利國際公約第22條第1項、經濟社會文化權利國際公約第8條第1項、國際勞工組織第87號結社自由及組織權之保障公約第2條規定參照）。又勞工組成工會、勞工團結權之行使與雇主協商及爭議之權利密不可分，屬國家對勞工保護之義務之一環，同屬憲法第14條結社權保障之特別型態。是勞工以組成工會形式，其所形成共同意志及結社自由，屬憲法第14條結社權之保障範圍。

憲法法庭112年憲判字第7號判決指出，工會法第6條第1項第1款：「工會組織類型如下……：一、企業工會：結合同一廠場、同一事業單位、依公司法所定具有控制與從屬關係之企業，或依金融控股公司法所定金融控股公司與子公司內之勞工，所組織之工會。」**母法所稱之「廠場」，並無定義性規定。** 但身為子法的工會法施行細則第2條第1項卻規定：「本法第六條第一項第一款所稱廠場，指有獨立人事、預算會計，並得依法辦理工廠登記、公司登記、營業登記或商業登記之工作場所。」第2項規定：「前項所定有獨立人事、預算及會計，應符合下列要件：一、對於工作場所勞工具有人事進用或解職決定權。二、編列及執行預算。三、單獨設立會計單位，並有設帳計算盈虧損。」牴觸憲法第23條法律保留原則，至遲於本判決宣示之日起屆滿2年時，失其效力。

（三）人民結社之分類

　　基於憲法之簡潔性、原則性等特性，制憲者於前揭條文中並未具體指出何種結社或社團、團體方受規範，基此，在解釋上即係容許由立法者加以細緻化地分類[27]。依照我國目前法制，則係以該組織是否在於獲取私人利益為成立目的之判斷標準，乃區分為**營利結社（營利組織）**與**非營利結社（非營利組織）**二種型態。前者目前大抵受民商法所規範，如公司、合夥等；而後者之非營利結社，則屬於人民團體法所規範。就後者而言，我國人民團體法第4條乃之細分為：職業團體[28]、社會團體[29]及政治團體[30]等三種。

　　此外，憲法保障的結社自由與政黨的概念也有密不可分的關係，政黨是近代政治的產物[31]，係現代民主政治中不可或缺的組織，雖然此等組織非屬國家組織的一部，但卻得藉由選舉等方式參與國家的組織及運作，且對國家具有重要影響[32]。此種組織的形成，雖然是屬於人民結社自由的實際展現，其地位依現行人民團體法與其他社會團體等量齊觀[33]。然而，此種植基於社會意識，而由人民基於自由意志所組成的組織，與其他社會團體相較，政黨在現今政黨政治的功能上實具有扮演促進民主深化的功能，因此，國家對於政黨的管制，已不僅單純涉及人民的結社自由，就人民的政治性權利，如參政權、平等權[34]及表意自由的權利[35]，也顯得十分重要。

---

27 李惠宗，《憲法要義》，元照，九版，2022年9月，Rn. 1244。

28 人民團體法第35條：「職業團體係以協調同業關係，增進共同利益，促進社會經濟建設為目的，由同一行業之單位，團體或同一職業之從業人員組成之團體。」

29 人民團體法第39條：「社會團體係以推展文化、學術、醫療、衛生、宗教、慈善、體育、聯誼、社會服務或其他以公益為目的，由個人或團體組成之團體。」

30 人民團體法第44條：「政治團體係以共同民主政治理念，協助形成國民政治意志，促進國民政治參與為目的，由中華民國國民組成之團體。」

31 李惠宗，〈我國「政黨補助法」之商榷──從德國聯邦憲法法院政黨財務之判決談起〉，《月旦法學雜誌》，第32期，1997年12月，89頁。

32 蕭文生，《國家法（Ⅰ）國家組織篇》，元照，初版，2008年7月，193頁。

33 我國立法者在法律層次中並未如德國政黨法般，統一處理有關政黨之規制，而是散落在人民團體法、政治獻金法等法制之中。依照人民團體法第45條之規定，全國性政治團體在滿足一定要件下，得轉化為政黨，亦即將政黨劃歸為一般政治團體之一種。

34 司法院釋字第721號解釋理由書參照。

35 BVerfGE 20, 56.有關翻譯及評析，參照李建良譯，陳新民譯註，〈政黨財政補助案──政黨功用的定位與財務的法律問題〉，李建良編著、陳新民評釋，《基本人權與憲法裁判》，1992年，89-90頁。

第三節　集會自由及結社自由之限制

　　而就限制人民權利之寬嚴程度為區分，基本上得將此等行政管制模式劃分為：（**事前**）**預防制**及（**事後**）**追懲制**二種。所謂的（**事後**）**追懲制**，係指所為之行為事前不必向主管機關申請許可或報備，人民如於其中有違法情事時，則得於事後透過行政罰或刑罰來加以處罰；而（**事前**）**預防制**則屬於主管機關對於人民權利的事前管制，俾使主管機關得以事前預知人民活動之概況，而事前預防制又得以區分為**許可制**及**報備制**。

　　許可制一般乃是指原則禁止，透過許可禁令得以解除，而回復到人民原應保有之自由狀態，此制度並非保障人民權利之制度[36]，許可制之制度功能，在於行政機關得於事前加以審查，以達到事先控制之目的[37]，缺點是將人民權利繫諸於主管機關的許可上；**報備制**，是指該行為原則上不受主管機關之禁止或許可，得由人民行使其權利，報備制作為事前預防制之一種，其目的僅在於使行政機關事前知悉並作好預防措施，以免該行為對於公共安全及他人權利有所影響[38]。一般而言，針對人民集會、遊行之限制，首先因其地點處於室內或室外而有是否事先預防之差異。針對室內部分，因其對社會秩序之影響較低，故而各國率以事後**追懲制**作為規範，而就事前預防制中的許可制及報備制之爭議，則大抵存在於室外集會遊行之管制。

一、集會自由之限制

（一）現行制度下之許可制及其與報備制之差異

　　誠如上述，針對人民室外集會、遊行之限制，乃有許可制及報備制之差異。就集會、遊行報備制之部分，參酌各國立法例乃得有進一步的區分，亦

---

36 法治斌，〈集會遊行之許可制或報備制：概念之迷思與解放〉，收錄於氏著，《法治國家與表意自由》，正典，2003年5月，7頁。

37 陳慈陽，〈集會遊行自由之保障——以集會遊行法相關規定含意問題為研究對象〉，收錄於氏著，《人權保障與權力制衡》，自版，2001年3月，26頁。

38 而此種報備制如對公共安全或社會秩序產生重大危害者，主管機關仍享有附負擔保留之權，此即學者所稱之「預防性禁止之可能性」（Möglichkeit der Präventivverbot）。就此，請參照李震山，〈論行政許可行為〉，收錄於1998年海峽兩岸行政法學術研討會，國立政治大學法學院出版，1999年4月，193-194頁。

即**自願報備制**及**強制報備制**。

　　自願報備制認為集會自由屬於憲法所直接賦予之自由，在事前不應擔負任何義務，報備與否乃繫於舉辦者之個人決定，沒有報備者亦無相關處罰之規範；**強制報備制**，雖承認集會自由屬於憲法所保障之權利，但因為集會遊行之舉行，尤其大型的集會遊行，有時會影響公共秩序與安全，在此情形下，應當賦予舉辦人或負責人維持集會遊行活動和平之進行，而有向主管機關報備之義務，若疏於此報備之義務則處以相關行政罰，亦即，個人仍得享有其基本權利並無改變，此制為德國所採。

　　而我國集會遊行法所採取者係屬所謂的**準則式許可制**或**原則許可制**，集會遊行法第8條乃規定除該條所列各款之規定外，室外集會、遊行皆應經主管機關許可，而針對此種許可規定，第11條並採取負面表列之方式，如有：第6條集會遊行禁制區、第10條負責人之條件限制或其他「有事實足認」對公共利益及生命、身體、自由法益造成危害或損害之虞時，才例外不予許可，並且依同法第25條之規定，未經許可之集會乃構成解散事由，警察機關命其解散而自動解散者，並無相關罰則，但就未遵從警察下令者，則有第27條以下之行政罰及刑罰規定。

（二）偶發性及緊急性集會、遊行之區分

　　在比較法上，德國之巴伐利亞邦乃於集會法（Bayerisches Versammlungsgesetz, BayVersG）採取「緊急性」集會（Eilversammlung）與「偶發性」集會（Spontanversammlung）之區分。但該邦之集會法所採取者乃係「報備制」，常態性集會依照該法第13條第1項規定：「露天集會者，應於舉辦前37小時，以電話、書面、電子或口頭方式通知主管機關[39]。」同法並針對違反報備義務者有相關刑事及行政責任之規定；而第13條第3項則規定：「計畫中之集會來不及前項報備，而仍有舉行之必要，應於舉行前以電話、書面、電子或口頭方式通知主管機關或警察[40]。」第4項規定：「因直接原因

---

[39] §13(1) BayVersG: "Wer eine Versammlung unter freiem Himmel veranstalten will, hat dies der zuständigen Behörde spätestens 48 Stunden vor ihrer Bekanntgabe fernmündlich, schriftlich, elektronisch oder zur Niederschrift anzuzeigen."

[40] §13(3) BayVersG: "Entsteht der Anlass für eine geplante Versammlung kurzfristig (Eilversammlung), ist die Versammlung spätestens mit der Bekanntgabe fernmündlich,

有立即舉辦之集會，在無非計畫召集人情形下，無須報備[41]。」

　　在此種報備制下，針對偶發性集會與短時間內發起之緊急性集會仍有不同，前者乃直接排除了報備義務之規定。該法所稱之緊急性係指來不及於舉行前48小時報備稱之，相對於上開立法例，在司法院釋字第718號解釋中，大法官肯認「許可制」合憲之立場。然而，值得一提的是，網路通訊之發達、迅速傳達訊息及結合共識而集會，但此種現象的改變，應只有可能發生在緊急性或偶發性的集會遊行上，而不及於一般正常舉行的常態性集會遊行，因此，**只須檢視緊急性集會及偶發性集會的制度設計**，司法院釋字第718號解釋理由書稱：「……偶發性集會、遊行，因無法事先申請許可或報備。……針對緊急性集會、遊行，故已放寬申請許可期間，但仍需事先申請並等待主管機關至長二十四小時之決定許可與否期間……均係以法律課予人民事實上難以遵守之義務……。改採許可制以外相同能達成目的之其他侵害較小手段……。」本號解釋理由書所稱許可制以外侵害較小手段，多數意見認為針對緊急性集會，應可採取報備制，而針對偶發性集會則雖不必事前報備而採追懲制，仍需授權主管機關就事中及事後採取必要的因應措施。

　　必須指出的是，如遵照大法官的解釋理由書所產生之結果觀之，則未來我國集會遊行法之規範將可能會出現**許可制（常態性集會、遊行）、報備制（緊急性集會、遊行）及無須報備（偶發性集會、遊行）的追懲制三種制度**。然而，誠如陳新民大法官所稱：「同時在非常態性集會遊行上，若採部分的報備制，而在常態性集會遊行上，仍然採取不合比例、更嚴格的許可制，則民眾將更會利用非常態性集會遊行，例如增加非常態性集會遊行的頻率，以及延長舉行其時間，讓形式上非常態性的集會遊行，實質上轉變為常態性集會遊行，而規避了事前許可的申請[42]。」**換言之，民眾未來可能多數採取所謂的「偶發性」集會來規避一般需申請許可的情形，如此，許可制的精神將無法實施，而徒為具文[43]。**

---

schriftlich, elektronisch oder zur Niederschrift bei der zuständigen Behörde oder bei der Polizei anzuzeigen."

41 §13(4) BayVersG: "Die Anzeigepflicht entfällt, wenn sich die Versammlung aus einem unmittelbaren Anlass ungeplant und ohne Veranstalter entwickelt (Spontanversammlung)."

42 司法院釋字第718號解釋陳新民大法官部分不同意見書。

43 藉由網路聯繫之便利，民眾串連走上街頭已成為常態，且利用街頭示威對政府施壓，並以改變政治決策為目的。

　　為因應司法院釋字第718號解釋，內政部警政署發布「偶發性及緊急性集會遊行處理原則」，其內容為：「一、為使警察機關因應司法院釋字第七一八號解釋，於集會遊行法（以下簡稱本法）修正施行前，執行偶發性及緊急性集會、遊行事項有所遵循，特訂定本原則。二、本原則用詞，定義如下：（一）偶發性集會、遊行：指因特殊原因未經召集而自發聚集，且事實上無發起人或負責人之集會、遊行。（二）緊急性集會、遊行：指因事起倉卒，且非即刻舉行無法達其目的之集會、遊行。三、偶發性集會、遊行符合下列各款情形者，無須申請許可：（一）聚集舉行集會、遊行前，具有特殊原因。（二）因特殊原因而自發性聚集，事實上未經召集。（三）聚集舉行集會、遊行前，事實上無發起人或負責人。四、緊急性集會、遊行之申請，主管機關應於收受申請書即時核定，並以書面通知負責人。五、偶發性集會、遊行，依法令不得有下列情事：（一）於依本法第六條規定公告之地區週邊範圍舉行。（二）於車道舉行且妨害交通秩序。（三）於已有他人舉行或即將舉行集會、遊行之同一時間、場所、路線舉行。有前項各款情事之一者，認屬本法第二十五條第一項第四款所定違反法令之行為。六、本法規定，集會、遊行應有負責人；負責人在場主持或維持秩序。偶發性集會、遊行於現場實際主持或指揮活動之人，為集會、遊行負責人，應宣布集會、遊行之中止或結束；參加人未解散者，應負疏導勸離之責。七、本法規定，集會、遊行時，警察人員得到場維持秩序。偶發性及緊急性集會、遊行，亦同。八、應經許可之集會、遊行，未經許可或利用偶發性集會、遊行，而有違反法令之行為者，主管機關應依法處理。九、偶發性及緊急性集會、遊行之處理，應公平合理考量人民集會、遊行權利與其他法益間之均衡維護，以適當之方法為之，不得逾越所欲達成目的之必要限度。」

　　依照前開條文，緊急性集會、遊行，主管機關應即時受理並核定；若為偶發性集會、遊行，則不適用許可制，毋庸申請，但必須遵守禁止事項。

二、結社自由之限制

（一）一般限制

　　結社自由的實現，仍必須有法規範存在，以確保法交易的安全、社員

權利的保障，以及外在者與公眾的利益。規範的存在，也屬於結社自由的內容，立法者有權利及義務提供各類法律型態適用於各種不同的社團作為選擇，並擔保社團維繫存在的能力[44]。因此，在符合憲法第23條所揭示「四大公益」條款之前提下，國家自得制定法律為限制人民權利之依據，但此限制仍不得逾越比例原則（衡量性、必要性、狹義比例原則）之要求。

　　如前所述，我國立法者在法律層次上將人民之「結社」分為**營利結社**及**非營利結社**，前者受民商法之規範，並基於私法自治原則之精神，國家對此種結社之管制密度較低，而目前主要以人民團體法為管制依據之**非營利結社**，則對於**政黨**及**非政黨**之規範模式乃有相當差異。我國於1987年7月15日解除戒嚴後，原先因為戒嚴令而受限制的組黨自由因此同時鬆綁[45]，當時政府基於「低度管制」之目的，在第45條及第46條乃對於政黨採取備案制，亦即所謂的報備制，此制之採取，對於我國目前政黨政治的蓬勃發展乃有一定程度之助益；然而，在非政黨之人民團體部分，除沿襲1942年之非常時期人民團體組織法之許可制模式外，後續修正之人團法更增加如：將社會團體納入管制（第4條及第39條以下）、新增罰則（第61條至第63條）等規定，對人民團體採取更加嚴格的「許可制」規範。

（二）特別限制

　　就結社自由所為之特別限制，所指的是具有公務員身分者，是否成立或加入社團之問題。一般而言，組織一般社團，不因其具有公務員身分而受有影響，主要是公務員是否得組織政黨或工會，乃有爭議。首先，就政黨或政治團體而言，依照公務人員行政中立法第5條之規定，公務員得加入政黨或政治團體，但不得兼任政黨或特定公職候選人辦公處之職務，另外第6條及第7條並分別禁止公務員以職務之便使他人加入或不加入政黨或政治團體、從事選舉活動及於上班或勤務時間從事政黨或其他政治團體之活動；至於我

---

44 就此，請參照蔡震榮、黃清德，〈論司法院釋字第724號解釋有關人民團體限期整理案〉，《法令月刊》，第66卷第1期，2015年1月，40頁。

45 並參照戒嚴法第11條第1款：「戒嚴地域內，最高司令官有執行左列事項之權：一、得停止集會結社及遊行請願，並取締言論講學新聞雜誌圖畫告白標語暨其他出版物之認為與軍事有妨害者。上述集會結社及遊行請願，必要時並得解散之。」

國憲法基於其性質應超出黨派保持中立者，諸如法官[46]、考試委員[47]、監察委員[48]及軍人[49]等是，此外，在法律規範上如係有依法獨立行使職權性質之職務者，應作同等之解釋。

　　其次，一般勞工之所以組織工會，乃在維護其勞動之權益及為改善不合理對待之主張，此一情形在公務員中亦有發生之可能。行政機關之內部人事，不按工作表現、服務年資及職位歷練給予相同對待，而受到政治或不當干預之情事時有所聞，除強化機關內部制度（升遷、俸給、救濟等）外，應亦容許公務員組織工會以保障自身權益。就此，大法官曾於司法院釋字第373號解釋肯認工友有組織工會之自由，目前之公務人員協會法、工會法中業已准許有公務人員及教師組織工會，但囿於公務人員職務之特殊性，前揭法律對於團體協約及罷工權部分則仍有特別限制。

（三）違憲政黨之解散

　　憲法增修條文第5條第4項規定：「司法院大法官，除依憲法第七十八條之規定外，並組成憲法法庭審理總統、副總統之彈劾及政黨違憲之解散事項。」同條第5項規定：「**政黨之目的或其行為，危害中華民國之存在或自由民主之憲政秩序者違憲。**」在此，應係單純指稱該政黨之外部行為或手段已嚴重影響國家秩序但**未對國家產生有「明顯而立即的危險」**[50]，故而不生違憲政黨解散之問題。所謂「明顯而立即的危險」，在美、德比較法上，美國對言論自由之保障要比德國來得周延，提倡使用犯罪武力的言論，仍受言論自由之保障。如果所使用之文字、言論，只是傾向導致暴力行為之發生，仍不足於構成「明顯而立即的危險」。只有在「直接導致」（directed to）、「立即的」（imminent）、「確實可能的」（likely to）才會構成言論

---

46 憲法第80條：「法官須超出黨派以外，依據法律獨立審判，不受任何干涉。」法官法第15條第1項：「法官於任職期間不得參加政黨、政治團體及其活動，任職前已參加政黨、政治團體者，應退出之。」此外，所謂法官參酌法官法第2條第1項，則得包含有：「司法院大法官」、「懲戒法院法官」及「各法院法官」。

47 憲法第88條：「考試委員須超出黨派以外，依據法律獨立行使職權。」

48 憲法增修條文第7條第5項：「監察委員須超出黨派以外，依據法律獨立行使職權。」

49 憲法第138條：「全國陸海空軍，須超出個人、地域及黨派關係以外，效忠國家，愛護人民。」

50 司法院釋字第644號解釋。

自由之限制與禁止[51]。本條違憲政黨解散之規範，源自於德國，只審查政黨之目的或其行為，亦即，只要危害中華民國之存在或自由民主之憲政秩序者，即有可能構成違憲，縱使帶有偏激的和平言論自由主張，仍無法受到保障，不像美國保障和平之主張。

---

51 Brandenburg v. Ohio, 395 U.S. 444, 1969.

選擇題練習

1 關於集會遊行自由，依司法院解釋，下列何者正確[52]？

(A) 為保障集會、遊行自由，國家除應提供適當集會場所，採取有效保護集會之安全措施外，並應在法律規定與制度設計上使參與集會、遊行者在毫無恐懼的情況下行使集會自由

(B) 有關時間、地點及方式等未涉及集會、遊行之目的或內容事項之管制，為維持社會秩序及增進公共利益所必要，立法者有形成自由，得採行事前許可

(C) 倘集會遊行管制涉及表現自由之目的或內容，立法者應採事前許可制，以維持自由民主憲政秩序

(D) 集會遊行法以「主張共產主義或分裂國土」為不予許可之要件，使主管機關於許可集會、遊行以前，得就人民政治上之言論而為審查，與憲法保障表現自由之意旨有違

(E) 就群眾因特殊原因未經召集而偶發聚集之集會、遊行，立法者不得採事前許可制，但仍得要求事前報備　　　　　　　　　　【106司律（複選）】

2 依司法院釋字第718號解釋，集會遊行法之事前許可制，未排除緊急性及偶發性集會遊行部分違憲，係違反下列何項原則[53]？

(A) 比例原則

(B) 法律保留原則

(C) 法律明確性原則

(D) 信賴保護原則　　　　　　　　　　　　　　　　　　　　【107司律】

---

52 (A、B、D)，參照司法院釋字第445號、第718號解釋。
53 (A)，參照司法院釋字第718號解釋。

第十章　生存權

第一節　概念

　　就我國憲法第15條規定：「人民之生存權、工作權及財產權，應予保障。」有認為，生存權應該有其規範效力，國家應該有維護人民最低生活基本要求的保障義務，是社會基本權的一環[1]。亦有認為，生存權同時兼具防衛國家不得剝奪生命的防禦權[2]。

第二節　死刑與生存權的關聯性

　　死刑主要是涉及生命權之問題，我國憲法第15條似乎未明言及「生命權」，因此憲法第15條之生存權是否包括「生命權」即不無疑義，大致上可歸納以下兩種見解[3]。

一、否定生存權包含生命權的見解

　　此說認為，「生命權」與「人性尊嚴」應並列為民主憲政秩序所建立的當然前提要件，係不符憲法規定之「原權」，非憲法第15條或第22條所能涵蓋。

　　在我國憲法上，生存權係與「財產權」與「工作權」並列，因此時常被視為「經濟上的受益權」[4]，在學說上，認為其係「社會權」的主要內容[5]，然而憲法對於生命權並無明文之規定。

1　吳庚、陳淳文，《憲法理論與政府體制》，七版，2021年9月，283頁。
2　許育典，《憲法》，元照，十二版，2022年8月，3043頁。
3　以下可參照林朝雲，〈談死刑案件中之教化可能性〉，《玄奘大學法律學報》，第36期，2021年12月，97頁以下。
4　吳信華，《憲法釋論》，三民，修訂三版一刷，2018年9月，398-401頁。
5　基於社會福利國家的理念，為使任何人皆可獲得合乎人性尊嚴的生存，而予以保障之所有權利的總稱。

　　再者，從憲法發展史的角度來看，憲法第15條對於生存權、工作權及財產權之保障，本質上具有社會權之性質，惟生命權本質上應屬自由權，是屬於防禦權的範疇，這與憲法第15條之本質不符[6]。

二、肯定生存權囊括生命權的見解

　　在世界人權宣言第3條中規定：「人人有權享有生命、自由與人身安全。」由此可知，保障人民的生命權是世界上大多數國家的趨勢[7]。

　　生存權在我國大法官解釋中並無詳細之敘述，僅有「人民最低限度生存需求[8]」這樣簡單的描述。

　　而生存的意思乃係「活著，讓生命持續」，換言之即是「使生命存在」，故生存權應乃係所有有關生命存在所需皆包含在內。亦即，將生存權定義為「生活的延續」與「生命之尊重」兩個面向[9]：所謂「生活的延續」，係從生存權延伸的權利，是對於國家應保障人民最低生活品質之敘述，簡而言之即是「國家對於人民最低限度的需求應予保障」；至於「生命之尊重」乃係從生存權延伸的權利，對於國家與人民對於生命態度之敘述，簡而言之即是「任何人對任何人的生命皆應保持尊重的態度，國家亦不得任意侵犯」。

　　本書較贊成否定說，蓋「生命權」應高於其他的基本權，與「人性尊嚴」應屬同位階，如果將其視為「生存權」的衍生概念，則會降低「生命權」的層次，不符實際。

6　許宗力，〈最低生存保障與立法程序審查：簡評德國聯邦憲法法院Hartz判決〉，《月旦法學雜誌》，第238期，2015年3月，102頁以下；孫迺翊，《社會給付權利之憲法保障與社會政策之形成空間：以德國聯邦憲法法院關於年金財產權保障及最低生存權保障之判決為中心〉，《臺大法學論叢》，第41卷第2期，2012年6月，445頁以下。
7　世界人權宣言之宣告：「這一世界人權宣言，作為所有人民和所有國家個人和社會機構經常銘念本宣言，努力通過教誨和教育，促進對權利和自由的尊重，並通過國家的和國際的漸進措施，使這些權利和自由在各會員國本身人民及在其管轄下領土的人民中，得到普遍和有效的承認和遵行。」
8　司法院釋字第766號解釋。
9　李惠宗，《憲法要義》，元照，九版，2022年9月，Rn. 1301 ff。

三、死刑違憲的疑慮

　　至於死刑是否合憲，一直是個爭議的問題，我國實務過去向來認定死刑合憲之立場，如司法院釋字第194號解釋稱：「戡亂時期肅清煙毒條例第五條第一項規定：販賣毒品者，處死刑，立法固嚴，惟係於戡亂時期，為肅清煙毒，以維護國家安全及社會秩序之必要而制定，與憲法第二十三條並無牴觸，亦無牴觸憲法第七條之可言。」司法院釋字第263號解釋稱：「擄人勒贖案件，仍適用刑法總則及刑法分則第一百六十七條、第三百四十七條第五項之規定。裁判時若有情輕法重之情形者，本有刑法第五十九條酌量減輕其刑規定之適用，其有未經取贖而釋放被害人者，亦得減輕其刑，足以避免過嚴之刑罰。是上開懲治盜匪條例第二條第一項第九款之規定，尚難謂與憲法牴觸。」易言之，大法官認為即使是唯一死刑的法律，由於有刑法第59條與其他減刑的規定，因此尚不違憲。司法院釋字第476號解釋則認為，（舊）肅清煙毒條例關於死刑、無期徒刑之法定刑規定，係本於特別法嚴禁毒害之目的而為之處罰，乃維護國家安全、社會秩序及增進公共利益所必要，符合憲法第23條之比例原則，與憲法第15條亦無牴觸。

　　而大法官於司法院釋字第512號解釋亦對死刑有所論述：「上訴於第三審法院非以違背法令為理由不得為之。確定判決如有違背法令，得依非常上訴救濟，刑事訴訟法第三百七十七條、第四百四十一條定有明文。就第二審法院所為有期徒刑以下之判決，若有違背法令之情形，亦有一定救濟途徑。對於被告判處死刑、無期徒刑之案件則依職權送最高法院覆判，顯已顧及其利益，尚未逾越立法機關自由形成之範圍，於憲法保障之人民訴訟權亦無侵害，與憲法第七條及第二十三條亦無牴觸。」

　　至於學界對於死刑之存廢也是看法兩極化。有憲法學者主張，從生命權作為憲法所保障的基本權的觀點來看，只能限制不能剝奪[10]，因為失去了生命其他的基本權利都成為空談，亦有文獻提到從當代應報理論的觀點要證立「罪刑合乎比例原則『要求』，針對最嚴重的犯罪施以死刑」此種論述有很大的盲點。以「罪刑比例性」及「同害報復法則」之觀點來看，死刑制度雖然不牴觸「比例性」及「同害報復法則」，但是，此二原則也無法說明死刑

---

10 李惠宗，《憲法要義》，元照，九版，2022年9月，Rn. 1341。

必須存在[11]。以上之論點或許是近年有不少判決儘量援用教化可能性作為不判死刑的支撐理由。不過，如果把死刑廢除，具有威嚇的替代措施似乎只有無期徒刑而不准許假釋一途，可能也不被社會接受。而且重刑犯如果長久被監禁，性情易巨變，在監獄上的管理也會出現問題。在2015年2月，高雄監獄曾有受刑人挾持典獄長的情事，與警方對峙，最後六人飲彈自盡，足以證明實行的替代措施窒礙難行[12]。

如果依照當時制憲的時空背景，很難說明死刑的存在是違背制憲者的原意，雖然有不少人認為我國應該參照德國基本法第102條廢除死刑，但由於德國是透過制定新憲法的方式廢止死刑的，因此本書認為，假如要廢除死刑，還是要經過立法的方式或透過修憲交由公民複決比較妥當，畢竟由司法違憲審查的方式宣告死刑違憲，恐怕必須面臨少數決定對抗多數決的困境，在目前多數民意反對廢死的情況下，反而傷害司法。

2023年，有多名死刑犯指稱最高法院內部的「連身條款」違憲。死刑犯的「連身條款」問題是指，「最高法院分案實施要點」規定，民、刑事案件更三審以上以及重大刑事案件發回更審的再上訴案，除非法官調動或退休，否則皆由同一位法官負責審理，目的是確保上訴案件的審判不會過度延宕，但這也引發「發回更審時該法官已經審過」的爭議，因此遭外界質疑違反公平法院與法定法官原則。35名死刑犯主張更二審上訴最高法院後，都由同一法官審理，以致被判死，質疑最高法院分案實施要點俗稱的「連身條款」違憲。對此，憲法法庭112年憲判字第14號判決稱：「刑事訴訟法第17條第8款規定所稱法官『曾參與前審之裁判者』，係指法官就同一案件之審級救濟程序，『曾參與下級審之裁判』，不包括『曾參與發回更審前同審級法院之裁判』之情形，與憲法第16條保障訴訟權之意旨，尚無違背。於此範圍內，司法院釋字第178號解釋毋庸補充或變更。二、法官就同一案件，曾參與據以聲請再審或提起非常上訴之刑事確定裁判者，於該再審（包括聲請再審及開始再審後之本案更為審判程序）或非常上訴程序，應自行迴避，不得參與審判。刑事訴訟法未明文規定上開法官迴避事由，與憲法第16條保障訴訟權之

---

11 許家馨，〈應報即復仇？——當代應報理論及其對死刑之意涵初探〉，《中研院法學期刊》，第15期，2014年9月，64頁。

12 林東茂，〈死刑是倫理上的終極承擔〉，《刑事法雜誌》，第64卷第2期，2020年4月，6頁以下。

意旨有違。有關機關應於本判決公告之日起兩年內，於刑事訴訟法明定上開法官迴避事由。於修法完成前，刑事訴訟再審及非常上訴程序之新收與繫屬中案件，審理法院應依本判決意旨辦理。三、中華民國80年最高法院第二次發回更審以後之民、刑事上訴案件分案實施要點第2點（及98年、101年之修正版本，內容相同；108年修正之版本僅更名為最高法院第二次發回更審以後之民刑事上訴案件分案實施要點，內容相同）及最高法院刑事案件分案實施要點第9點第1項第1款規定，最高法院第三次發回更審以後之刑事上訴案件（即最高法院就同一案件之第四次審判起），**均分由最後發回之原承審法官辦理，與憲法第16條保障訴訟權之意旨，均尚無違背。**』四、最高法院83年度第8次刑事庭庭長會議決定：『二、重大刑案……撤銷發回後再行上訴，仍分由原承辦股辦理』，及最高法院刑事案件分案實施要點第9點第1項第2款規定，將重大刑事案件發回更審再行上訴之案件仍交由原承審法官審理，與憲法第16條保障訴訟權之意旨，均尚無違背。五、最高法院29年上字第3276號刑事判例：『……推事曾參與第二審之裁判，經上級審發回更審後，再行參與，其前後所參與者，均為第二審之裁判，與曾參與當事人所不服之第一審裁判，而再參與其不服之第二審裁判者不同，自不在應自行迴避之列』部分，與憲法第16條保障訴訟權之意旨，尚無違背。」因此，這個死刑犯之連身條款，大法官判決合憲，死刑犯不得執此免除死刑之執行。

在憲法法庭112年憲判字第14號判決中，因有38名死囚另以死刑條文有違憲之虞，再度聲請釋憲，憲法法庭已於2024年4月23日上午舉行言詞辯論，審查死刑及相關刑法罪名之合憲性，爭點題綱涵蓋：（一）作為法定刑之一種的死刑是否違憲？死刑除剝奪生命權外，是否另干預其他憲法上權利？死刑制度追求之目的有哪些？憲法是否允許以死刑作為達成該目的之手段？如認死刑違憲，有何足以取代死刑的其他刑事制裁手段？或應有何配套措施？（二）如認死刑制度合憲，得適用死刑之犯罪類型是否有應限縮之處或僅適用何犯罪類型？得適用死刑的刑事被告範圍是否應有所限制？死刑應有何配套程序，始符合憲法正當程序之要求等。

第十一章 工作權

第一節 概念

　　「工作權」的性質，應係具有防禦性質的一種自由權。司法院釋字第510號解釋即稱：「憲法第十五條規定人民之工作權應予保障，人民從事工作並有選擇職業之自由。惟其工作與公共利益密切相關者，於符合憲法第二十三條比例原則之限度內，對於從事工作之方式及必備之資格或其他要件，得以法律或視工作權限制之性質，以有法律明確授權之命令加以規範。」但工作權同時又兼具自由及社會權的性質，除了具防禦功能外，本於社會權性質的勞動基本權，國家應積極保障勞工，實現實質的契約自由原則，獲得合乎人性尊嚴手段性權利[1]。本於社會權之性質，人民對國家有一定程度之給付請求權。不過，憲法第152條規定：「人民具有工作能力者，國家應予以適當之工作機會。」一般來說，該條僅具方針條款之性質，僅具國家政策指導性原則，而無法導出國家必須給予人民與其能力相應工作之法律義務，德國聯邦憲法法院亦作如是觀[2]。

第二節 對工作權之限制

一、國家干預職業自由三階段理論

　　對於職業自由的限制，參考德國聯邦憲法法院在「藥房判決」[3]（Apothekenurteil）案中，認為對於「職業自由」（Berufsfreiheit）之限制可區分為三種不同程度的限制來加以審查，即一般學說上所謂的「三階段理

---

1 許育典，《憲法》，元照，十二版，2022年8月，309頁。
2 李惠宗，《憲法要義》，元照，九版，2022年9月，Rn. 1328 ff。
3 在1958年德國（西德）聯邦憲法法院就Bayern邦否決憲法訴願人申請在相同地點再新開設一間新藥房，藉由審查藥房設立數量限制的「藥房判決」，建構職業限制的三階段審查基準。

論」（Drei-Stufen-Theorie），但即使通過「三階段理論」審查，仍須經過憲法比例原則之檢驗[4]。我國的釋憲實務，對限制「職業自由」的違憲審查大體上也接受這套體系。

例如司法院釋字第649號解釋理由書提及：「對職業自由之限制，因其內容之差異，在憲法上有寬嚴不同之容許標準。關於從事工作之方法、時間、地點等執行職業自由，立法者為追求一般公共利益，非不得予以適當之限制。至人民選擇職業之自由，如屬應具備之主觀條件，乃指從事特定職業之個人本身所應具備之專業能力或資格，且該等能力或資格可經由訓練培養而獲得者，例如知識、學位、體能等，立法者欲對此加以限制，須有重要公共利益存在。而人民選擇職業應具備之客觀條件，係指對從事特定職業之條件限制，非個人努力所可達成，例如行業獨占制度，則應以保護特別重要之公共利益始得為之。且不論何種情形之限制，所採之手段均須與比例原則無違。」

二、對職業執行自由之限制

對於職業執行自由之限制，若屬於對於某種職業內的成員，應以何種方式、內容、時間及地點來執業之限制（如規定計程車必須是黃色、營業時間的限制等）[5]，由於這種限制並不致干預人民進入職場的問題，因而只要公益及目的性正當，立法者有高度的自由裁量權，司法者應儘量尊重。故司法者原則上以合理寬鬆之審查標準來檢驗之。

例如司法院釋字第510號解釋理由書稱：「憲法第十五條規定人民之工作權應予保障，人民從事工作並有選擇職業之自由。惟其工作與公共利益密切相關者，於符合憲法第二十三條比例原則之限度內，對於從事工作之方式及必備之資格或其他要件，得以法律或視工作權限制之性質，以有法律明確授權之命令加以規範。……對缺點免計受檢者，至少每三年需重新評估乙次。航空體檢醫師或主管，認為情況有變化時，得隨時要求加以鑑定，均係為維護公眾利益，基於航空人員之工作特性，就職業選擇自由個人應具備條

4　法治斌、董保城，《憲法新論》，元照，八版，2021年9月，384-386頁。
5　法治斌、董保城，《憲法新論》，元照，八版，2021年9月，384頁。

件所為之限制，非涉裁罰性之處分，與首開解釋意旨相符，於憲法保障人民工作權之規定亦無牴觸。」

又如，司法院釋字第809號解釋理由書謂：「憲法第十五條規定人民之工作權應予保障，人民有從事工作、選擇及執行職業之自由（司法院釋字第404號、第510號、第612號及第637號解釋參照）。按對職業自由之限制，因其限制內容之差異，在憲法上有寬嚴不同之容許標準。關於從事工作之方法、時間、地點、內容等執行職業自由之限制，立法者如係為追求公共利益，所採限制手段與目的之達成間有合理關聯，即符合比例原則之要求，而與憲法第十五條保障人民執行職業自由之意旨無違（司法院釋字第802號及第806號解釋參照）。限制不動產估價師設立分事務所，使不動產估價師僅能以單一事務所執行不動產估價業務，係對其執業方式所為之限制，涉及執行職業自由之干預。另查不動產估價師係憲法第八十六條第二款規定所稱之應經依法考選銓定之專門職業人員（專門職業及技術人員考試法第二條第一項規定及專門職業及技術人員考試法施行細則第二條附表第二十八款規定參照），其所從事之業務與公共利益及人民之財產有密切關係，與一般營利事業追求商業利潤有所不同，國家非不得對其為相當之管制。是如管制之目的係為追求公共利益，且手段與目的之達成間具有合理關聯，即與憲法第二十三條比例原則無違。」

三、對職業選擇自由的「主觀」條件限制

所謂職業選擇自由的「主觀」條件限制，係指要求個人欲選擇從事某一職業之前，本身應具備特別專業能力或條件[6]，包括年齡及專業能力等，受限制者個人可透過自己努力或配合來達成該條件之限制，例如醫師、律師及計程車駕駛的執業登記等證照制度即屬之。對於職業選擇自由的「主觀」條件限制，立法者必須基於「重要」公共利益，方能通過違憲審查。司法者原則上以中度審查標準來檢驗之。

例如就「教師行為不檢」案，司法院釋字第702號解釋理由書稱：「故系爭規定三對行為不檢而有損師道之教師，予以解聘、停聘、不續聘，其所

---

6 許育典，《憲法》，元照，十二版，2022年8月，311頁。

為主觀條件之限制,並無其他較溫和手段可達成同樣目的,尚未過當,自未牴觸憲法第二十三條之比例原則,與憲法保障人民工作權之意旨尚無違背。……系爭規定二限制教師終身不得再任教職,不啻完全扼殺其改正之機會,對其人格發展之影響至鉅。倘行為人嗣後因已自省自新,而得重返教職,繼續貢獻所學,對受教學生與整體社會而言,實亦不失為體現教育真諦之典範。系爭規定二一律禁止終身再任教職,而未針對行為人有改正可能之情形,訂定再受聘任之合理相隔期間或條件,使客觀上可判斷確已改正者,仍有機會再任教職,就該部分對人民工作權之限制實已逾越必要之程度,有違憲法第二十三條之比例原則。」大法官認為,即使係爭規定限制主觀條件目的正當,但手段上仍須符合比例原則。

又如「道路交通管理處罰條例限制計程車駕駛人於執業期中犯特定之罪者,三年內不得執業,且吊銷其持有之各級駕照」,是否違憲?司法院釋字第749號解釋理由書稱:「按我國計程車營業方式係以巡迴攬客為大宗,乘客採隨機搭乘,多無法於上車前適時篩選駕駛人或得知其服務品質;又乘客處於狹小密閉空間內,相對易受制於駕駛人。是系爭規定一就計程車駕駛人主觀資格,設一定之限制,以保護乘客安全及維護社會治安,係為追求重要公共利益,其目的洵屬合憲。……系爭規定一對計程車駕駛人曾犯一定之罪,並受一定刑之宣告者,限制其執業之資格,固有助於達成前揭目的,然其資格限制應以對乘客安全具有實質風險者為限,其手段始得謂與前揭目的之達成間具有實質關聯。……系爭規定一僅以計程車駕駛人所觸犯之罪及經法院判決有期徒刑以上之刑為要件,而不問其犯行是否足以顯示對乘客安全具有實質風險,均吊扣其執業登記證、廢止其執業登記。就此而言,對計程車駕駛人工作權之限制,已逾越必要程度。」亦即,大法官認為,即便限制有特殊犯罪的更生人從事計程車駕駛具有重要公共利益之目的,手段與目的間欠缺實質關聯性,無法通過比例原則之檢驗。

再如,對於汽車駕駛人強行闖越平交道「終身不得考領駕駛執照」之處罰,是否牴觸憲法?司法院釋字第780號解釋理由書謂:「按行駛中之鐵路列車載運旅客可達千百人,如於鐵路平交道發生事故,除闖越平交道之車輛可能車毀人亡外,如導致列車出軌將造成眾多乘客傷亡,故系爭規定一、二及三之立法目的係為避免汽車駕駛人闖越平交道,以維護交通安全,並保障不特定多數人民之生命權、身體不受傷害之權利與財產權,屬於重大之公

共利益，其目的合憲。……依道交條例第六十七條之一規定，汽車駕駛人曾依系爭規定一及二受終身不得考領駕駛執照處分者，符合特定條件，可依肇事所致損害之輕重，分別於處分執行已逾六年、八年、十年或十二年之期間後，申請考領駕駛執照，對『終身不得考領駕駛執照』之限制設有緩和規定，使駕駛人有重新考領駕駛執照之機會，已非終身限制。**其手段與目的之達成間具有實質關聯，未牴觸比例原則**，與憲法保障工作權之意旨尚無違背。」大法官認為，平交道交通安全涉及多數不特定人，且對「終身不得考領駕駛執照」之限制設有緩和規定，手段與目的之間具有實質的關聯性，可以通過比例原則的檢驗。

再如「大學教師評鑑案」，憲法法庭111年憲判字第12號判決指稱，其乃對職業自由之限制，因其限制內容之差異，在憲法上有寬嚴不同之容許標準。大學教師評鑑，於覆評未通過時，受評教師始可能受不予續聘或資遣等決定，故得透過教師個人之努力避免其教師身分之喪失，**應屬對於大學教師「職業選擇之主觀條件上限制」**。然而大法官認為，大學法授權各校訂定之教師評鑑制度，大學得以自治方式對未通過學校評鑑之受評教師為不同之措施。而大學之教師評鑑並訂定相關規定指出分數之參考項目及通過評鑑之客觀標準，於第一次評鑑未通過時，仍予相當改善期間，再進行覆評，而於覆評未通過時，將連結不利益措施，學校教評會後續可能會作出不予續聘或資遣等決議。故此一手段可認對於教師在教學、研究、輔導及服務上，克盡其責並維持一定之水準，有敦促之效。是以透過教師評鑑審核此一手段，與大學追求卓越、維持學術品質等目的達成間，具有合理關聯性，**未牴觸比例原則**，與憲法第15條保障人民工作權之意旨，尚無違背。

四、對職業選擇自由的「客觀」條件限制

所謂職業選擇自由的「客觀」條件限制，係指與職業之個人無關，而是受外在客觀因素之影響，亦即個人無論再如何努力都無法達成該條件。例如前文提到的「藥房判決」案，限制某一地區藥房的數量或者限制某一地區的加油站數量即是。立法者若要對此作規範，必須要基於保護「特別重要之公益」且具必要性者，方得通過違憲審查，所以司法者原則上以嚴格審查標準來檢驗之。

　　例如就「禁止非視障者從事按摩業」案，司法院釋字第649號解釋理由書稱：「查系爭規定禁止非視障者從事按摩業，係屬對非視障者選擇職業自由之客觀條件限制。該規定旨在保障視障者之就業機會，徵諸憲法第一百五十五條後段及增修條文第十條第七項之意旨，**自屬特別重要之公共利益，目的洵屬正當**。……且按摩業並非僅得由視障者從事，有意從事按摩業者受相當之訓練並經檢定合格應即有就業之資格，將按摩業僅允准視障者從事，使有意投身專業按摩工作之非視障者須轉行或失業，**未能形成多元競爭環境裨益消費者選擇，與所欲保障視障者工作權而生之就業利益相較，顯不相當**。故系爭規定對於非視障者職業選擇自由之限制，實與憲法第二十三條比例原則不符，而牴觸憲法第十五條工作權之保障。」本案雖有特別重要公益之立法目的，但手段上並不符比例原則。

　　又如「電子遊戲場設置」案，司法院釋字第738號解釋理由書稱：「人民營業之自由為憲法第十五條工作權及財產權所保障之內涵。人民如以從事一定之營業為其職業，關於營業場所之選定亦受營業自由保障，……系爭規定二、三、四所欲達成維護社會安寧、善良風俗、公共安全及國民身心健康等公益之立法目的洵屬正當，所採取電子遊戲場業營業場所應與特定場所保持規定距離之手段，不能謂與該目的之達成無關聯。」限定營業場所地點設置之範圍，屬於個人無論再如何努力都無法達成之條件，毋寧係對職業選擇自由的「客觀」條件限制。但即使如此，大法官在考量社會安寧、善良風俗、公共安全及國民身心健康等公益之立法目的後，手段與目的間並不違反比例原則。

選擇題練習

1　　依司法院解釋意旨及憲法法庭裁判，關於工作權保障之敘述，下列何者正確[7]？

(A) 不動產估價師法限制不動產估價師僅能設置單一事務所而無例外，使其於有重大公益或緊急情況之需要時，無法於其他處所執行不動產估價業務，已牴觸比例原則而與憲法保障工作權之意旨相違

(B) 臺北市街頭藝人從事藝文活動實施要點關於街頭藝人技藝之審查部分，雖涉及對人民選擇職業自由之主觀條件限制，但係為提供臺北市市民品質優良之娛樂之重要公共利益，且目的與手段間具實質關聯性而屬合憲

(C) 藥事法關於在全民健康保險實施滿2年後，醫師除於無藥事人員執業之偏遠地區或醫療急迫情形外，不得為藥品之調劑之規定，雖係對醫師執行職業自由之限制，但係為保障民眾之用藥安全，符合比例原則而屬合憲

(D) 身心障礙者保護法禁止非視障者從事按摩業，係屬對非視障者選擇職業自由之主觀條件限制，因按摩業之規範不甚明確，且未能形成多元競爭環境裨益消費者選擇，已牴觸比例原則而與憲法保障工作權之意旨相違

【112司律】

7　(C)，參照司法院釋字第809號、第806號、第778號、第738號及第649號解釋。

第十二章　財產權

第一節　概念

　　財產權與工作權同屬「**經濟性基本權**」（Wirtschansgrandrecht）。私人財產的保障最初僅重視其不受國家侵犯的特質，但自工業革命後逐漸從「物的所有權之存續狀態」範圍，拓展到「財產權的價值保障」[1]。

　　至於我國釋憲實務對財產權保障的落實，在「**存續保障**」方面，如司法院釋字第400號、第732號解釋所稱：「憲法第十五條規定人民財產權應予保障，旨在確保個人依財產之存續狀態行使其自由使用、收益及處分之權能，並免於遭受公權力或第三人之侵害，俾能實現個人自由、發展人格及維護尊嚴（本院釋字第四〇〇號及第七〇九號解釋參照）。人民依法取得之土地所有權，應受法律之保障與限制。」

　　而在「**價值保障**」方面，有經濟交易價值的權利或利益，毋寧亦係憲法保障的範圍。如司法院釋字第312號解釋所稱：「人民之財產權應予保障，憲法第十五條定有明文。此項權利不應因其被任命為公務人員，與國家發生公法上之忠勤服務關係而受影響。公務人員之財產權，不論其係基於公法關係或私法關係而發生，國家均應予以保障，如其遭受損害，自應有法律救濟途徑，以安定公務人員之生活，使其能專心於公務，方符憲法第八十三條保障公務人員之意旨。」此號解釋認為，有關公務員請領福利互助金的爭執，亦屬憲法所保障之財產權。又，司法院釋字第414號解釋所稱：「藥物廣告係為獲得財產而從事之經濟活動，涉及財產權之保障，……」大法官將經濟活動當作是財產權的一環，顯然係基於財產權的價值保障理論。

　　又如司法院釋字第766號解釋所謂：「國民年金法第四十條第一項規定：『被保險人死亡者、符合第二十九條規定而未及請領老年年金給付前死亡者，或領取身心障礙或老年年金給付者死亡時，遺有配偶、子女、父母、祖父母、孫子女或兄弟、姊妹者，其遺屬得請領遺屬年金給付。』遺屬年金

1　李惠宗，《憲法要義》，元照，九版，2022年9月，Rn. 1520。

係被保險人死亡事故發生時之主要保險給付，目的在謀求遺屬生活之安定，故被保險人之遺屬作為遺屬年金之受益人依法享有之遺屬年金給付請求權，屬社會保險給付請求權，**具有財產上價值，應受憲法財產權之保障。**」其他如司法院釋字第577號「菸品標示」、第486號「商標註冊權」、第492號「商標專用權」、第614號「公務人員退休給付」等解釋，亦均為大法官所肯定之財產權之「價值保障」。

第二節　限制財產權的合憲事由

一、人民所應負的社會義務

　　當國家以法律所為之合理限制財產權程度輕微，人民基於社會責任即應負忍受之義務，司法院釋字第564號解釋理由書：「人民之財產權應予保障，憲法第十五條設有明文。惟基於增進公共利益之必要，對人民依法取得之土地所有權，國家並非不得以法律為合理之限制，此項限制究至何種程度始逾人民財產權所應忍受之範圍，應就行為之目的與限制手段及其所造成之結果予以衡量，如手段對於目的而言尚屬適當，**且限制對土地之利用至為『輕微』**，則屬人民享受財產權同時所應負擔之社會義務，國家以法律所為之合理限制即與憲法保障人民財產權之本旨不相牴觸。」本號解釋認為：**「騎樓所有人既為公益負有社會義務，國家則提供不同形式之優惠如賦稅減免等，以減輕其負擔。從而人民財產權因此所受之限制，尚屬輕微，自無悖於憲法第二十三條比例原則之要求，亦未逾其社會責任所應忍受之範圍，更未構成個人之特別犧牲，難謂國家對其有何補償責任存在，與憲法保障人民財產權之規定並無違背。」**

　　而司法院釋字第577號解釋理由書在「菸品標示」案也提及：「於菸品容器上應為前開一定之標示，縱屬對菸品業者財產權有所限制，但該項標示因攸關國民健康，並可提供商品內容之必要訊息，符合從事商業之誠實信用原則與透明性原則，乃菸品財產權所具有之社會義務，且所受限制尚屬輕微，未逾越社會義務所應忍受之範圍，與憲法保障人民財產權之規定，並無違背。」

二、損失補償之概念

　　傳統上將國家高權行為之責任，依照該行為係屬合法抑或違法而分為「損失補償」及「國家賠償」，國家合法的高權行為，屬損失補償之範圍，違法即屬於國家賠償之範圍。如行政執行法第41條第1項規定：「人民因執行機關依法實施即時強制，致其生命、身體或財產遭受特別損失時，得請求補償。但因可歸責於該人民之事由者，不在此限。」及警察職權行使法第31條第1項規定：「警察依法行使職權，因人民特別犧牲，致其生命、身體或財產遭受損失時，人民得請求補償。但人民有可歸責之事由時，法院得減免其金額。」都是採損失補償之概念。但此種區分法已不足於應付各種行政行為所產生的結果，例如國家行為已經侵害人民之自由及財產權，法律卻無補償之規定，「準徵收之侵害」（Enteignungsgleicher Engriff），**乃違法干預個人具財產價值的權利，而造成個人或團體權利不平等的「特別犧牲」。亦即，已超出社會容忍義務之範圍，而產生對財產權之侵害。**

　　例如，我國對私人土地公用地役權，未辦理徵收之情形，如司法院釋字第747號解釋明確指出有徵收的事實卻無徵收之名的準徵收，即使無法律規定，人民仍有請求補償的權利；或國家合法行使公權力，**卻產生損害人民自由、身體或財產的情形，即「具徵收附屬效果之侵害」**（Enteigenender Engriff），例如，軍方實施射擊演習，卻造成民宅之損失。我國警械使用條例將合法或違法使用警械的情形，應列入補償之規定，即是將徵收附屬效果之侵害以及違法補償之規定列入考量中，不再以傳統二分法為依歸。

　　要論及損失補償定義，通常會出現「徵收侵害」與「徵收補償」的概念，傳統的損失補償大致以土地的「公益徵收」為主，亦即，損失補償概念起源於國家為公共利益目的而對私人財產權之公用徵收，國家為改善人民生活興建公共設施需要私人的土地房舍，而對私人財產權強制徵收，人民因公共利益之急需，以致形成「特別犧牲」被徵收其財產權，自應予以「合理適當之補償」。事實上，在德國法制發展另一損失補償概念，有所謂之準徵收（或類似徵收）與具徵收附屬效果之概念，並擴展所有權之剝奪（土地徵收）至所有權限制，也歸屬徵收補償之範圍，如國家公園之設定、古蹟之認定，而限制所有權之使用，亦屬之。

　　此外，隨著公權力行為之多樣化，損失補償概念發展至對非財產上之損

害，如生命、身體之傷害、警械之使用或即時強制之行為等，所造成無辜他人之傷害之特別犧牲請求權有關之補償。

　　古典意義上所謂的損失補償，係指起因自國家的合法行為，造成國民財產權或非財產權的特別損失，對於被波及的損失，政府本於公平負擔與保障人民權利的見解，進行財產上的補償。因此傳統的損失補償之概念是建構在「徵收侵害」（Enteigungseingriff）與補償的概念上：「徵收」是一種公權力措施，基於公共利益，而對私人所有權全部或一部的剝奪或限制，因此，在學說上有將「徵收」又稱為「公共徵收」或「公益徵收」。

　　徵收結果是對個人權利的剝奪或限制，此種剝奪或限制，學說上稱為「干預」或「侵害」（Eingriff），因為公益徵收是為了公共利益而對私人所有權的限制，而目前學說與實務均一致認為個人所有權並非絕對，**所有權也應受「社會義務的拘束」，而基於「社會義務拘束」，若是在可忍受的義務範圍內，個人應受其拘束，而無所謂損失補償**，即司法院釋字第564號及第577號解釋的類型；反之，若超出此容忍的界限，而個人或團體遭受比其他個人或團體不公平的限制或剝奪時，即產生所謂「特別犧牲」的概念，基於「特別犧牲」因個人為公益而犧牲，國家應給予適當的補償，而產生損失補償的概念。

　　因此，損失補償乃是國家為了公共利益所實施之公權力措施，直接對人民權利之侵害或限制，並使該人民因而造成特別犧牲，而應加以適度財產上補償之謂。

三、徵收

（一）古典意義的徵收

　　指合法直接干預全部或部分剝奪個人的所有權的公權力侵害（傳統的徵收），如土地徵收。

（二）一般犧牲的侵害

　　將古典徵收之概念加以擴充至其他非財產權之侵害。合法的高權（公權力）之行使，侵害生命、身體、健康以及其他身體行動之自由等法益，而造

成不平等的特別犧牲，如行政執行法以及警察職權行使法中之損失補償等屬之。

（三）準徵收侵害（或稱類似徵收）

指違法干預個人具財產價值的權利，而造成個人或團體權利之剝奪或限制，已超出人民一般情況下所應容忍之不平等「特別犧牲」之情形。在此所稱的「違法侵害」（rechtswidriger Eingriff），是指因國家高權行為造成當事人的特別犧牲，亦即不平等的侵害與附加當事人的特別犧牲即表現出「違法侵害」，因此，在此定義下，違法性即等於特別犧牲。

國家公權力措施雖在法律所允許的範圍內為之，且法律並無明文補償之規定，但依其實施內容以及其效果，卻展現出「徵收侵害」的型態，亦即，已超出社會容忍義務之範圍，而產生對財產（所有權）的違法侵害，實際上使關係人造成特別犧牲的效果，此種特別犧牲，「應視同徵收侵害般」給予補償。

準徵收侵害是德國司法實務所發展出來的，係針對所謂的「立法之不法」，亦即，該行為已經展現一種徵收狀態（特別犧牲），但法律上卻不給予補償。（舊）文化資產保存法第30條第1項限制所有權人不得變更之規定，係屬過度限制所有權人之所有權，不符徵收應予補償之規定，2011年11月9日修正後該條改列第21條（現為第24條），而將「不得變更」等字刪除，並賦予所有人、使用人或管理人提出計畫，經主管機關核准後，採取適當之修復或再利用方式。

（四）具有徵收附隨效果之侵害

合法的高權行使（公權力），卻對當事人自由與權利產生不可期待（嚴重與不可忍受）的附帶效果與不利情形等，亦即，原本合法公權力（目的取向）之行使，卻衍生目的外的附帶不利益之法效果。此概念之重點在於執行行為之法效果上，對其所產生對人民自由或財產之附帶效果侵害之特別犧牲，應給予適當之補償，如軍事演習導致民宅受到攻擊房屋全毀，或市政府興建捷運，而導致附近房屋傾斜危險，或交通警察追緝嫌犯的跟車行為而肇至嫌犯撞擊他人車輛的損害等。我國警械使用條例第11條合法使用警械造成

對第三人自由與權利侵害之補償規定即屬此種情形。

（五）我國釋憲實務舉隅

　　就「公用地役關係既成道路不予徵收」之是否違憲一案，司法院釋字第400號解釋理由書稱：「個人行使財產權仍應依法受社會責任及環境生態責任之限制，其因此類責任使財產之利用有所限制，*而形成個人利益之『特別犧牲』，社會公眾並因而受益者，應享有相當補償之權利*。至國家因興辦公共事業或因實施國家經濟政策，雖得依法律規定徵收私有土地，但應給予相當之補償，方符首開憲法保障財產權之意旨。」

　　又，司法院釋字第425號解釋理由書稱：「土地徵收，係國家因公共事業之需要，對人民受憲法保障之財產權，經由法定程序予以剝奪之謂。規定此項徵收及其程序之法律必須符合必要性原則，並應於相當期間內給予合理之補償，方符憲法保障人民財產權之意旨，前經本院釋字第四百號解釋在案。土地法第二百三十五條前段及第二百三十一條前段雖規定：『被徵收土地之所有權人，對於其土地之權利義務，於應受之補償發給完竣時終止，在補償費未發給完竣以前，有繼續使用該土地之權』；『需用土地人應俟補償地價及其他補償費發給完竣後，方得進入被徵收土地內工作』，明示物權變動之效力，須待補償費發給完畢始行發生。惟土地徵收對被徵收土地之所有權人而言，*係為公共利益所受特別犧牲，是補償費之發給不宜遷延過久*。」司法院釋字第516號、第652號解釋同旨。

　　又，司法院釋字第440號解釋理由書稱：「國家機關依法行使公權力致人民之財產遭受損失，若『逾其社會責任所應忍受之範圍』，形成個人之『特別犧牲』者，國家應予合理補償。主管機關對於既成道路或都市計畫道路用地，在依法徵收或價購以前埋設地下設施物妨礙土地權利人對其權利之行使，致生損失，形成其個人特別之犧牲，自應享有受相當補償之權利。」

　　司法院釋字第731號解釋並指出土地徵收條例之區段徵收，原土地所有權人得申請以徵收後可供建築之抵價地折算抵付補償費，該抵價地之抵付，亦屬徵收補償之方式，而申請發給抵價地之申請期限，涉及人民財產權之限制，自應踐行正當之行政程序，包括應確保利害關係人及時獲知相關資訊，俾得適時向主管機關主張或維護其權利（司法院釋字第663號、第689號、第

709號解釋參照）。而司法院釋字第747號解釋文稱：「人民之財產權應予保障，憲法第十五條定有明文。需用土地人因興辦土地徵收條例第三條規定之事業，**穿越私有土地之上空或地下，致逾越所有權人社會責任所應忍受範圍，形成個人之特別犧牲**，而不依徵收規定向主管機關申請徵收地上權者，土地所有權人得請求需用土地人向主管機關申請徵收地上權。」**創造出特別犧牲請求權之準徵收之概念**，土地所有權人得直接依照本號解釋，請求「需用土地人」高公局向「主管機關」內政部申請徵收地上權。

　　事實上，大法官在諸號解釋中均以**「特別犧牲」**作為國家應予補償之要素，其重點置於因「特別犧牲」而造成當事人**「逾越社會責任之權利被剝奪或限制」**，而有「補償的必要性」，與德國學說及實務見解相較，此種做法顯然可以避開若干概念（準徵收或徵收效果）區分上的做法，不失為一種簡明清楚的處理方式，本書以為，特別犧牲的補償為此二種概念的共同目的，在前述區分無實益的狀況下，採行較為簡單清楚的處理方式，將可以減少紛爭，因此，在概念上，本書相當贊成某些學者將準徵收以及徵收附屬效果侵害合併探討而不作區分的看法。此外，從司法院釋字第670號解釋之發展[2]，本書也認為，司法實務對徵收適用範圍之擴充，**所謂生命、身體的特別犧牲，也可以一併包括在損失補償中。**

第三節　層級化財產權保障

　　釋憲實務認為[3]，退撫給與請求權固受憲法財產權之保障，然因退撫給與之財源不同，其請求權受保障之程度，應有差異；亦即應依其財源是否係退休軍公教在職時所提撥，而受不同層級之保障，即視財產權的來源不同，

2　司法院釋字第670號解釋理由書稱：「……人民受憲法第八條保障身體之自由，……尤其應受特別保護，亦迭經本院解釋在案（本院釋字第三八四號、第五八八號解釋參照）。是特定人民身體之自由，因公共利益受公權力之合法限制，諸如羈押、收容或留置等，而有特別情形致超越人民一般情況下所應容忍之程度，構成其個人之特別犧牲者，自應有依法向國家請求合理補償之權利，以符合憲法保障人民身體自由及平等權之意旨。」是號解釋將財產權侵害擴充至身體自由權之侵害，並架構在「特別犧牲」以及「合理之補償」上。

3　司法院釋字第781號、第782號、第783號解釋理由書，Rn. 59 ff。

受保障程度不同（財產權審查密度）。

　　退撫給與中源自：一、個人提撥費用本息部分之財產上請求權，基於個人薪給之支配性與先前給付性之**個人關聯性，應受較高之保障**，就此部分，**應採較為嚴格**之審查標準；二、關於政府依法定比率按月繳納之提撥費用本息部分，為政府履行共同提撥制所應負之法定責任。政府就此部分固不得為相異用途之使用，然因其財源源自政府預算，性質上屬恩給制之範疇；三、政府補助，政府於：（一）退撫基金未達法定最低收益；或（二）退撫基金不足以支應退撫給與時，始撥交之補助款項本息，其財源與政府就退撫舊制退撫給與之支付，同屬全部源自政府預算之恩給制範疇，涉及國家財政資源分配之社會關聯性，就此財源產生之財產上請求權，立法者得有相對較高之調整形成空間，**而審查相關立法是否符合比例原則及有無違反信賴保護原則時，應採較為寬鬆之審查標準**。亦即，退撫基金支應來源有三：

一、個人提撥（占比35%）：現職人員依法定比率按月繳納之提撥費用本息。

二、政府提撥（占比65%）：政府依法定比率按月繳納之提撥費用本息。

三、政府補助：政府於（一）退撫基金未達法定最低收益；或（二）退撫基金不足以支應退撫給與時，始撥交之補助款項本息。

　　簡言之，大法官認為軍公教之退伍金、退休俸之退撫給與權利，皆為具有財產權性質之給付請求權。然因退撫給與之財源不同，其請求權受保障之程度，自應有所差異。

　　有關職業退休金給付，實務上有解為一種延時（遞延）給付之薪資。亦即雇主將應給受僱者之工作所得之一部分，以預撥或保留方式，等受僱員工退休時再予支領，以穩定受僱員工的生活，並以吸引適當人才穩定任職[4]。然而，退撫給與並非遞延工資之給付，因此提高提撥率並不違憲。

4　司法院釋字第782號解釋蔡明誠大法官部分協同部分不同意見書。

選擇題練習

1　甲企業人事部門依法律規定公告「甲企業員工性騷擾防治辦法」，請問此一辦法與下列何種基本權利之保障無關⁵？

(A) 隱私權

(B) 工作權

(C) 人身自由

(D) 宗教信仰自由　　　　　　　　　　　　　　　　　　　　【100司法官】

2　請依據司法院大法官有關身心障礙者保護法（舊）第37條第1項前段規定：「非本法所稱視覺障礙者，不得從事按摩業。」之解釋。有關工作權之敘述，下列何者錯誤⁶？

(A) 工作權包括人民有從事工作並有選擇職業之自由

(B) 依司法院解釋意旨，系爭規定因未能保障視障者之工作權而違憲

(C) 系爭規定對於非視障者職業選擇自由之限制，與憲法第23條比例原則不符

(D) 系爭規定牴觸憲法第15條工作權之保障　　　　　　　　　　【100律師】

3　承上題，依據工作權之觀點，下列何者錯誤⁷？

(A) 知識、學位、體能等係選擇職業自由之主觀條件

(B) 選擇職業應具備之客觀條件，例如行業獨占制度

(C) 立法者欲對主觀條件加以限制，須有重要公共利益存在

(D) 選擇職業客觀條件之設定，則應以保護重要之公共利益始得為之

　　　　　　　　　　　　　　　　　　　　　　　　　　　　　【100律師】

---

5 (D)，參照司法院釋字第490號解釋。

6 (B)，參照司法院釋字第649號解釋，係違反平等權。

7 (D)，參照司法院釋字第649號解釋。

4 依司法院解釋，有關職業自由，下列敘述，何者錯誤[8]？

(A) 立法者所欲限制者，如屬從事特定職業之個人應具備之專業能力或資格，例如知識、學位、體能等，須有重要公共利益存在

(B) 立法者所欲限制者，如屬對從事特定職業之條件限制，非個人努力所可達成，例如行業獨占制度，須有保護特別重要之公共利益始得為之

(C) 關於從事工作之方法、時間、地點等執行職業自由，立法者不得僅為追求一般公共利益即予以限制

(D) 對職業自由之限制，因其內容之差異，在憲法上有寬嚴不同之容許標準

【101司法官】

5 戡亂時期預防匪諜再犯管教辦法第2條規定：「匪諜罪犯判處徒刑或受感化教育，已執行期滿，而其思想行狀未改善，認有再犯之虞者，得令入勞動教育場所，強制工作嚴加管訓（第一項）。前項罪犯由執行機關報請該省最高治安機關核定之（第二項）。」本辦法之規定限制人民之基本權利，依照司法院解釋，下列何者並不屬之[9]？

(A) 生存權

(B) 思想自由

(C) 人身自由

(D) 人性尊嚴

【103司律】

6 有關徵收及人民財產權之保障，根據相關司法院大法官解釋，下列敘述何者錯誤[10]？

(A) 逾期未發給補償，徵收土地核准處分應失其效力

(B) 原補償處分確定後始發現錯誤，而應發給補償費差額，其發放期間最長不得超過3年

8　(C)，參照司法院釋字第649號解釋。
9　(A)，參照司法院釋字第567號解釋。
10　(B)，參照司法院釋字第652號解釋。

(C) 國家因公用或其他公益目的之必要，徵收人民之財產，應給予相當或合理之補償

(D) 個人財產權仍應依法受社會責任及環境生態責任之限制　　　【107司律】

7 依司法院大法官解釋，有關職業自由之限制，下列敘述何者正確[11]？

(A) 關於從事工作之方法、時間、地點等執行職業自由之限制，立法者須為追求重要公共利益始得予以限制

(B) 立法者所欲限制者，如屬從事特定職業之個人應具備之專業能力或資格，例如知識、學位、體能等，須有特別重要公共利益存在

(C) 立法者所欲限制者，如屬對從事特定職業之條件限制，非個人努力所可達成，例如行業獨占制度，須為保護特別重要之公共利益始得為之

(D) 對職業自由之限制，雖有內容之差異，但在憲法上不得有寬嚴不同之容許標準　　　【107司律】

8 公務員服務法規定，公務員於離職後3年內不得擔任與其離職前5年內之職務直接相關之營利事業職位。依司法院大法官解釋意旨，下列敘述何者正確[12]？

(A) 限制離職公務員選擇職業自由，所採取之手段與目的達成間具合理關聯性即可

(B) 本條係為維護公務員公正廉明之重要公益，且未限制離職公務員執行職業之自由

(C) 限制公務員選擇職業自由，可避免公務員離職後利益衝突或利益輸送，手段具實質關聯

(D) 因公務員對此限制無法預見而不能預作準備，違反比例原則　　　【109司律】

---

11 (C)，參照司法院釋字第649號解釋。
12 (C)，參照司法院釋字第637號解釋。

9 有關於妨害名譽之行為，民法第195條第1項規定得請求回復名譽之適當處分，惟該適當處分並不包含判決命加害人公開道歉，倘加害人為自然人，係因為將不法侵害其憲法所保障之基本權利，下列何者並不包含在內[13]？

(A) 言論自由

(B) 財產權

(C) 思想自由

(D) 人性尊嚴　　　　　　　　　　　　　　　　　　　　　　　【112司律】

10 有關土地徵收，依司法院解釋意旨及憲法法庭裁判，下列敘述何者錯誤[14]？

(A) 基於憲法正當程序之要求，國家辦理徵收應踐行最嚴謹之程序

(B) 辦理徵收時，國家應踐行公告及書面通知之程序

(C) 徵收之補償應儘速發給，否則徵收土地核准案即應失效

(D) 原土地所有權人之收回權雖係私法上請求權，亦受憲法財產權之保障

　　　　　　　　　　　　　　　　　　　　　　　　　　　　　【112司律】

---

13 (B)，參照憲法法庭111年憲判字第2號判決。

14 (D)，此項收回權是憲法財產權保障的延伸，源於土地所有權人基於土地徵收關係所衍生之公法上債權請求權。參照司法院釋字第763號、第731號、第516號及第409號解釋。

第十三章　權利保護請求權

第一節　概念

憲法第16條規定：「人民有請願、訴願及訴訟之權。」本條即學理上所謂「權利保護請求權」或「訴訟權」（Prozegrundrecht）總稱之明文；德國憲法學上稱其為「程序基本權」（Verfahrensgrundrecht）；日本憲法稱其為「接受裁判的權利」[1]。本於「有權利必有救濟」之法理，本條既然是一種程序性的基本權，應以「無漏洞」、「公平」及「有效」的權利保護救濟途徑來保障實體上基本權利的實踐[2]。

一、請願權

我國請願法第2條規定：「人民對國家政策、公共利害或其權益之維護，得向職權所屬之民意機關或主管行政機關請願。」第3條：「人民請願事項，不得牴觸憲法或干預審判。」第4條：「人民對於依法應提起訴訟或訴願之事項，不得請願。」

然依該法第8條規定：「各機關處理請願案件，應將其結果通知請願人；如請願事項非其職掌，應將所當投遞之機關通知請願人。」可知對主管行政機關而言，並無法律上拘束效力。惟隨著民主思潮的發展，人民除直接向主管行政機關提出請願外，亦可向立法院提出。人民請願文書由立法院秘書處辦理收文手續後，交由程序委員會審核其形式是否符合請願法規定或有無應補正事項；如請願內容非屬立法職權者，移送權責機關處理；若為行政事項，則逕予函復；若係依法不得請願者，即通知請願人。請願文書經程序委員會形式審查通過後，交由有關委員會審查應否列為議案。成為議案者，由程序委員會列入討論事項，經大體討論後，議決交付審查或逕付二讀或不

1　李惠宗，《憲法要義》，元照，九版，2022年9月，Rn. 1625。
2　董保城、法治斌，《憲法新論》，元照，八版，2021年9月，408頁。

予審議[3]。

二、訴願權

訴願法第1條第1項規定：「人民對於中央或地方機關之行政處分，認為違法或不當，致損害其權利或利益者，得依本法提起訴願。但法律另有規定者，從其規定。」

訴願之程序標的限於「行政處分」。上級機關以行政自我審查的方式糾正下級機關違法或不當的決定，使人民無須再透過法院的判決救濟，減輕其程序上之負擔。

有些救濟程序非以「訴願」為名，但性質上相當於「訴願」程序。如司法院釋字第295號解釋理由書所稱：「憲法保障人民之訴願權，其目的在使為行政處分之機關或其上級機關自行矯正其違法或不當處分，以維護人民之權益，若法律規定之其他行政救濟途徑，已足達此目的者，則在實質上即與訴願程序相當，自無須再踐行訴願程序。」又如公務人員保障的復審程序、會計師懲戒覆審程序，亦為替代訴願的程序。

三、訴訟權

狹義的訴訟權係指「司法上的受益權」，保障人民在權利受到侵害時，有依法定程序提起訴訟，以及受公平審判的權利。司法院釋字第755號解釋理由書稱：「憲法第十六條保障人民『訴訟權』，係指人民於其權利或法律上利益遭受侵害時，有請求法院救濟之權利。**基於有權利即有救濟之憲法原則，人民權利或法律上利益遭受侵害時，必須給予向法院提起訴訟，請求依正當法律程序公平審判，以獲及時有效救濟之機會，不得僅因身分之不同即予以剝奪（本院釋字第七三六號解釋參照）。**」司法院釋字第446號解釋理由書提及人民有受「公正、迅速審判，獲得救濟之權利」，避免長期訟累。我國「刑事妥速審判法」的立法，即是這種「速審權」的立法落實。

3　立法院網址，https://www.ly.gov.tw/Pages/List.aspx?nodeid=152，最後瀏覽日期：2023年8月16日。

第二節　正當法律程序

一、概念

　　「正當法律程序」（due process of law）原則源自於1354年的英國「大憲章」第三十九章之國王不得任意拘捕[4]，此原係英美法的概念，我國憲法繼受德國，對於侵犯基本權的違憲審查應以比例原則為主，但自司法院釋字第384號解釋以降，我國釋憲實務陸續以「正當法律程序」的概念進行違憲審查。因此，正當法律程序原則在我國的概念，可以理解為關涉人民權利的公權力運作，應該設置合理正當的法定程序，俾保障人民有合理、公平參與及異議的權利；所以法律優位、法律保留、法官保留等原則，都是正當法律程序原則的下位規則；而我國憲法第8條及第16條保障訴訟權的規定，也都可以理解為正當法律程序原則的例示規定[5]。

二、我國釋憲實務的實踐

（一）司法院釋字第384號解釋：「憲法第八條第一項規定：『人民身體之自由應予保障。除現行犯之逮捕由法律另定外，非經司法或警察機關依法定程序，不得逮捕拘禁。非由法院依法定程序，不得審問處罰。非依法定程序之逮捕、拘禁、審問、處罰，得拒絕之。』其**所稱『依法定程序』，係指凡限制人民身體自由之處置，不問其是否屬於刑事被告之身分，國家機關所依據之程序，須以法律規定，其內容更須『實質正當』**，並符合憲法第二十三條所定相關之條件。」

（二）在公務員懲戒事件，司法院釋字第396號解釋稱：「公務員懲戒委員會對懲戒案件之議決，公務員懲戒法雖規定為終局之決定，然尚不得因其未設通常上訴救濟制度，即謂與憲法第十六條有所違背。懲戒處分影響憲法上人民服公職之權利，懲戒機關之成員既屬憲法上

4　湯德宗，〈論憲法上的正當程序保障〉，《行政程序法論》，元照，二版，2003年10月，169頁。

5　司法院釋字第610號解釋許玉秀、林子儀、許宗力大法官部分協同意見書。

之法官，依憲法第八十二條及本院釋字第一六二號解釋意旨，則其機關應採法院之體制，且懲戒案件之審議，**亦應本正當法律程序之原則，對被付懲戒人予以充分之程序保障，例如採取直接審理、言詞辯論、對審及辯護制度，並予以被付懲戒人最後陳述之機會等，**以貫徹憲法第十六條保障人民訴訟權之本旨。」

（三）在公務員身分保障方面之懲戒事件，司法院釋字第491號解釋稱：「對於公務人員之免職處分既係限制憲法保障人民服公職之權利，自應踐行正當法律程序，諸如作成處分應經機關內部組成立場公正之委員會決議，**處分前並應給予受處分人陳述及申辯之機會，處分書應附記理由，並表明救濟方法、期間及受理機關等，設立相關制度予以保障。**」

（四）只要是被告就有與證人對質詰問之權利，**不因是共同被告而有影響。**司法院釋字第582號解釋稱：「刑事審判上之共同被告，係為訴訟經濟等原因，由檢察官或自訴人合併或追加起訴，或由法院合併審判所形成，其間各別被告及犯罪事實仍獨立存在。**故共同被告對其他共同被告之案件而言，為被告以外之第三人，本質上屬於證人，**自不能因案件合併關係而影響其他共同被告原享有之上開憲法上權利。」

（五）刑事被告有受辯護人實質有效協助與充分自由溝通權。如司法院釋字第654號解釋理由書稱：「憲法第十六條規定人民有訴訟權，旨在確保人民有受公平審判之權利，**依正當法律程序之要求，刑事被告應享有充分之防禦權，包括選任信賴之辯護人，俾受公平審判之保障。而刑事被告受其辯護人協助之權利，須使其獲得確實有效之保護，始能發揮防禦權之功能。**從而，刑事被告與辯護人能在不受干預下充分自由溝通，為辯護人協助被告行使防禦權之重要內涵，應受憲法之保障。」

（六）在城市都更方面，亦有正當法律程序原則的適用。司法院釋字第709號解釋理由書稱：「有關主管機關核准都市更新事業概要之程序規定，未設置適當組織以審議都市更新事業概要，且未確保利害關係人知悉相關資訊及適時陳述意見之機會，與憲法要求之正當行政程序不符。」

（七）依正當法律程序之要求，刑事被告應享有充分「卷證資訊獲知權」，無需透過辯護人。因此，如司法院釋字第762號解釋理由書稱：「**被告之卷證資訊獲知權，屬被告受憲法訴訟權保障應享有之充分防禦權，自得親自直接獲知而毋庸經由他人輾轉獲知卷證資訊，不因其有無辯護人而有異。**況被告就其有無涉案及涉案內容相關事實之瞭解，為其所親身經歷，且就卷證資料中何者與被告之有效防禦相關，事涉判斷，容有差異可能，故辯護人之檢閱卷證事實上亦不當然可以完全替代被告之卷證資訊獲知權。」

（八）交通肇事駕駛人由警察強制抽血檢測酒精濃度，被大法官認為違反正當法律程序原則，憲法法庭111年憲判字第1號判決稱：「強制取得之駕駛人血液酒精濃度值，即有可能成為酒駕犯罪處罰之證據。從而，系爭規定一所應具備之正當法律程序，即應與刑事訴訟程序就犯罪證據之取得所設之正當法律程序相當……。系爭規定一授權不具警察職權，亦無從實施司法警察人員任務與功能之『依法令執行交通稽查任務人員』，亦得將肇事駕駛人移送受委託醫療機構實施強制採檢血液，就此而言，亦違反正當法律程序之要求。是系爭規定一欠缺必要之司法或正當法律程序，從而違反憲法第8條保障人身自由、第22條保障身體權及資訊隱私權之意旨[6]。」

（九）本於正當法律程序原則，應承認刑事被告享有「選任信賴之辯護人」之權，憲法法庭111年憲判字第3號判決稱：「本於憲法第8條及第16條所保障之人身自由與訴訟權，刑事被告應享有依正當法律程序之原則，受法院公平審判之權利，於訴訟上尤應保障其享有充分之防禦權（釋字第582號、第654號、第737號、第762號及第789號解釋參照），包括選任信賴之辯護人，俾受公平審判之保障。而刑事被告受其辯護人協助之權利，須使其獲得確實有效之保護，始能發揮防禦權之功能（釋字第654號解釋參照）。」

（十）本於正當法律程序原則，亦可導出偵查中辯護人得在偵查中作筆記。憲法法庭111年憲判字第7號稱：「本於憲法第8條及第16條所保障之

6　李建良，〈肇事駕駛人強制受檢法制的體系解釋與憲法審查——憲法法庭111年憲判字第1號判決淺釋〉，《月旦裁判時報》，第121期，2022年7月，31-39頁。

人身自由與訴訟權，**刑事被告應享有依正當法律程序之原則，受法院公平審判之權利**，於訴訟上尤應保障其享有充分之防禦權（釋字第384號、第582號、第636號、第654號、第762號及第789號解釋參照）。此等刑事正當法律程序及充分防禦權之憲法保障，非僅侷限於刑事被告受法院審判之階段，而係自人民因犯罪嫌疑而受到犯罪偵查時起，即應受有效之保障，其中應包括被告或犯罪嫌疑人享有由辯護人為其有效協助與辯護之權利（本庭111年憲判字第3號判決參照）……提供法律專業協助之辯護人，既有權於被告或犯罪嫌疑人受訊問時在場聽聞並表示意見，自有權就聽聞所得進行記憶、理解與分析等思維活動，而當場自行筆記，乃屬其記憶與思維活動之輔助行為，與其在場並陳述意見密不可分。因此，被告或犯罪嫌疑人於偵查中所應享有之受有效協助與辯護之權利，除辯護人之選任權外，至少應包括辯護人在場權、筆記權及陳述意見權等偵查中辯護權。」

（十一）制憲當時，行政懲處權與司法懲戒權原即已雙軌併行。憲法法庭111年憲判字第9號稱：「因此公務員就其所受行政懲處，本應以憲法第77條所定行政訴訟為其救濟。然因過去囿於特別權力關係理論及實踐之限制，致公務員一度難以就其所受之不利措施提起訴願及行政訴訟以獲救濟。**司法院釋字第243號、第298號、第323號、第491號及第583號解釋等，除強調法律保留原則及正當法律程序之保障，以求公務員考績制度之法制化外，另亦逐步破除公務員就其所受行政懲處請求司法救濟之限制，而在司法院釋字第785號解釋完全破除之，貫徹有權利即有救濟之原則。**」

（十二）司法警察（官）為偵查犯罪對犯罪嫌疑人或被告強制採尿的部分，大法官認為違反正當法律程序原則，憲法法庭111年憲判字第16號判決稱：「刑事訴訟法第205條之2規定：『檢察事務官、司法警察官或司法警察因調查犯罪情形及蒐集證據之必要，對於經拘提或逮捕到案之犯罪嫌疑人或被告，得違反犯罪嫌疑人或被告之意思，……有相當理由認為採取……尿液……得作為犯罪之證據時，並得採取之。』係就檢察事務官、司法警察官或司法警察以非侵入性方式採取尿液而為規範。**惟其規定不符憲法『正當法律**

程序原則』之要求，牴觸憲法第22條保障資訊隱私權及免於身心受傷害之身體權之意。」

（十三）共同正犯之數人分別繫屬於普通法院及軍事法院審判，就同一犯罪事實有無，不應歧異裁判，對此，憲法法庭112年憲判字第6號判決稱：「共同正犯之數人分別繫屬於普通法院及軍事法院審判，就同一犯罪事實有無，分別受普通法院無罪判決及軍事法院有罪判決確定者，若其主要之證據相同，受軍事法院判決有罪之受判決人，自得以此為再審事由，聲請再審。**相關法律未賦予受軍事法院有罪判決之受判決人，得據此理由聲請再審，侵害軍人受憲法第16條保障之訴訟權，與法院應依憲法正當法律程序原則公平審判之要求，尚有未符。**」

（十四）律師事務所能否成為受搜索之客體向來有爭議，憲法法庭112年憲判字第9號判決稱：「律師事務所作為律師執行業務之所在，儲存保留其眾多委任人委託案件之檔案資料，且包括以電磁數位方式儲存者。同一電子檔案內亦可能包括多數委任人之資料。律師與其委任人間之委任內容可能涉及刑事責任，亦可能涉及其他領域之諮詢不一而足。國家機關就律師事務所執行搜索、扣押時，欲就特定文書、電磁紀錄加以扣押，必經篩選搜索，瀏覽範圍勢必及於非本案應扣押標的之其他委任人所屬應受秘密自由溝通權保障之文件資料（如文書、電磁紀錄等）。故於得就律師事務所搜索以取得系爭規定二所定之應扣押物之情況下，若未經合理之安排，極可能侵害律師居住自由，並造成社會大眾對律師之信任減低，同時造成對律師工作權之侵害。**故基於律師事務所乃儲存眾多委任人秘密資訊場所之特徵，且搜索、扣押程序難免對於其他委任人秘密自由溝通權之侵害，對律師事務所進行搜索、扣押，在發動條件、程序及救濟上自應特予審慎考量，始符合憲法正當法律程序原則之要求。**」

（十五）法院採用司法警察人員之警詢筆錄為有罪判決之證據非無剝奪刑事被告與證人對質詰問權之疑慮。對此，憲法法庭112年憲判字第12號判決稱：「本於憲法第8條及第16條所保障之人身自由與訴訟權，刑事被告應享有依正當法律程序之原則，受法院公平審判

之權利，於訴訟上尤應保障其享有充分之防禦權，包含於審判中對證人對質、詰問，以爭執其證詞真實性之權利（司法院釋字第384號、第582號、第636號、第654號、第762號及第789號解釋參照）。證人未到庭接受對質、詰問之審判外陳述，原則上不得作為被告有罪之證據。惟立法者基於發現真實之憲法上重大公共利益，就法院有必要以未到庭證人之審判外陳述作為論斷被告有罪之證據之情形，**如被告無法對未到庭證人行使對質、詰問權所生防禦權損失，於訴訟程序上有適當之衡平補償機制，使被告於訴訟程序整體而言，仍享有充分防禦權之保障，且該等未經被告對質、詰問之審判外陳述，非為法院論斷被告有罪之唯一或主要證據等前提下，非不得以法律設定適當之要件而為例外規定，使未到庭證人向檢察事務官、司法警察官或司法警察（下稱司法警察人員）調查中所為之陳述，即警詢陳述，得例外具證據能力。換言之，符合上開前提要件之例外規定，即與憲法第8條正當法律程**序原則及第16條訴訟權保障意旨無違（司法院釋字第789號解釋參照）。」

（十六）訴訟法上之法官迴避事由，亦係**正當法律程序原則之要求**，憲法法庭112年憲判字第14號判決稱：「立法者或各級法院所定迴避事由，包括『利益衝突』、『審查自己所作裁判』類型，或就其他法定應迴避事由（如『有偏頗之虞』）之具體內容及適用範圍，是否屬憲法所要求之法官應迴避事由，發生爭議（如終審法院只有一庭，對其確定裁判聲請再審時之法官迴避問題），**本庭則應本於憲法訴訟權及正當法律程序原則之要求**，綜合並權衡上開迴避目的、相關程序類型、實體及程序利益、司法資源配置等各項因素認定之。」

第三節　審級制度之設計

　　要實踐實體法的權利，有賴立法者對於訴訟制度設計一套公平而無漏洞之程序法，始不至侵犯訴訟權的核心。審級制度之設計乃在上級審有糾正下級審裁判之機能，為訴訟權保障的內容之一，隨著案件類型的不同與訴訟經濟的緣故，非必三級三審始為合憲，至於如何設計審級制度，**釋憲實務認為此係立法者裁量之範圍**。

　　如在公務員懲戒事件，司法院釋字第396號解釋稱：「憲法第十六條規定人民有訴訟之權，惟保障訴訟權之審級制度，得由立法機關視各種訴訟案件之性質定之。」

　　至於選舉罷免事件，司法院釋字第442號解釋稱：「憲法第十六條規定人民有訴訟之權，旨在確保人民得依法定程序提起訴訟及受公平之審判。至**於訴訟救濟應循之審級制度及相關程序，立法機關自得衡量訴訟性質以法律為合理之規定**。中華民國八十三年七月二十三日修正公布之公職人員選舉罷免法第一百零九條規定，選舉訴訟採二審終結不得提起再審之訴，係立法機關自由形成之範圍。」

　　又如司法院釋字第466號解釋謂：「憲法第十六條規定人民有訴訟之權，旨在確保人民一法訂程序提起訴訟及受公平之審判。**至於訴訟救濟究應循普通訴訟程序抑或依行政之，則由立法機關依職權衡的訴訟案件之性質及既有訴訟制度之功能等而為設計**。」

　　再如司法院釋字第574號解釋理由書中所稱：「憲法第十六條所規定之訴訟權，係以人民於其權利遭受侵害時，**得依『正當法律程序』請求法院救濟為其核心內容，國家應提供有效之制度保障**，以謀期其具體實現，除立法機關須制定法律，為適當之法院組織及訴訟程序之規定外，用法律時，亦須以此為目標，俾人民於其權利受侵害時，有及生回復並實現其權利之可能。」

　　惟，即便審級制度是立法者的裁量自由，但至少應給予被告一次的救濟之機會，如司法院釋字第752號解釋文中所稱：「刑事訴訟法第三百七十六條第一款及第二款規定：『下列各罪之案件，經第二審判決者，不得上訴於第三審法院：一、最重本刑為三年以下有期徒刑、拘役或專科罰金之罪。

二、刑法第三百二十條、第三百二十一條之竊盜罪。』就經第一審判決有罪，而第二審駁回上訴或撤銷原審判決並自為有罪判決者，規定不得上訴於第三審法院部分，屬立法形成範圍，與憲法第十六條保障人民訴訟權之意旨尚無違背。惟就第二審撤銷原審無罪判決並自為有罪判決者，**被告不得上訴於第三審法院部分，未能提供至少一次上訴救濟之機會，與憲法第十六條保障人民訴訟權之意旨有違，應自本解釋公布之日起失其效力。**」亦即，原本刑事訴訟法第376條第1款及第2款規定之罪名是二級二審，但如此一來，若被告一審勝訴但在二審敗訴，將造成二審敗訴的部分全無救濟機會，大法官認為此種規定違憲。

第四節　特別權力關係之突破

一、德國法上之發展

（一）特別權力關係之起源

所謂「特別權力關係」（besonderes Gewaltverhältnis），又稱作「特別法律關係」，主要適用於軍人、公務員、學生及公營造物（如監獄受刑人）。**在特別權力關係底下，事前不受「法律保留原則」之羈束，事後相對人不能提起訴訟救濟。**特別權力關係起源於19世紀自由法治國時期，原係為維持軍人及公務員對於君王所負之忠誠及服從義務[7]。亦即，特別權力關係原係為保存專制體制而生。因此，特別權力關係應與一般權力（法律）關係對照，一般權力（法律）關係是指凡屬人民之權利及義務之規定，不得任由行政機關為之，必須由立法機關以法律定之而有法律保留原則之適用。**是故，特別權力關係與一般權力關係之劃分在於確定「法律保留原則」之適用範圍。**

至於行政機關內部之事宜，亦即有關組織及人員之規定，非屬立法機關所及範圍，即所謂的行政保留之範圍，行政機關可以內部的規定來規範內部

7　*Detlef Marten*, ebenda; Ronellenfitsch, Das besondere Gewaltverhältnis-einzufrühtotgesagtes Rechtsinstitut, in: Öffentliche Verwaltung, 1981, S. 934.

人員之權利義務，不受法律保留之限制。

　　因此，特別權力關係之產生，係專制體制與代表人民之立法機關妥協之結果，以內部人員之權利的犧牲作為代價，因此有人批評特別權力關係係官署的殘餘物。本書試以表4-13-1說明特別權力關係與一般權利關係之區別。

表4-13-1　特別權力關係與一般權利關係之區別

	一般權利關係	特別權力關係
有無法律保留	有法律保留原則之適用	著重行政保留
救濟途徑	權利救濟	無外部救濟 僅有內部申訴

（二）理論的架構

　　凡一種新體制的實施，必須以理論的架構作為襯托，以作為其合法的依據。對此，德儒拉班（Laband）提出了支撐特別權力關係之「主體封閉說」，其認為法律關係僅存在於主體與主體間，國家視為密不可破的一大主體，法律關係僅存在於人民與人民間，或人民與國家間，至於國家內部之組織及公務員關係因屬主體內部之事宜，故並不發生法律之關係，主體內部之事宜，由行政機關來決定之，非屬立法干涉之範圍，法律關係僅及於主體之外圍，因此吾人稱國家為法人，而法人內部僅屬機關不具法律上人格，即由此理論而產生。有關拉班的理論，試以圖4-13-1說明。

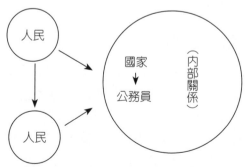

圖4-13-1　拉班之主體封閉說

　　而麥耶（Otto Mayer）進而主張「自願不構成侵害說」，其主張公務員本來擁有權利，但在進入國家主體之前，主動放棄其權利，既然自願放棄其權利，而國家對其侵害因無權利之可言，故無所謂侵害，因此國家對公務員掌有絕對的支配權，並可以內部的規範來限制公務員的一切權利，對此公務員亦無救濟之管道。

　　就此，得歸納出特別權力關係特點主要有三：1.事前：身分權、財產權的限制不適用法律保留原則，因此可用行政規則限制公務員權利；2.事中：不承認公務員基本人權，無程序保障之規制，亦即，不賦予公務員程序之保障；3.事後：排除司法的審查，亦即，不得提起司法救濟。

（三）特別權力關係之類型

　　早期依麥耶所提之特別權力關係之類型如下：

1. **公法上勤務關係**：國家與公務員之關係。
2. **營造物利用關係**：例如學校與學生之關係、監獄與犯人之關係及受羈押刑事被告與看守所之關係等。
3. **公法上特別監督關係**：此種特別監督關係，係指受國家監督之特別行業或事業而言，如特種行業及專門職業技術人員（律師、會計師、建築師等）。而我國在大法官作成司法院釋字第295號（關於不服會計師懲戒覆審決議之案件）及司法院釋字第378號解釋（關於不服律師懲戒覆審決議案件）後，這些職業如今已不再劃分入特別權力關係之範疇。

　　綜上所述，目前所要探討的特別權力關係主要係指公法上勤務關係及營造物利用關係（學校及監獄）等。

（四）特別權力關係之發展

　　在19世紀，特別權力關係並非全面的禁止，特別權力關係下屬員一切權利之爭議，尤其有關公務員因勤務關係所衍生的財產請求權，如薪俸、退休金之爭議問題，在當時由於尚無行政法院之設置，仍可向普通法院提出救濟。到了20世紀威瑪時代，由於德國若干個邦使用了概括條款，凡身分及財產之爭議，受法院之審查，但仍未普遍。隨著二次大戰後理論之發展，可以下述三階段作為探討。

1. 基礎關係及管理關係說

德國公法學者尤爾（Carl Hermann Ule）於1954年在德國公法學會中，針對特別權力關係之司法救濟，提出其看法，其有意規避公務員基本人權之探討，而將火力集中在司法救濟之問題上，是一種折衷的看法。基此，**尤爾將國家對公務員之關係區分為基礎關係及管理關係：**

(1) 基礎關係：係指國家對公務員身分上及財產上之處分。身分上之處分，一般是指身分之創設、變更及終止，如公務員的任用、升遷、免職、退休等；財產上之處分是指身分衍生的財產請求權，如薪資、退休金等。尤爾認為基礎關係係指公務員以個人之身分受國家之處分，故影響其權利，在這一部分，公務員因身分上及財產上認為遭受國家不當或違法之處分，應有司法救濟之權利，亦即基礎關係不應再被劃入為特別權力關係，而屬一般權利關係之範疇。

(2) 管理關係：係指國家為執行任務，必須分配勤務、發布命令及指示。而在此一範圍內，並不涉及屬員之權利，因為在勤務執行當中，屬員被視為國家組織的一部分，亦即其職位是超個人之地位，只要國家執行任務之所需，當然可基於任務之目的限制屬員之基本權利。為維持國家任務之執行，亦即管理關係之正常運作，對不服從命令指示之屬員，基於管理秩序維持之需要，長官對部屬享有懲戒權。

尤爾所提出的「基礎關係與管理關係」理論，受到德國當時各級法院的支持及引用，因此於這一時期之特別權力關係之特點為：(1)基本人權並不完全適用於特別權力關係下的屬員；(2)國家可基於機關之目的，用行政規則來限制基本人權，不適用法律保留原則；(3)基礎關係可提起司法救濟，管理關係仍屬特別權力關係之範圍。

2. 1972年德國聯邦憲法法院「監所執行判決」

德國聯邦憲法法院於1972年作成「監所執行判決」，該判決針對監獄管理員透過內部的規定，檢查受刑人之信件屬違憲的行為，因為秘密通信的自由，屬受刑人之基本人權，對其限制應以法律定之，亦即適用法律保留原則。因此，往後如欲對受刑人權利之限制，不應再任由監獄內部之規定為之。由此一判決，可對特別權力關係之理論作如下之分析：(1)基本人權之保障亦適用於特別權力關係；(2)法律保留原則全面適用於特別權力關係；(3)權利之侵害皆可提起司法救濟。

3. 重要性理論

　　上述所探討的特別權力關係僅及於公務員及監獄受刑人之關係，尚未探討學校關係，因此有人戲稱學校為特別權力關係的未開發地，德國在1976年以來，司法判決為破除學校之特別權力關係，而提出所謂的重要性理論以為對策。重要性理論係指凡涉及學生重要之基本人權事項，應由立法機關以法律定之，不能授權行政機關或由行政機關單獨以內規定之，重要性理論強調國會保留之原則，亦即凡基本人權重要之部分，屬國會之權責不能授權。

　　重要性理論之提出，其實主要係以尤爾所提出之基礎關係及管理關係作為依據，或認為基礎關係即為基本人權重要之部分，對此，須以法律定之。

二、我國實務突破特別權力關係之歷程

（一）公法上職務監督關係：公務員與國家之關係

　　1930年（民國19年）公布訴願法以降至行憲前，係屬於特別權力關係之萌芽階段，司法院院字第311號解釋認為：「按訴願之提起，係人民不服官署處分之救濟方法，下級官吏對於該管上級官廳，就其監督範圍以內所發命令，有服從之義務，不得援引訴願法提起訴願。」院字第339號則進一步的認為：「人民為官吏雖係公權之一種，然人民與官吏身分各別，其有因官吏身分受行政處分者，純屬行政範圍，非以人民身分因官署處分受損害者可比，自不得援引訴願法提起訴願。」而於行憲後，大法官於釋憲實務上屢次闡述有關特別權力關係之概念，詳述如下。

1. 公法上財產請求權

　　司法院釋字第187號解釋中，大法官首次認為：「公務人員依法辦理退休請領退休金，乃行使法律基於憲法規定所賦予之權利，應受保障。其向原服務機關請求核發服務年資或未領退休金、退職金之證明，未獲發給者，在程序上非不得依法提起訴願或行政訴訟。」並於司法院釋字第201號（有關退休金之請領）、第266號（有關考績獎金之請領）及第312號（請領福利互助金事項）解釋採相同見解。

　　換言之，大法官認為涉及公務員公法上財產請求權之事項，皆屬於行政處分而得依法提起行政救濟。

2. 基礎關係及管理關係

　　司法院釋字第243號解釋表示：「公務人員考績法之記大過處分，並未改變公務員之身分關係，不直接影響人民服公職之權利，上開各判例不許其以訴訟請求救濟，與憲法尚無牴觸。」基此，大法官在本號解釋中係採「基礎關係及管理關係說」，意即，大法官將國家對公務員之處分分為：「**改變**」公務員身分關係之處分（基礎關係）及「**未改變**」公務員之身分關係之處分（管理關係），而公務員僅有前者始得提起行政救濟。

3. 重要性理論

　　依司法院釋字第298號解釋，**關於足以改變公務員身分或對於公務員有重大影響之懲戒處分**，受處分人得向掌理懲戒事項之司法機關聲明不服，由該司法機關就原處分是否違法或不當加以審查，以資救濟。故在此之後，實務認為，不僅改變公務員身分關係之基礎關係，得提起救濟，即使未改變公務員之身分關係之管理關係，但屬對於公務員有重大影響之處分，皆得提起行政救濟。

　　前揭釋憲實務，係以「**行政處分**」為程序標的，過去依公務人員保障法，公務人員就影響其權益之不當公權力措施，於申訴、再申訴後，不得續向法院請求救濟。例如，有關外勤警消人員「勤一休一」勤休方式及超時服勤補償之相關規定，由於僅屬內部管理措施而非行政處分，即非「**行政處分**」而不得向法院提行政救濟。對此，釋憲實務見解已有所轉變，司法院釋字第785號解釋稱：「本於憲法第十六條有權利即有救濟之意旨，人民因其公務人員身分，**與其服務機關或人事主管機關發生公法上爭議，認其權利遭受違法侵害，或有主張權利之必要，自得按相關措施與爭議之性質，依法提起相應之行政訴訟，並不因其公務人員身分而異其公法上爭議之訴訟救濟途徑之保障**。中華民國九十二年五月二十八日修正公布之公務人員保障法第七十七條第一項、第七十八條及第八十四條規定，並不排除公務人員認其權利受違法侵害或有主張其權利之必要時，原即得按相關措施之性質，依法提起相應之行政訴訟，請求救濟，與憲法第十六條保障人民訴訟權之意旨均尚無違背。」換言之，大法官認為公務人員服勤及休假的方式等內部管理措施，雖非行政處分，也得向法院提起救濟。

（二）公法上職務監督關係：軍人與國家之關係

1. 基礎關係及管理關係

依司法院釋字第430號解釋，軍人為廣義之公務員，與國家間具有公法上之職務關係，現役軍官依有關規定聲請續服現役未受允准，並核定其退伍，如對之有所爭執，既係影響軍人身分之存續，損及憲法所保障服公職之權利，自得循訴願及行政訴訟程序尋求救濟。

因此，就本號大法官解釋而言，仍係採二分法理論，僅影響軍人身分存續之處分，始得提起行政爭訟。

2. 重要性理論

不過，依司法院釋字第459號解釋認為，兵役體位之判定，對役男在憲法上權益有重大影響，受判定之役男，如認其判定有違法或不當情事，自得依法提起訴願及行政訴訟。基此，大法官在本號解釋中，已對於軍人與國家之關係改採「重要性理論」之見解。

綜上所述，大法官原先於司法院釋字第430號解釋中認為軍人僅能針對影響身分上之存續之處分才能提起救濟，後來則於司法院釋字第459號解釋認為只要對其有重大影響即可提起救濟。不過，除此之外，軍人是否還有財產上的請求權？就此，大法官於司法院釋字第555號解釋中認為：「戒嚴時期人民受損權利回復條例施行細則第三條第一項規定：『本條例第三條第一項第二款所稱公務人員，指各機關組織法規中，除政務官、民選人員及聘僱人員外，受有俸（薪）給之文職人員』，係對該條例第三條第一項第二款所稱『任公務人員、教育人員及公職人員之資格』中有關公務人員涵義之界定，不包括武職人員，乃基於事物本質之差異，於平等原則無違，亦未逾越母法之授權，與憲法規定尚無牴觸。」

（三）營造物利用關係：學生與學校之關係

依司法院釋字第382號解釋認為：「各級學校依有關學籍規則或懲處規定，對學生所為退學或類此之處分行為，足以改變其學生身分並損及其受教育之機會，自屬對人民憲法上受教育之權利有重大影響，此種處分行為應為訴願法及行政訴訟法上之行政處分。受處分之學生於用盡校內申訴途徑，未獲救濟者，自得依法提起訴願及行政訴訟。」大法官在本號解釋中，針對學

生與學校之關係似乎仍以基礎關係及管理關係為說理模式，亦即，除依司法院釋字第242號解釋謀求救濟外，尚無許其提起行政爭訟之餘地。

　　而司法院釋字第684號解釋則認為：「大學為實現研究學術及培育人才之教育目的或維持學校秩序，對學生所為行政處分或其他公權力措施，如侵害學生受教育權或其他基本權利，即使非屬退學或類此之處分，本於憲法第十六條有權利即有救濟之意旨，仍應許權利受侵害之學生提起行政爭訟，無特別限制之必要。」

　　亦即，該號解釋對於學生權利之突破，在於學生如基本權（受教權）受到侵害時，也可以提起救濟，本號解釋將以往的基礎關係才可提起救濟，擴大至基本權受到侵害亦可提起救濟，只要在學生受教權範圍內，如認其受到重大侵害時，也可以主張之[8]。

　　上開司法院釋字第684號解釋對學生救濟的特別權力關係之突破適用範圍乃大學生，惟是否亦適用於中小學生似有疑問，司法院釋字第784號解釋稱：「本於憲法第十六條保障人民訴訟權之意旨，各級學校學生認其權利因學校之教育或管理等公權力措施而遭受侵害時，即使非屬退學或類此之處分，亦得按相關措施之性質，依法提起相應之行政爭訟程序以為救濟，無特別限制之必要。於此範圍內，本院釋字第三八二號解釋應予變更。」至此，學生不得向法院提起救濟管道之限制，已全面突破。

（四）教師與學校之關係

　　依司法院釋字第462號解釋認為，大學校、院、系（所）教師評審委員會關於教師升等評審之權限，係屬法律在特定範圍內授予公權力之行使，其對教師升等通過與否之決定，與教育部學術審議委員會對教師升等資格所為之最後審定，於教師之資格等身分上之權益有重大影響，均應為訴願法及行政訴訟法上之行政處分。受評審之教師於依教師法或訴願法用盡行政救濟途徑後，仍有不服者，自得依法提起行政訴訟。

　　故司法院本號釋憲實務對於教師與學校間之關係，係採重要性理論。

8　詳參照蔡震榮、戴東盛，〈從釋字第684號解釋論法律保留與權利救濟〉，《法學叢刊》，第56卷第4期（第224期），2011年10月，11、17-18頁。

（五）羈押被告與看守所之關係

依司法院釋字第653號解釋理由書，羈押法第6條在立法之初所處時空背景，係認受羈押被告與看守所之關係屬特別權力關係，如對看守所之處遇或處分有所不服，僅能經由申訴機制尋求救濟，並無得向法院提起訴訟請求司法審判救濟之權利。

因此，羈押被告就不服看守所處分事件，僅得依上開規定提起申訴，不得再向法院提起訴訟請求救濟。

惟司法院釋字第653號解釋認為：「羈押係拘束刑事被告身體自由，並將其收押於一定處所之強制處分，限制其人身自由，將使其與家庭、社會及職業生活隔離，非特予其心理上造成嚴重打擊，對其名譽、信用等人格權之影響亦甚重大，係干預人身自由最大之強制處分。刑事被告受羈押後，為達成羈押之目的及維持羈押處所秩序之必要，固然得依法限制被告權利，惟於此範圍之外，基於無罪推定原則，受羈押被告之憲法權利之保障與一般人民所得享有者，原則上並無不同。因此，受羈押被告如認執行羈押機關對其所為之不利決定，逾越達成羈押目的或維持羈押處所秩序之必要範圍，不法侵害其憲法所保障之權利者，自應許其向法院提起訴訟請求救濟，始無違於憲法第十六條規定保障人民訴訟權之意旨。」

故大法官於本號解釋認為，有權利必有救濟，不因救濟人之身分而有不同之處遇[9]。

（六）營造物利用關係：受刑人發受書信與管理措施之權利救濟

此類特別權力關係得突破，可見於以下兩號解釋。

9　許宗力大法官於本號解釋之協同意見書中認為，本號解釋迴避了特別權力關係是否仍存在之問題，而是直接說明羈押被告之權利受侵害得全面提起救濟之旨。但依司法院釋字第243號、第382號、第430號解釋得知，公務員、學生及軍人與國家之關係，分為基礎關係及管理關係，在管理關係部分只能循內部管道救濟而不能提起行政爭訟，亦即，管理關係仍殘留了特別權力關係的理論。然而，特別權力關係在我國自始即是未附任何說理的教條，亦無憲法明文依據。又依本號大法官解釋認為，即使是管理關係也有侵害人民權利之問題，受羈押被告如認看守所管理不當而致其權利遭受侵害時，亦得提起行政爭訟，故今後公務員、學生及軍人對於管理關係不得提起行政爭訟之規定，亦恐有違憲之虞。

1. 司法院釋字第755號解釋

司法院釋字第755號解釋文稱：「監獄行刑法第六條及同法施行細則第五條第一項第七款之規定，不許受刑人就監獄處分或其他管理措施，逾越達成監獄行刑目的所必要之範圍，而不法侵害其憲法所保障之基本權利且非顯屬輕微時，得向法院請求救濟之部分，逾越憲法第二十三條之必要程度，與憲法第十六條保障人民訴訟權之意旨有違。相關機關至遲應於本解釋公布之日起二年內，依本解釋意旨檢討修正監獄行刑法及相關法規，**就受刑人及時有效救濟之訴訟制度，訂定適當之規範。**」

2. 司法院釋字第756號解釋

此號解釋重點如下：

(1) （舊）監獄行刑法第66條規定：「發受書信，由監獄長官檢閱之。如認為有妨害監獄紀律之虞，受刑人發信者，得述明理由，令其刪除後再行發出；受刑人受信者，得述明理由，逕予刪除再行收受。」其中檢查書信部分，旨在確認有無夾帶違禁品，於所採取之檢查手段與目的之達成間，具有合理關聯之範圍內，與憲法第12條保障秘密通訊自由之意旨尚無違背。其中閱讀書信部分，未區分書信種類，亦未斟酌個案情形，一概許監獄長官閱讀書信之內容，顯已對受刑人及其收發書信之相對人之秘密通訊自由，造成過度之限制，於此範圍內，與憲法第12條保障秘密通訊自由之意旨不符。至其中刪除書信內容部分，應以維護監獄紀律所必要者為限，並應保留書信全文影本，俟受刑人出獄時發還之，以符比例原則之要求，於此範圍內，與憲法保障秘密通訊及表現自由之意旨尚屬無違。

(2) （舊）監獄行刑法施行細則第82條第1款、第2款及第7款規定：「本法第六十六條所稱妨害監獄紀律之虞，指書信內容有下列各款情形之一者：一、顯為虛偽不實、誘騙、侮辱或恐嚇之不當陳述，使他人有受騙、造成心理壓力或不安之虞。二、對受刑人矯正處遇公平、適切實施，有妨礙之虞。……七、違反第十八條第一項第一款至第四款及第六款、第七款、第九款受刑人入監應遵守事項之虞。」其中第1款部分，如受刑人發送書信予不具受刑人身分之相對人，以及第7款所引同細則第18條第1項各款之規定，均未必與監獄紀律之維護有關。其與監獄紀律之維護無關部分，逾越母法之授權，與憲法第23條法律保留原則之意旨不符。

(3) （舊）監獄行刑法施行細則第81條第3項規定：「受刑人撰寫之文稿，如題意正確且無礙監獄紀律及信譽者，得准許投寄報章雜誌。」違反憲法第23條之法律保留原則。另其中題意正確及監獄信譽部分，均尚難謂係重要公益，與憲法第11條保障表現自由之意旨不符。其中無礙監獄紀律部分，未慮及是否有限制較小之其他手段可資運用，就此範圍內，亦與憲法第11條保障表現自由之意旨不符。

(4) 前開各該規定與憲法規定意旨有違部分，除（舊）監獄行刑法施行細則第81條第3項所稱題意正確及無礙監獄信譽部分，自本解釋公布之日起失其效力。

（七）教師就學校管理措施亦得提起訴訟

　　司法院釋字第736號解釋稱：「本於憲法第十六條有權利即有救濟之意旨，教師認其權利或法律上利益因學校具體措施遭受侵害時，得依行政訴訟法或民事訴訟法等有關規定，向法院請求救濟。教師法第三十三條規定僅係規定教師權利或法律上利益受侵害時之救濟途徑，並未限制公立學校教師提起行政訴訟之權利，與憲法第十六條保障人民訴訟權之意旨尚無違背。」

✏️ **選擇題練習**

❶　甲為某國立大學學生，一向熱衷政治，並強烈支持A政黨，在總統大選期間向該校課外活動組申請在海報版張貼支持A政黨候選人乙之海報，校方援引教育部91年10月29日臺（91）訓（二）字第91157349號函：「各項公職人員競選活動期間，為加強維護選舉期間校園學習安寧，學校不得借予教職員工與學生從事『為候選人在校園內張貼散發海報、標語或傳單』及『其他有違行政中立及影響校園學習環境安寧之助選活動』暨該校『學生社團公告管理暫行辦法』第4條規定：『主管單位認為社團公告內容有左列情形之一者，得不予以加蓋期限印章：一、違背國家法令者。二、違反學校規定者。三、惡意攻訐或顯然與事實不符，涉及私德且與公共利益無關者。』」認為甲申請張貼海報已違反教育部前揭函令而屬違背國家法令，故不予同意。請問下列何者正確[10]？

(A) 該校不予同意張貼海報，並非退學或類此處分，因此不得提起行政爭訟

(B) 該校不予同意張貼海報，屬於公權力措施，已經侵害甲的基本權利，甲得提起行政爭訟

(C) 該校不予同意張貼海報，已經損及甲受教育的機會，甲得提起行政爭訟

(D) 該校不予同意張貼海報，對於甲的受教權屬於微不足道的輕微干預，甲不得提起行政爭訟　　　　　　　　　　　　　　　　【100司法官】

❷　承上題，大法官受理甲的聲請案，並作出司法院大法官釋字第684號解釋，請問依據該號解釋下列何者正確[11]？

(A) 針對退學或類此處分，方才得以提起行政爭訟

(B) 不須先進行校內申訴等救濟程序，亦能提起行政爭訟

(C) 只有侵害受教育權才得以提起行政爭訟

(D) 大學生得就學校對其所為的行政處分或其他公權力措施提起行政爭訟　　　　　　　　　　　　　　　　　　　　　　　　　　【100司法官】

---

10 (B)，參照司法院釋字第684號解釋。
11 (D)，參照司法院釋字第684號解釋。

3 承上題，設若甲並非國立大學的學生，而係私立大學的學生，下列何者正確[12]？

(A) 甲僅得就學校對其所爲之退學或類此處分提起行政爭訟

(B) 私立大學的學生與學校之間屬於私法契約，對於學校的各種措施與處分無法提起行政爭訟

(C) 甲就學校對其所爲的行政處分或其他公權力措施得提起行政爭訟

(D) 不准張貼海報屬於學校秩序維持的內部管理措施，不得對之提起行政爭訟 　　　　　　　　　　　　　　　　　　　　　　　【100司法官】

4 承13題[13]，對於某乙之檢舉行爲，下列敘述，何者正確[14]？

(A) 乙之安全應予保護，但不能爲了保護乙而完全犧牲甲的對質與詰問的權利

(B) 爲確實保護乙之安全，不得讓乙接受任何形式的對質與詰問

(C) 爲避免甲遭乙之誣陷，應讓甲知道乙之確切身分，並讓乙與甲當場面對面直接對質詰問，以發現眞相

(D) 甲可否要求與乙對質，屬立法裁量之空間 　　　　　　　【100律師】

---

12 (C)，參照司法院釋字第382號、第684號解釋。

13 原第13題題目爲：設若某甲在鄉里常白吃白喝，素行不良；導致鄉民某乙因不堪其擾而向警局檢舉甲之惡行。請問警察可否將甲強押至警局，並裁決將甲拘留於警局一週，以免甲繼續爲害鄉里？

14 (A)，參照司法院釋字第636號解釋。檢肅流氓程序之被移送人可能遭受之感訓處分，屬嚴重拘束人身自由之處遇，其對證人之對質、詰問權，自應與刑事被告同受憲法之保障。故任何人於他人檢肅流氓案件，皆有爲證人之義務，而不得拒絕被移送人及其選任律師之對質與詰問。惟爲保護證人不致因接受對質、詰問，而遭受生命、身體、自由或財產之危害，得以具體明確之法律規定，限制被移送人及其選任律師對證人之對質、詰問權利，其限制且須符合憲法第23條之要求。

5　有關私立大學對學生之退學處分，依司法院大法官解釋，以下敘述何者正確[15]？

(A) 私立大學學生受退學處分如有不服，可逕行提起民事訴訟以資救濟

(B) 私立大學學生受退學處分如有不服，可逕行提起行政訴訟以資救濟

(C) 私立大學學生受退學處分如有不服，可自行選擇循私法或公法救濟

(D) 私立大學學生受退學處分如有不服，可先於校內提出申訴，再向教育部訴願　　　　　　　　　　　　　　　　　　　　　　　　【101司法官】

6　訴願法第47條第3項準用行政訴訟法第73條，關於寄存送達於依法送達完畢時，即生送達效力之規定，依司法院解釋意旨，下列哪一選項正確[16]？

(A) 該規定侵害人民訴訟權核心

(B) 該規定與憲法第16條保障人民訴願及訴訟權之意旨無違

(C) 該規定與憲法第16條保障人民訴願及訴訟權之意旨無關

(D) 該規定違反平等原則　　　　　　　　　　　　　　　　　【101律師】

7　假設有某國立大學學生甲因考試作弊，爲學校處以退學處分；學生乙因故意毀損圖書館內公用電腦，遭學校禁止其進入圖書館一個月；學生丙因未經許可在校園張貼社團活動宣傳海報，爲學校處以申誡一次。甲、乙、丙三人各依學校內部申訴途徑謀求救濟，但均失敗。依司法院大法官解釋意旨，試問甲、乙、丙三人中之何人得進而提起訴願、行政訴訟，以保障其權利[17]？

(A) 只有甲可以，乙、丙不能

---

15 (D)，參照司法院釋字第382號解釋。

16 (B)，參照司法院釋字第667號解釋。訴願及行政訴訟文書之送達，係訴願法及行政訴訟法所定之送達機關將應送達於當事人或其他關係人之文書，依各該法律之規定，交付於應受送達人本人；於不能交付本人時，以其他方式使其知悉文書內容或居於可得知悉之地位，俾其決定是否爲必要之行爲，以保障其個人權益。爲使人民確實知悉文書之內容，人民應有受合法通知之權利，此項權利應受正當法律程序之保障。

17 (C)，參照司法院釋字第684號解釋。

(B) 甲、乙可，丙不能

(C) 甲、乙、丙都可以

(D) 甲、乙、丙都不能　　　　　　　　　　　　　　　　　　　　【102律師】

8 依司法院大法官解釋，關於憲法保障之訴訟權，下列敘述何者錯誤[18]？

(A) 特定刑事案件分配給特定法官後，即不得以相牽連為由，將多件案改由同一法官合併審理

(B) 人民初次受有罪判決，至少應予一次上訴救濟之機會，屬訴訟權保障之核心內容

(C) 訴訟權保障不得僅因身分之不同而予以剝奪

(D) 法官迴避制度應屬訴訟權保障之核心內容　　　　　　　　　　【107司律】

---

18 (A)，參照司法院釋字第665號解釋。訴訟案件分配特定法官後，因承辦法官調職、升遷、辭職、退休或其他因案件性質等情形，而改分或合併由其他法官承辦，乃法院審判實務上所不可避免。按刑事訴訟法第7條規定：「有左列情形之一者，為相牽連之案件：一、一人犯數罪者。二、數人共犯一罪或數罪者。三、數人同時在同一處所各別犯罪者。四、犯與本罪有關係之藏匿人犯、湮滅證據、偽證、贓物各罪者。」第6條規定：「數同級法院管轄之案件相牽連者，得合併由其中一法院管轄（第1項）。前項情形，如各案件已繫屬於數法院者，經各該法院之同意，得以裁定將其案件移送於一法院合併審判之。有不同意者，由共同之直接上級法院裁定之（第2項）。不同級法院管轄之案件相牽連者，得合併由其上級法院管轄。已繫屬於下級法院者，其上級法院得以裁定命其移送上級法院合併審判。但第七條第三款之情形，不在此限（第3項）。」上開第6條規定相牽連刑事案件分別繫屬於有管轄權之不同法院時，得合併由其中一法院管轄，旨在避免重複調查事證之勞費及裁判之歧異，符合訴訟經濟及裁判一致性之要求。且合併之後，仍須適用相同之法律規範審理，如有迴避之事由者，並得依法聲請法官迴避，自不妨礙當事人訴訟權之行使。惟相牽連之數刑事案件分別繫屬於同一法院之不同法官時，是否以及如何進行合併審理，相關法令對此雖未設明文規定，因屬法院內部事務之分配，且與刑事訴訟法第6條所定者，均同屬相牽連案件之處理，而有合併審理之必要，故如類推適用上開規定之意旨，以事先一般抽象之規範，將不同法官承辦之相牽連刑事案件改分由其中之一法官合併審理，自與首開憲法意旨無違。

9 依司法院釋字第654號解釋，下列敘述何者錯誤[19]？

(A) 受羈押被告得選任辯護人，屬其憲法上訴訟權

(B) 受羈押被告之人身自由依法固受有限制，其他憲法權利之保障與一般人民毫無不同

(C) 律師接見受羈押被告時，不問是否為達成羈押目的或維持押所秩序之必要，一律監聽、錄音，不符憲法保障訴訟權之意旨

(D) 受羈押被告與辯護人接見時監聽、錄音所獲得之資訊，得作為認定被告本案犯罪事實之證據，會妨害被告之防禦權　　　　　　【109司律】

---

19 (B)，參照司法院釋字第654號解釋。憲法第16條規定人民有訴訟權，旨在確保人民有受公平審判之權利，依正當法律程序之要求，刑事被告應享有充分之防禦權，包括選任信賴之辯護人，俾受公平審判之保障。而刑事被告受其辯護人協助之權利，須使其獲得確實有效之保護，始能發揮防禦權之功能。**從而，刑事被告與辯護人能在不受干預下充分自由溝通**，為辯護人協助被告行使防禦權之重要內涵，應受憲法之保障。上開自由溝通權利之行使雖非不得以法律加以限制，惟須合乎憲法第23條比例原則之規定，並應具體明確，方符憲法保障防禦權之本旨，而與憲法第16條保障訴訟權之規定無違。

第十四章　參政權

第一節　概念

憲法第17條規定：「人民有選舉、罷免、創制及複決之權。」本條之規定國民參與國家政治的權利，合稱參政權。

參政權最主要是透過「選舉」的方式來行使。憲法第129條規定：「本憲法所規定之各種選舉，除本憲法別有規定外，以普通、平等、直接及無記名投票之方法行之。」此規定揭示關於選舉的四種基本原則，所謂「普通」，是指達到一定年齡的國民皆有選舉權及被選舉權。

所謂「直接」，是指由公民直接選舉各項公職人員。選民透過選票直接選舉民意代表或行政首長使其當選，而非如美國總統大選的選舉人團制度。選舉人團是美國總統選舉的方式，是一種間接選舉，旨在選出總統和副總統，即美國各州公民先選出該州的選舉人，再由選舉人代表該州投票，所以美國總統並非公民直選。這是因為美國憲法於1787年制憲時，國家的幅員之大以及通訊的困難，於是制憲者就建立了選舉人團制度，但這樣的制度可能造成即使實質上贏得多數票數但選舉人票數低者無法當選總統。例如2016年川普（Donald Trump）的選民得票數比希拉蕊（Hillary Clinton）少了將近300萬張、2000年小布希（George W. Bush）贏得了271張選舉人票，但其實民主黨候選人高爾（Al Gore）在全民投票中的得票比他多50多萬[1]。我國各項公職選舉皆不採取這種制度。

所謂「平等」，是指票票等值而言，早期的民主選票，會因知識程度或財產多寡等因素而有差異。然而現今的民主，強調「一人一票」及「票票等值」。

至於立委選舉採單一選區兩票並立制及所設政黨比例席次與5%政黨門檻之規定，是否違反此原則？對此，司法院釋字第721號解釋理由書稱：

---

1 美國大選2020：解讀美國總統選舉的選舉人團制度，https://www.bbc.com/zhongwen/trad/world-53719648，最後瀏覽日期：2022年8月16日。

「系爭憲法增修規定一、二有關立法院立法委員選舉方式之調整，採並立制及設定政黨比例代表席次為三十四人，反映我國人民對民主政治之選擇，有意兼顧選區代表性與政黨多元性，其以政黨選舉票所得票數分配政黨代表席次，乃藉由政黨比例代表，以強化政黨政治之運作，俾與區域代表相輔，此一混合設計及其席次分配，乃國民意志之展現，並未牴觸民主共和國與國民主權原則，自不得以其他選舉制度（例如聯立制）運作之情形，對系爭憲法增修規定一、二所採取之並立制，指摘為違反自由民主憲政秩序。至系爭憲法增修規定二關於百分之五之政黨門檻規定部分，雖可能使政黨所得選票與獲得分配席次之百分比有一定差距，而有選票不等值之現象。惟其目的在避免小黨林立，政黨體系零碎化，影響國會議事運作之效率，妨礙行政立法互動關係之順暢，何況觀之近年立法委員政黨比例代表部分選舉結果，並未完全剝奪兩大黨以外政黨獲選之可能性，是系爭憲法增修規定二有關政黨門檻規定部分，既無損於民主共和國與國民主權基本原則之實現，而未變動選舉權及平等權之核心內涵，即應屬修憲機關得衡情度勢，斟酌損益之範疇，自未違反上開自由民主憲政秩序。」學者指出，此門檻規定係源於德國制度，能有效防止泡沫政黨，強化國會議事效率[2]。

　　然而所謂不記名之秘密投票原則是否亦適用於地方正副議長選舉非無疑問[3]，學說上認為，此乃屬於「議會自律」事項，其違反並非普通法院所得介入，因此憲法第129條投票秘密之保障範圍並不及於地方議會選舉正、副議長[4]。對此，司法院釋字第769號解釋理由書稱：「按縣議會議長及副議長之選舉及罷免，究應採記名或無記名投票方式，因各有其利弊，尚屬立法政策之選擇。查中央立法者考量地方議會議長及副議長之選舉實務，為彰顯責任政治，並防止投票賄賂行為（立法院第九屆第一會期第二次會議議案關係文書院總第1544號委員提案第18257號及第18525號參照），乃修正為系爭規定，將地方議會議長及副議長之選舉及罷免，由無記名投票改為記名投票方式，有其上述正當目的，且其手段與目的之達成間亦有合理關聯，並非恣意

2　李惠宗，《憲法要義》，元照，九版，2022年9月，Rn. 18113。
3　本問題爭點為地方制度法第44條及第46條有關縣（市）議會正副議長選舉及罷免記名投票之規定，是否與憲法第129條及憲法增修條文第9條第1項之規範意旨相符？
4　陳美鈴，〈亮票與議會自主——台灣高等法院高雄分院101年度上易字第1107號刑事判決評析〉，《台灣法學雜誌》，第266期，2015年2月，39頁以下。

之決定，尚未逾越中央立法權之合理範圍。……憲法第一百二十九條明定：『本憲法所規定之各種選舉，除本憲法別有規定外，以普通、平等、直接及無記名投票之方法行之。』查憲法本文及其增修條文均無明定地方議會議長及副議長之選舉及罷免事項，是縣（市）議會議長及副議長之選舉及罷免，非憲法第一百二十九條所規範，系爭規定有關記名投票規定之部分，自不生違背憲法第一百二十九條之問題。」

　　至於若遷徙至特定選區之方式取得該選區之投票權，惟均未實際居住於該戶籍地（虛偽遷徙戶籍），是否將構成刑法第146條的妨害投票正確罪即不無疑問。

　　憲法法庭112年憲判字第11號判決理由書稱：「基於憲法第17條保障人民選舉權之意旨，所謂『實際居住』，隨著社會變遷，不應再侷限於以居家生活或住宿理解之傳統『居住』概念，蓋政治社群成員之組成，著重於對社群事務之熟悉與理解，進而產生社群共同體之理念，對該社群具有參與意願並進而透過選舉方式加以實踐。隨著交通工具與人際互動科技發展日新月異，人民遷徙移動成本大幅降低，生活圈也日漸擴大，工作地與住家分處不同選舉區之情形所在多有，因長期工作而與工作場所所在之選舉區生活密切關聯，亦足以產生社群共同體之認同，已屬不容否認之事實。是所謂政治社群之界定範圍也應更加具有彈性，社群自我治理之民主正當性，自然不應僅侷限於傳統上所理解之居家生活與住宿事實；人民基於持續就業而與所處地區實質上建立政治社群之歸屬與認同感，也應成為承認其在工作場所所在選舉區擁有選舉權，參與政治社群自我治理之另一種正當性基礎。因此，公職人員選罷法第15條第1項以在選舉區居住四個月以上為取得該選舉區選舉權之資格要件之規定，所稱『居住』或『實際居住』之認定，基於憲法保障選舉權之意旨，即不應侷限於以居家生活或住宿理解之傳統『居住』概念，而應擴及在某選舉區持續就業之事實；且此種廣義之『居住』概念之見解，亦與本庭112年憲判字第9號判決所揭示憲法保障之居住自由，不限於對人民住宅之保障，也及於人民工作場所之立場遙相呼應。是只要在某選舉區長期就業，該地區亦屬其日常生活重心所在，故將戶籍遷入就業所在之選舉區，其長期持續就業之事實必然亦得建構與選舉區成員休戚與共之網絡而成為政治社群之一員，當可因而認定具有『實際居住』事實。」

第二節　參政主體及其限制

　　憲法第130條：「中華民國國民年滿二十歲者，有依法選舉權，除本憲法及法律別有規定者外，年滿二十三歲者，有依法被選舉之權。」為參政權主體的規定。原則上滿20歲者，有依法選舉權。立法院曾提案修憲中華民國憲法增修條文第1條之1：「中華民國國民年滿十八歲者，有依法選舉、罷免、創制、複決及參加公民投票之權。除本憲法及法律別有規定者外，年滿十八歲者，有依法被選舉之權。憲法第一百三十條之規定，停止適用。」但僅獲得564萬多張同意票，更有近半選民投下「不同意票」，18歲公民權遂胎死腹中。

　　而滿23歲之被選舉權亦有其限制，例如：總統、副總統選舉及對於無政黨推薦之參選人設有公民連署之限制。司法院釋字第468號解釋稱：「總統副總統選舉罷免法對於未經政黨推薦參選總統、副總統者，規定須於法定期間內尋求最近一次中央民意代表選舉選舉人總人士百分之一點五以上之連署，*旨在採行連署制度，以表達被連署人有相當程度之治支持，藉與政黨推薦候選人之要件相平衡，並防止人民任意參與總統、副總統之候選，耗費社會資源，屬在合理範圍內所為適當之規範，尚難認為對總統、副總統之被選舉權為不必要之限制，與憲法規定之平等權亦無違背。又為保證連署人數確有同條第四項所定人數二分之一以上，由被連署人依同條第一項提供保證金新台幣壹佰萬元，並未逾越立法裁量之範圍，與憲法第二十三條規定尚無違背。惟關於上開被選舉權行使之要件，應隨社會變遷及政治發展之情形，適時檢討改進，以符憲法保障人民參政權之本旨，乃屬當然。*」

　　至於公職人員選舉罷免法對政黨推薦候選人之保證金減半之規定是否違憲？對此，司法院釋字第340號解釋稱：「公職人員選舉罷免法第三十八條第二項規定：『政黨推薦之區域、山胞候選人，*其保證金減半繳納。但政黨撤回推薦者，應全額繳納*』，*無異使無政黨推薦之候選人，須繳納較高額之保證金，形成不合理之差別待遇，與憲法第七條之意旨有違。*」

第三節　罷免權

憲法第133條規定：「被選舉人得由原選舉區依法罷免之。」如果公職候選人當選後，表現得不稱職，基於「主權在民」之原理，自得由原選區選民依法收回所賦予的公職。「罷免」並不需要公職人員具有違法的事由。依公職人員選舉罷免法規定之罷免程序，包括「罷免案提議」、「罷免案連署」及「罷免案投票」三個階段。

然而，不分區立委是由政黨依政黨票比例產生，而非「原選區」直接由人民投票選出，若欲使其去職，人民能否直接透過罷免方式來剝奪其資格即不無疑問。司法院釋字第331號解釋稱：「依中華民國憲法增修條文第四條規定，僑居國外國民及全國不分區之中央民意代表，係按該次選舉政黨得票總數比例方式產生，而非由選舉區之選民逐以投票方式選出，自無從由選舉區之選民以投票方式予以罷免。唯此種民意代表如喪失其所由選出之政黨黨員資格時，自應喪失其中央民意代表之資格，方符憲法增設此一制度之本旨，其所遺缺額之遞補，應以法律定之。」故公職人員選舉罷免法第75條規定，公職人員得由原選舉區選舉人罷免，但就職未滿一年者，不得罷免，至於全國不分區及僑居國外國民立法委員選舉之當選人，不適用罷免之規定。

第四節　創制、複決權

所謂「創制權」，按照孫中山先生的說法，乃源於西方直接民主中的構想，即人民希望某事項由法律規定，但由於民意代表始終未制定出來，則由人民直接提出來制定法律，屬於一種「直接民主」，為代議民主之例外；而複決權則係人民不滿意由立法機關或制憲機關所通過之法律案時，以投票方式決定該法案是否作為法律。

依照憲法第27條之最初設計：「國民大會之職權如左：一、選舉總統、副總統。二、罷免總統、副總統。三、修改憲法。四、複決立法院所提之憲法修正案。關於創制、複決兩權，除前項第三、第四兩款規定外，俟全國有半數之縣市曾經行使創制複決兩項政權時，由國民大會制定辦法並行使之。」第123條規定：「縣民關於縣自治事項，依法律行使創制、複決之

權。對於縣長及其他縣自治人員，依法律行使選舉、罷免之權。」第136條規定：「創制複決兩權之行使，以法律定之。」

　惟隨著時代變遷，上開規定已不合時宜，於2003年年底我國已制定「公民投票法」，有關「公民投票」之介紹請見第二編第三章第四節之部分。

第十五章　應考試服公職權

第一節　概說

　　憲法第18條規定：「人民有應考試服公職之權。」司法院釋字第760號解釋理由書：「憲法第十八條規定人民有應考試服公職之權，**旨在保障人民有依法令經由公開競爭之考試程序，取得擔任公職之資格，進而參與國家治理之權利。應考試服公職之權為廣義之參政權，人民應有以平等條件參與公共職務之權利與機會。**為實踐此一憲法意旨，國家須設有客觀公平之考試制度，並確保整體考試結果之公正，其保障範圍包含公平參與競試與受訓練完足考試程序以取得任官資格、職務任用資格、依法令晉敘陞遷，以及由此衍生之身分保障、俸給與退休金等權利（本院釋字第四二九號、第五七五號、第六〇五號、第六一一號、第六八二號及第七一五號解釋參照）。」

　　在我國法制上，依公職人員選舉罷免法第2條（公職人員之定義）規定：「本法所稱公職人員，指下列人員：一、中央公職人員：立法院立法委員。二、地方公職人員：直轄市議會議員、縣（市）議會議員、鄉（鎮、市）民代表會代表、直轄市山地原住民區（以下簡稱原住民區）民代表會代表、直轄市長、縣（市）長、鄉（鎮、市）長、原住民區長、村（里）長。」

　　又依公職人員財產申報法第2條（公職人員之定義）規定：「下列公職人員，應依本法申報財產：一、總統、副總統。二、行政、立法、司法、考試、監察各院院長、副院長。三、政務人員。四、有給職之總統府資政、國策顧問及戰略顧問。五、各級政府機關之首長、副首長及職務列簡任第十職等以上之幕僚長、主管；公營事業總、分支機構之首長、副首長及相當簡任第十職等以上之主管；代表政府或公股出任私法人之董事及監察人。六、各級公立學校之校長、副校長；其設有附屬機構者，該機構之首長、副首長。七、軍事單位上校編階以上之各級主官、副主官及主管。八、依公職人員選舉罷免法選舉產生之鄉（鎮、市）級以上政府機關首長。九、各級民意機關民意代表。十、法官、檢察官、行政執行官、軍法官。十一、政風及軍事監

察主管人員。十二、司法警察、稅務、關務、地政、會計、審計、建築管理、工商登記、都市計畫、金融監督暨管理、公產管理、金融授信、商品檢驗、商標、專利、公路監理、環保稽查、採購業務等之主管人員；其範圍由法務部會商各該中央主管機關定之；其屬國防及軍事單位之人員，由國防部定之。十三、其他職務性質特殊，經主管府、院核定有申報財產必要之人員。」

從前開法制規定可知，所謂「公職人員」大多係以不需考試及格任用之「民選人員」及「政務人員」為主；反觀公務人員任用法第9條第1項規定：「公務人員之任用，應具有左列資格之一：一、依法考試及格。二、依法銓敘合格。三、依法升等合格。」公務人員任用法施行細則第2條第1項規定：「本法所稱公務人員，指各機關組織法規中，除政務人員及民選人員外，定有職稱及官等、職等之人員。」比較接近憲法第18條之「應考試服公職」，是以本書認為所謂之「應考試服公職」大抵指涉的是「公務人員」而非「公職人員」，此在概念上應先予釐清。司法院釋字第605號解釋稱：「憲法第十八條規定人民有服公職之權利，旨在保障人民有依法令從事於公務，暨由此衍生享有之身分保障、俸給與退休金等權利。公務人員依法銓敘取得之官等俸級，基於憲法上服公職之權利，受『**制度性保障**』（本院釋字第五七五號、第四八三號解釋參照）。」司法院釋字第614號解釋更指出：「國家則對公務人員有給予俸給、退休金等維持其生活之義務。」是以，本條基本權除了具備主觀的防禦權功能，亦兼含制度性保障的功能。

本條之服公職權基於國安考量，得以比例原則限制之，司法院釋字第618號解釋稱：「**八十九年十二月二十日修正公布之兩岸關係條例第二十一條第一項前段規定，大陸地區人民經許可進入臺灣地區者，非在臺灣地區設有戶籍滿十年，不得擔任公務人員部分，乃係基於公務人員經國家任用後，即與國家發生公法上職務關係及忠誠義務，其職務之行使，涉及國家之公權力，不僅應遵守法令，更應積極考量國家整體利益，採取一切有利於國家之行為與決策；並鑒於兩岸目前仍處於分治與對立之狀態，且政治、經濟與社會等體制具有重大之本質差異，為確保臺灣地區安全、民眾福祉暨維護自由民主之憲政秩序，所為之特別規定，其目的洵屬合理正當。基於原設籍大陸地區人民設籍臺灣地區未滿十年者，對自由民主憲政體制認識與其他臺灣地區人民容有差異，故對其擔任公務人員之資格與其他臺灣地區人民予以區別**

對待，亦屬合理，與憲法第七條之平等原則及憲法增修條文第十一條之意旨尚無違背。又系爭規定限制原設籍大陸地區人民，須在臺灣地區設有戶籍滿十年，作為擔任公務人員之要件，實乃考量原設籍大陸地區人民對自由民主憲政體制認識之差異，及融入臺灣社會需經過適應期間，且為使原設籍大陸地區人民於擔任公務人員時普遍獲得人民對其所行使公權力之信賴，尤需有長時間之培養，系爭規定以十年為期，其手段仍在必要及合理之範圍內，立法者就此所為之斟酌判斷，尚無明顯而重大之瑕疵，難謂違反憲法第二十三條規定之比例原則。」

第二節　範圍

一、合理銓定官俸等級請求權

司法院釋字第323號解釋稱：「各機關擬任之公務人員，經人事主管機關任用審查，認為不合格或降低原擬任之官等者，於其憲法所保障服公職之權利有重大影響，如經依法定程序申請復審，對復審決定仍有不服時，自得依法提起訴願或行政訴訟，以謀求救濟。」而司法院釋字第483號解釋亦謂：「公務人員依法銓敘取得之官等俸級，非經公務員懲戒機關依法定程序之審議決定，不得降級或減俸。」

二、福利互助金請求權

司法院釋字第312號解釋理由書稱：「行政院發布之中央公教人員福利互助辦法或其他機關自行訂定之福利互助有關規定，係各機關為安定公務人員生活之行政目的而實施之法令，並有提供公款予以補助者，具有公法性質。現行司法救濟程序，既採民事訴訟與行政爭訟區分之制度，公務人員退休，依據上述法令規定，請領福利互助金，乃屬公法上財產請求權之行使，如遭有關機關拒絕，將影響其憲法所保障之財產權……。」

三、保險金請求權

公務人員依公教人員保險法規定，皆有參加公教人員保險（以下簡稱公保）之義務（另一角度，亦可稱有參加保險請求權利），公務人員發生保險給付事件時，被保險人或其受益人即有權請求保險承保機關給付保險金，此即公務人員（含其受益人）之保險金請求權。其請求權內容不可侵害性，在司法院釋字第274號、第316號及第434號解釋中均予明示。

四、退休金及撫卹金請求權

公務人員家屬依公務人員撫卹法（已廢止）有撫卹金請求權，公務人員不論因公死亡或意外死亡，其遺族均得依撫卹法規定向國家請求給予一次撫卹金、年撫卹金，此種權利為公務人員之遺族之公法上金錢請求權，且此請求權雖在公務人員尚未死亡前並不能行使，但是凡任職為公務人員者，基於公務員關係該權利業已發生。有關公務人員退休金與撫卹金之給與，自1997年7月1日由往昔之「恩給制」改成現行之「儲金制」。

依照2017年8月9日修正公布公務人員退休資遣撫卹法，影響退休人員之退休撫卹給與，主要修正重點如下。

（一）退休金計算基準之內涵改變（第27條）

調整退休金計算基準部分，採逐步調整為最後在職前15年平均俸額、薪額自2018年7月1日至2019年12月31日訂為「最後在職往前五年平均俸額、薪額」，之後逐年拉長一年（2020年為6年均俸，以此類推），調整至2029年以後為「最後在職往前十五年平均俸額、薪額」。

（二）所得替代率設定上限

第37條第2項規定：「……職滿十五年者，替代率為百分之四十五，其後每增加一年，替代率增給百分之一點五，最高增至三十五年，為百分之七十五。未滿一年之畸零年資，按比率計算；未滿一個月者，以一個月計。」

（三）取消18%優惠存款

退休公務人員支領月退休金者，其公保一次養老給付之優惠存款利率，依下列規定辦理：1.自2018年7月1日至2020年12月31日止，年息百分之九；2.自2021年1月1日起，年息為零（第36條第1項）。

（四）延後支領月退休金起支年齡（至2026年退休年齡皆為65歲）

一般公務員自2020年12月31日以前退休且符合下列規定之一者，得擇領全額月退休金：1.年齡須滿60歲，任職須滿15年；2.任職年資滿30年且年滿55歲。

2020年退休者，任職須滿15年，年齡須滿60歲，其後每一年提高1歲，至2026年1月1日以後為65歲。

（五）再任有給職務，停領受月退休金權利

再任職務且每月支領薪酬總額超過法定基本工資，以及再任私立學校職務且每月支領薪酬總額超過法定基本工資，停領受月退休金權利（第77條第1項）。

（六）因公受傷慰問金

在「公務人員執行職務意外受傷請領慰問金」案中，憲法法庭112年憲判字第15號判決指稱：「公務人員保障法第21條第2項前段規定，公務人員執行職務時，發生意外致受傷、失能或死亡者，應發給慰問金。係國家對公務人員執行職務發生意外所為保障，乃保障人民服公職權之具體化，尚不生牴觸憲法第18條人民服公職權保障之問題。基於國家對人民服公職權之保障意旨，其所稱之『意外』，本不限於單純因外來危險源所致之事故，尚應包含因公務人員本身之疏忽所致者。修正前公務人員執行職務意外傷亡慰問金發給辦法第3條第1項規定，本辦法所稱意外，指非由疾病引起之突發性的外來危險事故。其中關於『外來危險事故』部分，增加法律所無之限制，牴觸憲法第18條人民服公職權之保障意旨。」因此，大法官認為公務人員保障法第21條第2項前段所稱之「意外」，不應侷限於單純因外來危險源所致之事故，尚應包含因公務人員本身之疏忽所致者。

第三節　公務員行政救濟權之擴張

　　司法院釋字第243號解釋認為，公務人員考績法之**記大過處分**，並未改變公務員之身分關係，不直接影響人民服公職之權利，不許其以訴訟請求救濟，與憲法尚無牴觸。因此，大法官認為「未改變」公務員之身分關係者皆不得提起行政救濟。

　　但到了司法院釋字第298號解釋，大法官認為**只要足以改變公務員身分或對於公務員有重大影響之懲戒處分**，皆得提起行政救濟。

　　前揭釋憲實務，係以「行政處分」為程序標的，過去依公務人員保障法，公務人員就影響其權益之不當公權力措施，於申訴、再申訴後，不得續向法院請求救濟。例如，有關外勤警消人員「勤一休一」勤休方式及超時服勤補償之相關規定，在當時實務認為僅屬內部管理措施而非行政處分，因此不得向法院提起行政救濟。對此，釋憲實務見解已有所轉變，司法院釋字第785號解釋放寬條件限制，得依法提起相應之行政訴訟。

　　司法院釋字第491號解釋稱：「公務人員之懲戒乃國家對其違法、失職行為之制裁。此項懲戒得視其性質，於合理範圍內，**以法律規定由其長官為之。中央或地方機關依公務人員考績法或相關法規之規定對公務人員所為免職之懲處處分，為限制人民服公職之權利，實質上屬於懲戒處分，其構成要件應由法律定之**，方符憲法第二十三條之意旨。公務人員考績法第十二條第一項第二款規定各機關辦理公務人員之專案考績，一次記二大過者免職。同條第二項復規定一次記二大過之標準由銓敘部定之，與上開解釋意旨不符。又懲處處分之構成要件，法律以抽象概念表示者，其意義須非難以理解，且為一般受規範者所得預見，並可經由司法審查加以確認，方符法律明確性原則。對於公務人員之免職處分既係限制憲法保障人民服公職之權利，自應踐行正當法律程序，**諸如作成處分應經機關內部組成立場公正之委員會決議，處分前並應給予受處分人陳述及申辯之機會，處分書應附記理由，並表明救濟方法、期間及受理機關等**，設立相關制度予以保障。」除了闡釋公務員懲戒法定主義以外，也要求救濟程序須經正當法律程序。

　　司法院釋字第785號解釋稱：「公務人員與國家間雖具有公法上職務關係，但其作為基本權主體之身分與一般人民並無不同，本於憲法第十六條有

權利即有救濟之意旨，人民因其公務人員身分，與其服務機關或人事主管機關發生公法上爭議，認其權利遭受違法侵害，或有主張權利之必要，自得按相關措施與爭議之性質，依法提起相應之行政訴訟，並不因其公務人員身分而異其公法上爭議之訴訟救濟途徑之保障。」

依公務人員保障法第77條第1項規定：「公務人員對於服務機關所為之管理措施或有關工作條件之處置認為不當，致影響其權益者，得依本法提起申訴、再申訴。」第78條規定：「申訴之提起，應於管理措施或有關工作條件之處置達到之次日起三十日內，向服務機關為之。不服服務機關函復者，得於復函送達之次日起三十日內，向保訓會提起再申訴（第1項）。前項之服務機關，以**管理措施或有關工作條件之處置之權責處理機關為準**。（第2項）」及第84條規定：「申訴、再申訴除本章另有規定外，準用第三章第二十六條至第四十二條、第四十三條第三項、第四十四條第四項、第四十六條至第五十九條、第六十一條至第六十八條、第六十九條第一項、第七十條、第七十一條第二項、第七十三條至第七十六條之復審程序規定。」**係公務人員對於服務機關所為之管理措施或有關工作條件之處置認為不當，致影響其權益者，得提起申訴、再申訴以為救濟之規定。**

大法官認為，公務人員與國家間雖具有公法上職務關係，但其作為基本權主體之身分與一般人民並無不同，本於憲法第16條有權利即有救濟之意旨，人民因其公務人員身分與其服務機關或人事主管機關發生公法上爭議，認其權利遭受違法侵害，或有主張權利之必要，即使是其勤務時間每日24小時，再休息24小時（勤一休一）及超時服勤等管理措施，非謂只能提申訴、再申訴而不能再向法院提起行政訴訟。

在司法院釋字第785號解釋作成後有實務見解認為，依公務人員請假規則第7條規定，公務人員提供一定年度之服務，即得享有一定之休假日數，公務人員服務機關就所屬公務人員為核給休假日數之認定，為確認公務人員得享有休假權利之日數，具確認性之行政處分之性質[1]。

本書認為，原本大法官並沒有指出這種休假方式爭議的對應訴訟類型，換言之，這種管理措施的救濟有可能被當成事實行為而應提起一般給付之訴；但是大法官既然承認了公務人員的健康權，則當公務人員與服務機關有

1　最高行政法院109年度裁字第613號裁定。

休假方式的爭議，應認為是一種基本權利遭受重大侵害的行政處分，亦屬言之有物。

第四節　免職處分的合憲性

一、考績丁等被免職

　　針對一般公務員適用的公務人員考績法，因特殊事由考績被打丁等時，應予免職的規定，是否有違憲之虞？對此，憲法法庭111年憲判字第9號判決指出：「無人即無行政，人事權為行政權所不可或缺之核心權力。於我國法制，免職處分係泛指個別公務員之終止現職，其原因則包括因受懲處或懲戒之免職，或因另有他用或主動辭職之免職，免職後機關長官即對個別公務員不再有業務上之指揮監督權。是公務員之任命為人事權之起點，免職為終點，兩者俱為人事權之核心事項。又基於行政一體及責任政治原則，機關長官就其所屬公務員應有一定之指揮監督權限，始足以遂行任務並達成行政目的。法律就公務員之任命及免職固得就其資格、程序、效果等為一般性之規定，但不得完全剝奪行政機關之任命及免職權，否則即侵及行政機關人事權之核心……又查懲戒與懲處兩種制度，係承繼中華民國訓政時期法制，自始即為不同制度，且於憲法施行後繼續雙軌併行。不論是依制憲意旨或修憲規定，均『無從』認定憲法第77條規定蘊含『懲戒一元化』原則，且不容許行政機關行使具有免職效果之行政懲處權。大法官過去所為司法院解釋亦皆承認行政懲處及司法懲戒均得作成免職或類似效果之決定。按現行懲戒與懲處制度，其事由固有重疊，然其目的及效果則均有別。就效果而言，現行公務員懲戒法所定之免除職務，其效果除免其現職外，並有不得再任用為公務員之效果；其所定之撤職，除撤其現職外，並有於一定期間停止任用之效果。而公務人員考績法所定之免職，則僅有免其現職之效果，但無根本剝奪公務員資格之效果。綜合上述制憲、修憲及相關司法院解釋之整體意旨，應認憲法第77條所定之行政訴訟，係公務員就其受行政懲處所得請求司法救濟之原則性及一般保障規定，至於監察院依公務員懲戒法移送司法懲戒，則屬例外性及特別保障規定，始為正本清源之解釋。換言之，憲法第77條所定『公務

員之懲戒』，在解釋上，應不包括行政懲處，亦非要求必須由法院擔任公務員懲戒及懲處之第一次決定機關。聲請人主張憲法第77條規定，致所有公務員之免職，包括向來屬行政懲處之免職，均須由法院作成第一次決定，而有所謂法官保留原則之適用，實難以成立。」

　　因此大法官在本號判決中認為，「免職權」雖屬行政權之「核心領域」，雖非不得限制，但若完全剝奪行政機關對所屬公務員之免職權，並由司法權取而代之，已逾越權力制衡之界限，且公務員之主管人員及機關長官通常也最清楚及知悉機關運作需求與各該公務員之工作、操行、學識、才能及表現，從而不論是在組織或程序上，行政部門應屬功能最適之決定機關，而更適合為第一次之判斷。大法官在此是運用了「**功能最適理論**」來作行政—司法兩權的權限秩序分配。從歷史解釋方面來看，制憲當時行政懲處權與司法懲戒權原即已雙軌併行，而向來司法院解釋亦承認行政懲處及司法懲戒之雙軌併行，司法院釋字第785號解釋之後，公務員就影響其權益之各類違法公權力措施（包括行政懲處之免職），既得按相關措施之性質，依法提起相應之行政訴訟，請求救濟，因此在解釋上，不能將年終及另予考績免職處分均解釋為實質上之懲戒處分，僅限由司法懲戒始得為之。

二、警消人員累積達二大過的免職規定

　　一般公務人員，於累積達二大過時，並不當然免職，應至年終考績時，仍累積已達二大過，方可能考列為丁等而免職。然而，警消人員於同一考績年度中，其平時考核獎懲互相抵銷後累積已達二大過，即予免職，此種差別待遇是否違憲？對此，憲法法庭111年憲判字第10號判決指出：「**服公職權為廣義參政權之一環，對此權利所為之差別待遇如涉及公務人員之免職，原則上應以中度標準予以審查，其目的須為追求重要公益，所採差別待遇與目的之達成間亦有實質關聯，即與憲法保障平等服公職權之意旨相符。**……系爭規定明定：『警察人員有下列各款情形之一者，遴任機關或其授權之機關、學校應予以免職：……十一、同一考績年度中，其平時考核獎懲互相抵銷後累積已達二大過。』各級消防機關人員之管理，列警察官者，適用警察人員管理條例等有關規定辦理。本件聲請人係列警察官之消防人員，系爭規定亦適用於聲請人。系爭規定係為對於違紀已達法定免職標準之警察及時予

以汰除，以避免人民生命、身體、自由、財產及社會秩序受到威脅或危害，積極保護人民生命、財產、自由之安全與維護社會秩序，其目的自屬為追求重要公益。故警察人員之紀律要求較一般公務人員為高，對其違紀失職之容忍程度亦較一般公務人員為低。系爭規定考量警察執行職務與一般公務人員不同之特殊性，就警察人員於同一考績年度中，其平時考核獎懲互相抵銷後累積已達二大過者，採即時予以免職之手段，可認與達成其所追求重要公益之目的間具有實質關聯。系爭規定係以警察人員於同一考績年度中，其平時考核獎懲互相抵銷後累積已達二大過，作為免職之要件，得予以汰除；而所謂同一考績年度之獎懲抵銷，係指於同一考績年度所核定發布之獎懲得為抵銷之意，而非指原因事實發生於同一考績年度之獎懲始得抵銷。蓋警察人員獎懲原因事由發生後，須有權機關知有該等獎懲原因事由之存在，始得對行為人施以法律上之獎懲決定，並非因獎懲事由之發生，即自動產生法律上之獎懲決定，是系爭規定以有權機關於同一考績年度所核定發布之獎懲間得為抵銷，不問各獎懲決定之原因事實之發生年度，此毋寧為法理之當然，自不生違反憲法保障人民服公職權之問題。綜上，系爭規定與憲法第7條、第18條保障人民平等服公職權及第77條司法院掌理公務員懲戒之意旨，均尚無牴觸；聲請人其餘聲請，應不受理。」

　　在此號憲法判決中，大法官認為公務員平時考核之獎懲，係用人機關為指揮監督及汰除不適任者，所應具備及踐行之機制。關於同一考績年度中，其平時考核獎懲互相抵銷後累積已達二大過之免職事由，不論是在組織或程序上，行政部門應屬功能最適之決定機關，而更適合為第一次之判斷。不論是就組織、程序或專業能力而言，行政機關至少應為行使免職權之主要機關，法院實難以、也不適合完全取代行政機關及其長官，就是否免職逕為第一次決定。

　　依前述理由，系爭規定與公務人員考績法之規定，雖有差別，然系爭規定之目的係為追求重要公益，且所採差別待遇與目的之達成間有實質關聯，與憲法保障人民平等服公職權之意旨，尚無牴觸，大法官繼前號憲法判決之後再度運用了「**功能最適理論**」來作行政—司法兩權的權限秩序分配。

第十六章　概括基本權

第一節　概說

　　憲法第22條規定：「凡人民其他自由及權利，不妨害社會秩序公共利益者，均受憲法之保障。」此為概括基本權條款[1]，即除了前面所提到的基本權之外，制憲者為免人民還有其他自由權掛一漏萬，特制定本條，只要**不妨害社會秩序公共利益的自由權利，都有可能被承認為憲法所保障之基本權**，因此憲法第7條至第18條及第21條之受國民教育權只是例示性的基本權。民法上的「人格權」亦屬於憲法第22條之「概括基本權」。人之存在除生命、身體、健康自由外，亦包括名譽、隱私、信用等所謂精神人格利益。由於人格權體現人的自主性及個別性。因此，個人對其人身或行為或不作為享有自我決定的權利，舉凡對醫療行為的允諾、性行為的同意、個人資料的自主等均屬之[2]。而關於刑法上誹謗罪的規定、民法上侵權行為的規定，均涉及在憲法解釋上如何調和人格權與言論自由的思考方法及規範模式。**基於法秩序的統一性，基本權利客觀價值體系的第三人效力，侵權行為的成立要件及法律效用上應作符合憲法的解釋及判斷基準來調和人格權及言論自由，使相互間能獲得實踐和諧，學說上稱之為「私法的憲法化」**（Constitutionalization of Private Law）[3]。

第二節　界定模式

一、嚴格解釋

　　概括基本權在解釋上，不宜採取過於寬鬆之解釋方式，憲法第22條所謂

---

[1] 學說上亦有稱為補遺權或未列舉之基本權。
[2] 王澤鑑，《人格權法》，三民，初版四刷，2022年1月，49頁。
[3] 王澤鑑，《人格權法》，三民，初版四刷，2022年1月，366頁。

的「不妨害社會秩序公共利益」並非不具意義的文字，也就是說，概括基本權其實有其「內在限制」（immanerte Schranke），所謂「內在限制」係指基本權的行使應有其不成文的制約。例如，德國基本法第8條第1項所保障的集會以和平及不攜帶武器為前提，其含義相同[4]。

此說的學者主張，基本權利的認定必須具有與國民主權、人性尊嚴或一般人格權之保障息息相關、具普遍性，以及如不予保障，將有違自由民主憲政秩序[5]。亦即，並非所有的權利都需要給予憲法層次的高度保障，而僅限**於對個人自我認同、人格存續與發展、維持私密生活等事項**，具有重要關聯的自主決定，才屬於憲法第22條的保障範圍[6]。

二、寬鬆解釋

憲法第22條規定是先以消極的方式定義，稱「不妨害社會秩序公共利益」之自由權利，即受憲法保障，因此解釋上基本權的存在，不必積極地有利於國家、社會、人群。因此基本權利具有「社會中立性」，其行使無須對國家或社會負擔義務，只要「不妨害社會秩序公共利益」就應該受到憲法的保障，如司法院釋字第486號解釋所承認的商標權[7]，又如新聞報導行為並不妨害社會秩序公共利益，應屬基本權保障的範疇；但如殺人、放火行為等內在有惡劣傾向，即不能承認為基本權利的內涵[8]。總之，主張從寬界定概括

4　吳庚、陳淳文，《憲法與論與政府體制》，三民，七版，2022年9月，92頁以下。

5　李震山，〈憲法未列舉權保障之多元面貌——以憲法第二十二條為中心〉，收錄於氏著，《多元、寬容與人權保障——以憲法未列舉權之保障為中心》，元照，初版，2005年10月，8頁以下。

6　黃昭元，〈車速限制與行為自主權〉，《月旦法學教室》，第5期，2003年3月，8頁以下。

7　司法院釋字第486號解釋：「憲法上所保障之權利或法律上之利益受侵害者，其主體均得依法請求救濟。中華民國七十八年五月二十六日修正公布之商標法第三十七條第一項第十一款（現行法為第三十七條第十一款）前段所稱「其他團體」，係指自然人及法人以外其他無權利能力之團體而言，其立法目的係在一定限度內保護該團體之人格權及財產上利益。自然人及法人為權利義務之主體，固均為憲法保護之對象；惟為貫徹憲法對人格權及財產權之保障，非具有權利能力之「團體」，如有一定之名稱、組織而有自主意思，以其團體名稱對外為一定商業行為或從事事務有年，已有相當之知名度，為一般人所知悉或熟識，且有受保護之利益者，**不論其是否從事公益，均為商標法保護之對象，而受憲法之保障。**」

8　李惠宗，《憲法要義》，元照，九版，2022年9月，Rn. 1902 ff。

基本權利的學說認為，憲法第22條所稱「不妨害社會秩序公共利益」，不應該視為基本權內在界限，將其亦納入基本權保護領域以免限縮基本權未來的發展[9]。更何況如何界定「不妨害社會秩序公共利益」本非易事，而憲法第23條既已明文允許國家為「維持社會秩序」或「增進公共利益」，得以法律限制人民的自由權利，則有無妨害社會秩序公共利益一事，自在基本權的限制階段審查即可。

三、本書看法

綜觀行憲以來基本權的解釋，現行釋憲實務對於概括基本權的認定不外乎聚焦在**維護人性尊嚴與尊重人格自由發展及個人主體性認定**，並非所有的權利都要提高到憲法層次的保障；況且某些如「初步」承認有從事某種妨害社會秩序公共利益之行為自由，如販毒、無差別殺人及詐騙等，就已可能與人民法感不符。大法官如承認此類行為為概括基本權，必然面臨司法反對多數決之困境而遭到質疑。

第三節　我國釋憲實務的實踐

一、姓名權

司法院釋字第399號解釋稱：「姓名權為人格權之一種，人之姓名為其人格之表現，故如何命名為人民之自由，應為憲法第二十二條所保障。姓名條例第六條第一項第六款規定命名文字字義粗俗不雅或有特殊原因經主管機關認定者，得申請改名。是有無申請改名之特殊原因，由主管機關於受理個別案件，就具體事實認定之。姓名文字與讀音會意有不可分之關係，讀音會意不雅，自屬上開法條所稱得申請改名之特殊原因之一。內政部中華民國六十五年四月十九日臺內戶字第六八二二六六號函釋『姓名不雅，不能以讀音會意擴大解釋』，與上開意旨不符，有違憲法保障人格權之本旨，應不予

---

9 許宗力，〈基本權利：第六講——基本權的保障與限制（上）〉，《月旦法學教室》，第11期，2003年9月，66頁。

援用。」

二、血統獲知權

　　司法院釋字第587號解釋稱：「子女獲知其血統來源，確定其真實父子身分關係，攸關子女之人格權，應受憲法保障。民法第一千零六十三條規定：『妻之受胎，係在婚姻關係存續中者，推定其所生子女為婚生子女。前項推定，如夫妻之一方能證明妻非自夫受胎者，得提起否認之訴。但應於知悉子女出生之日起，一年內為之。』係為兼顧身分安定及子女利益而設，惟其得提起否認之訴者僅限於夫妻之一方，子女本身則無獨立提起否認之訴之資格，且未顧及子女得獨立提起該否認之訴時應有之合理期間及起算日，是上開規定使子女之訴訟權受到不當限制，而不足以維護其人格權益，在此範圍內與憲法保障人格權及訴訟權之意旨不符。」

三、隱私權

（一）人性尊嚴理念之延伸

　　司法院釋字第603號解釋稱：「維護人性尊嚴與尊重人格自由發展，乃自由民主憲政秩序之核心價值。隱私權雖非憲法明文列舉之權利，惟基於人性尊嚴與個人主體性之維護及人格發展之完整，並為保障個人生活私密領域免於他人侵擾及個人資料之自主控制，隱私權乃為不可或缺之基本權利，而受憲法第二十二條所保障（本院釋字第五八五號解釋參照）。其中就個人自主控制個人資料之資訊隱私權而言，乃保障人民決定是否揭露其個人資料、及在何種範圍內、於何時、以何種方式、向何人揭露之決定權，並保障人民對其個人資料之使用有知悉與控制權及資料記載錯誤之更正權。惟憲法對資訊隱私權之保障並非絕對，國家得於符合憲法第二十三條規定意旨之範圍內，以法律明確規定對之予以適當之限制。」

　　鄰國日本，其憲法也沒有將隱私權當成列舉的憲法規定，依據日本憲法第35條規定，任何人的住所、證件及物品皆有不受侵入、搜索扣押的權利，且如果沒有相應的令狀，亦不得侵入。日本實務將該國憲法第35條之範圍目的性擴張解釋，將其保護範圍擴張至「私人領域」，強調該條文所保護的範

圍亦包含「與這些等價的私人領域」[10]，與美國古典「不受干擾權」（right to be let alone）隱私概念不盡相同的是，日本係以「資訊自決權」（自己に関する情報をコントロールする権利）作為應對科技進步後的隱私權理論。因此雖然日本憲法條文中未明文將隱私權認為是憲法保障的範圍之一，但從後來的發展來看，隱私權實質上已被承認為憲法上的權利[11]，與我國大法官承認隱私權為憲法第22條的概括基本權相當。

（二）資訊隱私權之擴張

　　司法院釋字第603號解釋已經界定「指紋」是一種「資訊隱私權」。「隱私權」的說法，應該係從美國實務案例發展而來，蓋美國憲法本身並無規定；德國聯邦憲法法院則稱之為「資訊自我決定權」（Recht auf informationelle Selbstbestimmung），或可稱為「資訊自主權」[12]。

　　除此之外，人體的血液亦係一種「資訊隱私」，憲法法庭111年憲判字第1號判決理由書稱：「受委託檢驗機構亦得不經本人之同意，就採得之血液或其他檢體之樣本為測試檢定，以探知檢體內之酒精濃度值或其他生物資訊。而人體組織內之血液等體液組織，均蘊含有人各不同且終身不變之生物資訊，乃高敏感個人資訊之載體；血液中所含酒精濃度值雖僅短期存在，惟其既須經由檢測屬高敏感個人資訊載體之血液始得探知，自仍將觸及重要個人資訊隱私之範圍。是系爭規定一亦構成對受強制採血檢測者資訊隱私權之嚴重侵害。」同理，人體的尿液亦有同樣的問題。憲法法庭111年憲判字第16號判決理由書稱：「由於尿液蘊含足資辨識個人行為與生活方式之個人資訊，例如體內毒品濃度之閾值（濫用藥物尿液檢驗作業準則第15條規定參照），而屬個人資訊之載體，所採取之尿液亦得依法予以檢測，進而為後續之評價利用，因此尿液中所蘊含之個人資訊受有為第三人所知悉之危險，**並使受採尿者喪失對其個人資訊之自主控制權**，且尿液檢測結果又可作為相關犯罪之證據，因此，上述兩種違反受採尿者意思之採尿方式，就取得受採尿

---

10 河村有教，〈GPS搜査による権利侵害と強制処分性について〉，《平成29年3月15日最高裁大法廷判決の検討を中心に》，海保大研究報告，第62卷第2号，65頁。
11 中曽久雄，〈GPS搜査とプライバシー権〉，《愛媛大学教育学部紀要》，第64卷，2017年，242頁以下。
12 吳庚、陳淳文，《憲法理論與政府體制》，三民，七版，2021年9月，333頁。

者之尿液作為犯罪之證據而言，**其對受採尿者之資訊隱私權之侵害程度，雖無本質之不同，惟侵入性方式之採尿，因係以器具侵入受採尿者之身體私密部位以採集尿液，除令受採尿者裸露私密部位，嚴重侵害其等個人私密領域之隱私權外，更使受採尿者之身體受到實施採尿者之操控，且須忍受異物侵入體內，可能產生精神上屈辱感及心理創傷，致嚴重侵害受採尿者免於身心受傷害之身體權，甚至可能危害其身心健康。」**

　　我國大法官所採納者為「隱私權」的說法，而科技偵查法草案第2條第2款規定：「隱私空間：指住宅、建築物、交通工具或其他具有隱蔽設施之地上物之內部空間，且具有隱私或秘密之合理期待者。」足見，立法方向也把科技偵查當作是一個對於「隱私權」的侵害。

　　此外，健保資料庫的個人資料較指紋而言更具敏感性。憲法法庭111年憲判字第13號判決理由書稱：「個資若經處理，依其資料型態與資料本質，客觀上仍有還原而間接識別當事人之可能時，無論還原識別之方法難易，若以特定方法還原而可間接識別該個人者，其仍屬個資。當事人就此類資料之自主控制權，仍受憲法資訊隱私權之保障。反之，經處理之資料於客觀上無還原識別個人之可能時，即已喪失個資之本質，當事人就該資訊自不再受憲法第22條個人資訊隱私權之保障。……個人健保資料，此等個資承載大量個人資訊，藉由個人健保資料內所含之年齡、就醫機構，可能描繪個人生活區域、行動軌跡，由病歷、醫療及健康檢查資料內所含之傷病與醫療處遇史，諸如職業傷病、家暴傷害或性犯罪傷害、罹病與投藥紀錄、手術與診療影像紀錄、家族高危險疾病因子、生育紀錄、疫苗接種紀錄，亦可能描繪個人曾經歷之職業環境、社會生活事件、家庭與經濟環境、個人決策模式等極私密敏感事項。亦即，**個人健保資料乃屬得深入解讀並預測資料當事人人格與身心狀況，進而模擬建構其人格圖像之重要個資，其具有私密敏感與潛在延伸影響資料當事人之社會、經濟生活（例如保險或就業）之特質。**此等個人健保資料如受侵害，其所致生危害結果之嚴重性，尤甚於指紋。」

（三）公開場域非完全無合理隱私期待

　　隱私權的保障並不僅侷限於一定的私密空間之內，即使是在公開場域，也可能受到隱私權的保障，美國聯邦最高法院於Katz v. United States案主旨

提到[13]，在一個人有「合理隱私期待」的任何地方，除某些情況例外，在沒有搜查令的情況下進行搜查和扣押是違反憲法增修條文第4條。大法官哈蘭（John Marshall Harlan II）在其協同意見書更近一步指出[14]，對於人民在受搜索或是監聽時，是否受美國聯邦憲法增修條文第4條不受不合理之強制處分之保護的界限範圍，應以其有無「合理的隱私期待」為判斷標準，所謂「合理隱私期待」（reasonable exception of privacy）即謂，憲法增修條文第4條保護的是「人」，而不是「地方」；如果某人故意向公眾暴露，即不符該條保護的主旨[15]。「合理隱私期待」有兩個概念，首先是任何人表現出對隱私的主觀期待；其次，是社會所預期承認的期待是「合理的」，例如，就常理言，家是一個人期望隱私的地方，但若暴露在外人「一般認知觀點」下即不受「保護」，因為暴露者無意將它們保密。此外，公開的談話不被認為有所謂偷聽，因為在這種情況下對隱私權的期待是不合理的。

我國釋憲實務在關於狗仔跟拍的司法院釋字第689號解釋中亦指出：「社會秩序維護法第八十九條第二款規定，旨在保護個人之行動自由、免於身心傷害之身體權、及於公共場域中得合理期待不受侵擾之自由與個人資料自主權，而處罰無正當理由，且經勸阻後仍繼續跟追之行為，與法律明確性原則尚無牴觸。新聞採訪者於有事實足認特定事件屬大眾所關切並具一定公益性之事務，而具有新聞價值，如須以跟追方式進行採訪，其跟追倘依社會通念認非不能容忍者，即具正當理由，而不在首開規定處罰之列。於此範圍內，首開規定縱有限制新聞採訪行為，其限制並未過當而符合比例原則。」換言之，大法官認為原則上在公開場域是無合理隱私期待的，但若是在身體權或行動自由受到侵害之情形，即他人之私密領域及個人資料自主，在公共場域亦有可能受到干擾，而超出可容忍之範圍，則該干擾行為亦有加以限制之必要。

社會秩序維護法所謂之「跟追」，係指以尾隨、盯梢、守候或其他類似方式，持續接近他人或即時知悉他人行蹤，足以對他人身體、行動、私密領域或個人資料自主構成侵擾之行為。至跟追行為是否無正當理由，須視跟追

---

13 Katz v. United States, 389 U.S. 347, 1967.
14 Katz, 398 US at 361 (Harlan, J., concurring).
15 Carpenter v. United States, 138 S. Ct. 2206, 201 L. Ed. 2d 507, 2018.

者有無合理化跟追行為之事由而定，亦即綜合考量跟追之目的，行為當時之人、時、地、物等相關情況，及對被跟追人干擾之程度等因素，合理判斷跟追行為所構成之侵擾，是否逾越社會通念所能容忍之界限。至勸阻不聽之要件，具有確認被跟追人表示不受跟追之意願或警示之功能，若經警察或被跟追人勸阻後行為人仍繼續跟追，始構成經勸阻不聽之不法行為。如欠缺正當理由且經勸阻後仍繼續為跟追行為者，即應受系爭規定處罰。是系爭規定之意義及適用範圍，依據一般人民日常生活與語言經驗，均非受規範者所難以理解，亦得經司法審查予以確認，尚與法律明確性原則無違。

四、一般行為自由與行動自由

司法院釋字第535號解釋稱：「臨檢自屬警察執行勤務方式之一種。臨檢實施之手段：檢查、路檢、取締或盤查等不問其名稱為何，均屬對人或物之查驗、干預，影響人民**行動自由**、財產權及隱私權等甚鉅，應恪遵法治國家警察執勤之原則。實施臨檢之要件、程序及對違法臨檢行為之救濟，均應有法律之明確規範，方符憲法保障人民自由權利之意旨。」

而在司法院釋字第689號解釋理由書中：「為維護個人主體性及人格自由發展，除憲法已保障之各項自由外，於不妨害社會秩序公共利益之前提下，人依其意志作為或不作為之一般行為自由，亦受憲法第二十二條所保障。人民隨時任意前往他方或停留一定處所之**行動自由**，自在一般行為自由保障範圍之內。」大法官指出，人民隨時任意前往他方，或停留一定處所之「行動自由」係在一般行為自由的範圍內，為憲法第22條的概括基本權。

其後，大法官在司法院釋字第699號解釋理由書稱[16]：「人民有隨時任意前往停留一定處所之行動自由，於不妨害社會秩序公共利益之前提下受憲法第二十二條所保障。此一行動自由應涵蓋駕駛汽車或使用其他交通工具之自由。」具體指出，駕駛交通工具之自由認定為「行動自由」，受憲法第22條的概括基本權利保障。除行動自由外，大法官並認為，此駕駛交通工具之自由尚涉工作權之限制，只不過作為職業駕駛人，本應更遵守道路交通安全法規，並具備較一般駕駛人為高之駕駛品德。故職業駕駛人因違反系爭規定

---

16 湯德宗大法官釋字第699號解釋部分協同暨部分不同意見書。

而受吊銷駕駛執照之處罰者，即不得因工作權而受較輕之處罰。因此，尚難遽認系爭規定牴觸憲法第二十三條之比例原則，其與憲法保障人民行動自由及工作權之意旨尚無違背。」

不過，此號解釋湯德宗大法官認為「行動自由」與「一般行為自由」並非可相提並論，氏謂：「『行動自由』與『一般行為自由』雖系出同源，關係密切，但兩者在憲法上的依據及定位截然不同，不能混為一談！質言之，『行動自由』在我國憲法上的依據是第十條所稱『居住及遷徙之自由』，而其核心意涵則來自憲法第八條的『人身自由』。亦即，狹義的『人身自由』。固指憲法第八條所規定的『人身安全』（即人民身體確有免於遭非法逮捕、拘禁、審問、處罰的自由）；廣義的『人身自由』則以『人身安全』為基礎，擴及於憲法第十條所規定的『遷徙之自由』，再擴及於『在不妨害社會秩序公共利益之前提下，人民依其意志作為或不作為之一般行為自由』（屬於憲法第二十二條所保障的概括基本權）。……憲法第十條緊接著規定『人民有居住及遷徙之自由』。因此應認為制憲者已宣示保障『人民得隨時任意前往他方或停留一定處所』的『行動自由』！行動自由既是屬於憲法第十條所列舉的『遷徙自由範圍基本權』。自然不是憲法第二十二條所保障的其他自由及權利。」簡言之，湯氏認為「行動自由」乃憲法第10條的列舉基本權，與「一般行為自由」屬於憲法第22條的概括基本權不同。

此外，學說上另有認為「行動自由」之範圍包括：入出國境之自由、設立戶籍自由，以及使用行動工具之自由[17]。

五、婚姻自由

「婚姻自由」是人格發展自由的一環，因此也受到憲法第22條的保護。司法院釋字第362號解釋理由書指出人民有結婚的自由：「適婚之人無配偶者，本有結婚之自由，他人亦有與之相婚之自由。此種自由，依憲法第二十二條規定，應受保障。」

司法院釋字第552號解釋指出：「一夫一妻婚姻制度係為維護配偶間之人格倫理關係，實現男女平等原則，及維持社會秩序，應受憲法保障。」

---

17 李惠宗，《憲法要義》，元照，九版，2022年9月，Rn. 0803 ff。

而司法院釋字第554號解釋進而闡釋：「婚姻與家庭為社會形成與發展之基礎，受憲法制度性保障。婚姻制度植基於人格自由，具有維護人倫秩序、男女平等、養育子女等社會性功能，國家為確保婚姻制度之存續與圓滿，自得制定相關規範，約束夫妻雙方互負忠誠義務。」大法官認為「一夫一妻婚姻」之婚姻及家庭受到憲法的制度性保障，故國家有義務建立適當的制度，使人民之結婚自由權獲得完滿的實現。

然而，同性婚姻是否也受婚姻自由的保障？司法院釋字第748號解釋理由書亦再次重申：「**婚姻自由與個人的人格自由、人性尊嚴密切相關，且性傾向屬於難以改變之個人特徵，再考量我國過去以來同性戀處於弱勢地位等因素，認對於以性傾向作為分類標準所為的差別待遇，應適用較嚴格的審查標準，除其目的須為追求重要公共利益外，其手段與目的之達成間並須具有實質關聯[18]。**」

六、性自主決定權

有關刑法第239條對通姦、相姦者處以罪刑，是否違憲的問題，由來已久。司法院釋字第554號解釋認為：「婚姻與家庭為社會形成與發展之基礎，受憲法制度性保障（併參照釋字第三六二號、第五五二號解釋）。**婚姻制度植基於人格自由**，具有維護人倫秩序、男女平等、養育子女等社會性功能，國家為確保婚姻制度之存續與圓滿，自得制定相關規範，**約束夫妻雙方互負忠誠義務**。性行為自由與個人之人格有不可分離之關係，固得自主決定是否及與何人發生性行為，惟依憲法第二十二條規定，於不妨害社會秩序公共利益之前提下，始受保障。是性行為之自由，自應受婚姻與家庭制度之制約。」也就是當時的大法官認為**個人的性行為自由不能牴觸婚姻制度**；然而物換星移，現今大法官認為，有配偶者與第三人間發生性行為，係對個人得自主決定是否及與何人發生性行為之性行為自由，亦即性自主權。按**性自主權與個人之人格有不可分離之關係**，為**個人自主決定權之一環，與人性尊嚴密切相關，屬憲法第22條所保障之基本權**（司法院釋字第791號解釋理由書

---

18 這裡的「較為嚴格之審查」，非指嚴格審查標準，但大法官言明手段與目的之達成間須具有實質關聯，所以採的是中度審查標準。

參照）。此號解釋公布後，通姦罪遭廢除，從此通姦行為只能民事求償，曾有侵害配偶權的被告主張，既然性自主權是憲法所保障的基本權，那麼這種處罰民事不法的侵權行為，亦應構成違憲。因此，司法院釋字第791號解釋是否亦應適用於民法，即不無疑問。

七、契約自由

契約自由（私法自治）與所有權絕對、過失責任被認為是民法傳統三大原則。司法院釋字第576號解釋肯認契約自由受到憲法第22條的保障：「**契約自由為個人自主發展與實現自我之重要機制，並為私法自治之基礎**。契約自由，依其具體內容分別受憲法各相關基本權利規定保障，例如涉及財產處分之契約內容，應為憲法第十五條所保障，又涉及人民組織結社之契約內容，則為憲法第十四條所保障；除此之外，契約自由亦屬憲法第二十二條所保障其他自由權利之一種。」大法官認為，保險法第36條規定：「複保險，除另有約定外，要保人應將他保險人之名稱及保險金額通知各保險人。」第37條規定：「要保人故意不為前條之通知，或意圖不當得利而為複保險者，其契約無效。」係基於損害填補原則，為防止被保險人不當得利、獲致超過其財產上損害之保險給付，以維護保險市場交易秩序、降低交易成本與健全保險制度之發展，而對複保險行為所為之合理限制，符合憲法第23條之規定，與憲法保障人民契約自由之本旨，並無牴觸。而人身保險契約，並非為填補被保險人之財產上損害，亦不生類如財產保險之保險金額是否超過保險標的價值之問題，自不受保險法關於複保險相關規定之限制。原最高法院76年台上字第1166號判例，將上開保險法有關複保險之規定適用於人身保險契約，對人民之契約自由，增加法律所無之限制，應不再援用。

八、環境權

我國憲法本文中原無「環境權」的明文規定，並非古典意義的基本權，其乃因應時代及自然生態變遷所產生的概念，但即便承認其為基本權，一般來說並非是個人單純的權利，因為環境有一定的範疇、一定的區域，是一種

集體權[19]。憲法增修條文第10條第2項中規定：「經濟及科學技術發展，應與環境及生態保護兼籌並顧。」屬於基本國策性質，未將其直接規定為一種權利。司法院釋字第426號解釋環境權理由書指出：「憲法增修條文第十條第二項規定：『經濟及科學技術之發展，應與環境及生態保護及生態保護兼籌並顧』，係課國家以維護生活環境及自然生態之義務。」學說上多認為，憲法第10條第2項雖屬基本國策性質，但藉由釋憲者加以補充並無不可；因此如將基本國策規定結合憲法前言、生存權、財產權等相關規定，經由人性尊嚴，再透過憲法第22條之媒介，應承認其為概括基本權[20]。

九、健康權

我國釋憲實務上雖有多號關於「國民健康權」之解釋，如司法院釋字第414號的「藥物廣告」案、第577號的「菸品強制標示」案、第701號的「長期照護費列舉」案、第711號的「藥師職業處所限制」案及第767號的「藥物不良反應排除救濟」案，但若作為憲法第22條的概括基本權，應指「個人」保有身體機能正常和維持心理健全狀態的權利[21]。此外，大法官明白提到有關健康權之釋憲實務如下。

（一）兒少身心健康

兒少身心健康於我國憲法雖未明文，但基於身心健康與個人人格發展及人性尊嚴之維護均關係密切，亦應受憲法第22條之保障。司法院釋字第664號解釋稱：「**人格權乃維護個人主體性及人格自由發展所不可或缺，亦與維護人性尊嚴關係密切，是人格權應受憲法第二十二條保障。為保護兒童及少年之身心健康及人格健全成長，國家負有特別保護之義務（憲法第一百五十六條規定參照），應基於兒童及少年之最佳利益，依家庭對子女保護教養之情況，社會及經濟之進展，採取必要之措施，始符憲法保障兒童及**

---

19 李惠宗，《憲法要義》，元照，九版，2022年9月，Rn. 1975、1980。

20 胡博硯，〈環境權之司法發展──寫在環境基本法施行十年之後〉，《司法新聲》，第105期，2013年1月，20頁以下；黃錦堂，〈環境憲法〉，收錄於蘇永欽，《部門憲法》，元照，初版，2006年1月，729頁。

21 李惠宗，《憲法要義》，元照，九版，2022年9月，Rn. 19136、19145。

少年人格權之要求（本院釋字第五八七號、第六〇三號及第六五六號解釋參照）。國家對兒童及少年人格權之保護，固宜由立法者衡酌社經發展程度、教育與社會福利政策、社會資源之合理調配等因素，妥為規劃以決定兒童少年保護制度之具體內涵。惟立法形成之自由，仍不得違反憲法保障兒童及少年相關規範之意旨。」

（二）工作健康

對於特殊工作性質的公務員如警察、消防員，其「勤一休一」之輪休有導致過勞之虞，因此司法院釋字第785號解釋稱：「並未就業務性質特殊機關實施輪班、輪休制度，設定任何關於其所屬公務人員服勤時數之合理上限、服勤與休假之頻率、服勤日中連續休息最低時數等攸關公務人員服公職權及健康權保護要求之框架性規範，不符憲法服公職權及健康權之保護要求。於此範圍內，與憲法保障人民服公職權及健康權之意旨有違。」

（三）管理自身健康風險之自主決定權

憲法法庭111年憲判字第19號判決指出，全民健保固因提供人民醫療照護，而得歸類為給付行政措施，然其性質既屬強制性之社會保險（全民健康保險法第1條第2項規定），凡具我國國籍並設有戶籍者，均有加入全民健保之義務（全民健康保險法第8條規定），即難免限制人民受憲法第22條保障「管理自身健康風險之自主決定權」（例如決定以自己積蓄購買商業保險，或親友接濟等方式因應健康風險之自由權利），並因涉及課予繳納保險費義務而影響人民財產權。

雖然大法官在司法院釋字第472號解釋固未明白提及全民健保限制人民何種基本權利，但已宣示「強制全民參加全民健康保險之規定，係國家為達成全民納入健康保險，以履行對全體國民提供健康照護之責任所必要，符合憲法推行全民健康保險之意旨」，顯不否認作為給付行政措施之全民健保亦涉及人民自由權利之限制，只是該限制屬為追求公益目的「所必要」而合憲；之後司法院釋字第676號解釋則明白提及全民健保限制人民之財產權。是以，在全民納保的案件中，同時涉及概括基本權利及財產權。

十、原住民族集體權

　　集體權的概念一般認為是由1977年法國人權學者瓦薩克（Karel Vasak）所提出的第三代人權。在我國，法學及政治學者多認為「原住民族權利」——包括認同權、自決權、文化權、財產權與補償權等，係屬第三代人權，具有集體權的性質。總之，集體權的核心應係指不同於「個人」而係以「集體」作為保障主體之權利[22]。以下是我國釋憲實務的實踐。

（一）傳統文化

　　司法院釋字第803號解釋認為，野生動物保育法第21條之1第1項規定：「台灣原住民族基於其傳統文化、祭儀，而有獵捕、宰殺或利用野生動物之必要者，不受第十七條第一項、第十八條第一項及第十九條第一項各款規定之限制。」所稱「傳統文化」，應包含原住民依其所屬部落族群所傳承之飲食與生活文化，而以自行獵獲之野生動物供自己、家人或部落親友食用或作為工具器物之非營利性自用之情形，始符憲法保障原住民從事狩獵活動之文化權利之意旨。然而，野生動物保育法第21條之1第1項所稱「傳統文化」包含非營利自用，考量原住民基於傳統文化所為獵捕、宰殺或利用野生動物之行為，仍對野生動物，尤其是保育類野生動物造成相當大危害，故立法者對原住民基於傳統文化下非營利性自用而獵捕、宰殺或利用野生動物之行為予以規範，或授權主管機關訂定管制規範時，除有特殊例外，其得獵捕、宰殺或利用之野生動物，應不包括保育類野生動物，以求憲法上相關價值間之衡平。

　　又，槍砲彈藥刀械許可及管理辦法第2條第3款「自製獵槍」規範尚有所不足，未符合使原住民得安全從事合法狩獵活動之要求，於此範圍內，與憲法保障人民生命權、身體權及原住民從事狩獵活動之文化權利之意旨有違。

（二）身分認同

1. 原住民與非原住民通婚所生之子女不應有差別待遇

　　憲法法庭111年憲判字第4號判決指出：「人之血統係先於憲法、法律存

---

22 李欣儒，〈原住民族集體權初探——以文化權為核心〉，《臺灣原住民族法學》，第6期，2019年1月，50頁以下。

在之自然事實，與個人及所屬群體之身分認同密切相關。另憲法增修條文第10條第11項及第12項規定保障原住民族多元文化、地位及其政治參與等，又原住民之文化權利乃個別原住民受憲法第22條保障之基本權之一環，亦經司法院釋字第803號解釋在案；即原住民之地位較特殊，其身分原則上係依自我認同原則。**是原住民之身分認同權應受憲法第22條規定高度保障，乃原住民特殊人格權利**；上開身分認同權復與原住民族之集體發展密切相關，就此而言，亦為應受憲法保障之重要基本權利（司法院釋字第803號解釋參照）。」

　　基於憲法高度保障之重要基本權之限制，本件應採**嚴格審查**：「原住民身分法就原住民身分之取得，除須登記外（原住民身分法第11條規定參照），原則上係採血統或擬制血統主義及自我認同原則；但於系爭規定一及同法第6條第2項、第3項規定，則於血統主義之外，另附加『從具原住民身分之父或母之姓或原住民傳統名字』等原住民文化認同要件。對不符上開附加要件之原住民與非原住民結婚所生子女言，其原本依其所具原住民血統，而有之得因自我認同而具原住民身分之權利，於系爭規定一附加上開要件之結果，其原住民身分遭到否定。……再就原住民血統或血緣比例與認同之關聯言，不論原原通婚所生子女或原與非原通婚所生子女，兩者均具有一定比例之原住民血統。前者之原住民血緣比例再低，仍當然取得原住民身分；反之，原與非原通婚所生子女之原住民血緣比例，縱使高於前述原原通婚所生子女，亦不當然取得原住民身分，而須另外符合有關姓名取用之要求。……此等差別待遇之立法，顯然是假設原原通婚所生子女，必然有足夠之原住民認同，因此不要求另外有認同之表現；而原與非原通婚所生子女則必然欠缺足夠之原住民文化認同，因而為差別之待遇。又如果認為原原通婚所生子女可以透過登記而取得原住民身分，且其登記即足以彰顯其認同，則原與非原通婚所生子女之相同登記，為何就當然不足以彰顯其認同，而須另加姓名之要求？系爭規定一及系爭規定二、三準用系爭規定一部分所定之差別待遇，甚至是無據且顯然恣意。」

2. 既存於臺灣南島語系民族應被認定為憲法上原住民族

　　憲法法庭111年憲判字第17號判決認為：「憲法增修條文第10條第11項及第12項前段規定所保障之原住民族，**應包括既存於臺灣之所有臺灣南島語系民族。除憲法增修條文第4條第1項第2款規定所稱之山地原住民及平地原**

住民，舉凡其民族語言、習俗、傳統等文化特徵至今仍然存續，其成員仍維持族群認同，且有客觀歷史紀錄可稽之其他臺灣南島語系民族，亦均得依其民族意願，申請核定其為原住民族；其所屬成員，得依法取得原住民身分。……原住民身分法第2條規定：『本法所稱原住民，包括山地原住民及平地原住民，其身分之認定，除本法另有規定外，依下列規定：一、山地原住民：臺灣光復前原籍在山地行政區域內，且戶口調查簿登記其本人或直系血親尊親屬屬於原住民者。二、平地原住民：臺灣光復前原籍在平地行政區域內，且戶口調查簿登記其本人或直系血親尊親屬屬於原住民，並申請戶籍所在地鄉（鎮、市、區）公所登記為平地原住民有案者。』所稱原住民之定義性規定，僅指山地原住民及平地原住民，並未及於符合本判決主文第1項要件之其他臺灣原住民族，致其原住民（族）身分未受國家法律之保障，於此範圍內，與憲法第22條保障原住民（族）身分認同權、憲法增修條文第10條第11項及第12項前段規定保障原住民族文化等意旨有違。……相關機關應於本判決宣示之日起3年內，依本判決意旨，修正原住民身分法或另定特別法，就本判決主文第1項所稱同屬南島語系民族之其他臺灣原住民族之認定要件、所屬成員之身分要件及登記程序等事項，予以明文規範。逾期未完成修法或立法，舉凡日治時期戶口調查簿其本人或其直系血親尊親屬經註記為『熟』或『平』，釋明其所屬民族語言、習俗、傳統等文化特徵至今依然存續，且其所屬民族成員仍維持族群認同者，於修法或立法完成前，均得向中央原住民族主管機關申請依本判決意旨認定其民族別。」

　　總之，大法官認為受憲法特予保障之「原住民族」，亦應指既存於臺灣之原住民族，且尚未全然為其他民族同化，其民族語言、習俗、傳統等文化特徵至今仍然存續，得以永續傳承給下一代者。反之，縱具原住民族血緣，但其民族已全然為非原住民族同化，而失其原有族群文化等特性，或已無意願保存、發展，並以之傳承下一代者，即非一般所認應受特別保護之原住民族。雖然關係機關原民會略謂：憲法上之原住民族，不包括平埔族或西拉雅族。然而大法官認為，憲法第22條規定保障之原住民（族）身分認同權，其內涵主要即為文化認同；唯個別原住民具族群文化認同，始能確保其所屬原住民族文化暨族群之永續發展，斯乃應受憲法之特予保障（司法院釋字第803號解釋參照）。是族群成員應對其所屬族群維持認同，包括有意願組成特定原住民族群，並成為其成員。由臺灣之歷史脈絡觀察，解釋上受憲法增

修條文第10條第11項及第12項前段規定，17世紀漢族開始大量移入臺灣前，臺灣本島上即存在南島語系之民族，包括高山族及平埔族。職是，憲法增修條文第10條第11項及第12項前段規定之原住民族，應包括具社會文化意義之平埔族，且應由國家以法律特別保障其文化等權益之原住民族，不應僅限於系爭規定所定之原住民，而應包括既存於臺灣之所有臺灣南島語系之民族。

十一、思想及良心自由

司法院釋字第567號解釋稱：「非常時期，國家固得為因應非常事態之需要，而對人民權利作較嚴格之限制，惟限制內容仍不得侵犯最低限度之人權保障。思想自由保障人民內在精神活動，是人類文明之根源與言論自由之基礎，亦為憲法所欲保障最基本之人性尊嚴，對自由民主憲政秩序之存續，具特殊重要意義，不容國家機關以包括緊急事態之因應在內之任何理由侵犯之，亦不容國家機關以任何方式予以侵害。縱國家處於非常時期，出於法律規定，亦無論其侵犯手段是強制表態，乃至改造，皆所不許，是為不容侵犯之最低限度人權保障。」

此號解釋已經宣稱，「思想自由」基於人性尊嚴是憲法上的基本權利，不容任何理由加以侵犯，只是尚未言明是否為第22條的基本權。

憲法法庭111年憲判字第2號判決稱：「……容許法院以判決命侵害他人名譽之加害人向被害人公開道歉，不論加害人為自然人或法人，縱未涉及加害人自我羞辱等損及人性尊嚴之情事，亦與憲法保障人民言論自由之意旨有違；於加害人為自然人時，更與憲法保障思想自由之意旨不符。是系爭規定所稱之『適當處分』，應不包括法院以判決命加害人公開道歉之情形，始符憲法第11條保障人民言論自由及第22條保障人民思想自由之意旨。」此號判決已明白指出，「思想自由」為第22條的基本權之一。

十二、收養兒女之自由

（舊）臺灣地區與大陸地區人民關係條例第65條第1款規定：「臺灣地區人民收養大陸地區人民為養子女，……有下列情形之一者，法院亦應不予認可：一、已有子女或養子女者。」司法院釋字第712號解釋理由書稱：

「**基於人性尊嚴之理念，個人主體性及人格之自由發展，應受憲法保障**（本院釋字第六八九號解釋參照）。**婚姻與家庭為社會形成與發展之基礎，受憲法制度性保障**（本院釋字第三六二號、第五五二號、第五五四號及第六九六號解釋參照）。家庭制度植基於人格自由，具有繁衍、教育、經濟、文化等多重功能，乃提供個人於社會生活之必要支持，並為社會形成與發展之基礎。而收養為我國家庭制度之一環，係以創設親子關係為目的之身分行為，藉此形成收養人與被收養人間教養、撫育、扶持、認同、家業傳承之人倫關係，對於收養人及被收養人之身心發展與人格之形塑具有重要功能。**是人民收養子女之自由，攸關收養人及被收養人之人格自由發展，應受憲法第二十二條所保障**。」因此，已有子女或養子女之臺灣地區人民欲收養其配偶之大陸地區子女，法院應不予認可之規定，違憲。

十三、身體權

　　身體權早為大法官所肯認憲法保障之基本權利（司法院釋字第689號、第780號及第792號解釋參照）。

　　憲法法庭111年憲判字第1號判決更進一步指出：「人體上的血液亦為一種『資訊隱私權』，中華民國102年1月30日修正公布之道路交通管理處罰條例第35條第5項規定：『汽車駕駛人肇事拒絕接受或肇事無法實施第一項測試之檢定者，應由交通勤務警察或依法令執行交通稽查任務人員，將其強制移由受委託醫療或檢驗機構對其實施血液或其他檢體之採樣及測試檢定[23]。』（108年4月17日修正，僅微調文字，規範內容相同，並移列為同條第6項；111年1月28日修正同條規定，本項未修正）**牴觸憲法第8條保障人身自由、第22條保障身體權及資訊隱私權之意旨**，應自本判決公告之日起，至遲於屆滿2年時失其效力。又本判決公告前，已依上開規定實施相關採證程序而尚未終結之各種案件，仍依現行規定辦理。二、相關機關應自本判決公

---

[23] 學理上，有認為制定在先之道路交通管理處罰條例第35條第5項所賦予警察將肇事拒絕酒測之駕駛人送醫療處所強制抽血之權限，在增訂刑事訴訟法第205條之2後，其適用必須限縮。參照林朝雲，〈論取締酒駕與其刑事程序〉，《東吳法研論集》，第10卷，2020年6月，頁105。轉引自憲法法庭111年憲判字第1號判決不同意見書（蔡明誠大法官提出，蔡烱燉、黃虹霞及吳陳鐶大法官加入）。

告之日起2年內，依本判決意旨妥適修法。」

　　本號憲法判決明白揭示了酒駕強制抽血同時侵犯了**憲法第8條所保障之「人身自由」、第22條所保障之「身體權」及「資訊隱私權」**（憲法法庭111年憲判字第16號判決針對司法警察強制取尿案同旨）。

選擇題練習

1 有關於大學的退學制度，下列敘述，何者正確[24]？

(A) 大學生被退學，無法進行行政救濟

(B) 退學條件屬於大學自治的範圍

(C) 大學法中並無退學相關規定

(D) 退學制度違憲　　　　　　　　　　　　　　　　【100律師】

2 有關私立大學以學則規定「學生學期學業成績不及格科目之學分數，達該學期修習學分總數二分之一者，應令退學」之所謂「二一退學」規定，以下敘述何者正確[25]？

(A) 學則之二一退學規定，涉及大學對學生學習權之剝奪，屬法規命令之性質，應有法律授權依據

(B) 學則之二一退學規定，涉及大學對學生學習能力之評價，屬大學自治之範圍，如無法律另行規定，則大學得自為規定

(C) 學則之二一退學規定，涉及大學內部對學生之管理事項，屬行政規則，無論有無法律規定，大學均得自為規定

(D) 學則之二一退學規定，涉及大學生權利之重大事項，僅能由法律加以規定　　　　　　　　　　　　　　　　　　　　　【101司法官】

3 下列何者不符合憲法有關教育規定之精神[26]？

(A) 國家對於大學之監督，依憲法第162條規定，應以法律為之，但仍應符合大學自治之原則

(B) 中央警察大學得於研究所碩士班入學考試招生簡章中規定，以有無色盲

---

24 (B)，參照司法院釋字第563號解釋。
25 (B)，參照司法院釋字第563號解釋。
26 (D)，參照司法院釋字第626號解釋。

為決定能否取得入學資格之條件

(C) 主管教育行政機關得於一定要件下解除全體董事之職務

(D) 教育部對各大學之運作得為適法性及適當性之監督　　　　【101律師】

4 不論大學教師的研究與講學，還是大學生的學習，主要在大學的環境內進行，所以，國家有義務去保障有利於大學成員實踐其基本權的環境，因而衍生出「大學自治」的憲法保障。請問：大學自治主要在於確保下列哪種基本權的實現[27]？

(A) 隱私權

(B) 講學自由

(C) 受國民教育之權利

(D) 結社自由　　　　【103司律】

5 下列有關基本權利之敘述，何者正確[28]？

(A) 只有憲法上具體規定的基本權利才受到憲法保障

(B) 憲法第22條規定的未列舉基本權利，其效力低於已列舉的基本權

(C) 立法者可以任意限制憲法第22條未列舉基本權利的內容

(D) 憲法第22條規定的未列舉基本權利，也適用憲法第23條的保障。

【102司法官】

6 依據司法院大法官之解釋，下列敘述，何者錯誤[29]？

(A) 憲法第21條所保障國民受教育權利，並不包括接受國民教育以外教育之權利

---

27 (B)，參照司法院釋字第380號解釋。

28 (D)，參照司法院釋字第509號解釋及通說的見解，列舉的基本權利未必劣後概括的基本權利。

29 (D)，參照司法院釋字第626號解釋。

(B) 人民得請求國家提供以國民教育為內容之給付，國家亦有履行該項給付之義務

(C) 人民受國民教育以外教育之權利，係為憲法第22條所保障

(D) 人民受國民教育以外教育之權利，包括賦予人民請求給予入學許可、提供特定教育給付之權利　　　　　　　　　　　　　　　　【102司法官】

7　根據司法院釋字第603號解釋，資訊隱私權在我國的憲法基礎為何[30]？

(A) 言論自由

(B) 財產權

(C) 居住自由

(D) 憲法第22條的其他基本權　　　　　　　　　　　　　　　　　【102律師】

8　公務員A因在其服務機關組織「同志社團」，而被服務機關以行為不端移付考績委員會懲處，A若於考績委員會調查時，被迫公開性傾向，試問此舉涉及A何種基本權[31]？

(A) 隱私權

(B) 訴訟權

(C) 婚姻自由

(D) 宗教信仰自由　　　　　　　　　　　　　　　　　　　　　　【102律師】

9　甲男為知名影星，某日晚上偕模特兒乙女至A餐廳用餐，為丙雜誌攝影師丁偷拍數張狀極親熱之照片，刊登於丙雜誌上。甲與乙認為丙雜誌社及攝影師丁侵犯其隱私權與肖像權，欲對其提起侵權行為訴款。下列敘述何者正確[32]？

---

30 (D)，參照司法院釋字第603號解釋。
31 (A)，參照司法院釋字第603號解釋。
32 (D)，參照司法院釋字第689號解釋。

(A) 丙與丁可主張新聞自由絕對不受限制

(B) 甲與乙可主張在公共場所的偷拍行為不屬於新聞自由保障領域

(C) 甲與乙為公眾人物，不得主張隱私權保障

(D) 餐廳雖為公共領域，在合理期待範圍內甲與乙仍得主張隱私權保障

【103司律】

⑩　某甲飲酒但仍駕駛汽車而遇警察臨檢，警察要求其做酒精濃度測試，但為某甲所拒絕。下列關於基本權利的敘述何者正確[33]？

(A) 警察如認某甲情況已不適合駕駛且在有必要的情形下而將之帶至警察局留置，涉及某甲的「人身自由」（憲法第8條）

(B) 警察如依法吊銷某甲的汽車駕駛執照，涉及其「行動自由」（憲法第22條）

(C) 某甲的機車駕駛執照如亦依法而一併被吊銷，某甲因此即無法駕駛機車從事送貨工作賺錢，涉及其「財產權」（憲法第15條）

(D) 如有法律規定警察可實施「強制酒測」，則涉及當事人的「名譽權」（憲法第22條）

(E) 如有法律規定警察於此可為「預防性羈押」且依此而實施者，則涉及當事人的「人格權」（憲法第22條）　　　【103司律（複選）】

⑪　某甲於晚間9點在某橋的人行道徘徊，巡邏的警察上前盤查，要求甲出示身分證或其他身分證明，並說明其在橋上徘徊多時的原因。甲對於警察的干擾，覺得十分厭煩，故拒絕出示身分證明，僅表示其在欣賞橋上夜景，而不願意再回答任何問題。該員警對於甲的不合作態度感到十分不滿，遂將甲強押回警局。在警局內，警察向甲表明：若不出示身分證明或說明其身分，即不得離開。請問本案涉及哪一種人民的權利[34]？

---

33 (A、B)，參照司法院釋字第535號解釋、釋字第699號解釋。

34 (C)，參照司法院釋字第535號解釋。

(A) 生存權
(B) 平等權
(C) 行動自由權
(D) 財產權　　　　　　　　　　　　　　　　　　　　　　　　【104司律】

12 承上題，請問警察在公共道路上應如何選擇盤查對象[35]？
(A) 以有相當理由認為其行為已構成或即將構成危害者為限
(B) 以有犯罪嫌疑者為限
(C) 得隨機選取之
(D) 為確保公共秩序與安全，應對所有過往人員盤查，以示公平【104司律】

13 對於拒絕酒精濃度測試者，吊銷其駕駛執照之規定，依司法院解釋，下列敘述何者正確[36]？
(A) 僅因酒後駕駛危及他人及自己之生命、身體、健康、財產，即要求駕駛人有依法配合酒測之義務，其所限制與所保護之法益間，顯失均衡
(B) 採吊銷駕駛執照之手段，無助於促使駕駛人接受酒測，遏止酒後駕車之不當行為，防範發生交通事故
(C) 酒測時，執行機關雖先行勸導並告知拒絕之法律效果，使受檢人已有將受吊銷其駕駛執照處罰之認知，吊銷其駕駛執照仍屬過當
(D) 立法者應針對不同情況，斟酌個案具體情節，諸如駕駛人是否曾有酒駕或拒絕酒測之紀錄、拒絕酒測時所駕駛之車輛種類分別規定

　　　　　　　　　　　　　　　　　　　　　　　　　　　　【106司律】

---

35 (A)，參照司法院釋字第535號解釋。
36 (D)，參照司法院釋字第699號解釋。

14 根據司法院解釋，下列何種基本權利係以憲法第22條規定作為基礎[37]？

(A) 人民收養子女之自由

(B) 寺廟之宗教組織自主權

(C) 人民得自主決定是否及與何人發生性行為

(D) 人民得經由無線電廣播，以取得資訊之自由

(E) 人民有隨時任意前往他方或停留一定處所之行動自由

【106司律（複選）】

15 依司法院大法官解釋，下列敘述何者正確[38]？

(A) 人民受基本教育，為憲法基本國策章之規定

(B) 未成年子女之父母得請求國家對其子女提供國民教育，但未成年子女無此請求權

(C) 憲法第21條所保障國民受教育權，包括接受大學教育之權利

(D) 人民受國民教育以外教育之權利，包括得請求入學許可及提供特定教育給付之權利　　　　　　　　　　　　　　　　　　【107司律】

16 依司法院大法官解釋，有關民法婚姻章規定，下列敘述何者錯誤[39]？

(A) 民法婚姻章規定，未容許相同性別二人成立具有親密性及排他性之永久結合關係，與婚姻自由意旨有違

(B) 結婚自由，包含「是否結婚」暨「與何人結婚」之自由

(C) 繁衍後代是婚姻不可或缺之要素

(D) 民法婚姻章規定，以性傾向為分類標準，違反平等權意旨　【107司律】

---

37 (A、C、E)，參照司法院釋字第712號、第791號及第699號解釋。

38 (A)，參照憲法第160條。

39 (C)，參照司法院釋字第748號解釋。

17 下列何者非司法院大法官解釋已承認為憲法第22條所保障之自由或權利[40]？

(A) 姓名權

(B) 收養自由

(C) 婚姻自由

(D) 生命權 【107司律】

18 依司法院釋字第689號解釋，社會秩序維護法第89條第2款規定處罰「跟追行為」，所要保護被跟追人之自由或權利，不包括下列何者[41]？

(A) 新聞自由

(B) 行動自由

(C) 身體權

(D) 資料自主權 【107司律】

19 依憲法及司法院大法官解釋，下列何者並非憲法第22條所保障之非明文權利[42]？

(A) 名譽權

(B) 受國民教育之權利

(C) 婚姻自由

(D) 一般行為自由 【108司律】

---

40 (D)，參照司法院釋字第476號解釋。

41 (A)，參照司法院釋字第689號解釋。

42 (B)，參照司法院釋字第626號解釋。

20 依司法院大法官解釋，下列何者非屬大學自治之限制[43]？

(A) 法律規定大學教師升等資格之評審程序

(B) 教育部邀請大學法律院系討論增設選修課程之需要

(C) 法律規定大學設置學生護理課程之相關組織事項

(D) 主管機關依法核定國立警察大學擬訂之招生簡章　　【109司律】

21 民法規定，未使相同性別2人，得為經營共同生活之目的，成立具有親密性及排他性之永久結合關係，依司法院釋字第748號解釋，下列敘述何者錯誤[44]？

(A) 屬立法上之重大瑕疵，牴觸憲法保障之婚姻自由

(B) 以何種形式達成婚姻自由之平等保護，屬立法形成之範圍

(C) 婚姻自由屬重要之基本權

(D) 以性傾向作為分類標準所為之差別待遇，應受最嚴格之審查　　【109司律】

22 依司法院大法官解釋，社會秩序維護法規定，無正當理由，跟追他人，經勸阻不聽者，處新臺幣3千元以下罰鍰或申誡，所保護被跟追人之自由權利，不包括下列何者[45]？

(A) 行動自由

(B) 免於身心傷害之身體權

(C) 新聞採訪自由

(D) 個人資料之自主權　　【109司律】

---

43 (B)，此種情形尚未達於對大學自治限制或干預之情況。
44 (D)，參照司法院釋字第748號解釋。
45 (C)，參照司法院釋字第689號解釋。

23 依司法院大法官解釋意旨，有關隱私權之敘述，下列何者錯誤[46]？

(A) 爲保障個人日常私密領域免於他人侵擾，隱私權爲絕對不可限制之基本權利

(B) 隱私權爲憲法第22條之人民其他自由權利

(C) 資訊隱私權保障人民自主決定是否揭露其個人資料

(D) 資訊隱私權保障人民對其個人資料之使用有知悉與控制權

【110司律】

24 臺北市政府若依法律規定公告「臺北市政府員工性騷擾防治辦法」，此一辦法係在保障下列何種憲法上權利[47]？

(A) 地方自治權

(B) 契約自由

(C) 人格權

(D) 財產權

【110司律】

25 依司法院大法官解釋意旨，道路交通管理處罰條例吊銷駕照之規定，係限制何種基本權利[48]？

(A) 遊行自由

(B) 一般行爲自由

(C) 遷徙自由

(D) 人身自由

【111司律】

---

46 (A)，參照司法院釋字第603號解釋。
47 (C)，參照司法院釋字第791號解釋。
48 (B)，參照司法院釋字第699號解釋。

26 依憲法法庭裁判意旨，關於憲法保障原住民身分認同權之敘述，下列何者錯誤[49]？

(A) 原住民身分原則上係依自我認同原則

(B) 原住民之身分認同權受憲法第22條保障

(C) 原住民之身分認同乃人格權保護特定人身分之範疇

(D) 原住民之身分認同繫於原住民族之姓氏　　　　　　【111司律】

27 依據司法院解釋，關於原住民族傳統文化權利之保障，下列敘述何者錯誤[50]？

(A) 受憲法增修條文之明文肯認，國家有保障、扶助，並促其發展之義務

(B) 屬原住民族之集體權，身為成員之個別原住民，並不享有依循傳統文化生活之獨立的憲法上權利

(C) 國家法律若對原住民族傳統文化權利有保護不足之處，國家應負有積極修法之義務

(D) 原住民族傳統文化權利若與生態環境之保護產生衝突時，國家應為妥適調和，必要時非不得限制原住民族傳統文化權之行使　　　【112司律】

---

49 (D)，參照憲法法庭111年判字第4號判決意旨：「原住民身分法第4條第2項規定：『原住民與非原住民結婚所生子女，從具原住民身分之父或母之姓或原住民傳統名字者，取得原住民身分。』中華民國97年12月3日修正公布同法第8條準用第4條第2項規定部分，暨110年1月27日修正公布同法第8條準用第4條第2項規定部分，違反憲法保障原住民身分認同權及平等權之意旨，均違憲。」原住民與非原住民通婚所生之子女不應有差別待遇，則即使從非原住民父母之一方姓氏子女，仍可取得原住民身分。

50 (B)，參照司法院釋字第803號解釋理由書。所稱「傳統文化」，應包含原住民依其所屬部落族群所傳承之飲食與生活文化，而以自行獵獲之野生動物供「自己」、家人或部落親友食用或作為工具器物之非營利性自用之情形，因此這個集體性的權利，除了保障原住民族群體之外也包含原住民個人。

28 依司法院解釋意旨及憲法法庭裁判，汽車駕駛人肇事拒絕接受實施酒精濃度檢定者，主管機關若強制將其移由檢驗機構實施血液檢測，與人民之下列何種基本權無涉[51]？

(A) 人身自由

(B) 身體權

(C) 名譽權

(D) 資訊隱私權 　　　　　　　　　　　　　　　　　　　　　　　【112司律】

---

51 (C)，參照憲法法庭111年憲判字第1號判決，酒駕強制抽血所涉及者並不包括名譽權。

PART 5

人民之義務

第一節　概說

　　人民之「義務」與「基本權」往往係處於對立面[1]，憲法保障的基本權規定，是指人民可以期待在消極面，不受國家之侵害，而立法者對基本權利之侵犯應合於比例原則；在積極面，人民有權要求國家正面之作為，要求國家提供一定之給付。而憲法所明定的人民義務，則是指國家得制定法令，強制人民遵守履行。但有例外，例如「受國民教育」既是人民之權利也是人民之義務。

　　依照我國憲法第19條至第21條的規定，人民有「納稅」、「服兵役」及「受國民教育」之義務，這些義務乃重要之國民應對國家所負之責任，但實際上人民因對國家所負之義務，不僅有這三項而已。按憲法所規定之三種義務，在性質上屬於人民之基本義務，係制憲者參酌各國憲政常規及制憲當時之社會環境所作之例示性規定，上述三個條文對人民之義務並「無窮盡列舉」（numerus clausus）之意，若謂人民之義務僅止於上述三種，則社會秩序勢必無法維繫，甚至有面臨解構之危險。因為社會成員遵守行為規範乃社會存續之前提，在國家生活之中，法律為最重要之行為規範，人民均有遵守法律之義務，縱然納稅、服兵役及受國民教育三者，亦應由法律明確訂定，人民始有義務服從。是以遵守法律乃人民之「政治義務」（political obligation），無待憲法之規定；至於法律不得牴觸憲法、侵害人民之基本權利，自不待言。換言之，法律對人民所課予之義務，其合憲與否，不在於義務本身是否出自憲法規定，而是該項法律是否依憲法所定之程序產生、義務內容是否合理、與憲法之意旨是否相符，故即使是以法律規定憲法上所未明文的義務，只要不違反前開原則，就不牴觸憲法第23條[2]。

1　但有例外，例如憲法第21條的「受國民教育權」即係權利與義務的結合條款，既是人民之權利也是人民之義務。參見吳庚、陳淳文，《憲法理論與政府體制》，三民，七版，2021年9月，296頁以下。

2　司法院釋字第472號解釋吳庚大法官協同意見書。

第二節　納稅義務

　　國家基於統治權，以稅捐支應國家一般財政收入為目的向人民課稅，乃國家維持其存在與運作，提供人民各種生活照顧及推動公共建設需求，都必須要有財政收入，而政府的財源主要就來自於徵稅[3]。

一、租稅法律主義

　　憲法第19條規定：「人民有依法律納稅之義務。」即所謂「租稅法定主義」，亦有學者稱為「稅捐法定主義」，主要是基於憲法中的「民主國原則」及「法治國原則」而來[4]。司法院釋字第210號解釋理由書稱：「按人民有依法律納稅之義務，為憲法第十九條所明定，**所謂依法律納稅，兼指納稅及免稅之範圍，均應依法律之明文**。至主管機關訂定之施行細則，僅能就實施母法有關事項而為規定，如涉及納稅及免稅之範圍，仍當依法律之規定，方符上開憲法所示租稅法律主義之本旨。」司法院釋字第640號解釋理由書指出：「國家課人民以繳納稅捐之義務或給予人民減免稅捐之優惠時，應就**租稅主體、租稅客體、稅基、稅率、納稅方法、納稅期間等租稅構成要件及租稅稽徵程序，以法律定之。**」

　　例如，2001年1月17日修正公布之使用牌照稅法第7條第1項第9款規定：「下列交通工具，免徵使用牌照稅：……九、專供已立案之社會福利團體和機構使用，並經各地社政機關證明者，**每一團體和機構以三輛為限**。……」查其立法意旨，係立法者考慮國內社會福利團體和機構維持不易，故予以免徵使用牌照稅，以減輕其經營組織之負擔。其免稅主體係已立案之社會福利團體和機構，免稅客體係經社政主管機關證明專供該社會福利團體和機構使用之交通工具，且每一團體和機構最多可享有三輛之免稅優惠。至各該團體和機構是否附屬於同一法人，以及是否設於同一行政區域，則與免稅交通工具數量限額之計算無涉。然而，財政部92年2月12日台財稅字第0920450239號令及105年8月31日台財稅字第10504576330號函卻規定，所稱「每一團體

3　法治斌、董保城，《憲法新論》，元照，八版，2021年9月，451頁。
4　陳清秀，《稅法總論》，元照，十二版，2022年9月，47頁。

和機構以三輛為限」，明示應以同一法人於同一行政區域〔同一直轄市或縣（市）〕內之總分支機構合計三輛為限，被司法院釋字第798號解釋認為，其縮減人民依法律享有免徵使用牌照稅之優惠，增加法律所無之限制，於此範圍內，均違反憲法第19條租稅法律主義，應不予援用。

　　然而租稅法律主義亦「非」有關稅務事項皆要以法律明定，如司法院釋字第217號解釋認為，課稅原因事實之有無及有關證據之證明力如何，即不屬於租稅法律主義之範圍。又如司法院釋字第346號解釋認為：「**法律基於特定目的，而以內容具體、範圍明確之方式，就徵收稅捐所為之授權規定，並非憲法所不許。**」

二、實質課稅之公平原則

　　司法院釋字第420號解釋指出：「涉及租稅事項之法律，其解釋應本於租稅法律主義之精神，依各該法律之立法目的，衡酌經濟上之意義及**實質課稅之公平原則**為之。」例如司法院釋字第500號解釋認為，先就營業人所收取之入會費或保證金課徵營業稅，再就實質上屬於保證金性質之款項課徵之稅額准予退還，係為貫徹營業稅法之執行，確實稽查課稅之方法，以杜巧立名目之迴避稅捐行為。**基於公平課稅原則，營業人實際上從事營業行為收取之款項，屬於銷售貨物或勞務之代價者，應依法課稅。**如此係就實質上屬於銷售貨物或勞務對價性質之「入會費」或「保證金」如何課稅所為之釋示，並未逾越營業稅法第1條課稅之範圍，符合課稅公平原則。

　　又如在「營利事業所得跨年度盈虧互抵制度中」，憲法法庭111年憲判字第5號判決認為，財政部74年函及財政部76年函，係分別釋示稽徵機關於核定所得稅法第39條第1項但書所規定之各期虧損時，就營利事業於各該虧損年度如有暫停課徵營所稅之證券交易所得或免納所得稅之土地交易所得，無須先予抵減各該虧損年度所核定之虧損數。而各項實質上具免納所得稅效果之事項，既各有其稅制設計需求及立法目的，故稽徵機關為所得稅法第39條第1項但書所規定「前十年內各期虧損」之核定時，是否先行抵減各該虧損年度所核定之虧損數，自應各別判斷，是財政部就此類所得，所為如何核定「前十年內各期虧損」之函釋間，其規範事項各不相同，尚不生違反憲法第7條平等原則之問題。況所得稅法第4條之1之停徵證券交易所得之營所稅

規定，核係為簡化稽徵手續之目的而為，並有就此等資本利得之所得類型免納所得稅之租稅優惠性質。另所得稅法第4條第1項第16款所以規定土地交易所得免納所得稅，則是因該土地交易所得已課徵土地增值稅，即為避免就同一租稅客體對同一租稅主體課徵同屬所得類稅捐（所得稅、土地增值稅）之重複課稅而為。故財政部74年函、76年函間，乃基於不同事物所為之釋示，自不生違反憲法第7條平等原則之問題。

在供公眾通行之法定空地地價稅案中，憲法法庭112年憲判字第19號判決認為，土地稅減免規則第9條規定，無償供公眾通行之道路土地，經查明屬實者，在使用期間內，地價稅或田賦全免。但其屬建造房屋應保留之法定空地部分，不予免徵。故其但書規定對提供法定空地無償供公眾通行者，仍然課徵地價稅，尚無違反憲法第7條規定之平等原則。因建築基地所保留之法定空地雖可供公眾通行，但仍維持並享有該法定空地屬於建築基地之利益，與單純無償供公眾使用而完全無法使用收益之道路土地，在建築法上之性質與功能不同。

三、量能課稅原則

司法院釋字第745號解釋指出，所謂「量能課稅原則」，即所得課稅應以收入減除成本及必要費用後的客觀淨值，而非所得毛額，作為稅基。此項要求，於各類所得之計算均應有其適用。定額扣除額為必要費用之總額推估，亦應符合上開要求，不得違反量能課稅所要求的客觀淨值原則。

四、特別公課

司法院釋字第426號解釋指出：「空氣污染防制費收費辦法係主管機關根據空氣污染防制法第十條授權訂定，依此徵收之空氣污染防制費，**性質上屬於特別公課，與稅捐有別**。惟特別公課亦係對義務人課予繳納金錢之負擔，其徵收目的、對象、用途自應以法律定之，如由法律授權以命令訂定者，其授權符合具體明確之標準，亦為憲法之所許。」大法官認為國家基於特定公益目的，得向人民徵收具有特定用途的「特別公課」。但是其性質上與稅捐有別，除需「專款專用」外，不需要嚴格的國會法律保留，得以法律

具體明確授權之命令定之。

第三節　服兵役義務

憲法第20條規定：「人民有依法律服兵役之義務。」服兵役義務主要涉及以下問題。

一、兵役義務與平等原則

司法院釋字第490號解釋理由書稱：「立法者鑑於男女生理上之差異及因此種差異所生之社會生活功能角色之不同，於兵役法第一條規定：中華民國男子依法皆有服兵役之義務；第三條第一項規定：男子年滿十八歲之翌年一月一日起役，至屆滿四十五歲之年十二月三十一日除役；第四條規定：凡身體畸形、殘廢或有簡疾不堪服役者，免服兵役，稱為免役；第五條規定：凡曾判處七年以上有期徒刑者禁服兵役，稱為禁役。上開條文，係為實踐國家目的及憲法上人民之基本義務而為之規定，原屬立法政策之考量，非為助長、促進或限制宗教而設，且無助長、促進或限制宗教之效果。復次，男子服兵役之義務，並無違反人性尊嚴亦未動搖憲法價值體系之基礎，且為大多數國家之法律所明定，更為保護人民，防衛國家之安全所必需，與憲法第七條平等原則及第十三條宗教信仰自由之保障，並無牴觸。」

學說上有謂，不論從文義解釋或體系解釋，服兵役之義務並不排除女性[5]；但亦有學者認為戰爭可能造成重大傷亡，而憲法第156條復明文規定國家應保護「母性」，故將女性排除於兵役制度外應有理由[6]。

二、兵役體位判定之得提起行政爭訟

依司法院釋字第459號解釋：「兵役體位之判定，係徵兵機關就役男應否服及應服何種兵役所為之決定而對外直接發生法律效果之單方行政行為，

5　吳信華，《憲法釋義》，三民，三版，2018年9月，499頁。
6　李惠宗，《憲法要義》，元照，九版，2023年9月，Rn. 2131。

此種決定行為，對役男在憲法上之權益有重大影響，應為訴願法及行政訴訟法上之行政處分。受判定之役男，如認其判定有違法或不當情事，自得依法提起訴願及行政訴訟。」

三、後備軍人居住處所遷移之限制不違憲

我國目前有「妨害兵役治罪條例」的制定，所謂妨害兵役行為，是指違反兵役義務的行為，如閃兵、逃兵、無故不去教召等。

司法院釋字第517號解釋認為：「妨害兵役治罪條例第十一條第一項第三款規定後備軍人居住處所遷移，無故不依規定申報者，即處以刑事罰，係為確保國防兵員召集之有效實現、維護後備軍人召集制度所必要。其僅課予後備軍人申報義務，並未限制其居住遷徙之自由，與憲法第十條之規定尚無違背。」

但學者多認為後備軍人未申報住居所遷移，並不等於就會妨害兵役，就算有必要防止這種風險，應該也只須課以行政罰即足，此規定實有違比例原則中刑罰之必要性（即刑法中的謙抑思想），此號解釋對人民基本權利之保障實在失之過寬[7]。

第四節　受國民教育義務

憲法第21條規定：「人民有受國民教育之權利與義務。」同法第160條：「六歲至十二歲之學齡兒童，一律受基本教育，免納學費。其貧苦者，由政府供給書籍（第1項）。已逾學齡未受基本教育之國民，一律受補習教育，免納學費，其書籍亦由政府供給（第2項）。」從這些規定我們可以知道，憲法所規定的國民義務教育原本是六年，但是隨著臺灣經濟發展，如果大多數國民在國小畢業就投入就業市場，這樣的人力素質，不利於經濟起飛的局面。有鑑於此，當時的總統蔣中正決定延長國民教育，於1967年8月17日總統令：「茲為提高國民智能，充實戡亂建國力量，特依照動員戡亂時期

7　董保城、法治斌，《憲法新論》，元照，八版，2021年9月，299頁；李惠宗，《憲法要義》，元照，九版，2022年9月，Rn. 2144。

臨時條款第四項之規定，國民教育之年限應延長為九年，自五十七學年度起先在臺灣及金門地區實施。」

　　當前的教育政策為12年基本國民教育，自2004年8月起，12年國民基本教育分兩階段，前9年為國民教育，依「國民教育法」及「強迫入學條例」規定辦理，對象為6歲至15歲學齡之國民，主要內涵為：普及、義務、強迫入學、免學費、以政府辦理為原則、劃分學區免試入學、單一類型學校及施以普通教育；後3年為高級中等教育，依「高級中等教育法」規定，對象為15歲以上之國民，主要內涵為：普及、自願、非強迫入學、免學費、公私立學校並行、免試為主、學校類型多元及普通與職業教育兼顧[8]。由於只有前9年有強迫入學的規定，所以就憲法上的受國民教育「義務」而言仍為9年。然而就延長國民教育的「權利」而言，其並非是一個不變的內涵，可隨著國家財政狀況而改變，甚至延伸至大學教育亦無不可[9]。

8　教育部全球資訊網，https://www.edu.tw/News_Content.aspx?n=D33B55D537402BAA&s=37E2FF8B7ACFC28B，最後瀏覽日期：2024年2月1日。

9　許育典，《憲法》，元照，十二版，2022年9月，頁350。

選擇題練習

1 下列我國國民，何者不能申請登記為總統候選人[10]？

(A) 已退役之陸軍十軍團司令

(B) 在國外出生，於15歲時定居且設籍於國內，登記參選時為45歲

(C) 犯罪幫派之主持人，經判刑確定者

(D) 動員戡亂時期終止前，經宣告內亂罪判刑確定者　　　　【100律師】

2 有關憲法上人民之納稅義務，下列敘述何者錯誤[11]？

(A) 人民的納稅義務應符合租稅法律主義

(B) 租稅法律主義適用於租稅主體、租稅客體、稅基、稅率、納稅方法等構成要件及租稅稽徵程序

(C) 減免繳稅的事項不適用租稅法律主義

(D) 租稅法律主義並不禁止法律基於特定目的，具體明確的授權行政機關以命令規定納稅的義務　　　　【101司法官】

3 依司法院解釋，下列何者錯誤[12]？

(A) 稅法之內容應符合量能課稅原則

(B) 財政部規定：查獲短漏報銷售額始提出進項憑證者，不准扣抵銷項稅額，尚不違憲

(C) 財政部規定：偏遠或服務性路線之補貼收入應課營業稅，尚不違憲

(D) 所得稅法就扣繳義務人及違背扣繳義務之處罰等規定，尚不違憲

　　　　【101司法官】

---

10 (C)，參照總統副總統選舉罷免法第26條。

11 (C)，參照司法院釋字第705號解釋。

12 (C)，參照司法院釋字第597號解釋。

4 依司法院解釋，有關於人民服兵役的義務，下列敘述何者錯誤[13]？

(A) 人民有依法律服兵役之義務

(B) 兵役法第1條規定中華民國男子有依法服兵役之義務，違反性別平等的憲法規定

(C) 服兵役義務與宗教信仰自由並未牴觸

(D) 服兵役義務與人性尊嚴的保障並行不悖　　　　　　　　【101律師】

5 兵役法第1條規定中華民國男子有依法服兵役之義務，引起是否牴觸性別平等的疑慮。下列敘述何者錯誤[14]？

(A) 人民如何履行兵役義務屬於立法裁量的範圍

(B) 立法者鑑於男女生理上之差異及因此種差異所生之社會生活功能角色之不同，而予以差別待遇，並不違反性別平等

(C) 有關人民服兵役之重要事項，應由立法者斟酌國家安全、社會發展之需要，以法律定之

(D) 兵役法規定，限於男子才有服兵役之義務，係屬違反平等原則

　　　　　　　　【102司法官】

6 憲法有關國民教育之規定，下列敘述，何者正確[15]？

(A) 受國民教育並非人民的權利

(B) 受國民教育的權利主體是父母

(C) 受國民教育的義務侵犯父母對於子女的教育權

(D) 學齡兒童一律受基本教育　　　　　　　　【102司法官】

---

13 (B)，參照司法院釋字第409號解釋。

14 (D)，參照司法院釋字第490號解釋。

15 (D)，參照憲法第21條。

7　憲法第19條規定：「人民有依法律納稅之義務」。請問：根據司法院釋字第426號解釋之意旨，下列何者非屬稅捐之特性[16]？

(A) 以支應國家普通或特別施政支出為目的

(B) 以一般國民為對象

(C) 各稅之支出按通常預算程序辦理

(D) 各稅之徵收均應明定課徵之用途　　　　　　　　　　　【106司律】

8　依司法院大法官解釋，憲法第19條規定人民有依法律納稅之義務，下列敘述何者錯誤[17]？

(A) 僅指應由法律規定人民繳納稅捐之義務，不包括享受減免繳納之優惠

(B) 租稅構成要件包括租稅主體、租稅客體、稅率等，有法律保留原則之適用

(C) 稅基得由法律或法律明確授權之命令定之

(D) 若僅屬執行稅法之細節性、技術性次要事項，得由主管機關發布命令為必要之規範　　　　　　　　　　　　　　　　　　　【109司律】

---

16 (D)，參照租稅法律主義的相關釋憲實務。

17 (A)，參照司法院釋字第705號解釋。

PART 6

地方自治

第一章　緒論

　　地方自治，乃中央與地方垂直權力分立之展現，是民主政治必備的制度之一，為民主政治之基石，國家進步的動力。美國學者布萊斯（James Bryce）曾言：「民主政治最好的學校，以及其成功最佳的保障，即是實施地方自治。」由是觀之，地方自治對於民主政治的健全與發展，自有其重大價值。所以，地方自治的落實與否攸關民主憲政之成敗至鉅。

　　我國對地方自治的保障係採「憲法保障」，而非「法律保障」，我國憲法第十章規定「中央與地方之權限」，第十一章復規範「地方制度」，乃憲法保障「地方自治」之制度設計也。換言之，憲法明文賦予地方自治團體擁有一定之權能，旨在防止中央立法之侵害，加強地方自治團體之地位。

　　可見地方制度法係以憲法為直接法源，以憲法為「母法」，而為憲法之「直接法」，乃屬憲法中央與地方之權限與地方制度兩章之「具體法」，其重要性可見一斑。也由於在我國實施地方自治必須具有法律明確之依據，而地方制度法乃憲法中央與地方之權限與地方制度兩章之「具體法」，因此地方制度法具有地方自治「基本法」、「根本法」、「母法」的地位。

　　我國制憲當時不採省憲[1]，所以非屬聯邦國家。約言之，就垂直的國家或政府體制討論而言，得分為聯邦國（federal state; Bundesstaat）與單一國（unitary state; Einheitsstaat）。前者係指聯邦本身固然為國家，但組成聯邦之各個邦也是國家，各自均享有人民、土地、國家之各種組成的要素，各自得制定憲法、得有三權機關，享有立法、行政、財政、司法的權力，各有國旗、國歌、國定假日；聯邦國與邦之權力劃分規定於聯邦憲法，相關條文必須達到一定密度，聯邦只享有明白列舉的權力，剩餘權歸邦。就邦之運作有無違反聯邦國體制，以及聯邦之運作有無違反憲法對邦之保障，一般由聯邦憲法規定，爭議由最高層級司法機關審理。就聯邦國成立的歷史而言，一般係先有邦而後因特殊原因與需要而組成聯邦，例如美國、德國；但也有一種情形，原單一國體制因種族因素而改為聯邦體制，例如比利時。聯邦國在聯

1　就精省修憲的構想，參照黃錦堂，〈由「精省」看九七憲改〉，《臺大法學論叢》，第27卷第2期，1998年1月，123頁以下。

邦層級一般有兩個國會，一係由聯邦人民選舉產生之「聯邦眾議院」，另一則是代表各邦利益之「聯邦參議院」。「單一國」則只有一個國家，其餘為地方自治團體。地方自治團體為「地域上」之自治體，不具國家屬性，但因具重要性，而為憲法所保障。地方自治團體所制定之規範不以「法律」為名，而稱為「自治條例」；就地方自治監督所生爭議，一般係循行政爭訟體系進行。

第一節　地方制度法之立法沿革

我國憲法明文規定，省、直轄市、縣（市）之制度均為地方制度，並依此確立地方行政制度及地方自治制度之憲政地位及制度功能。憲法第十一章規定，我國地方制度原包括省、直轄市、縣及市等自治制度，在1999年（民國88年）地方制度法公布施行以前，依據憲法本文設計係將省、縣（市）及鄉（鎮、市）之自治，以省縣自治法規範；直轄市之自治，另以直轄市自治法規範，該二法律規範之自治團體雖有不同，但均係就地方自治之運作加以規範。

迄至1996年間，為提升國家競爭力，強化政府組織再造，李登輝總統召集國家發展會議，達成精省共識，經第三屆國民大會進行第三次修憲，總統並於1997年7月21日公布之憲法增修條文第9條規定，第十屆臺灣省省議會議員及第一屆臺灣省省長之任期至1998年12月20日止，臺灣省議會議員及臺灣省省長之選舉自第十屆臺灣省議會議員及第一屆臺灣省省長任期之屆滿日起停止辦理，臺灣省議會議員及臺灣省省長之選舉停止辦理後，臺灣省政府之功能、業務與組織之調整，得以法律為特別之規定。

省制度既經改革，省自治在經歷4年之法制化進程後，步入歷史，惟縣市之自治則配合省之精簡而提高其權限。內政部乃研擬「臺灣省政府功能業務與組織調整暫行條例」草案，經立法院三讀，總統於1998年10月28日公布施行，規定省為非地方自治團體，臺灣省政府為行政院派出機關，受行政院指揮監督，辦理監督縣市自治事項、執行省政府行政事務及其他法令授權或行政院交辦事項。並就精省作業需要，規範省政府業務及組織調整原則、中央與省及地方法規之配套作業、省財產、債務及財務收支事宜、省級員工權

益保障事宜等。

由於憲法增修條文對於「廢」省或「精」省制度的改革引起諸多憲政爭議，司法院釋字第467號解釋就省是否具公法人地位之議題，解釋文揭示：「中華民國八十六年七月二十一日公布之憲法增修條文第九條施行後，省為地方制度層級之地位仍未喪失，惟不再有憲法規定之自治事項，亦不具備自主組織權，自非地方自治團體性質之公法人。」

嗣後，內政部即遵司法院釋字第467號解釋文規定，另行起草地方制度法草案，重新建構包括省、直轄市、縣（市）、鄉（鎮、市）之地方制度，調整中央與地方權限及業務，以及地方與地方間之關係，本法草案經立法院於1999年1月13日完成三讀，總統於同年1月25日公布，自此地方制度法制確立朝向單一法典化發展。

地方制度法為我國現行規範地方制度與地方自治的基礎法規，其前身為省縣自治法與直轄市自治法，自1999年起，基於精省需要並謀求地方自治健全發展，乃將上述自治二法進一步整合，修正而成。地方制度法其規範內容包括：總則、省政府與省諮議會、地方自治團體及其居民之權利與義務、自治事項、自治法規、自治組織、自治財政、中央與地方及地方間之關係、直轄市山地原住民區、附則等內容，臚列各種地方自治應遵守及注意之事項，而為地方自治最重要之法律依據。

本法制定後實施迄今經歷14次修正（最近一次修正於2024年8月7日）。綜觀地方制度法近期的修正，其重心除了升格改制以外，尚特別強調「區域合作」，也就是「跨域治理」。易言之，除現實的區域規劃外，更涉及大都市制度以及廣域的地方自治團體制度在內，旨揭條文修正攸關今後地方自治之走向，牽一髮而動全身，其重要性不言可喻。

第二節　我國地方自治實施之基本原則

我國在地方自治制度方面，如直轄市、縣（市）在實施地方自治時，除應恪遵「制度性保障／制度保障」（institutionelle Garantie）原則外（即地方自治制度有其核心領域，且「禁止中央恣意掏空」、「禁止中央全部掏空」），另須依如下重要的基本原則為之。

一、權限劃分原則

權限劃分原則（principle of decentralization），乃我國採行中央與地方權限劃分的均權制度理論，是指國家之外，須設地方自治團體分享國家統治權限，而凡事務之本質具有全國一致性質者歸屬於國家之事權，凡事務之本質有因地制宜之需要者則歸屬於地方之事權。

二、輔助性原則

輔助性原則（Subsidiarität spinzip/principle of subsidiarity），是指地方事務由地方自治團體優先處理，只要地方有能力及有意願辦理的事項，應由地方自治團體優先處理，中央僅作事後性之介入，是以在監督設計上，國家對地方自治團體之監督應以事後監督為主，而非以事前監督為主。

三、住民自治原則

住民自治原則（principle of self-electionorco-option），為政治意義之自治，是指地方事務之推動應得到地方居民或地方議會之同意，始得為之。又地方議會成員與地方行政首長，亦應由地方居民以民主選舉、定期改選產生，始能具備施政之正當性。

四、團體自治原則

團體自治原則（principle of group-personality），為法律意義之自治，是指地方自治團體具有公法人資格，享有各種自治權限，以處理自治事項，並依法辦理委辦事項。又當地方自治團體之權利受損時，亦有訴願、行政訴訟或聲請憲法解釋等以資救濟之權。

五、權責制衡原則

權責制衡原則（principle of checks and balances），如地方立法機關行使其立法機關之職權，地方行政機關應將總預算案提請其立法機關審議。地方立法機關開會時，其行政機關首長應提出施政報告，民意代表並有向該機關

首長或單位主管行使質詢之權；就特定事項有明瞭必要時，則得邀請其首長或單位主管列席說明（地方制度法第35條至第37條、第40條、第41條、第48條、第49條參照）。此乃基於民意政治及責任政治之原則，故地方行政與地方立法機關並有權責制衡之關係。

六、禁止越權原則

禁止越權原則（principle of ultra vires），是指地方自治團體在辦理自治事項與委辦事項時，不能牴觸憲法、法律、法規命令或其他有效規章，例如地方制度法第30條、第43條及第75條，即寓有此意。反之，地方自治團體若在憲法及法律保障範圍內，辦理自治事項與委辦事項時，自應享有自主與獨立之地位，此時國家機關則應予尊重。

第三節　地方制度法之重要性

一、地方制度法是憲法之直接法

我國憲法第十章規定「中央與地方之權限」，第十一章復規範「地方制度」，乃憲法保障「地方自治」之制度設計也。換言之，憲法明文賦予地方自治團體擁有一定之權能，旨在防止中央立法之侵害，加強地方自治團體之地位。其中「省縣自治通則」由中央立法並執行之，或交省縣執行之。而後由省召集省民代表大會，依據省縣自治通則，制定省自治法（憲法第112條）；縣召集縣民代表大會，依據省縣自治通則，制定縣自治法（憲法第122條）；同時亦明定直轄市之自治，另以法律定之（憲法第118條）。

但該等通則與自治法遲遲未能制定，一直到憲法第二次增修時（1992年），才在增修條文第17條明定省縣自治制度的法源。故原省縣自治法第1條即明載：「本法依中華民國憲法增修條文第十七條制定之。」直轄市自治法第1條則明定：「本法依中華民國憲法第一百十八條制定之。」而至1997年第四階段憲法增修條文通過後，對於地方制度更有重大之變革，特別是停止辦理臺灣省議會議員及臺灣省省長之選舉，調整臺灣省政府之功能、業務

與組織，並以法律為特別之規定。以「地方制度法」取代原省縣自治法及直轄市自治法，作為規範地方自治之根本法律。因此地方制度法第1條第1項即規定：「本法依中華民國憲法第一百十八條及中華民國憲法增修條文第九條第一項制定之。」

由此可見，地方制度法係以憲法為直接法源，以憲法為「母法」，而為憲法之「直接法」，乃屬憲法「中央與地方之權限」與「地方制度」兩章之「具體法」，其重要性可見一斑。

二、地方制度法是地方自治之基本法（母法）

地方自治對於民主政治的健全與發展，有其重大價值。我國對地方自治的保障係採「憲法保障」，而非「法律保障」，已如前述。所以，地方自治的落實與否攸關民主憲政之成敗至鉅。

地方制度法中規範總則、省政府與省諮議會、地方自治團體及其居民之權利與義務、自治事項、自治法規、自治組織、自治財政、中央與地方及地方間之關係、直轄市山地原住民區、附則等內容，臚列各種地方自治應遵守及注意之事項，而為地方自治最重要之法律依據。

由是觀之，地方制度法乃憲法「中央與地方之權限」與「地方制度」兩章之「具體法」，故具有地方自治「基本法」、「根本法」、「母法」的地位。

三、地方制度法是地方制度之特別法

某一法規究屬普通法或特別法，除按其性質與其他法規作比較分析外，通常在立法時即應加以明文規定，以定其適用範圍及效力之先後。而此種規定大多在法規的首條或總則中，予以明文規範。欲判斷某種法規為普通法或特別法時，可從其法規首條之適用規定，分出端倪。如表示特別法之性質者，其立法規定「適用範圍」之條文多為：「○○事項，依本法之規定；本法未規定者，適用其他法律之規定。」若表示普通法之性質者，其立法規定「適用範圍」之條文多為：「○○事項，除法律另有規定外，適用本法之規定。」

地方制度法第1條第2項規定：「地方制度依本法之規定，本法未規定者，適用其他法律之規定。」旨在明確地方制度規範之法律適用依據，明定本法與其他法律適用之順序。就其條文內容分析，本法應屬地方制度事項之「特別法」，有關地方制度之事項，如本法與其他法律均有規定時，應優先適用本法之規定，而其他法律為「普通法」，此即「特別法優於普通法」原則之適用。如本法未規定之地方制度事項，始有適用其他法律規定之餘地。

四、地方制度法是地方警政（衛）實施、地方警察行政的重要法源之一

我國憲法規定地方「省警政之實施」，由省立法並執行之，或交由縣執行之（憲法第109條）；「縣警衛之實施」，由縣立法並執行之（憲法第110條），此乃地方有關省警政與縣警衛事項立法權暨執行權之憲法規範，該等憲法規範同時亦出現在地方制度法條款中。如直轄市警政、警衛之實施為直轄市自治事項，縣（市）警衛之實施為縣（市）自治事項等（地方制度第18條、第19條）。可見地方警察機關在執行地方警政、警衛事務時，必須依據地方制度法相關之規定行之。況且地方制度法既是地方自治之基本法與母法，地方警察機關又是地方自治團體主要的行政機關之一，當然必須以地方制度法作為地方警察行政主要的法律依據。

綜上所述，地方制度法係以憲法為法源，乃憲法之直接法、具體法，且為地方自治之根本大法（母法），同時也是地方警政、警衛實施主要的法律依據之一，如地方警察法規之制定與效力、警察首長之人事任免權、警察受議會監督之情形、地方民意代表得否逮捕諸問題，均可從地方制度法中獲得重要的執行依據。故凡我國警察人員實應瞭解熟悉地方制度法之內涵，俾利地方自治警察行政之推展。

第二章　地方自治之基本理論

第一節　地方自治之意義

一、地方之意義

　　地方乃相對中央而言，為一特定的區域。一個國家為了便於治理，往往將其領土劃分為若干不同層次、不同範圍的行政區域，這個大小不同的行政區域，就是「地方」。由於每個國家之政治結構、法律背景，以及歷史文化的不同，所以「地方」在每個國家又有不同的名稱。例如在英國，稱縣（County）、市（Brough）、區（District）為地方；美國以州（State）、縣（County）、市（City）、鎮或鄉（Town or Township）為代表；法國稱省（Province or Department）、郡（Arrondissement）、縣（Canton）、市（Commune）等；德國分為邦（Land）、縣市（Kreis, Stadtkreis）、鄉鎮（Gemeinde）；日本則稱都、道、府、縣及市、町、村；而我國憲法規定，分為省（市）、縣（市）兩級。惟目前「臺灣省各縣市實施地方自治綱要」（以下簡稱臺灣省自治綱要），則將地方擴大為鄉、鎮、縣轄市及村、里。

二、自治之意義

　　「自治」（Selbstverwaltung）若從字義上解釋，即自我行政，可以說是官治的反面。也就是指自己管理自己的事務，而毋庸他人過問與管理，而有別於他治。若從政治的角度看，自治的觀念，則又代表一種制度，此與官治又有顯著的不同。所謂官治，即指地方上的公共事務，悉由中央委派人員管理，而地方居民只是被治的地位，絲毫沒有政治參與的權利。所謂自治，則完全相反，地方上的事務，完全由地方上的人民自己去管理、自己去決定，或選出代表去管理，而不受中央的干預。官治的權力，完全操之於官員的手裡，必須依上級政府的意思為意思，也必須對上級政府負責。自治的權力，則完全掌握在人民自己的手裡，以人民自己的意思為意思，地方人民自己有權決定與處理地方自己的事務，而不必向上級政府負責。

三、地方自治之整體意義

　　地方自治，常為人提及，惟其實質內涵為何，則有必要加以釐清。國內學者薄慶玖氏將地方自治定義為「國家特定區域內的人民，基於國家授權或依據國家法令，在國家監督之下，自組法人團體，以地方之人及地方之財，自行處理各該區域內公共事務的一種政治制度」。又董翔飛氏認為地方自治，係指「一群生活在某一特定地區的居民，基於生活上的共同需要，在國家憲法與法律的監督之下，透過選舉的型態，推舉議員組成議會或政府，依據居民自己的意思，運用地方上的財力與資源，謀求地方發展，增進地方福利，改善地方環境，以及處理地方上的公共事務等，即謂之地方自治」。

　　然上述說法，尚不足以顯示地方自治之本旨意義。其實，一般說來，地方自治在概念上應包含有兩層意義，即「**住民自治**」（Bürgerliche Selbstverwaltung）與「**團體自治**」（Körperliche Selbstverwaltung）。

（一）住民自治

　　所謂住民自治（或稱公民自治），即「廣義的地方自治」。係本於民主主義的原理，強調人民的自我實踐。**其重點在於「人」**，要求地方公共團體內之行政，應基於地方住民之意思，由地方住民自行處理之。因此，地方行政之運作，必須基於民主政治的原則，由住民直接或間接參與。公法學上，乃將住民自治稱為「政治意義的自治」。

　　住民自治係源於英國，蓋英國住民自治的傳統深厚，遠自統一國家形成前的盎格魯薩克遜時代，即已形成習慣。各村落的共同事務，由全體住民參加的住民大會處理。長此以往，**住民自治的意識馴至深植人心，住民參與地方事務的處理，變成住民的固有權利**。英國從1835年都市團體法（Municipal Corporation Act）、1888年地方自治法（Local Government Act）相繼制定後，地方自治的法制基礎逐漸建立。根據「禁止逾越權限」（ultra vires）原則，國會擁有絕對權限，地方自治團體非依法律不得從事任何活動。英國地方自治團體的權限，依法律個別授予，與大陸法系國家的概括授權比較，似乎略嫌狹隘。惟實際運用時，個別法的授權相當廣泛，而且一旦獲得授權，**自治團體即可依照住民自治原理，自行處理，不像大陸法系國家的自治團體經常受中央政府監督。總之，英美一向堅信地方自治為民主政治的基礎，住民自**

治又是地方自治的本質要素。

（二）團體自治

　　所謂「團體自治」，即「狹義的地方自治」。係指國家領土內，另有地域團體，其具備獨立於國家的法律人格（公法人），可依自己的意思與目的，由本身的機關自行處理地方公共事務。一般談論省縣自治或鄉鎮自治時，**以地域團體為對象，指的就是團體自治。團體自治可以說是出於自由主義的精神，追求免於國家干涉的自由。**由地方自治團體透過自己的機關，在自己的責任基礎上加以處理。團體自治，亦常被稱為「法律意義的自治」。

　　團體自治，係歐陸的產物。由於德、法近代地方制度的建立，皆係由上而下操縱在國家的手中，以形成強大的統一國家為目的。形式上雖然設置獨立於國家的地方自治團體，以辦理地方行政事務，**但是地方自治團體往往淪為國家行政的末梢組織，形同國家的工具。**例如，法國的省長採中央任命制，非由人民直接選舉；德國的鄉鎮實施委任事務時，中央保留強而有力的監督權。此類現象，顯示歐陸型的地方自治傾向於團體自治，相對地忽略住民自治的重要性，稱之為半官治制度亦無不可。

　　綜合上述住民自治與團體自治，比較如表6-2-1區分，當可獲致較為清晰之認識。

表6-2-1　住民自治與團體自治比較表

	住民自治（公民自治）	團體自治
定義性	廣義的地方自治	狹義的地方自治
原則性	民主主義	自由主義
主張性	人民自主實踐	免於國家干涉
積極性	自動之自治	被動產生之自治
意義性	政治意義	法律意義
制度性	非官治制度	半官治制度

　　住民自治與團體自治雖有所區別，但就地方自治的機能而言，團體自治與住民自治宛如車的兩輪、人的雙足，必須同時兼備，始能順暢運行。申言

之，住民自治以團體自治為前提，必先有獨立於國家的地域團體存在，其可以自行處理地方事務，然後住民自治取得根據地，方有實現的機會。反過來說，如果僅有團體自治，而無住民自治，住民對於地方團體意思的形成未能充分參與，則地方的政治與行政皆超脫於住民意思之外，難以符合住民的需求。這樣的地方自治亦乏實質意義可言，殊不足採。有鑑於此，當代立憲主義國家，不分英美法系或大陸法系，觀念已趨一致，談到地方自治時，莫不兼含團體自治與住民自治。

　　我國憲法有關地方自治的規定，主要見於第十章「中央與地方之權限」及第十一章「地方制度」。其內容除明定省縣為地方自治團體外，並保障住民的選舉、罷免、創制及複決等權，顯然兼具團體自治與住民自治二大要素。細節姑且不論，僅就上開規定而言，頗與地方自治觀念的發展趨勢吻合。惟如眾所周知，我國「行憲」40多年來，始終未曾依照憲法規定實施。其中蘊藏不少問題，例如，省縣的立法權不彰，財政、人事及組織又處處受中央牽制，充分暴露出「團體自治」畸形發展的現象。尤有甚者，現行臺灣省自治綱要、臺北市、高雄市各級組織及實施地方自治綱要（以下簡稱臺北市、高雄市自治綱要），以及其他有關地方自治的法規，普遍忽略住民參與或監督地方事務的制度設計，使得「住民自治」的觀念無從生根，更遑論茁壯成長。而國內論者在談及地方自治時，焦點幾乎完全放在團體自治上，而無視乎住民自治的存在。難怪有學者要將我國地方自治迄今猶無法落實的徵結，歸因在此了。

　　總言之，今日我國在從事地方自治的改革，地方自治法制化已是必行之路，故首應建立地方自治的觀念，明瞭地方自治的真義，將住民自治與團體自治等量齊觀，方能使改革邁向正確之途。

第二節　地方自治之學說

　　有關地方自治之理論，在學說上過去主要有「固有權說」（或謂獨立說）與「委託說」（或謂承認說）兩種，而後有「制度性保障說」之發展，晚近則有「人民主權說」之再興起，茲將四種學說介紹如下。

一、固有權說

固有權說主張，自治權非由外在賦予，而係地方自治團體固有的權利，其性質與個人基本權相同，不可侵犯。本說從歷史的角度觀察，地域性的社會共同體實先於今日擁有統一權力的國家而存在。即使在現代國家中，亦不乏由昔日具備固有統治權的區域團體，共同結合而發展形成者。例如，美國之州（State）、德國之邦（Land）、瑞士之邦（Kanton）等，在傳統上原本即擁有固有之自治權。

固有權說依據史實，強調地方自治體之自治權係固有的，係先於國家而存在的權利，而非派生自國家。在法律解釋論上，常用於限制國家以立法方式削弱地方的自治權，對地方自治的保障自有正面效果。惟法理上，地方自治觀念係在預設國家統一性考慮，此說難以獲得多數贊同；且於實定憲法上明定自治團體擁有固有權力及機能者，殆僅義大利一國而已。

二、委託說

本說認為，今日世界絕大部分的土地與人民，皆隸屬主權國家之下，受統一的法秩序規範，如於國家領域內，主張另有具備固有自治權的獨立法律人格存在；**基於主權國家理論，毋寧應將地方自治團體納入國家統治機構的一環，承認地方自治團體的法律人格及自治權皆為國家所賦予。**故此說又名「承認說[1]」或「授權說[2]」。由於近代國家乃統一的主權集團，地方制度皆依憲法及法律規定取得實定法上的根據，地方自治團體無法完全自外於國家的指揮監督，因此委託說似乎較能解釋現狀，並且符合法律的形式推理。簡言之，委託說強調地方自治團體之所以具有自治權，實乃源於國家之委託。19世紀末葉，本說在德國居於主流地位；日本受其影響，整個明治憲法時代，幾無異論。

而我國則是委託說的忠實信徒，試觀以往我國中央統治權凌駕地方自治權之實態，可能即是受此委託說影響所致。故有人認為本說是我國憲法上之多數說，惟此則仍待商榷。蓋在委託說下，自治權既然源於國家法律，則

1　董保城、法治斌，《憲法新論》，元照，八版，2021年9月，657頁。
2　李惠宗，《憲法要義》，元照，九版，2022年9月，Rn. 3035。

國家自可藉立法方式界定自治權範圍，更可理所當然地指揮監督地方自治團體。循此邏輯推演，極端之處，地方自治團體將淪為國家的附庸。國家在必要時當可收回委託，廢止地方自治，改由中央直接統治。委託說容易陷於地方自治否定論，在現代民主政治下飽受抨擊，可想而知。

三、制度性保障說

有鑑於傳統學說破綻頗多，德國於威瑪憲法時代發展出另一套理論，稱為制度性保障說。此說從委託說蛻變而生，主要特點在於強調地方自治係憲法特別保護的制度，不得循一般立法程序加以廢止或侵害其本質內容。依其見解，制度保障僅存在於國家中，故異於固有權說；而且憲法有關地方自治的規定，拘束對象包括立法機關，亦與委託說不可同日而語。早在威瑪憲法時代末期，制度性保障說即已取得德國學界通說地位，至波昂基本法時代仍無改變；而日本主張同一見解者，亦不乏其人。此說賦予地方自治堅實的憲法理論基礎，對地方自治的保障程度高於委託說。

制度性保障說一掃委託說底下脆弱的地方自治制度，而將地方自治架構於憲法保障之基礎上。惟其不得以立法方式侵害地方自治之「核心內容」（Wesensgehalt），然而所謂核心領域，究竟為何？目前學界則見仁見智，未有一致的看法。惟如果採取過分限縮的解釋，則地方自治必然大打折扣，結果不免與委託說陷入同一窠臼，這是值得警惕之處。

四、人民主權說

20世紀中葉後，受到都市問題、公害問題及其他社會問題影響，市民運動崛起，乃出現以人民主權為基軸重新建立自治理論的契機。尤其在1960年代末期起，日本學者討論地方自治課題時，逐漸將視野擴大，嘗試從整個憲法體系，特別是人權與主權原理，思考對策，而提出人民主權說的主張。此說指出，為了保障人權，實現人民的主體性，地方自治乃不可或缺的制度。**凡屬人權保障上所必須的事項，不論有無法律根據，或法律規定如何，原則上地方自治團體皆得自行處理。**同時，地方自治的保障內容，應包括住民的參與權及知的權利，庶幾在與人民關係最密切的範圍（例如環保、教育及福

利等事項），維持人民的主導地位，使人民主權不致流於空談。

　　人民主權說以個人為中心，藉同心圓說明人民與地方自治團體及國家的主客、親疏關係，從而就事務的處理上，導出地方優先原則。凡地方能夠處理的事務，宜歸屬地方；下級地方自治團體能夠處理的事務，上級地方自治團體與國家不宜置喙。此說自地方自治所涉及的關鍵問題切入，並將地方自治還原至憲法的基本原理——民主權的原點上重新出發，以契合住民運動下關注住民人權的風潮，立論頗有獨到之處，對我國當前地方自治危機的解決，應可提供重要的理論基礎。簡單來說，地方自治團體之存在就是以保障人民權利為目的。

五、我國釋憲實務

　　就地方政府人員有無赴立法院委員會備詢義務的問題而言，司法院釋字第498號解釋文稱：「地方自治為憲法所保障之『**制度**』。基於住民自治之理念與垂直分權之功能，地方自治團體設有地方行政機關及立法機關，其首長與民意代表均由自治區域內之人民依法選舉產生，分別綜理地方自治團體之地方事務，或行使地方立法機關之職權，地方行政機關與地方立法機關間依法並有權責制衡之關係。**中央政府或其他上級政府對地方自治團體辦理自治事項、委辦事項，依法僅得按事項之性質，為適法或適當與否之監督。地方自治團體在憲法及法律保障之範圍內，享有自主與獨立之地位，國家機關自應予以尊重。**立法院所設各種委員會，依憲法第六十七條第二項規定，雖得邀請地方自治團體行政機關有關人員到會備詢，但基於地方自治團體具有**自主、獨立之地位**，以及中央與地方各設有立法機關之層級體制，地方自治團體行政機關公務員，除法律明定應到會備詢者外，得衡酌到會說明之必要性，決定是否到會。於此情形，**地方自治團體行政機關之公務員未到會備詢時，立法院不得因此據以為刪減或擱置中央機關對地方自治團體補助款預算之理由，以確保地方自治之有效運作，及符合憲法所定中央與地方權限劃分之均權原則。**」

　　本書在第三編第二章曾提到過古典意義之「制度性保障」，係立法者對此不得任意加以侵害或剝奪；而現今意義之「制度性保障」更應積極促成其實現。地方之財政有賴中央補助方能將地方自治之功能發揮，為了促成這

個目的之實現，自不能因地方行政官員未到國會備詢就任意刪減或擱置補助款。從我國釋憲實務如司法院釋字第498號、第527號及第738號解釋及憲法法庭111年憲判字第6號判決可知，顯採制度性功能保障說。

而就「中小學合格代理教師之職前年資提敘事項」，憲法法庭113年憲判字第7號判決理由書指出，**教師待遇為教育制度之一環，屬中央立法事項**。蓋參照「憲法第107條至第110條就中央、省及縣立法權事項及範圍之規定，有如同心圓式之規範架構，各個縣自治事項（小圓），均為其相對應之省自治事項（中圓）及中央立法權（大圓）所包涵。至直轄市之自治事項，憲法第118條規定係授權中央立法決定，而無直接保障其自治核心事項。在我國憲法之單一國體制下，如專屬中央立法事項，地方即無以自治條例或規則另行立法之權，至多只能依中央法律之授權，就其執行部分，於不違反中央法律之前提下，自訂相關之自治條例或規則。」

又「依司法院釋字第707號解釋之意旨，教育為國家社會發展之根基，教師肩負為國家造育人才之任務，其執行教育工作之良窳，攸關教育成敗至鉅，並間接影響人民之受教權；教師作為傳道、授業及解惑者，於教育制度中具不可或缺之地位。是教育人事制度相關事項，包括教師之養成、教師資格之取得、教師得享有之權利與應履行之義務，**及違反義務時之處理程序等事項，應屬憲法第108條第1項第4款教育制度之一環，而為中央立法之範圍。……合格代理教師於目前教育實務上已屬不可或缺之人力，其職前年資之採計與否，當屬前述教育人事制度之相關事項，為憲法第108條第1項第4款教育制度之一環，屬中央立法之範圍。」**

因此，「教育部就合格代理教師職前年資採計事項，未基於系爭規定一之授權，自行訂定具體規範，而透過發布系爭規定二，並以系爭函二至四釋明，就中小學合格代理教師之職前年資提敘事項，**授權地方政府訂定補充規定**，致使新北市政府發布系爭規定三及四，就中小學合格代理教師之職前年資提敘事項，訂定補充規定，形同默許地方行政機關因地制宜，就**合格代理教師職前年資採計與否有另行立法之權，於此範圍內，上開規定及函釋違反憲法第108條第1項第4款規定，教育制度相關事項，應由中央立法之意旨，亦即違反中央與地方之權限分配原則。」**

第三節　地方自治之功能

　　地方自治廣為世界各國所採行，儼然成為現代國家不可或缺的制度。然而，地方自治存在的理由何在？價值何在？值此重新檢討地方自治之際，自當予以釐清。特別是，隨著時代的改變，地方自治面臨各種新的衝擊與挑戰，其存在理由與價值更有待進一步思考。

　　中世紀的歐洲，封建領主實施專制政治，當時住民爭取地方自治，目的係為對抗領主，以確保市民自由。市民革命以降，立憲國家揭櫫國民主權原理，強調政治以民意為依歸，地方自治似已喪失既有的法理基礎。儘管如此，地方自治仍然屹立不搖，受重視的程度有增無減。考其原因，乃地方自治具備下列重要機能，對現代國家的健全發展助益甚鉅。

一、促進地方行政民主化，確保住民的主體性

　　在中央集權國家，中央獨攬國家權力，自行派遣官吏赴各地處理地方行政事務。地方官吏既由中央任命，升遷調派的生殺大權操諸中央手中，自然對中央唯命是從，不敢違逆。反之，住民的意思與願望在權力運作過程中無足輕重，官吏通常不會放在眼裡。住民即使對施政不滿，亦只有接受的份。這種國家，不但住民的意向難以上達中央，而且政治權力過度集中，容易造成專制。立憲國家所標榜的民主原則，於此欠缺底層結構，終究徒具形式而已。

　　採行地方自治的國家，住民可以選任主要的地方自治人員，並直接或間接參與地方事務的決定與執行。這種方式既符合民主的自律原則，又強化住民間的連帶關係，就民主政治的體現而言，具有重大意義。當代民主主義係建立在國民全體意思與部分意思的均衡上，而非只一味強調國民全體意思的優越性。實施地方自治，正是調和國民全體意思與部分意思的不二法門。

二、推動因地制宜的行政以強化住民的向心力

　　地方事務與住民的日常生活息息相關，地方的情況住民知之最稔，若實施地方自治，讓地方自治團體擁有地方事務的決策權，並由住民本於自我的責任判斷，當能找出最適合地方實際需要的做法，而將地方有限的資源投

注於緊要之處，有效增進住民的福祉。以公害、環境問題為例，如果不靠地方自治團體及住民努力，根本無合理解決的希望。同時，在地方自治的實踐中，住民與行政的關係必然逐漸強化，住民對行政的認同感亦必有增無減。這是地方自治獨到之處，為官治行政所無從想像的。

三、維護地域社會文化，充實住民生活內涵

在農耕牧歌時代，各地自成一個生活圈，常能保持獨特的風俗習慣與文化藝術。自從20世紀步入高度都市化與工業化時代後，人的生活圈擴大，地域社會間的差異性相對降低，而各地文化特質亦逐漸褪色。加上現代國家提倡福利國家理念，紛紛走上「新中央集權」（New Centrailization）的道路[3]，更使地域文化的多樣性與特殊性加速泯滅。蓋在新中央集權化國家，行政產生革命性的變化，所謂因地制宜的措施，幾無蹤影可尋，普遍見到的，莫不是以國家整體或廣大區域為對象的劃一行政。這種由中央主導的劃一行政，漠視地域的特殊性，對地域文化所構成的嚴重傷害，不言可喻。

誠然，我們不會妄想重回舊式農業社會，地域文化亦不可能閉關自守；但是地域社會文化的存在，從人類史或文明論的觀點考量，具有崇高的意義，而其對住民精神生活的助益，更是無以估計。因此，藉地方自治緩和新中央集權的傾向，讓地方自治團體享有更多自由空間，維護地域文化，實乃必要之事。

四、培育住民民主素養以奠定民主政治的基礎

民主必須從個人作起，往下紮根，向上結果。地方自治提供住民自我訓練的機會，讓住民本於自己的權利與責任，解決地方課題。住民透過這種訓練，當能提升民主的自覺，加強對公共事務的認同感，而有助於國家民主政治的健全發展。誠如著名學者布萊斯（James Bryce）於《近代民主政治》一書中所言，「地方自治乃民主政治的最佳學校，民主政治成功的最佳保證人」，一語道破地方自治所具有的教育效果。關心民主政治的人，喜歡用「草根民主」形容地方自治，亦頗為傳神。

3　董保城、法治斌，《憲法新論》，元照，八版，2021年9月，658頁。

五、建構垂直的權力分立以防國家濫權

　　權力分立乃立憲國家統治機構的基本原理，以防止國家權力的濫用，保障個人的權利為目的。傳統權力分立原理，以孟德斯鳩的古典理論為本，著眼於中央機關之行政、立法與司法三權間的制衡關係，在立憲史上曾經寫下輝煌的一頁，不待贅述。但是幾世紀以來，權力分立原理不斷呈現退化趨勢。觀其過程，首先是人民主權興起，階級制度消滅，使得古典理論喪失社會基礎；其次是內閣制與政黨政治盛行，大幅度降低行政與立法間的制衡作用。當代則由於議會政治出現破綻，行政權日漸肥大，而產生「行政國家」現象，權力分立乃益加形骸化。

　　今日，雙管齊下，藉民意監督治療議會政治動脈硬化症，藉違憲審查制加強司法機關的制衡力量，固然可以遏阻傳統權力分立的頹勢；但是從整個政治經濟社會結構觀察，傳統權力分立的有效射程畢竟受到限制，無法作為維護基本人權的唯一憑藉。此際，地方自治的存在特別值得重視，因其具有抑制國家權力膨脹及濫用的作用，可與傳統權力分立產生互補效果，**若稱傳統權力分立為水平的權力分立；則地方自治團體與國家間之權力分立可以稱為垂直的權力分立**。

　　上述論點，在日本學說上亦有相類似的見解。他們認為地方自治在現代國家仍有存在之必要，其理由乃在於地方自治：
（一）能掌握各地方的實情，進而提供地區住民精細的服務。
（二）能反映住民的意見，依據政策的優先順序而實施，並使民主化的效率行政，得以遂行。
（三）能糾正中央一條鞭式行政的弊害，並確保地區施政的整體性。
（四）透過政治與行政的參與，提供住民政治教育的機會（義務與責任的自覺等）。
（五）能作政治與行政的各種地區性實驗（依據自治的智慧而推展施政）。
（六）地方自治有抑制獨裁或專制政治的潛在力量。
　　正因為地方自治具有民主的精神，能提供如此良好的功能，故能被現代國家所共認而採行。至於其功能是否能真正發揮，則有賴國家行憲的決心與人民意志的覺醒了。

━━━━━━━━ ✎ 選擇題練習 ━━━━━━━━

❶　地方行政機關訂定自治規則，規定選物販賣機店應與特定文教及醫療社福機構保持最低設置距離者，下列敘述何者正確[4]？

(A) 得由中央目的事業主管機關授權地方自治團體訂定自治規則

(B) 得由上級監督機關以命令授權地方自治團體訂定自治規則

(C) 地方議會得依法律以自治條例授權行政機關訂定自治規則

(D) 地方行政機關得依職權訂定相關自治規則，不需立法授權　　【111司律】

❷　甲縣所制定之自治條例，得規定下列何種事項[5]？

(A) 於甲縣境內簽訂私法契約之生效要件

(B) 甲縣政府管理之公園其利用方式

(C) 於甲縣境內重量之計量方式

(D) 於甲縣境內教育制度之採行　　　　　　　　　　　　　　【112司律】

4　(C)，參照地方制度法第28條第2款，若涉及人民權利義務者須以自治條例定之，又司法院釋字第738號解釋認為，自治條例若涉及人民基本權利之限制者應符合憲法第23條之法律保留原則。

5　(B)，參照憲法法庭111年憲判字第6號判決、司法院釋字第738號解釋及地方制度法第28條。只有(B)選項僅涉及甲縣人事物而不跨越其他縣市，適合以一縣性質的自治條例定之。

第三章　省政府與省諮議會

第一節　省之法律定位

一、問題之所在

　　自從1996年12月「國家發展會議」作成政府再造、精簡省政府組織與業務之會議結論後，臺灣省政府的命運，便一直晦暗不明。在第四次憲法增修條文出爐後，問題更加複雜，到底是要「廢省」、「凍省」、「虛省」或「精省」，各方說法紛紜，莫衷一是，以致中央、地方互相對話，省府各機關未來何去何從，鮮為人知。從而省府所屬公務員人心惶惶，工作士氣低落，乃至集體北上行政院陳情抗議，紛爭不斷上演。凡此均在於修憲後省政府之定位不明所致。

　　待至1998年10月22日司法院作成釋字第467號解釋，稱省在修憲後，為地方制度層級之地位仍未喪失，但已非地方自治團體性質之公法人。又若符合憲法增修條文意旨制定之各項法律，若未劃歸國家或縣市等地方自治團體之事項，而屬省之權限且得為權利義務之主體者，於此限度內，省自得具有公法人資格。而立法院又於1998年10月9日制定通過「臺灣省政府功能業務與組織調整暫行條例」（以下簡稱精省暫行條例），並經總統於同月28日公布施行。而後立法院更於1999年1月13日通過「地方制度法」，並經總統於同月25日公布施行。精省「基本法制」至此已大底完成。惟省政府之地位仍不甚明確，有待釐清。

二、精省後省政府之法律定位——公法人或派出機關？

（一）憲法增修條文內容

　　第四階段（1997年）憲法增修條文通過後，其中對地方制度有頗為重大的變革。本次修憲在第9條規定：「省、縣地方制度，應包含左列各款，以法律定之，不受憲法第一百零八條第一項第一款、第一百零九條、第

一百十二條至第一百十五條及第一百二十二條之限制：一、省設省政府，置委員九人，其中一人為主席，均由行政院院長提請總統任命之。二、省設省諮議會，置省諮議會議員若干人，由行政院院長提請總統任命之。三、縣設縣議會，縣議員由縣民選舉之。四、屬於縣之立法權，由縣議會行之。五、縣設縣政府，置縣長一人，由縣民選舉之。六、中央與省、縣之關係。七、省承行政院之命，監督縣自治事項（第1項）。第十屆臺灣省議會及第一屆臺灣省省長之任期至中華民國八十七年十二月二十日止，臺灣省議會議員及臺灣省省長之選舉自第十屆臺灣省議會議員及第一屆臺灣省省長任期之屆滿日起停止辦理（第2項）。臺灣省議會議員及臺灣省省長之選舉停止辦理後，臺灣省政府之功能、業務與組織之調整，得以法律為特別之規定（第3項）。」

從上述憲法增修條文規定分析，足見未來省政府之法律定位已有明顯且重大的改變。其角色已由地方自治法人變更為非自治法人，自然在功能上亦須配合調整。惟非自治法人是否即非公法人？是否仍屬行政主體？或僅為行政機關？按照修憲提案說明：「修憲後將省定位於中央政府的派出機關，仍為公法人」。似仍將省定位為具有公法人資格。

（二）司法院釋字第467號解釋意旨

有鑑於修憲後臺灣省政府定位頗有爭議，立法委員郝龍斌等人乃提案聲請大法官釋憲，司法院於1998年10月22日作成釋字第467號解釋。

大法官於本號解釋文及解釋理由書中指出：「本件解釋係聲請人於行使職權時，就依憲法增修條文第九條之規定省是否仍具有公法人之地位，發生適用憲法之疑義而聲請解釋，非關法規違憲審查之問題。」

而憲法第四次增修條文第9條施行後（1997年7月21日公布），省為地方制度層級之地位仍未喪失，惟不再有憲法規定之自治事項，亦不具備自主組織權，自非地方自治團體性質之公法人。又符合上開憲法增修條文意旨制定之各項法律，若未劃歸國家或縣市等地方自治團體之事項，而屬省之權限且得為權利義務之主體者，於此限度內，省自得具有（其他）公法人之資格。

從上述解釋意旨分析，大法官已肯定省不再是地方自治團體性質之公法人，但仍不排除為「其他性質」之公法人。如在符合憲法增修條文意旨制定

之各項法律中，似尚得將省創設定位為公法人。本來立法委員要請大法官來解釋此一棘手的問題，結果釋憲者卻又將此一問題丟還給立法者自己去傷腦筋。質言之，只要立法者願意比照農田水利會組織通則般將農田水利會創設定位為公法人，在「精省暫行條例」或「地方制度法」中，將省規定為「其他性質的公法人」，即不算違憲。然而依法律所創設的公法人，在我國法制中本是「保育類」之立法例。如無實際必要，何須多此一舉，徒留爭端呢？故以下檢視「精省暫行條例」或「地方制度法」，確認立法者是否在此二「法律」中明定省為「其他性質之公法人」。

（三）精省暫行條例之規定

　　立法院於1998年10月9日制定通過「臺灣省政府功能業務與組織調整暫行條例」，並經總統於同月28日公布施行。依本條例規定：臺灣省政府（以下簡稱省政府）為行政院派出機關，臺灣省（以下簡稱本省）為非地方自治團體。省政府受行政院指揮監督，辦理下列事項：1.監督縣（市）自治事項；2.執行省政府行政事務；3.其他法令授權或行政院交辦事項（第2條）。省縣自治法有關省自治之規定，自1998年12月21日起停止適用（第21條）。

　　揆諸上開法條規定，已明定臺灣省政府為行政院之派出機關，臺灣省已非地方自治團體。雖然本條例在立法時，有部分立法委員提案「省為非地方自治團體，但為公法人」；亦有人提案「省為非地方自治團體，亦非公法人」。但最後審議通過之條文則未明定「省為公法人」，亦無明定「省非公法人」。可見精省暫行條例，並未再將省界定為「其他性質之公法人」。

（四）地方制度法之規定

　　地方制度法於1999年1月經立法院制定通過，並經總統於同月25日公布施行。按本法規定：地方自治團體係指依本法實施地方自治，具公法人地位之團體。省政府為行政院派出機關，省為非地方自治團體（地方制度法第2條）。又省政府受行政院指揮監督，辦理下列事項：1.監督縣（市）自治事項；2.執行省政府行政事務；3.其他法令授權或行政院交辦事項（地方制度法第8條）。

　　從上述條文分析，地方制度法已明文規定：省非地方自治團體，僅為行

政院之派出機關。然省雖非屬具公法人地位之地方自治團體,但是否仍得為其他性質之公法人,本法則又未明確加以規範。

　　事實上,有關臺灣省政府之定位,早有論者指出省係「多餘之善」,其最理想的規範定位應該是「虛級化」。故從國發會後,歷經修憲、司法院釋字第467號解釋、精省暫行條例乃至地方制度法公布施行後,臺灣省已「非省不可」。從上述修憲條文、相關法律規範及解釋來看,將臺灣省定位為「非地方自治團體」,「省政府為行政院之派出機關」,此兩點似已獲得共識。惟尚有爭議者在於省是否仍有公法人之地位。

　　按所謂「公法人」,係指國家或依法律設立,為達成公共目的而有行使公權力之權能,受國家法律監督,且得為權利義務主體之公共團體。學者區分公法人為公法社團、公共營造物及公法財團三者。公法社團則有區域團體、身分團體、聯合團體、其他團體等四種,地方自治團體即屬區域團體之例。

　　而精省後的省究竟應該是公法人,還是中央的派出機關?這一點在地方制度法制定後已無爭議,依照該法第2條第1款:「地方自治團體:指依本法實施地方自治,具公法人地位之團體。省政府為行政院派出機關,省為非地方自治團體。」

第二節　省政府

一、省政府之編制

　　依地方制度法第9條規定,省政府置委員9人,組成省政府委員會議,行使職權,其中一人為主席,特任,綜理省政業務;得置副主席1人,職務比照簡任第十四職等,襄助主席處理業務;其餘委員除兼任者外,職務比照簡任第十三職等,襄理主席督導業務;均由行政院院長提請總統任命之。省政府之組織規程,由行政院定之。

二、省政府之功能職掌

依地方制度法第8條規定，省政府受行政院指揮監督，辦理下列事項：
（一）監督縣（市）自治事項。
（二）執行省政府行政事務。
（三）其他法令授權或行政院交辦事項。

惟配合臺灣省政府功能業務與組織調整暫行條例之規定，在執行精省作業後，臺灣省政府自1998年7月1日起，原省屬機關大多數已歸併納編中央相關各部會，致不留一廳一處，精省實際的結果已精簡地十分澈底。2018年7月1日起，臺灣省政府實施「去任務化」，機關預算歸零，剩餘之公務員與業務由中央政府相關部會承接，行政院宣布今後不再派任臺灣省政府主席。

第三節　直轄市

至於直轄市之地位，依我國憲法之框架規定，憲法第十章及憲法增修條文第9條第1項規定分別就中央、省、縣之立法及執行事項，設有明文。至於直轄市之自治事項，憲法或其增修條文均無明文規定予以直接保障，而係以憲法第118條規定授權立法院以法律定之。在解釋上，直轄市自治權限可能高於、等於或低於憲法所明文保障之省縣自治，立法者就此本享有一定之形成空間。然以我國有關地方自治之憲政實踐而言，立法者就直轄市之自治層級，大致與凍結前之省相當，而高於縣（市）（地方制度法第3條第1項及第2項規定參照）；然就直轄市自治事項之保障範圍，則與縣（市）自治事項幾乎完全相同（地方制度法第18條及第19條規定參照）[1]。

1　憲法法庭111年憲判字第6號判決，Rn. 50 ff。

第四節　地方居民之權利與義務

一、地方居民之定義及要件

　　依地方制度法規定，地方自治團體內之中華民國國民，凡設籍在該地方自治區域內者，為各該地方之居民。此參見地方制度法第15條規定：「中華民國國民，設籍在直轄市、縣（市）、鄉（鎮、市）地方自治區域內者，為直轄市民、縣（市）民、鄉（鎮、市）民。」故要成為地方之居民，應具備下列二項要件：（一）須為中華民國國民；（二）須設籍於該地方自治區域內。符合此二項條件者，方能為該地方之居民，而擁有一定之權利與義務。有關地方居民之權利與義務事項，分別敘述之。

二、地方居民之權利

　　依地方制度法規定，地方居民〔包括直轄市民、縣（市）民、鄉（鎮、市）民〕所擁有之權利事項如下：
（一）對於地方公職人員有依法選舉、罷免之權。
（二）對於地方自治事項，有依法行使創制、複決之權。
（三）對於地方公共設施有使用之權。
（四）對於地方教育文化、社會福利、醫療衛生事項，有依法律及自治法規享受之權。
（五）對於地方政府資訊，有依法請求公開之權。
（六）其他依法律及自治法規賦予之權利。

三、地方居民之義務

　　依地方制度法規定，地方居民〔包括直轄市民、縣（市）民、鄉（鎮、市）民〕所擁有之義務事項如下：
（一）遵守自治法規之義務。
（二）繳納自治稅捐之義務。
（三）其他依法律及自治法規所課之義務。

第五節　地方自治團體

一、地方自治團體之意義

　　「地方自治團體」，依地方制度法規定，係指依本法實施地方自治，具公法人地位之團體。省政府為行政院派出機關，省為非地方自治團體（地方制度法第2條第1款）。依學者林紀東氏言，乃「謂某一地區之人民，依據國家之授權，在國家監督之下，自定規章，自組機關，以管理該地方公共事務之法人也」。可見：

（一）地方自治團體之第一要義，在其為具有法律上獨立人格之法人，因其為法人之結果，故具有相當之獨立性，得以自定規章，自組機關。

（二）又因其係以管理公共事務為目的之公法人，且以一定地區為其範圍，以辦理地方公共事務為目的；故不僅與一般私法人不同，且與職業團體等，僅以特定行為為目的，僅限於法律特別授權之範圍內，始能行使國家權力，而缺乏一般之權力者，亦有差異。

（三）地方團體之存立，仍由於國家之授權，故應受國家之監督，並非國內有國，於國家之外，另有其獨立之存在，此則尤應注意者也。

　　在日本，則稱地方自治團體為「地方公共團體」，強調其「公共性」。而指在國家領土內有一部分自己的區域（地域的要素），以此區域的「住民」為其構成員（人的要素），獨立在中央政府之外，享有一定的「自治權」（統治權的要素），以遂行該地區公共事務（存立目的的要素）之團體也。故地方公共團體乃擁有相當程度的自治立法權、自治行政權、自治組織權、自治財政權等地方自治之基本權能。是故一個真正的地方自治團體必須具備有：1.地域；2.住民；3.統治權；4.存立目的（公共目的）等四大基本要素，並享有四種基本權能（行政、立法、組織、財政權），而為達成地方自治不可或缺的要件。

　　地方自治團體，實言之，即辦理地方自治之團體也。具有類似國家的性質，如同國家一樣，有一定的區域（國家之領土），一定的住民（國家之國民）、一定的自治權（國家之主權）而構成之團體，其有別於一般的自治團體。在我國憲法上，省（直轄市）、縣（市）即為地方自治團體之適例。而

目前依地方制度法規定，省已非地方自治團體，屬地方自治團體者則有：直轄市、縣（市）、鄉（鎮、縣轄市）。但本法將地方自治團體擴大及於鄉、鎮、縣轄市，此點尚待研究。

二、地方自治團體之權能

地方自治團體所應擁有的基本權能（或稱自治權之內涵），在地方制度法規範下，約有下述之四種權能：

（一）自治立法權

現代法治國家，必須「依法行政」，而在推行地方自治時，亦當有法規之依據。自治行政法，即是指有關於地方自治團體之組織，及其作用之法規而言，一般稱為地方自治法規。此項自治立法權，係由地方之議會行使之。

我國憲法中規定有省立法事項（憲法第109條），如省警政之實施；縣立法事項（憲法第110條），如縣警衛之實施。並且明言「屬於省之立法權，由省議會行之」（憲法第113條）；「屬於縣之立法權，由縣議會行之」（憲法第124條）。此即憲法保障省、縣地方自治團體擁有自治立法權之制度設計。惟修憲精省後，省已非地方自治團體，省議會已不存在，省自無所謂自治立法權。目前地方制度法明文規定直轄市議會、縣（市）議會、鄉（鎮、市）民代表會等為地方立法機關，得議決地方自治法規（含直轄市法規、縣市規章、鄉鎮市規約）、地方政府預算及其他重要事項等職權，故擁有相當程度的自治立法權（地方制度法第34條至第37條）。

（二）自治組織權

地方自治團體，既言「團體」，自當有一定之組織，並藉由一定之組織，來遂行地方自治之營運。我國憲法規定省自治法應包含「省設省議會，省議會議員由省民選舉之；省設省政府，置省長一人，省長由省民選舉之」（憲法第113條）；以及在縣自治方面，「縣設縣議會，縣議會議員由縣民選舉之」（憲法第124條）、「縣設縣政府，置縣長一人，縣長由縣民選舉之」（憲法第126條）。此項由地方自治團體自行組織地方議會及地方政府等自治機關，即是自治組織權之具體表現。地方制度法規定，直轄市設直轄

市議會、直轄市政府；縣（市）設縣（市）議會、縣（市）政府；鄉（鎮、市）設鄉（鎮、市）民代表會、鄉（鎮、市）公所，分別為直轄市、縣（市）、鄉（鎮、市）之立法機關及行政機關（地方制度法第5條）。並另設有專章節（第三章第四節）「自治組織」來加以規範，可見自治組織權亦為地方自治團體重要的權能之一。

　　司法院釋字第527號解釋文稱：「地方自治團體在受憲法及法律規範之前提下，享有自主組織權及對自治事項制定規章並執行之權限。地方自治團體及其所屬機關之組織，應由地方立法機關依中央主管機關所擬訂之準則制定組織自治條例加以規定，復為地方制度法第二十八條第三款、第五十四條及第六十二條所明定。在該法公布施行後，凡自治團體之機關及職位，其設置自應依前述程序辦理。**惟職位之設置法律已有明確規定，倘訂定相關規章須費相當時日者，先由各該地方行政機關依地方制度法相關規定設置並依法任命人員，乃為因應業務實際需要之措施，於過渡期間內，尚非法所不許。**至法律規定得設置之職位，地方自治團體既有自主決定設置與否之權限，自應有組織自治條例之依據方可進用，乃屬當然。」本號解釋乃有關臺中市政府，未依地方制度法之規定擬定臺中市政府組織自治條例，經臺中市議會同意後，即任用布達副市長。對此，大法官認為，地方制度法通過施行後，對於本得設置之直轄市副市長職位，縱使地方立法機關尚未完備法制，地方行政機關仍得先行任命。

（三）自治行政權

　　地方自治團體既得自訂規章、自組機關，其目的乃在於由地方自治之執行機關（地方政府），依據其議事機關（地方議會）所訂之自治法規，本於其存立之目的，而為地方之自我行政，並且自負其責，兼受國家或上級地方政府之「指導」監督，而非「指揮」監督，辦理地方自治事項，並執行中央或上級地方政府委辦之事項。如憲法第127條規定「縣長辦理縣自治，並執行中央及省委辦事項」即是。地方制度法第14條即規定：「直轄市、縣（市）、鄉（鎮、市）為地方自治團體，依本法辦理自治事項，並執行上級政府委辦事項。」故各級地方政府乃擁有地方自治之行政權。

（四）自治財政權

　　財政為庶政之母，所謂「巧婦難為無米之炊」，無錢（經費）即難以行政。故地方自治團體，實應享有自治財政權。自行決定對地方公共財之應享程度；並自行籌措適足的財源，以支應提供地方公共財貨和勞務所需的經費。因此，地方自治團體可以為稅捐之徵收、公債之發行、財產之經營，並自有其預算及決算。此係基於地方自治之本旨，而應具備之權能。如憲法規定有省（縣）財產之經營及處分、省公營事業、省（縣）財政及稅、債、銀行等事項，為省（縣）立法之自治事項。而地方制度法亦將「自治財政」專列乙章節（第三章第五節），特別規範有關地方財政事項，足見自治財政權之重要。

　　司法院釋字第765號解釋文稱：「中央與地方固同屬國家組織，然地方自治團體仍具有獨立之公法人地位，受憲法保障，並享有財政自主權。故中央使地方負擔經費，除不得侵害其財政自主權『核心領域』外，並應依據法律或有法律明確授權之法規命令，始得為之。」本號解釋闡釋了，中央不該使地方負擔本屬於中央應支出之事項，以免侵犯地方財政自主權。

三、地方自治團體之事務

（一）概說

　　關於地方自治團體之「事務」，亦有稱「事項」者。地方制度法則採「事項」一詞。而就事務之內容，學者及國外法制間則有諸多不同的分類，頗為混淆。譬如：

1. 薄慶玖氏

　　認為地方事務有二，即：(1)自治事項：又包括兩種：A.固有事項；B.委任事項；(2)委辦事項。

2. 董翔飛氏

　　以集權或分權區分，而謂集權制國家之地方事務有三，即：(1)自治事務；(2)委辦事務；(3)委任事務。

　　薄、董二氏就固有事項（董：自治事務）之定義並無不同。但薄氏所言之「委任事項」，係指由國家委任地方政府辦理之事項，董氏卻稱之為「委

辦事務」；再者，薄氏所謂「委辦事項」，係言由國家委託地方行政首長執行之事項，而董氏又名此為「委任事務」。兩氏所言，頗有相左之處。且所謂「委任處理」、「委託辦理」，實不易區分清楚。

3. 日本的分類

日本將地方自治團體之事務，區分為三種，即：(1)固有事務；(2)委任事務；(3)行政事務，而總稱為「自治事務」。其中委任事務又可分為「機關委辦事項」（指委任地方首長執行之事務）與「團體委辦事項」（即委任地方自治團體處理者）；而行政事務，則指固有事務與委任事務以外，在該區域內應為非屬於國家事務之其他行政事務，其範圍頗欠明確。理論上言之，凡為防止或排除對地方公益之侵害者，以消極維持地方公共秩序為目的，所為之行政事務屬之，如限制未成年人於夜間外出，或對遊行加以規制是，此與積極地為謀求增進地方公共福利所為之固有事項不同；就其包括的委由地方自治團體處理言，亦與委辦事務，係依各個法令為個別之委任者有別。實際上如此概念亦殊為曖昧。

由於就地方自治團體事務之內容，有許多不同的分類。有關自治事項與委辦事項之劃分，有二分法、三分法，乃至四分法之說。不過，**我國學界與實務大多劃分為自治事項（固有事項）與委辦事項。在地方制度法中亦僅見二分法之規定**，此即地方制度法第14條規定：「直轄市、縣（市）、鄉（鎮、市）為地方自治團體，依本法辦理自治事項，並執行上級政府委辦事項。」可見地方自治團體應辦理之事務有二，即：(1)自治事項；(2)委辦事項。詳細說明如後。

4. 德國的分類

德國學說認為，自治事項係衡量到地方上因地制宜；而委辦事項係考量到整體國家領域之內，必須有「全國一致地執行」之規範，例如姓名條例、戶籍法事項、道路交通管理、衛生健康管理、社會救助、政治選舉法領域等災害防救、營業管制、國籍事項、結婚或其他身分與姓名登記、國民教育、退伍軍人照顧、動物屍體清除處理等。

總之，所謂須「全國一致地執行」規範，無外乎如警察法上「危險防禦」（Gefahrenabwehr）或事涉專業性者。所謂專業法律，例如建築、公害

污染防治、景觀維護、文化資產保存、消防等[2]。

（二）自治事項

　　所謂「自治（固有）事項」，簡言之，即地方自治團體自身應辦之事項，亦即該團體為維持其存立之目的，所應自行處理之事務，不待國家授權規定而自明。蓋地方自治團體既在法律上具有獨立的人格，則於其存立目的範圍內，自有與生俱來並維持其生存發展的自營事業，與自然人的求生欲望或維持生命的意義，初無二致，固稱為地方自治團體的固有事項。

　　依地方制度法第2條第2款規定，所謂「自治事項」，係指地方自治團體依憲法或本法規定，得自為立法並執行，或法律規定應由該團體辦理之事務，而負其政策規劃及行政執行責任之事項。故同法第23條即規定：「直轄市、縣（市）、鄉（鎮、市）對各該自治事項，應全力執行，並依法負其責任。」地方制度法並另設專章節明文規定各級地方自治團體之自治事項內容（第18條至第20條）。

　　自治事項之特色，在於其處理，係以增進居民之福祉及為該團體之存立為目的。譬如：垃圾處理、街道清掃、學校之設置、管理、市場、泳池浴場、公園娛樂設施、圖書館、交通之事業、地方公共秩序之維護（地方自治警察）等，舉凡與當地住民日常生活相繫之事務，均包含在內。因其為固有事務，故國家或上級地方自治團體，對於自治事項，僅得監督其「合法性」，而不及於「合目的性」監督之問題。

　　以警察事務為例，我國憲法規定地方「省警政之實施」，由省立法並執行之，或交由縣執行之（憲法第109條）。「縣警衛之實施」，由縣立法並執行之（憲法第110條）。此即地方自治團體擁有警察權之「憲法保障」。同時地方制度法亦明定直轄市警政、警衛之實施、縣（市）警衛之實施事項為各該地方之自治事項（地方制度法第18條、第19條）；警察法第3條第2項亦有相似之規定，此即地方自治團體擁有警察權之「法律保障」。

　　舉例而言，如地方對攤販、特定營業、娼妓之管理事項，由於中央並未立法，各地方基於自治行政之必要，因而訂定相關之法規，以為執行之依據

2　黃錦堂，《地方制度法》，元照，三版，2020年10月，141頁以下。

等是。又如臺灣省訂定臺灣省縣市警察局組織規程，交由各縣（市）作為其警察局之組織法規依據，而為「省警政之實施」事項，屬省之自治事項，均是其適例。

（三）委辦事項

依地方制度法第2條第3款規定：「委辦事項，係指地方自治團體依法律、上級法規或規章規定，在上級政府指揮監督下，執行上級政府交付辦理之非屬該團體事務，而負其行政執行責任之事項。」同法第14條即規定：「直轄市、縣（市）、鄉（鎮、市）為地方自治團體，依本法辦理自治事項，並執行上級政府委辦事項。」可見執行上級政府委辦事項，亦為地方自治團體重要的功能之一。

一般學理上則認為，委辦事項，乃指自治事項以外之非自治（固有）事項。論者有謂「委辦」係「委託」，而稱其為中央委託地方政府辦理之事項；有謂委辦事項指經法律加以規定者；另亦有認為委辦應係「委任」之意，具有強制性，且法律責任亦須承受，故與「委託事項」有所不同。可見在學理上仍未有定論，但為便於說明，本書在此則將「委辦事項」區分為「委託事項」與「委任事項」，盼能提供讀者另一思考方向。

1. 委託事項

此種事項，原即屬於國家或上級政府之事務，但由中央或上級機關辦理較不經濟，或不如地方政府辦理來得方便，或者基於其他原因，而「委託」地方自治團體之機關或首長辦理。其僅為「權限之代行」，不發生職務之移轉；且委託事項處理之經費「委託金」，亦應由委託機關（中央或上級政府）負擔，方屬合理。至於地方自治團體是否得拒絕上級政府之委託，因在此恐有上下統屬關係，故除非有「重大」或「正當」理由，否則不應拒絕之，此點即與一般委託情形有所不同。

以警察事務來說，如全國性犯罪統計、檢肅流氓之案件統計、治安狀況調查、交通事故統計調查、集會遊行事件全國年度統計等業務，原為中央應「執行」之事項，若請地方代為執行者，即屬「委託事項」。該事項雖原屬中央須執行（調查統計）之事項，惟若中央需要地方予以協助提供該等資料（訊），則相關之製作、傳遞、通訊、儲存等費用，依理應由中央以「國庫

委託金」名義編列支付於地方，但目前有關之制度尚待建立。

2. 委任事項

　　所謂委任事項，乃原本亦非地方固有事項，但因與地方人民利害關係密切，故以國家「法律」授權，委任地方政府辦理。由於係經法律授權，故一經委任，即視為地方政府自身的事務，發生權限移轉的結果，而由地方負處理之全權，中央不擅加指揮干預。其經費，可由地方自籌或中央補助之。且此等事務，在執行前應經地方立法機關（議會）之議決。

　　就警察事務而言，如：(1)集會遊行法明文規定，集會遊行之主管機關為地方警察分局或警察局，即屬憲法第108條規定之「警察制度」，而由中央立法，明文授權（委任）交地方執行之事項；(2)亦有中央法律明文授權地方立法後，再由地方執行者。如警械使用條例第10條規定，警察人員使用警械致人傷亡之醫藥費、撫卹費或埋葬費之標準，由省（市）政府訂定後報內政部核定，各地方乃依此訂定相關之費用支給標準，再據以執行之；(3)如上述臺灣省縣市警察局組織規程係經臺灣省訂定，再交由各縣（市）作為其警察局之組織法規依據，亦可視之為「縣警衛之實施」事項中，屬省之「法規委任」事項。

　　由於委辦事項係由國家或上級政府「委託」或「委任」，故在行自治監督時，不僅可作合法性之監督，亦及於合目的性之監督。但自治事項，僅得監督其合法性，而不及於合目的性之問題。惟國家與地方自治團體間事務之分配，宜以「效率主義」為原則，並應使其「責任明確化」，同時，隨著行政廣域化之趨向，行政發生質的變化，故亦應依「情事變遷之原則」，隨時作必要之調整。因此，所謂自治事項與委辦事項，並非永恆固定者，實具有相對的、流動的性質。

（四）其他規定

　　有關地方自治團體所辦理之自治事項與委辦事項，除上述規定與說明外，如遇有自治事項涉及跨地方事務之情形，或涉及中央與地方之權限，又各地方是否得合辦經營事業等問題，在地方制度法中均有進一步之規範。

1. 跨區域事務之辦理

　　直轄市、縣（市）、鄉（鎮、市）自治事項如涉及跨直轄市、縣

（市）、鄉（鎮、市）事務時，由共同上級業務主管機關統籌指揮各相關地方自治團體共同辦理，必要時，共同上級業務主管機關得指定其中一適當地方自治團體限期辦理。

2. 涉及權限事項之辦理

地方制度法第18條至第20條所列直轄市、縣（市）、鄉（鎮、市）之自治事項，涉及中央及相關地方自治團體之權限者，由內政部會商相關機關擬定施行綱要，報行政院核定。

3. 地方自治團體合辦事業之規範

地方制度法第24條規定：「直轄市、縣（市）、鄉（鎮、市）與其他直轄市、縣（市）、鄉（鎮、市）合辦之事業，經有關直轄市議會、縣（市）議會、鄉（鎮、市）民代表會通過後，得設組織經營之（第1項）。前項合辦事業涉及直轄市議會、縣（市）議會、鄉（鎮、市）民代表會職權事項者，得由有關直轄市議會、縣（市）議會、鄉（鎮、市）民代表會約定之議會或代表會決定之（第2項）。」

4. 與中央協力義務事項

司法院釋字第550號解釋文稱：「地方自治團體受憲法『制度保障』，其施政所需之經費負擔乃涉及財政自主權之事項，固有法律保留原則之適用，但於不侵害其自主權『核心領域』之限度內，基於國家整體施政之需要，對地方負有『協力義務』之全民健康保險事項，中央依據法律使地方分擔保險費之補助，尚非憲法所不許。關於中央與地方辦理事項之財政責任分配，憲法並無明文。財政收支劃分法第三十七條第一項第一款雖規定，各級政府支出之劃分，由中央立法並執行者，歸中央負擔，固非專指執行事項之行政經費而言，惟法律於符合上開條件下，尚非不得為特別之規定，就此而言，全民健康保險法第二十七條即屬此種特別規定。至全民健康保險法該條所定之補助各類被保險人保險費之比例屬於立法裁量事項，除顯有不當者外，不生牴觸憲法之問題。」本號解釋創設除「自治事項」及「委辦事項」外，在不侵犯地方財政自主之限度內，地方尚有所謂「協力義務事項」（如與中央一起辦理全民健保）。

第六節　自治法規

一、概念

　　「自治法規」，又稱「地方自治法規」，為規範各級地方自治團體實施地方自治，辦理自治事項及執行委辦事項，所依據之主要法規。包括經地方立法機關制定通過，由地方行政機關發布；或未經地方立法機關制定通過，由地方行政機關自行訂定發布者，均屬之。我國法制以往僅有中央法規標準法，並無所謂「地方法規標準法」。地方法制之立法向來係以各地方自行訂定之法規準則為主要依據，如「臺灣省法規準則」、「臺北市法規準則」、「高雄市法規準則」等。不過，審視其條文與中央法規標準法之內容大致相同。然而在地方制度法制定後，地方法制乃有相當幅度之變動，本法已將地方自治法規重新劃分及定位，包括有「自治條例」、「自治規則」、「委辦規則」、「自律規則」等四種。由於其種類龐雜，內容繁多，難以一窺全貌，故僅舉讀者較為熟悉且與工作有關的「警察法規」為例，分別加以論述之。

二、類型

（一）以地方制度法之規定區分

1. 自治條例（地方制度法第26條）

　　地方自治法規經地方立法機關通過，並由各該行政機關公布者，稱自治條例。其重要規定如下：

(1) 自治條例應分別冠以各該地方自治團體之名稱，在直轄市稱直轄市法規，在縣（市）稱縣（市）規章，在鄉（鎮、市）稱鄉（鎮、市）規約。

(2) 直轄市法規、縣（市）規章之自治條例，就違反地方自治事項之行政義務者，得規定處以罰鍰或其他種類之行政罰。但法律另有規定者，不在此限。其為罰鍰之處罰，逾期不繳納者，得依相關法律移送強制執行。其罰鍰之處罰，最高以新臺幣10萬元為限；並得規定連續處罰之。其他

行政罰之種類限於勒令停工、停止營業、吊扣執照或其他一定期限內限制或禁止為一定行為之不利處分。

(3) 自治條例經各該地方立法機關議決後，如規定有罰則時，應分別報經行政院、中央各該主管機關、縣政府核定後發布；其餘除法律或縣（市）規章另有規定外，直轄市法規發布後，應報中央各該主管機關轉行政院備查；縣（市）規章發布後，應報中央各該主管機關備查；鄉（鎮、市）規約發布後，應報縣政府備查。

(4) 應以自治條例規定之事項如下：

A. 法律或自治條例規定應經地方立法機關議決者。

B. 創設、剝奪或限制地方自治團體居民之權利義務者。

C. 關於地方自治團體及所營事業機構之組織者。

D. 其他重要事項，經地方立法機關議決應以自治條例定之者。

2. 自治規則（地方制度法第27條）

地方自治法規由地方行政機關訂定並發布或下達者，稱自治規則。其重要規定如下：

(1) 直轄市政府、縣（市）政府、鄉（鎮、市）公所就其自治事項，得依其法定職權或法律、基於法律授權之法規、自治條例之授權，訂定自治規則。

(2) 自治規則應分別冠以各該地方自治團體之名稱，並得依其性質，定名為規程、規則、細則、辦法、綱要、標準或準則。

(3) 直轄市、縣（市）、鄉（鎮、市）自治規則，除法律或基於法律授權之法規另有規定外，應於發布後分別函報行政院、中央各該主管機關、縣政府備查，並函送各該地方立法機關查照。

3. 委辦規則（地方制度法第29條）

直轄市政府、縣（市）政府、鄉（鎮、市）公所為辦理上級機關委辦事項，得依其法定職權或基於法律、中央法規之授權，訂定委辦規則。委辦規則應函報委辦機關核定後發布之；其名稱準用自治規則之規定。

4. 自律規則（地方制度法第31條）

地方立法機關得訂定自律規則，如直轄市議會、縣（市）議會、鄉（鎮、市）民代表會，均得訂定有關該議會或代表會之自律規則。自律規則除法律或自治條例另有規定外，由各該立法機關發布，並報各該上級政府備

查。

（二）以行政組織層級區分（地方制度法第25條）

1. **直轄市法規**：在地方一級自治團體直轄市所訂之自治條例，稱之為「法規」，如臺北市特定營業管理規則、高雄市妨害交通車輛處理辦法等。
2. **縣（市）規章**：在地方二級自治團體（縣與省轄市）所訂之自治條例，稱之為「規章」，如新竹市國民中小學轉型發展及合併或停辦辦法、彰化縣國民中小學常態編班補充規定。
3. **鄉（鎮、市）規約**：在地方三級自治團體（鄉、鎮及縣轄市）所訂之自治條例，稱之為「規約」。不過，目前鄉（鎮、市）所訂之規約不多，且鮮少有規範警察組織或警察行政之規約（內容），因警察分局並非隸屬於各鄉（鎮、市）之組織也。

（三）以行政法之體系區分

1. **地方自治組織法規**：如臺北市政府警察局組織規程、高雄市政府警察局組織規程等是。
2. **地方自治作用法規**：如臺北市妨害交通車輛處理辦法、臺北市廣告物管理規則等屬之。
3. **地方自治救濟法規**：如臺北市政府警察局警察人員使用警械致人傷亡醫藥費、撫卹費、埋葬費支給標準。

三、效力

（一）一般性之效力

地方自治規章之效力，一般而言適用於該自治區域及其居民。在自治區域內不動產之所有權人以及營業經營者，雖不居住在該地方自治區域內，地方自治規章中有關不動產或營業經營之規定仍有拘束力。茲舉地方警察法規為例說明之。

1. 地之效力

地方警察法規原則上以「屬地主義」為主，在該地方行政轄區內發生效

力。如高雄市民在臺北市開車，其車輛妨害交通，則應依臺北市妨害交通車輛處理辦法處罰（理）；又如新北市民在臺北市境內經營特定營業，即須依照臺北市特定營業管理規則有關規定為之，此即屬地主義之原則。

2. 人之效力

地方自治規章在一般情形下，適用於該自治區域及其居民，乃以屬地主義為原則，但亦有例外採「屬人主義」者。如基隆市民在新北市境內犯罪，遭臺北市政府警察局所屬之警察人員圍捕傷亡，其賠償救濟應依「臺北市政府警察局警察人員使用警械致人傷亡醫藥費、撫卹費、埋葬費支給標準」辦理。

3. 時之效力

地方自治法規一如中央法規，其效力始於發布下達時，終於廢止時，此乃同於一般法令之規定。除非有特定適用之期間，或明定得溯及既往之情形，方有例外。

（二）法層級之效力

一般來說，「國法優於地方法」、「中央法規優於地方法規」乃學界之通論，實務上亦大致採之。但是，由地方立法機關（議會）審查通過之地方自治法規與經中央行政機關自行發布之行政命令若有不同時，地方法規是否永遠、絕對地處於劣勢，則有待探討。依地方制度法規定如下：

1. 自治條例

自治條例與憲法、法律或基於法律授權之法規或上級自治團體自治條例牴觸者，無效。故自治條例與非經法律授權訂定之「職權命令」（行政規則）或上級地方自治團體之「自治規則」牴觸者，並非當然無效。

至於地方自治條例得否比中央法規命令或法律作更為嚴格之規範，非無爭議。對此，司法院釋字第738號解釋理由書（電子遊戲場業營業場所距離限制案）稱：「臺北市電子遊戲場業設置管理自治條例第五條第一項第二款規定：『電子遊戲場業之營業場所應符合下列規定：……二、限制級：……應距離幼稚園、國民中、小學、高中、職校、醫院、圖書館一千公尺以上。』（下稱系爭規定二）臺北縣電子遊戲場業設置自治條例（一〇一年十二月二十五日臺北縣改制為新北市時繼續適用；後因期限屆滿而失效）

第四條第一項規定：『前條營業場所（按指電子遊戲場業營業場所，包括普通級與限制級），應距離國民中、小學、高中、職校、醫院九百九十公尺以上。』（下稱系爭規定三）桃園縣電子遊戲場業設置自治條例（一○三年十二月二十五日公告自同日起繼續適用）第四條第一項規定：『電子遊戲場業之營業場所，應距離國民中、小學、高中、職校、醫院八百公尺以上。』（下稱系爭規定四）均涉及電子遊戲場業營業場所之規範，屬工商輔導及管理之事項，係直轄市、縣（市）之自治範圍，自非不得於不牴觸中央法規之範圍內，以自治條例為因地制宜之規範。前揭電子遊戲場業管理條例第九條第一項有關電子遊戲場業營業場所應距離國民中、小學、高中、職校、醫院五十公尺以上之規定，即可認係法律為保留地方因地制宜空間所設之最低標準，並未禁止直轄市、縣（市）以自治條例為應保持更長距離之規範。故系爭規定二、三、四所為電子遊戲場業營業場所應距離國民中、小學、高中、職校、醫院一千公尺、九百九十公尺、八百公尺以上等較嚴格之規定，尚難謂與中央與地方權限劃分原則有違，其對人民營業自由增加之限制，亦未逾越地方制度法概括授權之範圍，從而未牴觸法律保留原則。至系爭規定二另就幼稚園、圖書館，亦規定應保持一千公尺距離部分，原亦屬地方自治團體自治事項之立法權範圍，亦難謂與中央與地方權限劃分原則及法律保留原則有違。」

　　換言之，大法官認為就社會安寧、善良風俗、公共安全及國民身心健康等公益之立法目的而言洵屬正當，所採取電子遊戲場業營業場所應與特定場所保持規定距離之手段，不能謂與該目的之達成無關聯。因此，皆未違反憲法中央與地方權限劃分原則、法律保留原則及比例原則。但本號解釋亦指出，各地方自治團體就電子遊戲場業營業場所距離限制之規定，允宜配合客觀環境及規範效果之變遷，隨時檢討而為合理之調整，以免產生實質阻絕之效果，併此指明。

2. 自治規則

　　自治規則與憲法、法律、基於法律授權之法規、上級自治團體自治條例或該自治團體自治條例牴觸者，無效。故自治規則與上級地方自治團體之「自治規則」牴觸者，尚非當然無效。

3. 委辦規則

　　委辦規則與憲法、法律、中央法令牴觸者，無效。

4. 自律規則

自律規則與憲法、法律、中央法規或上級自治法規牴觸者，無效。

自治條例與自治規則發生牴觸無效者，分別由行政院、中央各該主管機關、縣政府予以函告；委辦規則發生牴觸無效者，由委辦機關予以函告無效。

自治法規與憲法、法律、基於法律授權之法規、上級自治團體自治條例或該自治團體自治條例有無牴觸發生疑義時，得聲請司法院解釋之。

四、發布程序與生效條件

依地方制度法規定，地方自治法規之發布程序與生效條件如下：

（一）自治條例

須經地方立法機關議決後，函送各該地方行政機關，地方行政機關收到後，除法律另有規定，或依第39條規定提起覆議、第43條規定報請上級政府予以函告無效或聲請司法院解釋者外，應於30日內公布。這裡的覆議與行政院對立法院的覆議概念相同，都是行政機關對於立法機關所通過之議案認為窒礙難行，而將原案退回立法機關再次議決之行政否決權（veto）。

（二）自治法規、委辦規則

依規定應經其他機關核定者，應於核定文送達各該地方行政機關30日內公布或發布。

須經上級政府或委辦機關核定者，核定機關應於1個月內為核定與否之決定；逾期視為核定，由函報機關逕行公布或發布。但因內容複雜、關係重大，須較長時間之審查，經核定機關具明理由函告延長核定期限者，不在此限。

自治法規、委辦規則自公布或發布之日起算至第三日起發生效力。但特定有施行日期者，自該特定日起發生效力。

第32條第1項及第2項自治法規、委辦規則，地方行政機關未依規定期限公布或發布者，該自治法規、委辦規則自期限屆滿之日起算至第三日起發生效力，並由地方立法機關代為發布。但經上級政府或委辦機關核定者，由核

定機關代為發布。

第七節　自治組織

　　自治組織權，為地方自治團體重要的權能之一。此項由地方自治團體自行組織地方議會及地方政府等自治機關，即是自治組織權之具體表現。依地方制度法規定，直轄市設直轄市議會、直轄市政府；縣（市）設縣（市）議會、縣（市）政府；鄉（鎮、市）設鄉（鎮、市）民代表會、鄉（鎮、市）公所，分別為直轄市、縣（市）、鄉（鎮、市）之立法機關及行政機關（第5條）。本法並以最多的法條與篇幅，就地方立法機關與地方行政機關之組成、兩者之互動關係，以及其主要職權等事項，作明確之規定，以茲依循（第33條至第62條）。

一、地方立法機關

（一）地方民意代表之基本規定

　　有關地方議會議員及代表會代表之產生、任期、人數、就職、兼職之限制等事項，依地方制度法之規定如下：

1. 地方民意代表之產生與任期

　　直轄市議會議員、縣（市）議會議員、鄉（鎮、市）民代表會代表分別由直轄市民、縣（市）民、鄉（鎮、市）民依法選舉之，任期4年，連選得連任。

2. 地方民意代表之人數

(1) 直轄市議員、縣（市）議員、鄉（鎮、市）民代表名額，應參酌各該直轄市、縣（市）、鄉（鎮、市）財政、區域狀況，並依下列規定，於各該直轄市議會、縣（市）議會、鄉（鎮、市）民代表會組織準則定之。

(2) **直轄市議員總額：**

　　A. **區域議員名額：**直轄市人口扣除原住民人口在200萬人以下者，不得超過55人；超過200萬人者，不得超過62人。

　　B. **原住民議員名額：**有平地原住民人口在2,000人以上者，應有平地原住

民選出之議員名額；有山地原住民人口在2,000人以上或改制前有山地鄉者，應有山地原住民選出之議員名額。

(3) **縣（市）議員總額：**

A. **區域議員名額**：縣（市）人口扣除原住民人口在1萬人以下者，不得超過11人；人口在20萬人以下者，不得超過19人；人口在40萬人以下者，不得超過33人；人口在70萬人以下者，不得超過43人；人口在160萬人以下者，不得超過57人；人口超過160萬人者，不得超過60人。但依第二目規定計算無原住民議員名額者，原住民人口應計入之。

B. **原住民議員名額**：有平地原住民人口在1,500人以上者，應有平地原住民選出之議員名額；有山地原住民人口在1,500人以上或有山地鄉者，應有山地原住民選出之議員名額。無山地鄉之縣（市）山地原住民、平地原住民人口數均未達1,500人以上者，且原住民人口數在2,000人以上者，應有原住民選出之議員名額。

C. 有離島鄉且該鄉人口在2,500人以上者，依前二目規定計算之名額內應有該鄉選出之議員名額。

(4) **鄉（鎮、市）民代表總額：**

鄉（鎮、市）人口在1,000人以下者，不得超過5人；人口在1萬人以下者，不得超過7人；人口在5萬人以下者，不得超過11人；人口在15萬人以下者，不得超過19人；人口超過15萬人者，不得超過31人。

鄉（鎮、市）有平地原住民人口在1,500人以上者，於前目總額內應有平地原住民選出之鄉（鎮、市）民代表名額。

直轄市議員由原住民選出者，以其行政區域內之原住民為選舉區，並得按平地原住民、山地原住民或在其行政區域內劃分選舉區。

地方制度法於2024年7月16日修正之條文施行後，依第33條第2項規定計算之縣（市）區域議員名額多於2022年11月26日選出名額者，除離島縣人口多於2022年5月31日之人口5,000人以上，其餘縣（市）人口多於4萬人以上者外，以2022年11月26日選出名額為其名額，不適用第2項規定。

各選舉區選出之直轄市議員、縣（市）議員、鄉（鎮、市）民代表名額達4人者，應有婦女當選名額1人；超過4人者，每增加4人增1人。

直轄市及有山地鄉之縣（市）選出之山地原住民、平地原住民名額在4人以上者，應有婦女當選名額；超過4人者，每增加4人增1人。市及無山地

鄉之縣選出之原住民名額在4人以上者，應有婦女當選名額；超過4人者，每增加4人增1人。山地鄉以外之鄉（鎮、市）選出之平地原住民名額在4人以上者，應有婦女當選名額；超過4人者，每增加4人增1人。

（二）地方民意代表之就職規定

直轄市議員、縣（市）議員、鄉（鎮、市）民代表，應於上屆任期屆滿之日宣誓就職。該宣誓就職典禮分別由行政院、內政部、縣政府召集，並由議員、代表當選人互推一人主持之。其推選會議由曾任議員、代表之資深者主持之；年資相同者，由年長者主持之。

（三）兼任職務之限制

直轄市議員、縣（市）議員、鄉（鎮、市）民代表，不得兼任其他公務員，公私立各級學校專任教師或其他民選公職人員，亦不得兼任各該直轄市政府、縣（市）政府、鄉（鎮、市）公所及其所屬機關、事業機關任何職務或名義。但法律、中央法規另有規定者，不在此限。直轄市議員、縣（市）議員、鄉（鎮、市）民代表當選人有前述不得任職情事者，應於就職前辭去原職，不辭去原職者，於就職時視同辭去原職，並由行政院、內政部、縣政府通知其服務機關解除其職務、職權或解聘。就職後有前述情事者，亦同。

（四）地方民意代表之特權與例外

地方民意代表所擁有之特殊權利，有「言論免責權」及「免逮捕特權」兩種，茲說明如下：

1. 言論免責權與免逮捕特權之意義與目的

(1) 言論免責權：即民意代表言論表決自由之保障。學理上又有「絕對保障」與「相對保障」之區分。在民主法治國家，為使民意機關（代表）能無所瞻顧地行使各項立法權能，真正代表人民監督政府，防止國家公權力機關不當干預，故須對其行使職權予以保障，以充分代表民意，行使立法功能。因此特設民意代表在議會內所為之言論與表決，對外不負責任之制度也。其目的旨在：免於行政權之恫嚇及司法權之審判，維護三權分立之「立法獨立」地位。

(2) **免逮捕特權**：即民意代表身體自由之保障。民主憲政國家為使議會政治得以正常運作，確保民意代表機關能依職權行使，不受行政（檢察）權的介入，以免因被恣意逮捕，而導致其議事（立法）功能癱瘓，因此，在議會會期中，除現行犯外，非經議會同意，不得逮捕或拘禁民意代表，此又稱「不受逮捕特權」。

2. 現行法令規定與重要解釋

(1) 地方制度法

目前有關地方民意代表上述兩項特權，地方制度法均列有明文加以保障。

A. **言論免責權部分**：直轄市議會、縣（市）議會、鄉（鎮、市）民代表會開會時，直轄市議員、縣（市）議員、鄉（鎮、市）民代表對於有關會議事項所為之言論及表決，對外不負責任。但就無關會議事項所為顯然違法之言論，不在此限（第50條）。

B. **免逮捕特權部分**：直轄市議員、縣（市）議員、鄉（鎮、市）民代表除現行犯、通緝犯外，在會期內，非經直轄市議會、縣（市）議會、鄉（鎮、市）民代表會之同意，不得逮捕或拘禁（第51條）。

(2) 司法院相關解釋

我國行憲前司法院曾公布院解字第3735號解釋謂：「縣參議員在會議時所為無關會議事項之不法言論，仍應負責」，係採相對保障主義。行憲後司法院釋字第122號解釋則謂：「地方議會議員在會議時所為之言論，應如何保障，憲法未設有規定，本院第三七三五號解釋，尚不發生違憲問題。」司法院釋字第165號解釋則進一步補充說明指出：「地方議會議員在會議時，就有關會議事項所為之言論，應受保障，對外不負責任。但就無關會議事項所為顯然違法之言論，仍難免責。」故地方民意代表之言論免責權，係採「相對保障」制。但對中央民意代表（國大代表、立法委員）則略有不同（參見司法院釋字第401號、第435號等解釋）。

(3) 行使之界限

地方民意代表依地方制度法規定，擁有言論免責權與免逮捕特權，但該項特殊權利之行使，並非毫無限制。參照相關法令與解釋來看，是有一定範圍的。茲說明如下：

A. 在議會開會時間以外之言論與表決，即不受免責權之保障。

B. 與會議事項無關的言論或表決，亦不受免責權之保障。

C. 現行犯不適用之：蓋現行犯不問何人，均得逮捕之，且不須經議會許可。

D. 通緝犯不適用之：本法已明文規定民意代表如涉有刑責，不論在偵查中或審判中，若遭檢察或司法機關通緝者，不須經議會同意即得逮捕之，即在會期中亦不受人身保障的權利。

E. 經議會許可時：對於非現行犯或未遭通緝之民意代表，並非絕對不得逮捕、拘禁，只要經議會同意時，仍得逮捕、拘禁之。

F. 民意代表在議會會期之外，仍得逮捕、拘禁之。

G. 民意代表雖不得任意逮捕、拘禁，但司法機關仍得審問、處罰之。

二、自治監督

（一）自治事項違法之處理（地方制度法第75條）

1. 省政府

　　辦理第8條事項違背憲法、法律、中央法令或逾越權限者，由中央各該主管機關報行政院予以撤銷、變更、廢止或停止其執行。

2. 直轄市政府

(1) 辦理自治事項違背憲法、法律或基於法律授權之法規者，由中央各該主管機關報行政院予以撤銷、變更、廢止或停止其執行。

(2) 辦理委辦事項違背憲法、法律、中央法令或逾越權限者，由中央各該主管機關報行政院予以撤銷、變更、廢止或停止其執行。

3. 縣（市）政府

(1) 辦理自治事項違背憲法、法律或基於法律授權之法規者，由中央各該主管機關報行政院予以撤銷、變更、廢止或停止其執行。

(2) 辦理委辦事項違背憲法、法律、中央法令或逾越權限者，由委辦機關予以撤銷、變更、廢止或停止其執行。

4. 鄉（鎮、市）公所

(1) 辦理自治事項違背憲法、法律、中央法規或縣規章者，由縣政府予以撤銷、變更、廢止或停止其執行。

(2) 辦理委辦事項違背憲法、法律、中央法令、縣規章、縣自治規則或逾越權限者，由委辦機關予以撤銷、變更、廢止或停止其執行。

直轄市政府、縣（市）政府、鄉（鎮、市）公所辦理自治事項有無違背憲法、法律、中央法規、縣規章發生疑義時，得聲請司法院解釋之；在司法院解釋前，不得予以撤銷、變更、廢止或停止其執行。

（二）代行處理權（地方制度法第76條）

直轄市、縣（市）、鄉（鎮、市）依法應作為而不作為，致嚴重危害公益或妨礙地方政務正常運作，其適於代行處理者，得分別由行政院、中央各該主管機關、縣政府命其於一定期限內為之；逾期仍不作為者，得代行處理。但情況急迫時，得逕予代行處理。直轄市、縣（市）、鄉（鎮、市）對前述處分如認為窒礙難行時，應於期限屆滿前提出申訴。行政院、中央各該主管機關、縣政府得審酌事實變更或撤銷原處分。

行政院、中央各該主管機關、縣政府決定代行處理前，應函知被代行處理之機關及該自治團體相關機關，經權責機關通知代行處理後，該事項即轉移至代行處理機關，直至代行處理完竣。代行處理所支出之費用，應由被代行處理之機關負擔，各該地方機關如拒絕支付該項費用，上級政府得自以後年度之補助款中扣減抵充之。直轄市、縣（市）、鄉（鎮、市）對於代行處理之處分，如認為有違法時，依行政救濟程序辦理之。

（三）權限爭議之解決（地方制度法第77條）

中央與各級地方自治團體垂直間或平行間權限爭議之解決機制，依地方制度法第77條規定如下：「中央與直轄市、縣（市）間，權限遇有爭議時，由立法院院會議決之；縣與鄉（鎮、市）間，自治事項遇有爭議時，由內政部會同中央各該主管機關解決之（第1項）。直轄市間、直轄市與縣（市）間，事權發生爭議時，由行政院解決之；縣（市）間，事權發生爭議時，由中央各該主管機關解決之；鄉（鎮、市）間，事權發生爭議時，由縣政府解決之。」

第八節　停職與解職

一、地方民選首長之停職與復職（地方制度法第78條）

（一）地方民選首長停職之要件

　　直轄市長、縣（市）長、鄉（鎮、市）長、村（里）長等地方首長，有下列情事之一者，應停止其職務，不適用公務員懲戒法第3條之規定：

1. 涉嫌犯內亂、外患、貪污治罪條例或組織犯罪防制條例之罪，經第一審判處有期徒刑以上之刑者。但涉嫌貪污治罪條例上之圖利罪者，須經第二審判處有期徒刑以上之刑者。
2. 涉嫌犯前款以外，法定刑為死刑、無期徒刑或最輕本刑為5年以上有期徒刑之罪，經第一審判處有罪者。
3. 依刑事訴訟程序被羈押或通緝者。

（二）地方民選首長復職之要件

　　依第1項第1款或第2款停止職務之人員，如經改判無罪時，或依第1項第3款停止職務之人員，經撤銷通緝或釋放時，於其任期屆滿前，得准其先行復職。

　　依第1項規定予以停止其職務之人員，經依法參選，再度當選原公職並就職者，不再適用該項之規定。

　　依第1項規定予以停止其職務之人員，經刑事判決確定，非第79條應予解除職務者，於其任期屆滿前，均應准其復職。

　　直轄市長、縣（市）長、鄉（鎮、市）長，於本法公布施行前，非因第1項原因被停職者，於其任期屆滿前，應即准其復職。

（三）停止地方民選首長職務之權責機關

　　依地方制度法第78條規定，停止地方首長職務之權責管轄機關如表6-3-1。

表6-3-1　停止地方首長職務之權責管轄機關

地方首長	停職權責機關
直轄市長	行政院
縣（市）長	內政部
鄉（鎮、市）長	縣政府
村（里）長	鄉（鎮、市、區）公所

二、地方民選首長及民意代表之解職（地方制度法第79條、第80條）

（一）地方民選首長及民意代表解除職權、職務之要件

依地方制度法第79條規定，直轄市議員、直轄市長、縣（市）議員、縣（市）長、鄉（鎮、市）民代表、鄉（鎮、市）長及村（里）長有下列情事之一者，由各該自治監督機關分別解除其職權或職務，並通知各該級地方議會或代表會。應補選者，並依法補選：

1. 經法院判決當選無效確定，或經法院判決選舉無效確定，致影響其當選資格者。
2. 犯內亂、外患或貪污罪，經判刑確定者。
3. 犯組織犯罪防制條例之罪，經判處有期徒刑以上之刑確定者。
4. 犯前二款以外之罪，受有期徒刑以上刑之判決確定，而未受緩刑之宣告、未執行易科罰金或不得易服社會勞動者。
5. 受保安處分或感訓處分之裁判確定者。但因緩刑而付保護管束者，不在此限。
6. 戶籍遷出各該行政區域4個月以上者。
7. 褫奪公權尚未復權者。
8. 受監護或輔助宣告尚未撤銷者。
9. 有本法所定應予解除職權或職務之情事者。即本法第80條所稱：直轄市長、縣（市）長、鄉（鎮、市）長、村（里）長，因罹患重病，致不能執行職務繼續1年以上，或因故不執行職務連續達6個月以上者，解除其

職務；直轄市議員、縣（市）議員、鄉（鎮、市）民代表連續未出席定期會達二會期者，亦解除其職權。

10.依其他法律應予解除職權或職務者。

（二）應撤銷地方民選首長及民意代表解除職權、職務處分之要件

依地方制度法第79條第2項規定，地方首長及民意代表在受解除職權或職務之處分後，如遇有下列情形時，應撤銷解除職權或職務之處分。

1. 基本要件

(1) 須在其原職任期未屆滿前。

(2) 須尚未經選舉機關公告補選時。

2. 特別要件

(1) 因第1項第2款至第4款情事而解除職權或職務，經再審或非常上訴判決無罪確定者。

(2) 因第1項第5款情事而解除職權或職務，保安處分經依法撤銷，感訓處分經重新審理為不付感訓處分之裁定確定者。

(3) 因第1項第8款情事而解除職權或職務，經提起撤銷監護或輔助宣告之訴，為法院判決撤銷宣告監護或輔助確定者。

（三）解除地方民選首長及民意代表職權或職務之權責機關

依地方制度法第79條第1項規定，解除地方首長及民意代表職權或職務之權責機關如表6-3-2。

表6-3-2　解除地方首長及民意代表職權或職務之權責機關

解職對象	解職權責機關
直轄市長、直轄市議員	行政院
縣（市）長、縣（市）議員	內政部
鄉（鎮、市）長、鄉（鎮、市）民代表	縣政府
村（里）長	鄉（鎮、市、區）公所

（四）因重病致無法執行職權之解職

依地方制度法第80條規定，直轄市長、縣（市）長、鄉（鎮、市）長、村（里）長，因罹患重病，致不能執行職務繼續1年以上，或因故不執行職務連續達6個月以上者，應依前條第1項規定程序解除其職務；直轄市議員、縣（市）議員、鄉（鎮、市）民代表連續未出席定期會達二會期者，亦解除其職權。

三、補選與代理

（一）地方民意代表之補選（地方制度法第81條）

直轄市議員、縣（市）議員、鄉（鎮、市）民代表辭職、去職或死亡，其缺額達總名額十分之三以上或同一選舉區缺額達二分之一以上時，均應補選。但其所遺任期不足2年，且缺額未達總名額二分之一時，不再補選。補選之直轄市議員、縣（市）議員、鄉（鎮、市）民代表，以補足所遺任期為限。直轄市議員、縣（市）議員、鄉（鎮、市）民代表之辭職，應以書面向直轄市議會、縣（市）議會、鄉（鎮、市）民代表會提出，於辭職書送達議會、代表會時，即行生效。

（二）地方首長出缺之派員代理及補選（地方制度法第82條）

1. 派員代理

直轄市長、縣（市）長、鄉（鎮、市）長及村（里）長辭職、去職、死亡者，直轄市長由行政院派員代理；縣（市）長由內政部報請行政院派員代理；鄉（鎮、市）長由縣政府派員代理；村（里）長由鄉（鎮、市、區）公所派員代理。直轄市長停職者，由副市長代理，副市長出缺或不能代理者，由行政院派員代理。縣（市）長停職者，由副縣（市）長代理，副縣（市）長出缺或不能代理者，由內政部報請行政院派員代理。鄉（鎮、市）長停職者，由縣政府派員代理，置有副市長者，由副市長代理。村（里）長停職者，由鄉（鎮、市、區）公所派員代理。

2. 補選

直轄市長、縣（市）長、鄉（鎮、市）長及村（里）長辭職、去職或死

亡者，應自事實發生之日起3個月內完成補選。但所遺任期不足2年者，不再補選，由代理人代理至該屆任期屆滿為止。補選之當選人應於公告當選後10日內宣誓就職，其任期以補足該屆所遺任期為限，並視為一任。

3. 辭職

　　直轄市長、縣（市）長、鄉（鎮、市）長及村（里）長之辭職，應以書面為之。直轄市長應向行政院提出並經核准；縣（市）長應向內政部提出，由內政部轉報行政院核准；鄉（鎮、市）長應向縣政府提出並經核准；村（里）長應向鄉（鎮、市、區）公所提出並經核准，均自核准辭職日生效。

第九節　延期辦理改選或補選（地方制度法第83條）

　　直轄市議員、直轄市長、縣（市）議員、縣（市）長、鄉（鎮、市）民代表、鄉（鎮、市）長及村（里）長任期屆滿或出缺應改選或補選時，如因特殊事故，得延期辦理改選或補選。直轄市議員、直轄市長、縣（市）議員、縣（市）長依第1項延期辦理改選或補選，分別由行政院、內政部核准後辦理。鄉（鎮、市）民代表、鄉（鎮、市）長、村（里）長延期辦理改選或補選，由各該直轄市政府、縣（市）政府核准後辦理。延期辦理改選時，其本屆任期依事實延長之。如於延長任期中出缺時，均不補選。地方自治團體受憲法「制度保障」，其施政所需之經費負擔乃涉及財政自主權之事項，固有法律保留原則之適用，但必須於不侵害其自主權「核心領域」之限度內為之。

　　其中所稱「特殊事故」，司法院釋字第553號解釋文稱：「在概念上無從以固定之事故項目加以涵蓋，而係『泛指不能預見之非尋常事故』，致不克按法定日期改選或補選，或如期辦理有事實足認將造成不正確之結果或發生立即嚴重之後果或將產生與實現地方自治之合理及必要之行政目的不符等情形者而言。又特殊事故不以影響及於全國或某一縣市全部轄區為限，即僅於特定選區存在之特殊事故如符合比例原則之考量時，亦屬之。上開法條使用不確定法律概念，即係賦予該管行政機關相當程度之判斷餘地，蓋地方自治團體處理其自治事項與承中央主管機關之命辦理委辦事項不同，前者中央之監督僅能就適法性為之，其情形與行政訴訟中之法院行使審查權相似（參

照訴願法第七十九條第三項）；後者得就適法性之外，行政作業之合目的性等實施全面監督。本件既屬地方自治事項又涉及不確定法律概念，上級監督機關為適法性監督之際，固應尊重地方自治團體所為合法性之判斷，但如其判斷有恣意濫用及其他違法情事，上級監督機關尚非不得依法撤銷或變更。對此類事件之審查密度，揆諸學理有下列各點可資參酌：（一）事件之性質影響審查之密度，單純不確定法律概念之解釋與同時涉及科技、環保、醫藥、能力或學識測驗者，對原判斷之尊重即有差異。又其判斷若涉及人民基本權之限制，自應採較高之審查密度。（二）原判斷之決策過程，係由該機關首長單獨為之，抑由專業及獨立行使職權之成員合議機構作成，均應予以考量。（三）有無應遵守之法律程序？決策過程是否踐行？（四）法律概念涉及事實關係時，其涵攝有無錯誤？（五）對法律概念之解釋有無明顯違背解釋法則或牴觸既存之上位規範。（六）是否尚有其他重要事項漏未斟酌。又里長之選舉，固有例外情事之設計如地方制度法第五十九條第二項之遴聘規定，但里長之正常產生程序，仍不排除憲法民主政治基本原則之適用，解釋系爭事件是否符合『特殊事故』而得延辦選舉，對此亦應一併考量，方能調和民主政治與保障地方自治間之關係。」

PART 7

基本國策

第一章　緒論

　　我國憲法第十三章為基本國策，基本國策部分在五五憲草中缺乏外交政策和國防政策等，但根據政協憲草和中國共產黨之建議，將政協決議的和平建國綱領部分濃縮後寫入憲法，使得政府施政有了可靠的法律依據。

　　基本國策所規定內容多屬政策性事項，其中若干屬理想成分居多，不易實現，入憲是否合宜，曾經有討論，有學者認為將基本國策入憲毫無必要。因憲法只要能保證主權在民，則民主政府必定施政於民，從而不必另行法定國策；反之，若憲法寫入基本國策，則基本國策因時局變更而導致頻繁修憲，將使政局不穩，若不修憲，則政府施政與憲法之國策矛盾又損害憲法權威。

　　學者呂炳寬氏認為，根據司法院釋字第579號、第580號解釋的規定，依據基本國策之落實民生福利國部分而制定的三七五減租條例部分條文違憲，這意味著憲法的基本國策的理想，並不受大法官對其應具有憲法位階之重視，仍將其列入在司法審查範圍之內[1]。

　　因上述論理對基本國策的功能與效力常未有明確的分析，而將基本國策與憲法上其他具有直接拘束力的條款（人權條款與政府組織、權限條款），其效力等量其觀、混為一談，故本書不採前段不入憲之主張。基本國策主要功能在於作為政府施政之指導方針。

　　最早於憲法中建立此種提示性之體例者，首推1919年的德國威瑪憲法，其在第二篇人民的權利義務中，專設共同生活、宗教與宗教團體、教育文化生活及經濟生活後，各國憲法多有仿效，二次大戰後之憲法，幾乎都有類似之規定。

1　楊智傑、項程華、呂炳寬，《中華民國憲法精義》，五南，三版，2009年，189頁。

第二章　基本國策入憲之考量

基本國策訂定於憲法之理由與考量如下：

一、**因應世界潮流**：歐洲各國憲法如德國、西班牙、荷蘭等都有基本國策規定。

二、**福利國之思想**：基本國策涉及人民之食衣住行，與人民生活息息相關，諸多且涉及人民之基本權，並不出現在傳統的基本權中，而屬新興的基本權，如經濟、社會、教育、文化等，於基本國策中明示，督促政府重視該等權利，並確保其實施。因此，基本國策之入憲，更確保人民的生活基本權。

三、**規制政府施政方針**：基本國策如同政府施政的指導方針，除前述保障人民生活基本權外，政府亦應有保衛國家生存以及國際活動之施行方向，如國防與外交等，政府應提供足夠武力防衛國家安全，參與國際事務與各國締約等活動。透過基本國策入憲，給予明確方向，督促政府實現其內容，以保障國家安全並實現人民權利之保障[1]。

依我國公法學界的主流見解，通常是比照德國法學界從威瑪憲法以來，對於憲法條文的規範效力所作的分類，將中華民國憲法中基本國策條款作不同的定性，使之發揮不同的功能。

另外，在我國釋憲實務上，於憲法第7條至第21條所明文列舉以外的人民權利義務是否受憲法保障有疑義時，常會引用憲法基本國策條款的規定，與憲法第22條相結合，以強化該項權利作為憲法所保障的基本權利之說理依據；而即使在解釋憲法第7條至第21條明文列舉的人民基本權利時，也常引用基本國策的規定以充實與擴張權利內涵，並作為釋憲的指導原則和方向。如司法院釋字第472號解釋之社會保險、釋字第579號、第580號解釋之平均地權、三七五減租等。

因此，憲法的基本國策條款因為通常無直接拘束力，因而給予國家在政

---

1 謝瑞智，《中華民國憲法精義與立國精神》，文笙書局，增訂十六版，1995年，423頁以下。

治與政策決定上之民主原則作用相當的彈性空間與動力；但也並非只是單純的政策目標而毫無規範效力，而是作為基本的價值決定與解釋憲法、法律的指導原則，長期而抽象地發揮其功能，使違反基本國策的法律與政府政策，因此受到更嚴格的檢驗標準。使基本國策所關懷的價值，不致因一時的政治或民意情勢而被模糊，甚至實質上拋棄和遺忘。

　　憲法的功能除了保障人民的權益、規範政府的權力，以及規定憲法修改的方法與程度之外，往往對國家的基本立場、發展方針亦作若干政策性、提示性的規定，以為政府施政之準據。

第三章　基本國策之拘束力

所謂基本國策（Fundamental National Policies），係指國家一切政策所應遵循之基本政策，而為全國上下共同努力之目標。憲法所規定的基本國策，是否應強制遵守而具拘束力，學者有不同意見。

謝瑞智氏認為，政府政策雖得應時代需要而改變，但基本國策係屬永久不變，除非經由修憲程序否則不得改變，因此無論對任何執政政黨或人民，均產生拘束力，其應遵守憲法基本國策之規定[1]。

學說上亦有認為，在對照德國基本法中「基本權利」與「國家目標規定」，以及歐盟基本權利憲章中「權利」與「原則」之區分的比較法制之觀察後，可以確定：基本國策規定，非往昔所稱的「方針條款」，而係具有法拘束力的憲法規範。基本國策既為「國家目標規定」（Staatszielbestimmung），當然拘束國家行政、立法及司法機關，乃國家行為與法規範解釋應遵循之方向。是以，主張基本國策章與憲法增修條文第10條之規定具有法規範之拘束力[2]。

然而本書認為，基本國策並非必然有法之拘束力。如憲法第160條第1項：「六歲至十二歲之學齡兒童，一律受基本教育，免納學費。其貧苦者，由政府供給書籍。」也就是基本國策必須有一個具體執行的法規範，即國民教育法第32條：「學校學生免納學費；經濟弱勢之學生，由直轄市、縣（市）主管機關供給書籍，並免繳其他法令規定之費用（第1項）。公立學校學生免納雜費；各項代收代辦費之自治法規，由直轄市、縣（市）主管機關定之（第2項）。私立學校收取雜費及各項代收代辦費之自治法規，由直轄市、縣（市）主管機關定之（第3項）。」蓋基本國策應是政策指示性、目標方針性作為國家執政之方針，**政府若欲對基本國策進一步細緻規定，仍須仰賴立法機關進一步立法，才產生拘束力**，但如前述學者主張若干本來具強制性之規定，若無立法確實仍得以此作為依據。綜上分析，基本國策應可

1　謝瑞智，《憲法新論》，文笙書局，初版，1999年1月，749頁。
2　董保城、法治斌，《憲法新論》，元照，八版，2021年9月，6頁以下；林明昕，〈基本國策之規範效力及其對社會正義之影響〉，《臺大法學論叢》，第45卷，2016年11月，1305頁以下。

作為國家基本政策的價值決定與解釋憲法、法律的指導原則，長期而抽象地發揮其功能，使違反基本國策的法律與政府政策，因此受到更嚴格的檢驗標準。

國內有不少學說主張[3]，由於我國基本國策涵蓋內容相當廣泛，故應視其規範內容是否具強制性，而定拘束力之有無，如憲法第139條不得以武裝力量為政爭工具、第140條現役軍人不得兼任文官等屬強制性規定，乃即時生效並得立即強制執行，或如第160條國民教育之規定，作為人民公法上之請求而得請求國家之作為義務，其餘如第155條老弱殘廢之扶助與救濟或第157條公醫制度之推行等，即屬非強制性規定，僅具方針性、目標性之意義[4]。本書亦認為應將基本國策的規範效力作以下的類型化思考：

一、**基本國策條款僅指出國家應有的努力方向，尚不發生直接拘束國家公權力法效用的「方針條款」（Programmsätze）或「國家目標規定」**（Staatszielbestimmung）。所謂的方針條款，即係指制憲者認為的國家應有的努力方向，不直接拘束國家公權力的法律效用。如果國家因為情勢未能達成目標時，不會發生違憲的問題。例如：憲法第141條、第146條、第158條、第166條、增修條文第10條第2項等。

二、**基本國策條款作為對立法者的「憲法委託」（或稱立法委託），如果該條文的性質是屬於憲法委託時，則該條文無疑是在指示立法者應為立法的委託，也就是在課予立法者應予立法的義務。**要求立法者必須實現憲法所設定的價值，否則這種立法作為有可能構成違憲。而憲法委託最常見的形式即是「○○事項得以法律限制之」或「應制定○○之法律」。此際立法者仍有相當大的審酌權限，但亦負有遵守該憲法指示（特別是應於相當期間內履行該委託）之立法義務。例如：憲法第137條第2項、第143條第1項、第154條、第155條等規定。

基本國策條款作為憲法對某些社會中已成形之制度，以擔保該制度存續之方式加以保障。立法者雖然可以因應社會需要而更易制度的內涵，惟此變

3　林騰鷂，《中華民國憲法》，三民，修訂三版，2022年3月，727頁以下。
4　林騰鷂，《中華民國憲法》，三民，修訂三版，2022年3月，727頁以下；陳新民，《中華民國憲法釋論》，自版，修訂十版，2022年10月，771頁以下；李惠宗，《憲法要義》，元照，九版，2022年9月，Rn. 3202 ff。

動不得侵犯該制度的核心部分。所謂「制度性保障」（Institutsgarantie），本書已於第三編第二章述及，茲此不贅述。例如：憲法第138條至第140條、第155條、第157條。

　　基本國策條款作為人民可以直接向國家請求之公法上權利。所謂的「公法權利」亦有學說稱「主觀公權利」（subjektiv-öffentliche Rechte），是指人民由公法法規獲得權利而可類似私法權利一樣，享受該權利，且在受到侵犯時，得請求國家（法院）之保障。

第四章　基本國策與基本權密不可分

第一節　經濟權

　　我國憲法第15條規定，人民之財產權應予保障。同時，在憲法第十三章基本國策第三節中，亦羅列了國民經濟的相關規定（憲法第142條至第151條參照）。從基本國策中有關國民經濟的相關條文來看，政府主導經濟進行市場干預的色彩十分強烈而明顯。憲法第142條即明言：「國民經濟應以民生主義為基本原則，實施平均地權，節制資本，以謀國計民生之均足。」換言之，中華民國憲法制定之初，對於國民經濟基本國策的設計與思維，乃是以國家強力主導，透過對於土地與資本問題的解決，來滿足國民生活上的需求。

　　參酌各主要國家之憲法、聯合國世界人權宣言以及經濟社會文化權利國際公約之相關規定，應可考慮增加環境保護、居住、家庭與婦幼之保護、勞動休閒等四項權利。

　　憲法第十三章中亦專設有第五節「教育文化」的規定。此外，憲法增修條文第10條第1項、第2項、第7項、第10項、第11項、第12項等，亦有國家對於教科文相關事項之保障與促進。從體系上來看，制憲與修憲者對於教育、科學和文化重視之痕跡，不可謂不多。再者，現行法律體制中已經出現之教育基本法、科學技術基本法、文化資產保存法等法令，則是立法者對憲法規範予以具體落實之表現。

　　我國憲法係基於孫中山先生之建國理念，除規定政府組織結構，列舉人民權利義務之外，復就國防、外交、國民經濟、社會安全、教育文化，及邊疆地區等六個部分，分別提出若干政策性的提示，以為政府制定上項有關法規時之方針與準據，這些政策性的提示，即本章所稱之基本國策。

第二節　社會權

　　憲法第15條：「人民之生存權、工作權及財產權，應予保障。」憲法增修條文第10條第5項、第7項、第8項：「國家應推行全民健康保險，並促進現代和傳統醫藥之研究發展（第5項）。」「國家對於身心障礙者之保險與就醫、無障礙環境之建構、教育訓練與就業輔導及生活維護與救助，應予保障，並扶助其自立與發展（第7項）。國家應重視社會救助、福利服務、國民就業、社會保險及醫療保健等社會福利工作，對於社會救助和國民就業等救濟性支出應優先編列（第8項）。」

　　社會權是指憲法為確保個人在社會中享有健全生活的基本條件，所賦予個人的各種權利類型的保障。社會權包括生存權、工作權、受教育權、受健康照顧權、環境權及文化權等。這些權利涉及政府資源的投入，與單純避免政府不當侵犯的防禦權性質不同，也較容易引起適用上的爭議。

第五章　基本國策各論

基本國策分為六節，分別為國防、外交、國民經濟、社會安全、教育文化和邊疆地區。

第一節　國防

憲法本文第137條第1項規定：「中華民國之國防，以保衛國家安全，維護世界和平為目的。」此為宣示性規定。本條規定有雙重意義，對內保衛國土與國界，確保國內安全；對外則防止戰爭抵禦外侮，維護世界和平。不過當時憲法制定時，中華民國為聯合國常任理事國，世界五強之一，然而因為時勢環境的變遷，維護世界和平的方針僅具有宣示上的意義而已。第138條規定：「全國陸海空軍，須超出個人、地域及黨派關係以外，效忠國家，愛護人民。」本條強調軍隊國家化，軍人中立化，只效忠於國家，不受任一獨裁者的掌控。國防政策則明定為軍隊國家化，軍人地位超然，如同法官般，效忠國家，實務上，軍人干政之事時有所聞。

 問題思考

> 軍人可否兼任黨職？

憲法第139條規定：「任何黨派及個人不得以武裝力量為政爭之工具。」此乃為根絕政黨、軍閥操縱軍隊干涉政局的可能。本條強調軍人忠於國家之理念，不得利用軍方實力作為個人政爭之工具。德國基本法有所謂的國民抵抗權，即是針對獨裁或專制者之制裁規定，該法第20條第4項規定：「從事除去法秩序，在無任何其他補救措施存在時，所有德國人有權採取國民抵抗權。」即屬抵抗專制政體之憲法保障之規定。

基於文武分治之思考，憲法第140條規定：「現役軍人不得兼任文官。」本條規定在於強調文武分治，防制軍人干政。1990年李登輝總統欲提

名國防部長郝柏村先生擔任行政院長，引發了其是否必須放棄軍人身分之爭議（郝部長曾任四星上將得享有終身軍職），即屬因有本條之規定，而得採取之措施，但本書認為，這只是該個案個人遵守憲法規定所採取之具體對應措施，並不能因此而認為其具強制性質。

對此問題司法院釋字第250號解釋稱：「現役軍人因故停役者，轉服預備役，列入後備管理，為後備軍人，如具有文官法定資格之現役軍人，因文職機關之需要，在未屆退役年齡前辦理外職停役，轉任與其專長相當之文官，既與現役軍人兼任文官之情形有別，尚難謂與憲法牴觸。惟軍人於如何必要情形下始得外職停役轉任文官，及其回役之程序，均涉及文武官員之人事制度，現行措施宜予通盤檢討，由法律直接規定，併此指明。」

憲法增修條文第10條第9項：「國家應尊重軍人對社會之貢獻，並對其退役後之就學、就業、就醫、就養予以保障。」

第二節　外交

憲法第141條：「中華民國之外交，應本獨立自主之精神，平等互惠之原則，敦睦邦交，尊重條約及聯合國憲章，以保護僑民權益，促進國際合作，提倡國際正義，確保世界和平。」

最高法院72年度台上字第1412號民事裁判要旨：「中華民國與美利堅合眾國友好通商航海條約，於民國35年11月4日簽訂，經立法院議決批准公布，並於37年11月31日互換，同日生效，依我國憲法第141條所定『尊重條約』及同法第63條所定條約定須經立法院議決之規定以觀，該友好通商航海條約，實已具有國內法之同等效力，法院自應予適用。」

聯合國憲章第1條規定，聯合國之宗旨為：

一、維持國際和平及安全：並為此目的：採取有效集體辦法，以防止且消除對於和平之威脅，制止侵略行為或其他和平之破壞：並以和平方法且依正義及國際法之原則，調整或解決足以破壞和平之國際爭端或情勢。

二、發展國際間以尊重人民平等權利及自決原則為根據之友好關係，並採取其他適當辦法，以增強普遍和平。

三、促進國際合作，以解決國際間屬於經濟、社會、文化及人類福利性質之國際問題，且不分種族、性別、語言或宗教，增進並激勵對於全體人類之人權及基本自由之尊重。

四、構成一協調各國行動之中心，以達成上述共同目的。

馬總統也引進聯合國之人權兩公約於我國。

概念補充

> 聯合國兩公約

1. 兩公約之概念

所謂兩公約，係指聯合國「經濟、社會及文化權利國際公約」及「公民與政治權利國際公約」。

資本主義的美國會較關心公民和政治權利，而共產主義和社會主義國家則偏向於經濟、社會和文化權利。為解決此問題，於是撰寫了兩份公約。

2. 兩公約之沿革

臺灣於1967年10月5日由駐聯合國常任代表劉鍇代表中華民國政府簽署該公約，而後在1971年10月25日退出聯合國，直到總統陳水扁推動「人權立國」之目標，立法院才開始討論該兩項公約的國內法典化，法務部分別於2007年3月23日、2008年1月28日以法規字第0960600200號函、法規字第0970600032號函將「公民與政治權利國際公約及經濟社會文化權利國際公約施行法」草案（以下簡稱「兩公約施行法」草案）陳報行政院核轉立法院審議。歷經立法院第六屆第六會期及第七屆第一會期至第三會期，在野的國民黨持反對意見。

2009年3月31日，立法院通過「經濟社會文化權利國際公約」及「公民與政治權利國際公約」兩項聯合國人權公約。

2009年5月14日，中華民國總統馬英九簽署該項公約的批准書，並於2009年5月22日公布，頒布全臺灣正式施行。施行法生效之後，此公約內容變成我國法律的一部分，把國際條約轉化成國內法，執法人員可直接適用，

此為例法技術上的一項創舉。

　　而「公民與政治權利國際公約及經濟社會文化權利國際公約施行法」規定，各級政府機關法令及行政措施，有不符兩項公約規定者，應於本法施行後2年內完成制定法令、修正或廢止及改進行政措施；另外，公約還要求締約國積極立法保障人權。該批准書經由友邦提交給聯合國，但在2009年6月15日遭聯合國以聯合國大會2758號決議僅承認中華人民共和國為中國合法代表給拒絕。故我國現在為片面遵守兩公約之約定。

3. 施行法將兩公約國內法化

　　「公民與政治權利國際公約」是有關人身自由、思想自由、集會遊行自由；「經濟、社會和文化權利國際公約」則如工作權、社會福利、講求文化生活，以及保障人人皆有受教育權利等。

 問題思考

> 何謂休兵外交？

　　根據我國外交部的說法，「外交休兵」意指「在國際外交領域避免衝突，創造雙贏局面」。「外交休兵」的主要方式之一，在於兩岸應停止互挖邦交國。

　　依照中國政府在1993年8月公布的《台灣問題與中國的統一》及2000年2月公布的《一個中國的原則與台灣問題》兩份白皮書。

1. 中華人民共和國方面針對臺灣參與國際組織的主要立場

(1) 每個國家的主權是完整的，既不能分割，也不能分享。中華人民共和國政府作為中國的唯一合法政府，有權利也有義務在國際組織中行使國家主權，代表整個中國。

(2) 只有在堅持「一個中國」原則立場的前提下，中國才可能考慮臺灣參與國際組織，並根據有關國際組織的性質、章程規定和實際情況，以中國同意和接受的方式，處理臺灣參加國際組織活動的問題。

2. 針對個別國際組織，北京方面既定立場之主要原則

(1) 臺灣不能加入聯合國，因為聯合國體系的所有機構，是由主權國家代表

參加的政府間國際組織。

(2) 臺灣能夠加入「亞洲開發銀行」、「亞太經合會」等區域性經濟組織，是因為中國與有關方面達成協議或諒解，明確規定中國以主權國家身分參加，而臺灣只以「中國的一個地區」身分參加，並以「中國臺北」名義（在「亞洲開發銀行」的英文名稱為Taipei, China；在「亞太經合會」的名稱為Chinese Taipei）參與相關組織的活動。

對臺灣而言，「外交休兵」的可能獲益是臺灣能夠維持目前邦交國的數目，並且在中國的同意下，以「中華臺北」名義出席「世界衛生大會」或是參與「世界衛生組織」非政府團體舉行的活動。

而臺灣在「外交休兵」之下，可能面臨的風險與成本是元首必須低調出訪、低調推動入聯申請案、允許邦交國和中國發展合作關係，以及承受臺美關係出現戰略疏離[1]。

第三節　國民經濟

經濟國策則體現孫中山主張之民生主義內容，平均地權，節制資本，為國家經濟發展提供施政依據；社會安全部分則規定充分興辦國家福利事業，保護弱勢群體利益；憲法強調教育的重要性，明確將教育經費占國家預算比例定為不低於15%，另有對教育界師生之獎勵和補助措施，使得我國成為福利國家；邊疆地區部分則明示保障少數民族的自治地位和各項事業之發展。

司法院釋字第485號解釋文稱：「促進民生福祉乃憲法基本原則之一，此觀憲法前言、第一條、基本國策及憲法增修條文第十條之規定自明。立法者基於社會政策考量，尚非不得制定法律，將福利資源為限定性之分配。國軍老舊眷村改建條例及其施行細則分別規定，原眷戶享有承購依同條例興建之住宅及領取由政府給與輔助購宅款之優惠，就自備款部分得辦理優惠利率貸款，對有照顧必要之原眷戶提供適當之扶助，其立法意旨與憲法第七條平等原則尚無牴觸。」

---

1 蔡明彥，〈「外交休兵」的本益分析〉，2008/10/30，台灣社會智庫，http://www.taiwansig.tw/index.php?option=com_content&task=view&id=661&Itemid=117，最後瀏覽日期：2022年10月8日。

一、國民經濟

　　國民經濟應以民生主義為基本原則，實施平均地權，節制資本，以謀國計民生之均足。

　　憲法之經濟化，為20世紀憲法最明顯而主要之趨勢。故欲期國家進取發展，須有適當之經濟政策，以開發國家之富源，提高國民之所得。且國家之富強康樂，人民之故遂其生，原為福利國家應赴之目標，自宜於根本大法上，予以明定之。

二、土地徵收

　　司法院釋字第440號解釋針對蓋捷運之地下土地徵收之問題，於土地政策方面，人民之財產權應受國家保障，惟國家因公用需要得依法限制人民土地所有權或取得人民之土地（司法院釋字第534號、第409號解釋涉及有關憲法第143條第1項規定參照）。

　　司法院釋字第286號解釋文稱：「憲法第一百四十三條第三項規定：『**土地價值非因施以勞力資本而增加者，應由國家徵收土地增值稅，歸人民共之**』，旨在實施土地自然漲價歸公政策。中華民國六十六年二月二日修正公布之平均地權條例第三十五條、第三十六條第一項、第二項及同年四月一日行政院發布之同條例施行細則第五十三條規定，土地所有權人於申報地價後之土地自然漲價，應依照土地漲價總數額，減去土地所有權人為改良土地已支付之全部費用後之餘額計算，徵收土地增值稅；其間縱有因改良土地而增加之價值，亦因認定及計算不易，難以將之與自然漲價部分明確劃分，且土地增值稅並未就漲價部分全額徵收，已足以兼顧其利益，與憲法第十五條及第一百四十三條第三項規定之意旨尚無牴觸。」

　　司法院釋字第580號解釋針對耕地三七五減租條例部分條文作出違憲，其解釋文稱：「七十二年十二月二十三日增訂之減租條例第十九條第三項規定，耕地租約期滿時，出租人為擴大家庭農場經營規模、提升土地利用效率而收回耕地時，準用同條例第十七條第二項第三款之規定，應以終止租約當期土地公告現值扣除土地增值稅餘額後之三分之一補償承租人。惟契約期滿後，租賃關係既已消滅，如另行課予出租人補償承租人之義務，自屬增加耕

地所有權人不必要之負擔，形同設置出租人收回耕地之障礙，與鼓勵擴大家庭農場經營規模，以促進農業現代化之立法目的顯有牴觸。況耕地租約期滿後，出租人仍須具備自耕能力，且於承租人不致失其家庭生活依據時，方得為擴大家庭農場經營規模而收回耕地。按承租人之家庭生活既非無依，竟復令出租人負擔承租人之生活照顧義務，要難認有正當理由。是上開規定準用同條例第十七條第二項第三款部分，以補償承租人作為收回耕地之附加條件，不當限制耕地出租人之財產權，難謂無悖於憲法第一百四十六條與憲法增修條文第十條第一項發展農業之意旨，且與憲法第二十三條比例原則及第十五條保障人民財產權之規定不符，應自本解釋公布日起，至遲於屆滿二年時，失其效力。」

第四節　社會安全

　　基本國策亦與社會權有關。**所謂社會權是指憲法為確保個人在社會中享有健全生活的基本條件，所賦予個人的各種權利類型的保障。**社會權包括生存權、工作權、受教育權、受健康照顧權、環境權及文化權等。這些權利涉及政府資源的投入，與單純避免政府不當侵犯的防禦權性質不同，也較容易引起適用上的爭議。依照社會國原則的理念，可包含以下方面。

一、工作權之保障

　　社會安全者，謂人人皆獲得工作之機會，以謀求基本之生活，遇有疾病、失業等情事時，亦可以社會力量加以救濟，而謀整個社會之安定，更進而促致文化進步之制度。憲法第152條：「人民具有工作能力者，國家應予以適當之工作機會。」憲法第15條：「人民之生存權、工作權及財產權，應予保障。」

二、勞動者保護

　　憲法第153條：「國家為改良勞工及農民之生活，增進其生產技能，應制定保護勞工及農民之法律，實施保護勞工及農民之政策（第1項）。婦女

兒童從事勞動者，應按其年齡及身體狀態，予以特別之保護（第2項）。」
憲法第154條：「勞資雙方應本協調合作原則，發展生產事業。勞資糾紛之
調解與仲裁，以法律定之。」司法院釋字第578號解釋稱：「國家為改良勞
工之生活，增進其生產技能，應制定保護勞工之法律，實施保護勞工之政
策，憲法第一百五十三條第一項定有明文，勞動基準法即係國家為實現此一
基本國策所制定之法律。」

三、社會保險

　　憲法第155條：「國家為謀社會福利，應實施社會保險制度。人民之老
弱殘廢，無力生活，及受非常災害者，國家應予以適當之扶助與救濟。」
憲法第157條：「國家為增進民族健康，應普遍推行衛生保健事業及公醫制
度。」司法院釋字第524號解釋稱：「全民健康保險為強制性之社會保險，
攸關全體國民之福祉至鉅，**故對於因保險所生之權利義務應有明確之規範，
並有法律保留原則之適用**。若法律就保險關係之內容授權以命令為補充規定
者，其授權應具體明確，且須為被保險人所能預見。又法律授權主管機關依
一定程序訂定法規命令以補充法律規定不足者，該機關即應予以遵守，不得
捨法規命令不用，而發布規範行政體系內部事項之行政規則為之替代。倘法
律並無轉委任之授權，該機關即不得委由其所屬機關逕行發布相關規章。」
本號解釋認為，健保法有違法律明確性原則，未給付的診療及藥品，即健保
不給付項目應事先公告，大法官要求2年內修正。這項解釋等於要求衛生主
管機關限期重新檢討健保不給付項目，對保障民眾就醫權益影響甚大。

　　至於勞工保險，釋憲實務認為不僅係社會保險制度之基本國策，亦屬
憲法所保障之基本權。司法院釋字第609號解釋理由書稱：「勞工保險係國
家為實現憲法第一百五十三條第一項保護勞工及第一百五十五條、憲法增修
條文第十條第八項實施社會保險制度之基本國策而建立之社會福利措施，為
社會保險之一種，旨在保障勞工生活安定、促進社會安全，是以勞工保險
具有明顯之社會政策目的。勞工依法參加勞工保險之權利，應受憲法之保
障。」司法院釋字第578號解釋文稱：「憲法並未限制國家僅能以社會保險
之方式，達成保護勞工之目的，故立法者就此整體勞工保護之制度設計，本
享有一定之形成自由。勞工保險條例中之老年給付與勞動基準法中之勞工退

休金，均有助於達成憲法保障勞工生活之意旨，二者性質不同，尚難謂兼採兩種制度即屬違憲。」亦即，國家保護勞工的方式並不限於社會保險，無妨與勞退制度並存，此乃立法者自由裁量範圍。

四、弱勢團體之保障

憲法第156條：「國家為奠定民族生存發展之基礎，應保護母性，並實施婦女兒童福利政策。」憲法增修條文第10條第5項、第6項、第7項、第8項：「國家應推行全民健康保險，並促進現代和傳統醫藥之研究發展（第5項）。國家應維護婦女之人格尊嚴，保障婦女之人身安全，消除性別歧視，促進兩性地位之實質平等（第6項）。國家對於身心障礙者之保險與就醫、無障礙環境之建構、教育訓練與就業輔導及生活維護與救助，應予保障，並扶助其自立與發展（第7項）。國家應重視社會救助、福利服務、國民就業、社會保險及醫療保健等社會福利工作，對於社會救助和國民就業等救濟性支出應優先編列（第8項）。」

 問題思考

為保護婦女而限制女性勞工於夜間工作，是否違憲？

原本勞動基準法第49條第1項規定：「雇主不得使女工於午後十時至翌晨六時之時間內工作。但雇主經工會同意，如事業單位無工會者，經勞資會議同意後，且符合下列各款規定者，不在此限：一、提供必要之安全衛生設施。二、無大眾運輸工具可資運用時，提供交通工具或安排女工宿舍。」

該規定之所以原則禁止雇主使女性勞工於夜間工作，其立法理由依立法過程中之討論，可知應係出於社會治安、保護母性、女性尚負生養子女之責、女性須照顧家庭及保護女性健康等考量（立法院公報第91卷第47期第45頁至第89頁參照）。而主管機關亦認「衡諸女性勞動年齡期間，生育年齡占其大半；女性勞工上述期間，不僅身心健康負荷較諸男性為重，且其母體健康更與下一代是否健全有明顯直接關聯。從而，禁止雇主令女性勞工於夜間工作，以免有違人體生理時鐘之工作安排，影響其身體健康，係基於使社會

人口結構穩定，及整體社會世代健康安全之考量……。」（勞動部110年7月6日復司法院意見參照）。

惟司法院釋字第807號解釋理由書稱：「維護社會治安，本屬國家固有職責，且憲法增修條文第十條第六項更明定『國家應保障婦女之人身安全』。因此，就女性夜行人身安全之疑慮，**國家原即有義務積極採取各種可能之安全保護措施以為因應，甚至包括立法課予有意使女性勞工於夜間工作之雇主必要時提供交通工具或宿舍之義務，以落實夜間工作之婦女人身安全之保障，而非採取禁止女性夜間工作之方法**。乃系爭規定竟反以保護婦女人身安全為由，原則禁止雇主使女性勞工於夜間工作，致女性原應享有並受保障之安全夜行權變相成為限制其自由選擇夜間工作之理由，足見其手段與所欲達成之目的間顯然欠缺實質關聯。**其次，從維護身體健康之觀點，盡量避免違反生理時鐘而於夜間工作，係所有勞工之需求，不以女性為限**。女性勞工於夜間工作者，亦難謂因生理結構之差異，對其身體健康所致之危害，即必然高於男性，自不得因此一律禁止雇主使女性勞工於夜間工作。至於所謂女性若於夜間工作，則其因仍須操持家務及照顧子女，必然增加身體負荷之說法，不僅將女性在家庭生活中，拘泥於僅得扮演特定角色，加深對女性不應有之刻板印象，更忽略教養子女或照顧家庭之責任，應由經營共同生活之全體成員依其情形合理分擔，而非責由女性獨自承擔。況此種夜間工作與日常家務之雙重負擔，任何性別之勞工均可能有之，不限於女性勞工。又，前述說法，對單身或無家庭負擔之女性勞工，更屬毫不相關。」換言之，大法官認為基於保護婦女而限制女性勞工於夜間工作之規定，手段與目的欠缺實質關聯。

該規定被宣告違憲後，勞動部勞動條2字第1100131169號函謂：「一、查司法院於110年8月20日公布旨揭解釋，宣告勞動基準法（下稱本法）第49條第1項規定違憲，自該日起失其效力，然同條第3項未受影響，仍屬有效，爰女工因健康或其他正當理由，不能於午後10時至翌晨6時之時間內工作者，雇主仍不得強制其工作。二、至於本法第49條第5項有關禁止妊娠或哺乳期間之女工於夜間工作之規定，基於旨揭解釋並未否認母性保護之必要，且母性保護為國際重視之普世價值，亦為我國憲法第156條所明定，仍有其效力。三、基上，如有違反本法第49條第3項規定者，依本法第77條規定，處6個月以下有期徒刑、拘役或科或併科新臺幣30萬元以下罰金。違反同條

第5項規定者，依本法第79條第2項規定，處新臺幣9萬元以上45萬元以下罰鍰，並依本法第80條之1第1項規定公布其事業單位或事業主之名稱、負責人姓名、處分期日、違反條文及罰鍰金額，並限期令其改善；屆期未改善者，應按次處罰。」

第五節　教育文化

教育文化，應發展國民之民族精神、自治精神、國民道德、健全體格、科學及生活智能。提高人民之精神生活，並以完成福利國家之任務。有關教育文化的憲法條文如憲法第161條：「各級政府應廣設獎學金名額，以扶助學行俱優無力升學之學生。」第162條：「全國公私立之教育文化機關，依法律受國家之監督。」第163條：「國家應注重各地區教育之均衡發展，並推行社會教育，以提高一般國民之文化水準，邊遠及貧瘠地區之教育文化經費，由國庫補助之。其重要之教育文化事業，得由中央辦理或補助之。」第164條：「教育、科學、文化之經費，在中央不得少於其預算總額百分之十五，在省不得少於其預算總額百分之二十五，在市縣不得少於其預算總額百分之三十五。其依法設置之教育文化基金及產業，應予以保障。」第165條：「國家應保障教育、科學、藝術工作者之生活，並依國民經濟之進展，隨時提高其待遇。」

為突顯國家對教育、科學、文化之重視，憲法增修條文特別對憲法本文作了修正，增訂了第10條第10項：「教育、科學、文化之經費，尤其國民教育之經費應優先編列，不受憲法第一百六十四條規定之限制。」司法院釋字第463號解釋文稱：「憲法第一百六十四條明確規範中央及地方之教育科學文化之預算，須達預算總額之一定比例，以確保國家及各地方自治團體對於人民之教育、科學與文化生活得有穩定而必要的公共支出，此係憲法重視教育科學文化發展所設之規定。**本條所謂『預算總額』，並不包括追加預算及特別預算在內，業經本院釋字第七十七號及第二三一號解釋在案。政府就未來一年間之計畫所預期之收入及支出編列預算，以使國家機關正常運作，並規範國家之財政，原則上應制定單一之預算。惟為因應特殊緊急情況，有預算法第七十五條各款規定之情形時，行政院得於年度總預算外另提出特別預**

算,其審議依預算法第七十六條為之。至憲法第一百六十四條所稱教育科學文化經費之具體內容如何、平衡省市預算基金等項目,是否應計入預算總額發生之爭論,中華民國八十六年七月二十一日修正公布之憲法增修條文第十條第八項既規定:『教育、科學、文化之經費,尤其國民教育之經費應優先編列,不受憲法第一百六十四條規定之限制。』有關該等預算之數額、所占比例、編列方式、歸屬範圍等問題,自應由立法者本其政治責任而為決定。是以與憲法第一百六十四條之所謂『預算總額』及教育、科學、文化等經費所占中央、地方預算之比例等相關問題,已無再行解釋之必要。」

問題思考

1 政府採購得標廠商員工逾百者應進用一定比例原住民,未進用者令繳代金之規定,是否違憲?

　　司法院釋字第719號解釋理由書稱:「憲法第五條規定:『中華民國各民族一律平等。』憲法增修條文第十條第十二項並規定:『國家應依民族意願,保障原住民族之地位及政治參與,並對其教育文化、交通水利、衛生醫療、經濟土地及社會福利事業予以保障扶助並促其發展……。』系爭規定係立法者為貫徹上開憲法暨憲法增修條文之意旨,促進原住民就業、改善其經濟與社會狀況,而透過得標廠商比例進用之手段所為**優惠措施**,亦符合國際保障原住民族之精神。政府採購係國家公務運作之一環,涉及國家預算之運用,與維護公共利益具有密切關係。系爭規定固然限制得標廠商之財產權及營業自由,然其僅係要求該廠商於其國內員工總人數每逾一百人者,應於履約期間僱用原住民一名,進用比例僅為百分之一,比例不大,整體而言,對廠商選擇僱用原住民之負擔尚無過重之虞;如未進用一定比例之原住民,亦得按每月基本工資為標準繳納代金代替,對於得標廠商營業自由之限制並未過當。又系爭規定並非規定得標廠商一律須繳納代金,而僅係於未進用一定比例之原住民時,始令得標廠商負繳納代金之義務;至代金是否過高而難以負擔,廠商於參與投標前本得自行評估。」

　　大法官認為,基於憲法本文平等原則及憲法增修條文扶助原住民族的立

場，此種優惠性差別待遇，符合憲法之要求；且有其他的手段替代，並不違反比例原則，因此被認定為合憲。

② 為扶助原住民同胞，原住民族工作權保障法第24條第2項規定，得標廠商應一律依差額人數乘以每月基本工資計算繳納代金，是否違憲？

　　司法院釋字第810號解釋理由書稱：「前揭原住民族工作權保障法第十二條第一項及第三項規定尚無違背憲法第七條平等原則及第二十三條比例原則，與憲法第十五條保障之財產權及其與工作權內涵之營業自由之意旨並無不符，業經本院作成釋字第七一九號解釋。系爭規定係以得標廠商未依相關規定進用一定比例原住民之差額人數乘以每月基本工資，計算代金金額，其目的係為提升得標廠商僱用原住民之意願（原住民族委員會105年10月11日復本院函說明二及四參照），洵屬正當；其所採之手段亦有助於上開目的之達成。惟系爭規定關於代金金額計算之方式，一律依差額人數乘以每月基本工資計算，未考慮是否有不可歸責於得標廠商之情事以及採購金額大小等情狀，可能造成應繳納之代金金額超過採購金額之情事，致得標廠商須以採購金額以外之其他財產，繳納與採購金額顯不相當之代金，已逾越人民合理負擔之範圍。對此，本院釋字第七一九號解釋理由書第六段業已敘明有關機關應就代金金額超過政府採購金額之情事，儘速檢討改進，然立法者迄今仍未修正。綜上，**系爭規定以劃一之方式計算代金金額，於特殊個案情形，難免無法兼顧其實質正義，尤其計算所應繳納之代金金額超過採購金額，可能造成個案顯然過苛之情狀，致有嚴重侵害人民財產權之不當後果，立法者就此未設適當之調整機制，於此範圍內，系爭規定對人民受憲法第十五條保障之財產權所為限制，顯不符相當性而有違憲法第二十三條比例原則。**」

　　在本號解釋中大法官認為，雖然司法院釋字第719號解釋指出政府採購中令廠商繳納未僱用原住民之代金合憲。但大法官又同時作出「警告性裁判」（Appellentscheidung），指出系爭優惠性措施仍然必須適時檢討改進。然而立法院遲未修法，以至於會產生個案中不合理的結果（例如廠商可能得標金額很低卻仍須繳納一定比例的代金），故本號解釋宣告違憲。

第六節　邊疆地區

　　國家對於邊疆地區各民族之地位，應予以合法之保障，並於其地方自治事業，特別予以扶植。由於憲法在制定當時，邊區廣大，居民之生活習慣與內地多不相同，且因僻處邊陲，交通不便之故，其政治、經濟、教育、文化諸端，均待積極之建設，以鞏固邊陲，加強國家建設，達民族主義上所主張之國內各民族一律平等之目的。憲法第168條：「國家對於邊疆地區各民族之地位，應予以合法之保障，並於其地方自治事業，特別予以扶植。」第169條：「國家對於邊疆地區各民族之教育、文化、交通、水利、衛生及其他經濟、社會事業，應積極舉辦，並扶助其發展。對於土地使用，應依其氣候、土壤性質，及人民生活習慣之所宜，予以保障及發展。」

　　究其實，憲法第168條及第169條的規定帶有保護並扶持邊疆地區少數民族的色彩，但制憲當時並未慮及臺灣原住民族、澎湖、金門及馬祖地區同胞，因此憲法增修條文第10條第11項、第12項及第13項分別增訂：「國家肯定多元文化，並積極維護發展原住民族語言及文化（第11項）。國家應依民族意願，保障原住民族之地位及政治參與，並對其教育文化、交通水利、衛生醫療、經濟土地及社會福利事業予以保障扶助並促其發展，其辦法另以法律定之。對於澎湖、金門及馬祖地區人民亦同（第12項）。國家對於僑居國外國民之政治參與，應予保障（第13項）。」

　　至於保障及扶持少數民族方面，具體的做法如成立各民族電視台，像是客家、原住民電視台等。

概念補充

1　*海峽兩岸經濟合作架構協議*

　　海峽兩岸經濟合作架構協議，又稱海峽兩岸經濟合作框架協議（Economic Cooperation Framework Agreement, ECFA），原稱兩岸綜合性經濟合作協定或兩岸綜合經濟合作協定（Comprehensive Economic Cooperation Agreement, CECA），是臺灣與中國大陸（合稱「兩岸」）的雙邊經濟協

議，由中華民國政府於2009年提出並積極推動，被執政的馬英九政府視為加強臺灣經濟發展的重要政策；後於2010年6月29日在中國大陸重慶簽訂。該協議在簽訂前，曾一度稱為兩岸經濟協議。

海峽兩岸經濟合作架構協議第4條規定服務貿易，在第8條服務貿易早期收獲為加速實現本協議目標，雙方同意對附件四所列服務貿易部門實施早期收獲計畫，早期收獲計畫應於本協議生效後盡速實施。開啟服貿協議後，雙方同意在第8條規定的「服務貿易早期收獲」基礎上，不遲於本協議生效後6個月內就服務貿易協議展開磋商，並盡速完成。

兩岸服務貿易協議存查爭議是指在2014年3月17日時，中國國民黨籍立法委員張慶忠在被民主進步黨籍立法委員阻擋登上主席臺的情況下，於會議室後方宣布兩岸服務貿易協議交由院會存查，進而引起的關於違背朝野協商內容以及法律引用問題所帶來的爭議。其中中國國民黨主張兩岸服務貿易協議已經超過3個月的期限，因此依照法律所提到的行政命令審查之規定視為已審查，並且轉交立法院院會存查。但是民主進步黨則主張兩岸服務貿易協議並非行政命令，因此必須依照先前朝野協商的內容在審查委員會內進行逐條逐項的實質審查，之後才能夠提交給院會表決。

兩岸服務貿易協議究竟是不是「行政命令」？其實「協議」並不是中央法規標準法第3條所訂的任何行政命令。把它界定為「行政命令」是運用了「行政協定」的概念。然而，「行政協定」只有在內容是「純粹技術規定」的情況下，才能等同行政命令，如果涉及人民的權利義務，則位階等同法律，要經過國會審查批准。服務貿易協議顯然涉及人民的權利義務，所以其位階是法律，而非行政命令。自然，也不適用所謂自動生效的規定。

1. **適用法條**：依臺灣地區與大陸地區人民關係條例第5條：「依第四條第三項或第四條之二第二項，受委託簽署協議之機構、民間團體或其他具公益性質之法人，應將協議草案報經委託機關陳報行政院同意，始得簽署（第1項）。協議之內容涉及法律之修正或應以法律定之者，協議辦理機關應於協議簽署後三十日內報請行政院核轉立法院審議；其內容未涉及法律之修正或無須另以法律定之者，協議辦理機關應於協議簽署後三十日內報請行政院核定，並送立法院備查，其程序，必要時以機密方式處理（第2項）。」

2. **318學運之爭議**：程序或實質正當，程序正當是指程序上之正當行為，學

生之爭議是在此；實質正當是就服務貿易協議之內容作判斷。

3. **服務貿易開啟之內容**：(1)生產者服務（含商務與專業服務業、金融服務業等）；(2)消費者／生活型服務（含個人服務，包括旅館與餐飲業等）；(3)流通服務（含分銷獲分配服務，包括零售業批發、交通運輸業、通信業等）；(4)社會服務（含政府部門、醫療健康、教育、國防）。

　　時任馬英九總統聲稱開放的只是這四大面向底下的64個項目，但事實上，這64個項目卻共包含了上千行業，影響層面遍布全臺。

2　兩岸關係之政策

　　中華民國憲法增修條文前言：「為因應國家統一前之需要，依照憲法第二十七條第一項第三款及第一百七十四條第一款之規定，增修本憲法條文如左。」

1. 兩岸分治：動員戡亂時期

　　1947年中華民國憲法公布；1948年國共戰爭爆發；動員戡亂時期臨時條款；1949年政府撤守臺灣；1991年憲法增修條文規定：「自由地區與大陸地區間人民權利義務關係及其他事務之處理。」

2. 一國兩制

　　以「一個中國」為原則，並強調「中華人民共和國是代表中國的唯一合法政府」。就與中國內地政治環境不同的地區，以特別行政區作為具體政府建制，對於這些地方原有的社會體系則不予干涉。此政策最初為中華人民共和國政府為解決臺灣問題而提出，後亦為香港、澳門兩個在1990年代主權回歸中國的地區所採用的政治制度。

3. 三通政策（中共）與三不政策（臺灣）

　　三通政策：兩岸直接「通郵」、「通商」、「通航」；三不政策：「不接觸」、「不談判」、「不妥協」。

4. 九二共識（1992 Consensus）

　　九二共識是一個與海峽兩岸關係有關的政治術語，由蘇起在2000年提出，概括臺灣海峽兩岸政府在1992年對「一個中國」問題及其內涵進行討論

所形成之見解及體認的名詞，用於取代此前臺灣方面概括出來的「一個中國，各自表述」。中國大陸方面雖接受該名詞，但認為其含義是海峽兩岸各自以口頭方式表述海峽兩岸均堅持一個中國原則的共識。

中國國民黨等認為，其核心內容與精神是「一個中國，各自表述」與「交流、對話、擱置爭議」。簡單來說，雙方對於一個中國認知為：中國大陸方面，一個中華人民共和國；臺灣方面，一個中華民國；承認對方為政治實體，並願意擱置主權爭議，以進行交流。承認臺灣對「九二共識」與中國大陸方面對「九二共識」的解釋並不一致。但是雙方都不對此多作討論，以利於海峽兩岸各項談判的進行。雙方共同反對臺灣方面不承認「九二共識」的各派力量。

國家圖書館出版品預行編目資料

憲法釋義／蔡震榮，林朝雲著. －－初
版.－－臺北市：五南圖書出版股份有限公
司，2024.09
面；　公分
ISBN 978-626-393-263-0（平裝）

1.CST: 中華民國憲法　2.CST: 憲法解釋

581.23　　　　　　　　　113004855

1RD2

憲法釋義

作　　者 ― 蔡震榮（378.1）、林朝雲（116.5）

企劃主編 ― 劉靜芬

責任編輯 ― 呂伊真

封面設計 ― 封怡彤

出 版 者 ― 五南圖書出版股份有限公司

發 行 人 ― 楊榮川

總 經 理 ― 楊士清

總 編 輯 ― 楊秀麗

地　　址：106臺北市大安區和平東路二段339號4樓

電　　話：(02)2705-5066

網　　址：https://www.wunan.com.tw

電子郵件：wunan@wunan.com.tw

劃撥帳號：01068953

戶　　名：五南圖書出版股份有限公司

法律顧問　林勝安律師

出版日期　2024年9月初版一刷

定　　價　新臺幣650元

※版權所有‧欲利用本書內容，必須徵求本公司同意※

五南
WU-NAN

全新官方臉書

五南讀書趣

WUNAN
Books
since1966

Facebook 按讚

1秒變文青

★ 專業實用有趣
★ 搶先書籍開箱
★ 獨家優惠好康

 五南讀書趣 Wunan Books

不定期舉辦抽獎
贈書活動喔！！！

經典永恆・名著常在

五十週年的獻禮——經典名著文庫

五南，五十年了，半個世紀，人生旅程的一大半，走過來了。

思索著，邁向百年的未來歷程，能為知識界、文化學術界作些什麼？

在速食文化的生態下，有什麼值得讓人雋永品味的？

歷代經典・當今名著，經過時間的洗禮，千錘百鍊，流傳至今，光芒耀人；

不僅使我們能領悟前人的智慧，同時也增深加廣我們思考的深度與視野。

我們決心投入巨資，有計畫的系統梳選，成立「經典名著文庫」，

希望收入古今中外思想性的、充滿睿智與獨見的經典、名著。

這是一項理想性的、永續性的巨大出版工程。

不在意讀者的眾寡，只考慮它的學術價值，力求完整展現先哲思想的軌跡；

為知識界開啟一片智慧之窗，營造一座百花綻放的世界文明公園，

任君遨遊、取菁吸蜜、嘉惠學子！